Ergonomia
Projeto e Produção

A Lei de Direito Autoral (Lei nº. 9.610 de 19/2/98) no Título VII, Capítulo II diz:

— Das sanções civis:

Art. 102 O titular cuja obra seja fraudulentamente reproduzida, divulgada ou de qualquer forma utilizada, poderá requerer a apreensão dos exemplares reproduzidos ou a suspensão da divulgação, sem prejuízo da indenização cabível.

Art. 103 Quem editar obra literária, artística ou científica sem autorização do titular perderá para este os exemplares que se apreenderem e pagar-lhe-á o preço dos que tiver vendido.

Parágrafo único. Não se conhecendo o número de exemplares que constituem a edição fraudulenta, pagará o transgressor o valor de três mil exemplares, além dos apreendidos.

Art. 104 Quem vender, expuser à venda, ocultar, adquirir, distribuir, tiver em depósito ou utilizar obra ou fonograma reproduzidos com fraude, com a finalidade de vender, obter ganho, vantagem, proveito, lucro direto ou indireto, para si ou para outrem, será solidariamente responsável com o contrafator, nos termos dos artigos precedentes, respondendo como contrafatores o importador e o distribuidor em caso de reprodução no exterior.

Itiro Iida

Ergonomia
Projeto e Produção

2.ª EDIÇÃO REVISTA E AMPLIADA

EDITORA EDGARD BLÜCHER
www.blucher.com.br

2ª edição - 2005

EDITORA EDGARD BLÜCHER LTDA.
Rua Pedroso Alvarenga, 1245 - cj. 22
04531-012 – São Paulo, SP – Brasil
Fax: (0xx11)3079-2707
e-mail: editora@blucher.com.br
site: www.blucher.com.br

Impresso no Brasil ***Printed in Brazil***

ISBN 85-212-0354-3

FICHA CATALOGRÁFICA

Iida, Itiro
Ergonomia: projeto e produção / Itiro Iida – 2ª edição rev. e ampl. – São Paulo: Edgard Blücher, 2005.

Bibliografia
ISBN 85-212-0354-3

1. Ergonomia I. Título.

05-0081 CDD-620.82

Índices para catálogo sistemático:
1. Ergonomia 620.82

Prefácio

Chegar em casa e encontrar uma lista de recados na secretária eletrônica não chega a ser um fato surpreendente na vida de muitos de nós. Afinal vivemos em um mundo povoado inúmeros artefatos, com seus teclados, códigos, senhas e tantas solicitações cognitivas, que nos tornaram operadores e programadores em nosso dia-a-dia. Contudo, receber um comunicado do Prof. Itiro Iida não pode deixar de ser considerado um evento fora do comum. Até porque aquela voz mesclada de simpatia e seriedade me enunciava o convite para prefaciar esta nova edição de Ergonomia: Projeto e Produção. Sem sombra de dúvidas, é o livro que mais dissemina a disciplina que abracei como opção profissional há mais de trinta anos.

Daquele momento em diante fui progressivamente experimentando, os sentimentos de honra, júbilo, responsabilidade e temor. Esse último sentimento, ainda hoje me acompanha, como se fossem os primeiros minutos de uma aula inaugural, abertura de um congresso internacional, abordagem de um trabalhador a quem pretendo melhorar suas condições de execução ou negociação de um contrato de pesquisa ou desenvolvimento. Isso tomou conta de mim por alguns minutos, até que consegui recobrar o pulso e controle de uma situação, onde todos não esperavam qualquer outra coisa senão esta compostura. Devo confessar ter passado um bom tempo em conjecturas para buscar a melhor forma de cumprir esta importante missão.

Se todas as nossas reações têm origem em nossa história pessoal, como gostam de frisar os psicólogos de formação analítica, desta vez, eles estão cobertos de razão, já que meus trinta anos de intensa atividade na Ergonomia brasileira e internacional tiveram como ponto de partida um personagem, que atende pelo nome de Itiro Iida. Foi esta mesma pessoa que desviou o caminho de um futuro matemático ou gerente industrial para o campo desta fascinante disciplina, a Ergonomia, e que, numa morna noite em Brasília, me propunha uma inimaginável parceria para escrever o que viria a ser a primeira edição do livro de Ergonomia mais vendido no Brasil. E esse é o Prof. Itiro, uma pessoa capaz de fazer seu interlocutor sentir-se um igual ao seu lado. Sentimento que rapidamente nos exibe a dimensão da grandeza dessa pessoa.

Meu convívio com o Prof. Itiro, na COPPE/UFRJ, em duas oportunidades, e na Universidade Federal da Paraíba, por mais de dois anos, foi muito além de uma iniciação à disciplina de que trata este livro. Ela teve repercussões muito mais amplas, pois compartilhamos as experiências docentes do animado método Keller de ensino individualizado, na Escola de Engenharia da UFRJ. As escaramuças paraibanas, que marcaram a fundação da Associação Brasileira de Engenharia de Produção (ABEPRO), em 1986, os árduos obstáculos para a consolidação da Associação Brasileira de Ergonomia (ABERGO), a partir de 1983, e até mesmo um repto para tentar desenvolver uma fala sobre Ergonomia e Normalização, mais de vinte anos antes do atualíssimo debate sobre a certificação da Ergonomia no Brasil. E, obviamente, momentos de divergência dos quais procurei apenas guardar o lado construtivo, que ameniza a tristeza sempre embutida nas desavenças.

Quando o conheci, em uma palestra para alunos do ciclo básico do curso de engenharia na Escola Politécnica da UFRJ, o Prof. Itiro me causou uma profunda impressão, pois despertava uma curiosidade, uma vontade mesclada de saber e fazer. Uma pessoa à frente do seu tempo, portanto, um precursor; uma pessoa que te colocava diante de teus próprios desafios, um formador, de fato, e uma pessoa que te incitava a seguir ampliando, incluindo, um disseminador, por conseguinte. Não por acaso, fui ali buscar as referências fundamentais para uma vida profissional docente que, naquele exato momento, acabava de ser decidida, embora nem eu nem o Prof. Itiro soubéssemos disso, naquela hora.

Ao se conhecer um professor, o aluno invariavelmente tem poucas informações acerca da pessoa, para além do folclore dos corredores e dos comentários entre estudantes. Assim é que, praticamente recém-chegado à UFRJ, o Prof. Itiro já havia conquistado seu lugar na galeria de personagens como "o temível japonês da Industrial". Os alunos mal sabiam o que era Engenharia Industrial, hoje, Engenharia de Produção. Nas conversas de corredores, entre estudantes, era um curso que não havia aulas formais, mas só entrevistas orais, diretamente com os professores. Estes não falavam nada. Cabia ao aluno, fazer estudos prévios e apresentar a matéria e, ao mestre, responder se estava satisfatório ou não. Um terror! E nem se sabia quem era "o temível japonês", na verdade, um brasileiro como a maioria de nós, filho de imigrantes, com absolutamente nada de temível. Muito pelo contrário, apenas por índole e temperamento, escutava mais do que falava. A figura do "temível japonês da Industrial" nada mais era do que um dos inúmeros constructos estudantis com que brindávamos a percepção das diferenças entre o ensino médio e o universitário. O mais significativo, contudo, é que, por trás deste constructo, se enunciava uma prática profissional em Ergonomia que viria a ser publicada internacionalmente exatos trinta anos depois, agora denominada como Ação Conversacional, e que tem na escuta respeitosa e resignificante, seus conceitos essenciais. Aquilo que chamávamos de método de entrevistas – que, na verdade, não eram entrevistas – serviu de base para a constituição de um método para as interações orientadas entre ergonomistas e trabalhadores em situação real de trabalho – que também não são entrevistas.

Como posso introduzir o leitor à esta obra, sem fazer a menção às referências que ele me evoca?

Precursor, formador e disseminador, eis as referências que tenho do Prof. Itiro e é a partir destas, que esta obra cabe ser examinada. Este livro tem uma trajetória que se inicia como notas de aula de uma disciplina da Escola Politécnica da Universidade de São Paulo, e posteriormente, no nascente curso de Desenho Industrial da ESDI/UERJ e, no igualmente, nascente curso de graduação em Engenharia de Produção da Universidade Federal do Rio de Janeiro. E foi este material que se constituiu meu primeiro – e decisivo – contato com a Ergonomia.

Como precursor da Ergonomia já adiantei alguma coisa. O que falar do Prof. Itiro como disseminador? Bem, a meu conhecimento, é o primeiro autor nacional de Ergonomia, quando organizou – dentre várias outras obras – uma apostila de Ergonomia em seus tempos de USP, como assistente do Prof. Sérgio Penna Kehl. Com a colaboração de Henri Wierzbicki transformou esse material em uma edição, em 1973, que circulou amplamente, até esgotar-se. Durante muito tempo, esse foi um dos raros livros de Ergonomia existentes no Brasil e único capaz de sustentar um curso de graduação por inteiro.

Aquele livro era útil, porém carecia de uma revisão, pois ele sequer tinha sido pensado como livro. Estávamos em 1986 e foi quando apareceu a idéia de publicá-lo efetivamente, revisando e atualizando seu conteúdo. E também foi quando o Prof. Itiro me fez aquele convite para ajudá-lo nesta empreitada. Apesar de ser recém-doutor, o que pude então fazer foi ajudá-lo na organização dos temas, dando uma contribuição aqui e ali, e discutir com meu Mestre algumas possíveis melhorias dos conteúdos existentes, mas muito mais na qualidade de usuário do livro, como um professor que o adotava como referência, e muitíssimo menos com qualquer pretensão de co-autoria. Assim foi que, em 1990 vimos, finalmente, ser editado o livro de Ergonomia do Prof. Itiro Iida, iniciando-se a trajetória do maior sucesso editorial da Ergonomia brasileira.

Alguns anos depois, ao buscar comprar pela enésima vez o livro – já que alunos colegas e outros interessados tomavam emprestado sem devolvê-lo, fato que eu até estimulava discretamente – fui informado que o mesmo estaria esgotado. Soube por vias indiretas que o livro estaria sendo revisado pelo autor e que, dentro em breve, teríamos esta nova edição, e assim chegamos ao momento presente, com o telefonema-convite mencionado no início deste prefácio e que se traduz pela situação seguinte: o Professor Itiro Iida, testemunho vivo da Ergonomia no Brasil, solicita a um de seus ex-alunos um prefácio para sua obra emblemática. E isso também é típico do Prof. Itiro, um eterno formador, colocando seus discípulos em face de enormes e irrecusáveis desafios!

Se o autor é o testemunho vivo da disciplina Ergonomia no Brasil, o que podemos dizer desta obra que o acompanha?

Vemos logo no início da obra, que existem diversas definições para a Ergonomia, e o autor apresenta várias delas. Delas, prefiro me ater à definição internacional de Ergonomia estabelecida pelo conselho da Associação Internacional de Ergonomia em 2000 e que traz importantes esclarecimentos sobre a *disciplina* Ergonomia – que busca a compreensão das interações entre o ser humano e os elementos do sistema de trabalho – e a *profissão* que projeta o compromisso entre o bem-estar humano e a performance global dos sistemas. Pois aí temos uma constatação importante: a Ergonomia se tornou uma profissão que reúne cerca de 4 000 pessoas de todo o mundo em seu congresso trienal, que conta com sistemas de certificação nos principais países do mundo, passou a existir em divisões de departamentos das principais empresas industrias do mundo, que evoluiu, de um pequeno texto normativo, para cerca de 400 referências normativas disponíveis na Europa.

A disciplina, por sua vez, se desdobra em sub-disciplinas quase autônomas como interação humano-computador (HCI), macro-ergonomia (ODAM), biomecânica ocupacional, todas elas, ademais, explicitadas e apresentadas no livro. As problemáticas evoluem do simples desenho de postos de trabalho, para formulações elaboradas de análise da atividade, ação conversacional, economia da ergonomia, métodos de projeto diretivos e participativos, igualmente presentes nesta obra. A valise do ergonomista passou a contar com sofisticada aparelhagem digital e suportes computacionais requintados, chegando ao uso de simulações biodinâmicas, o que se erige no estado da arte da profissão, possibilitado apenas aos ricos laboratórios norte-americanos.

Porém, como diz o sábio Confúncio, não se pode caminhar um milhão de passos sem dar o primeiro deles. E, nessa parafernália de possibilidades e opções da ergonomia contemporânea, muitos autores, dentre os quais este próprio prefacialista, resolveram dar atenção e foco a aspectos particulares da disciplina e de sua prática profissional. E, aqui está o grande mérito deste livro: informar ao seu leitor sobre os elementos essenciais da ergonomia, em sua acepção basal e panorâmica. Nesse sentido, é porta de entrada do estudante para a ergonomia, é o primeiro passo da busca da melhoria conjunta da saúde e da produtividade nos lugares de trabalho de jovens e velhos, de homens e mulheres, de veteranos e novatos. E, sendo um vestíbulo, é também o local mais freqüentado da "residência" do ergonomista.

Se esta obra é uma porta de entrada, como, então, introduzi-la ao leitor?

Inevitável, pois, se torna tecer comentários técnicos sobre seus conteúdos, buscando o inatingível lugar de distanciamento afetivo e intelectual de seu teor. Sendo exatamente isso que me é solicitado, tentemos.

Nos seus dezoito capítulos, o autor , em sua linguagem simples a acessível, nos faz transitar por praticamente todos os conteúdos fundamentais da ergonomia. Em dois capítulos iniciais são apresentados conceitos, métodos e técnicas em ergonomia, com uma forte ênfase na vertente experimentalista, mas sem deixar de apresentar outras orientações. Seguem-se catorze capítulos capazes de repertoriar o estado da técnica e deixar o leitor em absoluta atualidade com o que se sabe acerca de cada tópico da disciplina. Um trabalho de fôlego, concisão, logrando, em várias passagens, uma difícil precisão em temas controversos e multi-fatoriais como a organização do trabalho e erro humano, assim como a seleção profissional. Um trabalho de síntese e pertinência em assuntos quilométricos como a ergonomia do produto e dos ambientes.

A melhor parte da obra, entretanto, e a meu ver, se situa nos Capítulos 17 e 18, quando são apresentadas e discutidas uma série de aplicações industriais, agrícolas, nos serviços e na vida diária. Mas aqui, tal como na ópera, não há como bem se apreciar um *gran finale*, sem a preparação das árias introdutórias e das alternâncias de *allegros* e *addagios*. À primeira – e falsa – impressão de repetição, o leitor se vê rapidamente possuído pela certeza de que apreendeu o essencial da ergonomia, tal como um treinamento para o paladar do enologista que lhe permite degustar corretamente a *cuvée* que lhe é apresentada.

Finalmente, o que é esta obra?

É um livro imprescindível ao profissional de Ergonomia, bem como ao estudante que se inicia na disciplina. Presença necessária nas bibliotecas dos cursos que têm a Ergonomia em seu currículo, veicula um material fundamental para o profissional de projeto e de gerência de produção, e não apenas industrial, mas igualmente de setores como o atendimento público, o *staff* e o suporte de informática nas empresas em geral.

Que ele venha rapidamente a povoar as estantes das bibliotecas, que seja disponibilizado para o vasto público de interessados em seus variados conteúdos. Até porque, com relação à primeira edição, cabe o seguinte parecer conclusivo: esta segunda edição está mais completa e melhor editorada, mergulhando o leitor na utilidade, praticidade e aplicabilidade da fascinante disciplina e prática profissional da Ergonomia.

Prof. Dr. Mário Cesar Vidal

Coordenador do Curso de Especialização Superior em Ergonomia da COPPE/UFRJ

Professor de Ergonomia da UFRJ (Brasil), USACH (Chile) e UdeG (México)

Membro Permanente do Conselho Científico da ABERGO

Agradecimentos

Esta obra é o resultado de um longo processo de desenvolvimento e maturação. Tudo começou com as aulas de engenharia humana de Sérgio A. Penna Kehl, no curso de Engenharia de Produção da Escola Politécnica da USP, em 1964. Prosseguiu com as aulas de Karl Heinz Bergmiller, na Escola Superior de Desenho Industrial da UERJ e os ensinamentos metodológicos, que recebi de Carolina M. Bori, no Instituto de Psicologia da USP.

Os primeiros escritos foram produzidos como notas de aula, em colaboração com Miguel Cezar Santoro, na EPUSP. Depois, foram convertidas em apostila, em co-autoria de Henri A. Wierzbicki, em 1970. Baseada nessa apostila, foi realizada a publicação da *Ergonomia*, em 1973, que obteve uma aceitação acima das expectativas.

No final da década de 1980, beneficiado com uma bolsa do CNPq, consegui fazer uma revisão completa da obra, que resultou na 1ª edição da *Ergonomia: Projeto e Produção*, de 1990. Esta foi adotada como livro-texto em muitos cursos universitários, exigindo-se diversas reimpressões, cujas tiragens superaram 12 000 exemplares.

Para a produção da 1ª edição desta obra, recebi abrigo institucional no Programa de Engenharia de Produção da COPPE/UFRJ, com apoio de Ronaldo Soares Andrade e Mário Cesar R. Vidal. Na organização dos seus conteúdos, foi importante a experiência adquirida na aplicação do método Keller de ensino individualizado, juntamente com Álvaro Braga de Abreu, Arsênio Oswaldo Sevá Filho e Ricardo Seidl da Fonseca. A publicação da mesma tornou-se possível devido ao inestimável apoio de Edgard Blücher, um grande incentivador do autor nacional de livros técnicos.

Nos últimos 15 anos, o mundo presenciou profundas mudanças político-econômicas. Na área tecnológica, sofreu forte impacto da informática e telecomunicações. Isso transformou a natureza do trabalho humano e, por consequência, as abordagens da ergonomia. O trabalho pesado e repetitivo é, cada vez mais, substituído por outros, que exigem maior grau de ações cognitivas. O escopo da ergonomia alargou-se, passando a abranger, em maior grau, a organização do trabalho e as decisões gerenciais que afetam a natureza do trabalho. Adequando-se à essa nova realidade, apresento essa segunda edição, com uma revisão completa do seu conteúdo.

Sintetizo, aqui, os ensinamentos de muitos pioneiros que atuaram nas difíceis décadas de 1960/70, como Alberto Mibielli de Carvalho, Colin Palmer,

Franco Lo Presti Seminério, Paul Stephaneck, Reinier J. A. Rozestraten, Roberto Verdussen e Sérgio A. Penna Kehl. Um evento de grande significado foi o I Seminário Brasileiro de Ergonomia, organizado pelo Instituto de Seleção e Orientação Profissional – ISOP/FGV, no Rio de Janeiro, em 1974. Participaram desse evento, como palestrantes, três convidados estrageiros: Alain Wisner, Bryan Schackel e Floris Van Nes. O primeiro deles, diretor do *Conservatoire National des Arts et Métiers*, de Paris, retornou várias vezes ao Brasil. Ao receber muitos estudantes brasileiros na França, deu uma contribuição inestimável ao desenvolvimento da nossa ergonomia.

Nesta segunda edição, para a revisão dos originais, recebi importantes sugestões de renomados pesquisadores e professores de ergonomia: Francisco Soares Másculo, Helda Barros, Helenice Cote Gil Coury, Leila Amaral Gontijo, Lia Buarque Macedo Guimarães, Marcelo Márcio Soares, Mário Cesar Vidal e Rosemary Achcar. Destaco a incansável contribuição de Anamaria de Moraes, colega de primeira hora na fundação da Associação Brasileira de Ergonomia – Abergo – e uma das principais responsáveis pela consolidação da pesquisa em ergonomia no Brasil. Registro também o apoio incondicional que recebi dos meus colegas, docentes do Departamento de Desenho Industrial da Universidade de Brasília. Do lado familiar, recebi orientação, afeto e incentivo de Kititaro, Massako, Anna e Renato. A todos eles dedico esta obra, com meus sinceros agradecimentos.

Com este livro, espero contribuir para a difusão da ergonomia em nosso país, visando reduzir as condições árduas, estressantes e perigosas a que são submetidos muitos de nossos trabalhadores. Além disso, contribuir para melhorar as condições de saúde e qualidade de vida desses trabalhadores e da população em geral, aumentando as suas produtividade e renda.

Se os conhecimentos científicos e tecnológicos, atualmente disponíveis no mundo, fossem devidamente difundidos, adaptados e aplicados, contribuiriam para reduzir grande parte das inúmeras mazelas, que tanto nos entristecem e envergonham como seres humanos. Fica aí a minha modesta contribuição e aquela de muitos amigos, que me ajudaram nesta empreitada.

Brasília, agosto de 2005
Itiro Iida

Conteúdo

Capítulo 10

Capítulo 11

Capítulo 12

Capítulo 13

Capítulo 14

1. O que é Ergonomia

Este capítulo inicial apresenta o conceito de ergonomia. Ela surgiu logo após a II Guerra Mundial, como conseqüência do trabalho **interdisciplinar** realizado por diversos profissionais, tais como engenheiros, fisiologistas e psicólogos, durante aquela guerra.

O capítulo também dá uma visão panorâmica dos principais campos de aplicação da ergonomia. Inicialmente, essa aplicação se fazia quase que exclusivamente na indústria e se concentrava no binômio homem-máquina. A ergonomia agora é bem mais abrangente, estudando sistemas complexos, onde dezenas ou até centenas de homens, máquinas e materiais interagem continuamente entre si, na realização de um trabalho.

A ergonomia também expandiu-se horizontalmente, abarcando quase todos os tipos de atividades humanas. Hoje, essa expansão se processa principalmente no setor de serviços (saúde, educação, transporte, lazer e outros) e até no estudo de trabalhos domésticos. Houve também uma importante mudança qualitativa. Antes, o trabalho exigia muito esforço físico repetitivo. Hoje, depende principalmente dos aspectos cognitivos, ou seja, da aquisição e processamento de informações. O capítulo se encerra com discussões sobre questões econômicas relacionadas com as aplicações da ergonomia.

1.1 Definição e objetivos da Ergonomia

A ergonomia é o estudo da **adaptação** do trabalho ao homem. O trabalho aqui tem uma acepção bastante ampla, abrangendo não apenas aqueles executados com máquinas e equipamentos, utilizados para transformar os materiais, mas também toda a situação em que ocorre o relacionamento entre o homem e uma atividade produtiva. Isso envolve não somente o ambiente físico, mas também os aspectos organizacionais. A ergonomia tem uma visão ampla, abrangendo atividades de planejamento e projeto, que ocorrem **antes** do trabalho ser realizado, e aqueles de controle e avaliação, que ocorrem **durante** e **após** esse trabalho. Tudo isso é necessário para que o trabalho possa atingir os resultados desejados.

A ergonomia inicia-se com o estudo das características do trabalhador para, depois, projetar o trabalho que ele consegue executar, preservando a sua saúde. Assim, a ergonomia parte do conhecimento do homem para fazer o projeto do trabalho, ajustando-o às suas capacidades e limitações. Observa-se que a adaptação sempre ocorre no sentido do trabalho para o homem. A recíproca nem sempre é verdadeira. Ou seja, é muito mais difícil adaptar o homem ao trabalho. Esse tipo de orientação poderia resultar em máquinas difíceis de operar ou condições adversas de trabalho, com sacrifício do trabalhador. Isso seria inaceitável para a ergonomia.

Definição da ergonomia

Existem diversas definições de ergonomia.Todas procuram ressaltar o caráter interdisciplinar e o objeto de seu estudo, que é a interação entre o homem e o trabalho, no **sistema homem-máquina-ambiente**. Ou, mais precisamente, as interfaces desse sistema, onde ocorrem trocas de informações e energias entre o homem, máquina e ambiente, resultando na realização do trabalho.

Diversas associações nacionais de ergonomia apresentam as suas próprias definições. Aquela mais antiga é a da *Ergonomics Society* (www.ergonomics.org.uk), da Inglaterra:

"Ergonomia é o estudo do relacionamento entre o homem e seu trabalho, equipamento, ambiente e particularmente, a aplicação dos conhecimentos de anatomia, fisiologia e psicologia na solução dos problemas que surgem desse relacionamento."

No Brasil, a Associação Brasileira de Ergonomia (www.abergo.org.br) adota a seguinte definição:

"Entende-se por Ergonomia o estudo das interações das pessoas com a tecnologia, a organização e o ambiente, objetivando intervenções e projetos que visem melhorar, de forma integrada e não-dissociada, a segurança, o conforto, o bem-estar e a eficácia das atividades humanas."

No âmbito internacional, a *International Ergonomics Association* (www.iea.cc) aprovou uma definição, em 2000, conceituando a ergonomia e suas especializações:

"Ergonomia (ou Fatores Humanos) é a ***disciplina científica****, que estuda as interações entre os seres humanos e outros elementos do sistema, e a* ***profissão***

que aplica teorias, princípios, dados e métodos, a projetos que visem otimizar o bem estar humano e o desempenho global de sistemas."

Os praticantes da ergonomia são chamados de **ergonomistas** e realizam o planejamento, projeto e avaliação de tarefas, postos de trabalho, produtos, ambientes e sistemas, tornando-os compatíveis com as necessidades, habilidades e limitações das pessoas. Os ergonomistas devem analisar o trabalho de forma global, incluindo os aspectos físicos, cognitivos, sociais, organizacionais, ambientais e outros.

Freqüentemente, os ergonomistas trabalham em domínios especializados, abordando certas características específicas do sistema, tais como:

Ergonomia Física — Ocupa-se das características da anatomia humana, antropometria, fisiologia e biomecânica, relacionados com a atividade física. Os tópicos relevantes incluem a postura no trabalhno, manuseio de materiais, movimentos repetitivos, distúrbios músculo-esqueléticos relacionados ao trabalho, projeto de postos de trabalho, segurança e saúde do trabalhador.

Ergonomia Cognitiva — Ocupa-se dos processos mentais, como a percepção, memória, raciocínio e resposta motora, relacionados com as interações entre as pessoas e outros elementos de um sistema. Os tópicos relevantes incluem a carga mental, tomada de decisões, interação homem-computador, estresse e treinamento.

Ergonomia Organizacional — Ocupa-se da otimização dos sistemas sócio-técnicos, abrangendo as estruturas organizacionais, políticas e processos. Os tópicos relevantes incluem comunicações, projeto de trabalho, programação do trabalho em grupo, projeto participativo, trabalho cooperativo, cultura organizacional, organizações em rede, teletrabalho e gestão da qualidade.

Portanto, a ergonomia estuda tanto as condições prévias como as consequências do trabalho e as interações que ocorrem entre o homem, máquina e ambiente durante a realização desse trabalho. Tudo isso é analisado de acordo com a conceituação de sistema, onde os elementos interagem continuamente entre si. Modernamente, a ergonomia ampliou o escopo de sua atuação, incluindo os fatores organizacionais, pois muitas decisões que afetam o trabalho são tomadas em nível gerencial.

Objetivos básicos da ergonomia

A ergonomia estuda os diversos fatores que influem no desempenho do sistema produtivo (Figura 1.1) e procura reduzir as suas conseqüências nocivas sobre o trabalhador. Assim, ela procura reduzir a fadiga, estresse, erros e acidentes, proporcionando segurança, satisfação e saúde aos trabalhadores, durante o seu relacionamento com esse sistema produtivo.

A eficiência virá como conseqüência. Em geral, não se aceita colocar a eficiência como objetivo principal da ergonomia, porque ela, isoladamente, poderia justificar medidas que levem ao aumento dos riscos, além do sacrifício e sofrimento dos trabalhadores. Isso seria **inaceitável**, porque a ergonomia visa, em primeiro lugar, a saúde, segurança e satisfação do trabalhador.

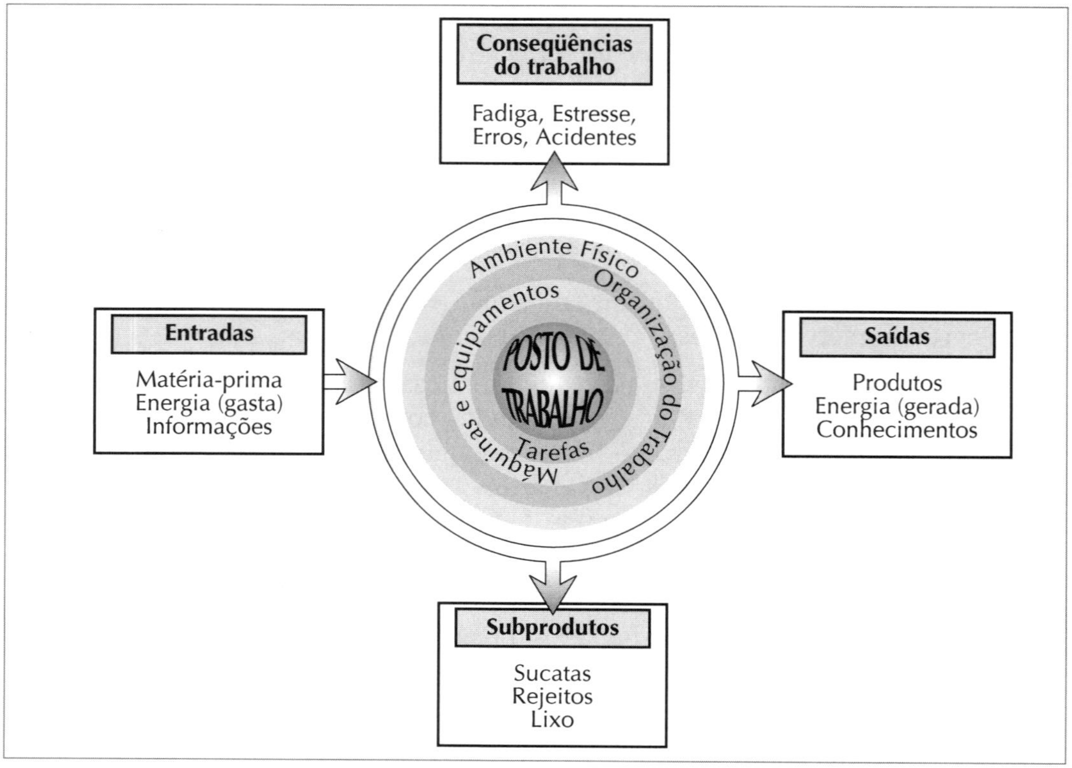

Figura 1.1 Diversos fatores que influem no sistema produtivo.

Saúde — a saúde do trabalhador é mantida quando as exigências do trabalho e do ambiente não ultrapassam as suas limitações energéticas e cognitivas, de modo a evitar as situações de estresse, riscos de acidentes e doenças ocupacionais.

Segurança — a segurança é conseguida com os projetos do posto de trabalho, ambiente e organização do trabalho, que estejam dentro das capacidades e limitações do trabalhador, de modo a reduzir os erros, acidentes, estresse e fadiga.

Satisfação — satisfação é o resultado do atendimento das necessidades e expectativas do trabalhador. Contudo, há muitas diferenças individuais e culturais. Uma mesma situação pode ser considerada satisfatória para uns e insatisfatória para outros, dependendo das necessidades e expectativas de cada um. Os trabalhadores satisfeitos tendem a adotar comportamentos mais seguros e são mais produtivos que aqueles insatisfeitos.

Eficiência — eficiência é a conseqüência de um bom planejamento e organização do trabalho, que proporcione saúde, segurança e satisfação ao trabalhador. Ela deve ser colocada dentro de certos limites, pois o aumento indiscriminado da eficiência pode implicar em prejuízos à saúde e segurança.

Por exemplo, quando se aumenta a velocidade de uma máquina, aumenta-se a eficiência, mas há também uma probabilidade maior de acidentes. Na produção industrial, há casos em que se conseguem aumentar a eficiência sem comprometer a segurança, mas isso exige investimentos em tecnologia, organização do trabalho e treinamento dos trabalhadores, para eliminar os fatores de risco.

1.2 Nascimento e evolução da Ergonomia

Ao contrário de muitas outras ciências cujas origens se perdem no tempo e no espaço, a ergonomia tem uma data "oficial" de nascimento: **12 de julho de 1949**. Nesse dia, reuniu-se, pela primeira vez, na Inglaterra, um grupo de cientistas e pesquisadores interessados em discutir e formalizar a existência desse novo ramo de aplicação interdisciplinar da ciência. Na segunda reunião desse mesmo grupo, ocorrida em 16 de fevereiro de 1950, foi proposto o neologismo ergonomia, formado pelos termos gregos **ergon** que significa trabalho e **nomos**, que significa regras, leis naturais (Murrell, 1965).

Entretanto, esse termo já tinha sido anteriormente usado pelo polonês Wojciech Jastrzebowski, que publicou o artigo "Ensaios de ergonomia ou ciência do trabalho, baseada nas leis objetivas da ciência sobre a natureza" (1857). Contudo, a ergonomia só adquiriu *status* de uma disciplina mais formalizada a partir do início da década de 1950, com a fundação da *Ergonomics Research Society*, na Inglaterra. Diversos pesquisadores pioneiros, ligados essa sociedade, começaram a difundir seus conhecimentos, visando a sua aplicação industrial e não apenas militar, como tinha acontecido na década anterior.

O termo ergonomia foi adotado nos principais países europeus, substituindo antigas denominações como **fisiologia** do trabalho e **psicologia** do trabalho. Nos Estados Unidos adotou-se a denominação *human factors* (fatores humanos), mas ergonomia já é aceita como seu sinônimo, naquele país.

Os precursores da ergonomia

Se o nascimento "oficial" da ergonomia pode ser definido com precisão, a mesma foi precedida de um longo período de gestação, que remonta à pré-história. Começou provavelmente com o primeiro homem pré-histórico que escolheu uma pedra de formato que melhor se adaptasse à forma e movimentos de sua mão, para usá-la como arma. As ferramentas proporcionavam poder e facilitavam as tarefas como caçar, cortar e esmagar.

Assim, a preocupação em adaptar o ambiente natural e construir objetos artificiais para atender às suas conveniências, sempre esteve presente nos seres humanos desde os tempos remotos.

Na era da produção artesanal, não-mecanizada, a preocupação em adaptar as tarefas às necessidades humanas também esteve sempre presente. Entretanto, a revolução industrial, ocorrida a partir do século XVIII, tornou mais dramático esse problema. As primeiras fábricas surgidas não tinham nenhuma semelhança com uma fábrica moderna. Eram sujas, escuras, barulhentas e perigosas. As jornadas de trabalho chegavam a até 16 horas diárias, sem férias, em regime de semi-escravidão, imposto por empresários autoritários, que aplicavam castigos corporais.

Os estudos mais sistemáticos sobre o trabalho começaram a ser realizados a partir do final do século XIX. Nessa época surge, nos Estados Unidos, o movimento da administração científica, que ficou conhecido como **taylorismo**.

Na Europa, principalmente na Alemanha, França e países escandinavos, por volta de 1900, começaram a surgir pesquisas na área de **fisiologia do trabalho**, na tentativa de transferir, para o terreno prático, os conhecimentos de fisiologia gerados em laboratórios. Os pesquisadores daquela época estavam preocupados com as condições árduas de trabalho e gastos energéticos nas minas de carvão, fundições e outras situações muito insalubres.

Em 1913, Max Ruber cria, dentro do Instituto Rei Guilherme, um centro dedicado aos estudos de fisiologia do trabalho, que evoluiu mais tarde para o atual Instituto Max Plank de Fisiologia do Trabalho, situado em Dortmund, Alemanha. Esse Instituto é responsável por notáveis contribuições para o avanço da fisiologia do trabalho, principalmente sobre **gastos energéticos** no trabalho, tendo desenvolvido metodologias e instrumentos para a medida dos mesmos.

Nos países nórdicos, em Estocolmo e Copenhagem, foram criados laboratórios para estudar os problemas de treinamento e coordenação muscular para o desenvolvimento de aptidões físicas. Nos Estados Unidos surgiu o Laboratório de Fadiga da Universidade de Harvard, que tornou-se célebre pelos estudos sobre a fadiga muscular e aptidão física.

Na Inglaterra, durante a I Guerra Mundial (1914-1917), com a criação da Comissão de Saúde dos Trabalhadores na Indústria de Munições, em 1915, fisiologistas e psicólogos foram chamados para colaborar no esforço para aumentar a produção de armamentos. Ao final daquela guerra, a mesma foi transformada no Instituto de Pesquisa da Fadiga Industrial, que realizou diversas pesquisas sobre o problema da **fadiga** nas minas de carvão e nas indústrias.

Esse órgão foi reformulado em 1929 para transformar-se no Instituto de Pesquisas sobre Saúde no Trabalho. Com o seu campo de atuação ampliado, realizou pesquisas sobre posturas no trabalho, carga manual, seleção, treinamento, iluminação, ventilação e outras. Entretanto, o maior mérito desse Instituto foi a introdução de trabalhos interdisciplinares, agregando novos conhecimentos de fisiologia e psicologia ao estudo do trabalho.

No oriente, o pesquisador japonês K. Tanaka publicou um livro sobre "Engenharia Humana" em 1921 e, no mesmo ano, fundou-se, naquele país, o Instituto de Ciência do Trabalho.

Com a eclosão da II Guerra Mundial (1939-1945), os conhecimentos científicos e tecnológicos disponíveis foram utilizados ao máximo, para construir instrumentos bélicos relativamente complexos como submarinos, tanques, radares, sistemas contra incêndios e aviões. Estes exigiam muitas habilidades do operador, em condições ambientais bastantes desfavoráveis e tensas, no campo de batalha. Os erros e acidentes, muitos com conseqüências fatais, eram freqüentes. Tudo isso fez redobrar o esforço de pesquisa para adaptar esses instrumentos bélicos às **características e capacidades** do operador, melhorando o desempenho e reduzindo a fadiga e os acidentes.

A ergonomia pós-guerra

Como "sub-produto" do esforço bélico, seguiram-se as reuniões na Inglaterra, já mencionadas, e que marcaram o início da ergonomia, agora em tempo de paz. Os seus conhecimentos passaram a ser aplicados na vida "civil" a fim de melhorar as condições de trabalho e a produtividade dos trabalhadores e da população em geral.

Nos Estados Unidos do pós-guerra, os profissionais da área relatam que as suas propostas eram recebidas freqüentemente com ceticismo e dúvida, e eram geralmente ridicularizados. Foram taxados de **homens dos botões**, por terem realizado diversos estudos sobre a forma e funcionabilidade dos *knobs*. Esse panorama mudou quando o Departamento de Defesa dos EUA começou a apoiar pesquisas na área, em universidades e instituições de pesquisa.

Daí, a conotação militarista adquirida pelo *human factors* que, de certa forma, persiste até hoje. Contudo esses conhecimentos desenvolvidos para o aperfeiçoamento de aeronaves, submarinos e pesquisa espacial, foram aplicados, também, na indústria não-bélica e aos serviços em geral, beneficiando a população, de maneira mais ampla.

Ao final da década de 1940 surgiram, na Universidade do Estado de Ohio e na Universidade de Illinois, os primeiros cursos universitários de *human factors*. A partir disso, o ensino e a pesquisa difundiram-se em outras instituições dos Estados Unidos.

Organização e difusão

A primeira **associação científica** de ergonomia foi a *Ergonomics Research Society*, fundada na Inglaterra, no início da década de 1950. Nos Estados Unidos foi criada, em 1957, a *Human Factors Society.* A terceira associação surgiu na Alemanha, em 1958. A partir disso, durante as décadas de 1950 e 60, a ergonomia difundiu-se rapidamente em diversos países, principalmente no mundo industrializado. Dezenas de outras associações foram criadas. No Brasil, a Associação Brasileira de Ergonomia - Abergo, foi fundada em 1983. Antes disso, tinha-se realizado, no Rio de Janeiro, o I Seminário Brasileiro de Ergonomia, em 1974 (Moraes e Soares, 1989), quando diversos pesquisadores brasileiros apresentaram os seus trabalhos.

Em 1961 fundou-se a Associação Internacional de Ergonomia, que agrega, hoje, as associações de ergonomia dos diversos países.

A primeira **publicação** periódica sobre ergonomia foi a *Ergonomics,* editada na Inglaterra, desde 1957. A partir de 1958 publicou-se a *Human Factors*, nos EUA. Daí, seguiram-se muitas outras publicações em diversos países. Atualmente existem mais de 20 periódicos especializados em ergonomia. Além disso, artigos em ergonomia são freqüentemente encontrados em publicações de áreas como engenharias, arquitetura, desenho industrial, psicologia e outras.

Hoje, a ergonomia difundiu-se em praticamente todos os países do mundo. Existem muitas instituições de ensino e pesquisa atuando na área. Anualmente realizam-se diversos eventos de caráter nacional ou internacional para apresentação e discussão dos resultados das pesquisas. Essas **pesquisas** deverão continuar, pois muitas perguntas ainda não têm respostas ou tem somente respostas parciais. A ergonomia existirá enquanto o homem continuar a sofrer as diversas mazelas do trabalho.

Em muitos países do mundo, o trabalho ainda é realizado em condições severas e insalubres, causando sofrimentos, doenças e até mutilações e mortes dos trabalhadores. De certa forma, subsistem até hoje *As doenças dos trabalhadores,* descritas por Bernardino Ramazzini, em 1700 (Fundacentro, 1999). O acervo de conhecimentos já disponíveis em ergonomia, se fosse dominado e aplicado pela sociedade, certamente contribuiria para reduzir o sofrimento dos trabalhadores e melhorar a produtividade e as condições de vida em geral.

A cada ano aumenta o número de ergonomistas que trabalham nas empresas. Suas pesquisas e recomendações têm contribuído para reduzir os erros e acidentes, além de reduzir o esforço, estresse e doenças ocupacionais. Os benefícios se estendem também à vida dos cidadãos em geral, que passaram a contar com produtos de consumo mais fáceis de operar, seguros e confortáveis.

1.3 O taylorismo e a Ergonomia

Taylorismo é um termo que se deriva de Frederick Winslow Taylor (1856-1915), um engenheiro norte-americano que iniciou, no final do século XIX, o movimento de "administração científica" do trabalho e se notabilizou pela sua obra **Princípios de Administração Científica**, publicada originalmente em 1912 (edição em português da Editora Atlas, 1976).

Taylor considerava que o trabalho deveria ser cientificamente observado de modo que, para cada tarefa, fosse estabelecido o método correto de executá-la, com um tempo determinado, usando as ferramentas corretas. Haveria uma divisão de responsabilidades entre os trabalhadores e a gerência da fábrica, cabendo a esta determinar os métodos e os tempos, de modo que o trabalhador pudesse se concentrar unicamente na execução da atividade produtiva.

Os trabalhadores deveriam ser controlados, medindo-se a produtividade de cada um e pagando-se **incentivos salariais** àqueles mais produtivos. Ele se justifica, dizendo que até uma simples tarefa como carregamento com uma pá, deve ser cuidadosamente estudado de modo a determinar o tamanho adequado para cada tipo de material (antes utilizava-se a mesma pá para se carregar materiais de diferentes densidades, como o carvão e a cinza). Para cada tipo de tarefa deveria ser desenvolvido o melhor método de realizar o trabalho, de modo que nada fosse deixado ao livre arbítrio do operário. Esse método era implantado como um **padrão**, a ser seguido por todos. Para cada tarefa era determinada o seu respectivo tempo padrão.

As idéias de Taylor difundiram-se rapidamente nos Estados Unidos. As atividades eram cronometradas e os trabalhadores recebiam incentivos salariais, proporcionais às produtividades de cada um. Em praticamente todas as fábricas foram criados departamentos de análise do trabalho para fazer **cronometragens** e desenvolver métodos racionais de trabalho. Isso provavelmente contribuiu para a grande hegemonia mundial das indústrias norte-americanas na produção massificada de bens, mas também gerou outros problemas, como veremos a seguir.

A resistência dos trabalhadores ao taylorismo

Pelo lado dos trabalhadores, houve, desde o início, uma certa resistência à aceitação da cronometragem e dos métodos definidos pela gerência. Isso provocou uma nítida separação. De um lado, a gerência da fábrica determinava os métodos e os tempos-padrões para execução das tarefas. Do outro, o trabalhador precisava executá-las de forma impositiva. De fato, o taylorismo provocou a desapropriação do conhecimento do trabalho, dominado pelos trabalhadores, e isso gerou desinteresse e não-comprometimento com os resultados. O trabalho prescrito pela gerência nem sempre considerava as **condições reais** onde o trabalho era executado e nem as características individuais do trabalhador.

Os trabalhadores achavam que isso os oprimia. Diante disso, reagiam, descumprindo regras estabelecidas, desregulando máquinas e prejudicando intencionalmente a qualidade. Partindo do nível de resistência individual, chegavam-se aos movimentos coletivos e sindicais que questionavam, em menor ou maior grau, o poder gerencial dentro das fábricas, para determinar-lhes o que deve ser feito, nos mínimos detalhes, sem dar-lhes a menor satisfação.

Dessa forma, os trabalhadores sentiam-se moralmente desobrigados a seguir esses padrões, que eram estabelecidos unilateralmente, sem a mínima participação deles e, muitas vezes, sem considerar as reais condições de trabalho. Em muitos casos, os tempos padrões estabelecidos eram completamente irreais. Isso se agravava nas linhas de produção, onde o ritmo é determinado mecanicamente pela velocidade da esteira, sem o menor respeito às diferenças individuais ou disposição momentânea ao trabalho.

Evidentemente, decorrido quase um século a partir das idéias de Taylor, muita coisa modificou-se. Os trabalhadores de hoje são mais instruídos, mais informados e mais organizados e não aceitam tão passivamente as determinações impostas de "cima para baixo" pela gerência. A partir disso, muitas mudanças foram introduzidas para adaptar as idéias originais de Taylor.

As transformações do taylorismo

O taylorismo surgiu dentro das fábricas, através da observação empírica do trabalho. As suas propostas não se baseavam em conhecimentos científicos. Como já vimos, os estudos científicos, relacionados com a fisiologia do trabalho, desenvolveram-se paralelamente em laboratórios, acumulando conhecimentos sobre a natureza do trabalho humano. Esses reconhecimentos contribuíram para transformar, gradativamente, os conceitos tayloristas.

O taylorismo atribuía a baixa produtividade à tendência de **vadiagem** dos trabalhadores, e os acidentes de trabalho à **negligência** dos mesmos. Hoje já se sabe que as coisas não são tão simples assim. Há uma série de fatores ligados ao projeto de máquinas e equipamentos, ao ambiente físico (iluminação, temperatura, ruídos, vibrações), ao relacionamento humano e diversos fatores organizacionais que podem ter uma forte influência sobre o desempenho do trabalho humano. Os acidentes não acontecem simplesmente, mas são conseqüências de diversos fatores pré-existentes.

Outro conceito taylorista cada vez mais questionado é o do “homem econômico”. Segundo ele, o homem seria motivado a produzir simplesmente para **ganhar** dinheiro. Então, cada trabalhador deveria ser pago de acordo com a sua produção individual. Hoje se admite que isso nem sempre é verdadeiro. Há, de fato, certas pessoas que se motivam mais pelo dinheiro. Mas estas se incluem entre os trabalhadores de menor renda e aqueles de temperamento individualista, que são mal vistos e isolados pelos próprios colegas.

Outros serão motivados por fatores diversos como a auto-realização, coleguismo, justiça, respeito e reconhecimento do trabalho que realizam. Um psicólogo norte-americano estudou o comportamento dos trabalhadores, convivendo diariamente com eles e chegou à conclusão de que muitos preferem “manter a cabeça erguida do que o estômago cheio”, referindo-se à questão do dinheiro, que nem sempre era considerada a mais importante.

Portanto, essas duas vertentes, de um lado, a resistência dos próprios trabalhadores e, de outro, os novos conhecimentos científicos sobre a natureza do trabalho, influenciaram a gerência industrial a rever as suas posições, ao longo do século XX.

A escola de relações humanas

Na década de 1920 surgiu a escola de relações humanas, em conseqüência de uma famosa experiência realizada por Elton Mayo na empresa Western Electric, situado em Hawthorne, EUA.

Mayo pretendia investigar a influência dos níveis de iluminamento sobre a produtividade. Para isso, preparou uma sala, onde um grupo de trabalhadores foi colocado sob observação contínua. À medida que o nível de iluminamento na sala foi aumentando, a produtividade do grupo também subiu. Numa segunda etapa, esse nível foi reduzido. Porém, surpreendentemente, a produtividade continuou a subir. Isso foi chamado de **efeito Hawthorne**. Nesse caso, o aumento da produtividade não seria explicado apenas pelos fatores físicos. Os trabalhadores foram alvo de atenção especial e, sabendo que estavam sendo observados, sentiam-se valorizados e ficaram motivados a produzir cada vez mais.

O taylorismo sempre analisava o trabalhador isoladamente, associando o rendimentos deles a fatores físicos e a incentivos financeiros. Porém, o efeito Hawthorne mostrou que há “algo mais”. O ambiente social e os relacionamentos humanos seriam tão motivadores quanto o ambiente físico e os incentivos salariais.

Isso levou o Mayo a propor uma “humanização” da produção, criando incentivos morais e psicológicos. Iniciou, assim, a prática das relações humanas, com estímulos para a criação de uma atitude positiva no trabalho e substituição do comportamento individualista por uma atitude coletiva e colaborativa. Em conseqüência, a Western Electric criou um departamento especializado em **aconselhar** os trabalhadores. Em 1950, para 20 mil empregados, existiam 40 especialistas só para fazer esses aconselhamentos.

As experiências de Mayo lançaram novas luzes para o entendimento do trabalho e deu origem à **sociologia industrial**. Contudo, não deixa de ter seu lado perverso. As empresas consideraram-na como um meio relativamente barato de aumentar a produtividade, sem necessidade de pagar os incentivos financeiros preconizados pelo taylorismo.

A visão atual

Atualmente há um respeito maior às individualidades, necessidades do trabalhador e normas de grupo. Na medida do possível, procura-se envolver os próprios trabalhadores nas decisões sobre seu trabalho. Uma das conseqüências dessa nova postura gerencial foi a gradativa eliminação das linhas de montagem, onde cada trabalhador realiza tarefas simples e altamente repetitivas, definidas pela gerência. Essas linhas, consideradas, até pouco tempo atrás, como o supra-sumo do taylorismo, parecem que estão condenadas a serem substituídas por equipes menores, mais flexíveis, chamadas de **grupos autônomos** (Figura 1.2).

No sistema produtivo de grupos autônomos, cada grupo se encarrega de fazer um produto completo.Há um movimnto inverso ao taylorismo, promovendo a apropriação do conhecimento pelo grupo. A distribuição de tarefas a cada trabalhador é decidida pelos próprios elementos da equipe. Portanto, há mais liberdade para cada

Figura 1.2
As linhas de produção tayloristas, com divisão de tarefas, podem ser substituídas por grupos autônomos, com tarefas mais integradas. (OIT, 1996).

um escolher as suas tarefas, podendo haver rodízios periódicos dentro da equipe para combater a monotonia e a fadiga. O ritmo do trabalho é regulado pelo próprio grupo, não sendo mais imposta "de cima para baixo" ou pela regulagem mecânica da velocidade de uma esteira transportadora.

Assim, comparando-se com o taylorismo, houve uma transferência de responsabilidades sobre o planejamento e controle do trabalho, da gerência, para os próprios trabalhadores. No taylorismo, muitos trabalhadores executavam apenas uma pequena parcela das atividades e não viam o "fim" do seu trabalho (para que serve?). No trabalho em grupo, ao contrário, os **objetivos-fim** são claramente definidos, deixando-se os controles intermediários (objetivos-meio) a cargo dos próprios trabalhadores.

Evidentemente, não se trata de cair no extremo oposto do *laissez faire*. Os controles continuam existindo. Mas, em vez de se controlar individualmente, cada trabalhador, esses controles foram direcionados para os aspectos mais **globais** da produção e qualidade. Essa mudança trouxe mais liberdade e responsabilidade aos trabalhadores, dando-lhes maiores oportunidades para manifestação dos talentos e individualidades de cada um.

Assim, os resultados globais podem ser melhores do que no caso anterior, onde todos os detalhes eram rigorosamente controlados, e as individualidades, sufocadas. A maioria das pessoas costuma trabalhar melhor quando há objetivos claramente estabelecidos, em termos de quantidade, qualidade e prazos. Assim, de certa forma, sentem-se desafiadas para que essas metas sejam alcançadas. Naturalmente, as condições materiais e organizacionais para a execução do trabalho também devem estar disponíveis.

1.4 Abrangência da Ergonomia

A ergonomia pode dar diversas contribuições para melhorar as condições de trabalho. Em empresas, estas podem variar, conforme a etapa em que ocorrem. Em alguns casos, são bastante abrangentes, envolvendo a participação dos diversos escalões administrativos e vários profissionais dessas empresas.

No Brasil não existem cursos superiores para formação de ergonomistas, mas são disponíveis vários cursos de pós-graduação. Nas empresas, mesmo não existindo departamentos especializados em ergonomia, há diversos profissionais ligados à saúde do trabalhador, à organização do trabalho e ao projeto de máquinas e equipamentos. Eles podem colaborar, fornecendo conhecimentos úteis, que poderão ser aproveitados na solução de problemas ergonômicos. Entre esses profissionais, destacam-se:

- *Médicos do trabalho* — podem ajudar na identificação dos locais que provocam acidentes ou doenças ocupacionais e realizar acompanhamentos de saúde;
- *Engenheiros de projeto* — podem ajudar sobretudo nos aspectos técnicos, modificando as máquinas e ambientes de trabalho;
- *Engenheiros de produção* — contribuem na organização do trabalho, estabelecendo um fluxo racional de materiais e postos de trabalho sem sobrecargas;

- *Engenheiros de segurança e manutenção* — identificam áreas e máquinas potencialmente perigosas e que devem ser modificadas;
- *Desenhistas industriais* — ajudam na adaptação de máquinas e equipamentos, projetos de postos de trabalho e sistemas de comunicação;
- *Analistas do trabalho* — ajudam sobretudo no estudo de métodos, tempos e postos de trabalho;
- *Psicólogos* — geralmente envolvidos na análise dos processos cognitivos, relacionamentos humanos, seleção e treinamento de pessoal, podem ajudar na implantação de novos métodos;
- *Enfermeiros e fisioterapeutas* — podem contribuir na recuperação de trabalhadores com dores ou lesões e podem também atuar preventivamente;
- *Programadores de produção* — podem contribuir para criar um fluxo mais adaptado de trabalho, evitando atrasos, estresses, sobrecargas ou trabalhos noturnos;
- *Administradores* — contribuem no estabelecimento de plano de cargos e salários mais justos, que ajudam a reduzir os sentimentos de injustiças entre os trabalhadores; e
- *Compradores* — ajudam na aquisição de máquinas, equipamentos e materiais mais seguros, confortáveis, menos tóxicos e mais limpos.

Muitos desses profissionais já tiveram oportunidade de freqüentar cursos de pós-graduação em ergonomia e se especializaram para atuar profissionalmente na área.

Essa abordagem interdisciplinar reproduz, de certa forma, aquela adotada pelos ingleses durante a guerra e que já foi apresentada anteriormente. Agora pode-se conseguir resultados mais rápidos e objetivos sob a coordenação de um especialista em ergonomia. Ele sabe **quando** e **porque** deve ser convocado cada um desses profissionais, para resolver os problemas.

Para que isso se torne viável, é imprescindível o apoio da alta administração da empresa para facilitar, encorajar ou até exigir o envolvimento de todos esses profissionais na solução de problemas ergonômicos. Contudo, ressalta-se que cada um deles tem um viés próprio. Estão acostumados a ver o problema do seu ponto de vista particular. Deverão ser feitos esforços para derrubar as barreiras que separam as profissões, para que eles passem a trabalhar **cooperativamente** na solução de problemas.

A melhor forma de fazer isso é com a realização de reuniões periódicas, de curta duração, com esses profissionais, para discutir conceitos, apresentar de resultados e mantê-los informados sobre a evolução dos trabalhos. Quando surgir algum problema em que se torne necessário pedir a colaboração de algum deles, esta poderá ser obtida mais rapidamente, com menor resistência, pois já saberão do que se trata.

A contribuição da ergonomia, de acordo com a ocasião em que é feita, classifica-se em concepção, correção, conscientização (Wisner, 1987) e participação.

Ergonomia de concepção

A ergonomia de concepção ocorre quando a contribuição ergonômica se faz durante o projeto do produto, da máquina, ambiente ou sistema. Esta é a melhor situação, pois as alternativas poderão ser amplamente examinadas, mas também se exige maior conhecimento e experiência, porque as decisões são tomadas com base em situações hipotéticas, ainda sem uma existência real. O nível dessas decisões pode ser melhorado, buscando-se informações em situações semelhantes que já existam ou construindo-se modelos tridimensionais de postos de trabalho em madeira ou papelão, onde as situações de trabalho podem ser simuladas a custos relativamente baixos. Modernamente, essas situações podem ser simuladas no computador, com uso de modelos virtuais.

Ergonomia de correção

A ergonomia de correção é aplicada em situações reais, já existentes, para resolver problemas que se refletem na segurança, fadiga excessiva, doenças do trabalhador ou quantidade e qualidade da produção. Muitas vezes, a solução adotada não é completamente satisfatória, pois ela pode exigir custo elevado de implantação. Por exemplo, a substituição de máquinas ou materiais inadequados pode tornar-se muito onerosa. Em alguns casos, certas melhorias, como mudanças de posturas, colocação de dispositivos de segurança e aumento da iluminação podem ser feitas com relativa facilidade enquanto, em outros casos, como a redução da carga mental ou de ruídos, tornam-se difíceis.

Ergonomia de conscientização

A ergonomia de conscientização procura capacitar os próprios trabalhadores para a identificação e correção dos problemas do dia-a-dia ou aqueles emergenciais.

Muitas vezes, os problemas ergonômicos não são completamente solucionados, nem na fase de concepção e nem na fase de correção. Além do mais, novos problemas poderão surgir a qualquer momento, devido à própria dinâmica do processo produtivo. Podem ocorrer, por exemplo, desgastes naturais das máquinas e equipamentos, modificações introduzidas pelos serviços de manutenção, alteração dos produtos e da programação da produção, introdução de novos equipamentos, substituição de trabalhadores e assim por diante. Os imprevistos podem surgir a qualquer momento e os trabalhadores devem estar preparados para enfrentá-los.

Pode-se dizer que o sistema produtivo e os postos de trabalho assemelham-se a organismos vivos em constante transformação e adaptação. Portanto, é importante conscientizar o operador, através de cursos de treinamento e freqüentes reciclagens, ensinando-o a trabalhar de forma segura, reconhecendo os fatores de risco que podem surgir, a qualquer momento, no ambiente de trabalho. Nesse caso, ele deve saber exatamente qual a providência a ser tomada numa situação de emergência. Por exemplo, desligar a máquina e chamar a equipe de manutenção.

Essa conscientização dos trabalhadores nem sempre é feita só em termos individuais. Ela pode ser feita coletivamente, em níveis mais amplos, com o envolvimento do sindicato dos trabalhadores, quando o problema afetar a todos, como no caso de poluições atmosféricas ou radiações nucleares.

Ergonomia de participação

A ergonomia de participação procura envolver o próprio usuário do sistema, na solução de problemas ergonômicos. Este pode ser o trabalhador, no caso de um posto de trabalho ou consumidor, no caso de produtos de consumo. Esse princípio é baseado na crença de que eles possuem um conhecimento prático, cujos detalhes podem passar desapercebidos ao analista ou projetista. Além disso, muitos sistemas ou produtos não são operados na forma "correta" ou seja, como foi idealizada pelos projetistas.

Enquanto a ergonomia de conscientização procurava apenas manter os trabalhadores informados, a de participação envolve aquele de forma mais ativa, na busca da solução para o problema, fazendo a realimentação de informações para as fases de conscientização, correção e concepção (Figura 1.3).

Difusão da ergonomia na sociedade

Em alguns países, principalmente aqueles europeus, existem esforços para difundir certos conhecimentos básicos da ergonomia para uma faixa maior da população. Os sindicatos de trabalhadores, por exemplo, procuram conscientizar os seus membros sobre os ambientes nocivos à saúde (Oddone *et al.* 1986), para que eles não se sujeitem às condições que podem provocar danos à saúde. Para isso, preparam cartilhas ilustradas e promovem palestras com os trabalhadores. Em muitos países existem também associações de defesa dos consumidores, que procuram advertir os mesmos sobre produtos ou serviços inconvenientes, de forma mais ampla, abrangendo a população em geral.

Os conhecimentos sobre ergonomia geralmente são gerados através de pesquisas realizadas em universidades e institutos de pesquisa. Esses conhecimentos originais são apresentados em congressos científicos ou publicados em periódicos, sob forma de artigos. Daí se difundem para o ensino universitário e a mídia em geral. A Associação Internacional de Ergonomia considera cinco níveis de **difusão** dos conhecimentos científicos e tecnológicos:

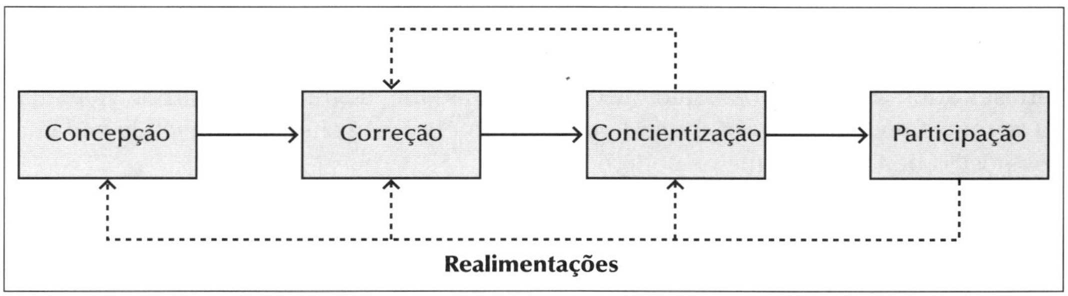

Figura 1.3
Ocasiões da contribuição ergonômica.

Nível 1. O conhecimento é dominado apenas por um número restrito de pesquisadores e professores.

Nível 2. O conhecimento é dominado por especialistas da área e por estudantes de pós-graduação.

Nível 3. O conhecimento é dominado por estudantes universitários em geral.

Nível 4. O conhecimento é dominado por empresários, políticos e outras pessoas da sociedade, que tomam decisões de interesse geral.

Nível 5. O conhecimento é incorporado ao processo produtivo e passa a ser "consumido" pela população em geral.

Verifica-se que até o nível 3, os conhecimentos circulam no âmbito restrito de pesquisadores e estudantes. A partir no nível 4, passam ao domínio mais amplo dos não-especialistas da área. No último nível, costuma-se dizer que o conhecimento chegou às "prateleiras dos supermercados" ou seja, foi incorporado aos produtos e serviços disponíveis no mercado. Os tempos que decorrem entre esses níveis podem ser muito variáveis. No século XVIII, decorreram cerca de 80 anos entre a invenção e a aplicação do alto-forno e baterias elétricas. Já o telégrafo e rádio, inventados no século XIX, encontraram aplicações após 40 anos. No século XX, para invenções como a televisão e a penicilina, esses tempos foram reduzidos para 20 anos. Para o *nylon* e o transistor, cerca de 10 anos. Atualmente, algumas invenções encontram aplicações quase imediatas. Contudo, para um conjunto de conhecimentos como a ergonomia, o tempo necessário para difundir-se na sociedade pode ser mais demorado.

Em alguns países industrializados, pode-se dizer que a ergonomia já atingiu os níveis 4 e 5, pois seus conhecimentos foram incorporados em legislações e normas técnicas. No Brasil, pode-se considerar que já foi ultrapassado o nível 1 e se caminha para os níveis 2 a 3.

A contribuição ergonômica também pode variar, de acordo com a magnitude e abrangência do problema, em análise de sistemas e análise dos postos de trabalho.

Análise de sistemas

A análise de sistemas preocupa-se com o funcionamento **global** de uma equipe de trabalho que usa uma ou mais máquinas. Abrange aspectos mais gerais, como a distribuição de tarefas entre o homem e a máquina, mecanização de tarefas e assim por diante. Ao considerar se uma tarefa deve ser atribuída ao homem ou à máquina, devem ser adotados critérios como custo, confiabilidade, segurança e outros. A análise de sistemas pode ir se aprofundando gradativamente, até chegar ao nível de cada um dos postos de trabalho que os compõe.

Análise dos postos de trabalho

A análise dos postos de trabalho é o estudo de **uma parte** do sistema onde atua um trabalhador. A abordagem ergonômica ao nível do posto de trabalho faz a análise da tarefa, da postura e dos movimentos do trabalhador e das suas exigências físicas e cognitivas. Considerando um posto mais simples, onde o homem opera apenas uma máquina, a análise deve partir do estudo da interface homem-máquina-ambiente, ou seja, das interações que ocorrem entre o homem, a máquina e o ambiente.

Essa abordagem é diferente daquela tradicionalmente adotada pelos projetistas, que se preocupam inicialmente apenas com o projeto da máquina, para posteriormente, fazer adaptações para que ela possa ser operada pelo trabalhador (Figura 1.4). Muitas vezes, devido à dificuldade de modificar a máquina depois de pronta, essa adaptação pode tornar-se precária, sacrificando o trabalhador.

Características do trabalho moderno

Modernamente, poucos trabalhadores dependem da força física, mas principalmente dos aspectos **cognitivos**. A cognição refere-se ao processo de aquisição (aprendizagem), armazenamento (memória) e uso dos conhecimentos para o trabalho. A melhor imagem que se faz de um moderno trabalhador é aquele que está sentado diante de um computador ou painel de controle, onde se requer pouca força física, mas muita atenção, concentração mental e tomada de decisões

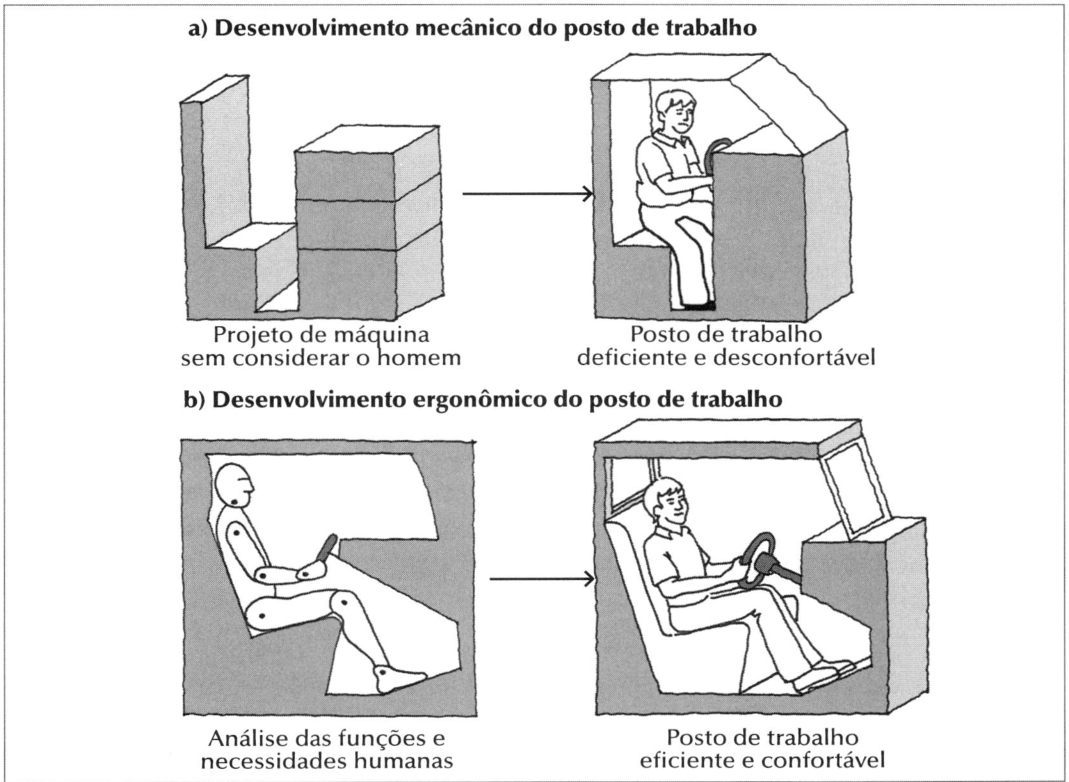

Figura 1.4 Desenvolvimento de um posto de trabalho aplicando-se um enfoque mecânico (a) e ergonômico (b). (Damon, Stoudt e McFarland, 1971).

Ao longo dos anos, o objeto da ergonomia também foi se modificando. Como já vimos, nas décadas de 1940-50, os ergonomistas foram conhecidos como estudiosos de botões (*knobs*) e mostradores. Assim, ocupavam-se apenas de uma pequena parte da máquina ou equipamento. Numa segunda fase, a partir de 1960, a visão foi ampliada, passando-se ao estudo do homem integrado à máquina, no sistema homem-máquina-ambiente. A partir da década de 1980, com a difusão da informática começaram a surgir os estudos das interações homem-computador e sobre o uso de *softwares*.

Comparada com aquela situação anterior, o trabalhador moderno recebe informações em maior quantidade e deve tomar maior número de decisões. Em alguns casos, essas decisões podem envolver enormes riscos de perdas materiais e vidas humanas, justificando plenamente as modernas pesquisas em ergonomia.

Outra característica do trabalho moderno é a necessidade de interações cada vez maiores com outras pessoas. Isso pode exigir certas habilidades pessoais, conhecimentos de línguas, hábitos e culturas diferentes.

Macroergonomia

O escopo da ergonomia ampliou-se bastante a partir da década de 1980. Essa versão ampliada foi chamada também de macroergonomia (Hendrick, 1995). Segundo essa nova visão, a ergonomia é definida como "desenvolvimento e aplicação da tecnologia da interface homem-máquina, em um nível **macro**, ou seja, em toda a organização". Hoje, uma empresa inteira, que pode envolver milhares de trabalhadores, é considerada como um sistema global, que deve ser estudado em seu todo. Portanto, a ergonomia passou a participar do projeto e gerência de organizações. Para essa atividade cunhou-se, em inglês, a sigla ODAM - *Organizational Design and Management*.

De acordo com essa nova concepção, muitas decisões ergonômicas são tomadas em nível da administração superior da empresa. Isso produz uma melhoria da segurança, satisfação, com redução de erros e acidentes, e melhoria da saúde e produtividade na empresa toda. Há relatos de casos em que o índice de acidentes e o tempo perdido com os mesmos foram reduzidos acima de 70%, justificando plenamente as aplicações da ergonomia.

Um exemplo é o grau de informatização a ser adotado na empresa, com postos de trabalho informatizados e o uso de robôs. Isso pode refletir no nível de emprego, qualificação de trabalhadores, organização da produção e realização de investimentos. Essa visão macroergonômica tem proporcionado, em alguns casos, resultados melhores do que aquela abordagem **micro** dos trabalhadores individuais ou em postos de trabalho isolados. Enquanto essa abordagem micro produz melhorias de 10 a 25%, a abordagem **macro** pode proporcionar melhorias de 60 a 90% (Hendrick, 1995).

1.5 Aplicações da Ergonomia

O problema da adaptação do trabalho ao homem nem sempre tem uma solução trivial, que possa ser resolvido na primeira tentativa.

Ao contrário, geralmente é um problema complexo, com diversas idas e vindas, para o qual não existe resposta pronta. As pesquisas fornecem um acervo de conhecimentos, princípios gerais, medidas básicas das capacidades físicas do homem e técnicas para serem aplicadas no projeto e funcionamento das máquinas, sistemas e ambiente de trabalho.

Numa situação **ideal**, a ergonomia deve ser aplicada desde as etapas iniciais do projeto de uma máquina, sistema, ambiente ou local de trabalho. Estas devem sempre incluir o ser humano como um de seus componentes. Assim, as características desse operador devem ser consideradas conjuntamente com as características ou restrições das partes mecânicas, sistêmicas ou ambientais, para se ajustarem mutuamente umas às outras.

Às vezes é necessário adotar certas soluções de **compromisso**. Isso significa fazer aquilo que é possível, dentro das restrições existentes, mesmo que não seja a alternativa ideal. Essas restrições geralmente recaem no domínio econômico, prazos exíguos ou, simplesmente, atitudes conservadoras. De qualquer forma, o requisito mais importante, ao qual não se deve fazer concessões, é o da segurança do operador, pois não há nada que pague os sofrimentos, as mutilações e o sacrifício de vidas humanas.

Inicialmente, as aplicações da ergonomia restringiram-se à indústria e ao setor militar e aero-espacial. Recentemente, expandiram-se para a agricultura, ao setor de serviços e à vida diária do cidadão comum. Isso exigiu novos conhecimentos, como as características de trabalho de mulheres, pessoas idosas e aqueles portadores de deficiências físicas.

Ergonomia na indústria

A ergonomia contribui para melhorar a eficiência, a confiabilidade e a qualidade das operações industriais. Isso pode ser feito basicamente por três vias: aperfeiçoamento do sistema homem-máquina-ambiente, organização do trabalho e melhoria das condições de trabalho.

O aperfeiçoamento do sistema homem-máquina-ambiente pode ocorrer tanto na fase de projeto de máquinas, equipamentos e postos de trabalho, como na introdução de modificações em sistemas já existentes, adaptando-os às capacidades e limitações do organismo humano.

Por exemplo, a cabina de uma **ponte-rolante**, usada em uma empresa siderúrgica, apresentava sérias dificuldades operacionais (Sell, 1977). Essa cabine tinha os controles colocados em posição inadequada (Figura 1.5), na frente do operador, atrapalhando sua visão para fora, e prejudicando as operações de carregamento, que resultavam em freqüentes colisões com vagões de trem, que deveriam ser carregados com a ajuda da ponte-rolante. A empresa gastava, em média 500 dólares por semana

Figura 1.5

Uma cabina de guindaste que exigia o trabalho em pé com uma postura forçada, provocando fadiga do operador, foi redesenhada para permitir o trabalho sentado, com melhor visão e facilidade de operação dos controles. (Sell, 1977).

com os consertos dos vagões. A proposta para a mudança da posição dos controles para facilitar a visão do operador sobre a carga em movimento e redesenho da cabina, foi estimado em 2 500 dólares, ou seja, um investimento que seria recuperado em cerca de cinco semanas de operação.

Uma segunda categoria de atuação da ergonomia está relacionada com os aspectos organizacionais do trabalho, procurando reduzir a fadiga e a monotonia, principalmente pela eliminação do trabalho altamente repetitivo, dos ritmos mecânicos impostos ao trabalhador, e a falta de motivação provocada pela pouca participação do mesmo nas decisões sobre o seu próprio trabalho.

Em terceiro lugar, a melhoria é feita pela análise das condições ambientais de trabalho, como temperatura, ruídos, vibrações, gases tóxicos e iluminação. Por exemplo, um iluminamento deficiente sobre uma tarefa que exija precisão, pode ser muito fatigante. Por outro lado, focos de luz brilhantes colocados dentro do campo visual podem provocar reflexos e ofuscamentos extremamente desconfortáveis.

A aplicação sistemática da ergonomia na indústria é feita identificando-se os locais onde ocorrem problemas ergonômicos mais graves. Estes podem ser reconhecidos por certos sintomas como alto índice de erros, acidentes, doenças, absenteísmos e rotatividade dos empregados. Por trás dessas evidências podem estar ocorrendo uma inadaptação das máquinas, falhas na organização do trabalho ou deficiências ambientais, que provocam dores musculares e tensões psíquicas nos trabalhadores, resultando nos sintomas acima mencionados.

Ergonomia na agricultura, mineração e construção civil

As aplicações da ergonomia na agricultura, mineração e construção civil ainda não ocorrem com a intensidade desejável, devido ao caráter relativamente disperso dessas atividades e ao pouco poder de organização e reivindicação dos mineiros, garimpeiros, trabalhadores rurais e da construção. O mesmo se pode dizer do setor pesqueiro, que tem uma participação economicamente pequena em nosso país.

Alguns estudos têm sido realizados por empresas industriais que produzem máquinas e implementos agrícolas. Entre estes, os tratores têm sido objeto de diversas pesquisas, devido aos acidentes que têm provocado, e às condições adversas de trabalho do tratorista.

Outros trabalhos relacionam-se com as tarefas de colheita, transporte e armazenamento de produtos agrícolas. Em particular, no nosso país, diversos estudos foram realizados sobre o corte da cana-de-açúcar, devido à rápida expansão dessa cultura para fins energéticos.

Merecem destaque as pesquisas sobre os efeitos danosos dos agrotóxicos sobre a saúde de homens e animais. Recentemente, problemas semelhantes estão surgindo com a contaminação pelo mercúrio, usado indiscriminadamente em garimpos.

A construção civil absorve grande contingente de mão de obra, geralmente de baixa qualificação e baixa remuneração. Envolvem muitas tarefas árduas e perigosas. As grandes empresas do setor já tem uma organização eficiente e tarefas estruturadas, mas não é o caso da maioria das empresas de pequeno porte e das construções informais.

De qualquer forma, na agricultura, mineração e construção civil, concentram-se a maior parte dos trabalhos mais árduos que se conhecem. As máquinas e equipamentos utilizados nesses setores ainda são quase sempre rudimentares, e poderiam ser consideravelmente aperfeiçoados com a aplicação dos conhecimentos ergonômicos e tecnológicos já disponíveis.

Ergonomia no setor de serviços

O setor de serviços é o que mais se expande com a modernização da sociedade. Com a mecanização crescente da agricultura e a automação da indústria, a mão-de-obra excedente desses setores está sendo absorvida pelo setor de serviços: comércio, saúde, educação, escritórios, bancos, lazer e prestação de serviços em geral.

O setor de serviços tende a crescer, criando sempre novas necessidades na sociedade afluente. Por exemplo, a expansão da TV, a partir da década de 1950, criou uma série de profissões que não existiam. Evolução semelhante ocorreu com a introdução do microcomputador e telefone celular. Hoje há muitos pesquisadores em ergonomia envolvidos no projeto e racionalização de sistemas de informação, centros de processamento de dados, projeto de vídeos, teclados, postos de trabalho com terminais de vídeo e na organização de sistemas complexos, como centros de controle operacional de usinas e sistemas de transportes.

A operação de um hospital moderno é tão complexa quanto a de uma empresa industrial. Há diversos tipos de sofisticados equipamentos que não podem parar, suprimentos de vários materiais, envolvimento de diversos tipos de profissionais em turnos de trabalho contínuo, programações de tratamento e acompanhamento individual de cada paciente, e assim por diante.

As universidades, bancos, centrais de abastecimento e outros exigem operações de sistemas igualmente complexos, oferecendo muitas oportunidades para estudos e aplicações da ergonomia.

Ergonomia na vida diária

A ergonomia tem contribuído para melhorar a vida cotidiana, tornando os meios de transporte mais cômodos e seguros, a mobília doméstica mais confortável e os aparelhos eletrodomésticos mais eficientes e seguros.

Hoje existe um ramo da ergonomia que se dedica ao teste de produtos de consumo. Muitas vezes, esses serviços estão ligados a órgãos de defesa dos consumidores, que avaliam o desempenho dos produtos e divulgam os resultados do testes para a população.

Em alguns casos específicos de produtos que oferecem maiores riscos, como os componentes aeronáuticos, é necessário haver uma homologação prévia, que é fornecida ao fabricante, por um instituto de pesquisa devidamente credenciado. Sem essa homologação, o fabricante não está autorizado a produzir e comercializar esses produtos. Isso ocorre, sobretudo com os produtos relacionados com a saúde e segurança da população.

Portanto, a contribuição da ergonomia não se restringe às indústrias. Hoje, os estudos ergonômicos são muito amplos, podendo contribuir para melhorar as residências, a circulação de pedestres em locais públicos, ajudar pessoas idosas, crianças em idade escolar, aquelas portadores de deficiências físicas e assim por diante.

1.6 Custo e benefício da Ergonomia

A ergonomia, assim como qualquer outra atividade relacionada com o setor produtivo, só será aceita se for capaz de comprovar que é economicamente viável, ou seja, se apresentar uma relação custo/benefício favorável.

A análise do custo/benefício indica de um lado, o investimento (quantidade de dinheiro) necessário para implementar um projeto ou uma recomendação ergonômica, representado pelos custos de elaboração do projeto, aquisição de máquinas, materiais e equipamentos, treinamento de pessoal e queda de produtividade durante o período de implantação. Do outro lado, são computados os benefícios, ou seja, quanto vai se ganhar com os resultados do projeto. Aí podem ser computados itens como economias de material, mão de obra e energia, redução de acidentes, absenteísmos e aumento da qualidade e produtividade.

Em princípio, o projeto só será considerado economicamente **viável** se a razão custo/benefício, expresso em termos monetários, for menor que 1,0, ou seja, os benefícios forem superiores aos respectivos custos. Há diversos relatos de resultados econômicos das aplicações da ergonomia. Um simples trabalho de conscientização dos trabalhadores contribuiu para aumentar a produtividade em 10%. Em um caso de aplicação da ergonomia verificou-se economia em 25% em manutenção e 36% de produtividade, em empresas do setor alimentício (Bridger, 2003).

Em geral, os custos costumam incidir a curto-prazo, enquanto os benefícios, ou seja, o retorno do investimento, pode demorar um certo tempo. Algumas empresas estabelecem um prazo máximo para esse retorno, digamos cinco anos. Os projetos que têm um retorno maior ou em menor prazo, são considerados aqueles mais interessantes.

Há duas questões associadas à analise do custo/benefício e que nem sempre são quantificáveis: o risco do investimento e os fatores intangíveis.

Risco do investimento

Os riscos são associados a incertezas, que ocorrem inesperadamente e produzem resultados imprevistos. É como uma tempestade, que tira o navio de sua rota, levando-o a um outro destino. Assim, devido a alguma razão imprevisível, é possível que o benefício previsto no projeto não se realize, ou se realize parcialmente.

Na área de ergonomia, isso pode ser provocado principalmente pelo avanço tecnológico, que promove mudanças substanciais na natureza do trabalho, a ponto de extinguir certas tarefas e cargos. Por exemplo, um banco investiu no redesenho dos postos de trabalho dos caixas executivos, na década de 1990. Alguns anos depois, muitos bancários foram substituídos pelos caixas eletrônicos, eliminando-se cerca de 80% desses postos de trabalho. Como isso aconteceu antes do prazo previsto, o retorno dos investimentos realizados no novo posto de trabalho foi aquém do esperado. Muitas vezes, essa aceleração das mudanças ocorre pelo barateamento das novas tecnologias e pela necessidade de manter-se competitivo no mercado.

Fatores intangíveis

Fatores intangíveis são aqueles não quantificáveis, em termos monetários. Nem por isso deixam de ser importantes. É o que ocorre, por exemplo, com o aumento do moral, motivação, conforto e melhoria das comunicações entre os membros da equipe.

Portanto, esses riscos do investimento e fatores intangíveis, mesmo não sendo economicamente mensuráveis, podem ser tão importantes ou até mesmo mais importantes que aqueles quantificáveis. As decisões que envolvem riscos e fatores intangíveis são tomadas em níveis mais altos da administração, enquanto aqueles quantificáveis podem ficar a cargo de escalões intermediários.

Em geral, costuma-se fazer uma análise custo/benefício com os fatores quantificáveis e depois complementá-la com a descrição daqueles fatores qualitativos, para efeito de um julgamento **subjetivo**. Muitas vezes, esses fatores subjetivos podem prevalecer sobre os demais. É o caso da gerência que resolve implementar um projeto, baseando-se nos benefícios indiretos, por considerá-los mais importantes que os resultados diretos. Por exemplo, uma empresa pode implantar um programa para financiar a casa própria para os seus empregados. A médio e longo prazos, pode obter um bom retorno, com a satisfação dos empregados e fidelização dos mesmos à empresa, resultando na melhoria da produtividade a longo prazo.

Conceitos introduzidos no capítulo 1

ergonomia	ergonomia de concepção
precursores da ergonomia	ergonomia de correção
taylorismo	ergonomia de conscientização
relações humanas	ergonomia de participação
efeito Hawthorne	macroergonomia

Questões do capítulo 1

1. Quais são os principais objetivos da ergonomia?
2. Que aspectos caracterizaram os estudos precursores da ergonomia até a II Guerra Mundial?
3. Trace um perfil dos conceitos tayloristas e os conflitos com os trabalhadores.
4. O que caracteriza a escola de relações humanas e como ela se difere do taylorismo?
5. Explique as 4 ocasiões da contribuição ergonômica.
6. Como evoluiu o enfoque ergonômico até hoje, desde a sua origem?
7. No que consiste a abordagem macroergonômica?
8. Apresente pelo menos 3 exemplos de possíveis aplicações da ergonomia.

Exercício

Escolha 5 a 6 pessoas entre seus familiares, amigos, colegas de trabalho ou alunos de outros cursos. Investigue o grau de conhecimento deles sobre ergonomia. Avalie se os conceitos deles sobre ergonomia são corretos.

2. Métodos e técnicas em Ergonomia

Neste capítulo vamos examinar como são construídos os conhecimentos em ergonomia, de modo que sejam considerados válidos e aceitos por todos.

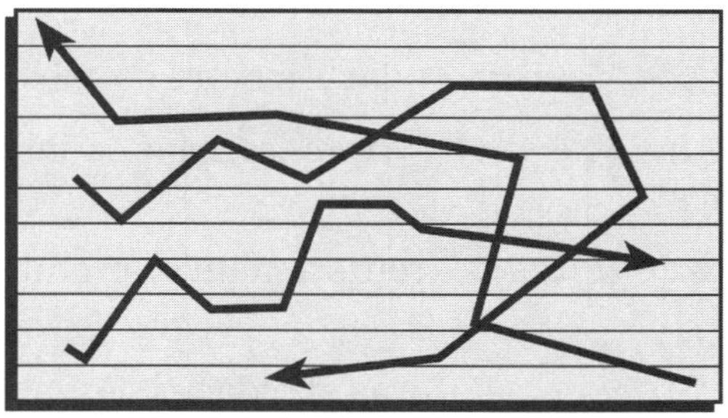

A unidade básica da ergonomia é o sistema homem-máquina-ambiente. Isso significa que uma parte desse sistema é governada pelas ciências naturais como a biologia, fisiologia, física e química. A outra, pelas ciências sociais, como a psicologia, sociologia e antropologia. Cada um desses ramos da ciência usa métodos e técnicas diferentes. No caso da ergonomia, dependendo da natureza do problema, pode predominar um ou outro tipo. Se esse problema estiver mais relacionado com a máquina, ambiente, ou funcionamento do organismo humano podem predominar os métodos das ciências naturais e se for de relacionamentos humanos, aqueles das ciências sociais.

Não existem recomendações explícitas sobre a escolha dos métodos e técnicas adequadas a cada caso. Isso vai depender da experiência e habilidades do pesquisador e das restrições, como limites de tempo, equipe e dinheiro disponíveis para se chegar ao resultado.

2.1 Abordagem sistêmica da Ergonomia

O enfoque ergonômico é baseado na teoria de sistemas. A palavra sistema geralmente é utilizada com muitos sentidos: sistema de governo, sistema fluvial, sistema de refrigeração. Entretanto, para o nosso caso será adotado um conceito que vem da biologia: "sistema é um conjunto de elementos (ou subsistemas) que se interagem entre si, com um objetivo comum e que evoluem no tempo". Assim, existem três aspectos que caracterizam um sistema: os seus componentes (elementos ou subsistemas); as relações (interações) entre os subsistemas; e a sua permanente evolução. (Buffa, 1972)

Componentes do sistema

Um sistema pode ser tão amplo quanto um país, região ou uma grande empresa, ou ser focalizado em algum detalhe como uma célula (biologia) ou posto de trabalho. Em qualquer um desses casos, é composto pelos seguintes elementos (Figura 2.1):

- *Fronteira* — são os limites do sistema, que pode tanto ter uma existência física, como a membrana de uma célula ou parede de uma fábrica, como pode ser uma delimitação imaginária para efeito de estudo, como a fronteira de um posto de trabalho.
- *Subsistemas* — são os elementos que compõem o sistema, e estão contidos dentro da fronteira.
- *Interações* — são as relações entre os subsistemas.
- *Entradas (inputs)* — representam os insumos ou variáveis independentes do sistema.
- *Saídas (outputs)* — representam os produtos ou variáveis dependentes do sistema.
- *Processamento* — são as atividades desenvolvidas pelos subsistemas que interagem entre si para converter as entradas em saídas.
- *Ambiente* — são variáveis que se situam dentro ou fora da fronteira e podem influir no desempenho do sistema.

Um exemplo de sistema poderia ser uma fábrica onde entra matéria-prima (entrada) que, após uma série de transformações (processamento), em diversas operações (subsistemas), resulta no produto final (saída). O ambiente interno é representado por variáveis como a iluminação, temperatura e ruídos dentro da fábrica. O ambiente externo é o ruído da rua, o clima seco ou chuvoso, a luz solar e assim por diante. As fronteiras desse sistema coincidem com as paredes da própria fábrica.

Se desejarmos estudar uma operação em particular, por exemplo, a solda, podemos restringir o sistema colocando a **fronteira** em torno dessa operação. Assim, esse novo sistema seria composto dos subsistemas soldador e o aparelho de solda.

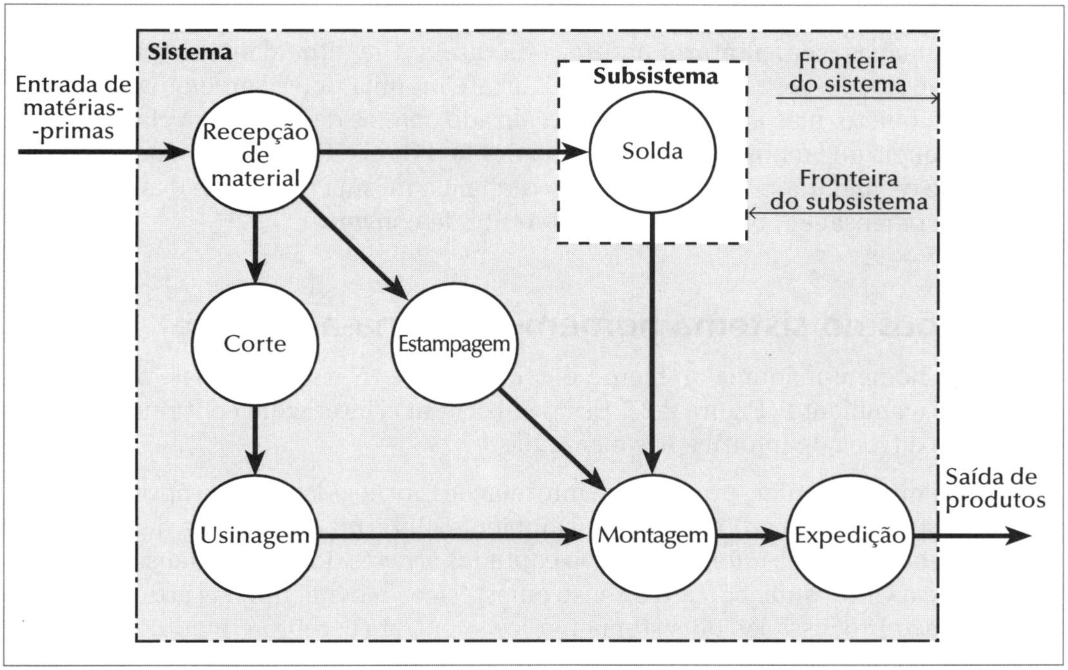

Figura 2.1
Exemplo de um sistema produtivo. Qualquer parte desse sistema constitui um subsistema. (Buffa,1972)

As entradas desse novo sistema seriam as peças a serem soldadas e as saídas, as peças já soldadas. O processamento seria representado pela operação de soldagem. Inversamente, se desejarmos estudar mais amplamente as atividades da fábrica, podemos ampliar a fronteira do sistema. Por exemplo, incluindo-se dentro da fronteira os transportes para a chegada dos materiais e os de saída para a distribuição dos produtos.

O sistema homem-máquina-ambiente

O sistema homem-máquina-ambiente é a unidade básica de estudo da ergonomia. Em comparação com a biologia, seria a célula, que compõe os órgãos. No nosso caso, órgãos seriam os departamentos, empresas ou organizações produtivas.

O sistema homem-máquina-ambiente é constituído basicamente de um homem e uma máquina que interagem entre si para a realização de um trabalho. Pode abranger também mais homens e mais máquinas, como no caso de uma linha de produção.

O conceito de máquina aqui é bastante amplo. Abrange qualquer tipo de artefato usado pelo homem para realizar um trabalho ou melhorar o seu desempenho. Portanto, pode ser um simples lápis ou chave de fenda, até complexos computadores e aeronaves.

Existem dois tipos básicos de máquinas: as tradicionais e as cognitivas. As máquinas tradicionais nos ajudam a realizar trabalhos físicos, como no caso de ferramentas manuais e máquinas-ferramentas. Nessa categoria incluem-se também os veículos como os automóveis. As máquinas cognitivas são aquelas que operam sobre as informações. Um exemplo típico é o computador.

Algumas máquinas simplesmente servem para amplificar ou aperfeiçoar as capacidades humanas, sem alterar a natureza da tarefa. Um alto falante amplifica a voz, mas não modifica o conteúdo da fala. Um alicate ou uma pinça servem para prender melhor um objeto, mas isso poderia ser realizado com os dedos. Outra classe de máquinas é aquela que modifica a natureza da tarefa. Por exemplo, dirigir um automóvel é diferente de andar a pé, embora ambos tenham a mesma função de deslocamento. Passar uma mensagem por Internet é diferente de conversar.

Interações no sistema homem-máquina-ambiente

O sistema homem-máquina-ambiente é composto de três subsistemas: o homem, a máquina e o ambiente (Figura 2.2). Esses subsistemas interagem continuamente entre si, com a troca de informações e energias.

O homem, para atuar, precisa das informações fornecidas pela própria máquina, além do estado (situação) do trabalho, ambientes interno e externo e de instruções sobre o trabalho. Essas informações são captadas através dos órgãos sensoriais, principalmente a visão, audição, tato e senso cinestésico (movimento das articulações do corpo), e são processadas no sistema nervoso central (cérebro e medula espinhal), gerando uma decisão. Esta se converte em movimentos musculares, comandando a máquina por meio das ações de controle. A máquina emite uma saída, atuando sobre o ambiente externo.

Vamos considerar o sistema homem-automóvel-ambiente como exemplo. O homem recebe informações do automóvel através dos instrumentos, ruído do motor e outros. Dentro da cabine, existe o ambiente interno: temperatura, iluminação, ruídos. Recebe também informações do ambiente externo representadas pela paisagem, sinalização das estradas, iluminação externa, outros veículos e pedestres. Além disso, o homem pode receber instruções, como o trajeto que deve executar, a velocidade máxima permitida, e assim por diante.

Figura 2.2 Representação esquemática das interações entre os elementos de um sistema homem-máquina-ambiente.

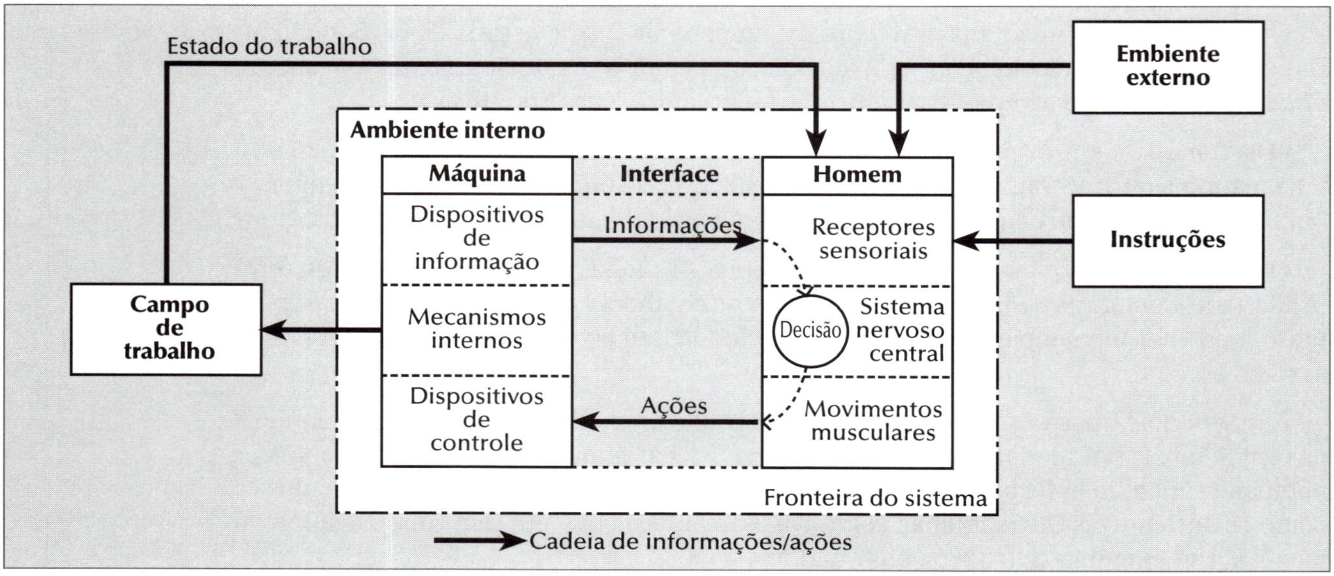

Com todas essas informações, ele dirige o automóvel atuando nos dispositivos de controle representados pelos pedais, volante, câmbio, botões e outros comandos. Finalmente, a saída ou resultado do sistema é o deslocamento do automóvel, que executa uma determinada trajetória. Durante o trajeto, ele recebe continuamente essas informações do automóvel e do ambiente, para ajustar a direção e a velocidade, até chegar ao seu destino.

Otimização e subotimização

Em linguagem matemática, a solução ótima de um problema é aquela que maximiza ou minimiza a função objetivo, dentro das restrições impostas a esse problema. Isso significa que a solução ótima não existe de forma absoluta, mas para certos critérios (função objetivo) definidos, como produção, lucros, custos, acidentes, erros, índices de refugos e outros. Portanto, para cada critério aplicado, existe uma solução ótima diferente.

A solução ótima pode estar ligado ao **máximo** ou **mínimo** da função, conforme esta tenha concavidade para cima ou para baixo, respectivamente. Por exemplo, no caso do ângulo de abertura do cabo do alicate, quando esse ângulo é pequeno, a força de preensão também é pequena. Aumentando-se o ângulo, a força também aumenta, mas até um certo ponto A. A partir desse ponto, se aumentar a abertura, a força tende a cair (Figura 2.3-a). Existe, então, um ponto de abertura ótima, que corresponde à força máxima.

A Figura 2.3-b apresenta um exemplo de concavidade para baixo, quando a solução ótima está associada ao ponto de mínimo. Isso acontece, por exemplo, com os erros cometidos pelo trabalhador em função da complexidade da tarefa. Tarefas muito simples são monótonas e provocam erros, mas aqueles muito complexos também provocam erros devido ao estresse. Há, então, um ponto intermediário, onde a complexidade é ótima. Esse ponto está associado ao número mínimo de erros.

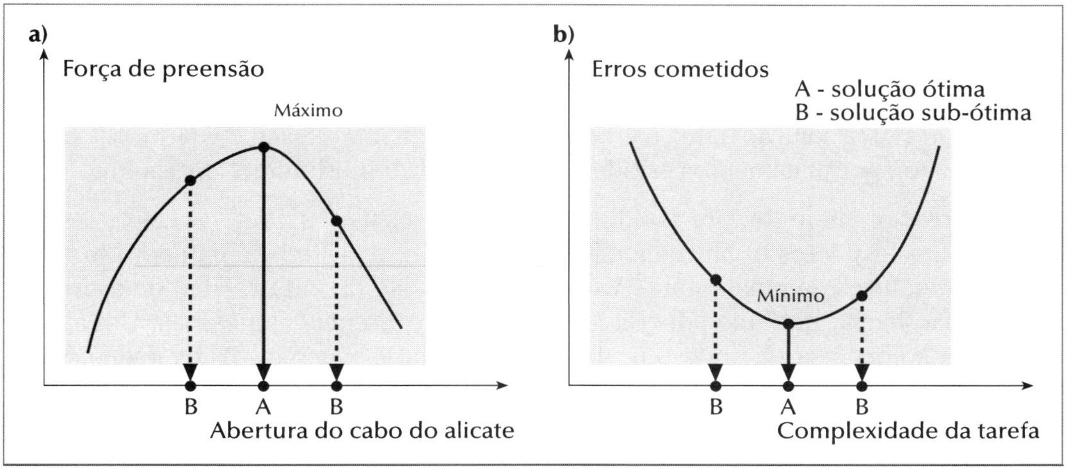

Figura 2.3
Exemplos de soluções ótimas e sub-ótimas.

As soluções que se afastam do ponto ótimo, tanto para cima como para baixo, são chamadas de sub-ótimas. Em um sistema, nem sempre o conjunto das soluções sub-ótimas dos subsistemas leva à solução ótima do sistema.

As **subotimizações** ocorrem freqüentemente no sistema homem-máquina-ambiente. É o caso, por exemplo, de carros que conseguem correr até 200 km/h, mas a sua potência é sub-utilizada porque a velocidade máxima permitida na estrada é de 100 km/h. Da mesma forma, muitos aparelhos de vídeo e computadores são dotados de funções que nunca são utilizadas pela maioria dos consumidores. Inversamente, há casos de serralheiros que cortam com serra manual porque não dispõe de uma serra elétrica, o que poderia melhorar a sua produtividade. Nesse caso, há uma subotimização da capacidade humana, pela limitação da ferramenta utilizada.

Normalmente, o projeto de um sistema é dividido em partes, cada uma sob responsabilidade de uma equipe. Se cada equipe procurar otimizar a sua parte, serão produzidas diversas soluções sub-ótimas. Entretanto, quando essas soluções sub-ótimas foram conjugadas entre si, dentro do sistema global, não significa necessariamente que a solução resultante seja ótima.

Por exemplo, vamos supor que um carro seja projetado por duas equipes, uma fazendo o motor e a outra a carroçaria. A primeira pode ter desenvolvido um motor excepcional, com 200 HP de potência. Entretanto, a segunda equipe desenvolveu uma carroçaria compacta que suporta somente 80 HP de potência. Se o motor de 200 HP for instalado nessa carroçaria, além de não haver um aproveitamento integral de sua potência, provavelmente criará diversos problemas na transmissão, suspensão e outras partes da carroçaria, porque ela é uma solução sub-ótima. No caso, seria melhor um motor mais modesto de 80 HP, mas cuja potência fosse integralmente aproveitada, sem provocar danos à carroçaria.

Provavelmente, isso não teria acontecido se uma única equipe tivesse desenvolvido o carro integralmente, ou se, antes de começar o projeto, as especificações de cada parte tivessem sido cuidadosamente definidas, em função do desempenho global do projeto. Além disso, é necessário um trabalho de coordenação, para harmonizar as atuações das diversas equipes entre si.

Consideração errônea da fronteira

A subotimização ocorre freqüentemente devido à consideração errônea da fronteira do sistema. Ou seja, a solução ótima é procurada dentro de um espaço limitado, inferior ao do sistema, ou por julgamentos errados sobre a verdadeira fronteira do sistema.

Essa fronteira nem sempre está ligada aos aspectos físicos. Pode-se referir-se, por exemplo, aos aspectos organizacionais da produção ou ao relacionamento humano entre os membros de uma equipe. Vamos supor o caso de um trabalho de escritório em que não havia um fluxo adequado de informações entre as pessoas. Um analista chegou à conclusão de que o problema estava no isolamento físico das pessoas, devido ao *layout* do escritório, em que cada pessoa ficava "trancada" em pequenas salas. Resolveu-se, então, eliminar as paredes e implantar um escritório aberto (*landscape*).

Para a surpresa do analista, o fluxo de informações não melhorou. Estudando, então, o problema mais a fundo, chegou à conclusão de que era devido ao controle exercido pelo chefe, que era do tipo centralizador, exigindo que todos os documentos passassem por ele, e isso provocava retardamentos. No caso, a fronteira do estudo deveria ter incluído, não apenas o aspecto físico dos locais de trabalho, mas também o tipo de relacionamento funcional entre a chefia e a equipe.

Subotimizações em grandes projetos

As subotimizações tendem a aumentar nos grandes projetos, em que cada parte é terceirizada, para ser executada por diferentes equipes ou diferentes empresas. Nesse caso, só as especificações bem elaboradas e a coordenação efetiva das atividades podem garantir a otimização global do projeto.

Por exemplo, no projeto e construção de um edifício, as tarefas podem ser divididas em: projeto de arquitetura, cálculo estrutural, projeto de instalações, aquisição de materiais, construção civil, supervisão da obra e assim por diante. Cada parte pode ser controlada por especificações que ajudem a atingir o objetivo global dentro dos prazos e custos previstos para cada etapa.

A supervisão geral pode ficar a cargo de uma empresa de engenharia, enquanto as demais partes, como as fundações, construção da estrutura, assentamento de tijolos, azulejos, instalações elétricas, instalações hidráulicas e outras, podem ser subcontratadas com empresas diferentes. Naturalmente, cada um desses segmentos tenderá a fazer uma subotimização. Nesse caso, por exemplo, a fundação e a estrutura do prédio podem ser excelentes, mas se a instalação hidráulica for mal feita, podem ocorrer vazamentos e infiltrações, e comprometer essa estrutura. Ao contrário, se as fundações e a estrutura forem deficientes, o edifício poderá desabar, mesmo que tenha excelentes instalações elétricas e hidráulicas.

Portanto, para se garantir a otimização global em grandes projetos, é necessário haver uma organização e coordenação eficiente dos diversos subsistemas para se garantir um bom desempenho do sistema como um todo.

2.2 O projeto de pesquisa

O projeto de pesquisa é um plano elaborado antes de se iniciar a pesquisa. É uma antecipação da realidade, propondo-se a atingir determinados objetivos ou metas. Ele serve basicamente para dar uma direcionalidade às atividades de pesquisa e estabelecer critérios de decisão, para que os objetivos pretendidos possam ser alcançados de forma eficiente.

Muitos projetos são iniciados sem uma definição clara dos seus **objetivos**. Em outros casos, esses objetivos são conhecidos por apenas alguns membros da equipe. Isso pode levar a um grande desperdício de tempo e de recursos humanos e financeiros.

Assim, vale a pena formular claramente o projeto com todos os detalhes necessários e divulgá-lo a todos os membros da equipe, para que haja uma convergência de propósitos. Em linguagem futebolística, isso significa instruir o que cada jogador deve fazer para que o time possa atingir o gol, coletivamente. Se não, cada jogador vai chutar a bola de um lado para outro e o gol jamais será conseguido. E o técnico (coordenador) provavelmente perderá o emprego.

Atividades preliminares à pesquisa

As atividades preliminares da pesquisa são aquelas realizadas **antes** de começar a pesquisa propriamente dita. Elas são muito importantes porque, se forem bem elaboradas, poderão proporcionar economias de tempo, esforço e dinheiro. Ao contrário, se forem mal elaboradas, a pesquisa pode não chegar ao fim ou terminar sem obter os resultados pretendidos. Essas atividades compreendem a definição dos objetivos, levantamento do "estado da arte", e elaboração do projeto de pesquisa.

Definição dos objetivos

A primeira providência necessária, antes de iniciar uma pesquisa, é definir o seu objetivo. Ou seja, aquilo que se pretende fazer ou conhecer. Esse objetivo deve ser colocado sempre por escrito, pois este é um teste importante para saber se as pessoas têm uma idéia clara sobre aquilo que pretendem fazer. Em alguns casos, o objetivo pode ser alterado durante o desenvolvimento da pesquisa, mas, de qualquer modo, é necessário haver um objetivo inicial, para começar a pesquisa.

Por exemplo, vamos supor que se queira pesquisar o diâmetro ideal de cabos de chaves de fenda para uma tarefa que exige transmissão de torques elevados. Nesse caso, podem ser construídos cabos cilíndricos de madeira com diferentes diâmetros, para serem testados. Durante a realização dos testes descobre-se que outros fatores, como tipo de material do cabo, a rugosidade superficial e o formato dos cabos também influem na transmissão de torques.

Nesse caso, o objetivo da pesquisa deve ser ampliado, para abranger também esses outros aspectos. Se ela se restringir a estudar apenas os diferentes diâmetros em cabos cilíndricos de madeira, provavelmente terá pouca utilidade prática, pois não corresponderá à realidade da maioria das chaves-de-fenda encontradas no mercado.

Os objetivos devem ser definidos claramente de forma **operacional**. Por exemplo, "melhorar a aprendizagem" simplesmente não serve. Deve haver uma especificação mais clara, como "aprender a produzir desenhos animados no programa de *design* gráfico XYZ" ou "aprender a montar a parte mecânica do rádio modelo ABC".

As **condições** em que serão realizados os experimentos também devem ser definidas com clareza, pois determinados resultados, obtidos sob certas circunstâncias, não serão necessariamente válidos em outras condições. Por exemplo, um tipo de letra que seja mais legível em cartazes, com o espectador parado, não significa que continue sendo também o mais legível em *outdoors*, com o espectador em movimento. Portanto, para que um determinado resultado experimental possa ser generalizado, é necessário que o mesmo seja testado na situação real e nas mais variadas circunstâncias.

Levantamento do "estado da arte"

O levantamento do "estado da arte" destina-se a verificar tudo aquilo que já se conhece sobre o assunto, tendo dois objetivos básicos. Em primeiro lugar, para saber se a pesquisa ou projeto pretendido ainda não foi realizado. Em segundo, para dar suporte à pesquisa ou projeto. Nesse último caso, pode-se verificar, por exemplo, quais foram os métodos e técnicas utilizadas em casos semelhantes. Esse levantamento é feito principalmente pela revisão bibliográfica de livros, revistas e pesquisas na Internet.

Na área de ergonomia existem centenas de livros editados em diversos países do mundo. Aqueles editados até a década de 1970 davam maior ênfase aos aspectos fisiológicos do trabalho, pois esse é o ramo mais tradicional da ergonomia, que se desenvolveu desde o início do século XX, principalmente nos países europeus.

Modernamente, três tendências são dominantes. Em primeiro lugar, tem havido uma ênfase crescente em pesquisas na área de processos cognitivos, como percepção, memória e decisão. Em segundo lugar, há preocupações cada vez maiores sobre as influências do avanço tecnológico, principalmente da informática e automação, em praticamente todos os setores, modificando substancialmente a natureza do trabalho humano. Por último, tem havido uma consideração maior a certas minorias, como os idosos e pessoas portadoras de deficiências.

Os livros têm a vantagem de apresentar informações organizadas e sistematizadas, mas geralmente só contém aquelas informações de segunda ordem, ou seja, material que já foi apresentado anteriormente em outros veículos de informação. Os materiais **originais** e resultados de pesquisas mais recentes são encontrados nas revistas e nos anais de congressos. Na área de ergonomia, as diversas sociedades científicas existentes no mundo fazem congressos periódicos e publicam os seus anais.

Existem mais de 20 **periódicos** especializados em ergonomia, publicados em diversos países. Entre eles, os mais importantes, são: *Ergonomics* (publicada na Inglaterra desde 1958), *Human Factors* (Estados Unidos, desde 1959), *Applied Ergonomics* (Inglaterra, desde 1970) e *Le Travail Humain* (França). Artigos em ergonomia são encontrados ainda em revistas sobre o trabalho humano, psicologia aplicada, fisiologia, engenharia de produção, administração e outras.

Utilidade das pesquisas anteriores

Dada a enorme quantidade de informações científicas e tecnológicas hoje disponíveis no mundo, é bem possível que já haja informações prontas sobre aquilo que se pretende. Contudo, no caso da ergonomia, deve-se considerar que os resultados dependem de certas condições em que os experimentos foram realizados. Quase sempre se justifica uma nova pesquisa sobre o mesmo tema ou adaptações de resultados conhecidos a determinadas condições específicas. De qualquer modo, o exame de pesquisas semelhantes já realizadas, são úteis para analisar os seguintes aspectos:

Metodologia — Permite saber como a pesquisa foi planejada e executada; quais foram as variáveis medidas; como foram feitas as medidas e análises; e que tipo de cuidados ou controles foram exercidos durante o experimento.

Equipamento — Que tipo de instrumental foi utilizado; se foram usados equipamentos especialmente construídos ou montagens com instrumentos usuais de medidas; as faixas de variação das medidas e as precisões necessárias para essas medidas.

Sujeitos — Como foram selecionados os sujeitos para os experimentos; que características foram importantes nessa seleção; como foram treinados e instruídos para o experimento.

Análises e conclusões — Como foram tratadas as informações coletadas; que tipo de análises estatísticas foram realizadas com os dados; que tipo de conclusões resultaram das análises, e como foram apresentados os resultados.

Finalmente, ressalta-se que até aqueles artigos que relatam resultados não-conclusivos são importantes, pois apresentam caminhos que já foram explorados e que não precisam ser repetidos. É como se fosse um jogo de labirinto, onde se conhecem alguns caminhos que não levam à saída. Essa informação serve para reduzir o número de alternativas a serem examinadas na busca da saída correta.

Elaboração do projeto de pesquisa

O projeto de pesquisa pode ser elaborado de acordo com diferentes graus de detalhe, dependendo da complexidade e duração do mesmo, ou determinadas exigências. Por exemplo, se o projeto se destinar a solicitar apoio de um órgão de fomento, geralmente deve ser preenchido em formulários próprios, cada um com determinados graus de detalhamento. Em geral, as seguintes informações mínimas são exigidas:

- *Objetivo* — definir o que se pretende comprovar, descobrir ou desenvolver. Pode ser desdobrado em objetivo geral e objetivos específicos;
- *Justificativa* — apresentar o histórico, estado da arte e as possíveis vantagens e benefícios a serem obtidos;
- *Metodologia* — explicar como será realizada a pesquisa e quais são as suas principais etapas;
- *Equipe* — apresentar a quantidade e qualificação do pessoal envolvido no projeto, enfatizando-se a figura do seu coordenador ou responsável;
- *Cronograma* — fixar datas de início e término para cada etapa ou atividade do projeto e a data final (*dead line*) do projeto; e
- *Orçamento* — fazer a quantificação dos recursos necessários, geralmente classificado em equipamentos, materiais de consumo, pessoal e serviços de terceiros (passagens, diárias, manutenção e outros).

Esse projeto, em geral, precisa ser apresentado e aprovado em instâncias superiores, colegiados ou órgãos de financiamento. Se for o caso, deve-se preparar um material ilustrativo para a apresentação do projeto. Muitas vezes, aqueles que decidem não são especialistas na área. Portanto, deve-se evitar o uso de linguagem muito técnica ou jargões profissionais. Uma vez aprovado, e tendo-se a garantia dos recursos humanos e materiais necessários, a pesquisa poderá ser iniciada.

2.3 Realização da pesquisa

A pesquisa em ergonomia exige diversos tipos de planejamentos e cuidados para que os resultados alcançados sejam considerados válidos. Muitas vezes, esses resultados são baseados em uma amostra da população que não é significativa ou sofre influência de fatores estranhos durante os experimentos, que podem "mascarar" os resultados.

Escolha de métodos e técnicas

A ergonomia é uma ciência experimental. Ela se assemelha a ciências naturais e sociais, que constroem os seus conhecimentos a partir de observações e experimentações, em condições controladas e comprovadas, pela mensuração dos fenômenos. Por exemplo, faz observações reais do uso de máquinas e equipamentos ou da influência do clima no trabalho. Ela se diferencia das ciências formais como a matemática, cujos conhecimentos são construídos pelo raciocínio lógico.

Método de pesquisa é um procedimento ou **caminho** utilizado pelo pesquisador para estabelecer a relação entre causa e efeito. O método é composto de uma série de etapas, partido de uma hipótese (também chamada de pressuposto) para se chegar ao resultado da pesquisa, confirmando ou rejeitando essa hipótese.

Técnicas são operações, ações ou modos de executar uma atividade e são hierarquicamente inferiores ao método. O método é mais amplo que a técnica, e pode ser composto de várias técnicas. Para cada método existe um conjunto de técnicas adequadas, para se chegar ao fim pretendido. Por sua vez, a mesma técnica pode ser usada em vários tipos de métodos.

Exemplo. Para vestir um terno, uma pessoa deve ter um método, realizando três atividades em ordem: vestir a camisa, colocar a gravata e vestir paletó. Essa ordem não pode ser invertida. Não se pode colocar gravata antes de vestir a camisa. Para cada uma dessas atividades existe uma técnica. Existe uma técnica para vestir a camisa e outra para dar nó na gravata. Entretanto, a técnica para vestir o paletó pode ser a mesma para vestir a camisa.

A ergonomia utiliza diversos tipos de métodos e técnicas. Por exemplo, quando se quer verificar a satisfação do consumidor com um novo produto, podem-se usar técnicas como: observação (como o consumidor utiliza o produto), questionários escritos, entrevistas verbais com os consumidores ou reunião com um grupo de consumidores. Às vezes, pode-se usar uma técnica complementando a outra, pois cada uma pode apresentar detalhes diferentes daquilo que se quer conhecer.

A escolha do método e das técnicas depende muito do objetivo pretendido e também dos recursos e tempos disponíveis. Determinadas técnicas podem ser mais refinadas que outras, mas exigem mais habilidade, tempo e dinheiro. Por outro lado, talvez, o problema não exija informações tão detalhadas.

No caso da ergonomia existe uma dificuldade adicional, que é inerente à sua natureza interdisciplinar. Cada tipo de profissional envolvido (médicos, engenheiros, psicólogos, designers) tendem a ver o problema de acordo com o seu viés profissional, destacando certos aspectos sobre os demais (Figura 2.4). Para que a solução final não fique "torto" é necessário que o problema seja definido com a maior clareza possível, e que haja uma coordenação eficiente para evitar e corrigir os eventuais desvios.

Portanto, a escolha do método e técnicas depende da habilidade e experiência do pesquisador e também das restrições que ele encontra na prática. Em princípio, não se pode afirmar que haja um método adequado para cada tipo de problema, devido a essas condições limitantes. Um método considerado ótimo pode mostrar-se inviável, na prática, devido à falta de recursos ou habilidade dos pesquisadores. Enquanto isso, um outro, sub-ótimo, pode produzir resultados mais interessantes.

Existem basicamente, duas formas de realizar experimentos em ergonomia. Uma, é no laboratório, em condições artificialmente construídas e controladas. Outra forma é observar o fenômeno nas condições reais, no próprio campo ou local em que ocorre.

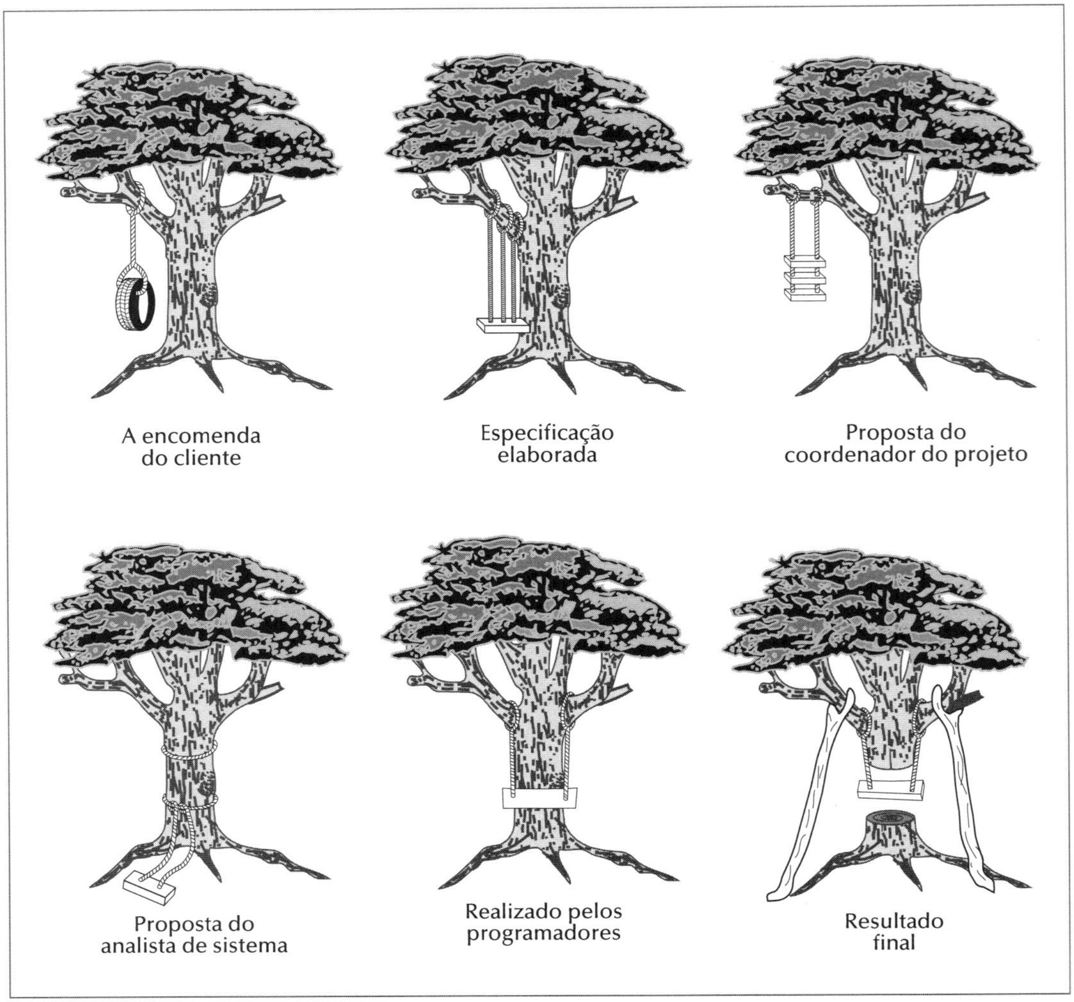

Figura 2.4

Cada tipo de profissional apresenta um viés na interpretação do problema e apresentação de soluções.

Experimentos de laboratório

O pesquisador pode exercer maior controle no laboratório. Assim, pode manipular as variáveis independentes (entradas) de acordo com o plano experimental, para assegurar que os dados sejam adequadamente colhidos. Por exemplo, o pesquisador pode controlar a exposição dos sujeitos a diversas condições experimentais, estabelecer um limite de tempo, ou mensurar os efeitos da aprendizagem. Um estudo-piloto, realizado previamente, pode assegurar a adequação do projeto do experimento.

No laboratório, um computador pode ser usado para simular o sistema para realizar um teste a custos reduzidos. A simulação pode ser feita de modo que se apresentem situações ou eventos muito próximos da realidade.

Nesses casos, o sistema físico (*hardware*) não precisa ser completo. Somente aquelas partes que entram em contato com o sujeito devem ser construídas com algum realismo. Assim sendo, pode-se testar o funcionamento do sistema na fase inicial do desenvolvimento. A facilidade e os custos relativamente baixos da simulação permitem avaliar diversas alternativas tecnológicas ou arranjos básicos do sistema, antes de se passar para a fase de detalhamento dos mesmos. O alto grau de controle do experimento torna possível fazer estudos detalhados sobre alguns aspectos críticos do projeto. Finalmente, em experimentos de laboratório, o sistema fica livre das eventuais reações negativas dos usuários.

Apesar de todas essas vantagens, o experimento de laboratório dificilmente será capaz de reproduzir efetivamente as condições reais de uso ou operação do sistema. Certos aspectos, como o estresse psicológico dos usuários ou reações inesperadas dos mesmos, são difíceis de se reproduzir em laboratório. Nesses casos, um experimento de campo é o único meio que resta para confirmar os resultados obtidos em laboratório.

Experimentos de campo

Os experimentos de campo servem para verificar o comportamento do projeto nas condições reais de uso. São feitos ainda em condições controladas, para sanar eventuais problemas, antes que o sistema seja colocado em uso efetivo. Exigem um planejamento cuidadoso, em colaboração com os usuários, para que estes tenham a devida compreensão do problema.

Por razões econômicas, às vezes, apenas uma parte do sistema operacional é submetida ao experimento de campo. Neste caso, ela deve ser apresentada da forma mais realista possível ao usuário. Os procedimentos operacionais devem ser cuidadosamente desenvolvidos para: a) realizar a tarefa que se está pesquisando; b) permitir a realização de medições e c) ser compatível com o resto do sistema que está em desenvolvimento.

A coleta de dados no campo pode apresentar dificuldades. A presença de um observador pode distorcer os resultados. Quando possível, os registros devem ser feitos automaticamente, como nos casos de tempos de reação, que podem ser registrados pelo próprio computador que simula o sistema. Em outros casos, quando o sistema se destina ao grande público, é possível instalá-lo em *showrooms* e as reações das pessoas podem ser registradas por câmaras de TV, colocadas em locais estratégicos.

Os experimentos de campo são indicados principalmente para detectar certos aspectos não-previstos no projeto, como os usos não-formais do produto, que os próprios projetistas não tinham previsto. Isso é particularmente importante para estudar certos aspectos críticos, que podem levar a erros de operação ou acidentes. Eles devem ser corrigidos antes que os sistemas sejam colocados em uso efetivo no mercado.

Comparações entre experimentos de laboratório e de campo

Não há preferência absoluta entre um tipo ou outro de experimento, pois ambos apresentam certas vantagens e desvantagens (Tabela 2.1).

O experimento de laboratório tem a vantagem de ser mais facilmente controlado, além de produzir resultados a custos menores e tempo mais curto. A observação em condições reais é mais difícil, demorada, e pode sofrer diversos tipos de interferências externas.

Naturalmente, o experimento de laboratório, sendo uma **simplificação** da realidade, envolve alguns riscos. Na situação simulada, são eliminados determinados fatores que, na prática, podem ter uma influência maior do que se previa, a ponto de invalidar os resultados conseguidos em laboratório. É o que se viu, por exemplo, com o efeito Hawthorne. Por outro lado, na situação real, pode ser que o evento desejado ocorra com baixa freqüência, a ponto de ser difícil observá-lo ou podem aparecer inúmeras interferências, dificultando as medições. Além disso, podem exigir análises estatísticas bastante elaboradas para se estabelecer as conexões entre a causa e o efeito.

Por exemplo, vamos supor um teste para determinar o conforto de um assento para ônibus. Esse teste pode ser realizado em laboratório, com um determinado número de pessoas, constituindo uma amostra representativa da população. Estas ocupam o assento por um período aproximado ao da duração de uma viagem. O mesmo teste pode ser feito instalando-se esse assento em uma **linha** normal de ônibus.

No primeiro caso, os sujeitos poderão ser instruídos sobre o objetivo do experimento e fazer diversas observações que contribuam para o aperfeiçoamento do assento. Entretanto, no segundo caso, os passageiros reais estão pagando tarifas e são submetidos a acelerações e vibrações do ônibus, além de enfrentar ruídos das ruas, calor, e até as interferências de outros passageiros. Naturalmente, no segundo caso, as opiniões dos passageiros sobre o conforto do assento podem ser influenciadas por diversos fatores estranhos, como buracos nas ruas, freadas bruscas ou comportamentos de outros passageiros. Nesse caso, as opiniões dos passageiros podem ser mais valiosas, porque retratam a realidade

As duas situações não são mutuamente exclusivas. Pode-se fazer um teste prévio de laboratório, em situação controlada e depois, numa segunda fase, partir para um teste de campo, na situação real, com o objetivo de validar ou confirmar os resultados obtidos em laboratório.

TABELA 2.1
Comparações entre experimentos de laboratórios de campo

Características	Experimento de laboratório	Experimento de campo
Realismo	Simulado	Real
Controle	Alto	Baixo
Tempo	Reduzido	Longo
Custo	Baixo	Alto
Interferências	Baixas	Altas
Generalização	Riscos maiores	Riscos menores

Escolha das variáveis

Uma pesquisa em ergonomia geralmente consiste em estabelecer relações entre determinadas variáveis. Por exemplo, entre a temperatura ambiental e os erros cometidos na leitura de um painel ou entre as dimensões de uma cadeira e o conforto do usuário.

As variáveis usadas em ergonomia geralmente referem-se ao homem, à máquina, ao ambiente ou ao sistema (Tabela 2.2). Em geral, grande parte dessas variáveis é mantida fixa, permitindo-se a variação apenas daquelas em estudo. Nos casos em que não podem ser mantidas constantes, seus efeitos podem ser neutralizados pelo próprio projeto do experimento.

A precisão com que essas variáveis podem ser descritas e medidas está relacionada com a clareza com que se estabelecem os objetivos do projeto. Quando não se tem essa clareza, muitas medições podem ser feitas sem proveito, até que as análises estatísticas realizadas posteriormente indiquem se elas são significativas ou não.

As variáveis que influem no desempenho de um sistema em estudo podem ser classificadas em independentes ou de entrada e dependentes ou de saída do sistema.

Variáveis independentes

Variáveis independentes ou de entrada (*inputs)* são aquelas que podem ser deliberadamente manipuladas, para verificar como influem no desempenho de um sistema. Alguns exemplos de variáveis independentes são:

- Desenho de um dispositivo visual
- Altura da mesa de trabalho
- Diferentes níveis de iluminamento
- Mostradores digitais versus analógicos
- Freqüência e intensidade do som.

TABELA 2.2
Variáveis freqüentemente utilizadas em pesquisas na área de ergonomia

Homem	Máquina	Ambiente	Sistema
Antropometria e biomecânica Dimensões de corpo Alcance dos movimentos Forças musculares **Índices fisiológicos** Consumo de oxigênio Temperatura corporal Ritmo cardíaco Retorno venoso Resistência ôhmica da pele Composição do sangue Quantidade de suor Eletromiografia Controle motor Dinamometria **Percepções e cognição** Visão Audição Cinestesia Tato Aceleração Posições do corpo Esforço Processamento Decisões **Desempenho** Tempo Erros Acertos Velocidade Precisão **Acidentes** Quase-acidente Freqüência Gravidade **Variáveis clínicas** Consultas médicas Dores Afastamentos **Subjetivos** Conforto Segurança Estresse Fadiga	**Nível tecnológico** Processamento Realimentação Decisões **Dimensões** Volumes Formas Distâncias Pesos Ângulos Áreas **Displays** Visuais: Diais Indicadores Contadores Luzes Auditivos: Fala Ruídos Táteis: Estático Dinâmico **Controles** Manuais Pedais Tronco Compatibilidade **Arranjos** Posições de: Displays Controles **Ferramentas manuais** Formas Materiais Texturas	**Físico** Temperatura Umidade do ar Velocidade do vento Iluminamento Ruídos Vibrações Acelerações **Psico-social** Monotonia Motivação Liderança **Organização do trabalho** Horários Turnos Treinamento Supervisão Distribuição de tarefas Grupo	**Subsistemas** Interações **Postos de trabalho** Postura Movimentos Informações **Produção** Quantidade Qualidade Produtividade Regularidade **Confiabilidade** Freqüência de erros Tempo de funcionamento Regularidade

Naturalmente, em um experimento, pode haver mais de uma variável independente. Por exemplo, em um conjunto de mostradores visuais, podem ser colocados vários ponteiros de formatos diferentes pintados de cores diferentes. Nesse caso, há duas variáveis independentes: formato e cores dos ponteiros. Ainda, se esse mesmo experimento for feito com diferentes níveis de iluminamento, estes entrarão como uma terceira variável.

Variáveis dependentes

As variáveis dependentes ou de saída (*outputs*) estão relacionadas com os resultados do sistema. Ao contrário das variáveis independentes, que podem ser arbitrariamente escolhidas, aquelas dependentes nem sempre são facilmente determinadas, pois dependem do tipo de interação entre os elementos (subsistemas) que compõem o sistema e os resultados que o mesmo provocará.

Na ergonomia, a maioria das variáveis dependentes recai no tempo, em erros ou em algum tipo de conseqüência fisiológica ou psicológica. Tempo, erros e variáveis fisiológicas podem ser medidos com certa objetividade, mas aquelas psicológicas, às vezes, assumem aspectos complexos, de difícil medida e, nestes casos, podem ser avaliadas subjetivamente.

Por exemplo, para avaliar formas de cadeiras (variável independente), pode-se fazer o registro da atividade elétrica (eletromiografia) dos músculos dorsais de sustentação da postura ou da pressão exercida pela nádega sobre o assento, mas o conforto depende de muitos outros aspectos. No caso do conforto, pode-se, simplesmente, pedir para o sujeito se sentar durante certo tempo nas diversas cadeiras e "avaliar" o conforto, subjetivamente, em uma escala ou ordenar as diversas cadeiras, pelo critério do conforto.

Em um experimento, podem existir diversas variáveis dependentes, mas é importante escolher aquelas que mais se relacionem com o objetivo pretendido. Por exemplo, se o objetivo for o de selecionar mostradores para "facilitar" a leitura, as variáveis dependentes devem ser o tempo necessário para uma leitura correta ou o número de erros cometidos na leitura.

Verificações do controle

Existem diversas técnicas experimentais para se saber até que ponto as variáveis independentes estão influenciando os resultados do experimento. Uma das técnicas mais sofisticadas, usadas em experimentos de medicina e psicologia, é a do controle de gêmeos idênticos (*co-twin control*) que têm a mesma carga genética. Eles são usados em experimentos em que essa carga genética poderia influir nos resultados e, então, garante-se, desde o início, igualdade de condições quanto a esse fator. Nos experimentos de ergonomia, geralmente se usa a técnica do grupo de controle e do placebo.

Grupo de controle

O grupo de controle é aquele que não é submetido às variáveis independentes do experimento. Ele é mantido em condições semelhantes ao do grupo experimental, exceto na incidência das variáveis independentes. Se os resultados forem semelhantes para os dois grupos, pode-se supor que essas variáveis não tiveram influência nos resultados e estes foram devidos a algum outro fator não-controlado.

Todas as vezes que um grupo é observado ou medido, apresenta uma mudança de comportamento pelo simples fato de estar recebendo uma atenção especial. Nessas condições, freqüentemente surgem dúvidas se o efeito na variável dependente é provocado realmente pela variável independente ou se os resultados não teriam ocorrido simplesmente pelo fato dos sujeitos estarem sob observação. Isso é semelhante ao efeito Hawthorne, já apresentado na página 10. Em outros casos, a simples mudança de um fator ambiental, não importando se para melhor ou para pior, pode provocar aumento de produtividade, simplesmente pela quebra da monotonia, reduzindo a fadiga psicológica.

Uso do placebo

Placebo é uma substância inerte, que é aplicado ao grupo de controle. Usa-se, por exemplo, quando se quer investigar o efeito de um medicamento sobre o grupo experimental. Evidentemente, o placebo tem aspecto **idêntico** ao do medicamento, e nenhum dos dois grupos é informado se está tomando o placebo ou o medicamento verdadeiro. O grupo de controle submete-se ao mesmo experimento do grupo experimental, sem saber que está participando do experimento sob esta condição. O tratamento atribuído aos dois grupos é idêntico, assim como as medições efetuadas. A própria pessoa que realiza as medições não sabe quem é de um grupo ou outro.

Por exemplo, numa pesquisa sobre efeito de estimulantes no trabalho, foi dado um tablete com certo tipo de estimulante a um grupo, que apresentou um aumento de 10% na produtividade. Ao grupo de controle foi dado um tablete de aspecto idêntico, mas com uma substância inerte. Observou-se o mesmo grau de aumento da produtividade, evidenciando que isso não foi provocado pelo efeito do estimulante. Ou seja, a influência da variável independente (estimulante) no aumento da produtividade não foi comprovada.

Esse conceito de placebo pode ser estendido, no caso da ergonomia, para qualquer fator que não seja facilmente perceptível, como pequenas mudanças de dimensões, cores, ruídos, temperaturas e assim por diante. O importante, nesse caso, é que os sujeitos do grupo de controle não percebam as diferenças de tratamento em relação ao grupo experimental. A rigor, nenhum dos sujeitos e nem o próprio observador deve saber quem pertence a um grupo ou outro, para se evitar quaisquer diferenças de tratamento. A identificação dos mesmos poderia ser feita *a posteriori*, com uso de códigos, quando todas as observações já tiverem sido realizadas.

Controle das condições experimentais

Um experimento de laboratório, para ser bem sucedido, precisa isolar os fatores estranhos ou, em outras palavras, eliminar todas as fontes de "ruídos", que tendem a mascarar os verdadeiros efeitos pretendidos. Assim, quando se diz que um experimento está bem controlado, quer dizer que todas as possíveis variáveis foram examinadas, e aquelas que não foram selecionadas como variáveis independentes ou dependentes foram mantidas constantes ou o experimento foi planejado de tal forma que a influência delas possa ser neutralizada.

No experimento de campo, onde esse tipo de controle não é possível, as relações entre as variáveis podem ser determinadas por métodos estatísticos.

As variáveis, quando se referem à máquina ou ao ambiente físico, são controladas com relativa facilidade. Por exemplo, um experimento sobre a percepção sonora pode ser feito em uma cabine acústica, para eliminar a interferência de sons ambientais. Controlar o ser humano já é uma tarefa mais difícil. Alguns aspectos desse controle são discutidos a seguir.

Atitudes e expectativas

Cada pessoa que participa de um experimento tem atitudes e expectativas próprias. Ou seja, ela não é neutra, pois tem idéias próprias sobre o seu experimento. Isso, naturalmente, pode influir nos resultados. As pessoas "torcem" por determinados resultados, ou agem de forma que consideram a mais correta, segundo **julgamentos** pessoais. Isso pode levar a conclusões falsas. Por exemplo, no teste de um novo posto de trabalho, se os trabalhadores desconfiarem que esse novo posto trará algum tipo de ameaça ao seu emprego, podem falsear os resultados, colocando defeitos que, na realidade, não existem.

Se o experimento for realizado em campo, pode significar uma interrupção do trabalho normal, atraso de seus compromissos, ou mesmo ser aborrecedor, devido a tarefas simples ou, ao contrário, difíceis demais. Tudo isso pode comprometer os resultados. Para que essas influências sejam minimizadas, normalmente se trabalha somente com voluntários, que estejam, a princípio, dispostos a colaborar, sem serem forçados a isso.

Instruções

Uma forma importante para controlar as atitudes e expectativas é pela instrução correta passada aos sujeitos, de modo que os objetivos e os procedimentos fiquem claramente estabelecidos, para eliminar qualquer tipo de suposições ou mal-entendidos.

Por exemplo, em um experimento sobre o tempo de reação a um estímulo sonoro, o sujeito deveria apertar um botão assim que ouvisse o sinal sonoro. Os testes foram realizados em duas etapas, cada uma com instruções diferentes. Para a primeira etapa, foi dito aos sujeitos que deveriam pressionar o botão assim que ouvissem o sinal sonoro. Para outra etapa, que deveriam pressionar o botão assim que ouvissem o sinal sonoro ou vissem uma luz piscando, devendo reagir igualmente em ambos os casos. Só que esse estímulo luminoso nunca foi apresentado (a luz permaneceu apagada o tempo todo). Apenas criou-se a expectativa do estímulo luminoso. Observou-se que os tempos de reação, no caso da segunda instrução, foram maiores em cerca de 15% em relação a primeira instrução (Figura 2.5).

Devido à importância das instruções, estas devem ser apresentadas, de preferência, na forma escrita e padronizada para todos os sujeitos, usando-se uma linguagem simples e direta. Assim, procura-se eliminar a influência pessoal do pesquisador sobre os sujeitos. Antes de começar o experimento propriamente dito, deve-se fazer um teste para verificar se as instruções foram corretamente entendidas.

Motivação

A motivação é outro fator difícil de ser controlado, quando se faz experimentos com o ser humano (ver mais detalhes na página 365). Existem evidências comprovadas de que sujeitos motivados produzem mais e suportam melhor as condições desfavoráveis de trabalho, sendo menos suscetíveis à fadiga.

O importante, nesse caso, é que todos os sujeitos tenham o mesmo grau de motivação. Por outro lado, não é fácil saber qual é o estímulo que mais motiva um determinado sujeito. Geralmente, para reduzir as diferenças motivacionais, recomenda-se que os sujeitos sejam estimulados positivamente. Para isso, pode-se: a) gerar um entusiasmo em participar do experimento, conscientizando os sujeitos sobre a importância do mesmo; b) oferecer certas recompensas, como dinheiro ou um dia de folga; c) as pessoas se tornam naturalmente motivadas se tiverem conhecimento dos seus resultados no experimento, em forma de escores, índices ou pontos alcançados.

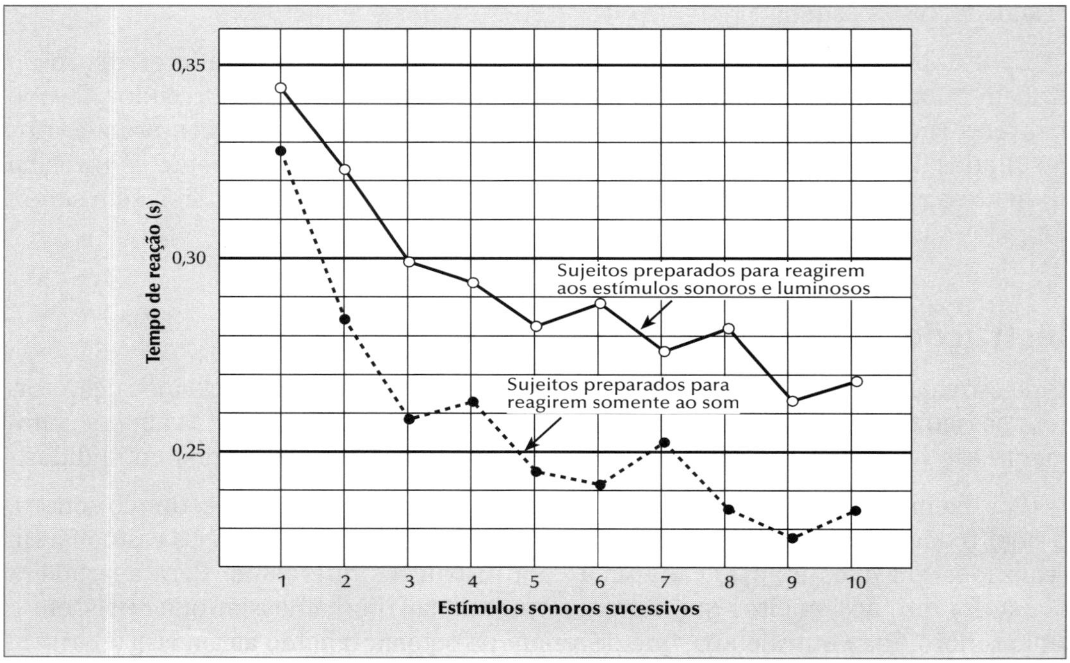

Figura 2.5
Tempos médios de reação apresentados por 39 sujeitos submetidos a 10 estímulos sonoros apresentados sucessivamente. Os testes demonstram que os tempos de reação diminuem com a aprendizagem e variam de acordo com a instrução dada previamente aos sujeitos, provocando diferentes expectativas. (Chapanis, 1962).

Fatores sociais

Os sujeitos fazem parte da sociedade e o contato entre eles ou deles com o pesquisador pode influir nos resultados. Por exemplo, a presença ou ausência do pesquisador na sala de experiência pode influir no desempenho dos sujeitos. A presença do pesquisador na sala, mesmo fora do campo visual, tende a melhorar o desempenho. Outra questão é o relacionamento do pesquisador com os sujeitos. Nesse contato, é importante que não haja tratamento diferenciado.

Por exemplo, elogios, palavras de encorajamento ou quaisquer comentários sobre os resultados devem ser feitos uniformemente para todos os sujeitos do experimento. Assim mesmo, estes devem ser feitos com o máximo cuidado, pois cada sujeito pode interpretar o comportamento do pesquisador de forma diferente. Um simples comentário, aparentemente "neutro", pode ser entendido como crítica ao seu desempenho e isso pode influir nos resultados futuros.

As **avaliações subjetivas** em que as pessoas emitem conceitos de valor ou preferências pessoais podem ser distorcidas por vários fatores, pois elas geralmente preferem aquilo que já conhecem ou que está na "moda", e muitas vezes são baseadas em critérios diferentes daqueles pretendidos pelo experimentador. Por exemplo, se for solicitado às pessoas para manifestarem sua preferência em relação aos automóveis, baseados em critérios objetivos de economia, desempenho e segurança, muito provavelmente, elas não vão conseguir excluir outros critérios subjetivos como estilo, cor ou até a marca preferida. Além disso, freqüentemente, as pessoas manifestam opiniões que tendem a concordar com os pesquisadores ou chefes, pensando em agradá-los.

2.4 Definição da amostra

Uma das grandes dificuldades de um experimento com seres humanos é a escolha dos sujeitos para testes, devido às diferenças individuais entre os elementos de uma população. Isso vai influir no tamanho da amostra, para que se consiga obter dados estatisticamente confiáveis.

Diferenças individuais

As diferenças individuais são aquelas que ocorrem entre as pessoas e podem atingir níveis significativos. Essas diferenças ocorrem quanto à estatura, peso, compleição física, resistência à fadiga, capacidade auditiva, acuidade visual, memória, habilidade motora, tempo de reação e muitos outros aspectos. Portanto, o processo de escolha de um grupo de pessoas para um experimento, pode introduzir sérias distorções, se não for bem controlado. Em alguns casos, uma determinada tendência é procurada deliberadamente.

As diferenças individuais ocorrem de tal forma, que é praticamente impossível caracterizar um elemento "típico" ou "médio". Uma determinada pessoa pode ter apenas uma das suas dimensões antropométricas na média e todas as demais fora da média. Por exemplo, uma pessoa pode ter uma estatura média, mas as suas proporções corporais serem diferentes da média.

As diferenças individuais entre as pessoas, tanto nos seus aspectos físicos como nas características intelectuais e comportamentais, podem assumir valores consideráveis. Se não forem tomados os devidos cuidados, essas variações individuais podem ser maiores que aquelas das variáveis do experimento, mascarando os resultados.

Outro problema é que, dentro de uma mesma população, cada característica humana tem diferentes graus de variação (chamados variância ou desvio-padrão, em estatística). Assim, por exemplo, as pessoas apresentam maiores variações em destreza manual do que nas dimensões de suas mãos.

Caracterização dos sujeitos

Em ergonomia, certos experimentos podem ser direcionados para determinados tipos de pessoas que possuam características semelhantes ao dos futuros usuários do sistema ou produto que se quer desenvolver.

Por exemplo, vamos supor uma pesquisa destinada à melhoria de tratores agrícolas. Os sujeitos devem ser escolhidos, naturalmente, entre os agricultores. Não teria sentido fazer os testes com estudantes ou empregados de escritório. Da mesma forma, para se desenvolver uma cabina de avião, os sujeitos devem ser buscados entre pilotos. Para testar um novo tipo de teclado, é necessário que os sujeitos tenham experiência em digitação e assim por diante.

As principais características humanas, a serem consideradas na escolha de sujeitos para testes em ergonomia, são (Chapanis, 1962):

Características gerais:
- *S*exo, idade, origem (local de nascimento, urbano ou rural).

Características físicas:
- Dimensões corporais: estatura, peso, envergadura;
- Características sensoriais: acuidade visual, acuidade auditiva, percepção de cores;
- Características psicomotoras: força, coordenação motora, tempo de reação;

Características psicossociais:
- Inteligência geral;
- Habilidades: numérica, espacial, verbal, mecânica;
- Personalidade: liderança, motivação, cooperação.

Instrução e experiências:
- Nível de instrução: fundamental, secundária, superior;
- Conhecimentos específicos: mecânica, eletricidade, pilotagem, treinamentos específicos;
- Experiências especiais: operação de *softwares* especiais, trabalho em turnos, combate (militar).

Essa classificação serve para selecionar indivíduos com características julgadas importantes de acordo com o experimento que se quer realizar. Por outro lado, se for o caso de um sistema para uso público, como telefones públicos ou caixas automáticas de bancos, deve ser procurada a maior variedade possível na população.

Tipos de amostragens

A técnica da amostragem consiste em selecionar um número limitado de sujeitos que participarão do experimento, reproduzindo, da melhor forma possível, as características presentes do universo que eles representam. Um exemplo típico é o das prévias eleitorais. Com uma amostra de cerca de 1 000 a 2 000 eleitores, consegue-se prever os resultados da votação de milhões de pessoas, com uma margem de 3% de erro.

Os tipos de amostragem mais comuns são os seguintes:

Amostragem casual — A amostragem casual é a mais utilizada e também aquela que produz resultados mais duvidosos. Como o próprio nome indica, ela é feita sem cuidados especiais. Muitas vezes, o próprio pesquisador se coloca como sendo o sujeito do experimento ou ele escolhe seus alunos, parentes, colegas de trabalho ou um grupo de amigos. O problema é que esses elementos nem sempre podem ser considerados como uma amostra representativa do universo de usuários de um produto ou serviço.

Amostragem aleatória — Na amostragem aleatória, os sujeitos são escolhidos ao acaso. Isso significa que todos os elementos de uma população têm iguais probabilidades de figurar na amostra. Uma forma de se fazer isso seria o de numerar os sujeitos e escolhê-los usando uma tabela de números ao acaso (os resultados de uma loteria de números é um exemplo de números ao acaso). Evidentemente, uma amostra pode ser aleatória na característica que se quer medir, podendo não ser em outras. Por exemplo, ao sortearmos alunos de uma classe, poderão ser aleatórios quanto ao peso, mas não quanto ao grau de instrução ou idade.

Amostragem estratificada — A amostragem estratificada é semelhante à aleatória, mas é feita de acordo com uma classificação prévia dos sujeitos e certas características que poderão influir nos resultados.

Por exemplo, para teste de um painel onde as pessoas deveriam identificar e pressionar um certo conjunto de letras e números em diferentes arranjos, supôs-se que homens e mulheres apresentariam resultados diferentes e estes seriam influenciados pela idade e a experiência prévia dos sujeitos em tarefas como digitação e uso de instrumentos musicais de teclados. Decidiu-se então tomar uma amostra de cerca de 100 pessoas (Tabela 2.3) sendo 50% de homens e 50% de mulheres, divididos em três faixas etárias (20-29, 30-39 e acima de 40 anos), sendo a metade com experiência anterior e outra metade sem experiência em tarefas semelhantes.

Esse tipo de amostragem estratificada é muito utilizado em pesquisas de opinião, onde as amostras são estratificadas, por exemplo, pelo grau de instrução, nível de renda e regiões geográficas.

TABELA 2.3

Exemplo de amostragem estratificada com três fatores de estratificação: sexo, faixa etária e experiência anterior

Faixa etária	Mulheres			Homens			Total
	20-29	30-39	≥40	20-29	30-39	≥40	
Sem experiência anterior	8	8	8	8	8	8	48
Com experiência anterior	8	8	8	8	8	8	48
Total	16	16	16	16	16	16	96

Amostragem proporcional estratificada — No tipo anterior, todos os estratos comparecem com igual número de sujeitos. Entretanto, quando houver um conhecimento prévio da predominância relativa de algum estrato sobre o outro, a amostra pode ser feita proporcionalmente ao aparecimento dessas características na população. Por exemplo, em um experimento, para medir o tempo de reação em motoristas de automóveis, vamos supor que 60% dos usuários de automóveis sejam homens, 40% mulheres, 30% tenham menos de um ano de experiência e que 32% tenham idade entre 20-29 anos, 41% entre 30-39 anos e 27% acima de 40 anos. Uma amostra de 100 pessoas deveria ser distribuída como se vê na Tabela 2.4.

Tamanho da amostra

O tamanho da amostra, ou seja, a quantidade de sujeitos a serem utilizados no experimento, depende de dois fatores.

Em primeiro lugar, depende da **variabilidade** (variância ou desvio-padrão, em linguagem estatística) da variável que se quer medir. Quanto maior for a dispersão das medidas, maior deverá ser o tamanho da amostra e vice-versa. Assim, se essa variável for uma constante, bastaria uma única medida, e o número de medidas necessárias vai crescendo à medida que a dispersão vai aumentando.

Em segundo lugar, depende da **precisão** que se deseja nas medidas. Isso significa que as conclusões serão válidas dentro de uma certa margem de confiança. Por outro lado, também não se pode chegar a uma certeza de 100%. Para isso, pelo menos teoricamente, seria necessário um número infinito de medidas (excluindo-se aquele caso da constante, quando bastaria apenas uma medida).

TABELA 2.4

Exemplo de amostragem proporcional estratificada. A quantidade de elementos em cada célula é proporcional à freqüência relativa de ocorrência de cada um dos fatores na população

<table>
<tr><th rowspan="3">Faixa etária</th><th colspan="4">Tempo de experiência</th><th rowspan="3">Total</th></tr>
<tr><th colspan="2">Mulheres (40%)</th><th colspan="2">Homens (60%)</th></tr>
<tr><th>Menos de um ano</th><th>Acima de um ano</th><th>Menos de um ano</th><th>Acima de um ano</th></tr>
<tr><td>20-29</td><td>4</td><td>9</td><td>6</td><td>13</td><td>32</td></tr>
<tr><td>30-39</td><td>5</td><td>11</td><td>7</td><td>18</td><td>41</td></tr>
<tr><td>≥40</td><td>3</td><td>8</td><td>5</td><td>11</td><td>27</td></tr>
<tr><td>Total</td><td>12</td><td>28</td><td>18</td><td>42</td><td>100</td></tr>
</table>

O número de sujeitos pode ser calculado estatisticamente (ver, por exemplo, Costa Neto, 1977) em função da precisão que se deseja (em ergonomia, geralmente se trabalha com precisões de 90, 95 ou 99%) e da variância apresentada pela variável que se quer medir:

$$n = \left\{ \frac{t \cdot s}{e} \right\}^2$$

onde,

n = número de sujeitos
t = coeficiente tabelado (distribuição de Student)
s = desvio-padrão (raiz quadrada da variância = s^2)
e = precisão estatística desejada

Exemplo. Determinar a amostra necessária para calcular a estatura média de uma população com desvio-padrão (s) de 8 cm na estatura, com precisão (e) de 2 cm. O valor obtido em tabela para esse caso é t = 1,99. Então:

$$n = \left\{ \frac{1{,}99 \times 8}{2} \right\}^2 = 63$$

Isto é, deverão ser medidas 63 pessoas. Se o número de sujeitos medidos for inferior a esse, significa que os resultados apresentarão uma precisão estatística menor e talvez não possam ser generalizados para uma população mais ampla, devido ao baixo grau de confiabilidade.

2.5 Coleta dos dados experimentais

Quando se trata de medir alguma grandeza física do sistema, como a altura de uma cadeira ou mesa, o problema é relativamente simples.

Contudo, medir um ser humano, geralmente é uma tarefa complexa e requer uma série de cuidados, pois, em geral, o próprio ato de medir introduz modificações naquele que se quer medir. Assim, as medidas devem ser tomadas, sempre que possível, em condições padronizadas, que constem de instruções escritas.

Por exemplo, a medida da estatura de uma pessoa pode variar em até 5 cm, conforme seja feita com ou sem calçado, na posição ereta ou na posição natural, levemente curvada para frente e assim por diante.

As medidas do ser humano recaem em duas categorias gerais: objetivas e subjetivas.

Medidas objetivas

As medidas objetivas são aquelas realizadas com o auxílio de instrumentos de medida e resultam em um determinado valor numérico.

Exemplos de medidas objetivas são as medidas antropométricas e biomecânicas, como estatura, peso e força. Aqui também se incluem as medidas fisiológicas, como a temperatura corporal, composição do sangue, da urina, atividades elétricas da musculatura e outras. Nesses casos, deve-se tomar o cuidado de especificar o tipo de instrumento utilizado (influi na precisão) e as condições em que são feitas as medidas.

Variações contínuas e discretas — As variáveis podem assumir valores contínuos ao longo de uma escala quantitativa ou valores discretos, ou seja, qualitativamente diferentes. Variável contínua é, por exemplo, o nível de iluminamento que pode, pelo menos teoricamente, assumir um número infinito de valores, ou diferenças tão pequenas quanto se queira entre um valor e outro. Variações discretas são aquelas que assumem diversos valores "fixos", como os diferentes tipos de mostradores de um painel, esquemas de rotação de turnos de trabalho ou ícones de um programa de computação.

Faixa de valores — A faixa de valores, ou seja, os valores mínimo e máximo a serem testados, deve ser fixada para que não se realizem medições pouco significativas. Quando não se conhecem *a priori* esses valores ou não se têm informações de outras experiências semelhantes já realizadas, será necessário fazer um pré-teste para determinar esses valores extremos. Por exemplo, sabe-se que o tempo mínimo de reação muscular a um estímulo visual é da ordem de 0,5 s. Portanto, experiências nessa área devem ser feitas, digamos, na faixa de 0,1 a 1,0 s. Provavelmente, tempos fora dessa faixa não produzirão efeitos significativos.

Da forma análoga, sabe-se que a visão necessita de aproximadamente 30 min para se adaptar ao escuro. Assim sendo, experiências sobre adaptações visuais ao escuro devem ser feitas na faixa de 0 a 40 min. Além desse tempo, o processo fica tão lento, que apresenta pouco interesse.

Instrumentos de medida — A faixa de valores a serem medidas leva à questão dos instrumentos de medida, que devem trabalhar na faixa escolhida, com a precisão necessária. Por exemplo, para medida das horas em um esquema de turno de trabalho, será suficiente um relógio comum. Para medir os minutos da adaptação da visão ao escuro, já será necessário um cronômetro e, para o tempo de reação, serão necessários registradores ou instrumentos eletrônicos com precisão de frações de segundo.

Quantidade de medidas — A quantidade de medidas vai depender do tipo de variação (função) da curva e da precisão desejada. Naturalmente, quanto maior for o número de medidas, maiores serão o tempo necessário ao experimento e os custos envolvidos. É conveniente, então, por razões práticas, reduzir este a um mínimo necessário para se garantir a precisão desejada. A rigor, se a função for uma reta, bastariam dois pontos para determiná-la. Funções com oscilações maiores, exigem mais pontos de medida.

Nas experiências com ergonomia, geralmente existem diversos fatores que influem no desempenho. Assim, aconselha-se um mínimo de 5 pontos para traçar aquelas funções simples, lineares ou monotônicas. Em casos mais complexos, serão necessários 10 a 30 pontos para se obter uma precisão razoável. Por exemplo, para determinar as variações da temperatura corporal durante o dia, deve-se fazer pelo menos uma medida a cada hora do dia, obtendo-se 24 pontos para o ciclo completo.

Se cada um desses pontos apresentar dispersão de valores, deve-se recorrer a uma amostra composta de um conjunto de indivíduos. Como já vimos, o tamanho dessa amostra depende da variância e é dimensionada por critérios estatísticos. Assim, cada ponto do gráfico seria representado pela média e variância das medidas obtidas nessa amostra.

Medidas subjetivas

Medidas subjetivas são aquelas que dependem de julgamento dos sujeitos. Por exemplo, fadiga e conforto dependem de muitos fatores e dificilmente podem ser determinados por medidas instrumentais, ainda que indiretamente. Nesse caso, o “sentimento” de fadiga ou conforto deve ser manifestado pelo sujeito. Isso pode levar a erros experimentais, mas estes podem ser reduzidos por um planejamento e controle adequado do experimento.

As medidas subjetivas nem sempre podem ser quantificadas em números, mas apenas qualificadas ou classificadas. Elas são baseadas geralmente em entrevistas e questionários.

No caso de variáveis subjetivas que apresentam variações contínuas, existem basicamente duas técnicas usadas em sua quantificação.

O primeiro é construir uma “escala” com uma série de frases, cada uma representando um determinado valor nessa escala. Por exemplo, para se pesquisar o conforto de uma cadeira, poderiam ser usadas as seguintes frases:

1. *Péssimo* — sinto dores insuportáveis
2. *Bem desconfortável* — sinto dores regulares
3. *Pouco confortável* — sinto-me razoavelmente confortável
4. *Aceitável* — sinto poucos inconvenientes
5. *Pouco desconfortável* — sinto dores ocasionais
6. *Bem confortável* — sinto-me quase sempre confortável
7. *Excelente* — sinto-me perfeitamente confortável

Esse tipo de escala pode apresentar dois tipos de inconveniências. Em primeiro lugar, se for pedido para diversas pessoas ordenarem essas frases, é possível que haja algumas inversões. Por exemplo, uma pessoa poderia considerar "aceitável — sinto poucos inconvenientes" superior a "pouco confortável — sinto-me razoavelmente confortável". Outro aspecto é o intervalo entre duas avaliações sucessivas, que não se mantém constante. Ou seja, o diferencial de conforto existente entre os níveis 5 e 6 pode ser menor que aquele entre 3 e 2, por exemplo.

A segunda forma, é construir simplesmente uma linha, com marcação de uma escala, ou marcar apenas as duas extremidades, para que a pessoa possa assinalar por interpolação. Se o comprimento total dessa escala for de 10 cm, as avaliações poderão ser obtidas simplesmente pela medida do comprimento. Por exemplo, no caso da Figura 2.6, vale 6,5.

Em muitos casos, esse segundo tipo de escala numérica tem dado melhores resultados que aquela técnica das frases, devido à simplicidade das respostas, sem exigir interpretações das frases.

Observações diretas

Muitos problemas de ergonomia relacionam-se com comportamentos observáveis das pessoas. Por exemplo, como as pessoas fazem a exploração visual de um painel, em busca de informações, ou como atuam sobre um comando para corrigir erros.

A técnica de observação do comportamento envolve olhar o que as pessoas fazem e registrá-lo de alguma forma. Depois, isso é descrito, analisado e interpretado. Historicamente, a observação foi aplicada em biologia e psicologia experimental, para o estudo do comportamento de animais não-humanos, com os quais não era possível contato verbal.

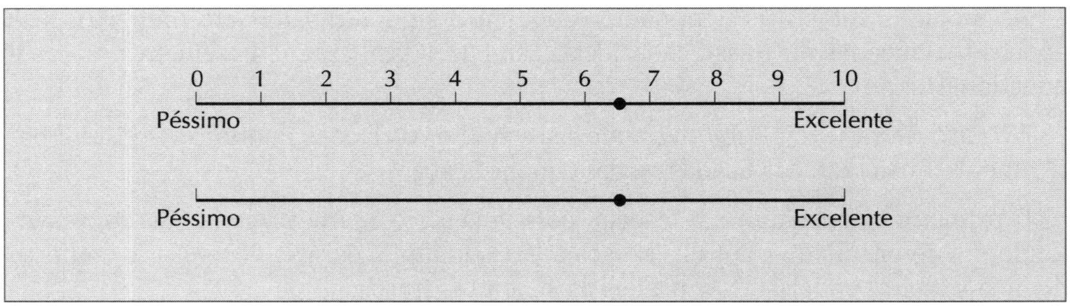

Figura 2.6

Escala linear para avaliação subjetiva de uma variável, podendo ser graduada ou conter graus apenas para os dois extremos.

Para que as informações obtidas sejam confiáveis, devem apresentar estabilidade ao longo do tempo. Por exemplo, os instrumentos de medida devem apresentar valores consistentes, sem sofrer influência de variações climáticas. Se depender de procedimentos humanos, estes devem apresentar constância ao longo do tempo. Para isso, pode-se adotar um manual desses procedimentos por escrito.

A principal vantagem da observação é o seu realismo. Diferenciam-se das entrevistas e questionários, que podem introduzir distorções, pois as pessoas podem "falar uma coisa e fazer outra".

A observação direta apresenta duas desvantagens. A primeira é o efeito provocado pela **presença** do observador. Isso é semelhante ao efeito Hawthorne (Capítulo 1). Ou seja, a simples presença do observador pode provocar alteração na situação observada. Existem duas formas de reduzir a ocorrência desse efeito. Uma delas é pela **mínima interação**, evitando-se contatos visuais com o sujeito ou comentários sobre a tarefa. O observador pode colocar-se em uma posição em que seja pouco notado. Outra forma é pelo **hábito**. Após alguns dias, o sujeito observado ficará acostumado com a presença do observador, e voltará a comportar-se naturalmente. Recomenda-se, inclusive, que as primeiras observações sejam desprezadas, até se atingir um "regime normal".

A segunda desvantagem é o **tempo**, pois as observações podem ser demoradas, principalmente quando se quer registrar fenômenos de baixa freqüência. É o caso, por exemplo, de antropólogos que ficam convivendo até 2 a 3 anos para observar eventos raros, como festas anuais, em uma tribo primitiva.

Observações informais e formais

As observações podem ser informais ou formais. Aquelas informais são menos estruturadas. O observador tem uma grande liberdade para escolher as informações a serem obtidas e sobre a forma de registrá-las. Pode-se simplesmente fazer anotações sobre o que acontece. Esse tipo de observação traz uma dificuldade posterior para organizar, analisar e tirar conclusões. A observação formal envolve um trabalho prévio de seleção, classificação e descrição dos eventos a serem observados. Todos os demais são considerados irrelevantes para o estudo. Esse tipo de observação estruturada é usado principalmente em experimentos de campo, para se obter medidas sobre as variáveis dependentes.

A observação formal pode ser precedida de uma fase informal, para a definição das categorias de ações a serem observadas.

Observações contínuas e por amostragem

As observações ainda podem ser contínuas ou por amostragem. A observação contínua é feita sem interrupção. A observação por amostragem é feita instantaneamente, de modo que os intervalos entre dois registros consecutivos variam aleatoriamente (essa aleatoriedade é obtida com uso das tabelas dos números ao acaso, encontrados em livros de Estatística).

Por exemplo, vamos supor que se queira observar quantas vezes uma pessoa muda de postura, como forma indireta de avaliar o desconforto de uma cadeira. Na observação contínua, são registrados os horários em que estas ocorrem e pode-se contar quantas vezes a pessoa mudou de postura, por exemplo, durante 30 minutos Na observação instantânea, esses horários de observação são elaborados previamente. Por exemplo, no intervalo de 0 a 30 min, teríamos os horários: 2, 4, 5, 12, 14, 17, 19, 25, 26 min. Nesses horários deveriam ser feitas observações para verificar se a pessoa ainda permanece na mesma postura ou se mudou de postura.

Entrevistas

Entrevista é um tipo de conversa dirigida com certos objetivos. Ela pode ser informal, semi-estruturada ou estruturada. No caso informal, não há roteiro previamente elaborado. Naquela estruturada, segue uma seqüência de perguntas previamente elaboradas. Na semi-estruturada, existem também essas perguntas, mas elas podem ser alteradas durante a entrevista, de acordo com as respostas obtidas. Com isso, o entrevistador pode direcionar a entrevista, focalizando-a naqueles aspectos em que o entrevistado pode dar maiores informações.

A entrevista exige uma preparação cuidadosa, que envolve aceitação do entrevistado, marcação do horário e sua confirmação. Em alguns casos, pode-se procurar diversos pontos-de-vista sobre o mesmo problema. Por exemplo, pode-se entrevistar o operador de uma máquina, seu supervisor imediato e o dirigente da empresa, sobre o mesmo problema.

Uma entrevista geralmente abrange cinco fases (Robson, 1993):

- *Introdução* — O entrevistador apresenta-se, fala sobre os objetivos da entrevista pede permissão para anotar ou gravar, garantindo a confidencialidade.
- *Degelo* — Inicia-se com perguntas fáceis, para posicionar-se sobre o assunto.
- *Conteúdo principal* — Deve abranger os tópicos principais da entrevista. Deve haver um ordenamento das questões, de modo que aquelas de natureza mais polêmica fiquem para o final. Assim, se o entrevistado recusar-se a prosseguir, perdem-se menos informações.
- *Finalização* — Algumas questões diretas, para confirmar ou reforçar, e diluir eventuais tensões criadas durante a entrevista.
- *Fechamento* — Após desligar o gravador e fechar o caderno de anotações, explicar como será utilizado o conteúdo da entrevista e se o entrevistado receberá algum tipo de retorno. Agradecer pela colaboração.

Técnicas de entrevistas

Para que uma entrevista tenha sucesso, é importante adotar algumas técnicas. Por exemplo, as perguntas devem feitas de modo que entrevistador possa deixar o entrevistado "à vontade", em um clima amistoso, livre de quaisquer tensões. São feitas as seguintes recomendações, para isso:

Ouvir mais, falar menos — O que interessa são as informações e opiniões do entrevistado. Assim, o entrevistador não deve emitir opiniões próprias, mantendo uma posição mais neutra possível.

Fazer perguntas curtas e diretas — Se as perguntas forem longas, o entrevistado vai responder apenas a uma parte. As questões longas podem ser desdobradas. Se o entrevistado mostrar-se confuso ou defensivo, a qualidade da entrevista pode cair.

Usar vocabulário adequado — O vocabulário deve ser adequado ao nível e repertório do entrevistado. Jargões profissionais devem ser evitados. Por exemplo, a um trabalhador da construção civil, deve-se perguntar se a ferramenta "machuca", em vez de "provoca lesões".

Eliminar perguntas tendenciosas — Deve-se evitar perguntas que induzem o entrevistador a dar certas respostas, do tipo "você não acha que os capacetes são incômodos?"

Manter postura adequada — Evitar posturas muito relaxadas ou demonstrações de que você está cansado ou impaciente. Mostrar interesse, variando o tom da voz e a expressão facial. As vezes, basta balançar a cabeça ou dizer "hum, hum".

Além dessa entrevista pessoal, existem também outras formas, como aquela feita por telefone ou Internet. A entrevista **telefônica** é usada, por exemplo, em pesquisas de mercado e prévias eleitorais. A entrevista pela **Internet** pode ser interessante para se coletar informações detalhadas sobre determinados assuntos. Por exemplo, no método Delphi, um grupo de especialistas é consultado, em várias rodadas sucessivas, sobre assuntos polêmicos, até que se alcance algum tipo de consenso.

A maior vantagem das entrevistas é a **flexibilidade** e adaptabilidade. Um entrevistador hábil pode dirigir a conversa para obter as informações desejadas. A cada resposta do entrevistado, ele pode redirecionar a conversa, perseguindo aqueles aspectos considerados importantes. Assim, com as entrevistas, pode-se conseguir um material rico e diversificado, ao contrário das respostas padronizadas daqueles métodos mais formalizados.

A desvantagem da entrevista é a **demora**. É difícil de conseguir resultados interessantes antes dos 30 minutos. Entrevistas que durem acima de uma hora também tornam-se pouco produtivas. Além disso, as informações obtidas precisam ser analisadas e compiladas. Se forem gravadas, cada hora de gravação exige aproximadamente 10 horas para transcrição. Além do mais, as pessoas ocupadas não costumam ter muita disponibilidade para conceder entrevistas.

Grupo de foco

Grupo de foco (*focus group*) é um tipo de entrevista realizado coletivamente, com 6 a 10 pessoas. Elas são convidadas para discutir algum assunto, visando chegar a certos consensos. É uma técnica que foi desenvolvida na área de *marketing* para coletar opiniões sobre produtos, serviços, propagandas ou promoções. Atualmente é usada em outras áreas, inclusive em ergonomia. Por exemplo, pode-se convocar um grupo de trabalhadores para se avaliar as características ergonômicas de um novo posto de trabalho.

Os participantes devem ser cuidadosamente escolhidos, de modo que representem a população de usuários do serviço ou produto. Além disso, devem estar dispostos a colaborar. As reuniões são coordenadas por uma pessoa que conhece os objetivos, mas deve manter-se neutro. Ele conduz e facilita as discussões, evitando digressões.

No começo da reunião, para "quebrar o gelo", as pessoas podem apresentar-se entre si. O coordenador deve fazer uma pequena preleção, explicando os objetivos da reunião e o que se espera de cada participante. Se for o caso, essa preleção pode incluir amostras, fotos ou informações técnicas disponíveis. Também, uma pessoa pode simular o uso de um produto. Em certos casos, o coordenador pode fornecer um roteiro, contendo tópicos para discussões, ou fazer perguntas, do tipo: "O produto é seguro? É confortável? É atraente? É competitivo? e assim por diante.

O grupo de foco tem a vantagem de fornecer informações valiosas com uso de poucos recursos, em um prazo relativamente curto. Contudo, a maior vantagem está na neutralização da influência do entrevistador, que pode levar a resultados distorcidos, quando a entrevista for feita individualmente. Ele pode ser particularmente valioso nas etapas iniciais de um projeto, para se definir as principais características do mesmo. Também pode ser usado nas etapas intermediárias para se avaliar as possíveis soluções para o problema. Por exemplo, o grupo pode sugerir o acréscimo de alguma característica que melhore a usabilidade ou segurança do produto, e que tinha sido esquecida pelos projetistas.

Pode-se usar o grupo de foco em complementação a outras técnicas como questionários e entrevistas. Tem a vantagem de ser menos formal e permitir uma discussão mais livre das idéias e sugestões. Outra vantagem é o seu aspecto sinérgico, proporcionado pela dinâmica do grupo.

Questionários

Os questionários de auto-preenchimento são meios eficientes e baratos quando se quer consultar um grande número de pessoas em pouco tempo. Contudo, tem também as suas desvantagens. As informações obtidas geralmente são superficiais. É difícil de verificar se o preenchimento foi feito de forma honesta e séria.

As respostas aos questionários podem ser abertas ou fechadas. Os questionários **abertos** assemelham-se a entrevistas e demandam muito tempo para serem analisadas e processadas. Os **fechados**, oferecem um certo número de opções para as respostas e são de fácil processamento, que pode ser feito por computador. Pode-se combinar os dois tipos, colocando-se algumas perguntas abertas ao final de um questionário do tipo fechado. Contudo, essas perguntas devem ser reduzidas ao mínimo possível.

Elaboração do questionário

Um bom questionário é aquele que consegue levantar informações relevantes para o objetivo pretendido, da maneira confiável. Isso significa que deve ser compreensível para as pessoas que o preenchem, sem questões dúbias, que possam ser interpretadas de diferentes maneiras. Também devem facilitar o seu processamento eletrônico.

A Figura 2.7 apresenta as principais etapas para a construção do questionário. Recomenda-se um **planejamento** inicial, para definir claramente o objetivo, ou seja, o que se espera do questionário e quais são os aspectos relevantes do mesmo. Deve-se definir também os prazos, confiabilidade e recursos disponíveis. Se um desses fatores for limitante, provavelmente influirá na qualidade do levantamento pretendido. Robson (1993) apresenta as seguintes recomendações para a elaboração do questionário:

1. Decida sobre a forma de processamento — Antes da formulação do questionário, deve-se decidir como ele será processado e analisado. Na medida do possível, as perguntas e respostas devem ser codificadas.

Exemplo:

1 Como você avalia a prensa?
11 ( ) É muito barulhenta.
12 ( ) Exige muita força no pedal.
13 ( ) Oferece perigo para os dedos.
14 ( ) Não sei.

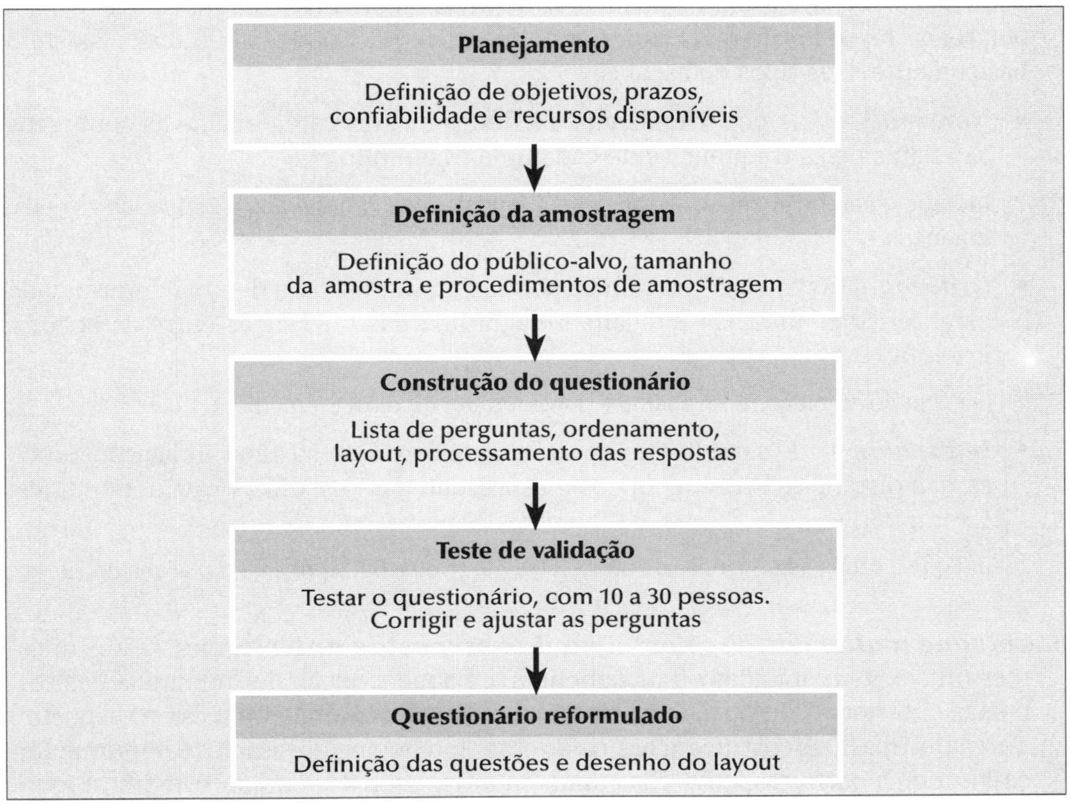

Figura 2.7
Etapas de elaboração do questionário.

2. ***As questões devem ser específicas*** — As questões específicas produzem respostas mais confiáveis que aquelas genéricas. As questões genéricas possibilitam diferentes interpretações e produzem maior dispersão das respostas.

   Exemplos:

   Genérica: A cadeira é confortável?
   Específica: Você sente alguma dor localizada no corpo? Onde? (Apresentar lista de opções): ( ) Nos ombros ( ) No dorso ( ) Nas coxas

3. ***Prefira questões fechadas*** — As questões fechadas evitam interpretações diferentes e permitem processamento e análises mais fáceis, que aquelas abertas.

   Exemplos:

   Aberta: Como você avalia o conforto térmico?
   Fechada: Como você classifica o conforto térmico?: ( ) bastante confortável; ( ) quase sempre confortável; ( ) quase sempre desconfortável; ( ) muito desconfortável.

4. ***As opções devem fechar todas as possibilidades*** — O conjunto das opções possíveis deve cobrir todas as possibilidades de respostas. Além disso, essas opções não devem apresentar interseções entre si. Exemplo:

   Indique a sua faixa etária:( ) menos de 20; ( ) 20-29; ( ) 30-39; ( )40-49; ( ) 50 ou mais

5. ***Adote uma escala adequada*** — Os extremos das escadas e as distâncias entre as opções devem ser adaptados ao universo que se quer medir. Por exemplo, a faixa de renda, se for para trabalhador de nível médio pode oscilar de R$ 500 a 2 000 reais. Já, se for de nível superior pode ser de R$ 1 000 a 5 000 reais. Existem basicamente, três tipos de escalas:

   - *Nominal* — As opções referem-se a determinadas categorias, e as contagens são feitas pelas freqüências de cada uma. Exemplo:

     Indique o seu nível de escolaridade: ( ) fundamental; ( ) médio; ( ) superior; ( ) pós-graduado.

   - *Ordinal* — As opções referem-se ao grau ou intensidade de uma determinada característica, mas não indicam a magnitude das diferenças entre as opções. Exemplo:

     O ruído no ambiente de trabalho é considerado: ( ) alto; ( ) médio; ( ) baixo.

   - *Intervalar* — É semelhante ao caso anterior, mas há uma indicação precisa das distâncias entre as opções, representadas por uma variável numérica. Exemplo:

     Indique o seu peso:( ) menos de 50; ( ) 50 a 59; ( )60 a 69; ( )70 a 79, ( ) acima de 79.

6. ***Coloque a alternativa "nenhuma das respostas anteriores"*** — Nas questões que exigem opiniões ou julgamentos, coloque a opção de "nenhuma das respostas anteriores" ou opções do tipo "não sei", "não conheço" ou "sem resposta". Cerca de 10 a 30% costumam assinalar esse tipo de opção e isso é melhor que forçá-los a uma outra resposta. Elas também devem ser devidamente codificadas.

7. ***Coloque uma escala para medir a intensidade*** — No caso de variáveis contínuas, pode-se colocar uma escala de medidas. Isso pode ser feito mesmo no caso de variáveis subjetivas, solicitando-se que as pessoas avaliem a intensidade de um fator (ver Figura 2.6).

8. ***Coloque opções que exijam certa interpretação e raciocínio*** — As opções que exijam certo grau de interpretação e raciocínio são melhores do que simples "Sim/Não" ou "Concordo/Discordo". As pessoas tendem a responder *sim* ou *concordo*. Exemplos:

   Sim/Não — Você considera que a música ambiente reduz a monotonia?

   ( ) Sim; ( ) Não.

   Opções — Qual é a sua opinião sobre a música ambiente? ( ) contribui para reduzir a monotonia; ( ) não tem influência; ( ) depende do horário e do estilo musical; ( ) atrapalha o serviço.

   Alguns autores também recomendam colocar um número par de opções. Com um número ímpar, as pessoas tendem a marcar aquela central.

9. ***Ordene as questões*** — O ordenamento das questões é importante porque o significado de uma questão pode ser alterado pela questão antecedente. Como regra geral, sugere-se que elas sejam ordenadas no sentido do geral para o específico.

10. ***Use vocabulário adequado*** — Muitas vezes, uma questão não é compreendida ou é interpretada de forma diferente pelas pessoas. Quando se tratar de um tópico importante, o resultado ou conclusão não deve basear-se em uma única questão. Nesse caso, deve-se formular mais de uma questão, abordando diferentes ângulos ou facetas desse tópico. Por exemplo, quando se quer avaliar o grau de satisfação no trabalho, podem-se formular questões sobre o horário, turnos de trabalho, ambiente físico, supervisão e assim por diante.

O questionário deve ser elaborado em duas ou mais etapas. Um modelo inicial é submetido a um teste de validação, com uma pequena amostra (entre 10 a 30 pessoas) representativa do público-alvo. O questionário deve, então, ser reformulado para corrigir os problemas detectados nessa fase de teste, antes de ser reproduzido em grande quantidade.

A principal vantagem do questionário é a possibilidade de consultar um grande número de pessoas, a baixo custo, em pouco tempo. Contudo, tem a desvantagem da superficialidade e dificuldade de conferir a veracidade das respostas, pois o "papel aceita quase tudo". Muitas pessoas valem-se do anonimato para apresentar respostas preconceituosas e distorcidas da realidade. Uma outra distorção é provocada pelo efeito "**halo**", ou seja, as pessoas tendem a valorizar os fatos recentes ou aqueles que provocaram maiores emoções, generalizando a situação.

Exemplo. Um motorista tinha dois carros adquiridos na mesma época. O carro A exigia uma manutenção constante, equivalente a 2% do seu valor, ao ano. Isso significa que, em 4 anos, ele gastou o equivalente a 8% do valor do carro, em manutenção. O carro B praticamente não exigia manutenção. Mas, recentemente, após 4 anos, ele falhou em uma situação desagradável, numa estrada deserta, à noite, com chuva e o motorista muito fatigado. O defeito foi provocado por uma pequena peça, que custou menos de 1% do valor do carro. Esse aspecto tende a ser generalizado. Assim, o carro B será considerado pior que o carro A, devido às circunstâncias em que ocorreu a sua falha. Todos os carros que tenham a mesma marca do carro B tenderão a ser mal avaliados

2.6 Análise ergonômica do trabalho

A análise ergonômica do trabalho (AET) visa aplicar os conhecimentos da ergonomia para analisar, diagnosticar e corrigir uma situação real de trabalho. Ela foi desenvolvida por pesquisadores franceses e se costitui em um exemplo de ergonomia de correção. O método AET desdobra-se em cinco etapas: análise da demanda; análise da tarefa; análise da atividade; diagnóstico; e recomendações (Guérin et al., 2001). As três primeiras constituem a fase de análise e permitem realizar o diagnóstico para formular as recomendações ergonômicas.

Análise da demanda

Demanda é a descrição de um problema ou uma situação problemática, que justifique a necessidade de uma ação ergonômica. Ela pode ter diversas origens, tanto por parte da direção da empresa, como da parte dos trabalhadores e suas organizações sindicais. A análise da demanda procura entender a natureza e a dimensão dos problemas apresentados. Muitas vezes, esse problema é apresentado de forma parcial, mascarando outros de maior relevância (Santos e Fialho, 1997). Outras vezes, não há um consenso entre os vários atores sociais envolvidos (gerentes, supervisores, trabalhadores, ergonomistas). Nesse caso, é necessário haver um processo de negociação entre as partes, para se delimitar o problema, além de definir outros aspectos, como prazos e custos para a apresentação da solução.

Análise da tarefa

Tarefa é um conjunto de objetivos prescritos, que os trabalhadores devem cumprir. Ela corresponde a um planejamento do trabalho e pode estar contida em documentos formais, como a descrição de cargos. Informalmente, pode corresponder a certas expectativas gerenciais. A AET analisa as discrepâncias entre aquilo que é prescrito e o que é executado, realmente. Isso pode acontecer porque as condições efetivas (como máquinas desajustadas, materiais irregulares) são diferentes daquelas previstas e também porque nem todos os trabalhadores seguem rigidamente o método prescrito. Dai se conclui que a AET não pode basear-se simplesmente nas tarefas, devendo observar como as mesmas distanciam-se da realidade. Em conseqüência, os controles gerenciais também não podem basear-se apenas nas tarefas prescritas.

Análise da atividade

Atividade refere-se ao comportamento do trabalhador, na realização de uma tarefa. Ou seja, a maneira como o trabalhador procede para alcançar os objetivos que lhe foram atribuídos. Ela resulta de um um processo de adaptação e regulação entre os vários fatores envolvidos no trabalho (Figura 2.8).

A atividade é influenciada por fatores internos e externos. Os fatores internos localizam-se no próprio trabalhador e são caracterizados pela sua formação, experiência, idade, sexo e outros, além de sua disposição momentânea, como motivação, vigilância, sono e fadiga.

Os fatores externos referem-se às condições em que a atividade é executada. Classificam-se em três tipos principais: conteúdo do trabalho (objetivos, regras e normas); organização do trabalho (constituição de equipes, horários, turnos); e meios técnicos (máquinas, equipamentos, arranjo e dimensionamento do posto de trabalho, iluminamento, ambiente térmico).

Formulação do diagnóstico

O diagnóstico procura descobrir as causas que provocam o problema descrito na demanda. Refere-se aos diversos fatores, relacionados ao trabalho e à empresa, que influem na atividade de trabalho (Figura 2.8). Por exemplo, absenteísmos podem ser provocados por gases tóxicos que causam doenças respiratórias. Rotatividade pode

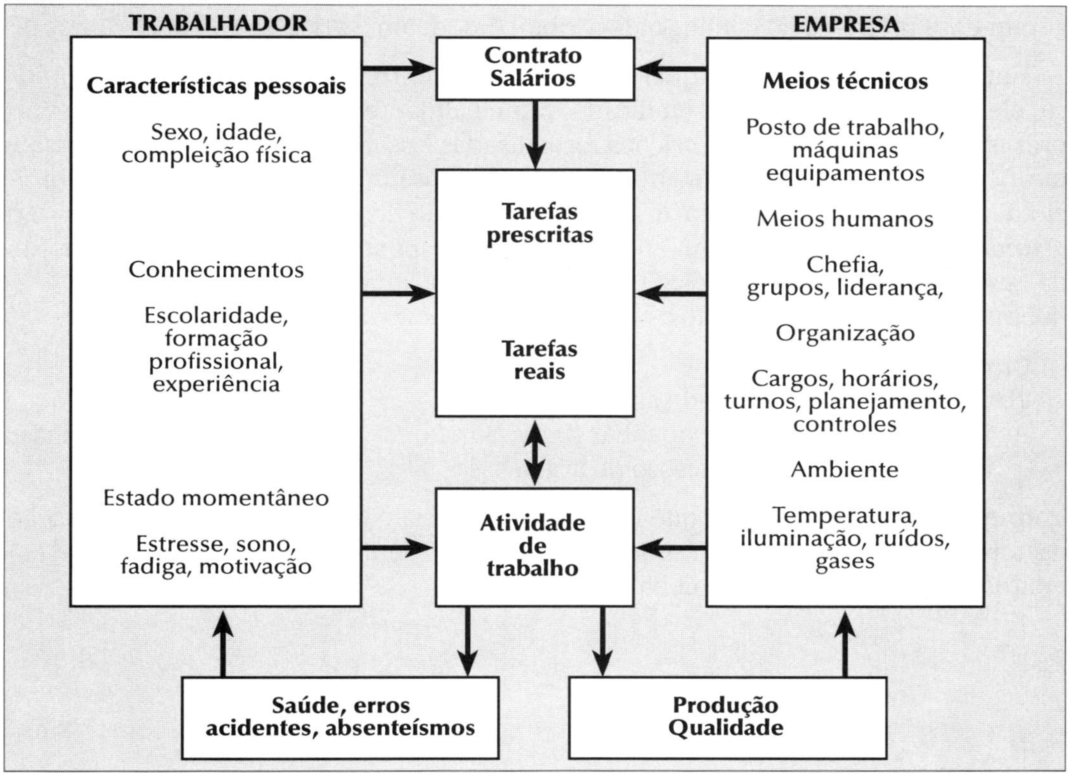

Figura 2.8
A atividade de trabalho é o elemento central que organiza e estrutura os componentes da situação de trabalho. (Guérin *et al.*, 2001)

ser devido ao treinamento insuficiente ou elevada carga de estresse no ambiente. Acidentes podem ser causados por pisos escorregadios, sinalizações mal interpretadas, manutenção deficiente das máquinas e outras. A baixa qualidade pode ser conseqüência de erros de dimensionamento do posto de trabalho ou seqüências inadequadas das tarefas.

Recomendações ergonômicas

As recomendações referem-se às providências que deverão ser tomadas para resolver o problema diagnosticado. Essas recomendações devem ser claramente especificadas, descrevendo-se todas as etapas necessárias para resolver o problema. Se for o caso, devem ser acompanhadas de figuras com detalhamentos das modificações a serem feitas em máquinas ou postos de trabalho. Devem indicar também as responsabilidades, ou seja, a pessoa, seção de departamento encarregado da implementação, com indicação do respectivo prazo.

Cargo, tarefa, atividade e ação

Cargo é o conjunto de tarefas ou atribuições e responsabilidades a serem exercidas regularmente por uma pessoa. Ele não deve ser confundido com a pessoa que o exerce. Por exemplo, em uma fábrica pode existir o cargo (do inglês *job*) de eletricista de manutenção (ver Tabela 13.5), que é ocupado por vários eletricistas ou, eventualmente, por nenhum deles, mas o cargo continua existindo. Tarefa (*task*) geralmente refere-se ao conjunto de atribuições de um cargo.

Embora a AET faça uma diferença conceitual entre tarefa e atividade, na prática, eles podem ter o mesmo significado, principalmente nas pequenas e médias empresas, que não possuem descrições formalizadas dos cargos. Assim, por extensão, tarefa pode referir-se também àquilo que o ocupante desse cargo realiza, no exercício de sua função. Isso, para a AET, já seria uma atividade. Por outro lado, o termo *atividade* pode significar também *ação*, que corresponde a um nível mais detalhado da tarefa (ver item 7.3). Ou seja, um cargo é composto de várias tarefas e estas desdobram-se em ações. Exemplos:

Cargo: pedreiro
Tarefas: construir parede de alvenaria; rebocar parede; assentar azulejos.
Ações: colocar argamassa; apanhar tijolo; posicionar tijolo; nivelar tijolo; verificar alinhamento; retirar excesso de argamassa.

Portanto, o termo atividade, que é conceituado pela AET, como sendo a realização da tarefa (contendo várias ações), na prática, pode confundir-se com a mesma e, em muitos casos, é entendido também como *ação*.

2.7 Métodos participativos

Métodos participativos são aqueles em que o pesquisador deixa de ser um simples observador e passa a fazer parte ativa da solução do problema. A participação pode ser entendida também como a inclusão dos futuros usuários ou consumidores na solução do problema.

Esses métodos diferem da pesquisa convencional, onde o pesquisador não interfere e não participa da situação observada. Além disso, na pesquisa convencional, os usuários não são considerados como atores relevantes na busca da solução. Eles são meros informantes e executores das ações.

Pesquisa-ação

A pesquisa-ação é um método em que os pesquisadores e os participantes da situação ou do problema estão envolvidos de modo cooperativo ou participativo, em estreita associação, na busca da solução (Thiollent,1996). Desse modo, os pesquisadores desempenham um papel **ativo** no equacionamento do problema e no desenvolvimento das ações que levem à sua solução.

Por exemplo, deseja-se mudar a organização do trabalho, passando de uma forma segmentada e repetitiva para um outro tipo, com grupos autônomos e flexíveis. Esse tipo de transformação provoca profundas mudanças nas tarefas e responsabilidades de cada trabalhador. Isso gera muitas dúvidas, inseguranças, resistências, expectativas e reivindicações dos trabalhadores. Nesse caso, o pesquisador vai ser também o agente das mudanças, procurando resolver todos os problemas gerados durante o processo.

O processo envolve a realização de reuniões e seminários com os trabalhadores para definição das ações e tomada de decisões. Nessas reuniões podem ser apresentadas e discutidas as informações de membros da equipe, de especialistas ou aquelas obtidas por meios convencionais como entrevistas e questionários. Além disso, o pesquisador acompanha a implementação das ações, sugerindo correções, caso se constatem desvios indesejáveis.

Nesse caso, o pesquisador deve ter conhecimentos e habilidades para orientar o processo de transformação, assessorando o grupo na seleção de conceitos e técnicas adequadas, para a tomada de decisões oportunas.

A pesquisa-ação não pode ser feita à revelia das partes envolvidas. Ela pressupõe uma etapa de discussão dos objetivos e uma "negociação" entre as partes para estabelecer os objetivos, critérios de aceitação das soluções, ações a serem implementadas e os respectivos prazos. Em alguns casos é constituído um comitê de coordenação, com representantes das partes envolvidas. Cada parte tem o direito de interromper a experiência, se julgar que o andamento da pesquisa está se desviando do acordo prévio.

A pesquisa-ação pode ser mais trabalhosa e demorada, em relação à pesquisa convencional, porque não se trata apenas de coletar e analisar informações, mas propõe-se a **transformar** a realidade. Os pesquisadores desempenham um papel ativo na definição dos problemas encontrados, bem como na formulação de alternativas, acompanhamento e avaliação das ações que visem à solução desses problemas. Na pesquisa convencional, as soluções podem ser facilmente formuladas, mas estas podem acabar "no arquivo" porque não são aceitas pelos trabalhadores e, assim, encontram muitas dificuldades e resistências para a sua implementação. Ao envolver os próprios trabalhadores na busca das soluções, essas resistências poderão ser consideravelmente reduzidas.

A principal desvantagem da pesquisa-ação é a dificuldade de elaborar um planejamento para antecipar possíveis resultados. Ela não segue um roteiro rígido, mas um planejamento flexível, que vai-se adaptando com a evolução dos acontecimentos. Há sempre um vai-e-vem que depende da dinâmica interna do grupo de pesquisadores e seu relacionamento com os participantes.

Ergonomia participativa

Ergonomia participativa é um método pelo qual os **usuários finais** da ergonomia desempenham um papel ativo na identificação e análise dos problemas ergonômicos, assim como na formulação e implementação de suas soluções. Ela envolve o treinamento dos trabalhadores e organização de grupos participativos.

Para o seu sucesso, deve contar, em primeiro lugar, com apoio da administração superior da empresa. Em segundo lugar, com o envolvimento de todos os níveis da organização. Os conhecimentos em ergonomia podem ser proporcionados por um consultor externo.

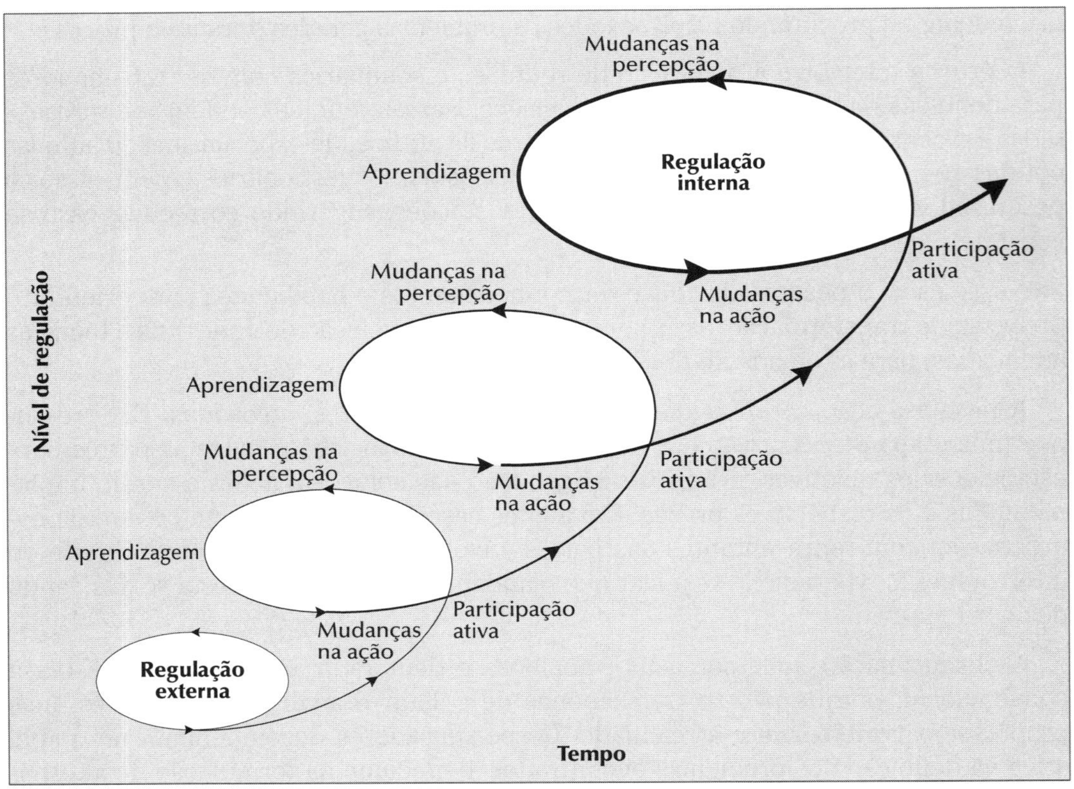

Figura 2.9 Processo de implantação da ergonomia participativa. (Haims e Carayon, 1998)

A participação efetiva envolve níveis crescentes de aquisição de conhecimentos, mudança de comportamentos e controles de realimentação. Isso deve ocorrer de forma contínua e cumulativa. Ela começa com uma regulação externa e evolui até alcançar uma regulação interna, auto-sustentada (Figura 2.9).

Regulação externa — A regulação externa representa o estado inicial, com praticamente nenhuma participação interna. Até esse ponto, os conhecimentos de ergonomia são dominados apenas pelo consultor externo, que é agregado ao programa.

Regulação interna — Chegando-se ao ponto da regulação interna, os membros da empresa já dominaram os conhecimentos essenciais de ergonomia e estão em condições de assumir o controle do processo, de modo que o consultor externo pode ser dispensado.

No processo da ergonomia participativa, há diversos ciclos de "mudanças na percepção → aprendizagem → mudanças na ação → participação ativa", em níveis crescentes e abrangentes dentro da empresa, de modo que os conhecimentos externos são internalizados progressivamente pela empresa. Após diversos ciclos, o conhecimento é **incorporado** à cultura da empresa, passando a ter uma existência própria, sendo aplicadas às práticas do dia-a-dia, sem depender de estímulos externos.

Projeto participativo

O projeto participativo é um caso particular da ergonomia participativa, aplicado ao *design* de novos produtos ou redesign de produtos existentes.

Difere-se dos projetos tradicionais, que é realizado por especialistas, e o usuário só é envolvido na fase final de avaliação do protótipo. Nesse tipo de desenvolvimento, o *feedback* do usuário é demorado. Se houver algum erro de concepção, a sua correção fica mais difícil, pois o projeto já se encontra em estado adiantado.

No projeto participativo, o usuário é envolvido desde a etapa inicial. Assim, não há uma separação entre o projeto e a sua avaliação. Desde o início, o projeto é focalizado nos usuários e tarefas. Dessa forma, os usuários fazem avaliações contínuas a cada etapa do projeto. Assim, os eventuais erros ou desvios do projeto são imediatamente corrigidos antes de se chegar ao protótipo.

Muitas empresas contratam profissionais especializados e desenvolvem produtos "perfeitos" dos pontos de vista técnico e ergonômico. Contudo, esses produtos podem transformar-se em grandes fracassos de mercado. Os especialistas podem ignorar ou desprezar certas características do produto porque, na opinião deles, seriam pouco importantes. Entretanto, os consumidores podem ter outra escala de valores, considerando mais importantes justamente aquelas características que foram desprezadas pelos projetistas.

Portanto, o projeto participativo tem o objetivo de incorporar as reais necessidades e desejos dos consumidores, ao projeto do produto. Muitas vezes, há diferenças significativas entre estas necessidades e desejos reais, em relação aquelas que são imaginadas ou supostos pelos especialistas.

Conceitos introduzidos no capítulo 2

sistema homem-máquina
otimização
subotimização
projeto de pesquisa
método
técnica
experimento de laboratório
experimento de campo
variável independente
variável dependente
grupo de controle
amostragens
tamanho da amostra
medida objetiva
medida subjetiva
observação direta
entrevista
questionário
grupo de foco
análise ergonômica do trabalho
método participativo
projeto participativo

Questões do capítulo 2

1. Conceitue sistema. Dê um exemplo. (Seja original, não repita do livro).
2. Por que o conjunto de soluções sub-ótimas não é ótima para o sistema?
3. Como se define o objetivo da pesquisa?
4. Apresente as vantagens e desvantagens dos experimentos de laboratório e de campo.
5. Conceitue variáveis independentes e dependentes.
6. Para que serve o grupo de controle?
7. Que cuidados se deve tomar na definição da amostra?
8. Quais são as vantagens e desvantagens da observação direta?
9. Que cuidados devem ser tomado na entrevista?
10. Quando se aplica a análise ergonômica do trabalho?
11. Quais são as vantagens do método participativo?

Exercício

Elabore um questionário ou um roteiro de entrevista para pesquisar a adequação ergonômica de um produto ou posto de trabalho.

3. Organismo humano

Este capítulo apresenta uma descrição resumida das principais funções do organismo humano que interessam à ergonomia. São apresentadas somente aquelas funções que influem no desempenho do trabalho, principalmente a função neuromuscular, coluna vertebral, metabolismo, visão, audição e o senso cinestésico. Além disso, as apresentações restringem-se principalmente aos aspectos operacionais. Não nos aprofundaremos em outros aspectos fisiológicos, que fogem ao escopo deste livro.

Os conhecimentos apresentados neste capítulo serão essenciais para o desenvolvimento de diversos outros capítulos posteriores do livro, onde a justificativa para certas proposições ou a escolha entre diversas alternativas de projeto estará baseada justamente em sua melhor adaptação ao organismo humano.

3.1 Função neuromuscular

As forças do organismo são exercidas por contrações musculares. Os músculos não se contraem por si próprios, mas são comandados pelo sistema nervoso central, que é composto pelo cérebro e medula espinhal. Esses comandos decorrem, por sua vez, de algum tipo de estímulo ambiental.

Sistema nervoso

O sistema nervoso é constituído de células nervosas ou neurônios, que são caracterizadas por irritabilidade (sensibilidade a estímulos) e condutibilidade (condução de sinais elétricos).

Os sinais são representados pelos **impulsos elétricos** de natureza eletroquímica, que se propagam ao longo das fibras nervosas. Essas fibras não conduzem uma corrente contínua, mas um conjunto de impulsos que se sucedem no tempo (Figura 3.1). Desse modo, os sinais produzidos por algum estímulo do exterior ou do próprio corpo (luz, som, tato, temperatura, acelerações, agentes químicos, movimentos das articulações) são conduzidos até o sistema nervoso central, onde é interpretado e processado, gerando uma decisão. Esta é enviada de volta, pelos nervos motores, que se conectam aos músculos, e provocam movimentos musculares, como o piscar do olho, movimentação dos braços ou pernas. O caminho de ida, até o sistema nervoso central é chamado de via **aferente** e a volta, até os músculos, de via **eferente**.

Sinapses

As células nervosas conectam-se entre si, para formar uma cadeia de transmissão de sinais. Essas conexões chamam-se **sinapses**. Estruturalmente, as células nervosas

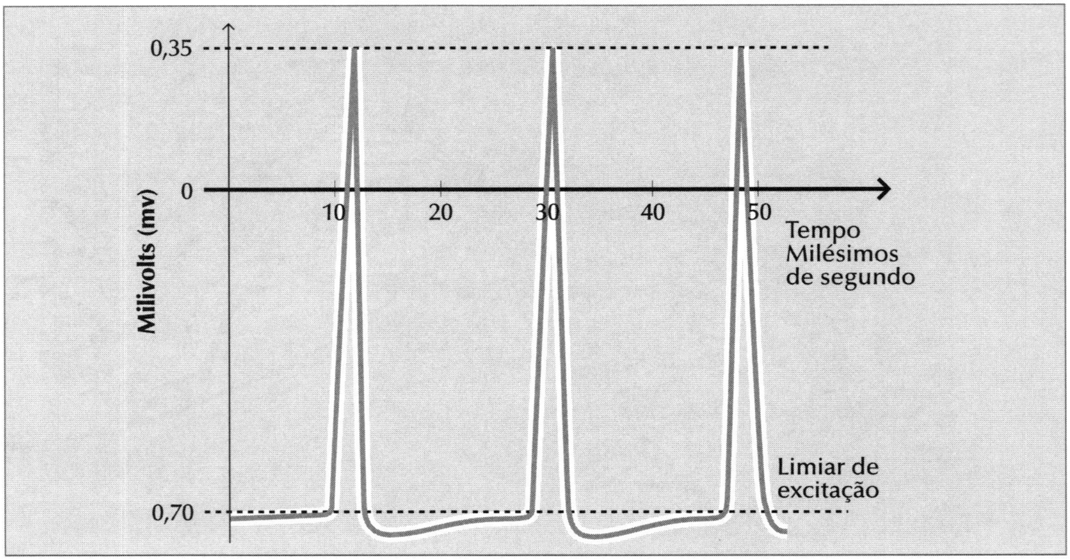

Figura 3.1

As informações são transmitidas por impulsos elétricos ao longo da fibra nervosa.

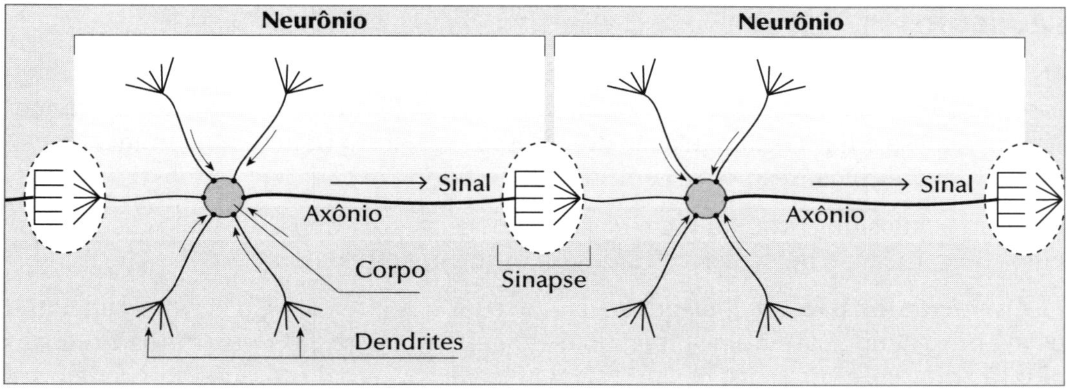

Figura 3.2 Representação esquemática de uma sinapse, mostrando que o sinal sempre se transmite no sentido de um axônio para uma dendrite da célula nervosa seguinte.

são formadas de três partes: o corpo e dois tipos de terminações, chamadas de dendrites e axônio. Em uma célula pode haver várias dendrites, mas há sempre um único axônio. A sinapse é a ligação de um axônio com uma dendrite da célula seguinte (Figura 3.2) e tem as seguintes propriedades:

Sentido único — Os sinais são sempre conduzidos em um só sentido, entrando pelas dendrites e saindo pelo axônio. Uma célula pode receber sinais de várias outras, entrando pelas suas dentrites, mas só pode transmitir para uma única (só tem um axônio).

Fadiga — Quando utilizadas com muita freqüência, as sinapses reduzem a sua capacidade de transmissão. Estima-se que cada ligação sináptica tenha capacidade de transmitir 10 000 sinais, que podem esgotar-se em poucos segundos.

Efeito residual — Quando o mesmo estímulo repete-se rapidamente, um após o outro, no mesmo canal, o segundo transmite-se mais facilmente que o primeiro, fazendo supor que os neurônios são capazes de armazenar informações por alguns minutos, ou por horas, em alguns casos.

Desenvolvimento — A estimulação repetida e prolongada durante vários dias pode levar a uma alteração física da sinapse, de modo que ela passa a ser estimulada com mais facilidade. Acredita-se que isso seja responsável pela memória e a aprendizagem.

Acidez — Um aumento do teor alcalino no sangue aumenta a excitabilidade, enquanto o aumento da acidez tende a diminuir consideravelmente a atividade neuronal. Por exemplo, a cafeína ajuda a aumentar a excitabilidade neuronal, enquanto os anestésicos a diminuem.

A **velocidade** de transmissão de sinais depende da espessura do axônio e varia entre 12 a 120 ms. As células pouco desenvolvidas são mais lentas, transmitindo a apenas 0,6 ms. As sinapses funcionam com válvulas e provocam atrasos de 0,5 a 10 ms. Se um sinal percorresse um neurônio, sem sinapse, durante esse tempo, poderia correr um metro ao longo da célula.

Músculos

Os músculos são responsáveis por todos os movimentos do corpo. São eles que transformam a energia química armazenada no corpo em contrações e, portanto, em movimentos. Isso é feito pela oxidação de gorduras e hidratos de carbono, numa reação química exotérmica, resultando em trabalho e calor.

Os músculos do corpo humano classificam-se em três tipos: músculos lisos; músculos do coração; e músculos estriados ou esqueléticos

Os **músculos lisos** encontram-se nas paredes dos intestinos, nos vasos sanguíneos, na bexiga, no aparelho respiratório e em outras vísceras. **Os músculos do coração** são diferentes de todos os outros. Os músculos lisos e do coração não podem ser comandados voluntariamente.

Os **músculos estriados** estão sob o controle consciente e é através deles que o organismo realiza trabalhos externos. Portanto, apenas o estudo destes é importante para a ergonomia.

Cerca de 40% dos músculos do corpo são estriados. Isso corresponde a um total de 434 músculos estriados. Entretanto, somente 75 pares desses músculos estão envolvidos na postura e movimentos globais do corpo. Outros são responsáveis por movimentos menores, como os dos globos oculares.

Estrutura microscópica do músculo estriado

Os músculos estriados são assim chamados porque apresentam estrias, em sua visão microscópica. São formados de fibras longas e cilíndricas, com diâmetros entre 10 a 100 mícrons e comprimentos de até 30 cm, dispostas paralelamente. As fibras, por sua vez, compõe-se de centenas de elementos delgados, de 1 a 3 mícrons, paralelos entre si e muito uniformes, chamados de miofibrilas. As miofibrilas, vistas em um microscópio eletrônico com 150 000 vezes de aumento, apresentam segmentos funcionalmente completos, chamados de sarcômeros.

Os **sarcômeros** são constituídos de dois tipos de filamentos de proteínas: um filamento mais grosso, chamado de **miosina** e outro mais delgado, que é **actina**. É a alternância desses filamentos que produz a imagem de estrias, quando é vista no microscópio.

Contração muscular

A contração muscular ocorre quando os sarcômeros se contraem, no sentido longitudinal das fibras, reduzindo os seus comprimentos, estimulado por correntes elétricas de 80 a 90 milivolts. O período de latência, ou seja, o tempo decorrido entre a chegada da corrente e a contração, é de 0,003 s. Durante a contração, nem os filamentos de actina e nem os de miosina diminuem de comprimento. Os filamentos de actina simplesmente deslizam-se para dentro dos filamentos de miosina, como se fossem pequenos pistões (Figura 3.3).

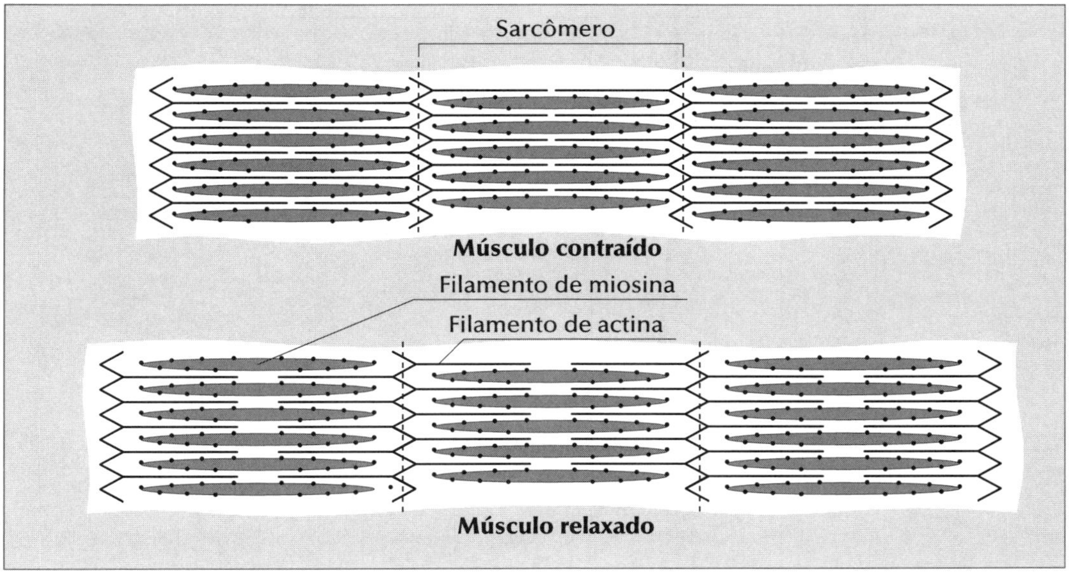

Figura 3.3 Durante uma contração muscular, os filamentos de actina deslizam entre os filamentos de miosina, reduzindo o comprimento do sarcômero, comportando-se como minúsculos pistões.

Com esse processo, os sarcômeros podem reduzir o seu comprimento, chegando à metade do seu tamanho anterior. Dessa forma, as fibras só apresentam dois estados possíveis: ou estão contraídas ou relaxadas. A força de um músculo depende da quantidade de fibras contraídas.

A potência máxima de um músculo situa-se entre 3 a 4 kg/cm^2 de sua seção. Assim, um músculo com seção de 1cm^2 é capaz de desenvolver uma força de 3 a 4 kg durante a sua contração. As mulheres possuem musculatura mais fina que os homens. Dessa forma, a potência máxima que podem exercer é de 70% em relação aos homens.

Irrigação sanguínea do músculo

Cada músculo recebe suprimento de oxigênio, glicogênio e outras substâncias, pelo sistema circulatório. Este é constituído de artérias, que vão se ramificando sucessivamente até se transformarem em vasos capilares. No interior dos músculos existem inúmeros vasos **capilares** extremamente finos, com diâmetros da ordem de grandeza de um glóbulo vermelho (0,007 mm), onde esses glóbulos passam em fila. As paredes desses vasos são extremamente finas e permitem uma fácil transferência de substâncias do sangue para o músculo.

Quando um músculo se contrai estrangula as paredes dos capilares, e o sangue deixa de circular, causando rapidamente a fadiga muscular. A circulação é restabelecida com o relaxamento do músculo. Para permitir a circulação sanguínea, o músculo deve se contrair e relaxar com alguma freqüência, funcionando como uma bomba hidráulica.

Quando se inicia um trabalho muscular, as próprias substâncias geradas pelo metabolismo, durante a contração muscular, estimulam a dilatação dos capilares, permitindo assim, maior circulação sanguínea. As pessoas treinadas a constantes exercícios musculares têm os capilares mais desenvolvidos e, portanto, maior potencial de irrigação sanguínea, que se reflete numa maior capacidade de trabalho muscular.

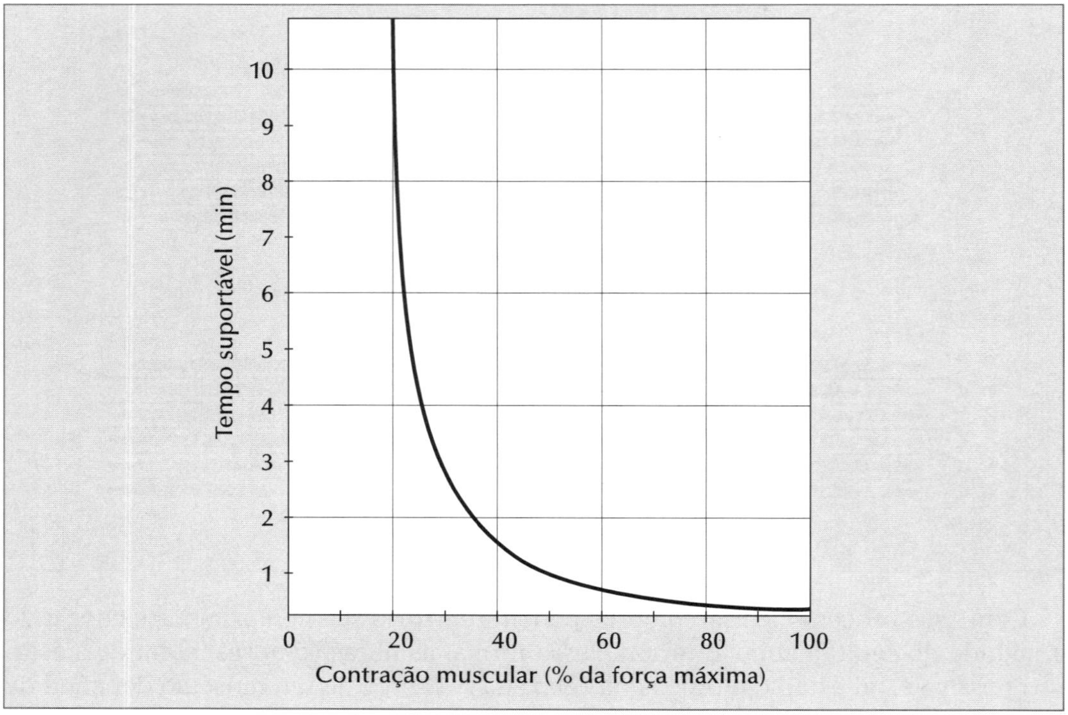

Figura 3.4

Relação entre o grau de contração muscular e o tempo suportável. (Kroemer, 1999).

Fadiga muscular

Fadiga muscular é a redução da força, provocada pela deficiência da irrigação sanguínea do músculo. Ela é um processo reversível, que pode ser superada por um período de descanso. Se houver deficiência de irrigação sanguínea, o oxigênio não chega em quantidade suficiente, e começa a haver, dentro do músculo, um acúmulo de ácido lático e potássio, assim como calor, dióxido de carbono e água, gerados durante o metabolismo.

Quanto mais forte for a contração muscular, maior será o estrangulamento da circulação sanguínea, reduzindo o tempo em que poderá ser mantida. A contração máxima pode ser mantida apenas durante alguns segundos. A metade da contração máxima pode ser mantida durante 1 minuto. Para longos períodos, a contração não pode superar a 20% da contração máxima (Figura 3.4). Se esses tempos forem ultrapassados, podem surgir dores intensas, exigindo relaxamento para restabelecer a circulação sanguínea. Deve-se proporcionar um período de descanso, para que a circulação tenha tempo para remover os produtos do metabolismo, acumulados no interior dos músculos.

O corpo humano como um sistema de alavancas

Um músculo só tem dois estados possíveis: desenvolver tensão dentro de si mesmo ou relaxar-se. Quando a tensão do músculo for suficiente para superar uma certa resistência, há um encurtamento, que é chamado de contração **concêntrica**. O caso inverso, em que a resistência supera a tensão, é chamado de contração **excêntrica** e, mesmo tenso, pode haver um alongamento do músculo. Quando um músculo de-

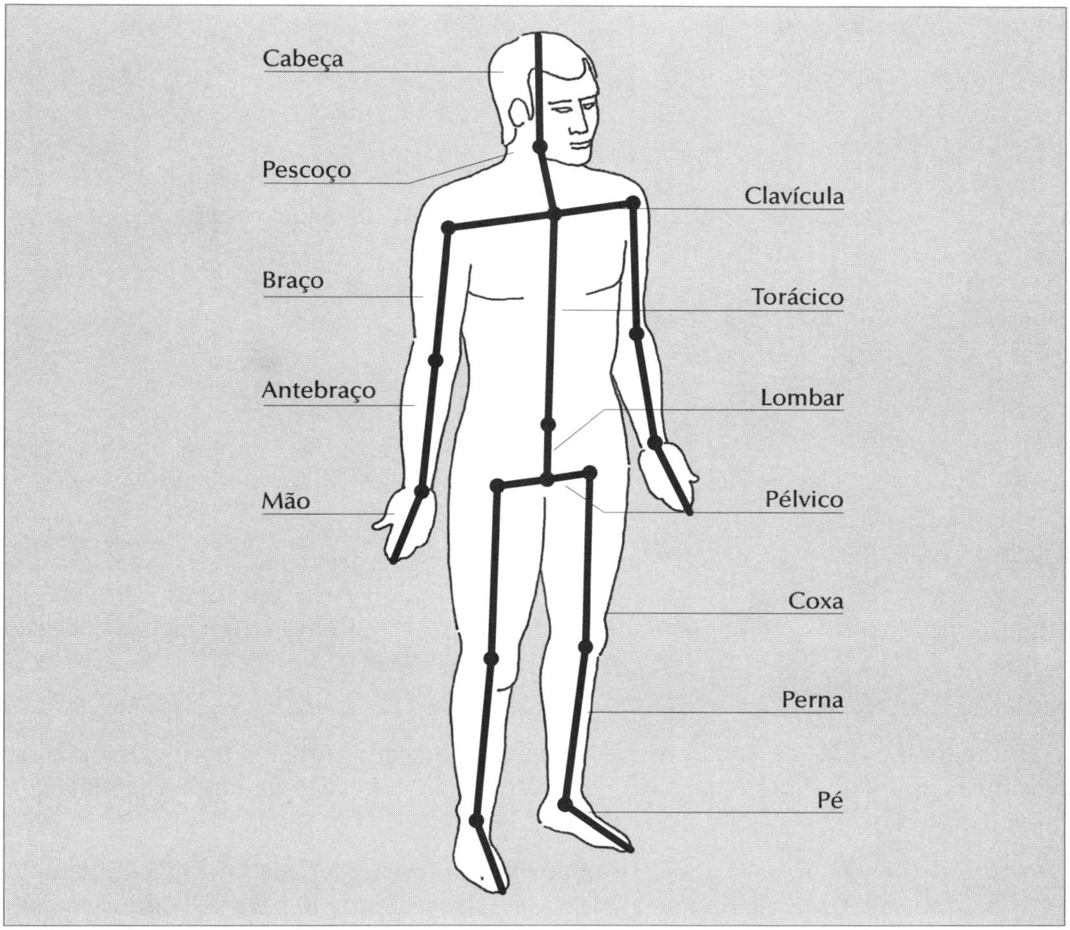

Figura 3.5 Modelo biomecânico do corpo humano, composto de articulações. (Kroemer, 1999).

senvolve uma tensão sem provocar movimentos do corpo, chama-se contração estática ou isométrica.

A estrutura biomecânica do corpo humano pode ser vista como um conjunto de alavancas, formado pelos ossos maiores que se conectam nas articulação e são movimentadas pelos músculos (Figura 3.5).

Para cada movimento, há pelo menos dois músculos que trabalham **antagonicamente**: quando um se contrai, outro se distende. O que se contrai chama-se protagonista e o que relaxa, antagonista. Por exemplo, ao fazer a flexão antebraço sobre o braço, há contração do bíceps e distensão do tríceps. Para estender o antebraço, há inversão, com distensão do bíceps e contração do tríceps (Figura 3.6).

Para evitar movimentos bruscos, a contração e a distensão do par de músculos antagônicos devem ocorrer de forma coordenada, de modo que um deles vá se contraindo e outro distendendo-se. Os trabalhadores treinados conseguem fazer esses movimentos com mais facilidade, resultando em movimentos harmônicos. Os músculos também podem funcionar de forma mais complexa, fazendo parte de um conjunto maior, permitindo várias combinações de movimentos, como as translações associadas a movimentos rotacionais.

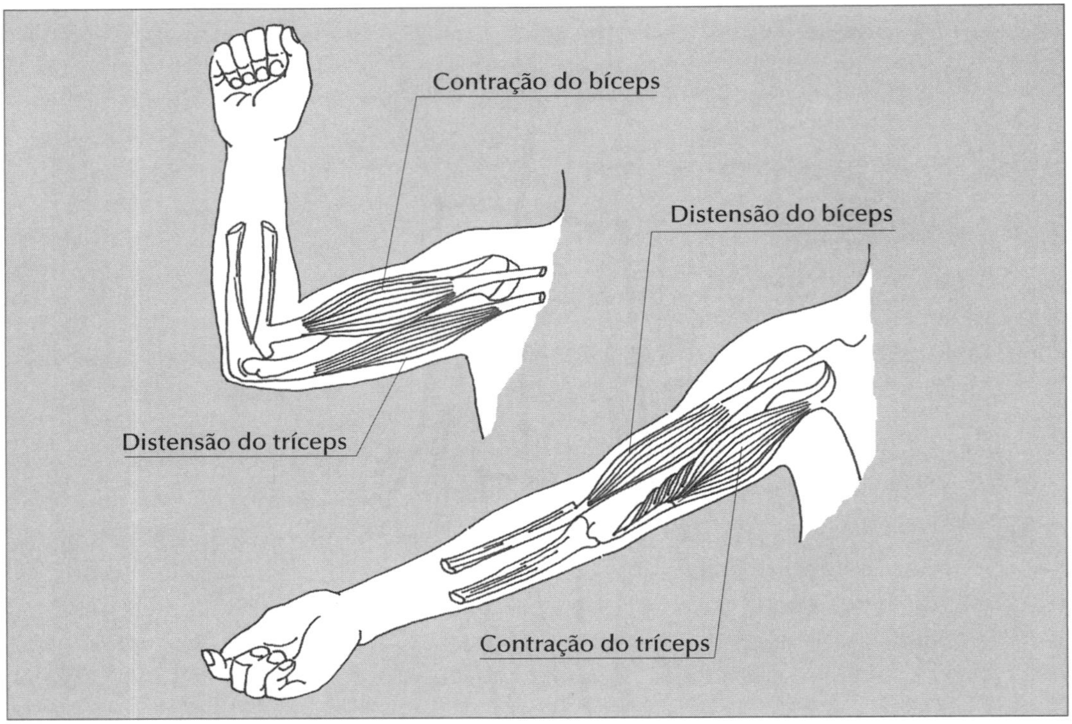

Figura 3.6
Os músculos funcionam sempre aos pares, de modo que, quando um deles se contrai, o seu antagônico se distende, em oposição. Esse mecanismo torna possível realizar movimentos suaves, e controlados.

Da maneira análoga às alavancas mecânicas, o corpo trabalha com três tipos de alavancas, que dependem das posições relativas de aplicação da força, resistência e apoio (Figura 3.7).

Alavanca interfixa — O apoio situa-se entre a força e a resistência. Um exemplo típico é o tríceps. Esse tipo de alavanca é o mais adequado para transmitir grande velocidade com pouca força.

Alavanca interpotente — A força é aplicada entre o ponto de apoio e a resistência. É o caso do bíceps. Esse tipo de alavanca é um dos mais comuns no corpo. Os músculos inserem-se próximos à articulação e facilitam a realização de movimentos rápidos e amplos, embora com sacrifício da força.

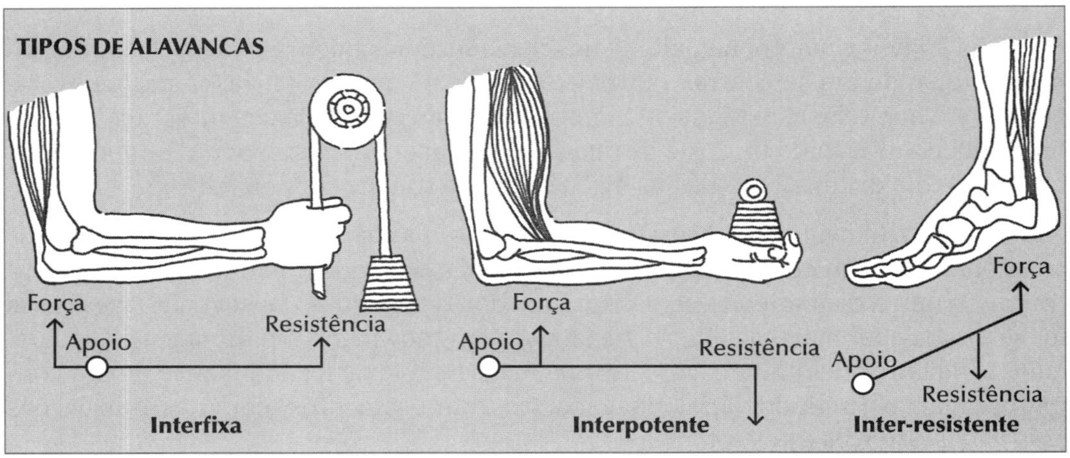

Figura 3.7
Tipos de alavancas existentes no corpo humano.

Alavanca inter-resistente — A resistência situa-se entre o ponto de apoio e a força. É o caso dos músculos da face posterior da perna, que se ligam ao calcanhar e permitem suspender o corpo na ponta dos pés. Esse tipo de alavanca sacrifica a velocidade para ganhar força.

3.2 Coluna vertebral

A coluna vertebral é uma estrutura óssea constituída de 33 vértebras empilhadas, uma sobre as outras. Classificam-se em cinco grupos. De cima para baixo: 7 vértebras se localizam no pescoço e se chamam cervicais; 12 estão na região do tórax e se chamam torácicas ou dorsais; 5 estão na região no abdômen e se chamam lombares; abaixo, 5 estão fundidas e formam o sacro e as 4 da extremidade inferior são pouco desenvolvidas e constituem o cóccix. Estas 9 últimas vértebras fixas situam-se na região da bacia e se chamam também de sacrococcigeanas (Figura 3.8).

Portanto, apenas 24 das 33 vértebras são flexíveis e, destas, as que têm maior mobilidade são as cervicais (pescoço) e as lombares (abdominais). As vértebras torácicas estão unidas a 12 pares de costela, formando a caixa torácica, que limitam os

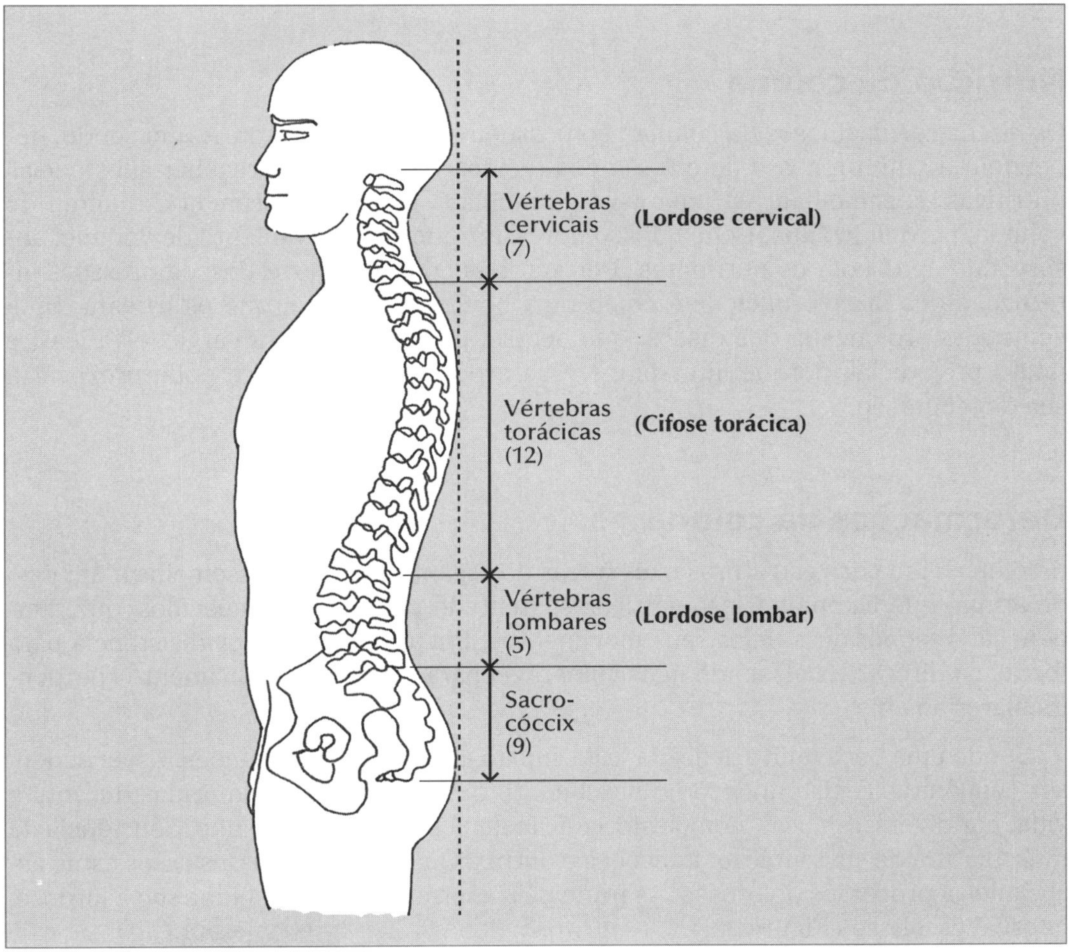

Figura 3.8 Classificação das vértebras da coluna.

movimentos. Cada vértebra sustenta o peso de todas as partes do corpo situadas acima dela. Assim sendo, as vértebras inferiores são maiores, porque precisam sustentar maiores pesos. Para equilibrar-se, a coluna apresenta três curvaturas: a lordose (concavidade) cervical, cifose (convexidade) torácica e a lordose lombar.

A coluna tem duas propriedades: rigidez e mobilidade. A rigidez garante a sustentação do corpo, permitindo a postura ereta. A mobilidade permite rotação para os lados e movimentos para frente e para trás. Isso possibilita grande movimentação da cabeça e dos membros superiores.

Entre uma vértebra e outra existe um disco cartilaginoso, composto de uma massa gelatinosa. As vértebras também se conectam entre si por ligamentos. Os movimentos da coluna vertebral tornam-se possíveis pela compressão e deformação dos discos e pelo deslizamento dos ligamentos.

A coluna vertebral contém um canal formado pela superposição das vértebras, por onde passa a **medula espinhal**, que se liga ao encéfalo. A medula funciona como uma grande "avenida" por onde circulam todas as informações sensitivas, que transitam da periferia para o cérebro e retornam, trazendo as ordens para os movimentos motores. A ruptura da medula interrompe esse fluxo, causando paralisia.

Nutrição da coluna

Os discos cartilaginosos da coluna não possuem vasos sanguíneos. Assim sendo, dependem de um processo de difusão dos tecidos vizinhos, para receber substâncias nutritivas. É semelhante a uma esponja molhada que é comprimida e diminui de volume, perdendo água. Com a descompressão, aumenta novamente de volume, absorvendo água com os nutrientes. Portanto, as compressões e descompressões alternadas dos discos funcionam como uma bomba hidráulica, que os irrigam. Uma contração prolongada dos discos, que ocorre, por exemplo, em cargas estáticas, é muito prejudicial, porque interrompe esse processo nutricional e pode provocar a sua degeneração.

Deformações da coluna

A coluna é uma das estruturas mais fracas do organismo. Ela se assemelha a um jogo de armar, que fica na posição vertical, sustentado por diversos músculos, que também são responsáveis pelos seus movimentos. Ela apresenta maior resistência para forças na direção axial, sendo mais vulnerável para forças de cisalhamento (perpendiculares ao eixo).

Sendo uma peça muito delicada, está sujeita a diversas deformações. Estas podem ser congênitas (existem desde o nascimento das pessoas) ou adquiridas durante a vida, por diversas causas, como esforço físico, má postura no trabalho, deficiência da musculatura de sustentação, infecções e outras. Quase sempre, esses casos estão associados a processos dolorosos. As principais anormalidades da coluna são a lordose, cifose e escoliose (Figura 3.9).

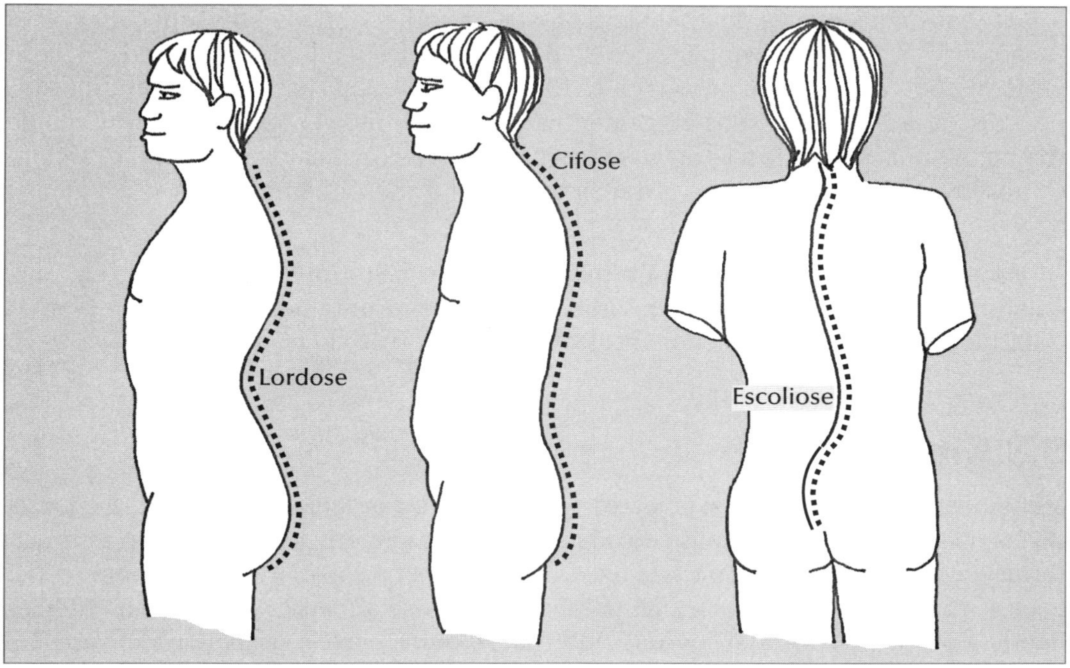

Figura 3.9 Deformações típicas da coluna vertebral.

Lordose — Corresponde a um aumento da concavidade posterior da curvatura na região cervical ou lombar, acompanhado por uma inclinação dos quadris para frente. É a postura que assume, por exemplo, temporariamente, um garçom que carrega uma bandeja pesada com os braços mantidos na frente do corpo.

Cifose — É o aumento da convexidade, acentuando-se a curva para frente na região torácica, correspondendo ao corcunda. A cifose acentua-se nas pessoas muito idosas.

Escoliose — É um desvio lateral da coluna. A pessoa vista de frente ou de costas, pende para um dos lados, para direita ou para esquerda.

As pessoas portadoras dessas anormalidades não estão impedidas de trabalhar, mas dependendo do grau em que elas ocorrem, devem evitar esforços físicos exagerados.

Evidentemente, é melhor prevenir para que essas deformações não apareçam. Isso é feito com exercícios para fortalecer a musculatura dorsal, e evitando-se cargas pesadas ou posturas inadequadas, principalmente se estas forem prolongadas, sem permitir mudanças freqüentes.

Lombalgia

Lombalgia significa "dor na região lombar". É provocada pela fadiga da musculatura das costas. O tipo mais simples ocorre quando se permanece durante muito tempo na mesma postura, com a cabeça inclinada para frente. Pode ser aliviada com mudanças freqüentes de postura, levantando e sentando-se.

Os casos mais graves de lombalgia provocam fortes dores e podem incapacitar a pessoa para o trabalho, em períodos de 3 a 10 dias. Dependendo da gravidade, esse período pode estender-se para 15 a 30 dias ou até meses. Geralmente são causadas pela distensão dos músculos e ligamentos das vértebras ou movimentos bruscos de torção. A situação tende a agravar-se nas pessoas que têm a musculatura dorsal pouco desenvolvida e aquelas que ultrapassaram os 40 anos, quando os discos tendem a degenerar-se.

Pode-se prevenir a lombalgia praticando-se exercícios de fortalecimento da musculatura dorsal e adotando-se posturas corretas no levantamento de cargas (ver no Capítulo 6) e evitando-se movimentos bruscos de torção do tronco.

3.3 Metabolismo

Metabolismo é o estudo dos aspectos energéticos do organismo humano. A energia do corpo humano é proveniente da alimentação. Os alimentos sofrem diversas transformações químicas e uma parte é usada para a construção de tecidos e outra, como combustível. Uma parte desse combustível destina-se a manter o organismo funcionando, ou seja, constituem "perdas" internas, e outra parte é usada para o trabalho. O excedente é acumulado em forma de gordura.

Do ponto de vista energético, o organismo humano pode ser comparado a uma complexa **máquina térmica**. Parte dos alimentos consumidos converte-se no combustível chamado glicogênio, que é oxidado, numa reação exotérmica, gerando energia. Essa reação produz subprodutos como o calor, dióxido de carbono e água, que devem ser eliminados pelo organismo.

Alimentação

A alimentação humana é constituída principalmente de substâncias como proteínas, carboidratos e gorduras (Figura 3.10) Todos são compostos de carbono, hidrogênio e oxigênio, sendo que as proteínas diferem porque contém também nitrogênio. As proteínas são decompostas pelo organismo em aminoácidos e hidrocarbonetos. Os aminoácidos, contendo nitrogênio, são usados na construção dos tecidos e os hidrocarbonetos são energéticos, que se juntam aos carboidratos e gorduras. Estes se transformam em glicogênio, que é armazenado nos músculos e no fígado. Os carboidratos também podem ser armazenados em forma de gorduras, nos tecidos, para posterior utilização.

Capacidade muscular

A capacidade de um músculo em realizar exercícios pesados e prolongados depende diretamente da quantidade de glicogênio armazenado inicialmente no músculo, porque a sua reposição é mais lenta que o consumo. Em alguns casos, em 2 horas de trabalho pesado, o músculo pode ficar completamente exausto. Os alimentos ricos em carboidratos tendem a armazenar mais glicogênio nos músculos do que proteínas e gorduras, aumentando, conseqüentemente, a capacidade de trabalho.

É importante ressaltar também que outro fator limitante da capacidade de trabalho é o abastecimento de oxigênio nos músculos. Pessoas treinadas ao exercício físico apresentam uma maior capacidade pulmonar e também uma melhor irrigação sanguínea dos músculos, através dos capilares, que favorecem o abastecimento de oxigênio e a remoção dos subprodutos do metabolismo.

Metabolismo basal

Metabolismo basal é a energia necessária para o manter apenas as funções vitais do organismo, sem realizar nenhum trabalho externo. O organismo funciona como uma máquina térmica que nunca é desligada. Portanto, uma pessoa viva, mesmo em estado de repouso absoluto, consome uma certa quantidade de energia para o funcionamento de órgãos como o coração, pulmões e rins, que nunca deixam de funcionar.

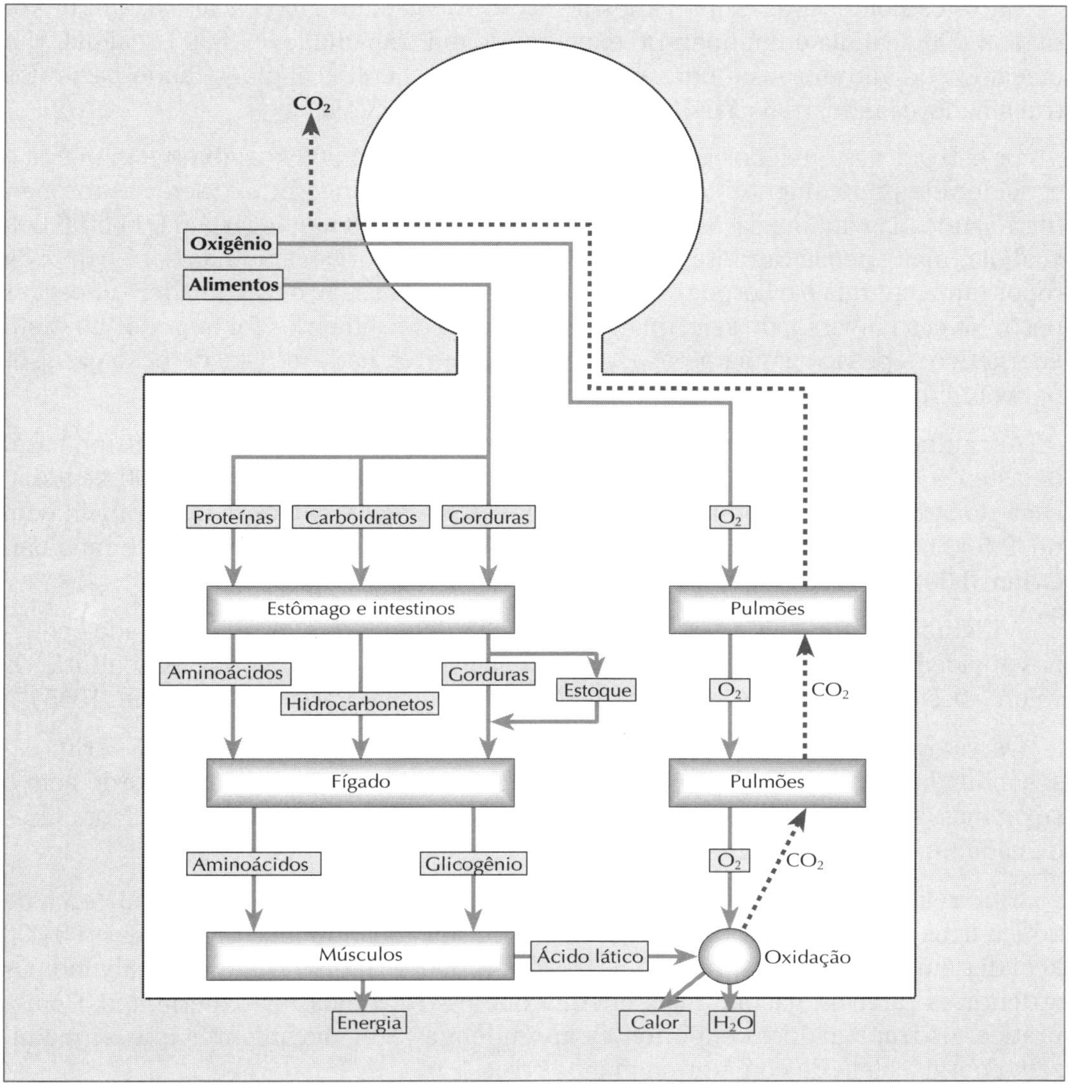

Figura 3.10 Representação esquemática das principais funções do metabolismo humano. (Kroemer, 1994)

O valor do metabolismo basal é de aproximadamente 1 800 kcal/dia para homens e 1 600 kcal/dia para as mulheres (um quilocaloria é a energia necessária para elevar a temperatura de 1 litro de água em 1°C ou, mais precisamente, para passar de 20 para 21°C). Contudo, há grandes variações individuais desses valores.

Energia gasta no trabalho

Já vimos que um homem adulto gasta 1 800 kcal/dia com o seu metabolismo basal, ou seja, apenas para se manter vivo, em estado de repouso. Contudo, as pessoas, mesmo em repouso, realizam pequenos movimentos que também demandam energia. Assim, um homem adulto que consuma menos de 2 000 kcal/dia na alimentação, é incapaz de realizar qualquer tipo de trabalho. Portanto, só a energia que exceder a essa cota mínima pode ser utilizada no trabalho.

Entre os homens, os empregados de escritório gastam 2 500 kcal/dia. Um motorista, 2 800 kcal/dia e um operário executando um trabalho leve, 3 000 kcal/dia. Um mecânico de automóveis e um carpinteiro gastam 3 000 kcal/dia. Grande parte dos trabalhadores industriais gasta entre 2 800 e 4 000 kcal/dia.

Os estivadores que carregam sacos chegam a gastar 4 500 kcal/dia e esta marca é considerada praticamente como a máxima exigível, a longo prazo, sem comprometer a saúde. Em alguns casos, os gastos energéticos podem chegar a 5 000 ou 6 000 kcal/dia, mas apenas durante um ou dois dias, pois o organismo não será capaz de repor tanta energia e o corpo trabalhará com déficit, ou seja, o trabalhador vai perder peso. No caso inverso, ou seja, quando o consumo de alimentos for superior ao gasto energético, a pessoa ganhará peso a uma razão aproximada de 1 kg de peso para superávit alimentar de 7 000 kcal.

As mulheres têm um gasto energético ligeiramente menor. O metabolismo basal delas é de 1 600 kcal/dia. Uma digitadora ou uma costureira gasta 2 000 kcal/dia. Uma dona de casa executando trabalhos leves ou uma vendedora que trabalha em pé, 2 500 kcal/dia. Uma trabalhadora com tarefas relativamente pesadas e uma bailarina, 3 000 kcal/dia.

A Figura 3.11 apresenta gastos energéticos de algumas tarefas típicas, desde pequenas atividades de manutenção até trabalhos na indústria, construção e agricultura. Os valores oscilam entre 1,6 a 16,2 kcal/min (de acordo com Passmore e Durnin, 1955).

Os valores acima referidos representam uma média para a população. Em casos individuais, podem ocorrer variações em torno dessas medidas de acordo com o sexo, massa corporal, idade e outros fatores como o nível das atividades glandulares de cada um.

Com relação às diferenças entre mulheres e homens, os últimos gastam cerca de 20% a mais para executar tarefas idênticas, ou seja, quando uma mulher gasta 3 000 kcal/dia em um trabalho, o homem gastaria 3 600 kcal/dia no mesmo trabalho. Os aprendizes também gastam mais energia que os trabalhadores experientes. Com a prática, os trabalhadores experientes aprendem a fazer movimentos que economizam energia, além de cometerem menos erros.

Figura 3.11 Exemplos de gastos energéticos para algumas tarefas típicas. (Passmore e Durnin, 1955).

Subnutrição e rendimento

Se a quantidade de energia gasta não for suprida pela alimentação, o trabalhador apresentará uma redução de peso e uma queda no rendimento, além de ficar mais suscetível a doenças. Essa queda de rendimento ocorre numa proporção maior que a taxa de redução da alimentação e mais pronunciadamente, ainda, naqueles trabalhadores acostumados a atividades mais leves.

Uma pessoa que precise de 3 600 kcal/dia para um rendimento de 100%, terá esse rendimento reduzido para 60% se ingerir 2 800 kcal. Portanto, uma redução de 22% na alimentação, provoca uma queda de 40% no rendimento. Já uma outra pessoa que precisaria de 2 400 kcal/dia para rendimento de 100%, terá esse mesmo rendimento reduzido a 60% com 2 200 kcal/dia, ou seja, uma redução de apenas 8% na alimentação provocará a uma queda de 40% no rendimento do trabalho.

Em termos gerais de uma população, a quantidade média ideal de alimentação é de 3 000 kcal/dia, quando se registra um rendimento máximo de 100%. Se a alimentação reduzir-se em 10%, passando a 2 700 kcal/dia, o rendimento cai para 80%, e este chega a apenas 50% com 2 500 kcal/dia e anula-se completamente por volta de 2 000 kcal/dia, quando o organismo atingirá o nível do metabolismo basal.

Subnutrição de um povo

A subnutrição de um povo é sempre **antieconômica**, porque apenas pequenas reduções na alimentação provocam conseqüências bastante danosas à produtividade. É necessário frisar que muitos trabalhadores considerados preguiçosos ou desatentos, provavelmente sofrem de subnutrição. Em experiências realizadas por algumas empresas agrícolas com os "bóias-frias", constatou-se que uma alimentação adequada e um tratamento básico de saúde, combatendo-se as verminoses, podem aumentar a capacidade produtiva em até 70% num prazo de uma ou duas semanas.

Corlett (1970) observou que a produtividade dos trabalhadores em países subdesenvolvidos era baixa, entre outros motivos, porque os salários desses trabalhadores eram **insuficientes** para que eles e as suas famílias se alimentassem adequadamente. Comparando a capacidade dos mesmos com a de trabalhadores dos países desenvolvidos, chegou à conclusão que, se fossem trabalhar no mesmo ritmo destes últimos, eles teriam energia para trabalhar apenas duas horas por dia.

Contudo, como se exige que esses trabalhadores cumpram a jornada normal de trabalho (8 horas/dia), a saída encontrada por eles foi a redução do ritmo de trabalho, para poderem suportar a jornada. Muitos consideram isso, erroneamente, como uma atitude preguiçosa. Contudo, trata-se de uma questão de sobrevivência para esses trabalhadores mal nutridos. Portanto, embora a mão-de-obra dos países subdesenvolvidos seja mais barata, não significa necessariamente que seja mais econômica, devido à baixa produtividade.

O fornecimento de alimentação na fábrica nem sempre produz bons resultados. Devido aos seus hábitos alimentares arraigados, os trabalhadores podem preferir alimentos ricos em carboidratos, como massas e doces, rejeitando outros alimentos nutritivos, como frutas e legumes.

O aumento de salários, por si só, nem sempre constitui solução. Infelizmente, o dinheiro adicional nem sempre é aplicado prioritariamente em alimentos e cuidados com a saúde, o que melhoraria a produtividade. Isso só se consegue com um programa educacional a longo prazo.

3.4 Visão

A visão é o órgão do sentido mais importante que possuímos, tanto para o trabalho como para a vida diária. As suas características têm sido muito estudadas devido a essa importância no trabalho. O olho é uma esfera revestida por uma membrana e cheio de líquido, cuja estrutura assemelha-se a uma câmara fotográfica. Quando os olhos estão abertos, a luz passa através da pupila, que é uma abertura da íris (Figura 3.12). Tal como acontece na câmara fotográfica, a abertura da pupila pode variar, automaticamente, para controlar a quantidade de luz que penetra no olho. Essa abertura aumenta na penumbra e se reduz sob luz forte.

Atrás da pupila situa-se o cristalino, que é a lente do olho. O foco da lente é ajustado pela musculatura ciliar, que provoca alterações na curvatura da lente. No fundo do olho fica a retina, que seria equivalente ao filme, na analogia com a câmara fotográfica. Na retina ficam as células fotossensíveis de dois tipos, os cones e os bastonetes. Essas células, sensíveis à luz e cor, transformam os estímulos luminosos em impulsos nervosos, por meio de reações fotoquímicas. Os estímulos são transmitidos pelo nervo óptico ao cérebro, onde se produz a sensação visual.

Células fotossensíveis

O olho tem dois tipos de células fotossensíveis, que são os cones e bastonetes. Em cada olho existem cerca de 6 a 7 milhões de cones e 130 milhões de bastonetes. Eles têm um diâmetro de 1/1 000 mm e comprimento de 1/100 mm. Os cones e os bastonetes têm características completamente diferentes entre si.

Os **cones** se concentram em um ponto no fundo da retina, chamado de **fóvea** central. Esse ponto situa-se no eixo visual e corresponde ao local de maior incidência de luz dos objetos visados. À medida que se afasta da fóvea, os cones aparecem misturados com **bastonetes**, com densidades decrescentes. Na parte periférica da retina existem só bastonetes.

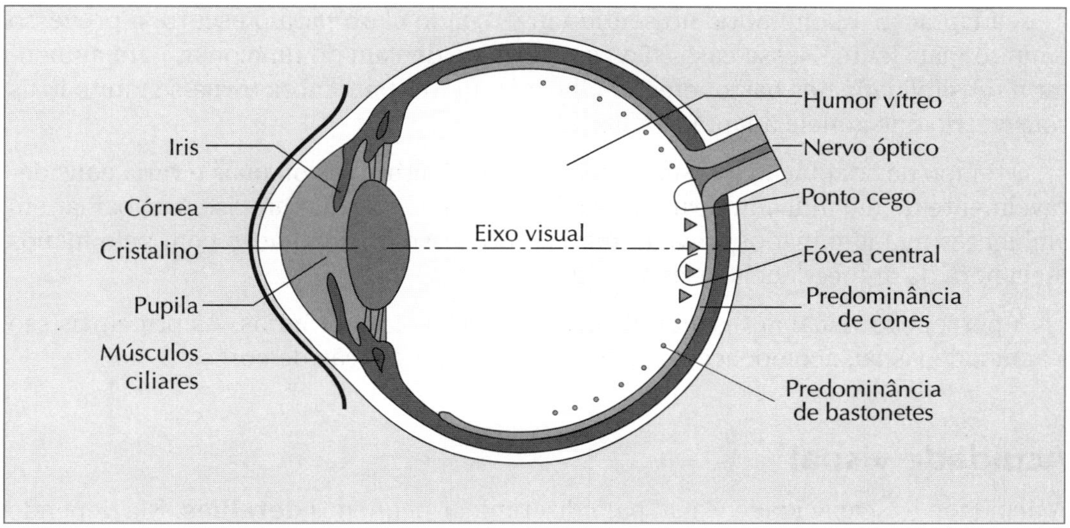

Figura 3.12 Representação esquemática da estrutura do olho humano.

Os cones só funcionam com maior nível de iluminação e são responsáveis pela percepção das cores, além da percepção de espaço e de acuidade visual. Os bastonetes já são sensíveis a baixos níveis de iluminação e não distinguem cores, mas apenas os tons cinza, do branco ao preto.

A percepção diferenciada dos cones e bastonetes funciona como se tivéssemos uma dupla visão. Os cones são sensíveis à luz mais forte, distinguem cores e situam-se no centro. Os bastonetes são acromáticos, não distinguem cores, mas apenas formas, sendo sensíveis a baixos níveis de energia luminosa, e ficam mais esparsos na retina.

Durante a visão diurna, os cones realizam a principal função visual, percebendo detalhes das imagens situadas na parte central do campo visual. Mas os bastonetes também continuam ativos durante a visão diurna. Eles contribuem principalmente para a percepção de movimentos fora da parte central do campo visual ou seja, pelo "canto" dos olhos.

Assim, os objetos periféricos são detectados primeiro, pela ação dos bastonetes. Depois os olhos são direcionados para os pontos do campo visual que chamaram a atenção e passam a focalizá-los diretamente, para uma identificação mais precisa, pela ação dos cones. A acuidade visual máxima é alcançada quando a imagem cair exatamente sobre a fóvea. Entretanto, essa região abrange apenas 1 grau de ângulo visual.

Adaptação à claridade e à penumbra

No processo de adaptação à claridade, quando se passa de um ambiente escuro para claro, há um ofuscamento temporário, que dura **um a dois minutos**, até que os cones comecem a funcionar normalmente. Isso ocorre, por exemplo, na saída do cinema. Durante essa adaptação à claridade, há uma redução da sensibilidade em toda a retina. Quando a claridade for muito grande, ocorre o ofuscamento, indicando que o olho não consegue mais adaptar-se.

A adaptação à penumbra, no sentido inverso, do claro para o escuro, o processo é muito mais lento. Nesse caso, são os cones que deixam de funcionar, para aumentar a sensibilidade dos bastonetes. O olho adaptado à penumbra torna-se muito mais sensível do que aquele adaptado à luz.

O tempo de adaptação ao escuro pode durar **30 minutos** ou mais e varia consideravelmente de um indivíduo para outro. Por isso, pessoas que precisem trabalhar em ambientes mal iluminados, devem iniciar o processo de adaptação com pelo menos meia hora de antecedência, usando óculos escuros.

A percepção visual apresenta diversas características próprias. As principais são a acuidade visual, acomodação, convergência e a percepção de cores.

Acuidade visual

A acuidade é a capacidade visual para discriminar pequenos **detalhes**. Ela depende de muitos fatores, sendo que os dois mais importantes são o iluminamento e o tempo de exposição. Dentro dos níveis de iluminamento normalmente encontrados, a acuidade visual varia linearmente com o aumento logarítmico da intensidade luminosa, atingindo o máximo com uma iluminamento de 1 000 lux. Entretanto, luzes muito fortes prejudicam a acuidade, porque provocam contração da pupila. Com níveis normais de iluminamento, o olho demora pelo menos 200 ms para fazer uma fixação visual.

Os testes de acuidade são feitos com letras ou figuras em branco e preto de vários tamanhos, e os valores são expressos pelo inverso do menor ângulo visual que a pessoa pode distinguir, em nível normal de iluminamento. Por exemplo, uma pessoa que seja capaz de distinguir detalhes de até 1,5 minuto de arco tem acuidade de 0,67 e uma outra com 0,2 minuto terá acuidade de 5,0. Esses dois valores representam praticamente aqueles extremos normalmente encontrados.

Acomodação

A acomodação é a capacidade de cada olho em focalizar objetos a várias **distâncias**. Isso torna-se possível pela mudança da forma do cristalino, pela ação dos músculos ciliares. Ele fica mais grosso e curvo para focalizar objetos próximos e mais delgado para focalizar objetos afastados. Para focalizar objetos próximos, há um esforço maior dos músculos ciliares em manter o cristalino curvo. O cristalino vai se endurecendo e perdendo transparência com a idade, dificultando essa acomodação. Aos 16 anos, a pessoa é capaz de acomodar a até 8 cm de distância, mas aos 45 anos, essa distância cresce para 25 cm e aos 60 anos, chega a 100 cm. Nesse caso, há necessidade de óculos de lentes convergentes para corrigir essa deficiência.

Convergência

A convergência é a capacidade dos dois olhos se moverem coordenadamente, para focalizar o mesmo objeto. Esses movimentos são provocados por 3 pares de músculos oculares, que se situam no lado externo do globo ocular (não confundir com músculos ciliares, que são internos). A menor distância para a convergência situa-se em torno de 10 cm e não é muito afetada pela idade.

Os olhos estão separados cerca de 5 cm, um do outro. Assim, percebem os objetos de ângulos ligeiramente diferentes e, portanto, formam duas imagens diferentes entre si, que são integradas no cérebro, dando a impressão de **profundidade** ou terceira dimensão. As pessoas dotadas de estrabismo não conseguem fazer a fusão dessas duas imagens visuais. Uma pessoa que não tenha percepção de profundidade pode julgar distâncias ou profundidades baseadas na experiência, como pelo tamanho relativo dos objetos, velocidades relativas de movimento ou diferenças de claridade.

A acomodação e convergência são processos simultâneos, que dependem da musculatura dos olhos e têm a função de manter a imagem "única" no foco. Quando se passam várias horas com a visão concentrada, pode ocorrer a fadiga nessa musculatura e podem surgir distorções como a percepção de imagens duplas.

Percepção de cores

A luz pode ser definida como uma energia física que se propaga através de ondas eletromagnéticas. O olho humano é sensível a radiações eletromagnéticas na faixa de 400 a 750 nanometros (1 nm = 10^{-9} m), ou 0,4 a 0,75 mícrons (1 mícron = 10^{-6} m), mas não tem sensibilidade uniforme para todos os comprimentos de onda dessa faixa. A sensibilidade máxima ocorre em torno de 555 nm, o que corresponde à cor verde-amarela, para o olho adaptado à luz. Para o olho adaptado ao escuro, essa sensibilidade máxima situa-se em torno de 510 nm, mais próximo da cor azul. (Figura 3.13).

Antigamente, acreditava-se que o olho tinha apenas três tipos de receptores cromáticos dentro dos cones: o vermelho (680 nm), o verde (545 nm) e o azul (430 nm). Assim, as outras cores resultariam de diferentes combinações dessas três cores básicas. Hoje, entretanto, sabe-se que existem pelo menos sete diferentes tipos de receptores cromáticos. Esses receptores não se distribuem uniformemente na retina. Todas as cores são visíveis quando a imagem é projetada na fóvea. Afastando-se da fóvea, a senbibilidade às cores vai diminuindo. Vermelho, verde e amarelo são visíveis até o ângulo de 50°, o verde até 65° e o branco, até 90°.

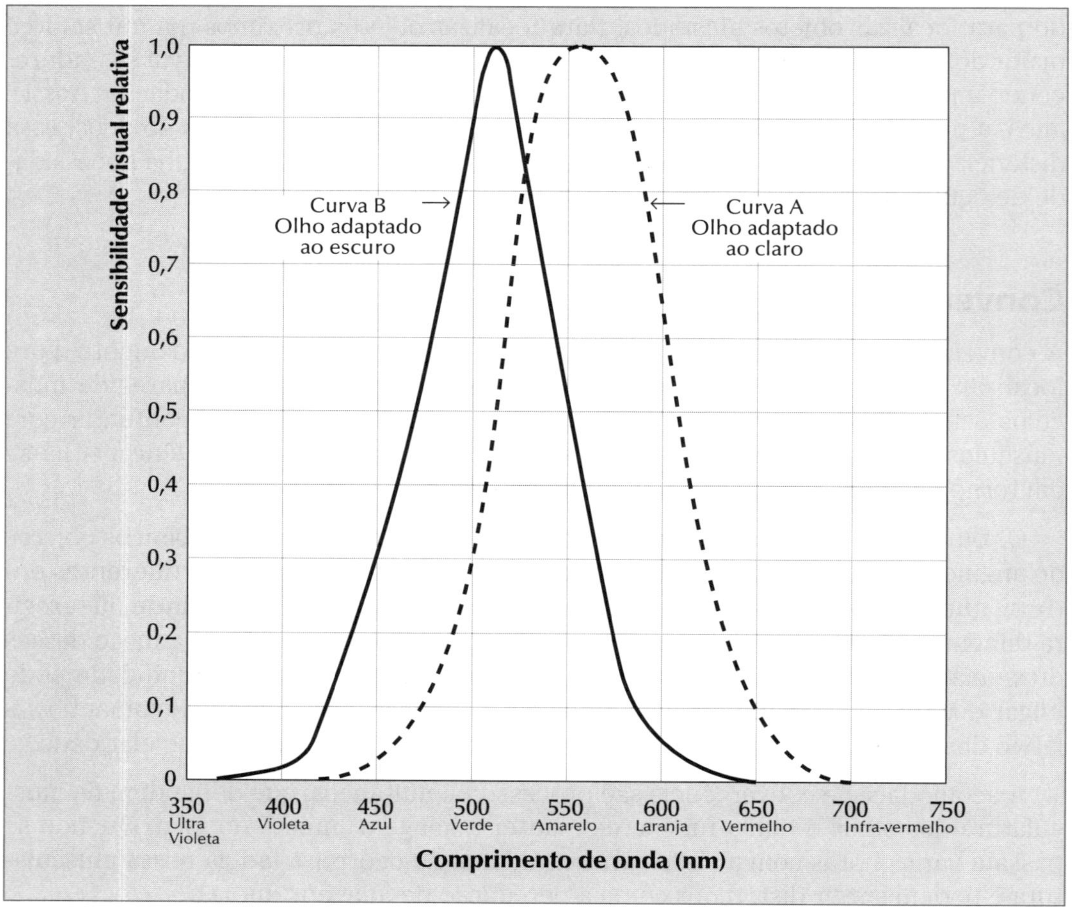

Figura 3.13 Sensibilidade relativa do olho humano a diferentes comprimentos de onda, adaptado ao claro (curva A) e ao escuro (curva B).

A luz solar, também chamada de **luz branca**, contém todos os comprimentos de onda visíveis. Mas nós percebemos aqueles comprimentos de onda refletidos pelos objetos onde incide a luz. Os objetos refletem seletivamente essa luz. Isso significa que a luz refletida tem uma composição diferente da luz incidente e essa diferença é a responsável pelo aparecimento de cores.

Quando se diz que uma superfície é vermelha, por exemplo, significa que ela absorve todos os demais comprimentos de onda e reflete só o vermelho. Quando um objeto é iluminado por luzes artificiais, a cor pode mudar porque o espectro é diferente da luz solar. Assim, as cores ditas "reais" são aquelas que o olho humano percebe normalmente quando os objetos são iluminados pela luz solar.

Os **daltônicos** (3,5% dos homens e 2,0% das mulheres) possuem deficiências nos cones, que prejudicam a visão das cores. O tipo mais comum é aquele que não consegue distinguir o vermelho do verde e, em segundo lugar, aqueles que confundem o amarelo e o azul. Os daltônicos possuem visão normal para as outras cores. Os casos de "cegueira" completa a cores são mais raros, atingindo apenas 0,003% da população.

Movimento dos olhos

Se a cabeça ficasse parada e os olhos fixos, a visão nítida seria concentrada em um pequeno ângulo de apenas 1 grau. Afastando-se dessa zona, os objetos tornam-se menos nítidos. Acima do ângulo visual de 40° os objetos são dificilmente percebidos, a não ser que os olhos se movimentem.

Para manter a nitidez da imagem, olho precisa fazer muitos movimentos. Cada globo ocular é movido por 3 pares de músculos, que se ligam externamente e permitem, ao olho, realizar as convergências e executar vários movimentos rotacionais em torno de diferentes eixos.

As rotações para a esquerda e direita são iguais, podendo atingir 50° cada. Para cima é de 40° e para baixo, de 60°, no máximo, em relação ao eixo visual, correspondendo à linha normal de visão para frente. A rotação em torno desse eixo não supera 10°.

Os olhos podem mover-se com rapidez e precisão suficientes para realizar cerca de 100 000 fixações diferentes dentro do cone acima descrito, com cerca de 100° de abertura. Os dois olhos movem-se simultaneamente, de forma coordenada, para fazer a convergência dos eixos visuais sobre o objeto fixado. Isso às vezes pode envolver operações complicadas. Por exemplo, a mudança de fixação de um ponto distante para um outro mais próximo, envolve um complicado jogo de contrações musculares que provocam contrações da pupila, acomodação do cristalino e a convergência binocular.

A fixação de um objeto depende de um movimento voluntário e outros involuntários. O movimento **voluntário** é feito deliberadamente pela pessoa na direção do objeto que se quer fixar. Após a fixação, ocorrem os movimentos involuntários que mantém os olhos, firmemente sobre o objeto, garantindo nitidez.

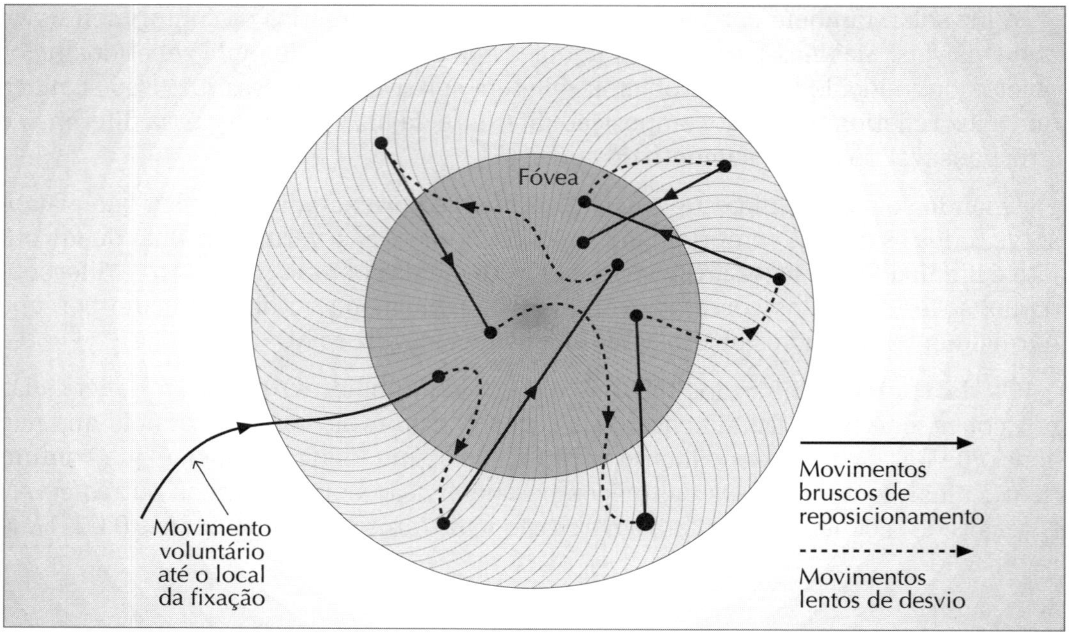

Figura 3.14 Movimentos dos olhos para focalizar um objeto no centro da fóvea.

Os movimentos **involuntários** ocorrem continuamente e são quase imperceptíveis. Classificam-se em três tipos: a) um tremor contínuo dos olhos, de 30 a 80 ciclos por segundo, que ocorre de forma descoordenada para os dois olhos, para estimular diferentes partes da fóvea central, permitindo uma visão mais nítida. Isso é análogo à percepção tátil da rugosidade, que só se torna perceptível quando o dedo se move sobre a superfície. Alguns animais como os sapos, não têm movimento dos olhos e são "cegos" a objetos inertes, só percebendo aqueles em movimento – daí, a defesa natural de alguns animais, que ficam parados, quando se sentem ameaçados; b) um desvio lento dos globos oculares em alguma direção indeterminada; e c) movimentos pequenos e bruscos, que procuram compensar os desvios lentos, trazendo a imagem do objeto novamente para dentro da fóvea central (Figura 3.14).

Movimentos sacádicos

Durante a leitura ou exame detalhado de diferentes partes de um objeto, o olho não se movimenta continuamente, mas aos "pulos", de uma fixação para outra. Esse movimento é chamado de sacádico. Nesse movimento sacádico, inicialmente, há uma aceleração na direção desejada, seguido de uma desaceleração e, ao se aproximar do ponto desejado, ocorrem pequenas oscilações para fazer o ajuste fino.

Os movimentos sacádicos destinam-se a posicionar as diferentes partes da imagem na fóvea para um exame detalhado. São realizados rapidamente, aos pulos, na amplitude de 5° a 40°. Um movimento sacádico típico de 10° pode ser realizado em 35 ms a uma velocidade de 400 graus/s. Durante a passagem de um ponto para outro, a imagem fica "borrada" e não se consegue perceber detalhes. Assim, o tempo necessário entre a apresentação de um estímulo até olho ser capaz de percebê-lo é de 160 ms, no mínimo.

O tempo mínimo entre uma fixação e outra varia de 200 a 300 ms, o que equivale a dizer que é possível realizar apenas 4 fixações por segundo. Portanto, as tarefas visuais, como as inspeções na indústria, são feitas por fixações não-contínuas dos olhos, em sucessivos movimentos sacádicos. Se for necessário inspecionar mais de 4 pontos por segundo, os erros tenderão a aumentar.

Movimentos visuais de perseguição

Se o objeto estiver em movimento, o olho é capaz de persegui-lo. Mas, para isso, precisa, antes, identificar o padrão do movimento.

Por exemplo, para fixar um objeto que se desloca de cima para baixo fazendo zigue-zagues, várias vezes por segundo, no início, o olho não consegue fixá-lo. Ao cabo de alguns segundos o olho começa a mover-se de forma similar ao do objeto. Após mais alguns segundos, há um novo ajuste e os olhos seguem quase exatamente o movimento do objeto.

No caso de um movimento contínuo, ao cabo de alguns segundos, o sistema visual determina automaticamente o curso e a velocidade do objeto. Por exemplo, se um viajante estiver observando a paisagem pela janela de um trem em movimento, seus olhos descobrem um ponto da paisagem e se movem lentamente, para compensar a velocidade do trem, a fim de fixá-lo, e depois fazem um movimento brusco em sentido contrário para fixar um outro ponto e assim sucessivamente.

Se o objeto deslocar-se mais rapidamente, os olhos começam a atrasar-se. As fixações ocorrerão em apenas alguns detalhes, omitindo outros. A velocidade máxima dos movimentos, que os olhos conseguem captar, varia muito de acordo com o indivíduo e a idade.

3.5 Audição

A função do ouvido é captar e converter as ondas de pressão do ar em sinais elétricos, que são transmitidas ao cérebro para produzir as sensações sonoras. Se os olhos se assemelham a uma câmara fotográfica, o ouvido assemelha-se a um microfone.

Anatomia do ouvido

O ouvido é dividido em três partes: externo, médio e interno. Os sons chegam por vibrações do ar, captados pelo ouvido externo, transformando-se em vibrações mecânicas, no ouvido médio, e finalmente em pressões hidráulicas, no ouvido interno. Essas pressões são captadas por células sensíveis no ouvido interno e transformadas em sinais elétricos (Figura 3.15), que se transmitem ao cérebro.

O ouvido **externo** é constituído do pavilhão auditivo (orelha) e do conduto auditivo externo, que termina na membrana do tímpano. As ondas sonoras provocam vibrações nessa membrana. A pressão nas duas faces dessa membrana é mantida mais ou menos constante pelo tubo de Eustáquio, um canal que liga o ouvido médio

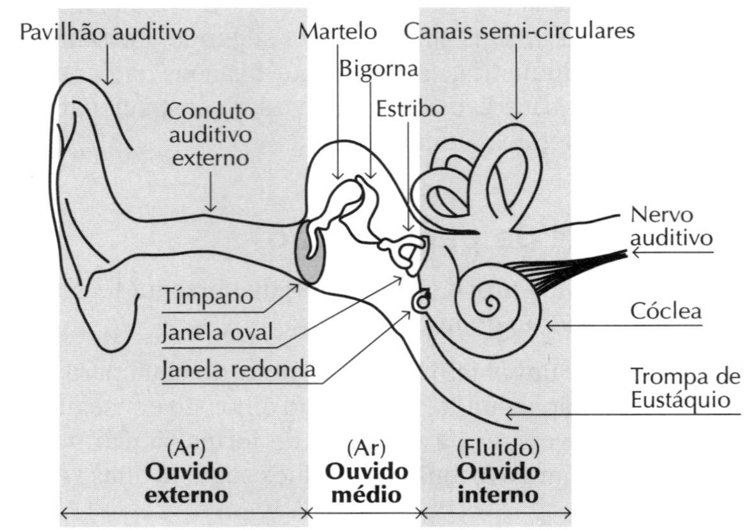

Figura 3.15 Representação esquemática da estrutura do ouvido humano.

com a garganta. Em casos de pressões súbitas como explosões de bombas, deve-se manter a boca aberta para possibilitar esse equilíbrio de pressão sobre a membrana do tímpano. Sem isso, essa membrana pode romper-se. O pavilhão auditivo humano não é muito eficiente para captar sons, e pode ser ajudado com a mão fazendo uma "concha". Animais, como os felinos, podem direcionar os ouvidos para melhorar a eficiência da captação sonora.

No ouvido **médio**, o som se transmite através de três ossículos, chamados de martelo, bigorna e estribo, por terem formas que lembram esses objetos. Esses ossículos captam as vibrações do tímpano e as transmitem a uma outra membrana fina na janela oval, que separa o ouvido médio do ouvido interno. Os ossículos podem amplificar as vibrações em até 22 vezes.

As vibrações sonoras que chegam do ouvido **interno** convertem-se em pressões hidráulicas dentro de um órgão chamado cóclea, por ter a forma de um caracol. Dentro da cóclea existem células sensíveis que captam as diferenças de pressão e as transformam em sinais elétricos, que se transmitem ao cérebro pelo nervo auditivo, onde são decodificados em sensações sonoras.

No ouvido interno situam-se também os receptores vestibulares, responsáveis pela percepção da posição e acelerações.

Percepção do som

Os movimentos mecânicos bruscos no ambiente produzem flutuações da pressão atmosférica que se propagam em forma de ondas que, ao atingir o ouvido, produzem a sensação sonora. Um som é caracterizado por três variáveis: freqüência, intensidade e duração.

Freqüência — A freqüência do som é o número de flutuações ou vibrações por segundo e é expressa em hertz (Hz), subjetivamente percebida como altura do som. O ouvido humano é capaz de perceber sons na freqüência de 20 a 20 000 Hz. As pessoas em geral têm diferentes graus de sensibilidade para cada freqüência do som e essa sensibilidade varia de acordo com a idade. Os sons de baixa freqüência (abaixo de 1 000 Hz) são chamados de **graves** e aqueles de alta freqüência (acima de 3 000 Hz), de **agudos**. Os sons existentes na natureza em geral são constituídos de uma complexa mistura de vibrações de diversas freqüências.

Intensidade — A intensidade do som depende da energia das oscilações e é definida em termos de potência por unidade de área. A gama das intensidades de sons audíveis é muito grande. Assim, para simplificar as anotações, convencionou-se medi-las por uma unidade logarítmica chamada decibel (dB). Isso significa que um aumento de 10 dB corresponde a uma pressão sonora 100 vezes maior, e a pressão sonora dobra de valor a cada aumento de 3 dB.

O ouvido humano é capaz de perceber sons de 20 a 140 dB. Os sons normalmente encontrados no lar, tráfego, escritórios e fábricas estão na faixa de 50 a 100 dB. Sons acima de 120 dB causam desconforto e, quando atingem 140 dB, a sensação torna-se dolorosa. (Figura 3.16).

Duração — A duração do som é medida em segundos. Os sons de curta duração (menos de 0,1 s) dificultam a percepção e aparentam ser diferentes daqueles de longa duração (acima de 1 s).

Na prática, os **limites de audibilidade** dependem da combinação dessas três variáveis: freqüência, intensidade e duração. Dois sons que se diferenciam em freqüência e intensidade podem produzir uma sensação subjetiva equivalente, e então é dito que possuem o mesmo *fon*.

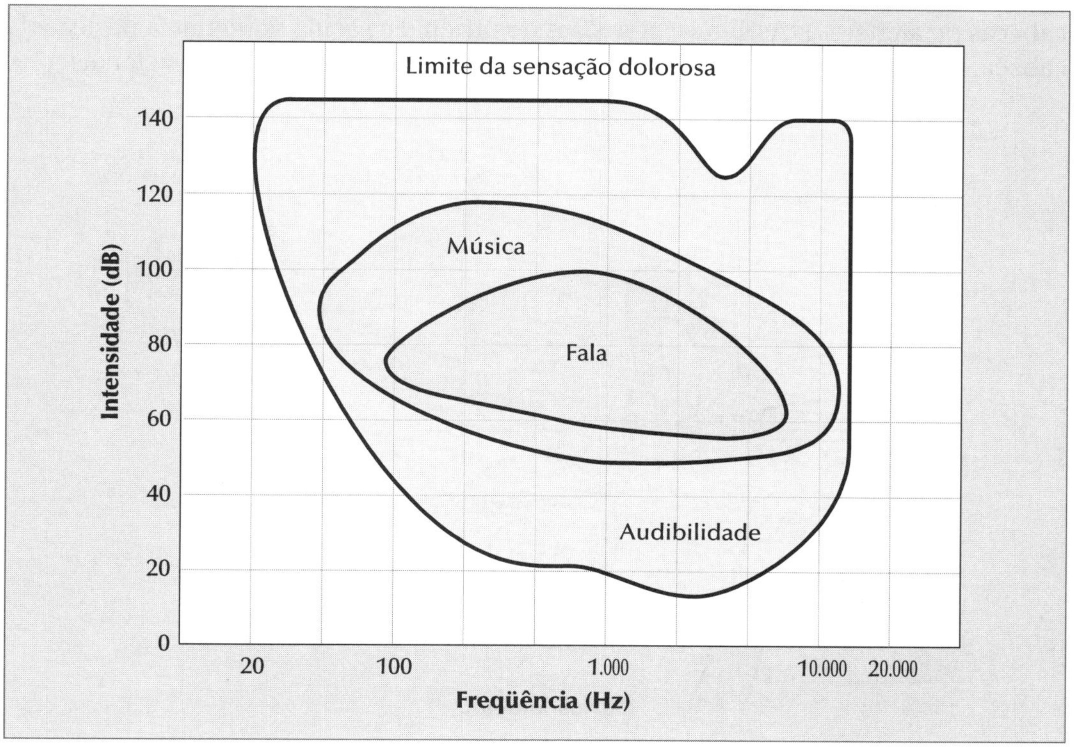

Figura 3.16 Limites de audibilidade. (Kroemer, 1994)

Mascaramento

O mascaramento ocorre quando um componente do som reduz a sensibilidade do ouvido para um outro componente. Operacionalmente, corresponde ao aumento da intensidade necessária, para manter a mesma audibilidade do som em presença de um outro som de "fundo". Por exemplo, a fala de 40 dB pode ser ouvida em uma sala silenciosa, mas esta deverá ser aumentada para 70 dB em uma rua com tráfego que produz ruído de 50 dB, ou seja, a fala deverá estar 20 dB acima do ruído ambiental, para ser perceptível.

Na realidade, nenhum som aparece sozinho, porque sempre há algum tipo de ruído ambiental, provocando mascaramento. Esse efeito do mascaramento varia de acordo com a natureza dos dois sons, sendo maior para os sons parecidos entre si. Por exemplo, uma voz humana mascara facilmente outra voz humana, mas não a campainha do telefone.

Percepção da posição e acelerações

As percepções da posição vertical e acelerações do corpo são feitas pelos receptores vestibulares, que ficam localizados no ouvido interno, mas não tem ligação com o mecanismo de audição. Eles são constituídos de três canais semi-circulares e duas cavidades chamadas de utrículo e sáculo (Figura 3.17).

Os dois conjuntos de órgãos são recheados de fluidos e contém, no seu interior, células nervosas flexíveis, em forma de cabelo, que são sensíveis às mudanças de posição. Essas células são dotadas de pequenos pesos em suas extremidades (como cabeças de alfinetes). As células nervosas do utrículo e sáculo detectam a posição da cabeça, em relação à vertical. Portanto, são receptores estáticos ou posicionais.

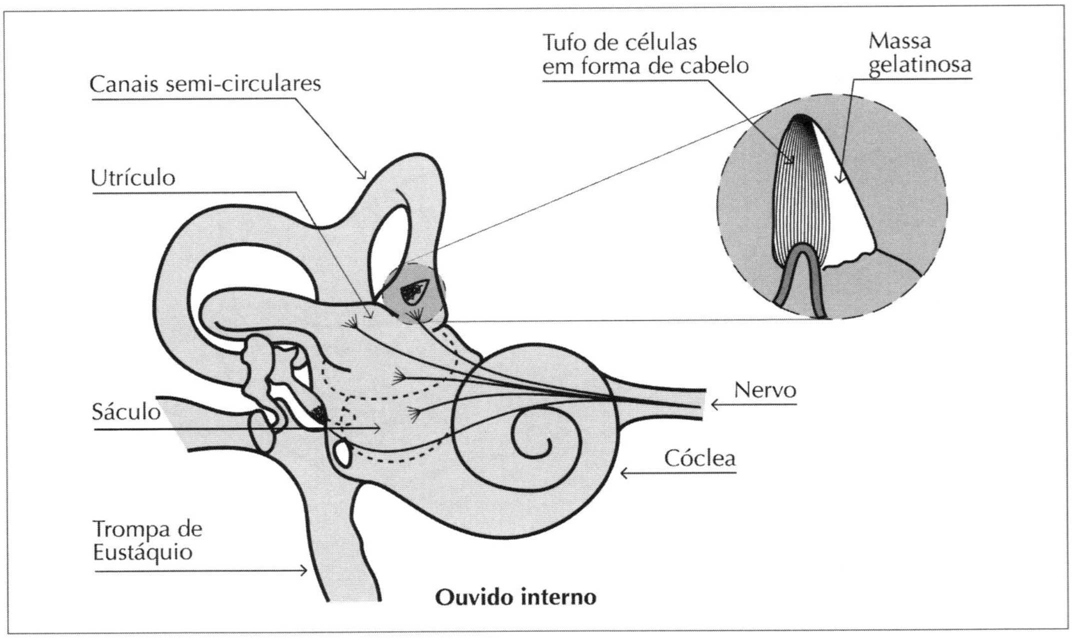

Figura 3.17
Receptores vestibulares no ouvido interno.

Os canais semi-circulares são sensíveis a acelerações e desacelerações, ou seja, à dinâmica do corpo. Os movimentos provocam deslocamentos do fluido que existe no seu interior, estimulando as células em forma de cabelo. Como esses três canais semi-circulares se dispõem em planos triortogonais, conseguem captar movimentos em todas as direções.

Portanto, os receptores vestibulares permitem, ao homem, manter a sua postura ereta, movimentar-se sem cair e sentir se seu corpo está sendo acelerado ou desacelerado em alguma direção, mesmo sem a ajuda da visão.

3.6 Outros sentidos

Além da visão e da audição, o organismo humano possui mais 12 sentidos, como olfato, paladar, senso cinestésico, tato, dor e outros. Entretanto, apresentam pouco interesse para a ergonomia, excetuando-se os três primeiros, que serão vistos a seguir.

Olfato e paladar

Olfato e paladar são usados em diversas atividades e podem ser importantes para algumas profissões, como a de cozinheiro e provadores de perfumes e alimentos (vinhos, café). Em ambientes de trabalho, podem funcionar como alerta, indicando vazamentos de gases ou início de um incêndio.

Do ponto de vista fisiológico, olfato e paladar estão relacionados entre si. O sabor de um alimento resulta, por exemplo, da combinação do seu cheiro e paladar. Os sensores, tanto do olfato como do paladar, são quimioreceptores, que são estimulados por moléculas em solução no muco nasal ou na saliva da boca.

Os receptores olfativos estão localizados na membrana mucosa olfativa, que contém 10 a 20 milhões de células sensoriais. Elas são mais sensíveis a certos tipos de substâncias, como o metil mercaptano ou cheiro do alho. Os seres humanos são capazes de detectar entre 2 000 a 4 000 odores diferentes. Por outro lado, apresentam pouca sensibilidade na discriminação entre diferentes concentrações de odor. Para que essa diferença seja notada, é preciso alterar a concentração da substância odorífera em cerca de 30%. O olfato é mais aguçado nas mulheres, tornando-se mais sutil na época da ovulação (Ganong, 1998).

Quando o organismo for submetido a um mesmo odor durante um longo período, a percepção do mesmo vai diminuindo, podendo desaparecer, após um certo tempo. Isso acontece até com os odores desagradáveis. Contudo, se ocorrerem odores diferentes nesse mesmo ambiente, a sua percepção não é prejudicada. Assim, a adaptação olfativa só ocorre para aquele odor contínuo no ambiente.

O paladar é percebido pelas células receptoras das papilas gustativas da língua. O ser humano possui cerca de 10 000 papilas gustativas, sensíveis a quatro paladares: doce, salgado, ácido e amargo. O sabor dos alimentos resulta de diferentes combinações desses quatro componentes. O paladar também tem baixa capacidade de discriminar diferentes concentrações. A diferença só é notada quando a concentração da substância altera-se em 30%.

O paladar pode sofrer os efeitos de reações retardadas e de contraste, à semelhança da percepção visual, que apresenta pós-imagens e contrastes visuais. Assim, a percepção de um sabor pode permanecer durante algum tempo. Além disso, descobriu-se que certas substâncias, como a miraculina, aplicada na língua, altera a sua percepção, transformando o ácido em doce. Os animais, em geral, desenvolvem preferências e aversões aos sabores. A aversão está ligada aos alimentos que provocam doenças.

Senso cinestésico

O senso cinestésico fornece informações sobre movimentos de partes do corpo, sem necessidade de acompanhamento visual. Permite também perceber forças e tensões internas e externas exercidas pelos músculos. As células receptoras estão situadas nos músculos, tendões e articulações. Quando há uma contração muscular, essas células transmitem informações ao sistema nervoso central, sobre os movimentos e as pressões que estão ocorrendo, permitindo a percepção dos movimentos.

O senso cinestésico é importante no trabalho, pois muitos movimentos dos pés e mãos devem ser feitos sem acompanhamento visual, enquanto a visão se concentra em outras tarefas realizadas simultaneamente. É o caso, por exemplo, do motorista de automóvel, que é capaz de acionar corretamente o volante e os pedais, enquanto a sua visão concentra-se no tráfego. Da mesma forma, um operário é capaz de avaliar a posição do seu braço no espaço, integrando as informações cinestésicas dos músculos bíceps e do tríceps, enquanto sua visão concentra-se sobre uma operação em execução.

O senso cinestésico exerce um papel importante no treinamento para desenvolver habilidades motoras. Ele funciona como **realimentador** de informações ao cérebro, para que o mesmo possa detetar se um movimento muscular foi realizado corretamente. Por exemplo, um digitador treinado é capaz de perceber se escreveu corretamente, apenas pelo movimento dos seus dedos, mesmo antes de olhar o resultado da escrita. Nesse caso, um movimento errado dos dedos é "denunciado", antes mesmo que os olhos possam conferir o resultado da escrita. Antigamente, nas escolas de datilografia, as teclas ficavam recobertas, para se forçar o desenvolvimento do senso cinestésico.

Interação entre os órgãos dos sentidos

Diversos experimentos comprovam que há interações entre os órgãos dos sentidos. Por exemplo, ruídos intensos perturbam a concentração e o desempenho visual. Paredes avermelhadas provocam sensação de calor.

Em geral, as interações entre os órgãos dos sentidos são aceitáveis enquanto cada um deles permanecer dentro das faixas normais de operação. O desempenho começa a deteriorar-se quando qualquer variável presente no ambiente ultrapassar uma intensidade considerada como limite de tolerância. Acima desse limite, passam a afetar a percepção de sinais em um outro canal.

Os mecanismos de interação entre os sentidos não são exatamente conhecidos, mas parece que a degradação do desempenho começa a ocorrer quando a excitação perturbadora exceder à capacidade de processamento consciente da informação. Em outras palavras, a capacidade do canal que está sendo utilizado é afetada por fortes perturbações provenientes de outros canais, que saturam a capacidade de processamento. Assim, numa sala de aula, os canais mais utilizados pelos alunos são a visão e a audição. Entretanto, um odor intenso pode prejudicar a concentração dos mesmos, reduzindo-lhes a capacidade de ver e ouvir.

Foi demonstrado também que o efeito de dois ou mais estímulos não se somam, linearmente. A dor de uma picada em um dos braços torna-se menor quando há também um estímulo doloroso no outro braço, ou quando há ruído intenso perto da pessoa.

A interação entre os órgãos dos sentidos foi testada para aliviar dores na extração de dentes sem anestesia. O paciente colocava um fone no ouvido que transmitia um ruído intenso. Ele mesmo controlava durante a operação e, em 63% dos casos, esses pacientes relataram que não sentiram dores. Portanto, esses pacientes, ao se concentrarem nos ruídos, conseguiam "bloquear" as sensações de dor, comprovando a interação entre esses dois sentidos. De forma semelhante, em escritórios situados perto de avenidas movimentadas, há relato de pessoas que sentem mais calor em dias com maior ruído de tráfego, embora a temperatura efetiva não tenha variado.

Conceitos introduzidos no capítulo 3

sinapse
contração muscular
fadiga muscular
nutrição da coluna
escoliose
cifose
lordose
lombalgia
metabolismo basal
subnutrição
células fotossensíveis
acuidade visual
acomodação
convergência
movimentos sacádicos
percepção do som
receptores vestibulares
mascaramento
senso cinestésico
interação entre sentidos

Questões do capítulo 3

1. Conceitue sinapse e apresente as suas principais características.
2. Descreva o mecanismo da contração muscular.
3. Como ocorre a irrigação sanguínea nos músculos?
4. Como ocorre a nutrição da coluna?
5. O que se entende por metabolismo basal?
6. Por que a subnutrição de um povo é anti-econômica?

7. Como se diferenciam as percepções dos cones e bastonetes?
8. Descreva as características visuais da acuidade, acomodação e convergência.
9. Como os olhos se movimentam?
10. Descreva as características sonoras da freqüência, intensidade e duração.
11. Qual é a importância do senso cinestésico para o trabalho?
12. Como os sentidos interagem entre si?

Exercício

Descreva algum tipo de tarefa que você costuma realizar com freqüência. Analise as principais exigências físicas dessa tarefa, em temos musculares, energéticas e perceptuais.

4. Antropometria: medidas

A antropometria trata das medidas físicas do corpo humano. Aparentemente, medir as pessoas seria uma tarefa fácil, bastando para isso ter uma régua, trena e balança. Entretanto, isso não é tão simples assim, quando se pretende obter medidas representativas e confiáveis de uma população, que é composto de indivíduos dos mais variados tipos e dimensões. Além disso, as condições em que essas medidas são realizadas (com roupa ou sem roupa, com ou sem calçado, ereto ou na postura relaxada) influem consideravelmente nos resultados.

A indústria moderna precisa de medidas antropométricas cada vez mais detalhadas e confiáveis. De um lado, isso é exigido pelas necessidades da produção em massa de produtos como vestuários e calçados. No projeto de um carro, o dimensionamento de alguns centímetros a mais, sem necessidade, pode significar um aumento considerável dos custos de produção, se considerarmos a série de centenas de milhares de carros produzidos. Um outro exemplo ainda mais dramático é o da indústria aeroespacial, onde cada centímetro ou quilograma tem uma influência significativa no desempenho e economia da aeronave.

Do outro lado, surgiram muitos sistemas de trabalho complexos, como centros de controle operacional de usinas nucleares, onde o desempenho humano é crítico, sendo indispensável tomar todos os cuidados durante o projeto e dimensionamento desses sistemas.

Assim, até a década de 1940, as medidas antropométricas visavam determinar apenas algumas **grandezas médias** da população, com pesos e estaturas. Depois passou-se a determinar as variações e os alcances dos movimentos. Hoje, o interesse maior se concentra no estudo das diferenças entre grupos e a influência de certas variáveis como etnias, alimentação e saúde. Com o crescente volume do comércio internacional, pensa-se, hoje, em estabelecer os padrões mundiais de medidas antropométricas, para a produção de produtos "universais", adaptáveis aos usuários de diversas etnias.

4.1 Variações das medidas

Até a Idade Média, todos os calçados eram do mesmo tamanho. Não havia sequer a diferença entre o pé direito e o pé esquerdo. Essa seria uma situação desejável pelo fabricante, pois a produção de único modelo "padronizado" do produto simplifica enormemente os seus problemas de produção, distribuição e controle de estoques.

Em alguns casos, os produtos destinam-se a apenas um segmento da população. Por exemplo, até a década de 1950, os automóveis eram projetados apenas para os homens, pois raramente as mulheres dirigiam.

Do lado do consumidor, a padronização excessiva nem sempre se traduz em conforto, segurança e eficiência. Para que esse tipo de problema seja tratado adequadamente, são necessárias três tipos de providências:

a) Definir a natureza das dimensões antropométricas exigidas em cada situação;
b) Realizar medições para gerar dados confiáveis; e
c) Aplicar adequadamente esses dados.

Diferenças entre os sexos

Homens e mulheres diferenciam-se entre si desde o nascimento. Os meninos são 0,6 cm mais compridos e 0,2 kg mais pesados, em média. Até o final da infância, em torno dos 9 anos, ambos os sexos apresentam crescimento semelhante.

As diferenças começam a surgir na puberdade. O **crescimento** começa a acelerar-se em torno dos 10 anos e, as meninas crescem aceleradamente dos 11 aos 13 anos e, os meninos, 2 anos mais tarde, dos 12,5 a 15,5 anos. Esse crescimento ocorre primeiro nas extremidades, como mãos e pés. Nessa fase de pré-puberdade, as meninas geralmente são mais altas, mais pesadas e têm uma superfície corporal maior. Os meninos começam a adquirir maior peso durante a puberdade, quando ultrapassam as meninas. Após essa fase acelerada, tanto meninas como meninos continuam a crescer lentamente, atingindo a estatura final em volta dos 20 a 23 anos de idade.

Na fase adulta, os homens apresentam os ombros mais largos, tórax maior, com clavículas mais longas e escápulas mais largas, com as bacias relativamente estreitas. As cabeças são maiores, os braços mais longos e os pés e mãos são maiores. As mulheres têm ombros relativamente estreitos e tórax menores e mais arredondados, com as bacias mais largas. As diferenças de estaturas entre homens e mulheres são de 6 a 11%.

Há uma diferença significativa da proporção músculos/gordura entre homens e mulheres. Os homens têm proporcionalmente mais músculos que gordura. Além disso, a localização da gordura também é diferenciada.

As mulheres têm uma maior quantidade de gordura sub-cutânea, que é responsável pelas suas formas arredondadas. Esta se localiza também nas nádegas, na parte frontal do abdômen, nas superfícies laterais e frontais da coxa e nas glândulas mamárias (Figura 4.1). A maior parte dessa gordura concentra-se entre a bacia e as coxas. Assim, quando uma pessoa engorda ou emagrece, há uma mudança das proporções corporais, afetando por exemplo, a indústria do vestiário.

Variações intra-individuais

As variações intra-individuais são aquelas que ocorrem durante a **vida** de uma pessoa. Pode-se dizer que o ser humano sofre contínuas mudanças físicas durante toda a vida. Estas ocorrem de diversas maneiras. Há uma alteração do tamanho, proporções corporais, forma e peso. Em algumas fases, como durante a infância e adolescência, essas mudanças se aceleram. Na fase de crescimento, as proporções entre os diversos segmentos do corpo também se alteram.

O recém-nascido possui, proporcionalmente, cabeça grande e membros curtos (Figura 4.2). A estatura do recém-nascido é de 3,8 vezes da dimensão da cabeça e o seu tronco é equivalente ao comprimento do braço. Com o crescimento, essas pro-

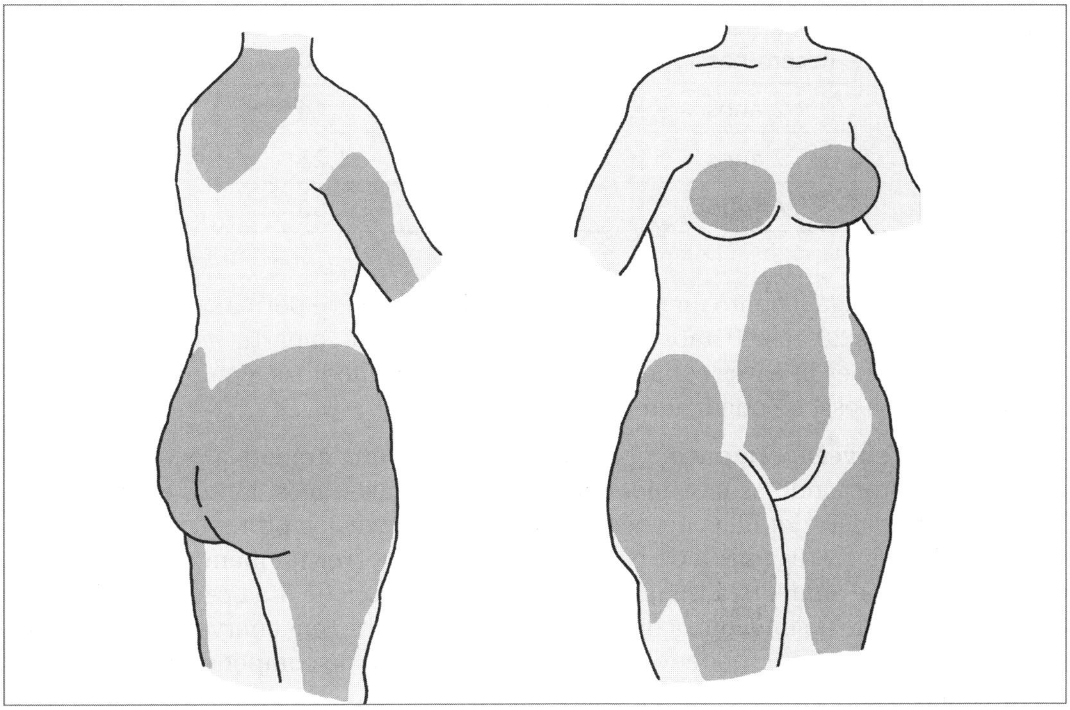

Figura 4.1
Áreas de maior concentração de gorduras nas mulheres (Croney, 1971).

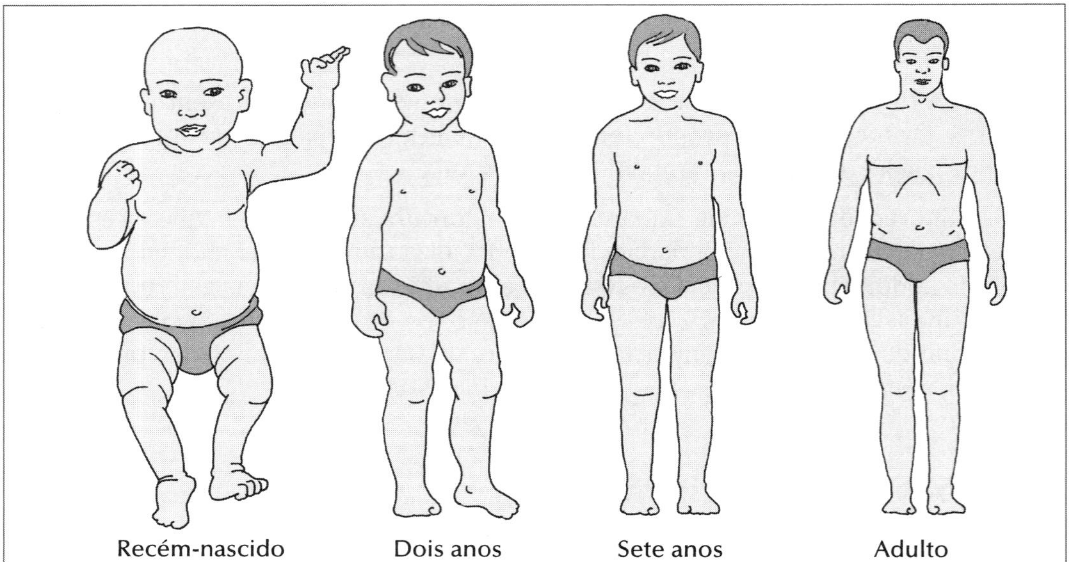

Figura 4.2 Mudanças das proporções corporais durante o crescimento (Croney, 1971).

porções vão se alterando, conforme se vê na Tabela 4.1. Enquanto isso, o cérebro desenvolve-se precocemente. Aos 5 anos, já atinge 80% do seu tamanho definitivo.

TABELA 4.1

As proporções corporais vão se modificando com a idade

Idade	Estatura/cabeça	Tronco/braço
Recém-nascido	3,8	1,00
2 anos	4,8	1,14
7 anos	6,0	1,25
Adulto	7,5	1,50

A estatura atinge o ponto máximo em torno dos 20 anos e permanece praticamente inalterada dos 20 aos 50 anos (Figura 4.3). Entretanto, a partir dos 55 a 60 anos, todas as dimensões lineares começam a decair. Outras medidas, como o peso e a circunferência dos ossos podem aumentar.

Durante o **envelhecimento**, observa-se também uma gradativa perda de forças e mobilidade, tornando os movimentos musculares mais fracos, lentos e de amplitude menor (ver mais detalhes no item 12.5). Isso se deve aos processos de perda da elasticidade das cartilagens e de calcificação. Pode ocorrer também o fenômeno da osteoporose, que aumenta a fragilidade dos ossos. A força de uma pessoa de 70 anos equivale à metade de uma outra de 30 anos. Contudo, o sistema nervoso degenera-se a uma velocidade menor, podendo haver um mecanismo de compensação à perda no sistema muscular.

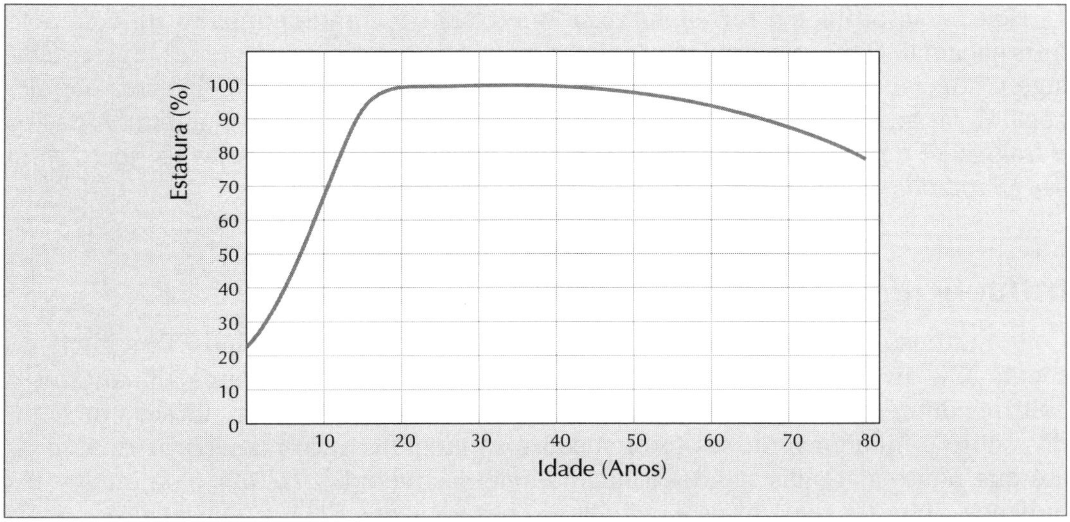

Figura 4.3 Evolução da estatura com a idade (em % da estatura máxima).

Além dessas variações intra-individuais, que acompanham a pessoa ao longo da vida, existem também as variações inter-individuais, que diferenciam os indivíduos de uma mesma população. Estas são decorrentes de duas causas principais: etnia e genética.

Variações étnicas

Diversos estudos antropométricos, realizados durante várias décadas, comprovaram a influência da etnia nas variações das medidas antropométricas.

Em termos de diferenças étnicas, as variações extremas são encontradas na **África**. Os menores são os pigmeus da África Central, que medem, em média 143,8 cm para homens e 137,2 cm para mulheres. O menor homem pigmeu mede cerca de 130 cm. Os povos de maior estatura no mundo também estão na África. São os negros nilóticos que habitam a região sul do Sudão. Os homens medem 182,9 cm, com desvio-padrão de 6,1 cm e as mulheres, 168,9 cm com desvio-padrão de 5,8 cm. Os homens mais altos do Sudão medem cerca de 210 cm. Isso significa que a diferença entre o homem mais alto (sudanês) e o mais baixo (pigmeu) é de 62% em relação ao mais baixo.

Existem muitos exemplos de inadequação dos produtos que foram exportados para outros países sem considerar as necessidades de adaptação aos usuários. Por exemplo, as antigas máquinas e locomotivas exportadas pelos ingleses para a Índia, não se adaptavam aos operadores indianos. Durante a guerra do Vietnã, os soldados vietnamitas, com altura média de 160,5 cm tinham muita dificuldade de operar as máquinas bélicas fornecidas pelos norte-americanos, projetados para a altura média é de 174,5 cm.

Uma máquina projetada para acomodar 90% da população masculina dos EUA acomoda também 90% dos alemães. Mas não ofereceria a mesma comodidade para os latinos e orientais. Ela acomodaria 80% dos franceses, 65% dos italianos, 45% dos japoneses, 25% dos tailandeses e apenas 10% dos vietnamitas (Bridger, 2003).

Hoje, esse problema tornou-se mais grave com o grande aumento do comércio internacional. O mesmo produto deve ser fabricado em diversas versões ou ter regulagens suficientes para se adaptar às diferenças antropométricas de diversas populações. Essas adaptações geralmente envolvem peças móveis, que aumentam os custos e fragilizam o produto. É necessário saber, então, quais são as variáveis que devem ser adaptadas e quais são as faixas de variação de cada uma delas.

Influência da etnia nas proporções corporais

Com o intenso movimento migratório que ocorreu durante o século XIX e início do século XX, diversos povos foram viver em locais com clima, hábitos alimentares e culturas diferentes dos seus locais de origem. Isso possibilitou a realização de estudos sobre a influência desses fatores sobre as medidas antropométricas e verificar até que ponto as etnias são determinantes dessas medidas. Os filhos de imigrantes indianos, chineses, japoneses e mexicanos, nascidos nos EUA, são mais altos e mais pesados que os seus ancestrais, indicando a influência de outros fatores, além da etnia.

Entretanto, mesmo no caso dos descendentes de imigrantes, que já viviam há várias gerações nos EUA, constatou-se que as proporções corporais não haviam se modificado significativamente. Isso faz supor que há uma forte correlação da carga genética com as proporções corporais, mas não com a dimensão do corpo em si (Figura 4.4). Essa teoria foi comprovada com o estudo das proporções corporais dos negros norte-americanos que, mesmo tendo vivido durante vários séculos nos EUA, conservaram as proporções corporais semelhantes aos dos africanos, que são diferentes dos povos brancos. Os mestiços, coerentemente, têm proporções corporais intermediárias entre negros e brancos.

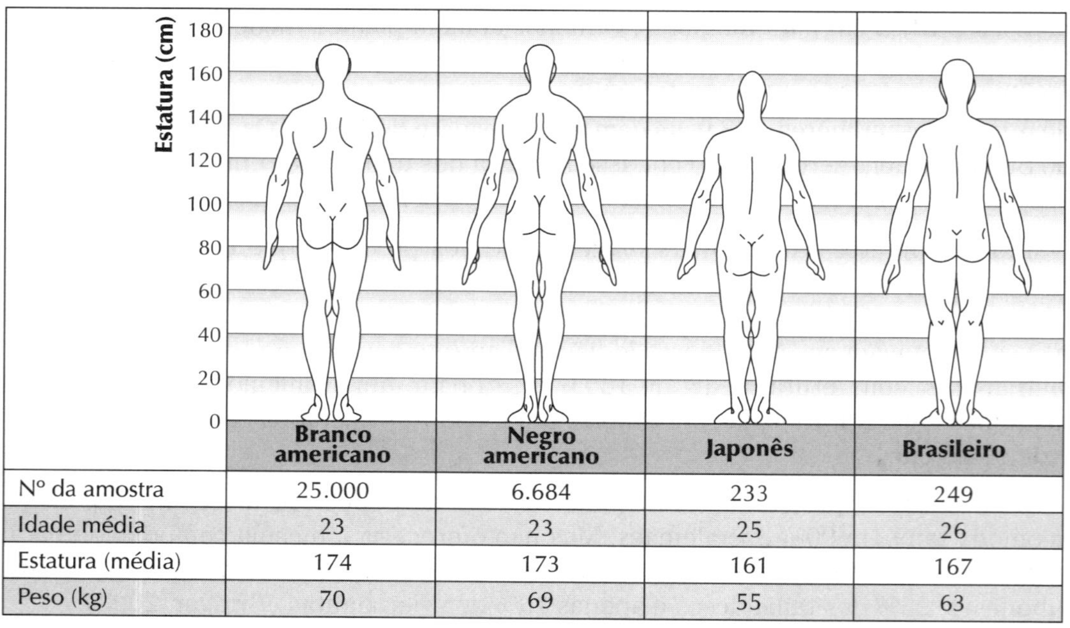

	Branco americano	Negro americano	Japonês	Brasileiro
Nº da amostra	25.000	6.684	233	249
Idade média	23	23	25	26
Estatura (média)	174	173	161	167
Peso (kg)	70	69	55	63

Figura 4.4
As proporções corporais são típicas de cada etnia e se mantêm inalteradas, mesmo que haja uma evolução da estatura média da população (Newman e White, 1951; Ishii, 1957; Siqueira, 1976).

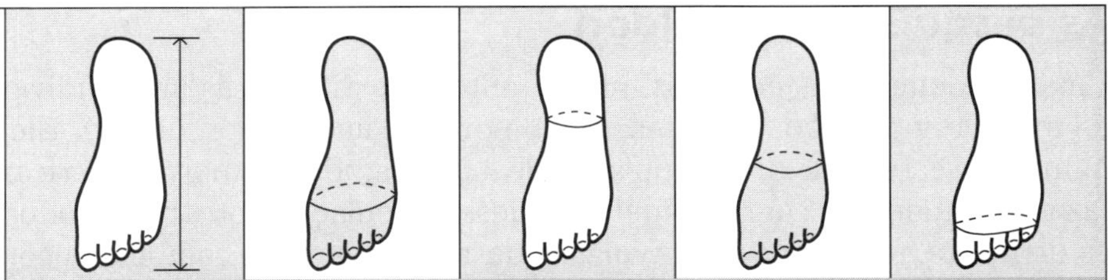

Medidas em cm	Comprimento máximo	Perímetro máximo	Perímetro do peito do pé	Perímetro intermediário	Perímetro da articulação
Europeus	28,6	22	26	24	23
Brasileiros	25,8	24	27	25	26

Figura 4.5 Comparação entre as medidas dos pés de europeus e brasileiros. Os brasileiros têm, relativamente, pés mais curtos e mais "gordos" (Lacerda, 1984).

Esse tipo de problema é enfrentado pela indústria de confecções, que produz roupas para exportação, pois não basta alterar as dimensões, mas deve-se mudar também as proporções das peças, conforme o mercado a que se destina. Os árabes, por exemplo, tem os membros (braços e pernas) relativamente mais longos que os europeus, enquanto os orientais os têm mais curtos.

A diferença nas proporções corporais existe até na medida dos pés, constatou Lacerda (1984). Os pés dos brasileiros são relativamente mais curtos e mais "gordos" em relação aos pés dos europeus (Figura 4.5), que são mais finos e mais longos. Como muitos moldes para a fabricação de calçados brasileiros são baseados em formas européias, isso explicaria casos de "aperto" nos pés dos brasileiros. Isso acontece até com brinquedos: uma boneca norte-americana não foi bem aceita pelas meninas japonesas porque apresentava os membros muito longos, diferindo do biótipo oriental.

Em conseqüência dessas diferenças nas proporções corporais, não se pode aplicar simplesmente a "regra de três" para as medidas antropométricas. Por exemplo, um norte-americano pode ser 10 cm mais alto que um japonês, na posição ereta. Contudo, na posição sentada, essa diferença se reduz à faixa de 0,5 a 2,5 cm.

Observa-se que a variabilidade inter-individual na população brasileira provavelmente é maior em relação aos povos de etnia homogênea. Isso se deve à grande variedade dos biótipos existentes no Brasil, resultante da **miscigenação** de diversas etnias. Além disso, há diferenças acentuadas das condições de nutrição e saúde em diferentes segmentos sociais e e entre regiões do país.

Influência do clima nas proporções corporais

Os povos que habitam regiões de climas quentes têm o corpo mais fino e os membros superiores e inferiores relativamente mais longos. Aqueles de clima frio têm o corpo mais cheio, são mais volumosos e arredondados. Em outras palavras, no corpo dos povos de clima quente predomina a dimensão linear, enquanto, no de clima frio, tende para formas esféricas. Parece que isso é o resultado da adaptação durante vários séculos, pois os corpos mais magros facilitam a troca de calor com o ambiente, enquanto aqueles mais cheios têm maior facilidade de conservar o calor do corpo.

As pesquisas de Sheldon

Uma das demonstrações mais interessantes das diferenças inter-individuais, dentro da mesma população, foi apresentado por William Sheldon (1940). Ele realizou um minucioso estudo de uma população de 4 000 estudantes norte-americanos. Além de fazer levantamentos antropométricos dessa população, fotografou todos os indivíduos de frente, perfil e costas. A análise dessas fotografias, combinada com os estudos antropométricos, levou Sheldon a definir três tipos físicos básicos, cada um com certas características dominantes: ectomorfo, mesomorfo e endomorfo (Figura 4.6).

Ectomorfo — Tipo físico de formas **alongadas**. Tem corpo e membros longos e finos, com um mínimo de gorduras e músculos. Os ombros são mais largos, mas caídos. O pescoço é fino e comprido, o rosto é magro, queixo recuado e testa alta e abdômen estreito e fino.

Mesomorfo — Tipo físico **musculoso**, de formas angulosas. Apresenta cabeça cúbica, maciça, ombros e peitos largos e abdômen pequeno. Os membros são musculosos e fortes. Possui pouca gordura subcutânea.

Endomorfo — Tipo físico de formas **arredondadas** e macias, com grandes depósitos de gordura. Em sua forma extrema, tem a característica de uma pêra (estreita em cima e larga embaixo). O abdômen é grande e cheio e o tórax parece ser relativamente pequeno. Braços e pernas são curtos e flácidos. Os ombros e a cabeça são arredondados. Os ossos são pequenos. O corpo tem baixa densidade, podendo flutuar na água. A pele é macia.

Naturalmente, a maioria das pessoas não pertence rigorosamente a nenhum desses tipos básicos e misturam as características desses três tipos, podendo ser mesoformo-endofórmica, ectomorfo-mesofórmica e assim por diante. Sheldon observou também diferenças comportamentais entre os três tipos, que influem até na escolha da profissão.

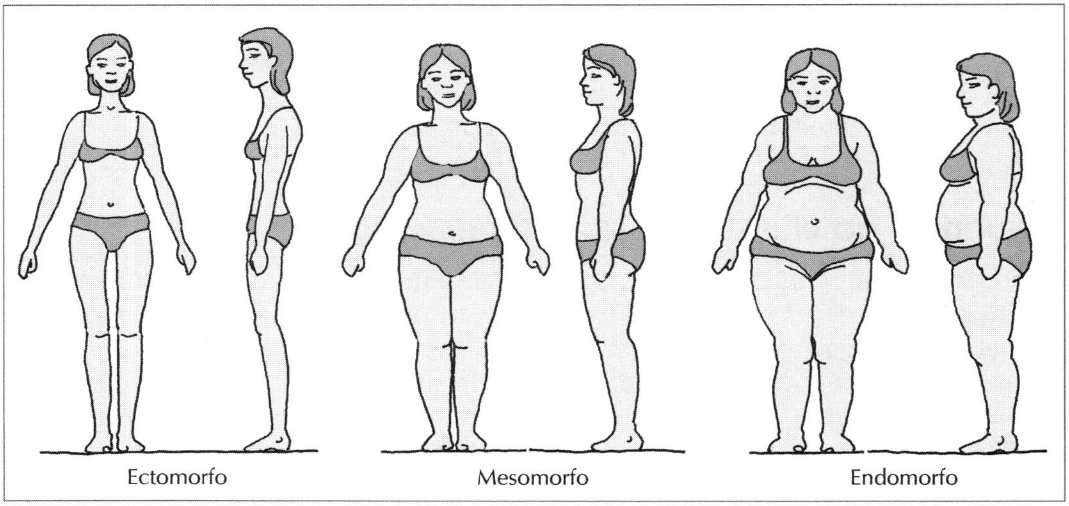

Figura 4.6
Os três tipos básicos do corpo humano (Sheldon, 1940).

Variações extremas

Dentro de uma mesma população de adultos, as diferenças de estaturas entre os homens mais altos (97,5% da população) e as mulheres mais baixas (2,5% da população) oscilam , respectivamente, entre 188,0 e 149,1 cm, ou seja, estatisticamente, o homem mais alto é 25% mais alto que a mulher mais baixa. Os comprimentos dos braços são de, respectivamente, 78,2 cm e 62,7 cm, com a mesma diferença percentual de 25% (Figura 4.7).

Evidentemente, isso não representa diferença entre o homem mais alto, individualmente, e da mulher mais baixa, mesmo porque essas pessoas extremas seriam excluídas, estatisticamente, dentro da margem de 2,5%, que foi considerada.

Em relação à dimensão lateral (largura do abdômen) essa diferença é mais pronunciada, variando de 43,4 cm a 14,0 cm, ou seja, há uma diferença de 210% da maior relação à menor. Algumas mudanças das medidas antropométricas podem ser temporárias e reversíveis, como no caso de pessoas que engordam e emagrecem ou mulheres que engravidam. As mulheres grávidas aumentam essa dimensão lateral do abdômen em 80% (de 16,5 cm para 29,7 cm) no último mês de gravidez. Em outros casos, como ocorre com as doenças crônico-degenerativas, o processo pode ser irreversível.

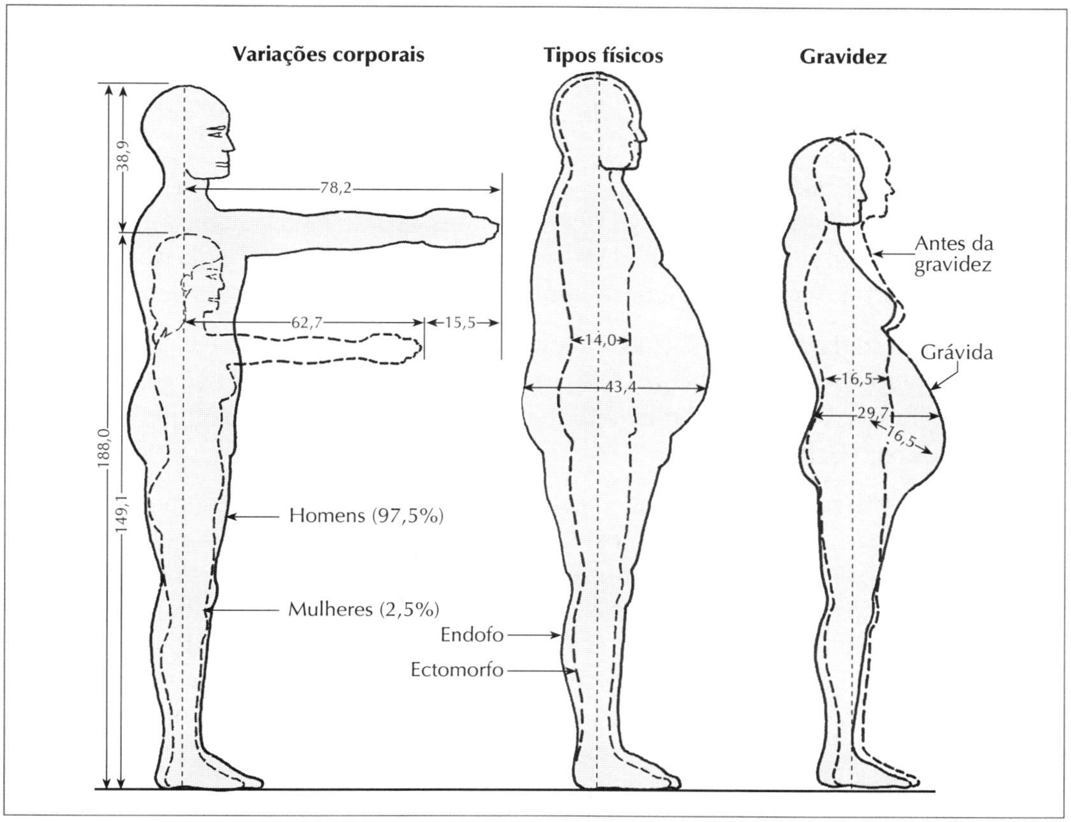

Figura 4.7 Variações extremas do corpo humano (Diffrient *et al.*, 1974).

Variações seculares

As variações seculares estudam as mudanças antropométricas ocorridas a longo prazo, abrangendo várias gerações. Diversos estudos comprovam que os seres humanos têm aumentado de peso e dimensões corporais ao longo dos últimos séculos. Isso seria explicado pela melhoria da alimentação, saneamento, abolição do trabalho infantil e adoção de hábitos mais salutares, como as práticas desportivas. Isso ocorreu sobretudo nos últimos 200 anos, com a crescente urbanização e industrialização, e conseqüente melhoria das condições de vida.

Em épocas de grandes privações, como ocorre durante longas guerras ou secas, as medidas antropométricas da população tendem a reduzir-se. Mas, nas gerações seguintes, quando esses problemas estiverem superados, o crescimento pode ser recuperado de forma acelerada, compensando o atraso.

O avanço tecnológico, principalmente a tecnologia dos alimentos e a sua conservação pelo frio, aliado ao avanço dos meios de transporte, melhorou a oferta de alimentos. Antigamente, certos alimentos eram disponíveis apenas durante alguns dias do ano, no tempo da colheita. Isso acontecia principalmente nos países de clima temperado. Hoje, esses alimentos estão disponíveis praticamente em todo o mundo, durante todo o ano.

O crescimento das medidas antropométricas de uma população é mais pronunciado quando povos sub-alimentados passam a consumir maior quantidade de proteínas. Já se observou, por exemplo, crescimento de até 8 cm na estatura média de homens de uma população, em apenas uma década.

O acompanhamento da estatura de recrutas holandeses durante um século, no período de 1870-1970, demonstrou um crescimento médio de 14 cm e, além disso, constatou-se que esse processo está se acelerando (Figura 4.8). A taxa de crescimento médio anual entre 1870 e 1920 foi de 0,9 mm ao ano e passou para 1,6 mm/ano nas quatro décadas seguintes e, finalmente, para 3,0 mm/ano na década de 1960. Isso provavelmente foi devido à crescente melhoria das condições de vida desse povo.

Nos EUA e Inglaterra, a estatura média da população aumentou 1 cm a cada 10 anos. Na Inglaterra, entre 1981 e 1995, constatou-se que os homens cresceram 1,7 cm e as mulheres, 1,2 cm. Na Dinamarca, em 140 anos, registrou-se um crescimento médio de 13 cm (Bridger, 2003).

É interessante notar que essa aceleração do crescimento é um fenômeno mundial e não se restringe apenas aos adultos. Crianças recém-nascidas cresceram 5 a 6 cm no comprimento e 3 a 5% no peso, nos últimos 100 anos. O início da puberdade antecipou-se de 2 a 3 anos, respectivamente, para meninos e meninas. A menarca adiantou-se e a menopausa foi retardada em 3 anos. Contudo, essas transformações não ocorrem uniformemente. Em um século, entre 1830 e 1930, o crescimento médio dos jovens foi de 0,5 cm por década. Em 1930 houve uma súbita aceleração, crescendo 5 cm a cada década. A explicação para isso seriam as mudanças dos hábitos alimentares e das condições de vida em geral.

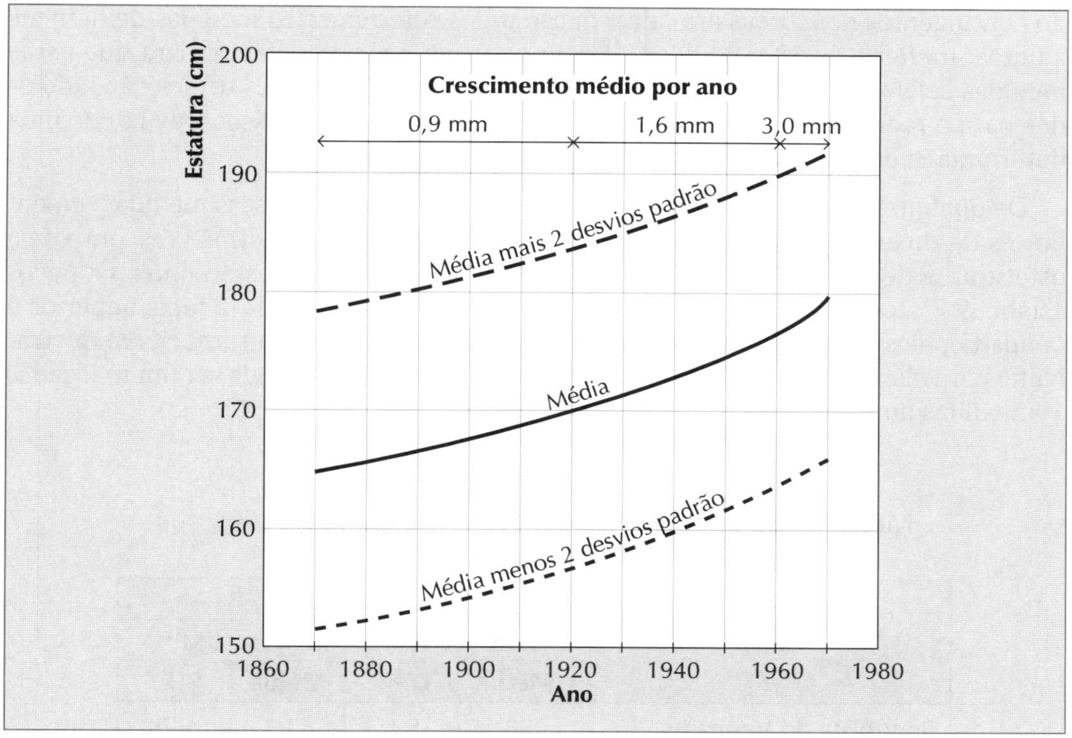

Figura 4.8 Evolução da estatura média de recrutas holandeses durante 100 anos, entre 1870 e 1970 (De Jong, *in* Chapanis, 1975).

Padrões internacionais de medidas antropométricas

Até meados do século passado, houve preocupação em diversos países em estabelecer seus padrões nacionais de medidas antropométricas. Contudo, a partir da década de 1950, três fatos novos contribuíram para reverter essa tendência. Em primeiro lugar, houve uma crescente internacionalização da economia. Alguns produtos, produzidos em certos países, passaram a ser vendidos no mundo todo. Por exemplo, aviões, computadores, aparelhos de videocassete, armamentos, automóveis e outros, têm, hoje, padrões mundiais.

Em segundo, os acordos de comércio internacional, formando blocos econômicos, com redução das tarifas alfandegárias entre os países signatários, acelerou esse processo.

Em terceiro, as alianças militares, surgidos após a II Guerra Mundial, exigiram certa padronização internacional de produtos militares, com diversos reflexos na indústria em geral. Entre eles, citam-se a Organização do Tratado do Atlântico Norte – OTAN, e o extinto Pacto de Varsóvia.

Tudo isso contribuiu para ampliar os horizontes dos projetistas. Hoje, quando se projeta um produto, deve-se considerar que os usuários do mesmo podem estar espalhados em 50 países diferentes, incluindo muitas diversidades étnicas, culturais e sociais.

Da mesma forma, na área de antropometria, há tendência de evolução para se determinar os padrões mundiais, embora ainda não existam medidas antropométricas confiáveis para a população **mundial**. Grande parte das medidas disponíveis é de contingentes das forças armadas: quase todos referem-se às medidas de homens adultos, na faixa de 18 a 30 anos. Porém o fato que mais contribui para que essas medidas sejam diferentes da população em geral, são os critérios de seleção, adotados para o recrutamento militar, que excluem, por exemplo, pessoas abaixo de uma determinada estatura ou peso mínimo.

De qualquer forma, a Tabela 4.2 dá uma idéia da variação dessas medidas em militares de diversos países. Como os dados estão ordenados de forma crescente pela estatura, pode-se observar que as menores estaturas e pesos estão entre os povos asiáticos. Os povos mediterrâneos estão na faixa intermediária e a faixa superior é ocupada pelos nórdicos. Existe uma proposta da Organização Internacional do Trabalho para classificar a população mundial em 20 grupos, nos quais seriam realizadas 19 medidas antropométricas.

TABELA 4.2
Medidas de estatura e peso para militares de diversos países (Chapanis, 1975)

País	Homens			
	Estatura (cm)		Peso (kg)	
	Média	D.P.*	Média	D.P.*
República do Vietnã	160,5	5,5	51,1	6,0
Tailândia	163,4	5,3	56,3	5,8
República da Coréia	164,0	5,9	60,3	5,1
América Latina (18 países)	166,4	6,1	63,4	7,7
Irã	166,8	5,8	61,6	7,7
Japão	166,9	4,8	61,1	5,9
Índia	167,5	6,0	57,2	5,7
Turquia	169,3	5,7	64,6	8,2
Grécia	170,5	5,9	67,0	7,6
Itália	170,6	6,2	70,3	8,4
França	171,3	5,8	65,8	7,0
Austrália	173,0	6,0	68,5	8,4
Estados Unidos da América	174,5	6,6	72,2	10,6
Alemanha	174,9	6,1	72,3	8,1
Canadá	177,4	6,1	76,4	9,9
Noruega	177,5	6,0	70,1	7,5
Bélgica	179,9	5,8	68,6	7,8

* D.P. = Desvio-padrão.

4.2 Realização das medições

Sempre que for possível e economicamente justificável, as medições antropométricas devem ser realizadas diretamente, tomando-se uma amostra significativa de sujeitos que serão usuários ou consumidores do objeto a ser projetado. Por exemplo, para se dimensionar cabinas de ônibus, deve-se medir os motoristas de ônibus, que serão os seus usuários.

As medidas antropométricas podem variar de acordo com a classe social, dentro de uma mesma população. Nos EUA, existem estudos demonstrando que os executivos, em geral, são mais altos que a média dos trabalhadores da empresa. Assim, para dimensionar utensílios de cozinha, deve-se considerar que, em países desenvolvidos como os EUA, Japão e países europeus, as próprias donas-de-casa de classe média farão uso dos mesmos. No Brasil, onde ainda existem empregadas domésticas trabalhando em famílias de classe média, serão elas as usuárias desses utensílios. Portanto, o correto seria que esses utensílios fossem projetados para as empregadas e não para as donas-de-casa, considerando-se que o nível social influi nas dimensões antropométricas.

A execução dessas medições compreende as etapas de definição de objetivos, definição das medidas, escolha dos métodos de medidas, seleção da amostra, as medições e as análises estatísticas.

Definição de objetivos

A primeira providência é definir **onde** ou **para quê** serão utilizadas as medidas antropométricas. Dessa definição decorre a aplicação da antropometria estática ou dinâmica, escolha das variáveis a serem medidas e os detalhamentos ou precisões com que essas medidas devem ser realizadas.

Por exemplo, para o projeto de um posto de trabalho para digitadores, devem ser tomadas pelo menos seis medidas críticas (Figura 4.9) do operador sentado:

a) altura lombar (encosto da cadeira)
b) altura poplítea (altura do assento)
c) altura do cotovelo (altura da mesa)
d) altura da coxa (espaço entre o assento e a mesa)
e) altura dos olhos (posicionamento do monitor)
f) ângulo de visão

Essas medidas já podem ser insuficientes para um outro tipo de posto de trabalho, como caixa de supermercado, que deve manipular a mercadoria para conferir o seu código ou preço, exigindo, portanto maior movimentação corporal. Nesse caso, deveriam ser incluídas outras medidas, como o alcance do braço.

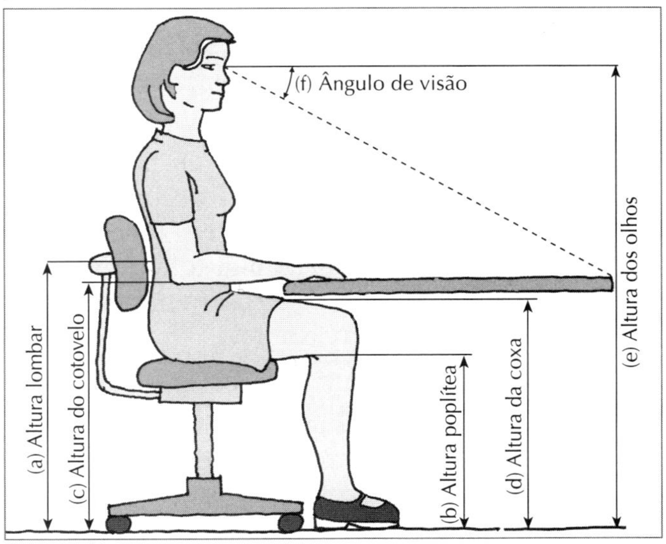

Figura 4.9 Principais dimensões antropométricas a serem consideradas no projeto de um posto de trabalho para a pessoa sentada.

Antropometrias estáticas, dinâmica e funcional

A antropometrica **estática** é aquela em que as medidas se referem ao corpo parado ou com poucos movimentos e as medições realizam-se entre pontos anatômicos claramente identificados. Ela deve ser aplicada ao projeto de objetos sem partes móveis ou com pouca mobilidade, como no caso do mobiliário em geral. A maior parte das tabelas existentes é de antropometria estática. O seu uso é recomendado apenas para projetos em que o homem executa poucos movimentos.

A antropometria **dinâmica** mede os alcances dos movimentos. Os movimentos de cada parte do corpo são medidos mantendo-se o resto do corpo estático. Exemplo: alcance máximo das mãos com a pessoa sentada. Deve-se aplicar a antropometria **dinâmica** nos casos de trabalhos que exigem muitos movimentos corporais ou quando se devem manipular partes que se movimentam em máquinas ou postos de trabalho.

As medidas antropométricas relacionadas com a execução de tarefas específicas, são chamadas de antropometria **funcional**. Na prática, observa-se que cada parte do corpo não se move isoladamente, mas há uma conjugação de diversos movimentos para se realizar uma função. O alcance das mãos, por exemplo, não é limitado pelo comprimento dos braços. Envolve também o movimento dos ombros, rotação do tronco, inclinação das costas e o tipo de função que será exercido pelas mãos (as mãos podem exercer 17 funções diferentes, como agarrar, posicionar e montar — ver Barnes, 1977).

Passando-se da antropometria estática para a dinâmica e, desta para a funcional, observa-se um aumento do grau de complexidade, exigindo-se também instrumentos de medida mais complexos.

Definição das medidas

A definição das medidas envolve a descrição dos pontos do corpo, entre os quais serão tomadas as medidas. Uma descrição mais detalhada indica a postura do corpo, os instrumentos antropométricos a serem utilizados e a técnica de medida a ser utilizada, além de outras condições. Por exemplo, a estatura pode ser medida com ou sem calçado e o peso, com ou sem roupa.

Em geral, cada medição a ser efetuada deve especificar claramente a sua localização, direção e postura. A localização indica o ponto do corpo que é medido a partir de uma outra referência (piso, assento, superfície vertical ou outro ponto do corpo); a direção indica, por exemplo, se o comprimento do braço é medido na horizontal, vertical ou outra posição; e a postura indica a posição do corpo (sentado, em pé ereto, relaxado).

Exemplo: *comprimento ombro-cotovelo* — "Medir a distância vertical entre o ombro, acima da articulação do úmero com a escápula, até a parte inferior do cotovelo direito, usando um antropômetro, com a pessoa sentada e o braço pendendo ao lado do corpo, com o antebraço estendendo-se horizontalmente" (Figura 4.10).

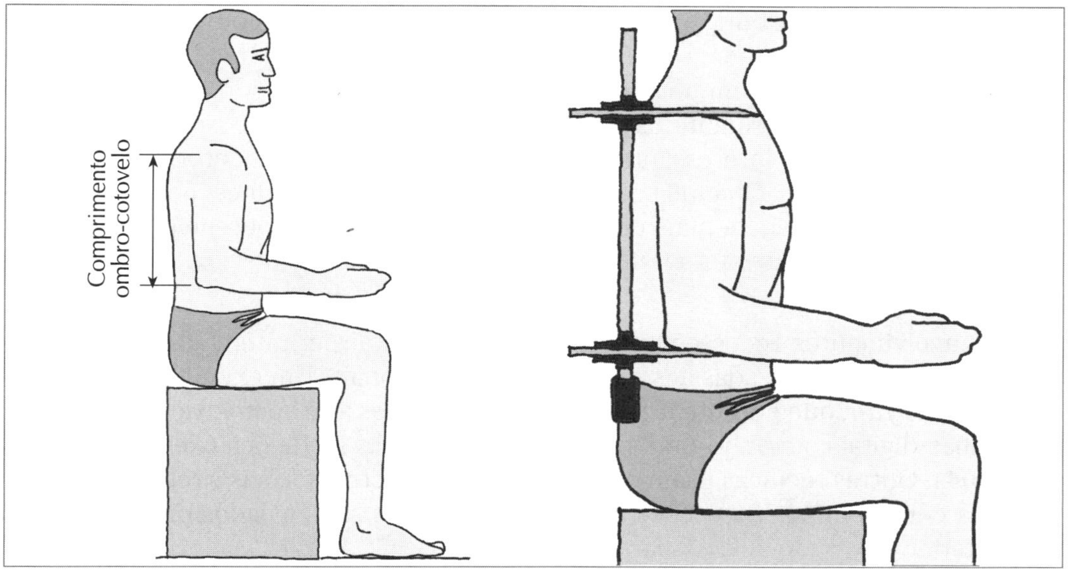

Figura 4.10
A figura mostra a postura e os pontos entre os quais deve ser feita a medida antropométrica do comprimento **ombro-cotovelo**.

Escolha dos métodos de medição

Os métodos para realizar as medições antropométricas se classificam basicamente em dois tipos: diretos e indiretos.

Os métodos **diretos** envolvem instrumentos que entram em contato físico com o organismo. Usam-se réguas, trenas, fitas métricas, raios laser, esquadros, paquímetros, transferidores, balanças, dinamômetros e outros instrumentos semelhantes. São tomadas medidas lineares, angulares, pesos, forças e outras. Na bibliografia (ver Roebuck, Kroemer e Thomson, 1975), pode-se observar dezenas de aparelhos especialmente construídos para determinadas medidas antropométricas. A Figura 4.11 apresenta exemplo de uma "gaiola" especialmente construído para medir alcance dos braços, usando-se réguas graduadas (Dempsey, 1953).

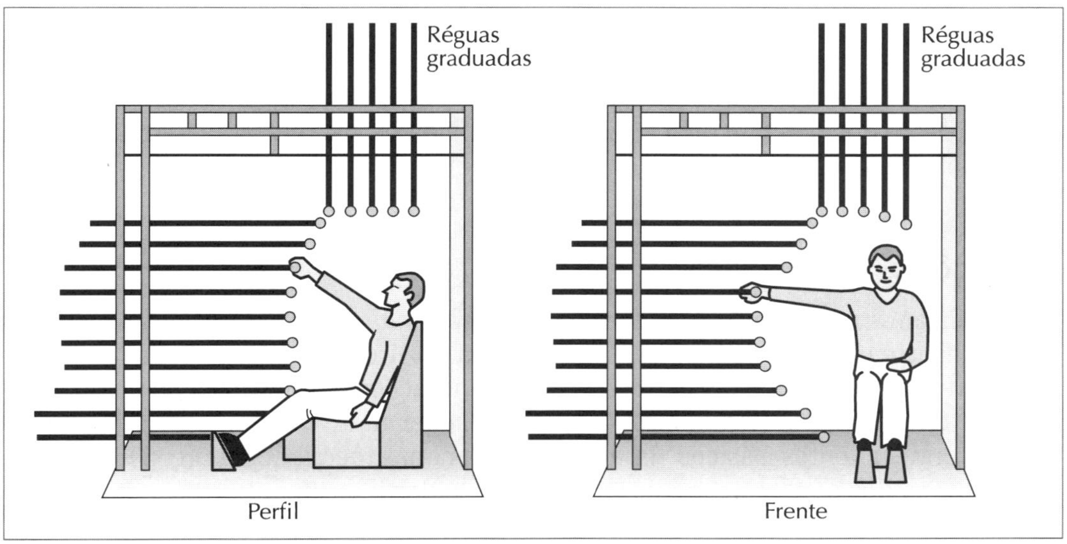

Figura 4.11
Aparelho especialmente construído para medir o alcance das mãos na posição sentada, (Dempsey, 1953).

As medições **indiretas** geralmente envolvem fotos do corpo ou partes dele contra uma malha quadriculada. Uma variante dessa técnica é a de traçar o contorno da sombra projetada sobre um anteparo transparente ou translúcido. As medidas são então tomadas posteriormente da imagem, podendo haver uma correção do paralaxe. Essas técnicas são interessantes para se tomar medidas de contornos complicados ou de movimentos. Quando se desejam certos tipos de detalhes, pode ser necessário fazer uma montagem mais ou menos complicada para a obtenção da imagem, envolvendo 2 a 3 câmaras fotográficas situadas em diferentes posições e conjugadas com espelhos.

Desenvolvimentos recentes em fotogrametria digital permitem associar as imagens digitais ou digitalizadas aos métodos computacionais. Um exemplo desses *softwares* é o *Digita*, que permite fazer o registro de pontos antropométricos, a partir de fotografias digitais, gerando uma planilha com todas as medições executadas (Barros, 2004). Outras técnicas usam o raio laser para registrar formas irregulares. Essas técnicas permitem fazer rotações do corpo e os dados são enviados diretamente ao computador.

Seleção da amostra

A amostra dos sujeitos a serem medidos, evidentemente, deve ser **representativa** do universo onde serão aplicados os resultados. Nessa escolha, devem ser determinadas as características biológicas, inatas, e aquelas adquiridas pelo treinamento ou pela experiência no trabalho. Entre as características biológicas citam-se o sexo, idade, biótipo e deficiências físicas. As adquiridas são devido à profissão, esportes, nível de renda e outros.

Já vimos que pessoas de biótipos diferentes apresentam certas preferências profissionais e, além disso, muitas profissões apresentam critérios de seleção para seus candidatos, como no caso do serviço militar ou de jogadores de vôlei, enquanto outras profissões apresentam predomínio de um dos sexos.

A docência fundamental e a enfermagem geralmente são dominadas por mulheres, assim como existem diversas ocupações com predominância do elemento masculino, como na construção civil. Todas essas características fazem com que a amostra de pessoas que ocupam uma determinada atividade seja diferente, se comparadas com a população em geral.

Medições

Para realizar as medições propriamente ditas, poderão ser adotados certos cuidados prévios. Entre eles se inclui a elaboração de um roteiro para a tomada de medidas e o desenho de formulários apropriados para as anotações das mesmas. As pessoas envolvidas nas medições (medidores) deverão receber um treinamento prévio, abrangendo conhecimentos básicos de anatomia humana, reconhecimento de posturas, identificação dos pontos de medida e uso correto dos instrumentos de medida. Deve ser feito um teste inicial, após o treinamento, antes de se passar às medições reais, medindo-se um determinado grupo de sujeitos e analisando-se os resultados obtidos por diversos medidores. Deve-se verificar se há **consistência** entre eles.

Pode-se escolher um determinado sujeito como "padrão" para efeito de controle de qualidade dos procedimentos adotados. As diversas pessoas que realizam as medidas devem, de vez em quando, medir esse "padrão" para se verificar se os seus procedimentos continuam **consistentes** e se os resultados obtidos correspondem aos do "padrão" adotado. Nos casos de divergências em relação ao padrão, acima de um certo limite de tolerância, o medidor respectivo deveria ser submetido a um novo treinamento. Esse procedimento é aconselhável para medições antropométricas de grandes amostras (milhares de sujeitos), onde muitos medidores são envolvidos durante vários meses de trabalho (Ferreira,1998).

Planejamento do experimento

Antes de se começar as medições, deve-se fazer um planejamento do experimento. Esse planejamento envolve as definições sobre: a) descrição das variáveis a serem medidas; b) a precisão desejada, que vai influir no tamanho da amostra; c) amostragem dos sujeitos, envolvendo os tipos e a quantidade de pessoas a serem medidas; d) os procedimentos a serem adotados, descrevendo como serão efetuadas as medições (Chapanis, 1959).

O **tamanho da amostra**, ou seja, a quantidade de sujeitos que precisam ser medidos, pode ser calculado estatisticamente. Ela depende da variabilidade da medida e da precisão que se deseja. Teoricamente, se uma determinada medida não tiver variações, bastaria fazer apenas uma única medição. Se, por outro lado, as pessoas apresentarem grandes diferenças individuais, a amostra deve ser maior.

Apenas como referência, as medidas adotadas pelas forças armadas no EUA são geralmente baseadas em amostras de 3 a 5 mil sujeitos. Para a OMS (Organização Mundial de Saúde, 1995), as dimensões antropométricas a serem usadas como padrão devem basear-se em uma amostragem mínima de 200 pessoas. Entretanto, para a maioria das aplicações em ergonomia, em que não se exigem graus de confiança superiores a 90 ou 95%, amostras de 30 a 50 sujeitos geralmente são satisfatórios, desde que se refiram a populações homogêneas (não misturar homens com mulheres, adultos com adolescentes).

Análises estatísticas

Para se fazer a análise estatística, a variável pode ser dividida em classes ou intervalos. Por exemplo, no caso da estatura, se as medidas extremas de uma população oscilam entre 156 a 201 cm, pode-se dividir em 15 classes, com 3 cm de intervalo entre uma classe e outra. A última classe, no caso, abrangeria as medidas de 198,0 a 200,9 cm. Supondo que haja apenas uma pessoa nesse intervalo, medindo 199cm, a freqüência dessa classe será 1 (Tabela 4.3)

Tendo-se as freqüências, pode-se construir um gráfico chamado **histograma**, que é representado por barras de alturas proporcionais às freqüências de cada classe.

Pode-se também fazer uma outra representação gráfica, chamada de **polígono de freqüências**, unindo-se os pontos médios dos patamares do histograma. Além disso, pode-se também construir o polígono de percentagens acumuladas, somando-se cumulativamente as percentagens de cada classe.

TABELA 4.3

Distribuição das freqüências das estaturas de 2 960 cadetes da Força Aérea dos EUA (Chapanis, 1962)

Classe	Intervalo (cm)	Freqüências absolutas	Freqüências acumuladas	Percentagens acumuladas
1	156-158,9	3	3	0,1
2	159-161,9	17	20	0,7
3	162-164,9	68	88	3,0
4	165-167,9	208	296	10,0
5	168-170,9	377	673	22,7
6	171-173,9	467	1 140	38,5
7	174-176,9	575	1 715	57,9
8	177-179,9	522	2 237	75,6
9	180-182,9	358	2 595	87,7
10	183-185,9	226	2 821	95,3
11	186-188,9	87	2 908	98,2
12	189-191,9	42	2 950	99,7
13	192-194,9	7	2 957	99,9
14	195-197,9	2	2 959	100,0
15	198-200,9	1	2 960	100,0
	Total	2 960	2 960	100,0%

O polígono da Figura 4.12 assemelha-se a uma distribuição normal ou de Gauss. Muitas medidas biológicas e psicológicas seguem essa distribuição. Nessa distribuição, as maiores freqüências se concentram nas classes centrais e elas vão decrescendo, simetricamente, nas duas extremidades. No caso da Tabela 4.3, significa que é mais fácil encontrar pessoas com 174 a 179,9 cm e elas se tornam escassas nas classes abaixo de 158,9 cm ou acima de 198 cm.

A **distribuição normal** é representada por dois parâmetros: a média e a desvio-padrão (ver fórmula para cálculo em livros de Estatística, como o de Costa Neto, 1997). A média é obtida pela soma de todos os valores, dividido pela quantidade de medidas realizadas. O desvio-padrão representa a dispersão das medidas. Se todas as medidas forem iguais, o desvio padrão será zero. Se o seu valor for pequeno, significa que há uma grande concentração das medias em torno da média. Entretanto, se

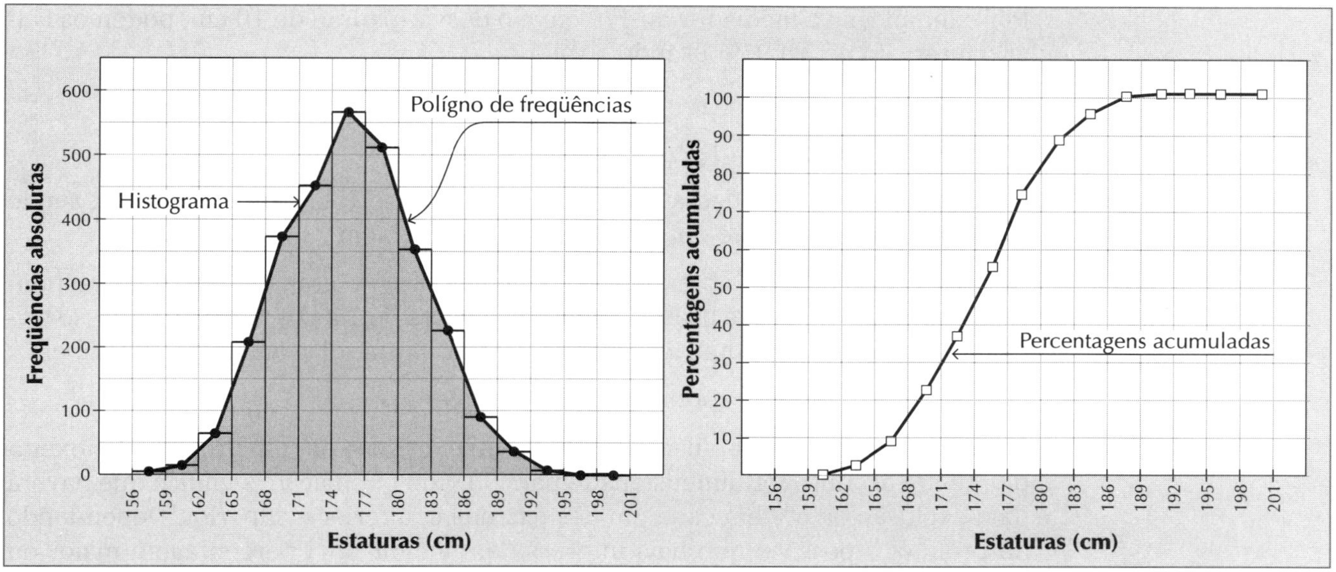

Figura 4.12 Representações gráficas da distribuição de freqüências.

esse valor for grande, significa que há uma grande dispersão das medidas em torno da média. Por exemplo, o perímetro da cabeça não difere muito entre as pessoas – o desvio padrão será pequeno. Entretanto, ao perímetro do abdômen já apresentará um desvio padrão-maior.

O intervalo de confiança é obtido pela fórmula:

$$x = \bar{x} \pm k \cdot s$$

Onde $\bar{x}$ é a média e s é o desvio-padrão. Os coeficientes k indicam nível de confiança e são apresentados na Tabela 4.4.

TABELA 4.4

Valores do coeficiente k para cálculo dos intervalos de confiança

Coeficiente (k)	Intervalo (%)	
	Inferior	Superior
0,00	50	50
0,67	25	75
0,84	20	80
1,00	16,6	83,5
1,28	10	90
1,65	5	95
1,96	2,5	97,5
2,326	1	99
2,576	0,5	99,5

Por exemplo, se a média for de 170 cm e o desvio-padrão de 10 cm, podemos calcular o intervalo de 5 a 95% usando o valor de $k = 1{,}65$.

$$\text{para } 5\% = 170 - 1{,}65 \times 10 = 153{,}5 \text{ cm}$$

$$\text{para } 95\% = 170 + 1{,}65 \times 10 = 186{,}5 \text{ cm}$$

Isso significa que 90% dessa população estará entre 153,5 cm e 186,5 cm, sendo há 5% abaixo de 153,5 cm e outros 5% acima de 186,5 cm.

Se quisermos ser mais abrangentes, podemos usar o fator $k = 2{,}326$ correspondente ao intervalo entre 1 e 99 %. Teremos os limites de 146,74 a 193,26 cm. Isso significa que haverá 1% da população abaixo de 146,74 cm e 1% acima de 193, 26 cm.

O uso desses percentis apresenta duas vantagens:

a) Permite especificar a população incluída (ou excluída) em um projeto. Por exemplo, se um produto for dimensionado para 90% da população, significa que haverá uma exclusão de 5% em cada um dos extremos, inferior e superior. Dependendo do projeto, é possível que haja interesse em incluir uma percentagem maior ou menor dessa população.

b) Permite selecionar as pessoas para testes. Por exemplo, um posto de trabalho para caixa de supermercado pode ser dimensionado para a média. Entretanto, deseja-se saber como comportar-se-iam os extremos da população. Nesse caso, pode-se selecionar alguém que represente 5% da população e outra, 95%, para realizar os testes. É possível que esse posto, mesmo sendo projetado para a média, acabe acomodando satisfatoriamente os dois extremos, introduzindo-se pequenas adaptações para eles.

4.3 Antropometria estática

Na antropometria estática, as medidas são realizadas com o corpo **parado** ou com poucos movimentos. Essas medidas de antropometria estática da população já são realizadas há muito tempo, principalmente pelas forças armadas. Mas, como já vimos, a partir da década de 1950, começaram a adquirir maior significado econômico. Um produto melhor adaptado à anatomia do usuário pode significar maior conforto, menores riscos de acidentes e de doenças ocupacionais.

Hoje são disponíveis muitas medidas antropométricas, realizadas principalmente na Alemanha e nos EUA, mas também de outros países. Recentemente, a partir da década de 1990, surgiram também medidas de povos asiáticos, em conseqüência da emergência econômica dessa região.

Tabelas de medidas estrangeiras

Uma das tabelas de medidas antropométricas mais completas que se conhece é a norma alemã DIN 33402 de junho de 1981. Ela apresenta medidas de 54 variáveis do corpo, sendo 9 do corpo em pé, 13 do corpo sentado, 22 da mão, 3 dos pés e 7 da cabeça. Para cada variável, a norma descreve os pontos entre os quais são tomadas as medidas, a postura adotada durante a medida e o instrumento de medida usado em cada caso. Os resultados são apresentados em percentís de 5%, 50% e 95% da população de homens e mulheres, para 19 faixas etárias, entre 3 a 65 anos de idade, e a média para adultos, entre 16 a 60 anos. Essa norma não fornece dados sobre os pesos. As principais variáveis apresentadas podem ser vistas na Figura 4.13 e os respectivos valores, na Tabela 4.5.

Em 1988, o Exército dos EUA realizou um amplo levantamento antropométrico de 2208 mulheres e 1774 homens (Tabela 4.6). Entre as mulheres, 46% tinham menos de 25 anos, 32% entre 25 e 30 anos e 22% tinham mais de 31 anos. Entre os homens, 45% tinham menos de 25 anos, 25% entre 25 e 30 anos e 30% tinham mais de 31 anos. Cerca de 51% eram brancos, 42% negros, 3% hispânicos e 4% outras etnias. Segundo Kroemer *et al.* (1994), este seria uma amostra representativa da população adulta dos EUA.

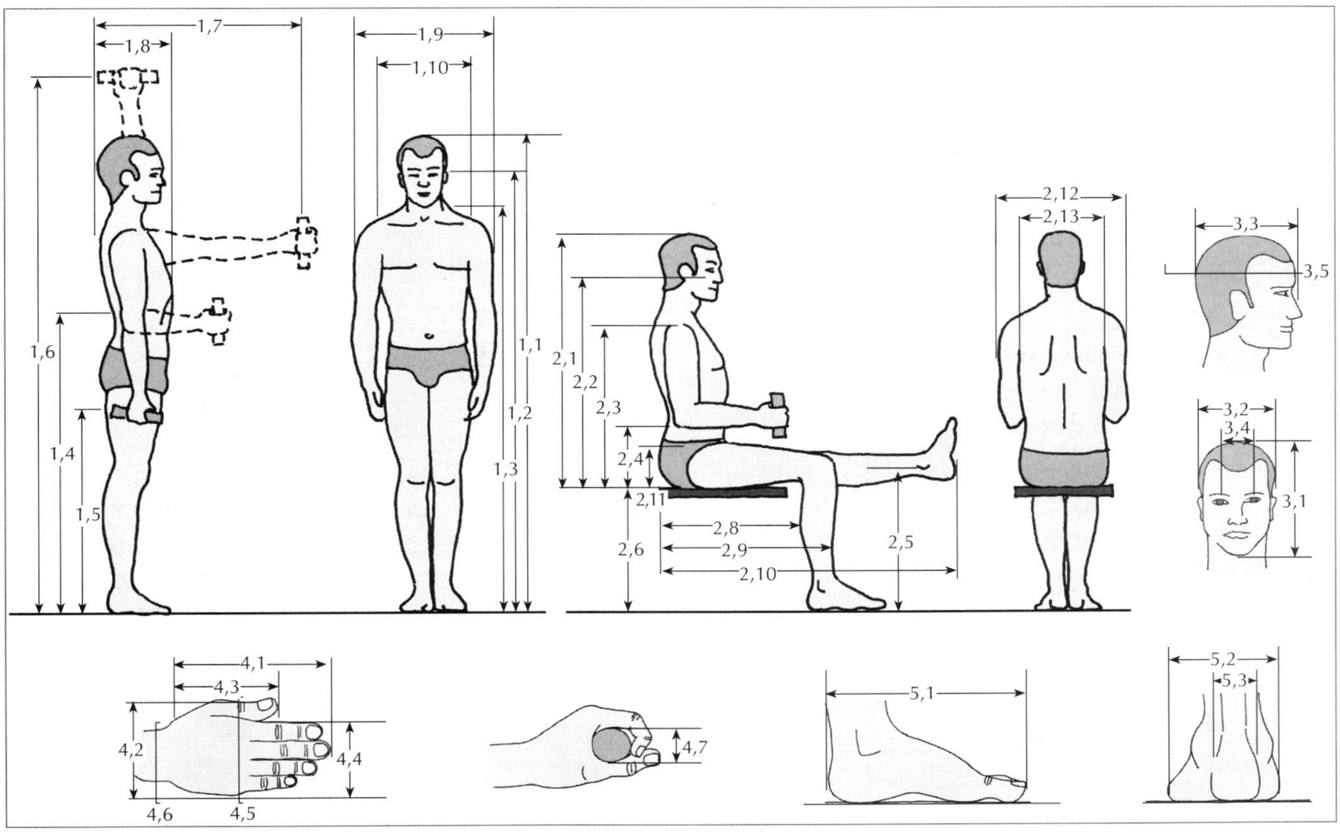

Figura 4.13 Principais variáveis usadas em medidas de antropometria estática do corpo.

TABELA 4.5
Medidas de antropometria estática, resumidas da norma alemã DIN 33402 de 1981. As numerações das medidas correspondem às da Figura 4.13. Origem: Alemanha

	Medidas de antropometria estática (cm)	Mulheres			Homens		
		5%	50%	95%	5%	50%	95%
1 CORPO EM PÉ	1.1 Estatura, corpo ereto	151,0	161,9	172,5	162,9	173,3	184,1
	1.2 Altura dos olhos, em pé, ereto	140,2	150,2	159,6	150,9	161,3	172,1
	1.3 Altura dos ombros, em pé, ereto	123,4	133,9	143,6	134,9	144,5	154,2
	1.4 Altura do cotovelo, em pé, ereto	95,7	103,0	110,0	102,1	109,6	117,9
	1.5 Altura do centro da mão, braço pendido, em pé	66,4	73,8	80,3	72,8	76,7	82,8
	1.6 Altura do centro da mão, braço erguido, em pé	174,8	187,0	200,0	191,0	205,1	221,0
	1.7 Comprimento do braço, na horizontal, até o centro da mão	61,6	69,0	76,2	66,2	72,2	78,7
	1.8 Profundidade do corpo, na altura do tórax	23,8	28,5	35,7	23,3	27,6	31,8
	1.9 Largura dos ombros, em pé	32,3	35,5	38,8	36,7	39,8	42,8
	1.10 Largura dos quadris, em pé	31,4	35,8	40,5	31,0	34,4	36,8
2 CORPO SENTADO	2.1 Altura da cabeça, a partir do assento, tronco ereto.	80,5	85,7	91,4	84,9	90,7	96,2
	2.2 Altura dos olhos, a partir do assento, tronco ereto	68,0	73,5	78,5	73,9	79,0	84,4
	2.3 Altura dos ombros, a partir do assento, tronco ereto	53,8	58,5	63,1	56,1	61,0	65,5
	2.4 Altura do cotovelo, a partir do assento, tronco ereto	19,1	23,3	27,8	19,3	23,0	28,0
	2.5 Altura do joelho, sentado	46,2	50,2	54,2	49,3	53,5	57,4
	2.6 Altura poplítea (parte inferior da coxa)	35,1	39,5	43,4	39,9	44,2	48,0
	2.7 Comprimento do antebraço, na horizontal, até o centro da mão	29,2	32,2	36,4	32,7	36,2	38,9
	2.8 Comprimento nádega-poplítea	42,6	48,4	53,2	45,2	50,0	55,2
	2.9 Comprimento da nádega-joelho	53,0	58,7	63,1	55,4	59,9	64,5
	2.10 Comprimento nádega-pé, perna estendida na horizontal	95,5	104,4	112,6	96,4	103,5	112,5
	2.11 Altura da parte superior das coxas	11,8	14,4	17,3	11,7	13,6	15,7
	2.12 Largura entre os cotovelos	37,0	45,6	54,4	39,9	45,1	51,2
	2.13 Largura dos quadris, sentado	34,0	38,7	45,1	32,5	36,2	39,1
3 CABEÇA	3.1 Comprimento vertical da cabeça	19,5	21,9	24,0	21,3	22,8	24,4
	3.2 Largura da cabeça, de frente	13,8	14,9	15,9	14,6	15,6	16,7
	3.3 Largura da cabeça, de perfil	16,5	18,0	19,4	18,2	19,3	20,5
	3.4 Distância entre os olhos	5,0	5,7	6,5	5,7	6,3	6,8
	3.5 Circunferência da cabeça	52,0	54,0	57,2	54,8	57,3	59,9
4 MÃOS	4.1 Comprimento da mão	15,9	17,4	19,0	17,0	18,6	20,1
	4.2 Largura da mão	8,2	9,2	10,1	9,8	10,7	11,6
	4.3 Comprimento da palma da mão	9,1	10,0	10,8	10,1	10,9	11,7
	4.4 Largura da palma da mão	7,2	8,0	8,5	7,8	8,5	9,3
	4.5 Circunferência da palma	17,6	19,2	20,7	19,5	21,0	22,9
	4.6 Circunferência do pulso	14,6	16,0	17,7	16,1	17,6	18,9
	4.7 Cilindro de pega máxima (diâmetro)	10,8	13,0	15,7	11,9	13,8	15,4
5 PÉS	5.1 Comprimento do pé	22,1	24,2	26,4	24,0	26,0	28,1
	5.2 Largura do pé	9,0	9,7	10,7	9,3	10,0	10,7
	5.3 Largura do calcanhar	5,6	6,2	7,2	6,0	6,6	7,4

TABELA 4.6
Dimensões antropométricas de adultos norte-americanos (Kroemer *et. al.* 1994)

Medidas (cm)	Mulheres				Homens			
	5%	50%	95%	D.P.	5%	50%	95%	D.P.
1 CORPO EM PÉ								
1.1 Estatura, corpo ereto	152,78	162,94	173,73	6,36	164,69	175,58	186,65	6,68
1.2 Altura dos olhos, em pé	141,52	151,61	162,13	6,25	152,82	163,39	174,29	6,57
1.3 Altura dos ombros, em pé	124,09	133,36	143,20	5,79	134,16	144,25	154,56	6,20
1.4 Altura do cotovelo, em pé	92,63	99,79	107,40	4,48	99,52	107,25	115,28	4,81
1.5 Altura do centro da mão, em pé	72,79	79,03	85,51	3,86	77,79	84,65	91,52	4,15
1.8 Profundidade do tórax	20,86	23,94	27,78	2,11	20,96	24,32	28,04	2,15
2 CORPO SENTADO								
2.1 Altura da cabeça, sentado, a partir do assento	79,53	85,20	91,02	3,49	85,45	91,39	97,19	3,56
2.2 Altura dos olhos, sentado, a partir do assento	68,46	73,87	79,43	3,32	73,50	79,20	84,80	3,42
2.3 Altura dos ombros, sentado, acima do assento	50,91	55,55	60,36	2,86	54,85	59,78	64,63	2,96
2.4 Altura do cotovelo, acima do assento	17,57	22,05	26,44	2,68	18,41	23,06	27,37	2,72
2.6 Comprimento nádega- joelho, sentado	54,21	58,89	63,98	2,96	56,90	61,64	66,74	2,99
2.9 Comprimento nádega-poplítea, sentado	44,00	48,17	52,77	2,66	45,81	50,04	54,55	2,66
2.11 Altura das coxas, acima do assento	14,04	15,89	18,02	1,21	14,86	16,82	18,99	1,26
2.13 Largura dos quadris, sentado	34,25	38,45	43,22	2,72	32,87	36,68	41,16	2,52
3 CABEÇA								
3.2 Largura da cabeça	13,66	14,44	15,27	0,49	14,31	15,17	16,08	0,54
3.4 Distância entre olhos	5,66	6,23	6,85	0,36	5,88	6,47	7,10	0,37
3.5 Circunferência da cabeça	52,25	54,62	57,05	1,46	54,27	56,77	59,35	1,54
4 MÃOS								
4.1 Comprimento da mão	16,50	18,05	19,69	0,97	17,87	19,38	21,06	0,98
4.4 Largura da palma	7,34	7,94	8,56	0,38	8,36	9,04	9,76	0,42
4.5 Circunferência da palma	17,25	18,62	20,03	0,85	19,85	21,38	23,03	0,97
5 PÉS								
5.1 Comprimento do pé	22,44	24,44	26,46	1,22	24,88	26,97	29,20	1,31
5.2 Largura do pé	8,16	8,97	9,78	0,49	9,23	10,06	10,95	0,53
7 PESO (kg)	39,2*	62,01	84,8*	13,8*	57,7*	78,49	99,3*	12,6*

OBS. As numerações das medidas referem-se à Figura 4.13 (*) Valores estimados (Kroemer, 1981)

Devido à grande importância, principalmente para os projetistas, menciona-se o excelente trabalho *Human Scale* (Diffrient, Tilley e Bardagiy, 1974), baseado em medidas norte-americanas. Os autores coletaram medidas antropométricas para os três tipos físicos, (ectomorfo, mesomorfo e endomorfo) e diversas medidas detalhadas de partes do corpo, cabeça, mão, pés. Esses dados foram organizados em cartões, para facilitar o uso dos mesmos em projetos.

Outra publicação importante é o *Dimensionamento Humano para Espaços Interiores* (Tradução de *Human Dimension & Interior Space*) de Panero e Zelnik, 2002. Apresenta as dimensões antropométricas de adultos em percentis de 1, 5, 10, 20, 30, 40, 50, 60, 70, 80, 90, 95 e 99% para faixas etárias de 18-24, 25-30, 35-44, 45-54, 55-64, 65-74 e 75-79 anos. São também apresentadas medidas antropométricas de crianças de 6 a 11 anos, além de exemplos de aplicações no projeto de escritórios, bares, restaurantes, consultórios médicos, odontológicos e outros. As medidas foram compiladas de várias fontes disponíveis, principalmente da publicação W*eight, Hight and Selected Dimensions of Adults*, publicado pela do *U.S. Public Health Service*, baseado em 6672 medidas de adultos (civis) da população norte-americana. A Tabela 4.7 apresenta um resumo das mesmas.

Comparando as medidas apresentadas nas Tabelas 4.5, 4.6 e 4.7 verificam-se pequenas diferenças entre elas. Isso pode ser explicado pelas diferenças de amostragem, critérios de medições ou época em que foram realizadas.

TABELA 4.7

Medidas de antropometria estática da população norte-americana, baseadas em uma amostra de 52 744 homens de 18 a 79 anos e 53 343 mulheres de 18 a 79 anos, realizada entre 1960 e 1962 (US Public Health Service Publication n.1000 – Série 11, 1965). Origem: EUA

Medidas de antropometria estática (cm)	Mulheres			Homens		
	5%	50%	95%	5%	50%	95%
1.0 Peso (kg)	47,2	62,1	90,3	57,2	75,3	96,2
1.1 Estatura, corpo ereto	149,9	159,8	170,4	161,5	173,5	184,9
2.1 Altura da cabeça, sentado a partir do assento, ereto	78,5	84,8	90,7	84,3	90,7	96,5
2.4 Altura do cotovelo, a partir do assento, natural	18,0	23,4	27,9	18,8	24,1	29,5
2.5 Altura do joelho, sentado	45,5	49,8	54,6	49,0	54,4	59,4
2.6 Altura poplítea (parte inferior da coxa)	35,6	39,9	44,5	39,3	43,9	49,0
2.8 Comprimento da nádega-poplítea	43,2	48,0	53,3	43,9	49,0	54,9
2.8 Comprimento da nádega-joelho	51,8	56,9	62,5	54,1	59,2	64,0
2.11 Altura das coxas, a partir do Assento	10,4	13,7	17,5	10,9	14,9	17,5
2.12 Largura entre os cotovelos	31,2	38,4	49,0	34,8	41,9	50,5
2.13 Largura dos quadris, sentado	31,2	36,3	43,4	31,0	35,6	40,4

OBS: As numerações das medidas referem-se à Figura 4.13

Medidas brasileiras

Ainda não existem medidas abrangentes e confiáveis da população brasileira. Entretanto, diversos levantamentos já foram realizados, quase sempre restritos a determinadas regiões e ocupações profissionais. Apenas para efeito ilustrativo, apresentamos dois resultados de levantamentos efetuados.

O Instituto Nacional de Tecnologia (1988) realizou um levantamento antropométrico em 26 empresas industriais do Rio de Janeiro, abrangendo 3100 trabalhadores (só homens adultos), dividido em duas partes. Na primeira, foram medidos 42 variáveis antropométricas e 3 variáveis biomecânicas, cujo resumo é apresentado na Tabela 4.8. Na segunda, foram medidas 26 variáveis antropométricas destinadas à confecção de vestuário.

TABELA 4.8
Medidas de antropometria estática de trabalhadores brasileiros, baseadas em uma amostra de 3 100 trabalhadores do Rio de Janeiro (Ferreira, 1988)
Origem: Brasil

	Medidas de antropometria estática (cm)	Homens		
		5%	50%	95%
1 CORPO EM PÉ	1.0 Peso (kg)	52,3	66,0	85,9
	1.1 Estatura, corpo ereto	159,5	170,0	181,0
	1.2 Altura dos olhos, em pé, ereto	149,0	159,5	170,0
	1.3 Altura dos ombros, em pé, ereto	131,5	141,0	151,0
	1.4 Altura do cotovelo, em pé ereto	96,5	104,5	112,0
	1.7 Compr. do braço na horizontal, até a ponta dos dedos	79,5	85,5	92,0
	1.8 Profundidade do tórax (sentado)	20,5	23,0	27,5
	1.9 Largura dos ombros (sentado)	40,2	44,3	49,8
	1.10 Largura dos quadris, em pé	29,5	32,4	35,8
	1.11 Altura entre pernas	71,0	78,0	85,0
2 CORPO SENTADO	2.1 Altura da cabeça, a partir do assento, corpo ereto	82,5	88,0	94,0
	2.2 Altura dos olhos, a partir do assento, corpo ereto	72,0	77,5	83,0
	2.3 Altura dos ombros, a partir do assento, ereto	55,0	59,5	64,5
	2.4 Altura do cotovelo, a partir do assento	18,5	23,0	27,5
	2.5 Altura do joelho, sentado	49,0	53,0	57,5
	2.6 Altura poplítea, sentado	39,0	42,5	46,5
	2.8 Comprimento nádega-poplítea	43,5	48,0	53,0
	2.9 Comprimento nádega-joelho	55,0	60,0	65,0
	2.11 Largura das coxas	12,0	15,0	18,0
	2.12 Largura entre cotovelos	39,7	45,8	53,1
	2.13 Largura dos quadris (em pé)	29,5	32,4	35,8
5 PÉS	5.1 Comprimento do pé	23,9	25,9	28,0
	5.2 Largura do pé	9,3	10,2	11,2

OBS: As numerações das medidas referem-se à Figura 4.13

Couto (1995) apresenta os resultados resumidos de um levantamento realizado com 400 trabalhadores masculinos da região paulista do ABC. Levantamento semelhante foi realizado com 100 trabalhadoras de escritório em uma fábrica, também do ABC (Tabela 4.9).

Realizou-se um levantamento antropométrico com uma amostra de 200 pessoas, moradoras de Recife, entre 18 a 65 anos, de ambos os sexos, usando-se a técnica da fotogrametria digital (Barros, 2004). No total, foram tomadas 19 medidas. As estaturas médias foram de 157,5 e 173,5 cm, respectivamente, para mulheres e homens, e as alturas poplíteas, 39,4 e 44,7 cm.

TABELA 4.9

Medidas de 400 trabalhadores em fábricas e 100 trabalhadoras de escritório na região paulista do ABC (Couto, 1995) Origem: Brasil

Medidas antropométricas estática (cm)	Mulheres					Homens				
	5%	50%	95%	Média	D.P.	5%	50%	95%	Média	D.P.
1.1 Estatura	149	159	169	158,8	6,13	160	171,5	183,5	171,5	6,79
1.2 Altura dos olhos	138,5	147,5	157,5	147,6	5,98	149	159,5	172	160	6,61
1.3 Altura dos ombros	122	131	139,5	131	5,45	133	143	154,5	143,2	6,46
1.4 Altura dos cotovelos	92,5	99,5	107	99,5	4,29	100,5	109	118	109,1	5,31
1.5 Altura das mãos	56,5	61,5	67	61,8	3,31	59,5	66	73	66,1	4,31
1.9 Largura do tronco	34	38	44	38,9	3,27	36	43	49	42,8	4,70
1.10 Largura do quadril	33	39	45	39,1	4,03	29	36	42	35,5	3,63
2.6 Altura poplítea.	36,5	40,5	45,5	40,9	2,56	44	48,5	53	48,8	2,75
2.9 Compr. poplítea-nádegas	41,6	45,5	49	45,3	2,62	42,5	47	51	46,9	2,67
4.1 Tamanho da mão	15	16,5	17,5	16,6	1,06	16	18	20	18,2	1,17

OBS.: As numerações das medidas referem-se à Figura 4.13. D.P. = desvio-padrão.

Comparando-se as medidas estrangeiras com aquelas brasileiras, constata-se que aquelas brasileiras são ligeiramente **menores**. Percentualmente, essas diferenças situam-se em torno de 4%, no máximo. Parte dessas diferenças pode ser explicada pelas variações inter-individuais. Mas também podem ocorrer variações seculares, dependendo da época em que as medidas foram realizadas.

Além disso, existem duas outras fontes de variações que podem ser mais significativas. Uma delas é o critério de **amostragem**, que pode ter sido "viciada", não representado a população em geral. Em muitos casos, essas amostras foram baseadas em contingentes militares ou de trabalhadores industriais. Como já vimos, o próprio critério de seleção para essas ocupações já causa distorção. Outra fonte de variação possível pode estar nos critérios de medição. As estaturas podem ser medidas com o corpo ereto ou relaxado, com calçado ou sem calçado e assim por diante.

Em geral, essas pequenas diferenças não chegam a comprometer a solução da maioria dos problemas em ergonomia. Contudo, nos casos em que se exigem maiores precisões, os dados tabelados devem ser usados apenas como uma primeira **aproximação**. Para se ter maior confiabilidade, é aconselhável fazer as medições diretamente, com uma amostra dos usuários reais de produtos ou serviços. Em outros casos, pode-se fazer um ante-projeto baseando-se nos dados da tabela e depois, testá-lo com alguns usuários reais, fazendo-se os ajustes necessários.

4.4 Antropometrias dinâmica e funcional

A antropometria dinâmica mede o alcance dos movimentos corporais. A funcional, aqueles para execução de uma tarefa, como acionar uma manivela para fechar o vidro do carro.

Os dados de antropometria estática são recomendados para o dimensionamento de produtos e locais de trabalho que envolvem apenas pequenos movimentos corporais. Porém, isso não acontece na maioria dos casos. A pessoas estão quase sempre fazendo movimentos de maior amplitude, manipulando, operando ou transportando algum objeto.

Se o produto ou posto de trabalho for dimensionado com dados da antropometria estática, será necessário, posteriormente, promover alguns **ajustes** para acomodar os principais movimentos corporais. Ou, quando esses movimentos já estão previamente definidos, pode-se usar os dados da antropometria dinâmica, fazendo com que o projeto se aproxime mais das suas condições reais de operação.

Um ajuste mais preciso pode ser realizado pela antropometria funcional. Esta se aplica principalmente quando há uma **conjugação** dos movimentos corporais, executados simultaneamente. Esses movimentos interagem entre si, modificando os alcances, em relação aos valores da antropometria dinâmica. Por exemplo, para apanhar um objeto sobre a mesa, a extensão do braço é acompanhada da inclinação do tronco para frente.

Movimentos articulares

O corpo humano assemelha-se a uma estrutura articulada. Cada junta do corpo pode fazer um movimento angular em uma ou mais direções, em torno de uma articulação. Devido a esses movimentos articulares, é mais fácil realizar movimentos **curvos**, em arco, do que movimentos retos. Estes resultam da conjugação de diversos movimentos articulares. Uma cadeia de ligações complexas como o movimento dos ombros, braços e mãos, têm vários graus de liberdade. A transmissão de força nesse movimento ocorre através dos músculos esqueléticos que se ligam aos ossos.

As articulações são recobertas por uma cartilagem hialina, embebida por uma substância do tipo gel, que serve para **lubrificar** as juntas. Quando há compressão e relaxamento alternados dos músculos, essa cartilagem funciona como uma esponja, expelindo e reabsorvendo líquido. Quando a compressão é mantida por longo tempo, a película líquida desaparece e a lubrificação da junta fica prejudicada. A cartilagem tem pouca capacidade de se regenerar. Em casos de lesão, provocam dores agudas. À medida que a pessoa envelhece, as articulações, principalmente aquelas que sustentam peso, tendem a degenerar-se, dificultando os movimentos.

As mulheres geralmente têm maior mobilidade articular que os homens. Dependendo do movimento, esses valores oscilam entre 105 a 110% em relação aos homens. As pessoas que praticam esportes também apresentam maior capacidade de movimentos articulares e essa flexibilidade pode ser mantida ao longo da vida. Pessoas obesas sofrem redução do movimento articular, devido à massa extra de tecido em torno das articulações.

Um determinado movimento só se torna possível quando há uma **estabilização** da articulação anterior (mais próxima do corpo). Por exemplo, para girar a maçaneta para abrir a porta com o punho, é necessário que o cotovelo e os ombros se estabilizem para suportar a reação requerida para o movimento do punho e transmitir a força necessária a esse movimento.

Os músculos quase sempre trabalham em conjunto com outros músculos para produzir um movimento. Quando ocorre contração de um certo músculo, outros músculos vizinhos são acionados para estabilizar as articulações e permitir o movimento pretendido. Do contrário, o organismo ficaria completamente "mole" e não seria possível transmitir a força. Em movimentos muito repetitivos, quando um músculo se fatiga, outros músculos entram em ação para realizar os mesmos movimentos. Em muitos casos, isso pode implicar na perda de velocidade e precisão.

Por exemplo, para escrever, usam-se os movimentos dos dedos. Quando eles se fatigam, passam a ser substituídos pelos movimentos do punho e dos ombros. Contudo, como esses músculos não têm a mesma precisão da musculatura dos dedos, a qualidade da escrita tende a piorar. Isso acontece também com os trabalhadores que devem fazer encaixes precisos, e os erros tendem a aumentar.

Registro dos movimentos

Existem diversas técnicas que podem ser aplicadas no registro de movimentos. Muitas delas usam recursos de cinema, TV, fotografia e informática. Por exemplo, pode-se "fotografar" um movimento com uma câmara fotográfica colocando-se uma pequena luz na parte do corpo que se movimenta, deixando o obturador aberto enquanto o movimento é realizado.

Para realizar as medições, esses registros podem ser feitos contra um fundo graduado, que serve de escala para medida. A graduação dessa escala pode ser feita de modo que ela já inclua a correção do paralaxe, introduzido pelo método de medida. Devido à projeção da imagem sobre a escala, esta teria que ser um pouco maior, para registrar a verdadeira grandeza do objeto.

Entretanto, os movimentos podem ser também registrados de forma mais simples e direta, fixando-se uma folha de papel sobre um plano e fazendo riscos sobre a mesma com caneta ou giz.

O registro dos movimentos geralmente é realizado em um sistema de planos triortogonais (Figura 4.14). Um plano bem definido é aquele vertical, que "divide" o homem em duas partes simétricas, à direita e à esquerda, e se chama plano **sagital de simetria**. Todos os planos paralelos a ele são chamados também de planos sagitais, à esquerda ou à direita do plano sagital de simetria. Os planos verticais perpendiculares aos planos sagitais chamam-se planos **frontais**. Os que ficam na frente são os frontais anteriores e os que ficam às costas, planos frontais posteriores. Os planos horizontais, paralelos ao piso, são chamados de planos **transversais**.

O alcance das mãos pode ser registrado nesses três planos e, se os mesmos forem conjugados entre si, fornecem o traçado de um **volume** de alcance. A Figura 4.15

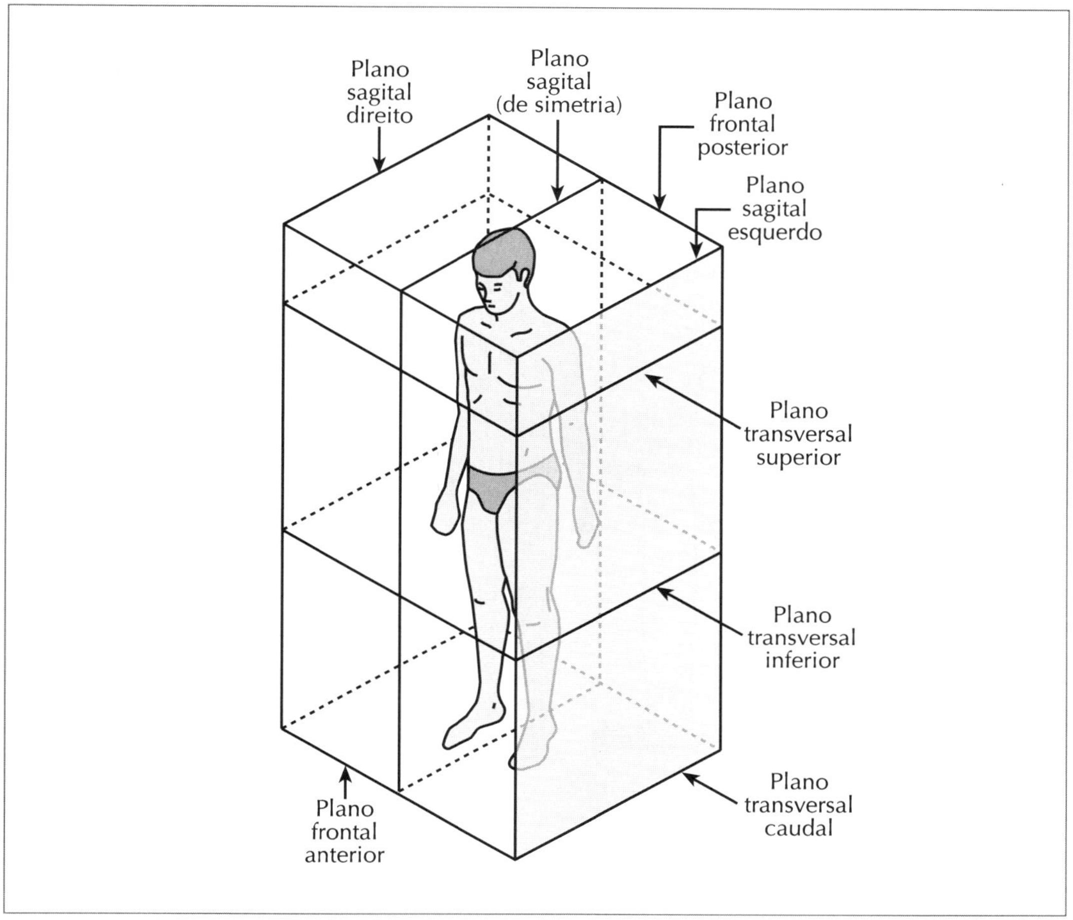

Figura 4.14
Definição dos planos para registro dos movimentos corporais.

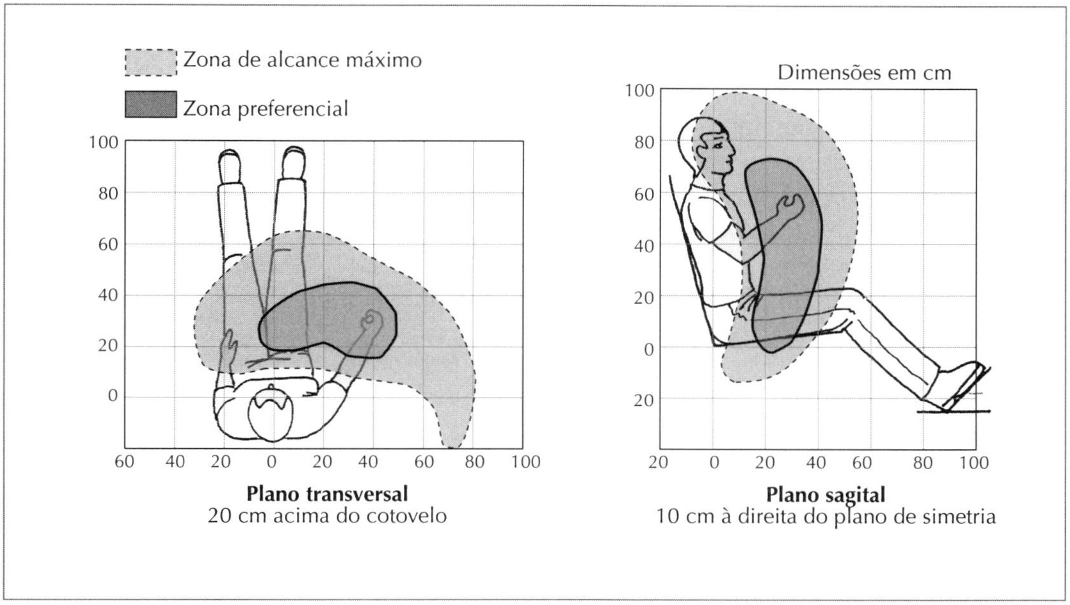

Figura 4.15
Exemplo de zonas de alcances máximos e preferenciais para a posição sentada.

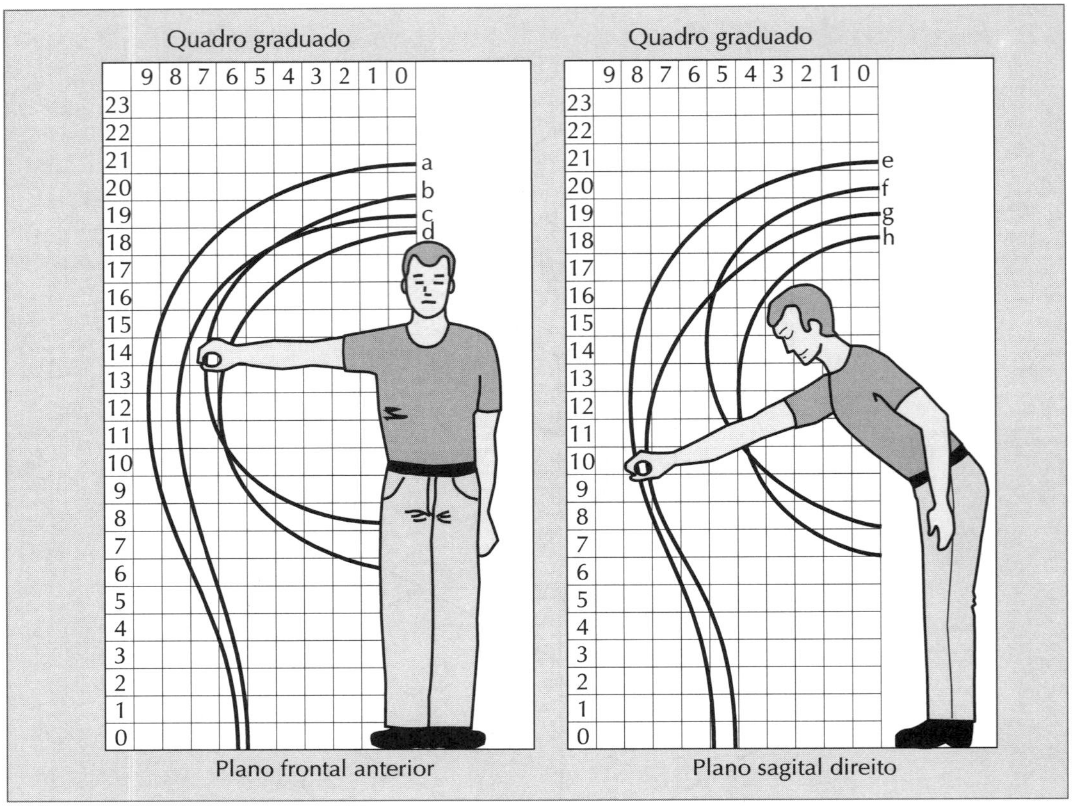

Figura 4.16
Os alcances máximos da mão podem ser determinados traçando-se os envoltórios em um quadro graduado, para diferentes distâncias e posturas do corpo (Seminara, l979).

apresenta exemplos de registros nos planos transversal e sagital, para uma pessoa sentada, e a Figura 4.16, para os planos frontal e sagital, para uma pessoa em pé. Esses registros podem apresentar dois tipos de alcances, um para a zona **preferencial**, e outra para o alcance máximo. O primeiro corresponde ao movimento realizado mais facilmente, apenas com o movimento dos braços e menos gasto energético. Enquanto isso, o de alcance **máximo** envolve movimentos simultâneos do tronco e ombros. Podem ser mais demorados e menos precisos.

Os registros dos movimentos são importantes, porque delimitam o espaço onde deverão ser colocados os objetos. Os controles das máquinas ou peças para montagem, que exigem manipulação freqüente, devem ser colocados na zona preferencial, enquanto aqueles de manipulação ocasional podem ser colocados na zona de alcance máximo. Isso acontece, por exemplo na cabina do avião. Os controles de uso freqüente são colocados na zona preferencial, enquanto aqueles de uso ocasional são posicionados fora dessa zona, até no teto.

Alcance dos movimentos

A fisiologia usa alguns termos próprios para designar os movimentos musculares. Movimentos dos membros que tendem a afastar-se do corpo ou de suas posições normais de descanso chamam-se abdução e o movimento oposto, aproximando-se chama-se adução (Figura 4.17).

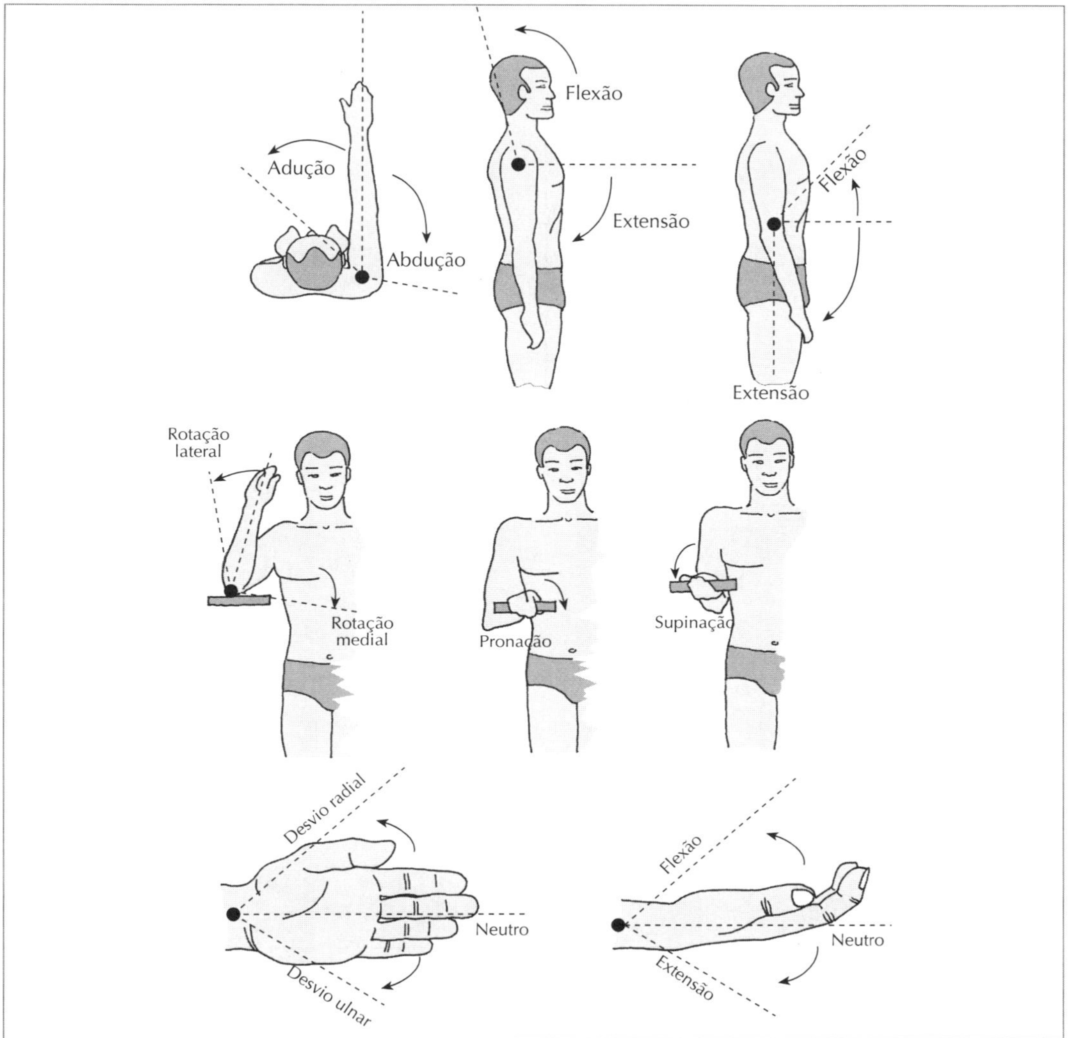

Figura 4.17
Principais tipos de movimentos dos braços e mãos.

O movimento do braço acima da horizontal é flexão e, para baixo, extensão. O movimento de dobrar o antebraço sobre o braço é flexão. O movimento inverso é extensão. Girando o antebraço sobre o cotovelo, para fora é a rotação lateral e, ao contrário, rotação medial. O movimento de rotação da mão, com o polegar girando-se para dentro do corpo, chama-se pronação e quando gira para fora, supinação. A mão, fechando-se faz uma flexão e, abrindo, extensão. Deslocando-se, na horizontal, no sentido do dedos mínimo, faz o desvio ulnar e, no sentido do polegar, o desvio radial.

A Figura 4.18 apresenta valores médios dos movimentos voluntários, ou seja, aqueles que podem ser feitos pelo próprio indivíduo. Existem ainda valores para os movimentos passivos, ligeiramente superiores a esses, que correspondem aos valores dos movimentos feitos com a ajuda de outra pessoa. Existe uma grande semelhança entre os movimentos para os lados direito e esquerdo do corpo. Naturalmente, com o treinamento, as pessoas conseguem aumentar o alcance desses movimentos voluntários.

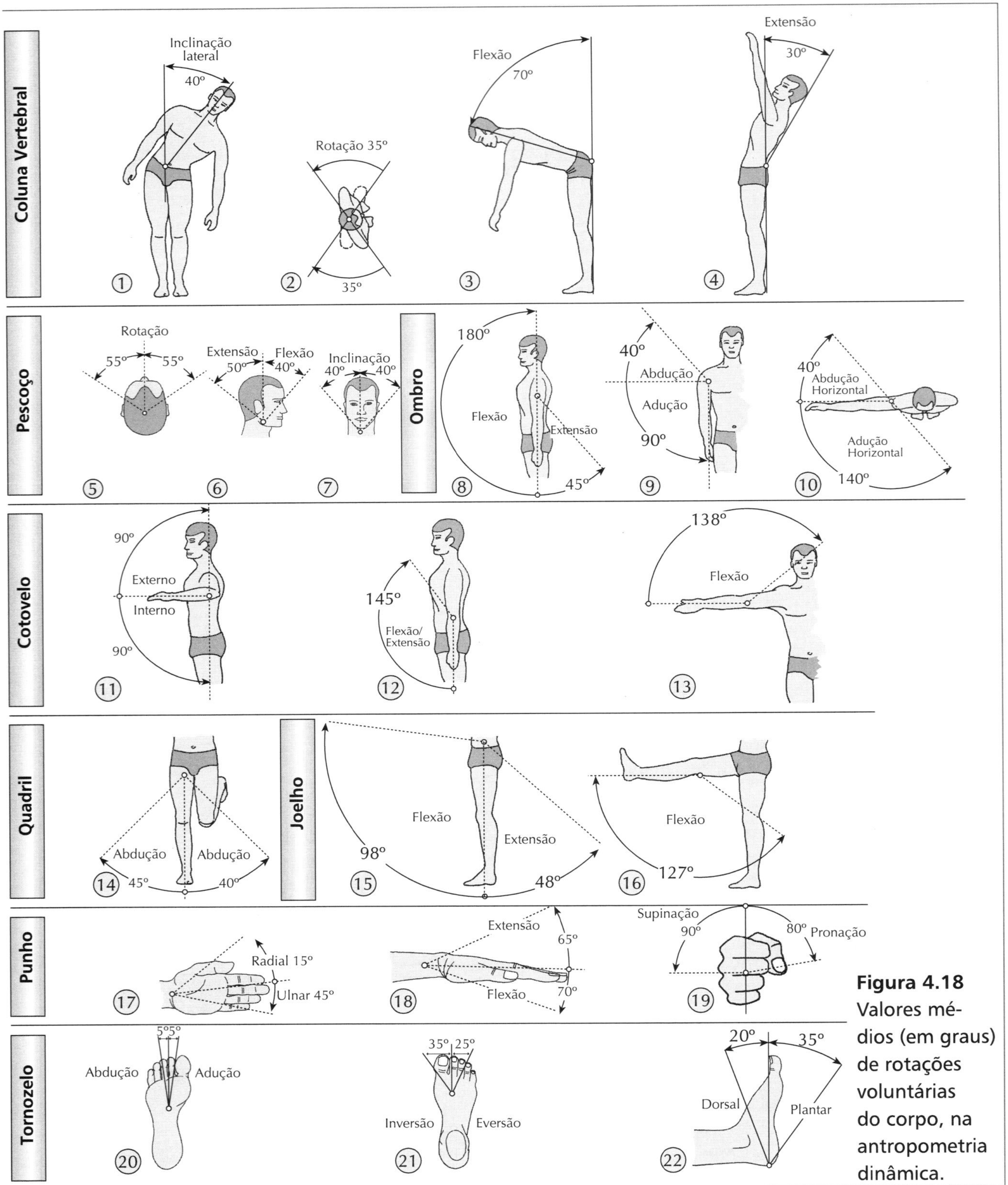

Figura 4.18 Valores médios (em graus) de rotações voluntárias do corpo, na antropometria dinâmica.

4.5 Construção de modelos humanos

A partir das medidas antropométricas podem ser construídos diversos tipos de modelos humanos, que podem ser úteis no projeto e avaliação de produtos e postos de trabalho. Esses modelos podem ser bidimensionais, tridimensionais, computacionais ou matemáticos. Cada um pode ter diferentes graus de detalhamento e de realismo na representação do corpo humano.

Modelos bidimensionais

Os modelos bidimensionais mais simples geralmente são construídos de papelão, plástico ou madeira compensada, representando homens ou mulheres com percentis de 5%, 50% e 95%. Podem ser construídos em escalas de diversos tamanhos. Um tipo de modelo muito usado é a figura humana em escala reduzida, geralmente, 1:50, construída em madeira ou plástico (Figura 4.19).

Esses modelos são usados para ajudar o projetista de produtos e postos de trabalho. São muito úteis para testar certos aspectos críticos, como o posicionamento dos controles em postos de trabalho (Figura 4.20). Os modelos reduzidos apresentam diversas vantagens, como o baixo custo e a facilidade de transporte e armazenamento, embora não possam ser utilizados em trabalhos que exijam medidas mais precisas. A principal desvantagem é a sua representação planificada, representando uma das vistas: lateral, frontal ou superior.

Figura 4.19 Exemplos de modelos humanos bidimensionais articulados, representando percentis de 50%, em escala reduzida (Felizberto e Paschoarelli, 2000).

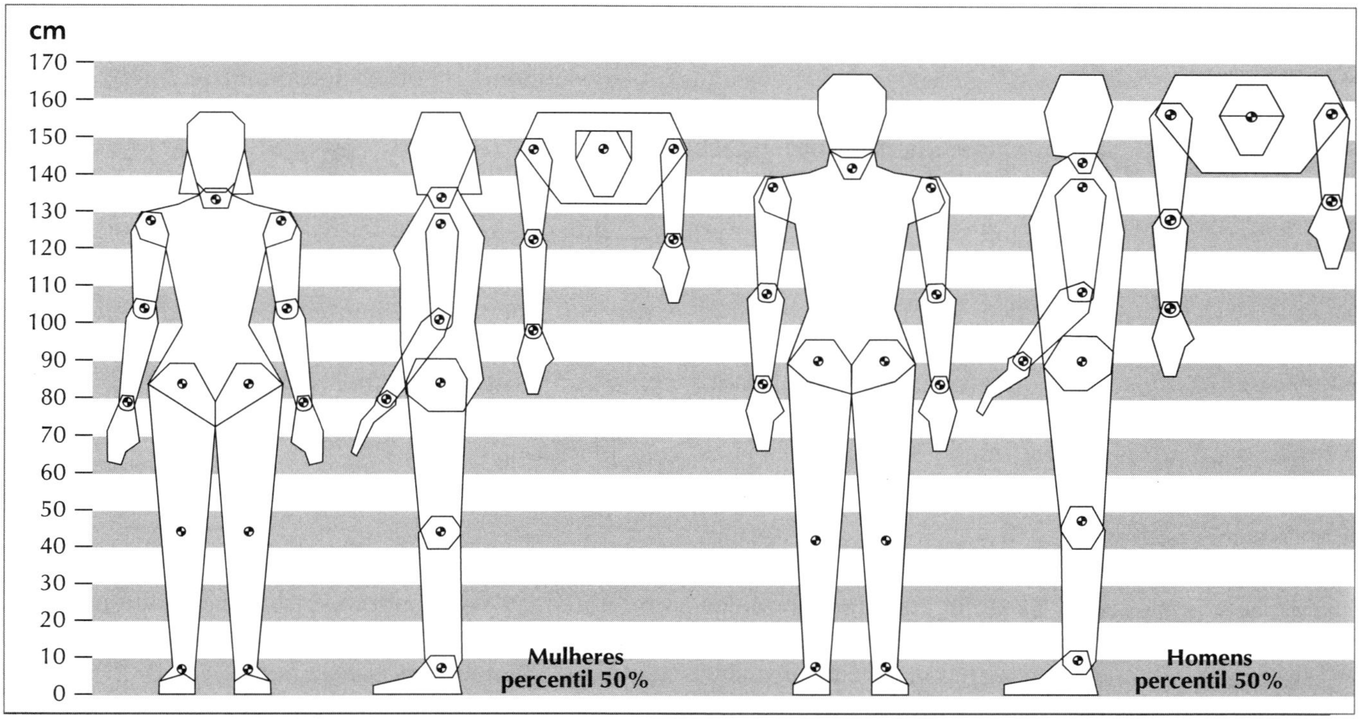

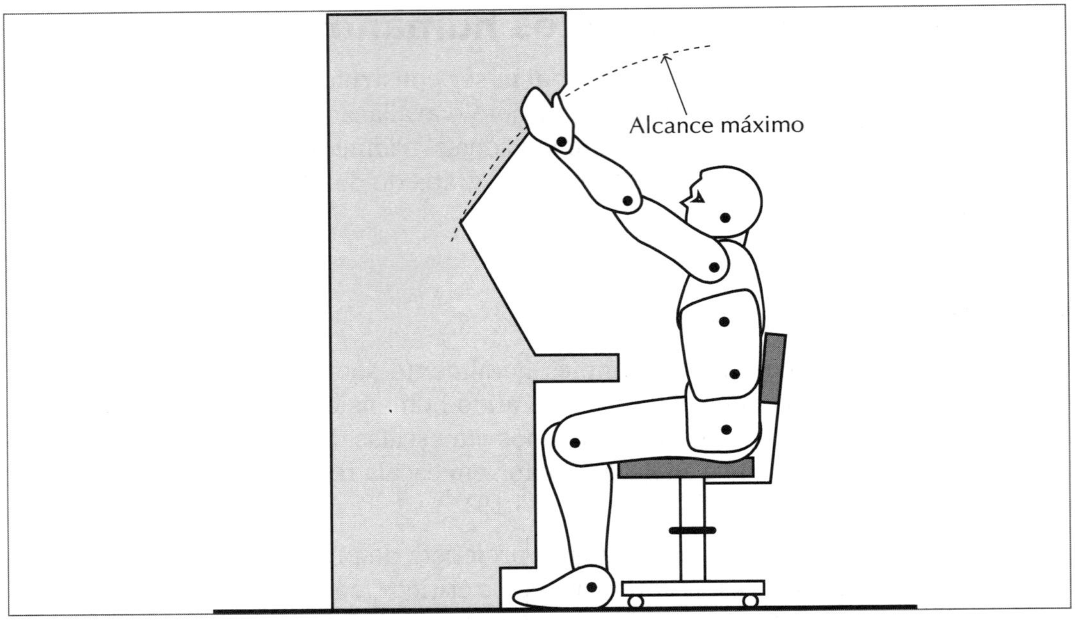

Figura 4.20 Exemplo de modelo bidimensional articulado, usado para testar o dimensionamento de postos de trabalho.

Modelos tridimensionais

Para estudos mais completos podem ser construídos modelos tridimensionais, também chamados de manequins, não apenas para testar o dimensionamento de espaços mas também para medir outros parâmetros, como a distribuição de pesos, momento de inércia, resistência ao impacto, e assim por diante.

Manequins mais sofisticados reproduzem por completo, todo o contorno do corpo e apresentam pesos, durezas e resistências semelhantes ao do organismo vivo. Sensores instalados nesses modelos conseguem detectar, por exemplo, os movimentos do sangue, tecidos e órgãos internos, quando submetidos a uma aceleração brusca em aeronaves ou colisões violentas. Esse tipo de manequim é muito usado para simular acidentes automobilísticos.

Existem também modelos parciais, que reproduzem apenas uma determinada parte do corpo, para testar equipamentos de proteção individual como capacetes ou óculos de segurança (cabeça), botas (pés) e luvas de segurança (mãos).

Mais recentemente tem-se construído robôs semelhantes à figura humana, também chamados de **andróides**, que têm movimentos próprios e diversos instrumentos de teste. Eles são usados como substitutos humanos em áreas perigosas, por exemplo, onde ocorre radiação nuclear. Em alguns casos constrói-se apenas o braço mecânico para manipular materiais perigosos ou contagiantes.

Modelos computacionais

Existem diversos modelos computacionais, que podem ser utilizados em projetos de equipamentos e postos de trabalho. Alguns desses modelos foram projetados para usos específicos e diferenciam-se quanto aos detalhes (Das e Sengupta, 1995). Entre aqueles comercialmente disponíveis destacam-se:

Cyberman — Foi desenvolvido pela Chryster é comercializado pela Control Data Corporation. O programa pode gerar modelos humanos em perspectiva, vista de qualquer direção e focalizar detalhes em 11 escalas diferentes (Figura 4.21.a).

Combiman — Foi desenvolvido pela Armstrong Aerospace Medical Research Laboratory. É usado para analisar posturas sentadas em aeronaves e helicópteros.

Crew chief — Foi desenvolvido também pela Armstrong Aerospace Medical Research Laboratory. É usado para dimensionar os alcances manuais, manipulação de ferramentas e fazer acompanhamentos visuais em aeronaves e outros sistemas complexos.

Jack — Foi desenvolvido pela Computer Graphics Laboratory da Universidade de Pensilvânia. O modelo humano é apresentado com 88 juntas e o dorso com 17 segmentos flexíveis sendo usados para estudos dinâmicos de posturas e orientações dos segmentos corporais.

Sammie — Foi desenvolvido pela Universidade de Nottingham. O modelo é representado por 17 juntas e 21 segmentos corporais. O programa pode produzir vistas do corpo humano em qualquer direção (Figura 4.21.b).

Mannequin — Foi produzido pela Humancad, da Biomechanics Corporation of America. O modelo contém dados antropométricos de 10 países e é apresentado em três biótipos. É representado por 46 segmentos corporais e as mãos são representadas pelos cinco dedos. É o único programa que pode ser operado em PC/DOS.

Figura 4.21 Exemplos de manequins eletrônicos.

a) **Cyberman**

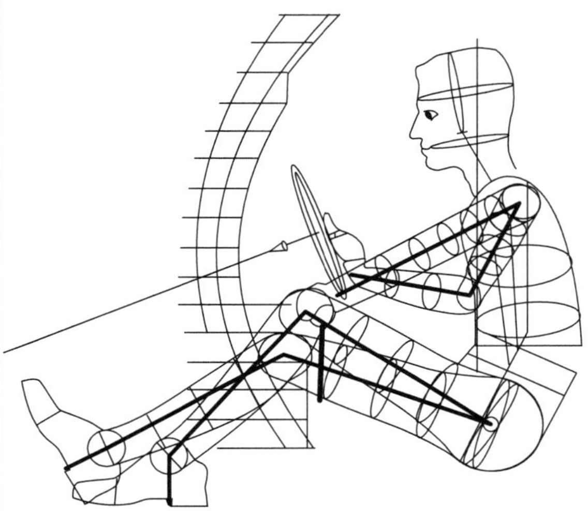

b) **Sammie**

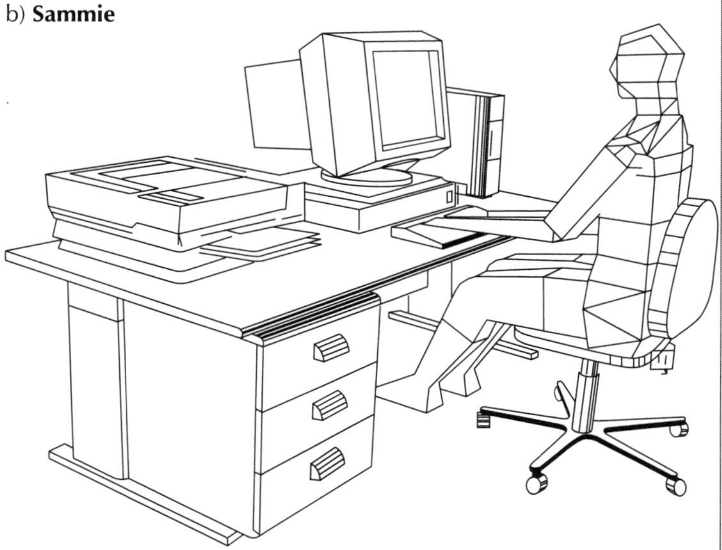

Modelos matemáticos

Muitos pesquisadores já se dedicaram à construção de modelos matemáticos do ser humano. A idéia é bem simples e tentadora. Em vez de realizar medições de dezenas de variáveis antropométricas, seriam realizadas apenas duas ou três, e as demais seriam deduzidas por fórmulas matemáticas.

Contudo, não é uma tarefa fácil, pois nem todos os segmentos corporais são proporcionais entre si. O grau dessa proporcionalidade é medido pelo coeficiente de correlação, que tem o valor máximo de 1,00, quando há correlação de 100%. Por exemplo, Kroemer (1994) demonstrou que a estatura tem correlação elevada com algumas medidas lineares como a altura sentada (correlação de 0,786) e altura poplítea (0,841) Contudo, essa correlação é menor com o peso (0,495) e praticamente nenhuma com a circunferência do tórax (0,240) e comprimento da cabeça (0,249).

Em um levantamento antropométrico realizado em indústria automobilística da região paulista do ABC, foram realizadas medições de 13 variáveis antropométricas em uma amostra de 249 trabalhadores (Siqueira, 1976). Em 58% dos casos foram obtidas correlações acima de 0,5 entre as variáveis, apenas 15% dessas medidas apresentaram correlações acima de 0,8.

A partir dessas correlações maiores foi possível estabelecer algumas fórmulas. Por exemplo:

$$y = 53{,}95 + 0{,}57x$$

sendo:
x = peso dos trabalhadores, em kg;
y = diâmetro do tórax, em cm.

Contini e Drillis (1966) apresentam fórmulas para calcular 21 medidas lineares do corpo em pé a partir de uma única medida, a da estatura H (Figura 4.22). De forma semelhante, Roozbazar (1977) apresenta fórmulas para calcular 14 medidas lineares do corpo sentado (Figura 4.23).

Existem ainda fórmulas mais complexas (ver Roozbazar, Bosker e Richerson, 1979) que permitem calcular a superfície e a densidade do corpo a partir de sua estatura e peso.

$$\text{Superfície: } S = 0{,}02350\, H^{0{,}42246} \cdot P^{0{,}51456}$$

onde:
S = superfície do corpo em m^2;
H = estatura em cm;
P = peso do corpo em kg.

$$\text{Densidade: } D = 0{,}6905 + 0{,}00898\, H \cdot P^{-1/3}$$

onde:
D = densidade do corpo em g/cm^3;
H = estatura em cm;
P = peso do corpo em kg.

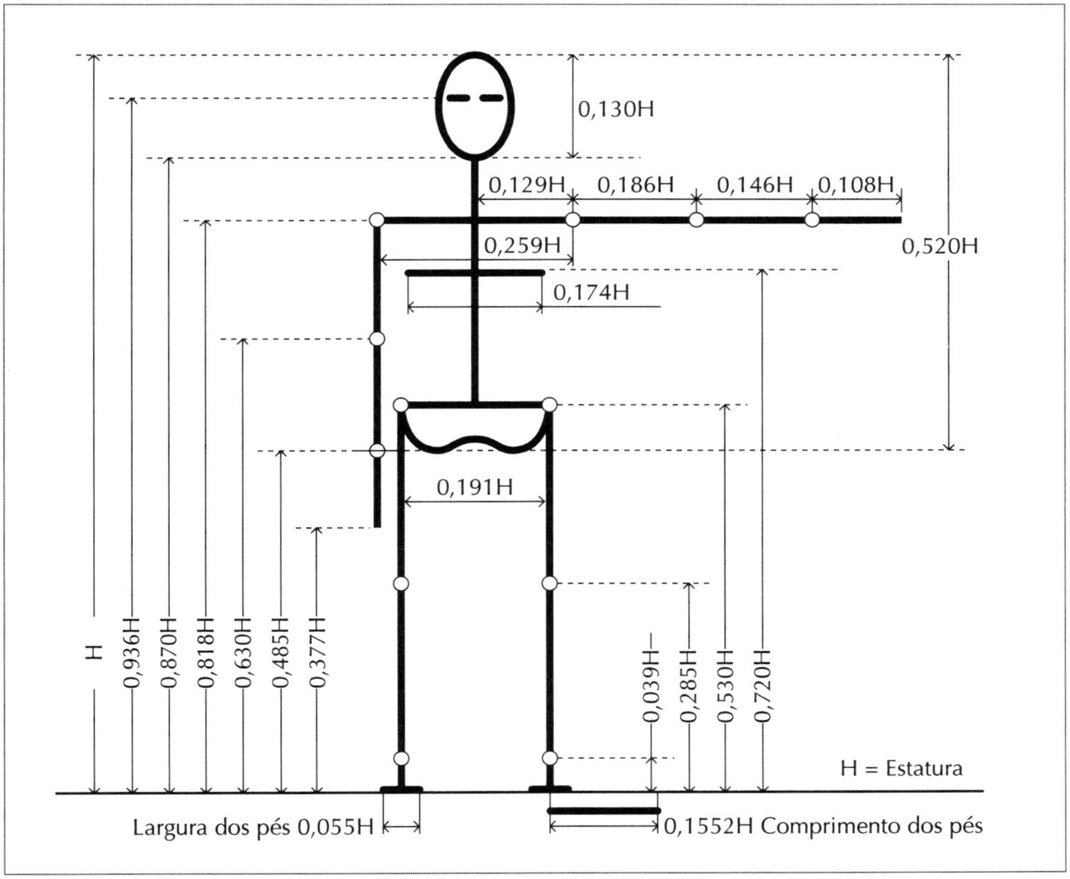

Figura 4.22 Estimativas de comprimentos de partes do corpo em pé, em função da estatura *H* (Contini e Drillis, I966).

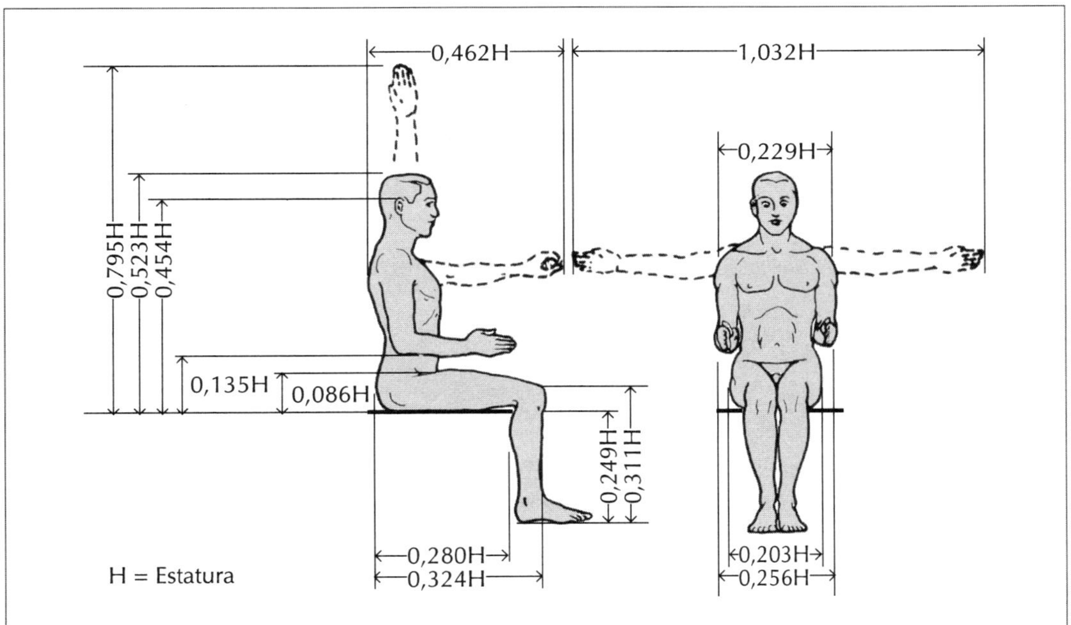

Figura 4.23 Estimativas de comprimentos de partes do corpo sentado, em função da estatura *H* (Roozbazar, I977).

Todas essas fórmulas devem ser usadas com certa restrição, sendo válidas apenas para uma estimativa inicial ou uma abordagem geral do sistema.

Observa-se, finalmente, que todos esses tipos de modelos só são utilizados para um projeto preliminar ou no caso de testes que envolvam riscos de acidentes, como é o caso de alguns testes destrutivos. O teste final deve ser feito, sempre que possível, com sujeitos humanos. De preferência estes devem representar uma amostra significativa dos usuários reais do produto. Uma cabina de ônibus deve ser testado com motoristas de ônibus, uma cabina de aeronave, com pilotos e uma enfermaria, com enfermeiras. Só assim se consegue determinar corretamente a dificuldade operacional e o grau de adaptação ou desconforto experimentado pelos operadores.

Conceitos introduzidos no capítulo 4

antropometria estática
antropometria dinâmica
antropometria funcional
variação étnica
influência genética
variação secular
definição das medidas
seleção da amostra
tabela antropométrica
modelo humano

Questões do capítulo 4

1. Quais são as principais diferenças antropométricas entre homens e mulheres?
2. Como ocorrem as mudanças intra-individuais?
3. Quais são as principais variações étnicas das medidas antropométricas?
4. Quais são as principais variações genéticas das medidas antropométricas?
5. Como ocorrem as variações seculares das medidas antropométricas?
6. Quais são as vantagens dos padrões internacionais de medidas antropométricas?
7. Descreva sucintamente as etapas para realização das medições antropométricas.
8. Até que ponto pode-se aplicar as tabelas antropométricas de medidas estrangeiras, no Brasil?
9. Quais são as vantagens das antropometrias dinâmica e funcional?
10. Para que servem os modelos humanos?

Exercício

Realize medidas poplíteas de pelo menos 5 pessoas sentadas usando réguas ou trenas. Compare essas medidas com aquelas encontradas em tabelas.

5. Antropometria: aplicações

Este capítulo é uma continuação do anterior. No Capítulo 4 foram apresentadas as principais conceituações e a forma de realizar as medidas antropométricas para a construção de tabelas.

Neste capítulo, serão apresentadas formas de aplicar os dados antropométricos em projetos. Como se verá, nem sempre os dados encontrados em tabelas podem ser diretamente aplicados. Além disso, há casos em que é mais conveniente usar a média (50%) e, em outros casos, o extremo superior (95%) ou inferior (5%) da distribuição das medidas. Em qualquer caso, verificações adicionais se tornam necessárias para promover ajustes à população de usuários efetivos.

A seção 5.5, que trata do problema do assento, é importante porque os homens modernos passam grande parte do seu tempo sentado. Um assento adequado deve atender a uma série de requisitos, que são discutidos neste capítulo.

5.1 Uso de dados antropométricos

Naturalmente, é mais rápido e econômico usar dados antropométricos já disponíveis na bibliografia (veja, por exemplo, os livros do Damon, Stoudt e McFarland, 1971; Croney, 1971; Panero e Zelnik, 1996; e Diffrient, Tilley e Bardagjy, 1974), do que fazer levantamentos antropométricos próprios. Se isso constitui uma solução prática, por outro lado, deve ser acompanhado de certos cuidados, que serão apresentados a seguir.

Uso de tabelas

Como já vimos no item 4.3, a maioria das medidas disponíveis foi realizada no exterior. Portanto, antes de se usar tabelas de medidas antropométricas, é necessário verificar certos fatores que influem nos resultados dessas medidas, tais como:

- *Etnia* — Como já vimos no item 4.1, há diferenças étnicas das medidas antropométricas, principalmente nas proporções dos diferentes segmentos corporais.
- *Profissão* — Algumas medições foram realizadas no âmbito de certas profissões. Deve-se tomar cuidado especial quando foram realizadas nas forças armadas, devido ao critério de seleção e a faixa etária dos militares, que se diferenciam da população em geral.
- *Faixa etária* — Como já vimos em 4.1, as medidas e o peso do corpo variam continuamente com a idade.
- *Época* — Também já vimos em 4.1 que as medidas antropométricas dos povos evoluem com o tempo.
- *Condições especiais* — Referem-se às condições em que as medidas foram tomadas, se as pessoas estavam vestidas, nuas, semi-nuas, com sapatos, descalças e assim por diante.

As diferenças antropométricas podem ser facilmente comprovadas com as máquinas e equipamentos importados que não se adaptam aos operadores brasileiros. No caso das máquinas industriais e postos de trabalho, esse problema pode ser parcialmente resolvido, providenciando-se estrados e banquetas para os operadores, para compensar as diferenças de estaturas. A solução desse problema já fica mais difícil no caso dos alcances horizontais. Um trabalho realizado nessas condições exigirá maiores flexões com o tronco, provocando fadiga.

O problema tende a agravar-se no caso das mulheres, porque as diferenças antropométricas, em relação às populações estrangeiras, costumam ser mais significativas para elas.

Portanto, todas essas precauções são necessárias ao usar as tabelas de medidas antropométricas. Na medida do possível, elas deveriam ser usadas apenas para um dimensionamento preliminar do projeto, até a construção de um modelo (*mock-up*) em tamanho real. Este deveria ser testado com uma população representativa dos usuários efetivos, fazendo-se os ajustes necessários, antes de se passar ao dimensionamento definitivo do projeto.

Antropometrias estática e dinâmica

Outro problema reside na escolha entre antropometrias estática e dinâmica. Para projetos de produtos e equipamentos que exigem relativamente poucos movimentos, podem ser usados os dados de antropometria estática, inclusive porque são mais facilmente disponíveis.

Em equipamentos que exigem maiores movimentos corporais, é conveniente utilizar os dados da antropometria dinâmica, principalmente para se determinar os alcances e as faixas de movimentos.

Antropometria funcional

Na antropometria funcional, como o próprio nome sugere, as medidas são associadas à análise da **tarefa** como já vimos na página 110. Assim, o alcance das mãos pode atingir valores diferentes de acordo com o tipo de ação exercida pela mão, como apertar ou girar um botão, agarrar uma alavanca, colocar um livro na estante, e assim por diante. Os valores das medidas obtidas na antropometria funcional podem apresentar diferenças em relação à antropometria dinâmica, pois esta última considera cada movimento isoladamente, ou seja, o alcance da mão é medida com o ombro estático.

Na prática, os movimentos geralmente aparecem conjugados. Por exemplo, os movimentos dos braços são realizados simultaneamente com os movimentos dos ombros e troncos. Além disso, alguns movimentos são dependentes entre si. Prova disso é que não se consegue erguer o pé direito e girá-lo no sentido horário ao mesmo tempo em que o braço direito faz movimentos anti-horários. Essa conjugação afeta tanto os alcances, como a velocidade e precisão dos movimentos.

Portanto, os dados de antropometria estática e dinâmica disponíveis devem ser adaptados às características funcionais de cada posto de trabalho, principalmente no caso em que há diversos movimentos exercidos simultaneamente pelo organismo.

5.2 Critérios para aplicação dos dados antropométricos

Do ponto de vista industrial, o ideal seria fabricar um único tipo de produto padronizado, pois isso reduziria os custos. Contudo, do ponto de vista do usuário/consumidor, isso nem sempre proporciona conforto e segurança. Essa adaptação ao usuário torna-se crítico no caso de produtos de uso individual, como vestuários, calçados e equipamentos de proteção individual.

Nesses casos, a falta dessa adaptação pode reduzir a eficiência do produto, justificando-se os custos industriais envolvidos. Para fazer essa adaptação, há cinco princípios para a aplicação das medidas antropométricas, apresentados a seguir.

1º Princípio: Os projetos são dimensionados para a média da população

De acordo com esse princípio, os produtos são dimensionados para a média da população, ou seja, para o percentil de 50%. Esse princípio é aplicado principalmente em produtos de uso coletivo, que devem servir a diversos usuários, como o banco do ponto de ônibus. Isto não quer dizer que seja ótimo para todas as pessoas. Mas, coletivamente, causa menos inconveniências e dificuldades para a maioria. Assim, em produtos de uso coletivo, costuma-se adotar a média dessa população de usuários, principalmente quando não for possível defini-los com mais precisão.

Contudo, esse conceito de média é discutível. Ouvimos falar freqüentemente do homem médio ou padrão, mas isto é, num certo sentido, uma abstração. A pessoa média é uma abstração matemática obtida de medições quantitativas como estatura e peso. No domínio da antropometria humana, provavelmente existem poucas pessoas que poderiam ser classificadas como padrão em todos os aspectos. Por exemplo, uma pessoa pode ter a estatura média, mas não o peso médio.

Para exemplificar melhor este fato, a Força Aérea dos EUA executou uma pesquisa antropométrica com 10 variáveis, medindo 4 000 pessoas. Como resultado, encontrou apenas 1,8% das pessoas dentro de uma faixa de 30% em torno da média, para quatro das 10 variáveis medidas. Se fossem consideradas todas as 10 variáveis, nenhuma das 4 000 pessoas estaria dentro da faixa 30% em torno das médias.

2º Princípio: Os projetos são dimensionados para um dos extremos da população

De acordo com esse princípio, emprega-se um dos extremos, superior (percentil de 95%) ou inferior (5%) para o dimensionamento de projetos.

Existem certas circunstâncias em que os projetos feitos para as pessoas médias não seriam satisfatórios. Por exemplo, se dimensionássemos uma saída de emergência para a pessoa média, em caso de acidente, simplesmente 50% da população não conseguiria passar. Também, construindo-se um painel de controle a uma distância conveniente para o homem médio, estaríamos dificultando o acesso das pessoas abaixo da média, para operá-lo. Da mesma forma, construindo uma mesa, embaixo da qual houvesse espaço para uma perna média, estaríamos causando graves incômodos às pessoas com pernas maiores que a média, se elas conseguissem sentar.

Para utilizarmos esse 2º princípio, é necessário saber qual é a variável limitante. Por exemplo, se considerarmos o painel de controle, a variável limitante é o alcance do braço. Assim, se quisermos englobar 95% da população, a distância ao painel não pode ser maior que comprimento dos braços de 5% da população. Analogamente, temos o caso de uma dimensão máxima, como o vão entre a cadeira e a mesa, que é limitada pelas dimensões das pernas maiores. Neste caso, o vão deve ser maior que 95% das pernas, o que representa o nível da população que pretendemos acomodar (excluindo-se 5% da população).

A maioria dos produtos industrializados é dimensionada para acomodar até 95% da população, por uma questão econômica. Acima disso, teríamos que aumentar muito o tamanho dos objetos, para acomodar, relativamente, uma pequena faixa adicional da população, elevando os custos.

Por exemplo, não teria sentido dimensionar um automóvel para acomodar pessoas de até 200 cm de estatura, pois existem apenas algumas pessoas, em milhões, com essa estatura, e o custo seria muito grande para a população em geral, que, em 95% dos casos, situa-se abaixo de 182 cm. Isso de aplica também ao dimensionamento das alturas de portas (Figura 5.1). A rigor, uma porta de 182 cm seria suficiente para acomodar 95% da população. Entretanto, nesse caso, aumentou-se essa altura para 210 cm para permitir também a passagem de cargas.

3º Princípio: Os projetos são dimensionados para faixas da população

Alguns produtos são fabricados em diversos tamanhos, de modo que cada um acomode uma determinada parcela da população. É o caso por exemplo, de camisas que são fabricadas nas dimensões P (pequeno), M (médio) e G (grande). Nos casos em que se requer uma adaptação melhor, essa quantidade de faixas pode ser aumentada, para um ajuste mais preciso. Por exemplo, no caso de calçados masculinos para adultos, existem 8 faixas, de tamanhos 37 ao 44.

Embora as medidas da população obedeçam a distribuições contínuas, esses produtos são fabricados em tamanhos discretos, para tentar aumentar o conforto e, ao

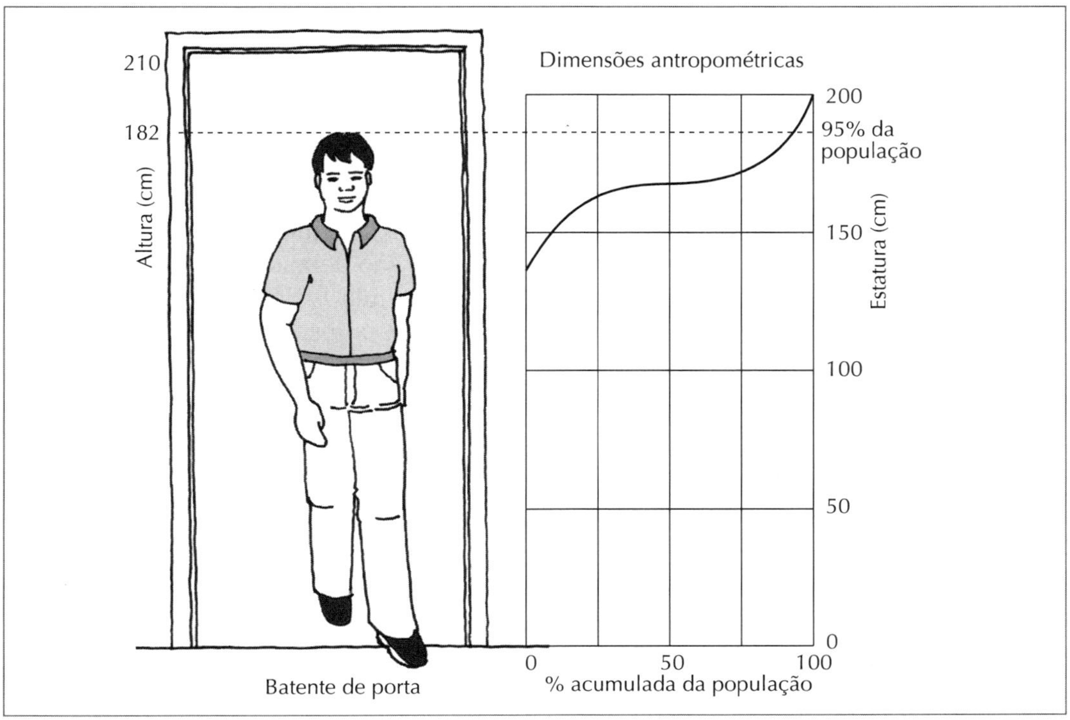

Figura 5.1 Um batente de porta bastaria ter altura de 182 cm para permitir a passagem de 95% da população, mas costuma ter 210 cm para permitir também a passagem de cargas.

mesmo tempo, não aumentar demasiadamente os custos de fabricação. Estes seriam muito elevados se fossem produzidas variedades infinitas de tamanhos em produtos como camisas e sapatos. Isso significa dizer que certas pessoas usarão esses produtos com mais conforto e outras com menos conforto, conforme as suas medidas se aproximem ou se afastem dos tamanhos de produtos disponíveis no mercado.

4º Princípio: Os projetos apresentam dimensões reguláveis

Alguns produtos podem ter certas dimensões reguláveis para se adaptar aos usuários individuais. Essas regulagens geralmente não abrangem o produto como um todo, mas apenas algumas variáveis consideradas críticas para o desempenho. Por exemplo, as cadeiras operacionais podem ter regulagens para a altura do assento e ângulo do encosto. Outras dimensões, como os tamanhos do assento e do encosto podem permanecer fixas. Os assentos de avião só têm regulagens para o ângulo do encosto. Automóveis permitem regular a altura do assento, ângulo do encosto e a distância assento/volante. Mesas de computadores permitem regular a altura e a distância do monitor e a altura do teclado.

Em todos esses casos, deve-se considerar que cada tipo de regulagem implica em maiores custos de fabricação e elas só devem ser aplicadas se resultarem em melhorias de segurança, conforto e eficiência que justifiquem esses investimentos adicionais.

5º Princípio: Os projetos são adaptados ao indivíduo

Existem também casos, embora mais raros no meio industrial, de produtos projetados especificamente para um indivíduo. São os casos de aparelhos ortopédicos, roupas feitas sob medida pelo alfaiate, pessoas que tenham pé maior que o tamanho 44 ou tenham deformidades físicas que precisem encomendar os seus sapatos.

Naturalmente, esse princípio proporciona melhor adaptação entre o produto e o seu usuário, mas também é o mais oneroso. Do ponto de vista industrial, só se justifica em casos de extrema necessidade ou quando as conseqüências de uma falha podem ser tão elevadas que as considerações de custo são deixadas de lado. Exemplos disso são as roupas de astronautas e os carros de Fórmula 1. Nesses casos, embora os custos de adaptação individual dos projetos sejam elevados, tornam-se irrelevantes, frente ao custo total desses projetos.

Considerações sobre a aplicação dos princípios

Do ponto de vista industrial, quanto mais padronizado for o produto, menores serão os seus custos de produção e de estoques. Assim, as aplicações dos primeiros e segundo princípios são mais econômicas, e o custo aumenta consideravelmente para o terceiro e quarto princípios, sendo praticamente proibitivo para o quinto princípio.

O projeto para a média é baseado na idéia de que isso maximiza o conforto para a maioria. Na prática, isso não se verifica. Deve-se considerar que há diferenças significativas entre as médias dos homens e das mulheres. Ao se adotar uma média geral para toda a população, acaba-se, na realidade, beneficiando apenas uma faixa relativamente pequena da população.

Nos casos em que há predominância de usuários de um dos sexos, deve-se adotar, de preferência, as medidas desse sexo predominante. Quando isso não ocorre, pode-se optar pela realização de dois projetos, um para homens e outro para mulheres, desde que esses usuários não se misturem, como no caso de sanitários públicos. Nesse caso, seria justificável realizar projetos de aparelhos sanitários diferentes para cada sexo, devido às suas diferenças antropométricas e anatômicas.

Até a década de 1950, os automóveis eram dimensionados somente para motoristas homens, porque havia uma grande predominância desse sexo entre os seus usuários. Mesmo as poucas mulheres que dirigiam eram da classe sócio-econômica superior, que, em geral, apresentavam estaturas maiores que as da média da população. Era, então, antieconômico dimensionar carros para as mulheres. À medida que foi aumentando o número de mulheres na direção de veículos, tornou-se necessário fazer uma adaptação do projeto, aumentando a faixa de ajustes do banco, para que as mulheres pudessem alcançar os controles.

Medidas mínimas e máximas

Em muitas aplicações de medidas antropométricas, há necessidade de combinar as medidas mínimas e máximas de uma população. Como quase todas as medidas antropométricas de homens são maiores que as de mulheres, com algumas exceções, o máximo é representado pelo percentil 95% dos homens e, o mínimo pelo percentil 5% das mulheres. Em geral, as aberturas e passagens são dimensionadas pelo máximo, ou seja, para 95% dos homens. Os alcances dos locais de trabalho, onde devem trabalhar tanto homens como mulheres, geralmente são dimensionados pelo mínimo, ou seja, 5% das mulheres. Em outros casos, há necessidade de se combinar as medidas máximas com as mínimas.

Na Figura 5.2 é apresentado um exemplo de projeto de um posto de trabalho destinado tanto aos homens como às mulheres. As medidas antropométricas indicadas pelas letras A,B,E e G correspondem às máximas (95% dos homens), enquanto aquelas indicadas pelas letras C,D,I e J pelas mínimas (5% das mulheres). Observa-se que as medidas F (largura da coxa) e H (profundidade do tórax) deveriam ser dimensionadas pela medida de 95% dos homens, mas elas são exceções (Tabela 5.1).

Isso costuma ocorrer também com a largura dos quadris, para o dimensionamento da largura dos assentos. Nesses casos, devem-se adotar, como máximos, as medidas correspondente a 95% das mulheres. A altura do assento, G, foi recomendada pelo valor máximo, porque as pessoas mais baixas podem corrigi-la colocando-se um pequeno estrado para os pés, que pode chegar até a 13 cm de altura para as mulheres mais baixas. Se for necessário introduzir regulagens da altura do assento, os custos de implantação seriam maiores.

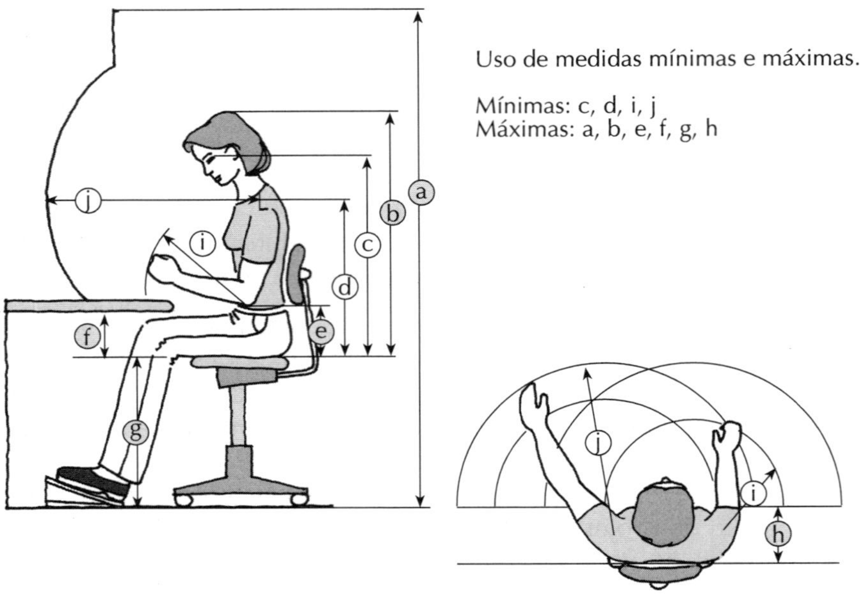

Figura 5.2
No dimensionamento de postos de trabalho usam-se algumas medidas antropométricas mínimas e outras máximas da população.

TABELA 5.1

Uso de medidas antropométricas mínimas (5%) e máximas (95%) da população, para o dimensionamento de posto de trabalho. As medidas foram retiradas da Tabela 4.5 e estão indicadas na Figura 4.13

Medidas de antropometria estática (cm)	Critério		Mulheres		Homens		Medida adotada*
	Mín.	Máx.	5%	95%	5%	95%	
a) Estatura		•	151,0	172,5	162,9	**184,1**	184,1
b) Altura da cabeça sentado		•	80,5	91,4	84,9	**96,2**	96,2
c) Altura dos olhos, sentado	•		**68,0**	78,5	73,9	84,4	68,0
d) Altura dos ombros, sentado	•		**53,8**	63,1	56,1	65,5	53,8
e) Altura do cotovelo, sentado		•	19,1	27,8	19,3	28,0	28,0
f) Altura das coxas		•	11,8	**17,3**	11,7	15,7	17,3
g) Altura do assento (poplítea)		•	35,1	43,4	39,9	**48,0**	48,0
h) Profundidade do tórax		•	23,8	**35,7**	23,3	31,8	35,7
i) Comprimento do antebraço	•		**29,2**	36,4	32,7	38,9	29,2
j) Comprimento do braço	•		**61,6**	76,2	66,2	78,7	61,6

* As medidas em negrito correspondem as medidas adotadas no projeto.

5.3 O espaço de trabalho

O espaço de trabalho é um volume imaginário, necessário para o organismo realizar os movimentos requeridos durante o trabalho. Assim, para um jogador de futebol, o espaço de trabalho seria um paralelepípedo cuja base seria o campo de futebol e com altura de 2,5 m (altura para cabecear). Este espaço já seria bem menor para o goleiro, visto que ele não se desloca no campo todo. O espaço de trabalho para um carteiro seria um sólido sinuoso acompanhando a sua trajetória nas entregas de correspondências e tendo uma seção retangular com cerca de 60 cm de largura por 170 cm de altura.

Certos trabalhos exigem muitos deslocamentos do corpo, andando, correndo ou subindo escadas, mas a maioria das ocupações da vida moderna é desempenhada em espaços relativamente pequenos, com o trabalhador em pé ou sentado, realizando movimentos só com os membros enquanto o resto do corpo permanece relativamente estático. Incluem-se, aí, os trabalhadores sedentários, que passam a maior parte do tempo sentados.

Contudo, o espaço pessoal não se restringe apenas à área física ocupada pelo volume do corpo e movimentos necessários à realização do trabalho. Em áreas densamente ocupadas, o espaço deve proporcionar também conforto psicológico (ver mais detalhes na página 583).

Examinaremos, a seguir, os fatores que devem ser considerados no dimensionamento do espaço de trabalho.

Postura

O fator mais importante no dimensionamento do espaço de trabalho é a postura. Existem três posturas básicas para o corpo: deitada, sentada e de pé (ver página 165). A Figura 5.3 apresenta os espaços de trabalho recomendados para algumas posições mais usuais. Para os trabalhos que exigem movimentos corporais mais amplos, devem ser feitos registros de antropometria dinâmica, como já foi apresentado na seção 4.4.

Tipo de atividade manual

A natureza da atividade manual a ser executada influi nos limites do espaço de trabalho. Os trabalhos que exigem ações de agarramento com o centro das mãos, como no caso de alavancas ou registros, devem ficar pelo menos 5 a 6 cm mais próximos do operador dos que as tarefas que exigem a atuação apenas das pontas dos dedos, como pressionar um botão. Nesses casos, os dimensionamentos devem ser feitos com aplicação da antropometria funcional (ver seção 4.4).

Vestuário

O vestuário pode tanto aumentar o volume ocupado pelas pessoas, como limitar os seus movimentos. Os vestuários pesados, de inverno, influem, por exemplo, no dimensionamento de volume para cabines de elevadores ou veículos de transporte coletivo e também limitam o movimento de alcance em até 5 cm. Os calçados femininos de salto alto também podem aumentar a estatura das mulheres em até 7 cm. Em alguns casos, há também equipamentos de proteção individual de uso obrigatório, que podem aumentar o volume.

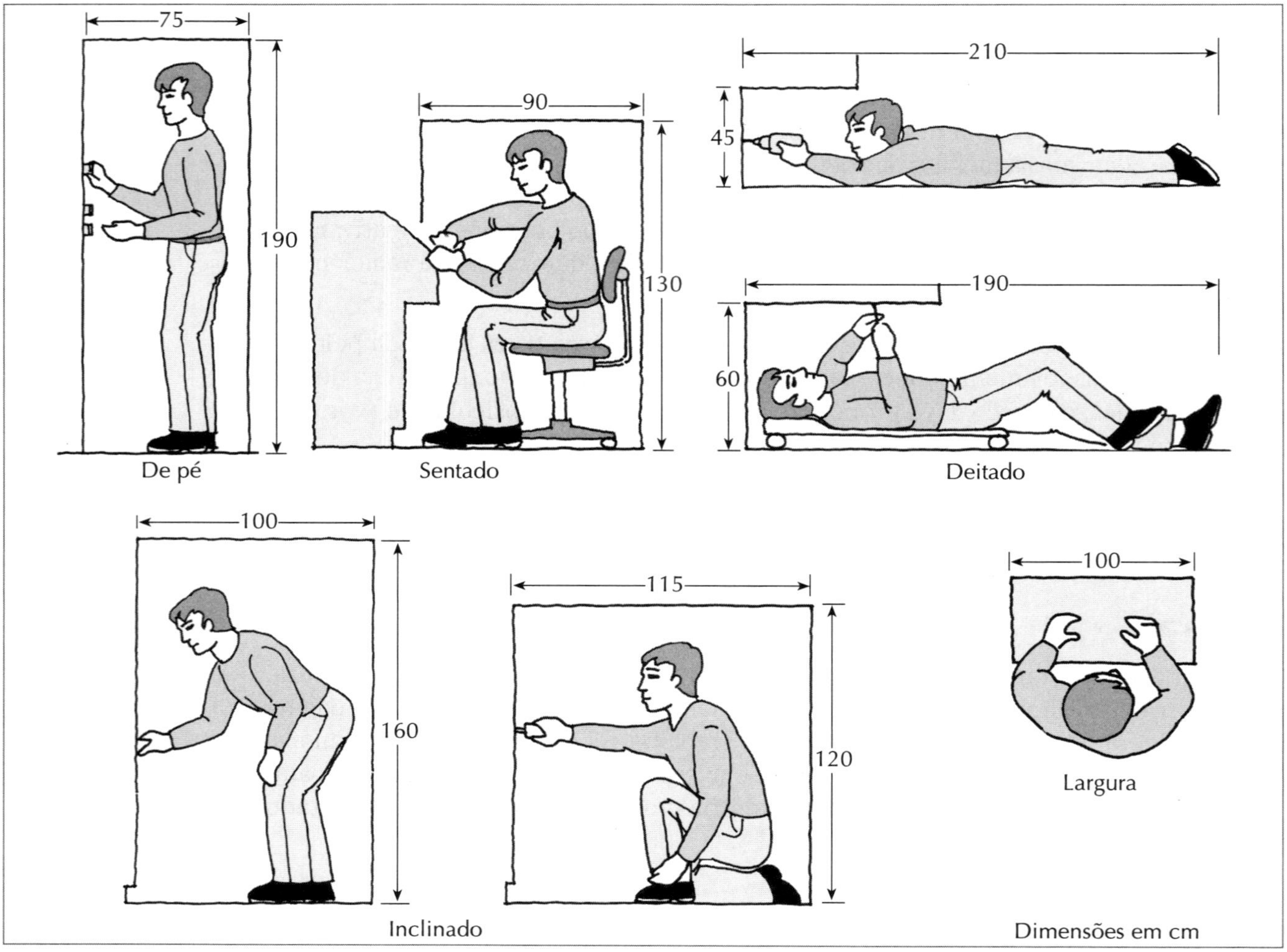

Figura 5.3 Espaços de trabalho recomendados para algumas posturas típicas.

Cadeiras de roda

As larguras das passagens, corredores e postos devem ser dimensionadas para permitir a circulação das cadeiras de roda. Estas têm uma dimensão aproximada de 110 cm de comprimento e 65 cm de largura. O espaço de giro deve ter pelo menos 160 cm (ver Figura 18.9).

Espaço pessoal

Cada pessoa tem necessidade de um espaço para guardar seus objetos pessoais, desde ferramentas de uso exclusivo como artigos de higiene (pasta dental, escova de dentes, toalhas). As pessoas também gostam de introduzir algumas mudanças no espaço de seu uso exclusivo, a fim de personalizá-lo, deixando a sua "marca pessoal". Por exemplo, mudando a posição dos móveis ou colocando um boneco ou vaso de planta para "enfeitar" o ambiente. Além disso, há um espaço psicológico em que as pessoas se sentem seguras. A invasão desse espaço provoca inseguranças e aumenta o estresse, reduzindo a produtividade (ver seção 18.5).

5.4 Superfícies horizontais

As superfícies horizontais de trabalho têm especial interesse em ergonomia, pois é sobre elas que se realiza grande parte dos trabalhos de montagens, inspeções, serviços de escritórios e outros.

Dimensões da mesa

Existem duas variáveis importantes no dimensionamento da mesa: a sua altura e a superfície de trabalho. A altura deve ser regulada pela posição do cotovelo e deve ser determinada após o ajuste da altura da cadeira. Em geral, recomenda-se que esteja 3 a 4 m acima do nível do cotovelo, na posição sentada. Se a mesa tiver uma altura fixa, a cadeira deve ter altura regulável. Se a cadeira for fixa e tiver uma altura superior à altura poplítea, deve-se providenciar apoio para os pés.

Em geral, a altura da mesa pode oscilar entre 54 cm (altura mínima, para 5% das mulheres) a 74 cm (altura máxima, para 95% dos homens). Uma mesa muito baixa causa inclinação do tronco e cifose lombar, aumentando a carga sobre o dorso e o pescoço, provocando dores. Uma mesa muito alta causa abdução e elevação dos ombros, além de uma postura forçada do pescoço, provocando fadiga dos músculos dos ombros e pescoço (Chaffin, 2001). É importante ressaltar que, nem sempre o trabalho é realizado na superfície da mesa. Por exemplo, no caso de digitação, a superfície de trabalho é o nível do teclado. Nesse caso, a mesa deve estar 3 a 5 cm abaixo dessa superfície.

A altura inferior da superfície de trabalho é importante para acomodar as pernas e permitir a sua mobilidade. O vão livre, entre o assento e a mesa deve ter pelo menos 20 cm.

Baseado-se nessas medidas, e partindo do princípio que é mais fácil ajustar a altura da cadeira e manter a altura da mesa fixa, Redgrove (1979) propõe um arranjo com mesa de 74 cm de altura e cadeiras reguláveis entre 47 e 57 cm, complementado com um estrado, também regulável, para os pés, com 0 a 20 cm de altura, para acomodar as pessoas de menor estatura (Figura 5.4).

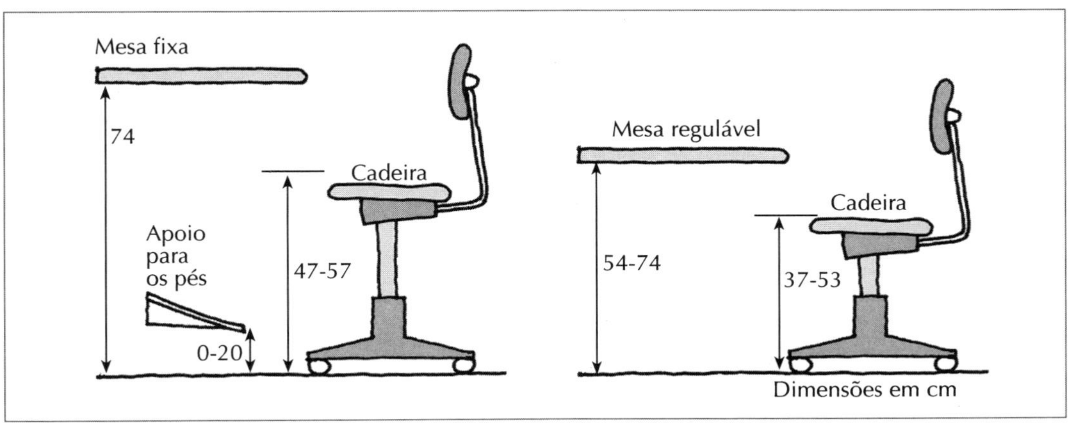

Figura 5.4 Dimensões recomendadas para alturas de mesas, conjugadas com alturas de cadeiras e apoio para os pés, a fim de acomodar as diferenças antropométricas dos usuários (Redgrove, 1979).

Na hipótese de se fazer uma mesa regulável, esta deveria ter entre 54 e 74 cm de altura e a cadeira, também regulável, entre 37 a 53 cm (mais detalhes serão apresentados na seção 5.5), dispensando-se o apoio para os pés. Em certos casos, esse apoio para os pés poderia ser mantido, pois ajuda o trabalhador a realizar pequenas mudanças na postura, enquanto permanece sentado, contribuindo assim para aliviar a fadiga.

Alcances sobre a mesa

A superfície da mesa deve ser dimensionada de acordo com o tamanho da peça a ser trabalhada, os movimentos necessários à tarefa e o arranjo do posto de trabalho.

A área de alcance ótimo sobre a mesa pode ser traçada, girando-se os antebraços em torno dos cotovelos com os braços caídos normalmente ao lado do tronco. Estes descreverão um arco com raio de 35 a 45 cm. A parte central, situada em frente ao corpo, fazendo interseção com os dois arcos, será a área **ótima** para se usar as duas mãos (Figura 5.5).

A área de alcance máximo será obtida girando-se os braços estendidos em torno do ombro. Estes descrevem arcos de 55 a 65 cm de raio.

As tarefas mais importantes, de maior freqüência ou com maiores exigências de precisão, devem ser executadas dentro da área ótima. A faixa situada entre a área ótima e aquela de alcance máximo deve ser usada para colocação das peças a serem usadas na montagem, ou tarefas menos freqüentes e que exijam menos precisão.

As tarefas que exigem acompanhamento visual constante devem colocar-se entre 20 a 40 cm de distância focal. Para leitura ou inspeções visuais em grandes superfícies, pode-se providenciar um tampo de mesa com 45° de inclinação, a fim de manter essa distância focal com poucas alterações.

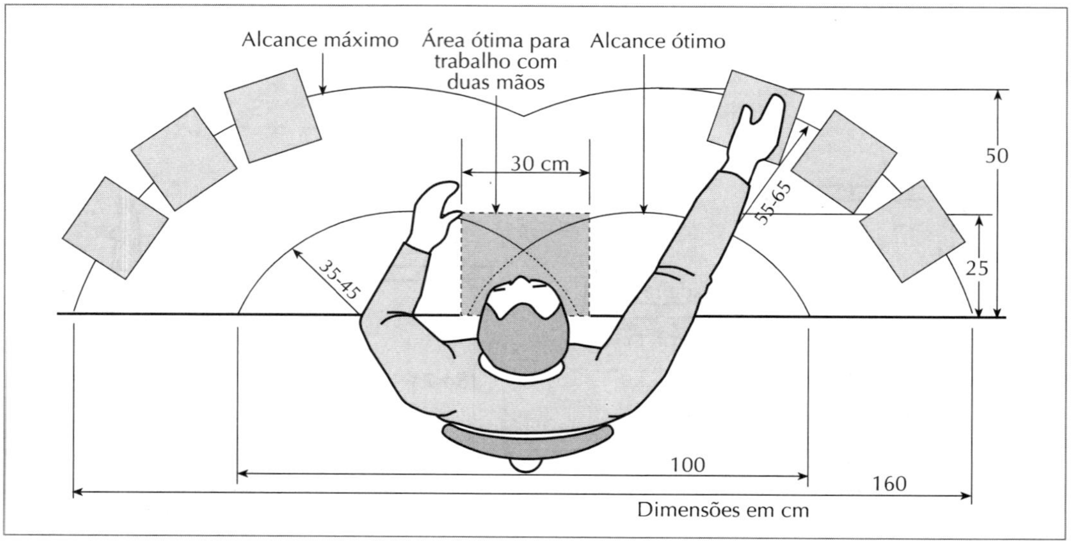

Figura 5.5 Áreas de alcances ótimo e máximo na mesa, para o trabalhador sentado (Grandjean, l983).

Bancada para trabalho em pé

A altura ideal da bancada para trabalho em pé depende da altura do cotovelo e do tipo de trabalho que se executa. Em geral, a superfície da bancada deve ficar 5 a 10 cm abaixo da altura dos cotovelos (Figura 5.6). Para trabalhos de precisão, é conveniente uma superfície ligeiramente mais alta (até 5 cm acima do cotovelo) e aquela para trabalhos mais grosseiros e que exijam pressão para baixo, superfícies mais baixas (até 30 cm abaixo do cotovelo). Quando se usam medidas antropométricas tomadas com o pé descalço, é necessário acrescentar 2 ou 3 cm referentes à altura da sola do calçado.

No caso de **bancada fixa**, é melhor dimensioná-la pelo trabalhador mais alto e providenciar um estrado, que pode ter altura de até 20 cm para o trabalhador mais baixo. Esse estrado pode ter uma altura diferente para cada trabalhador, ajustando-se às suas dimensões antropométricas. Se ele mudar de bancada, pode carregar esse estrado para o novo local. Assim, as alturas dos postos de trabalho podem ser ajustadas individualmente, a custos reduzidos. Embora o homem seja, geralmente, cerca de 10 cm mais alto que a mulher, no caso de bancadas, bastam 7 cm de diferença na altura das mesmas.

Observa-se que essas alturas recomendadas são para superfícies de trabalho. No caso de manipulação de objetos que tenham uma certa altura, estas devem ser descontadas. Por exemplo, para esculpir peças de madeira com 10 cm de espessura, a altura ideal de trabalho para o homem médio seria de 100 cm e, portanto, a bancada deveria ter altura de 90 cm.

Se houver uma superfície vertical próxima à bancada, deverá haver um recuo de 10 × 10 cm junto ao piso, para permitir o encaixe da ponta dos pés (Figura 5.7). Sem isso, o trabalhador é obrigado a assumir uma postura inclinada, forçando a coluna e os músculos lombares, aumentando a fadiga.

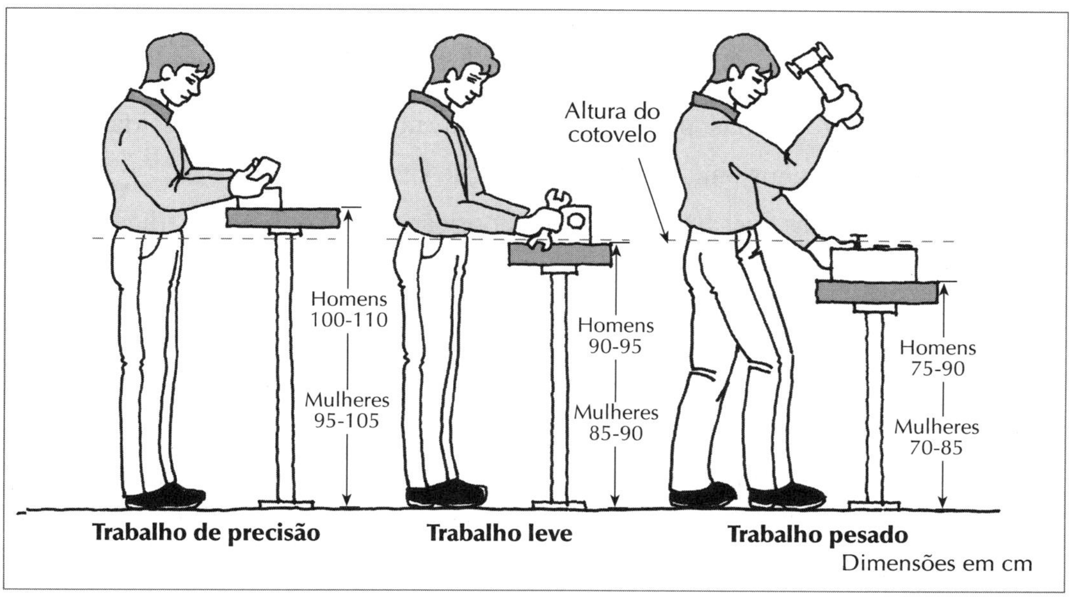

Figura 5.6 Alturas recomendadas para as superfícies horizontais de trabalho, na posição de pé, de acordo com o tipo de tarefa (Grandjean, I983).

Figura 5.7
O espaço para os pés facilita a postura ereta.

5.5 O problema do assento

O assento é provavelmente, uma das invenções que mais contribuiu para modificar o comportamento humano. Na vida moderna, muitas pessoas chegam a passar mais de 20 horas por dia nas posições sentada e deitada. Diz-se até que a espécie humana, *homo sapiens*, já deixou de ser um animal ereto, *homo erectus*, para se transformar no animal sentado, *homo sedens*. Daí deriva-se o termo sedentário, que significa sentado.

O problema do assento tem despertado grande interesse entre os pesquisadores em ergonomia. Análises sobre posturas são encontradas desde 1743, quando Andry, o "pai" dos ortopedistas, fez diversas recomendações para corrigir más posturas, na sua obra *Orthopedia*. Essas más posturas causam fadiga, dores lombares e cãibras que, se não forem corrigidas, podem provocar anormalidade permanente da coluna.

Há diversas vantagens em trabalhar na posição sentada:

- Consome menos energia, em relação à posição em pé e reduz a fadiga;
- Reduz a pressão mecânica sobre os membros inferiores;
- Reduz a pressão hidrostática da circulação nas extremidades e alivia o trabalho do coração;
- Facilita manter um ponto de referência para o trabalho (na posição de pé, o corpo fica oscilando); e
- Permite o uso simultâneo dos pés (pedais) e mãos.

A desvantagem é o aumento da pressão sobre as nádegas e a restrição dos alcances. Um assento mal projetado pode provocar estrangulamento da circulação sanguínea nas coxas e pernas. Outras informações sobre a postura sentada são apresentadas na seção 6.3.

Suporte para o peso do corpo

Na posição sentada, todo o peso do tronco, acima da bacia, é transferido para o assento, aliviando a pressão sobre os membros inferiores.

O corpo entra em contato com o assento praticamente só através de sua estrutura óssea. Esse contato é feito por dois ossos de forma arredondada, situados na bacia (Figura 5.8) chamadas de **tuberosidades isquiáticas**, que se assemelham a uma pirâmide invertida, quando vistos de perfil com duas protuberâncias que distam, entre si, de 7 a 12 cm. Essas tuberosidades são cobertas apenas por uma fina camada de tecido muscular e uma pele grossa, adequada para suportar grandes pressões. Em apenas 25 cm² de superfície da pele sob essas tuberosidades concentram-se 75% do peso total do corpo sentado.

Até recentemente, costumava-se recomendar estofamento duro, pois é mais adequado para suportar o peso do corpo. Os estofamentos muito macios não proporcionam um bom suporte porque não permitem um equilíbrio adequado do corpo. Por outro lado, o estofamento muito duro provoca concentração da pressão na região da tuberosidades isquiáticas, gerando fadiga e dores na região das nádegas (Figura 5.9). Porém, uma situação intermediária, com uma leve camada de estofamento mostrou-se benéfica, reduzindo a pressão máxima em cerca de 400% e aumentando a área de contato de 900 para 1 050 cm², sem prejudicar a postura. Esse estofamento deve ser montado sobre uma base rígida, para suportar o peso do corpo.

Portanto, um estofamento pouco espesso, de 2 a 3 cm, colocado sobre uma base rígida, que não se afunde com o peso do corpo, ajuda a distribuir a pressão e proporciona maior estabilidade ao corpo, contribuindo para redução do desconforto e da fadiga. Contudo, o aumento desse estofamento não melhora o conforto. Ao contrário, pode prejudicá-lo.

O material usado para revestir o assento deve ter característica anti-derrapante e ter capacidade de dissipar o calor e suor gerados pelo corpo, não sendo recomendados, por conseguinte, plásticos lisos e impermeáveis.

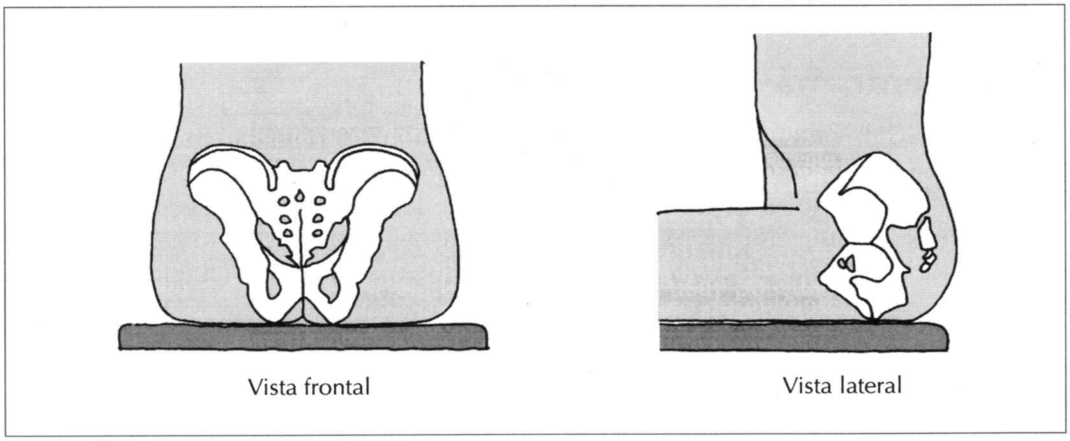

Figura 5.8 Estrutura óssea da bacia, mostrando as tuberosidades isquiáticas, responsáveis pelo suporte do peso corporal, na posição sentada.

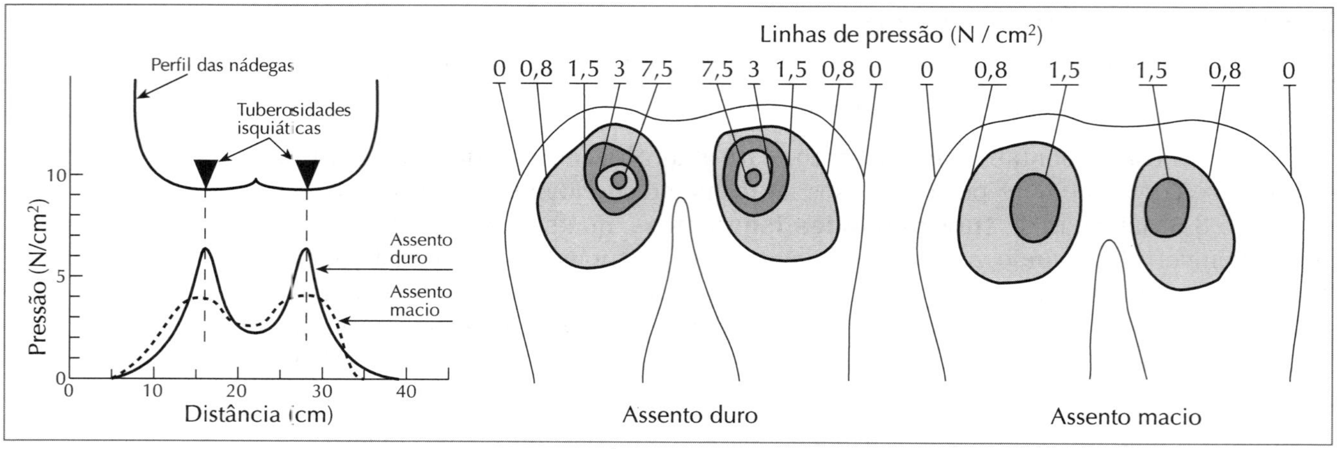

Figura 5.9 Distribuição de pressões sobre o assento, com estofamento duro e estofamento macio (Oborne, 1982).

Conforto no assento

Conforto é uma sensação subjetiva produzida quando não há nenhuma pressão localizada sobre o corpo. É mais fácil falar em ausência de desconforto, pois este pode ser avaliado. O desconforto é medido de forma indireta, por exemplo, pedindo-se para uma pessoa preencher o "mapa" corporal das zonas de desconforto (Figura 6.8). Pode-se também registrar a freqüência das mudanças de posturas. As freqüências elevadas evidenciam o desconforto.

O conforto no assento depende de muitos fatores e é muito difícil de estabelecer as características que o determinam. Em princípio, há um tipo de assento mais adequado para cada finalidade. Cada pessoa adapta-se melhor a um certo tipo de assento. Assim, o conforto é influenciado por muitos fatores e preferências individuais, até pela sua aparência estética (Corlett,1989).

Em geral, as avaliações de conforto podem ser realizadas após 5 min no assento e não variam muito com as avaliações de longa duração, de 2 a 3 horas. Além disso, nem todas as cadeiras que seguem as normas técnicas (ver NBR 13962 – Móveis para escritório – cadeiras) são consideradas confortáveis, pois elas estabelecem apenas alguns requisitos mínimos, que não são suficientes para assegurar o conforto (ver mais detalhes na página 582).

Relaxamento máximo

O fisiologista G. Lehmann (1960) fez experimentos sobre o relaxamento máximo. Os sujeitos ficavam imersos na água, evitando-se qualquer tipo de contração voluntária dos músculos. Obteve uma postura com a pessoa deitada com a cabeça e a coluna cervical ligeiramente inclinada para frente, braços levantados a 45° do corpo, pernas ligeiramente levantadas, fazendo um ângulo de 130° nos joelhos (Figura 5.10).

Curiosamente, a NASA registrou, em 1978, uma postura semelhante para os astronautas em condições de gravidade zero (Kroener, 1994 *et al.*). Pode-se supor que, nesse caso, as pressões exercidas sobre as juntas também estejam próximas de zero.

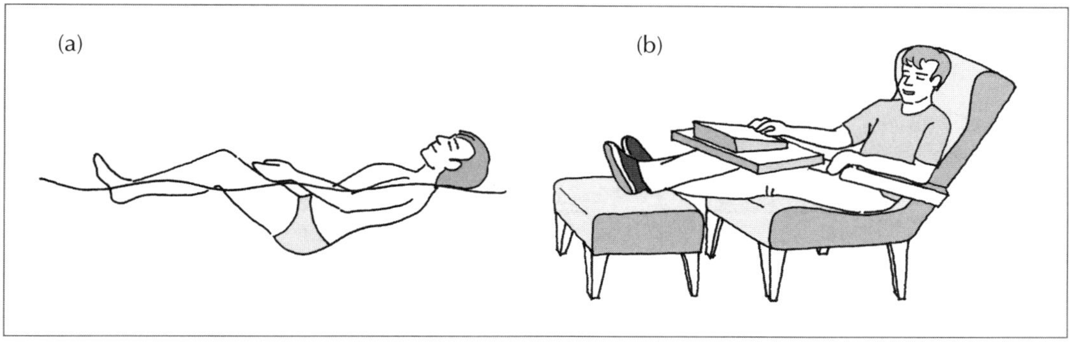

Figura 5.10 Semelhança entre: (a) postura corporal de relaxamento máximo (Lehmann, 1960) e; (b) uma poltrona considerada de conforto máximo (Kroemer *et al.*, 1994).

Sempre que possível, as pessoas tendem a assumir posturas desse tipo. É o que acontece, por exemplo, quando se assiste à TV, completamente relaxado, em casa, colocando-se os pés sobre a mesa de centro ou sobre o pufe. Ocorre também quando trabalhadores burocráticos inclinam o encosto da cadeira para trás e colocam os pés sobre a mesa. Entre os digitadores, observou-se que muitos preferem assumir uma postura mais relaxada, esticando os pés para frente e inclinando o ombro sobre o encosto (ver Figura 7.17). Contudo, em ambientes normais de trabalho, esse tipo de postura não seria amplamente aceito, por uma questão de preconceito e por exigir espaços de trabalhos maiores, além dos investimentos na reformulação dos postos de trabalho.

Existem seis princípios gerais sobre os assentos, derivados de diversos estudos anatômicos, fisiológicos e clínicos da postura sentada. Eles estabelecem também os principais pontos a serem considerados no projeto e seleção de assentos, como veremos a seguir.

Princípio 1: As dimensões do assento devem ser adequadas às dimensões antropométricas do usuário

No caso, a dimensão antropométrica crítica é a altura poplítea (da parte inferior da coxa à sola do pé), que determina a altura do assento (ver Tabela 4.5). Os assentos cujas alturas sejam superiores ou inferiores à altura poplítea não permitem um apoio firme das tuberosidades isquiáticas a fim de transmitir o peso do corpo para o assento. Podem também provocar pressões na parte inferior das coxas, que são anatômica e fisiologicamente inadequadas para suportar o peso do corpo.

Para acomodar as diferenças individuais, a altura do assento deveria ser regulável, entre o mínimo de 35,1 cm (5% das mulheres) até o máximo de 48,0 cm (95% dos homens), pelas medidas tabeladas. Contudo, pode-se acrescentar mais 3 cm para a altura dos calçados (38,1 a 51,0 cm). A largura do assento deve ser adequada à largura torácica do usuário (cerca de 40 cm). A profundidade deve ser tal que a borda do assento fique pelo menos 2 cm afastada, para não comprimir a parte interna da perna (Figura 5.11). A norma NBR 13962 recomenda largura de 40 cm e profundidade útil entre 38 a 44 cm para o assento

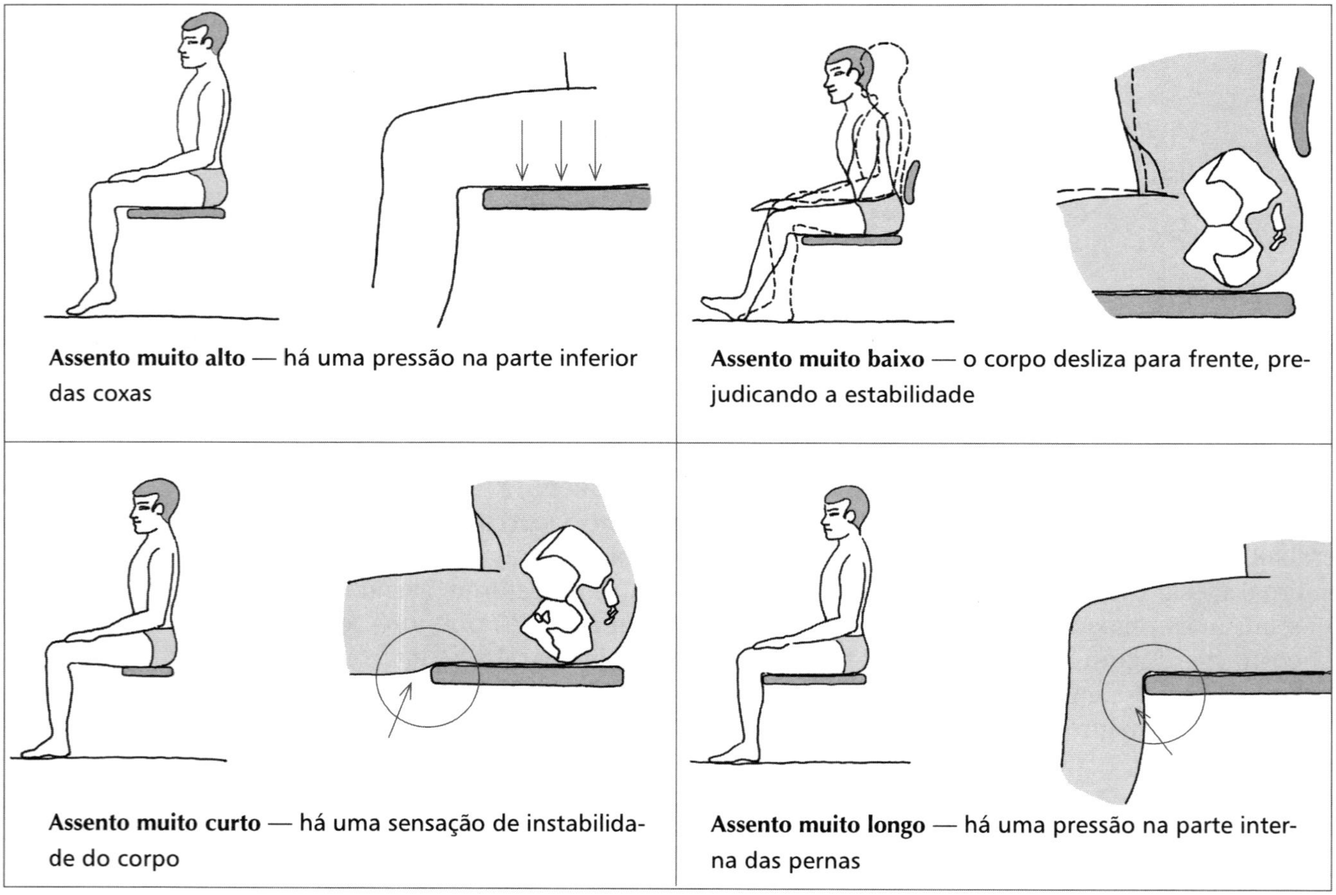

Assento muito alto — há uma pressão na parte inferior das coxas

Assento muito baixo — o corpo desliza para frente, prejudicando a estabilidade

Assento muito curto — há uma sensação de instabilidade do corpo

Assento muito longo — há uma pressão na parte interna das pernas

Figura 5.11 Principais problemas provocados por erros no dimensionamento de assentos (Panero e Zelnik, 2002).

Princípio 2: O assento deve permitir variações de postura

As freqüentes variações de postura servem para aliviar as pressões sobre os discos vertebrais e as tensões dos músculos dorsais de sustentação, reduzindo-se a fadiga. Grandjean e Hütinger (1977) observaram 378 pessoas trabalhando em um escritório e constataram que em apenas 33% dos casos as pessoas mantêm a postura ereta, ocupando toda a área do assento (Figura 5.12). No resto do tempo, as pessoas sentam na borda do assento, inclinam-se para frente ou para trás, com contínuas mudanças de postura.

Essas mudanças de postura são ainda mais freqüentes se o assento for desconfortável ou inadequado para o trabalho, chegando a haver até 83 mudanças de postura por hora (Grieco, 1886), portanto, mais de uma mudança por minuto. Como já foi visto, essas freqüentes mudanças de postura contribuem para a nutrição da coluna e aliviam a tensão dos músculos dorsais.

Assim, os assentos, de formas "anatômicas" em que as nádegas se "encaixam" neles, permitindo poucos movimentos relativos, não são recomendados (Figura 5.13). Para os postos de trabalho em que a pessoa passa horas a fio sentada, como no caso dos centros de controle operacional e *call centers*, é recomendado colocar apoio para os pés, com dois ou três níveis diferentes, para facilitar as mudanças de postu-

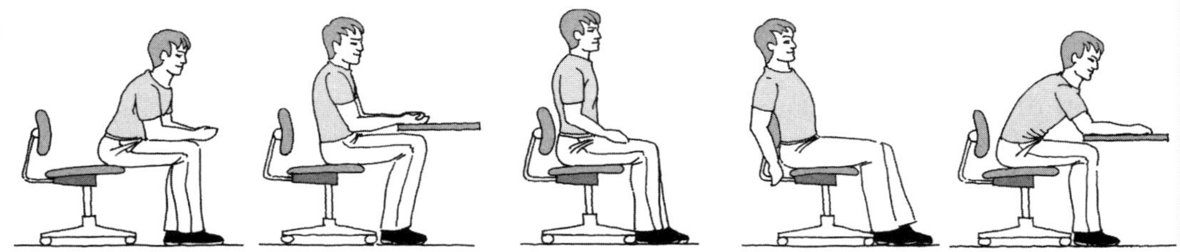

Figura 5.12 Diferentes posições no assento, observadas entre 378 empregados de um escritório. A soma ultrapassa os 100% porque há algumas posturas coincidentes com outras. (Grandjean e Hutinger, l977).

ra. Esse tipo de apoio também pode ser articulado, permitindo rotações em torno de um eixo (ver Figura 7.12). Outra possibilidade é fazer o encosto móvel, para que a pessoa possa reclinar-se para trás, periodicamente, a fim de aliviar a fadiga.

Princípio 3: O assento deve ter resistência, estabilidade e durabilidade

Para ser resistente, o assento deve ter solidez estrutural suficiente para suportar cargas. A norma NBR 14110 recomenda resistência a uma carga mínima de 1 100 N (cerca de 112 kg). Estabilidade é a característica do assento que não tombe facilmente. Quando os assentos são pouco estáveis, as pessoas sentem-se inseguras e ficam tensas. Isso acontece com banquetas de três pés. Antigamente, as cadeiras operacionais tinham 4 patas. Hoje, as normas exigem 5, para melhorar a estabilidade. O problema se agrava em postos de trabalho que exigem muitos movimentos corporais, como na linha de montagens ou caixas de supermercado. Durabilidade é a característica do assento de não se danificar com o uso contínuo. Recomenda-se que essa durabilidade seja de pelo menos 15 anos.

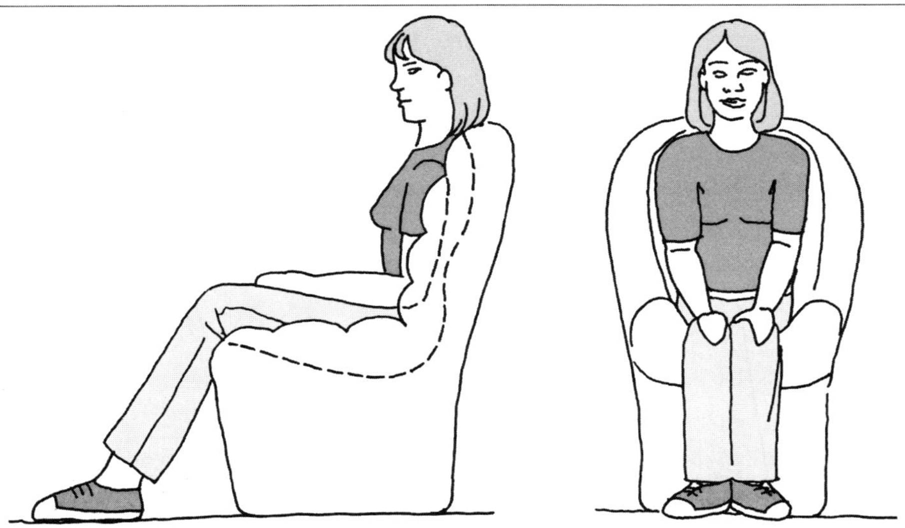

Figura 5.13 Os assentos "anatômicos" ou muito macios e sem um suporte estrutural são desconfortáveis.

Princípio 4: Existe um assento mais adequado para cada tipo de função

Isso quer dizer que não existe um tipo absoluto de assento, ideal para todas as ocasiões. Mas há um assento recomendável para cada tipo de tarefa. Assim, um assento de automóvel pode ser confortável para dirigir, mas provavelmente seria desconfortável para uso em escritório, e vice-versa: uma cadeira confortável para um digitador não seria adequada para ser instalada em um automóvel.

Princípio 5: O encosto e o apóia-braço devem ajudar no relaxamento

Em muitos postos de trabalho, a pessoa não usa continuamente o encosto, mas apenas de tempos em tempos, para relaxar. O encosto deve ter a forma côncava. Encostos de forma plana, principalmente quando são feitos de material rígido, como madeira, são desconfortáveis, pois entram em contato direto com os ossos da coluna vertebral.

O perfil do encosto também é importante, porque uma pessoa sentada apresenta uma protuberância para trás, na altura das nádegas e a curvatura da coluna vertical varia bastante de uma pessoa para outra (Figura 5.14). Devido a isso, pode-se deixar um espaço vazio de 15 a 20 cm entre o assento e o encosto. Um suporte situado entre as 2ª e 5ª vértebras lombares permite maior liberdade de movimento ao tronco. O encosto deve ter cerca de 35 a 50 cm de altura acima do assento. (Para outras dimensões, consultar a norma NBR 13962).

Os apóia-braços também não são usados continuamente, mas para os relaxamentos ocasionais. Servem para descansar os antebraços e ajudam a guiar o corpo durante o ato de sentar-se e levantar-se. Essa ajuda é importante principalmente para as pessoas idosas e aquelas que têm dificuldades de movimentar-se.

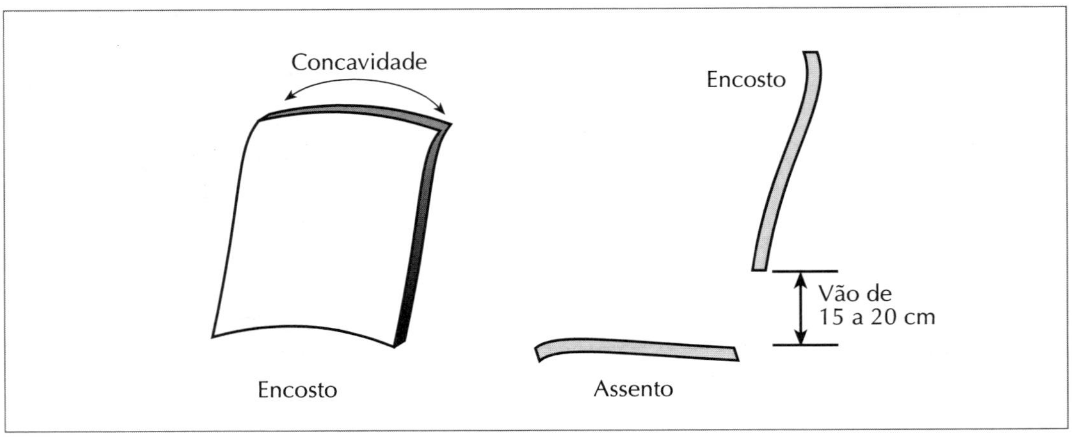

Figura 5.14 O encosto deve ter uma forma côncava e ser afastado do assento com um vão de 15 a 20 cm.

Princípio 6: Assento e mesa formam um conjunto integrado

A altura do assento deve ser estudada também em função da altura da mesa, de modo que a superfície da mesa fique aproximadamente na altura do cotovelo da pessoa sentada (Figura 5.4). Os apóia-braços da cadeira devem ficar aproximadamente à mesma altura ou um pouco abaixo da superfície de trabalho para dar apoio aos cotovelos. Entre o assento e a mesa deve haver um espaço de pelo menos 20 cm para acomodar as coxas, permitindo certa movimentação das mesmas.

Dimensionamento de assentos

Existem muitas recomendações diferentes para o dimensionamento dos assentos. Essas diferenças podem ser explicadas por três causas principais:

- Os assentos diferenciam-se quanto às aplicações, por exemplo, assento de um motorista de ônibus é diferente de um assento para uso em fábrica ou escritório;
- Há diferenças antropométricas entre as populações e, portanto, diferentes autores podem apresentar recomendações que não coincidam, pois podem ter-se baseado em diferentes amostras populacionais;
- Há preferências individuais, principalmente na avaliação de variáveis subjetivas como o conforto.

Deve-se considerar também que muitos projetos são baseados nas respectivas normas técnicas. Existem diferenças entre as normas de diversos países. Além do mais, elas são freqüentemente alteradas. Na sua elaboração podem prevalecer interesses e influências ocasionais do governo, indústria ou associações de consumidores. No Brasil, existem as normas NBR 13962 e NBR 14110. Esta última descreve os ensaios de estabilidade, resistência e durabilidade das cadeiras.

A Figura 5.15 apresenta as principais variáveis dimensionais da cadeira operacional, para uso em ambientes profissionais e a Tabela 5.2 resume algumas recomendações apresentadas por autores de ergonomia e normas técnicas sobre essas dimensões.

Observa-se que as alturas mínimas do assento recomendadas pelos autores de ergonomia (Diffrient, Panero & Zelnick e Grandjean) são respectivamente de 35, 36 e 38 cm.

No caso brasileiro, a altura mínima da regulagem seria de 37 cm, correspondendo à altura poplítea de 5% das mulheres (ver Tabela 4.9). Entretanto as normas brasileiras (NBR 139628) recomendam a faixa de 42 a 50 cm, resultando em uma regulagem de apenas 8 cm, quando o ideal seria de 37 a 53 cm, ou seja, o dobro da faixa recomendada pela norma. Nesses casos, as pessoas de menor estatura devem providenciar apoio para os pés, para compensar a diferença, entre a regulagem mínima da cadeira e as suas próprias medidas poplíteas. Por exemplo, para a cadeira de 42 cm e altura poplítea de 37 cm, o apoio deve ter 5 cm de altura, ou melhor, deveria ter duas alturas diferentes, entre 5 a 10 cm, para facilitar mudanças de posturas.

TABELA 5.2

Dimensionamentos de cadeiras de escritório recomendados por diversos autores e normas técnicas (os números correspondem às indicações da Figura 5.15)

Autores	Diffrient et al.	Panero e Zelnik	Grand-jean	Normas técnicas				
				BS	SS	DIN	CEN	NBR
Origem	**EUA**	**EUA**	**Suíça**	**Inglesa**	**Sueca**	**Alemã**	**Européia**	**Brasil**
Assento								
1 Altura	35-52	36-51	38-53	43-51	39-51	42-54	39-54	42-50
2 Largura	41	43-48	40-45	41	42	40-45	40	40
3 Profundidade	33-41	39-41	38-42	36-47	38-43	38-42	38-47	38
4 Inclinação(°)	0-5	0-5	4 - 6	0-5	0-4	0-4	0-5	2-7
ENCOSTO								
5 Altura superior	—	—	48-50	33	—	32	—	36
6 Altura inferior	15-23	10-20	—	20	—	—	10	—
7 Altura Frontal	23-25	19-25	30	—	17-22	17-23	17-26	17-22
8 Largura	33	25	32-36	30-36	36-40	36-40	36-40	30,5
9 Raio horizontal	31-46	—	40-50	31-46	40-60	40-47	min. 40	40
10 Raio vertical	—	—	—	convexo	convexo	70-140	—	—
11 Ângulo assento/encosto(°)	100	95-105	—	95-105	—	—	—	—
APOIO DE BRAÇOS								
12 Comprimento	15-21			22	20	20-28	20	20
13 Largura	6-9			4	4	—	4	4
14 Altura	18-25	20-25		16-23	21-25	21-25	21-25	20-25
15 Largura entre os apoios	48-56	46-51		47-56	46	48-50	46-50	46
SAPATAS								
16 Número de patas	—	—	5	—	—	—	—	5

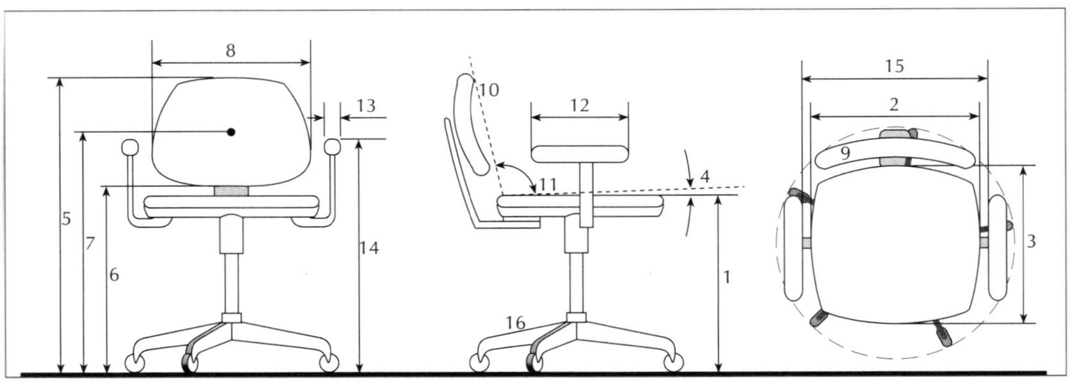

Figura 5.15
Principais variáveis dimensionais da cadeira para escritório.

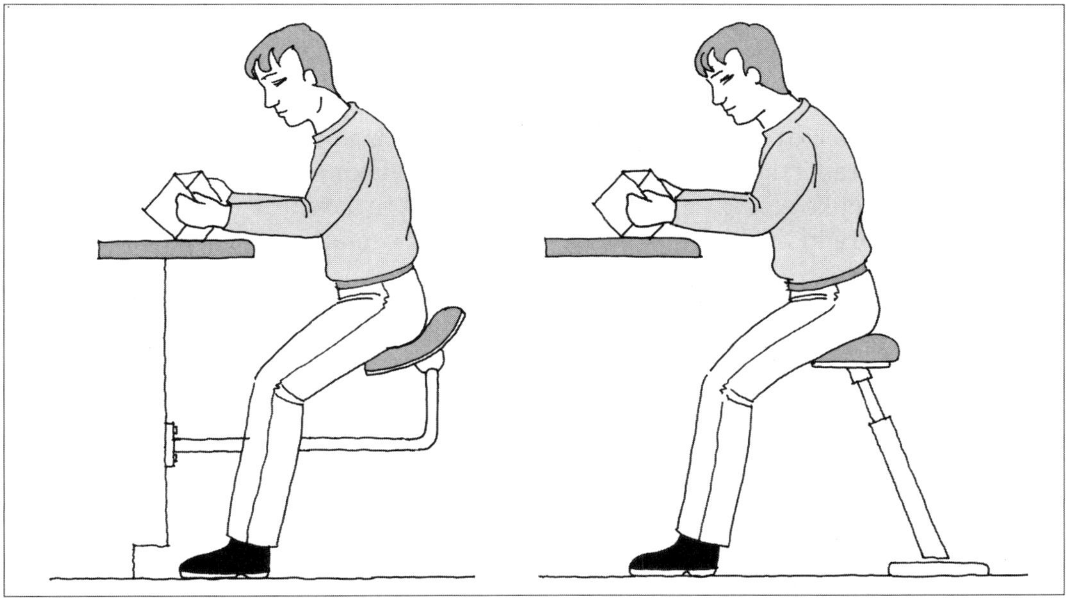

Figura 5.16
Exemplos de assentos para posturas semi-sentadas.

A postura semi-sentada

Os postos de trabalho apresentam, em geral, duas posturas básicas: de pé e sentado. Cada uma tem vantagens e desvantagens. Contudo, há trabalhos que exigem freqüentes mudanças entre as duas posturas. Para esses casos, desenvolveu-se a cadeira semi-sentada (Figura 5.16).

Comparadas com as cadeiras tradicionais, aquelas semi-sentadas são pouco confortáveis. Mesmo assim, podem proporcionar um grande alívio, mesmo que temporário, ao suportar o peso corporal. Além disso, ajudam a estabilizar a postura, pois um trabalhador em pé geralmente fica com o corpo oscilando. Em alguns casos, uma simples barra horizontal onde o trabalhador possa encostar-se já proporciona um bom alívio.

Figura 5.17
A cadeira Balans provoca imobilização dos membros inferiores.

Esse tipo de assento deve ser usado principalmente quando as máquinas não podem ser operadas a partir de uma posição sentada, porque exigem maiores movimentos corporais. É útil também nos casos em que se exigem rápidas mudanças entre as posturas sentada e de pé.

A cadeira Balans (Mandal, 1985) também coloca o usuário em postura semelhante semi-sentada, mas diferencia-se por imobilizar os membros inferiores, além de provocar uma sobrecarga sobre os joelhos e pernas (Figura 5.17). Portanto, envolve maiores contrações estáticas da musculatura. Devido a esses fatores, não se recomenda o uso contínuo dessa cadeira, mas apenas como uma alternativa, durante curtos períodos, como forma de mudar a postura da cadeira tradicional.

Conceitos introduzidos no capítulo 5

uso de dados antropométricos
projeto para média
projeto para extremos
projeto para faixas
projeto regulável
projeto para indivíduos
espaço de trabalho
superfície de trabalho
tuberosidades isquiáticas
relaxamento máximo
princípios sobre assentos
posição semi-sentada

Questões do capítulo 5

1. Quais são os principais cuidados que se devem tomar no uso de dados antropométricos?
2. Explique os princípios para aplicação dos dados antropométricos.
3. Como se devem usar medidas antropométricas máximas e mínimas?
4. Como se determina o espaço de trabalho? Exemplifique.
5. Como se determinam a altura da mesa de trabalho e da bancada para trabalho em pé?
6. Explique como o assento suporta o peso do tronco.
7. Explique os princípios gerais sobre os assentos.
8. Em que situações recomenda-se o uso da posição semi-sentada?

Exercício

Faça medidas das alturas de três assentos, para diferentes funções (sala de estar, sala de jantar, escritório). A seguir, meça a sua própria altura poplítea.

a) Compare as alturas dos assentos com a sua altura poplítea;
b) Avalie as diferenças encontradas quanto ao desempenho e conforto de cada assento.

6. Biomecânica ocupacional

A biomecânica ocupacional é uma parte da biomecânica geral, que se ocupa dos movimentos corporais e forças relacionados ao trabalho. Assim, preocupa-se com as interações físicas do trabalhador, com o seu posto de trabalho, máquinas, ferramentas e materiais, visando reduzir os riscos de distúrbios músculo-esqueléticos. Analisa basicamente a questão das posturas corporais no trabalho, a aplicação de forças, bem como as suas conseqüências.

Muitos produtos e postos de trabalhos inadequados provocam estresses musculares, dores e fadiga que, às vezes, podem ser resolvidas com providências simples, como o aumento ou redução da altura da mesa ou da cadeira, melhoria do *layout* ou concessão de pausas no trabalho.

Este Capítulo apresenta diversas recomendações sobre as posturas do corpo e os limites das forças que podem ser exercidas, sem provocar danos ao trabalhador.

6.1 Trabalho muscular

Como já vimos no Capítulo 3, o corpo humano assemelha-se a um sistema de alavancas movido pela contração muscular. São esses movimentos que permitem realizar diversos tipos de trabalho. Contudo, essa "máquina humana" possui diversos tipos de limitações e fragilidades, que devem ser consideradas no projeto e dimensionamento do trabalho.

Início da atividade

O nosso organismo nunca se "desliga". Ele continua funcionando e consumindo energia, mesmo em repouso, para manter a temperatura corporal mais ou menos constante, durante o metabolismo basal (ver página 79).

Ao realizar um trabalho, como caminhar ou correr, a taxa de metabolismo vai aumentando. Ele precisa de algum tempo (cerca de 2 a 3 minutos) para fazer a **adaptação** do metabolismo às exigências da tarefa (Figura 6.1). Se o esforço começar repentinamente, os músculos trabalham em desvantagem, com débito de oxigênio. Nessas condições, realizam contrações anaeróbicas, usando uma pequena reserva de energia das células, disponível por pouco tempo, cerca de 20 segundos, no máximo.

Durante um esforço físico, os músculos funcionam como um motor térmico, oxidando o glicogênio e liberando ácido lático e ácido racêmico, que aumentam o teor de acidez do sangue. Essa acidez estimula a dilatação dos vasos e aumenta o ritmo da respiração, que contribuem para levar mais oxigênio aos músculos. O **equilíbrio** entre a demanda e o suprimento de oxigênio é restabelecido ao cabo de 2 a 3 minutos. Terminada a atividade, o organismo retorna aos níveis fisiológicos anteriores, demorando cerca de 6 minutos para alcançar o equilíbrio.

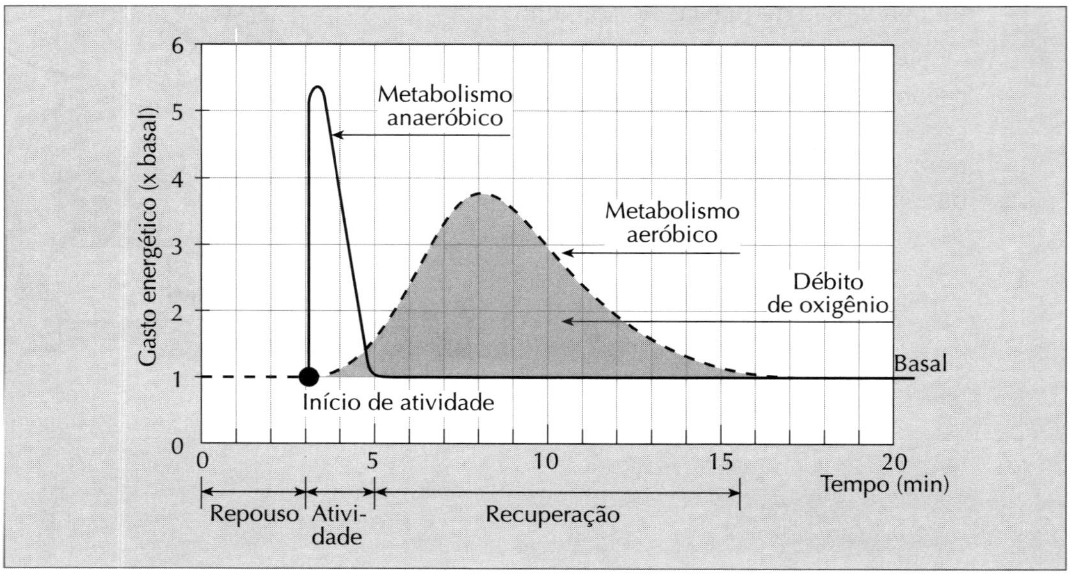

Figura 6.1
No início da atividade, o organismo atua em condições desfavoráveis, com um débito de oxigênio durante 2 a 3 minutos.

O **desequilíbrio** entre a demanda e o suprimento de oxigênio, no início da atividade, pode ser reduzido com um aquecimento prévio do organismo, com pelo menos 5 minutos de antecedência. Esse aquecimento aumenta a temperatura interna do músculo e acelera os ritmos respiratório e cardíaco, aumentando a irrigação e prevenindo as distensões musculares.

Durante trabalhos físicos muito intensos, como em competições esportivas, há outras transformações. O rim praticamente deixa de funcionar, cessando a produção de urina. A irrigação sangüínea no aparelho digestivo também se reduz. Isso aconselha a não se fazer esforço físico com estômago cheio, porque, havendo forte demanda muscular, esta última predomina sobre a função digestiva.

O trabalho muscular intenso ativa também o mecanismo de eliminação do **calor** gerado pelo metabolismo. Um organismo acostumado a trabalhos físicos pesados é capaz de eliminar até 10 vezes mais calor, em relação ao seu estado de repouso (ver mais detalhes na seção 16.1). A musculatura se desenvolve pelo aumento da espessura das fibras, embora a quantidade delas permaneça constante.

Essas fibras também se tornam mais flexíveis e há uma melhor irrigação sangüínea, realizada pelos vasos capilares, no interior dos músculos. Há, portanto, melhor abastecimento de oxigênio e remoção dos resíduos do metabolismo. O coração também se fortalece com o exercício físico. Ele se torna maior e mais forte. O seu ritmo diminui, mas, em cada batida, passa a bombear um volume maior de sangue.

Esse **pré-aquecimento** é praticado normalmente pelos atletas, antes das competições, mas ainda é pouco difundido no meio produtivo. No Japão, existem empresas que reúnem todos os trabalhadores para uma ginástica de aquecimento, antes da jornada de trabalho. Outras instituíram também pausas regulares durante a jornada, para ginásticas de alongamento. Isso é importante, sobretudo no caso de trabalhos estáticos ou tarefas altamente repetitivas.

Portanto, para um trabalho físico pesado, é aconselhável fazer um pré-aquecimento de 2 a 3 minutos, ou iniciar a atividade com menor intensidade, dando uma oportunidade para o organismo ir adaptando-se, de modo que não haja um grande desbalanceamento entre a oferta e a demanda de oxigênio.

6.2 Trabalhos estático e dinâmico

Como já vimos na página 71, a irrigação sangüínea dos músculos é feita pelos vasos capilares. Através desses capilares, o sangue transporta oxigênio até os músculos e retira os subprodutos do metabolismo. A pressão sanguínea chega a 120 mm de Hg próximo do coração, mas vai diminuindo, à medida que se distancia do mesmo e chega ao interior dos músculos com cerca de 30 mm de Hg, sendo maior nas partes inferiores do corpo e menor nas mãos, quando os braços se esticam para cima.

Quando um músculo está contraído, há um aumento da pressão interna, o que provoca um **estrangulamento** dos capilares. Isso acontece com certa facilidade, porque as paredes dos capilares são muito finas e a pressão sanguínea nos músculos é baixa. Enquanto a contração muscular estiver entre 15 a 20% da força máxima do músculo, a circulação continua a ocorrer normalmente. Quando essa contração chegar a 60%, o sangue deixa de circular no interior dos músculos.

Um músculo sem irrigação sanguínea fatiga-se rapidamente, não sendo possível mantê-lo contraído por mais de 1 ou 2 minutos (Figura 3.4). A dor que se segue, provoca uma interrupção obrigatória do trabalho.

Trabalho estático

O trabalho estático é aquele que exige contração contínua de alguns músculos, para manter uma determinada posição. Esse tipo de contração, que não produz movimentos dos segmentos corpóreos, é chamada de contração **isométrica**. Isso ocorre, por exemplo, com os músculos dorsais e das pernas para manter a posição de pé, músculos dos ombros e do pescoço para manter a cabeça inclinada para frente, músculos da mão esquerda segurando a peça para se martelar com a outra mão e assim por diante.

Um trabalho estático com aplicação de 50% da força máxima pode durar no máximo 1 min, enquanto que aplicações com menos de 20% da força máxima permitem manter as contrações musculares estáticas durante um tempo maior.

Muitos autores recomendam que a carga estática não deva superar aos 8% da força máxima, quando os esforços precisam ser realizados diariamente, durante várias horas (Grandjean, 1998). Se essa carga estática chegar a 15 a 20% da força máxima e for executada durante dias e semanas a fio, provoca dores e sinais de fadiga.

Trabalho dinâmico

O trabalho dinâmico ocorre quando há contrações e relaxamentos alternados dos músculos, como nas tarefas de martelar, serrar, girar um volante ou caminhar. Esse movimento funciona como uma bomba hidráulica, ativando a **circulação** nos capilares, aumentando o volume do sangue circulado em até 20 vezes, em relação à situação de repouso (Figura 6.2). O músculo passa a receber mais oxigênio, aumentando a sua resistência à fadiga.

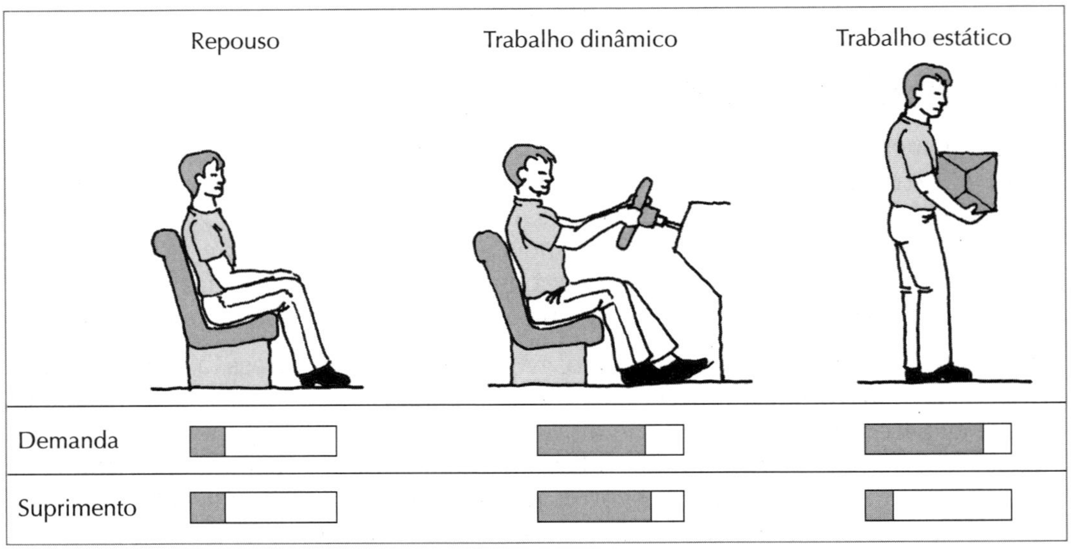

Figura 6.2
O músculo opera em condições desfavoráveis de irrigação sanguínea durante o trabalho estático, com a demanda superando o suprimento, enquanto há equilíbrio entre a demanda e o suprimento nas condições de repouso ou trabalho dinâmico. (Lehmann, 1960)

Portanto, o trabalho estático, sendo altamente fatigante, deve ser evitado sempre que possível. Quando isso não for possível, pode ser aliviado, permitindo-se mudanças de posturas, melhorando o posicionamento de peças e ferramentas ou providenciando-se apoios para partes do corpo com o objetivo de reduzir as contrações estáticas dos músculos. Em fábricas, podem ser tomadas vários tipos de providências, como o uso de carrinhos para substituir o transporte manual de cargas (Figura 6.3).

Dores musculares

Em geral, a musculatura humana tem um bom desempenho contínuo quando é contraído até 15% de sua capacidade máxima. Acima disso, o trabalho deve ser seguido de uma pausa para recuperação.

A dor é causada pela acumulação dos subprodutos do metabolismo no interior dos músculos. Isso decorre das contrações musculares acima da capacidade circulatória em remover os subprodutos do metabolismo. Ocorre, sobretudo, nos trabalhos estáticos, porque eles prejudicam a circulação sangüínea nos vasos capilares, como já vimos.

Se persistir, pode provocar cãibras, acompanhadas de espasmos e fraquezas. Nessas condições, o músculo perde até 50% de sua força normal. A cãibra pode ocorrer nas mãos e antebraços, quando uma pessoa passa longo tempo digitando ou realizando outros tipos de tarefas repetitivas. Ela pode surgir também quando se passa muito tempo escrevendo com caneta ou lápis de má qualidade, que exijam muita pressão dos dedos.

As dores são causadas principalmente pelo manuseio de cargas pesadas ou quando se exigem posturas inadequadas, como a torção da coluna. Muitas outras atividades como puxar e empurrar cargas também podem causar as dores. Essas dores podem ocorrer também com o alongamento excessivo e inflamação dos músculos, tendões e articulações. São associadas geralmente a forças, posturas e repetições exageradas dos movimentos.

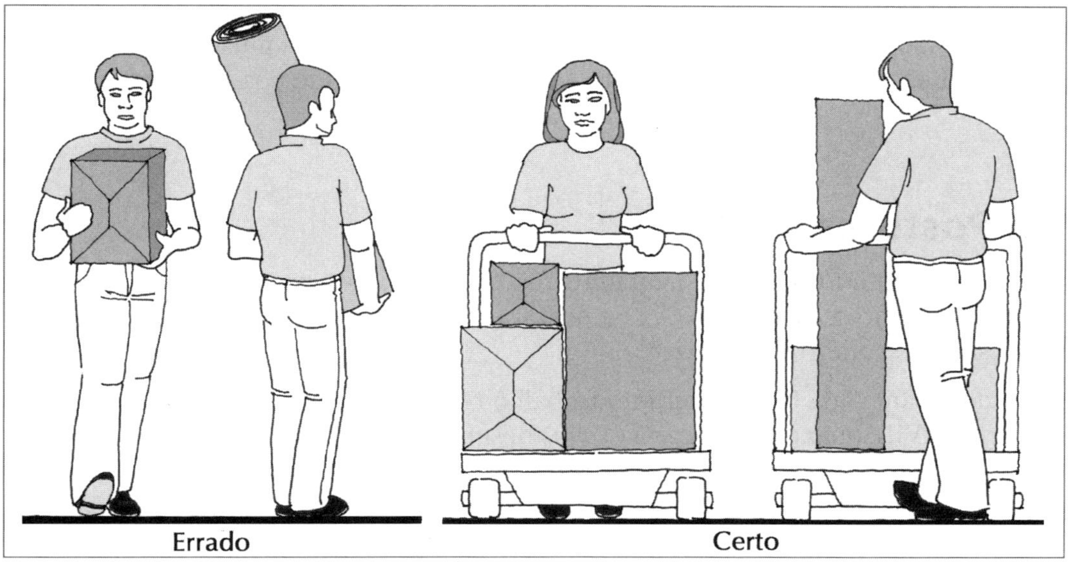

Figura 6.3
O trabalho estático do transporte manual de cargas pode ser aliviado com o uso de carrinhos.

Traumas musculares

Os traumas musculares são provocados pela incompatibilidade entre as exigências do trabalho e as capacidades físicas do trabalhador. Ocorrem basicamente devido a duas causas: impacto e esforço excessivo.

Trauma por impacto — O trauma por impacto ocorre quando a pessoa é atingida por uma **força súbita**, durante um curto espaço de tempo, em uma região específica do corpo. Geralmente é de natureza involuntária e, ocorre, por exemplo, nos casos de colisões e quedas. Pode causar contusões, traumatismos sérios como lacerações de tecidos e fraturas ósseas. Em casos extremos, pode levar à morte. No ambiente doméstico, os pisos escorregadios, úmidos e pequenos desníveis de até 5 cm representam as maiores causas de quedas.

Trauma por esforço excessivo — Esse tipo de trauma ocorre durante a atividade física no trabalho, principalmente quando há **cargas excessivas**, sem a concessão das devidas pausas. Ele pode decorrer de uma atividade eventual, mas que exija forças e movimentos inadequados do corpo, como deslocar um peso excessivo. Pode ser causado também por movimentos altamente repetitivos, como nas linhas de montagem ou trabalho de digitação. Tipicamente, provoca lesões como tendinites, tenossinovites, compressões nervosas e distúrbios lombares. Essas lesões por traumas repetitivos são conhecidas pelas seguintes siglas:

DORT – distúrbios osteomusculares relacionados ao trabalho
LTC – lesões por traumas cumulativos
LER – lesões por esforços repetitivos

A sigla DORT é mais abrangente e inclui a LTC e LER.

Os maiores problemas no trabalho geralmente são decorrentes dos traumas por esforços excessivos. Eles são responsáveis pela maior parte de afastamento dos trabalhadores, em conseqüência das doenças e lesões no sistema músculo-esquelético. Os acidentes por traumas de impacto são menos freqüentes nos ambientes de trabalho.

6.3 Posturas do corpo

Postura é o estudo do posicionamento relativo de partes do corpo, como cabeça, tronco e membros, no espaço. A boa postura é importante para a realização do trabalho sem desconforto e estresse.

A importância da boa postura no trabalho tem sido recomendada desde o início do século XVIII, quando Ramazzini (1999) descreveu, em 1700, as conseqüências danosas de "certos movimentos violentos e irregulares e posturas inadequadas para o artesão". Desde então, muitos pesquisadores tem descrito as conseqüências danosas das condições severas de trabalho, ao corpo humano.

Posturas inadequadas

Muitas vezes, o trabalhador assume posturas inadequadas devido ao projeto deficiente das máquinas, equipamentos, postos de trabalho e também, às exigências da tarefa. O redesenho dos postos de trabalho para melhorar a postura promove reduções da fadiga, dores corporais, afastamentos do trabalho e doenças ocupacionais. Um exemplo típico é quando o trabalhador precisa inclinar-se para levantar cargas a partir de uma superfície baixa ou precisa inclinar a cabeça para fazer fixações visuais, como na operação do torno mecânico.

Existem três situações principais em que a má postura pode produzir conseqüências danosas:

- Trabalhos estáticos que envolvem uma postura parada por longos períodos;
- Trabalhos que exigem muita força; e
- Trabalhos que exigem posturas desfavoráveis, como o tronco inclinado e torcido.

No primeiro caso, a sobrecarga sobre os músculos e articulações pode levar à rápida fadiga muscular, dores e lesões. Os trabalhos que exigem uma sobrecarga biomecânica, também podem provocar lesões musculares.

Posturas básicas

Trabalhando ou repousando, o corpo assume três posturas básicas: as posições deitada, sentada e em pé.

Em cada uma dessas posturas estão envolvidos esforços musculares para manter a posição relativa de partes do corpo, que se distribuem da seguinte forma:

Parte do corpo	*% do peso total*
Cabeça	6 a 8%
Tronco	40 a 46%
Membros superiores	11 a 14%
Membros inferiores	33 a 40%

Essas faixas de variação são justificadas pelas diferenças do tipo físico e do sexo. Além disso, já vimos, no Capítulo 4, que há influências étnicas na distribuição das proporções corporais.

Existe um certo tipo de postura que pode ser considerado mais adequado para cada tipo de tarefa. Muitas vezes, projetos inadequados de máquinas, assentos ou bancadas de trabalho obrigam o trabalhador a usar posturas inadequadas. Se estas forem mantidas por um longo tempo, podem provocar fortes dores localizadas naquele conjunto de músculos solicitados na conservação dessas posturas (Tabela 6.1).

TABELA 6.1

Localização das dores no corpo, provocadas por posturas inadequadas

Postura inadequada	Risco de dores
Em pé	Pés e pernas (varizes)
Sentado sem encosto	Músculos extensores do dorso
Assento muito alto	Parte inferior das pernas, joelhos e pés
Assento muito baixo	Dorso e pescoço
Braços esticados	Ombros e braços
Pegas inadequadas em ferramentas	Antebraço
Punhos em posições não-neutras	Punhos
Rotações do corpo	Coluna vertebral
Ângulo inadequado assento/encosto	Músculos dorsais
Superfícies de trabalho muito baixas ou muito altas	Coluna vertebral, cintura escapular

Posição deitada

Na posição deitada não há concentração de tensão em nenhuma parte do corpo. O sangue flui livremente para todas as partes do corpo, contribuindo para eliminar os resíduos do metabolismo e as toxinas dos músculos, provocadores da fadiga. O consumo energético assume o valor mínimo, aproximando-se do metabolismo **basal**.

É, portanto, a postura mais recomendada para repouso e recuperação da fadiga. Contudo, não se recomenda essa postura para o trabalho porque os movimentos tornam-se difíceis e fica muito cansativo elevar a cabeça, braços e mãos.

Em alguns casos, a posição horizontal é assumida para realizar algum trabalho, como o de manutenção de automóveis. Nesse caso, como a cabeça (4 a 5 kg) geralmente fica sem apoio, a posição pode se tornar extremamente fatigante, sobretudo para a musculatura do pescoço. As dores nessa região podem aparecer em alguns minutos.

Posição de pé

A posição de pé apresenta vantagem de proporcionar grande **mobilidade** corporal. Os braços e pernas podem ser utilizados para alcançar os controles das máquinas. Também grandes distâncias podem ser alcançadas andando-se. Além disso, facilita o uso dinâmico de braços, pernas e troncos, por exemplo, para quebrar pedras com uma marreta ou chutar uma bola.

A posição parada, em pé, é altamente fatigante porque exige muito trabalho **estático** da musculatura envolvida para manter essa posição. Na realidade, o corpo não fica totalmente estático, mas oscilando, exigindo freqüentes reposicionamentos, dificultando a realização de movimentos precisos. Em geral, recomenda-se que o corpo possua algum ponto de referência (posicionamento espacial) e apoios (encostos). O coração encontra maiores resistências para bombear sangue para os extremos do corpo, e o consumo de energia torna-se elevado.

Posição sentada

A posição sentada exige atividade muscular do dorso e do ventre para manter esta posição. Praticamente todo o peso do corpo é suportado pela pele que cobre o osso ísquio, nas nádegas (ver página 149). O consumo de energia é de 3 a 10% maior em relação à posição horizontal. A postura ligeiramente inclinada para frente é mais natural e menos fatigante do que aquela ereta. O assento deve permitir mudanças freqüentes de posturas, para retardar o aparecimento da fadiga.

A posição sentada, em relação à posição de pé, apresenta ainda a vantagem de liberar as pernas para tarefas produtivas, permitindo grande mobilidade desses membros. Além disso, o assento proporciona um ponto de referência relativamente fixo. Isso facilita a realização de trabalhos delicados com os dedos. Na posição em pé, além da dificuldade de usar os pés para o trabalho, freqüentemente necessita-se também do apoio das mãos e braços para manter a postura e fica mais difícil fixar um ponto de referência.

Inclinação da cabeça para frente

Muitas vezes é necessário inclinar a cabeça para a frente para se ter uma melhor visão, como nos casos de pequenas montagens, inspeção de peças com pequenos defeitos ou leitura difícil. Essas necessidades geralmente ocorrem quando:

- O assento é muito alto;
- A mesa é muito baixa;
- A cadeira está longe do trabalho, dificultando as fixações visuais;
- Há necessidades específicas, como no caso do microscópio.

Essa postura provoca fadiga rápida dos músculos do pescoço e do ombro, devido, principalmente, ao momento (no sentido da Física) provocado pela cabeça, que tem um peso relativamente elevado (4 a 5 kg).

As dores no pescoço começam a aparecer quando a inclinação da cabeça, em relação à vertical, for maior que 30° (Figura 6.4). Nesse caso, deve-se tomar providências para restabelecer a postura vertical da cabeça, de preferência com até 20° de inclinação, fazendo-se ajustes na altura da cadeira, mesa ou localização da peça. Se isso não for possível, o trabalho deve ser programado de modo que a cabeça seja inclinada durante o menor tempo possível e seja intercalado com pausas para relaxamento, com a cabeça voltando à sua posição vertical.

Até as décadas de 1950-60 haviam mesas de escritório e carteiras escolares com o tampo **inclinado**. Hoje, essas inclinações só existem em alguns tipos de móveis especiais, como as pranchetas para desenho. Na maioria dos casos, elas foram aban-

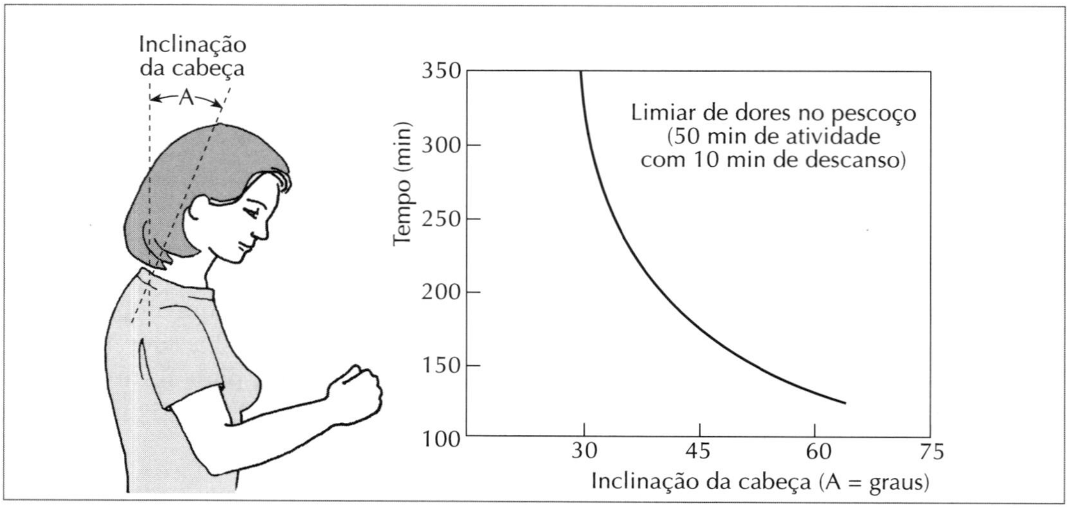

Figura 6.4 Tempos médios para aparecimento de dores no pescoço, de acordo com a inclinação da cabeça para frente (Chaffin, 1973).

donadas, provavelmente porque os papéis, cadernos e lápis escorregavam sobre esse tipo de tampo. Entretanto, do ponto de vista postural, são melhores que os tampos horizontais. Experimentos de laboratório mostraram que os tampos inclinados em 10° são benéficos para tarefas de leitura. O ângulo do tronco no plano sagital reduz-se de 9° (Figura 6.5), com uma melhoria significativa do conforto (De Wall, 1991). Na impossibilidade de introduzir essas inclinações em mesas e carteiras já existentes, pode-se providenciar apoios para inclinar os livros para a leitura.

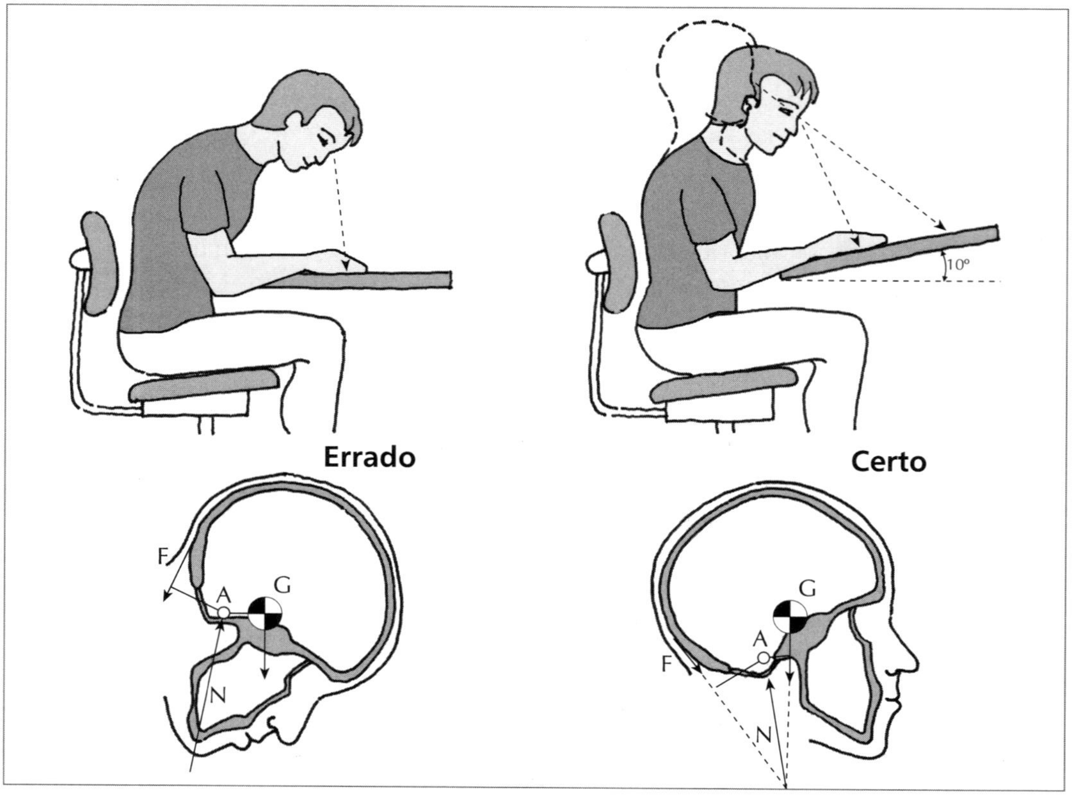

Figura 6.5 Uma inclinação do tampo da mesa em 10° provoca uma redução da inclinação do tronco em 9°, melhorando a postura (De Wall, 1991).

Registros da postura

Na prática, durante uma jornada de trabalho, um trabalhador pode assumir centenas de posturas diferentes. Em cada tipo de postura, um diferente conjunto da musculatura é acionado. Muitas vezes, no comando de uma máquina, por exemplo, pode haver mudanças rápidas de uma postura para outra. Uma simples observação visual não é suficiente para se analisar essas posturas detalhadamente, sendo necessário empregar técnicas especiais de registro e análise dessas posturas. Algumas dessas técnicas já foram apresentadas na seção 4.4.

Registro eletromiográfico

As observações subjetivas da postura podem ser substituídas por registros eletrônicos da atividade muscular, obtendo-se gráficos chamados de eletromiogramas ou, abreviadamente, EMG. Esses gráficos podem ser obtidos introduzindo-se eletrodos nos músculos e registrando-se a atividade elétrica, quando se deseja estudar os músculos profundos.

Por exemplo, para a análise de posturas dorsais, os diversos músculos envolvidos na sustentação de cada postura podem ser submetidos à EMG. Naturalmente, aquelas posturas que exigem tensões maiores dos músculos apresentarão mais atividades elétricas. Assim, pode-se pesquisar aquelas posições que exigem menos atividade muscular e que são, portanto, menos fatigantes.

Esse método tem a vantagem de fornecer informações objetivas pelo registro direto da atividade muscular, mas tem a desvantagem de exigir um equipamento eletrônico relativamente dispendioso. Exige também o acompanhamento de um médico, para que os eletrodos sejam colocados corretamente no músculo do qual se quer fazer registro. Existem também eletrodos de superfície, colocados sobre a pele, mas o seu registro é mais genérico, sendo úteis apenas para o registro da atividade dos músculos superficiais. Muitas vezes, estes são suficientes para as pesquisas na ergonomia.

Sistema OWAS

Um sistema prático de registro, chamado de OWAS (*Ovako Working Posture Analysing System*) foi desenvolvido por três pesquisadores finlandeses (Karku, Kansi e Kuorinka, 1977), que trabalhavam em uma empresa siderúrgica. Eles começaram com análises fotográficas das principais posturas encontradas tipicamente na indústria pesada.

Encontraram 72 posturas típicas (ver exemplo na Figura 6.6), que resultaram de diferentes combinações das posições do dorso (4 posições típicas), braços (3 posições típicas) e pernas (7 posições típicas). A seguir, foram feitas mais de 36 340 observações em 52 tarefas típicas da indústria, para se testar o método. Diferentes analistas treinados, observando o mesmo trabalho, fizeram registros com 93% de concordância, em média.

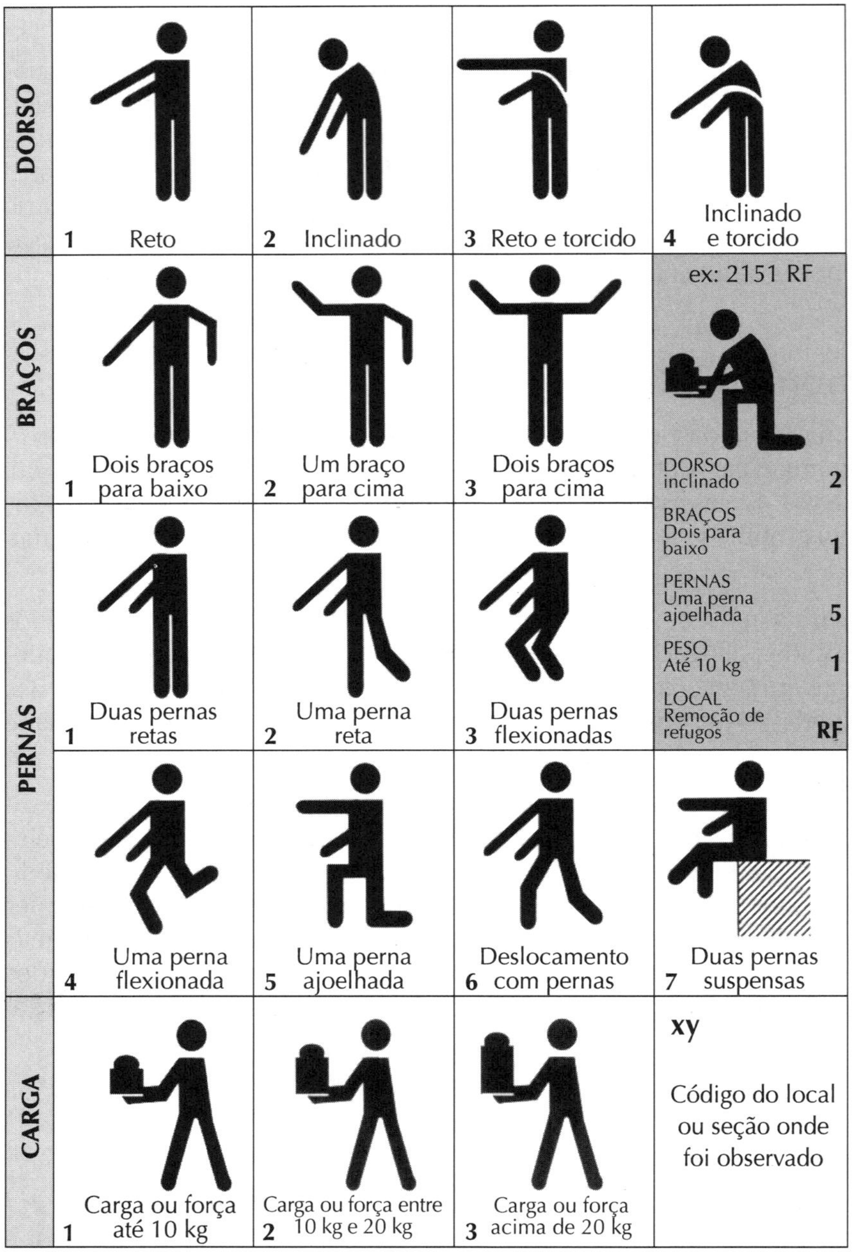

Figura 6.6
Sistema OWAS para o registro da postura. Cada postura é descrita por um código de seis dígitos, representando posições do dorso, braços, pernas, e carga. Os dois últimos indicam o local onde a postura foi observada (Karhu, Kansi e Kuorinka, 1977).

O mesmo trabalhador, quando observado de manhã e à tarde, conservava 86% das posturas registradas e, diferentes trabalhadores, executando a mesma tarefa, usavam, em média, 69% de posturas semelhantes. Portanto, concluiu-se que o método de registro apresentava uma consistência razoável.

A seguir, foi feita uma avaliação das diversas posturas quanto ao desconforto. Para isso, foi usado um manequim que podia ser colocado nas diversas posturas estudadas. Um grupo de 32 trabalhadores experientes fazia avaliações quanto ao desconforto de cada postura. Em cada sessão, faziam duas avaliações, usando uma escala de quatro pontos, com os seguintes extremos: "postura normal sem desconforto e sem efeito danoso à saúde" e "postura extremamente ruim, provoca desconforto em pouco tempo e pode causar doenças". Com base nessas avaliações, as posturas foram classificadas em uma das seguintes categorias:

Classe 1 — postura normal, que dispensa cuidados, a não ser em casos excepcionais.

Classe 2 — postura que deve ser verificada durante a próxima revisão rotineira dos métodos de trabalho.

Classe 3 — postura que deve merecer atenção a curto prazo

Classe 4 — postura que deve merecer atenção imediata.

Essas classes dependem do tempo de duração das posturas, em percentagens da jornada de trabalho (tabela 6.2) ou da combinação das quatro variáveis (dorso, braços, pernas e carga), conforme se vê na Tabela 6.3

TABELA 6.2
Sistema OWAS: Classificação das posturas de acordo com a duração das posturas

DURAÇÃO MÁXIMA (% da jornada de trabalho)		10	20	30	40	50	60	70	80	90	100
DORSO	1. Dorso reto	1	1	1	1	1	1	1	1	1	1
	2. Dorso inclinado	1	1	1	2	2	2	2	2	3	3
	3. Dorso reto e torcido	1	1	2	2	2	3	3	3	3	3
	4. Inclinado e torcido	1	2	2	3	3	3	3	4	4	4
BRAÇOS	1. Dois braços para baixo	1	1	1	1	1	1	1	1	1	1
	2. Um braço para cima	1	1	1	2	2	2	2	2	3	3
	3. Dois braços para cima	1	1	2	2	2	2	2	3	3	3
PERNAS	1. Duas pernas retas	1	1	1	1	1	1	1	1	1	2
	2. Uma perna reta	1	1	1	1	1	1	1	1	2	2
	3. Duas pernas flexionadas	1	1	1	2	2	2	2	2	3	3
	4. Uma perna flexionada	1	2	2	3	3	3	3	4	4	4
	5. Uma perna ajoelhada	1	2	2	3	3	3	3	4	4	4
	6. Deslocamento com as pernas	1	1	2	2	2	3	3	3	3	3
	7. Duas pernas suspensas	1	1	1	1	1	1	1	1	2	2

Tabela 6.3
Sistema OWAS: Classificação das posturas pela combinação da variáveis

Dorso	Braços	1			2			3			4			5			6			7			Pernas
		1	2	3	1	2	3	1	2	3	1	2	3	1	2	3	1	2	3	1	2	3	Cargas
1	1	1	1	1	1	1	1	1	1	1	2	2	2	2	2	2	1	1	1	1	1	1	
	2	1	1	1	1	1	1	1	1	1	2	2	2	2	2	2	1	1	1	1	1	1	
	3	1	1	1	1	1	1	1	1	1	2	2	3	2	2	3	1	1	1	1	1	2	
2	1	2	2	3	2	2	3	2	2	3	3	3	3	3	3	3	2	2	2	2	3	3	
	2	2	2	3	2	2	3	2	3	3	3	4	4	3	4	4	3	3	4	2	3	4	
	3	3	3	4	2	2	3	3	3	3	3	4	4	4	4	4	4	4	4	2	3	4	
3	1	1	1	1	1	1	1	1	1	2	3	3	3	4	4	4	1	1	1	1	1	1	
	2	2	2	3	1	1	1	1	1	2	4	4	4	4	4	4	3	3	3	1	1	1	
	3	2	2	3	1	1	1	2	3	3	4	4	4	4	4	4	4	4	4	1	1	1	
4	1	2	3	3	2	2	3	2	2	3	4	4	4	4	4	4	4	4	4	2	3	4	
	2	3	3	4	2	3	4	3	3	4	4	4	4	4	4	4	4	4	4	2	3	4	
	3	4	4	4	2	3	4	3	3	4	4	4	4	4	4	4	4	4	4	2	3	4	

O procedimento descrito foi aplicado durante dois anos na empresa siderúrgica para identificar e solucionar os principais focos de problemas. Os resultados levaram à melhoria do conforto e contribuíram decisivamente para a remodelação de algumas linhas de produção, que apresentavam maior gravidade. Com esse método conseguiu-se identificar e solucionar problemas que estavam pendentes há vários anos e nos quais as tentativas anteriores haviam fracassado. Um estudo de caso, com aplicação do sistema OWAS, é apresentado na página 550.

Diagrama das áreas dolorosas

O diagrama das áreas dolorosas foi proposto por Corlett e Manenica (1980). O corpo humano é divido em 24 segmentos, facilitando a localização de áreas em que os trabalhadores sentem dores (Figura 6.7). Munido desse diagrama, o analista de trabalho entrevista os trabalhadores ao final de um período de trabalho, pedindo para eles apontarem as regiões onde sentem dores. A seguir, pede-se para que eles avaliem subjetivamente o grau de desconforto que sentem em cada um dos segmentos indicados no diagrama. O índice de desconforto é classificado em 8 níveis que varia do nível zero para "sem desconforto" até o nível sete "extremamente desconfortável", marcadas linearmente da esquerda para direita.

A principal vantagem desse diagrama é o seu fácil entendimento. Ele pode ser distribuído em grande quantidade, juntamente com algumas instruções simples, para auto-preenchimento dos trabalhadores. Naturalmente, haverá diferenças entre os critérios individuais de preenchimento, mas serve para se fazer um mapeamento

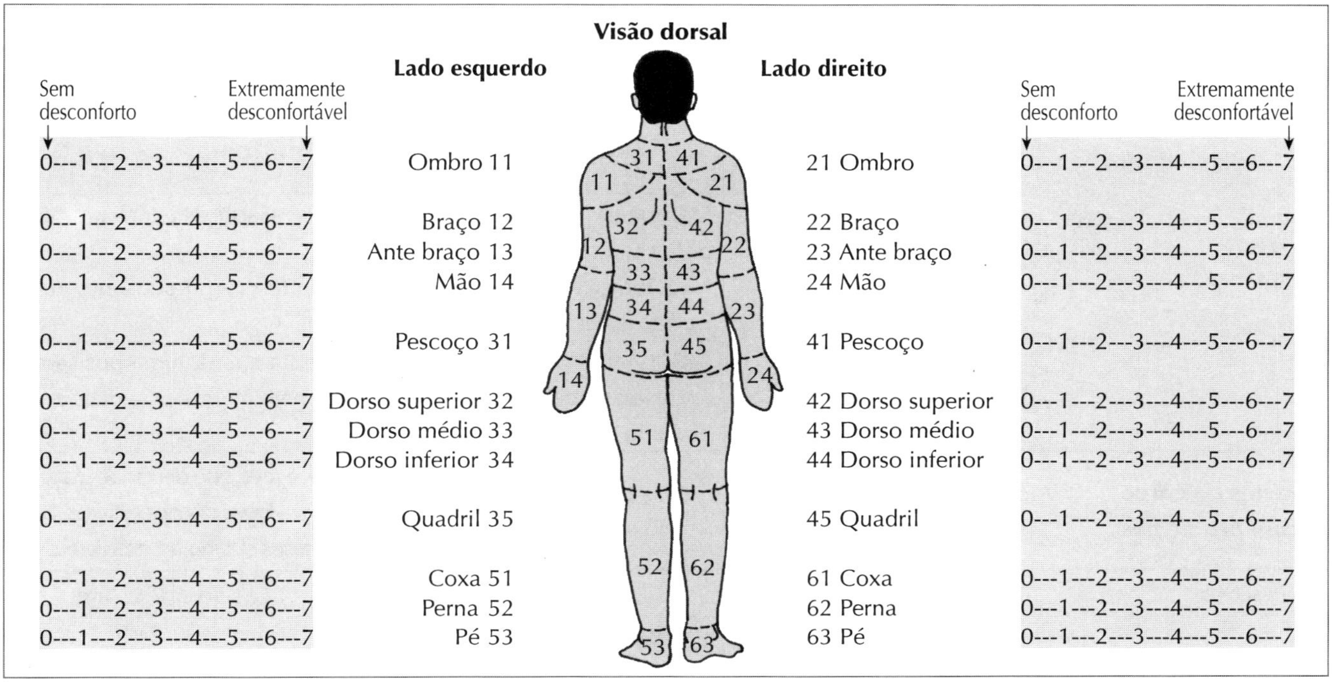

Figura 6.7 Diagrama de áreas dolorosas (Corlett e Manenica, 1980).

geral para toda a empresa. Assim, podem-se identificar as máquinas, equipamentos e locais de trabalho que apresentam maior gravidade (acima do 3º nível) e que merecem atenção imediata. Com isso, o esforço dos analistas pode ser dirigido para aqueles pontos prioritários, conseguindo-se resultados mais significativos.

Questionário nórdico

O questionário nórdico foi desenvolvido para auto-preenchimento (Figura 6.8). Há um desenho dividindo o corpo humano em 9 partes. Os trabalhadores devem responder "não" ou "sim" para três situações envolvendo essas 9 partes:

- Você teve algum problema nos últimos 7 dias?
- Você teve algum problema nos últimos 12 meses?
- Você teve que deixar de trabalhar algum dia nos últimos 12 meses devido ao problema?

O questionário é distribuído juntamente com uma carta explicando os objetivos do levantamento e solicitando a colaboração. Segue-se um bloco de caracterização do sujeito, pedindo-se para indicar o sexo, idade, lateralidade (destro, canhoto ou ambidestro). Finalmente, indica-se onde devem ser entregues os questionários preenchidos, e se faz um agradecimento pela colaboração.

Observou-se um gasto de 2 a 9 min no preenchimento, com média de 4 min. Aplicando-se o mesmo questionário em duas ocasiões diferentes (espaçadas de 2 a 3 semanas) para a mesma amostragem (44 pessoas) verificou-se uma discrepância de 12% na pergunta referente à ocorrência de problema nos últimos 7 dias, 4% para a

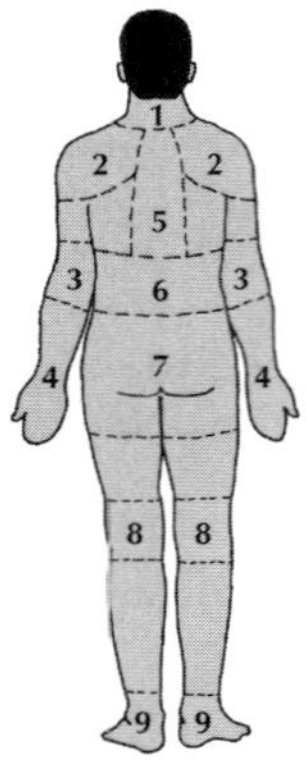

Questionário Nórdico dos sintomas músculo-esquelético

Marque um (x) na resposta apropriada. Marque apenas um (x) para cada questão.
Não, indica conforto, saúde — **Sim**, indica incômodos, desconfortos, dores nessa parte do corpo.

ATENÇÃO: O desenho ao lado representa apenas uma posição aproximada das partes do corpo. Assinale a parte que mais se proxima do seu problema

Partes do corpo com problemas	***Você teve algum problema nos últimos 7 dias?***	***Você teve algum problema nos últimos 12 meses?***	***Você teve que deixar de trabalhar algum dia nos últimos 12 meses devido ao problema?***
1 - Pescoço	1 □ Não 2 □ Sim	1 □ Não 2 □ Sim	1 □ Não 2 □ Sim
2 - Ombros	1 □ Não 2 □ Sim - ombro direito 3 □ Sim - ombro esquerdo 4 □ Sim - os dois ombros	1 □ Não 2 □ Sim - ombro direito 3 □ Sim - ombro esquerdo 4 □ Sim - os dois ombros	1 □ Não 2 □ Sim
3 - Cotovelos	1 □ Não 2 □ Sim - cotovelo direito 3 □ Sim - cotovelo esquerdo 4 □ Sim - os dois cotovelos	1 □ Não 2 □ Sim - cotovelo direito 3 □ Sim - cotovelo esquerdo 4 □ Sim - os dois cotovelos	1 □ Não 2 □ Sim
4 - Punhos e mãos	1 □ Não 2 □ Sim - punho/mão direita 3 □ Sim - punho/mão esquerda 4 □ Sim - os dois punho/mão	1 □ Não 2 □ Sim - punho/mão direita 3 □ Sim - punho/mão esquerda 4 □ Sim - os dois punho/mão	
5 - Coluna dorsal	1 □ Não 2 □ Sim	1 □ Não 2 □ Sim	1 □ Não 2 □ Sim
6 - Coluna lombar	1 □ Não 2 □ Sim	1 □ Não 2 □ Sim	1 □ Não 2 □ Sim
7 - Quadril ou coxas	1 □ Não 2 □ Sim	1 □ Não 2 □ Sim	1 □ Não 2 □ Sim
8 - Joelhos	1 □ Não 2 □ Sim	1 □ Não 2 □ Sim	1 □ Não 2 □ Sim
9 - Tornozelo ou pés	1 □ Não 2 □ Sim	1 □ Não 2 □ Sim	1 □ Não 2 □ Sim

Figura 6.8 Questionário para levantamento dos problemas musculo-esqueléticos (Kuorinka, 1986).

ocorrência nos últimos 12 meses e 16% sobre faltas ao trabalho nos últimos 12 meses. Individualmente as pessoas apresentaram entre 0 a 23% de discrepâncias.

Considerando uma certa subjetividade e a memória pessoal de cada sujeito, esse nível de discrepância foi considerado aceitável. O questionário é válido, sobretudo, quando se quer fazer um levantamento abrangente, rápido e de baixo custo. Ele pode ser usado para se fazer um levantamento inicial das situações que requerem análises mais profundas e medidas corretivas. Os dados podem ser processados eletronicamente, para identificar os principais problemas posturais em uma empresa.

Em relação ao sistema OWAS e o Diagrama de Áreas Dolorosas, tem a vantagem da maior simplicidade e estender o prazo de ocorrência dos problemas aos últimos 12 meses, enquanto os outros realizam "fotografias" instantâneas.

6.4 Aplicação de forças

Os movimentos humanos resultam das contrações musculares. As forças desses movimentos dependem da quantidade de fibras musculares contraídas. Em geral, apenas dois terços das fibras de um músculo podem ser voluntariamente contraídas de cada vez. Para longos períodos, a contração muscular não deve ultrapassar a 20% da força máxima (Figura 3.4).

No corpo humano, os músculos ocorrem em pares antagônicos ligados à mesma articulação, de modo que, para o mesmo movimento, há simultaneamente um músculo (protagonista) contraindo-se e outro (antagonista) relaxando-se, como já se viu na seção 3.1. Em movimentos mais complexos envolvendo, por exemplo, tração e rotação simultâneas, há contrações e relaxamentos coordenados de diversos músculos.

Características dos movimentos

Para fazer um determinado movimento, diversas combinações de contrações musculares podem ser utilizadas, cada uma delas tendo diferentes características de velocidade, precisão e movimento. Portanto, conforme a combinação de músculos que participem de um movimento, este pode ter características e custos energéticos diferentes. Um operador experiente fatiga-se menos porque aprende a usar aquela combinação mais eficiente em cada caso, economizando as suas energias.

Para grandes forças, deve-se usar preferencialmente a musculatura das pernas, que são as mais resistentes. Além disso, sempre se deve usar a gravidade e a quantidade de movimento (massa x velocidade) a seu favor. Por exemplo, para suspender um peso de uma altura para outra, é preferível usar uma roldana e exercer a força para baixo, pois assim se estará usando o peso do próprio corpo para ajudar a suspender.

Precisão — Os movimentos de maior precisão são realizados com as **pontas dos dedos**. Se envolvermos sucessivamente os movimentos do punho, cotovelo e ombro, aumentaremos a força, com prejuízo da precisão. Isso pode ser observado em operações manuais altamente repetitivas. Quando os dedos fatigam-se, há uma tendência de substituí-los, sucessivamente, pelos movimentos do punho, cotovelos e ombros, com progressiva perda da precisão.

Ritmo — Os movimentos devem ser suaves, curvos e rítmicos. Acelerações ou desacelerações bruscas, ou rápidas mudanças de direção são fatigantes, porque exigem maiores contrações musculares.

Movimentos retos — O corpo, sendo constituído de alavancas que se movem em torno de articulações, tem uma tendência natural para executar movimentos curvos. Portanto, os movimentos retos são mais difíceis e imprecisos, pois exigem uma complexa integração dos movimentos de diversas articulações.

Terminações — Os movimentos que exigem posicionamentos precisos, com acompanhamento visual, são difíceis e demorados. Sempre que possível esses movimentos devem ser terminados com um posicionamento mecânico, como no caso da mão batendo contra um anteparo, ou controles que tenham posicionamentos discretos, como as alavancas de câmbio.

Os movimentos mais adequados para a produção industrial foram sintetizados por Barnes (1977), e chamados de princípios de economia dos movimentos (ver Tabela 7.1).

Transmissão de movimentos e forças

No posto de trabalho, as exigências de forças e torques devem ser adaptadas às capacidades do operador, nas condições operacionais reais. No caso de uma alavanca, por exemplo, isso significa que a força deve ser medida na posição exata em que essa alavanca estiver situada, na postura corporal exigida e com o tipo de deslocamento que será efetuado. Além disso, a resistência dessa alavanca ao movimento, ou seja, a força necessária para movimentá-la, deve estar dentro de uma faixa que um operador mais fraco consiga movimentá-la (valor máximo) e também ter um certo atrito ou inércia (valor mínimo), para evitar acionamentos acidentais.

Força para empurrar e puxar

A capacidade para empurrar e puxar depende de diversos fatores como a postura, dimensões antropométricas, sexo, atrito entre o sapato e o chão e outros. Em geral, as forças máximas para empurrar e puxar, para homens, oscilam entre 200 a 300 N e as mulheres apresentam 40 a 60% dessa capacidade (N = newton = $kg.m.s^{-2}$ – para transformar newtons em kilogramas-força divida por 9,81. Exemplo: 200 N = 20,4 kgf). Se for usado o peso do corpo e a força dos ombros para empurrar, conseguem-se valores até 500 N

Chaffin, Andres e Carg (1983) construíram um dinamômetro para medir as forças máximas de empurrar e puxar na horizontal, em três alturas diferentes, a 68,109 e 152 cm do solo. Os resultados conseguidos com estudantes de 21 a 23 anos encontram-se na Figura 6.9.

Outros estudos demonstraram que os melhores resultados são conseguidos com o ponto de aplicação abaixo de 90 cm de altura. Comparando com a força total dos dois braços, observou-se que o uso de apenas um braço (aquele preferencial de cada sujeito) produzia 65 a 73% do valor dos dois braços. Isso significa dizer que o uso do segundo braço pode aumentar a força transmitida em 27 a 35% do total.

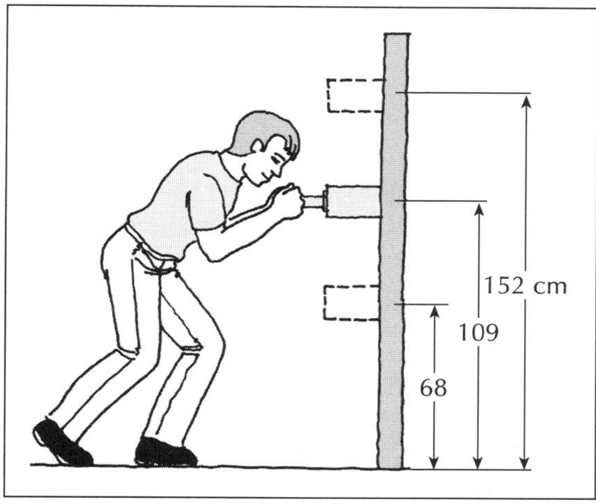

Força (N)		Mulheres				Homens			
		Empurrar		Puxar		Empurrar		Puxar	
		Máx.	D.P.	Máx.	D.P.	Máx.	D.P.	Máx.	D.P.
Altura da pega (cm)	152	150	48	143	34	284	83	174	14
	109	176	68	171	33	342	98	258	26
	68	158	61	179	73	399	95	376	73
Média		161	58	164	51	342	101	269	95

D.P. = desvio-padrão

Figura 6.9 Forças máximas (em newtons) para empurrar e puxar, na posição de pé (Chaffin, Andres e Carg, 1983).

Alcance vertical

Quando o braço é mantido na posição elevada, acima dos ombros, os músculos dos ombros e do bíceps fatigam-se rapidamente, e podem aparecer dores provocadas por uma tendinite dos bíceps, especialmente nos trabalhadores mais idosos, que tem menos mobilidade nas juntas.

A Figura 6.10 apresenta os tempos máximos em que uma carga pode ser sustentada em três alturas diferentes, na posição sentada (Chaffin, 1973). Após esses tempos, começam a aparecer dores nos ombros e braços. Para uma carga de 10 N nas mãos, por exemplo, mantida a 30 cm acima da superfície da bancada, o tempo máximo suportável é de 4 min.

Se essa mesma carga for erguida até 50 cm, o tempo se reduz a 2,5 min. Para movimentos repetitivos de curta duração, o mesmo efeito aparece quando a solicitação muscular situar-se acima de 40% daqueles valores, e a pausa entre as contrações for inferior a 10 vezes o tempo das contrações.

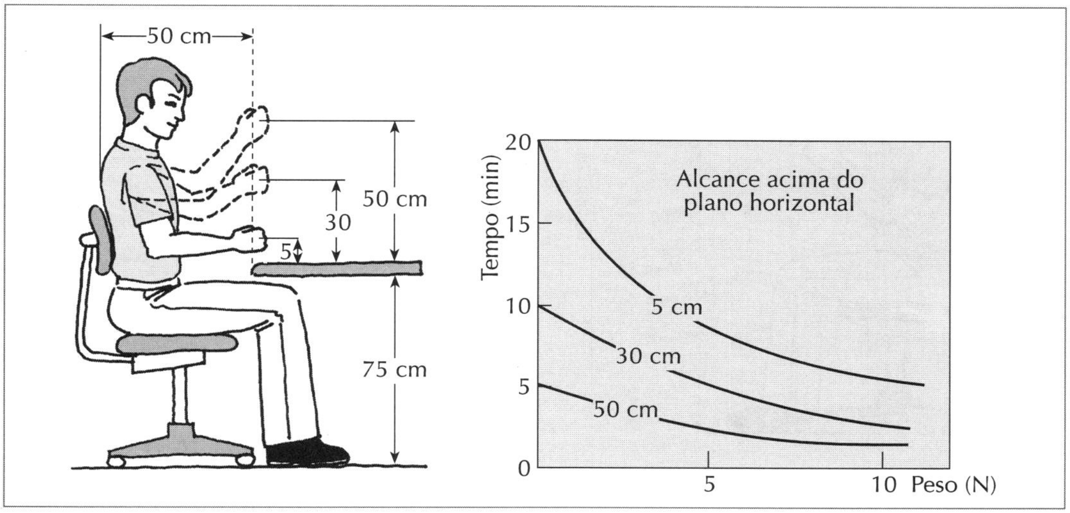

Figura 6.10 Tempos médios para aparecimento de dores nos ombros, em função do alcance vertical dos braços e dos pesos sustentados (Chaffin, 1973).

Alcance horizontal

O alcance horizontal, com um peso nas mãos, provoca uma solicitação maior dos músculos do ombro para contrabalançar o momento criado pelo peso (Figura 6.11). Isso ocorre devido à distância relativamente grande desse peso em relação ao ombro. Com o braço estendido a 50 cm para frente, o tempo máximo que se pode suportar uma carga de apenas 5 N é de 5 min e, se a carga for de 10 N, esse tempo cai para 2,5 min. Acima desses limites, surgem dores nos braços e ombros. Se for usado um apoio para o cotovelo, para reduzir a solicitação sobre os músculos do ombro, esses tempos podem ser triplicados (Chaffin, 1973).

Tanto o alcance vertical como aquele horizontal indicam que os braços têm pouca resistência em manter cargas estáticas. Os tempos para isso não devem ser maiores que 1 ou 2 min. No projeto dos locais de trabalho devem ser evitadas as situações em que um dos braços fica segurando a peça para a outra executar a operação requerida. Essa carga, na medida do possível, deve ser aliviada, providenciando-se suportes ou fixadores para manter mecanicamente a peça na posição desejada, enquanto se executa a operação.

Força das pernas

A força das pernas varia consideravelmente em função da posição relativa assento/pedal. A força máxima pode chegar a 200 kg com a perna na horizontal e o assento situando-se no mesmo nível do pedal. À medida que o assento vai subindo, aumentando-se o desnível assento/pedal, essa força vai diminuindo, até 90 kg, quando o ângulo coxa-perna chegar a 90°.

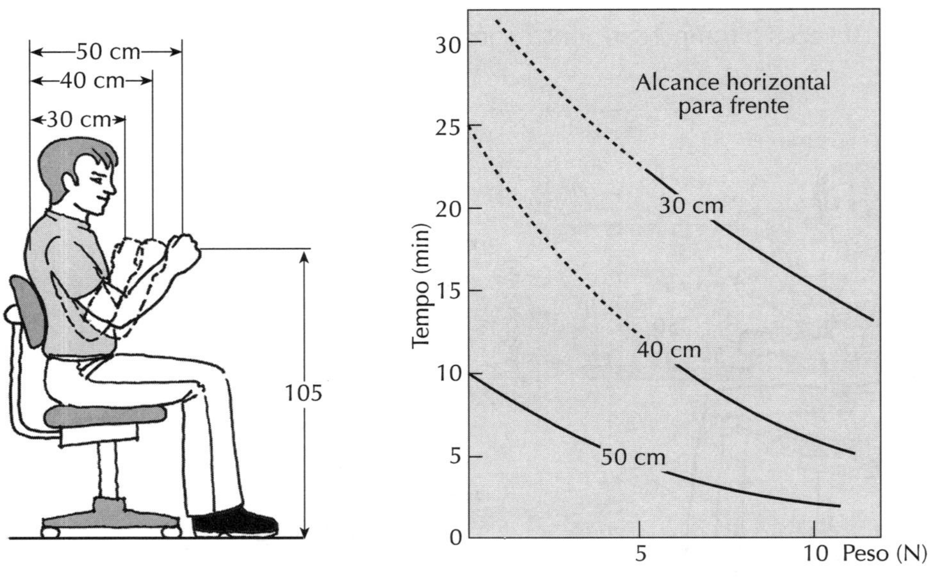

Figura 6.11
Tempos médios para aparecimento de dores nos ombros, em função da distância horizontal dos braços, para frente, e dos pesos sustentados (Chaffin 1973).

6.5 Levantamento de cargas

O manuseio de cargas é responsável por grande parte dos traumas musculares entre os trabalhadores. Aproximadamente 60% dos problemas musculares são causados por levantamento de cargas e 20%, puxando ou empurrando-as (Bridger, 2003).

Isso tem ocorrido principalmente devido à grande variação individual das capacidades físicas, treinamentos insuficientes e freqüentes substituições de trabalhadores homens por mulheres. Torna-se, então, necessário conhecer a capacidade humana máxima para levantar e transportar cargas, para que as tarefas e as máquinas sejam corretamente dimensionadas dentro desses limites.

Levantamento de carga

As situações de trabalho quanto ao levantamento de pesos podem ser classificados em dois tipos. Um deles refere-se ao levantamento esporádico de cargas, que está relacionado com a capacidade muscular. O outro, ao trabalho repetitivo com levantamento de cargas, onde entra o fator de duração do trabalho. Nesse caso, o fator limitativo será a capacidade energética do trabalhador e a fadiga física.

Resistência da coluna

Ao levantar um peso com as mãos, o esforço é transferido para a coluna vertebral, descendo pela bacia e pernas, até chegar ao piso. Como já vimos na seção 3.2, a coluna vertebral é composta de vários discos superpostos, sendo capaz de suportar uma grande força no sentido axial (vertical), mas é extremamente frágil para as forças que atuam perpendicularmente ao seu eixo (cisalhamento). Portanto, na medida do possível, a força sobre a coluna vertebral deve ser aplicada no sentido vertical.

Essa situação é ilustrada na Figura 6.12. O trabalhador, na posição ereta, recebe carga (C) no sentido axial. Entretanto, na posição inclinada, essa carga produz duas componentes: uma na direção axial (C_1) e outra na direção perpendicular (C_2). Essa componente de cisalhamento tem efeito "cortante" é extremamente prejudicial à

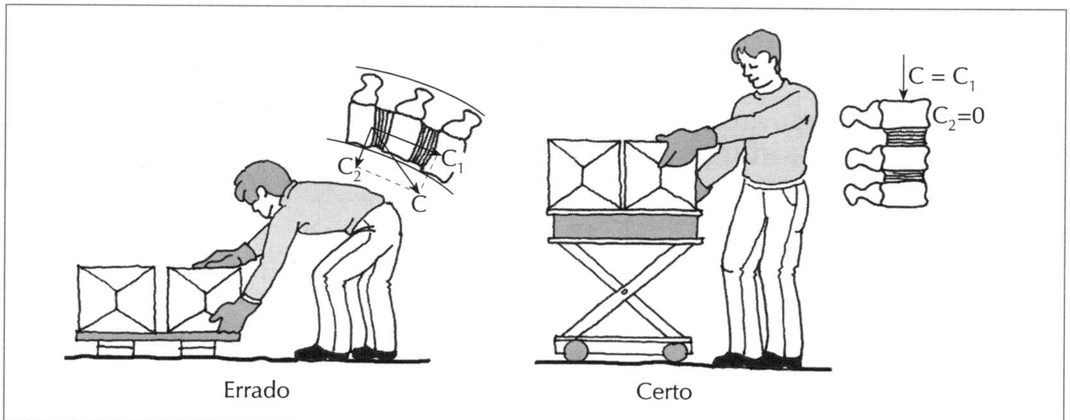

Figura 6.12
A carga sobre a coluna vertebral deve incidir na direção do eixo vertical.

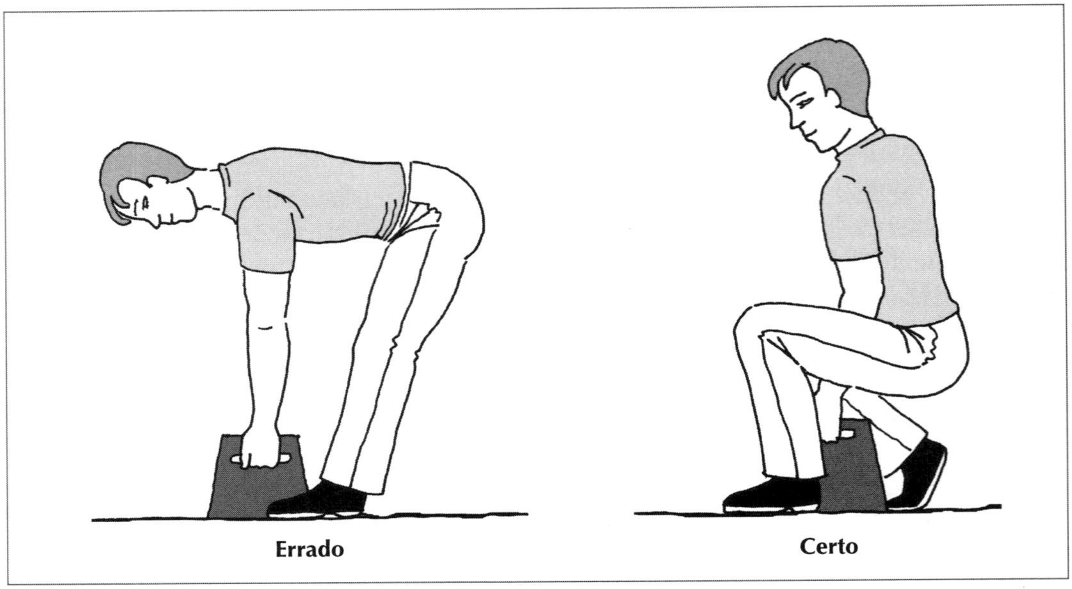

Figura 6.13
O levantamento de cargas deve ser feito com a coluna na posição vertical, usando-se a musculatura das pernas.

coluna. Na situação ideal, então, C_1 deve coincidir com um C, ou seja, anulando-se a componente C_2. Desse modo, recomenda-se que o levantamento de cargas seja realizado sempre com a coluna na posição vertical, usando-se a musculatura das pernas (Figura 6.13), que são mais resistentes.

Capacidade de carga máxima

A capacidade de carga máxima varia bastante de uma pessoa para outra. Varia também conforme se usem as musculaturas das pernas, braços ou dorso. As mulheres possuem aproximadamente metade da força dos homens para o levantamento de pesos (Tabela 6.4).

TABELA 6.4

Força máxima das pernas, braços e costas para diferentes percentis da populações feminina e masculina (Chaffin in Garg, 1980)

Forças para movimentos não repetitivos (kgf)	Mulheres			Homens		
	95%	50%	5%	95%	50%	5%
Força das pernas	15	39	78	39	95	150
Força dos braços	7	20	36	20	38	60
Força do dorso	10	24	58	21	50	105

A capacidade de carga é influenciada pela sua localização em relação ao corpo e outras características como formas, dimensões e facilidade de manuseio. Em relação à localização relativa, para movimentos repetitivos, a força máxima para o levantamento de peso é exercida quando a carga encontra-se a 30 cm de distância do corpo e a 30 cm de altura do solo (Tabela 6.5). Essa capacidade diminui quando a carga se afasta para 60 cm do corpo, chegando praticamente a zero quando se afasta a 90 cm do corpo. As mulheres, além de terem capacidade menor de levantamento dessas cargas, também sofrem uma redução mais rápida com o afastamento das mesmas.

No caso de tarefas repetitivas, deve-se determinar, primeiro, a capacidade de carga isométrica das costas, que é a carga máxima que uma pessoa consegue levantar, flexionando as pernas e mantendo o dorso reto, na vertical. A carga recomendada para movimentos repetitivos será, então, 50% dessa carga isométrica máxima.

TABELA 6.5

Capacidade de levantamento repetitivo de pesos para mulheres e homens para três distâncias em relação ao corpo e três alturas diferentes (Martin e Chaffin in Garc, 1980)

Distância a partir do (cm)		Capacidade de levantamento (kg)			
Corpo (Horizontal)	Piso (Vertical)	Mulheres		Homens	
		50%	95%	50%	95%
30	30	23	11	51	45
	90	19	7	44	39
	150	11	5	47	29
60	30	9	2	24	9
	90	6	1	28	15
	150	5	0	21	11
90	30	0	0	5	0
	90	1	0	10	1
	150	0	0	7	0

Recomendações para o levantamento de cargas

Resumindo as considerações acima, podem ser feitas as seguintes recomendações práticas para o levantamento de cargas:

- Mantenha a coluna reta e use a musculatura das pernas, como fazem os halterofilistas.
- Mantenha a carga o mais próximo possível do corpo, para reduzir o momento (no sentido da Física) provocado pela carga.
- Procure manter cargas simétricas dividindo-as e usando as duas mãos para evitar a criação de momentos em torno do corpo.
- A carga deve estar a 40 cm acima do piso. Se estiver abaixo, o carregamento deve ser feito em duas etapas. Coloque-a inicialmente sobre uma plataforma com cerca de 100 cm de altura e depois pegue-a em definitivo.
- Antes de levantar um peso, remova todos os obstáculos ao redor, que possam atrapalhar os movimentos.

Equação de NIOSH para levantamento de cargas

A equação de NIOSH (*National Institute for Occupational Safety and Health* – EUA) foi desenvolvida para calcular o peso limite recomendável em tarefas repetitivas de levantamento de cargas. Essa equação foi desenvolvida inicialmente em 1981 e revisada em 1991, tendo o objetivo de prevenir ou reduzir a ocorrência de dores causadas pelo levantamento de cargas. Ela refere-se apenas à tarefa de apanhar uma carga e deslocá-la para depositá-la em um outro nível, usando as duas mãos. Foi desenvolvida por uma comissão de cientistas que se baseou em critérios biomecânicos, fisiológicos e psicofísicos (Walters *et al.*, 1993).

Recomendações do NIOSH para levantamento de cargas

A equação estabelece um valor de referência de 23 kg que corresponde à capacidade de levantamento no plano sagital, de uma altura de 75 cm do solo, para um deslocamento vertical de 25 cm, segurando-se a carga a 25 cm do corpo. Essa seria a carga aceitável para 99% dos homens e 75% das mulheres, sem provocar nenhum dano físico, em trabalhos repetitivos. Esse valor de referência é multiplicado por 6 fatores de redução (valores iguais ou inferiores a 1,0), que dependem das condições de trabalho (Figura 6.14).

São definidas as seguintes variáveis:

PLR = peso limite recomendável
H = distância horizontal entre o indivíduo e a carga (posição das mãos) em cm.
V = distância vertical na origem da carga (posição das mãos) em cm.
D = deslocamento vertical, entre a origem e o destino, em cm.
A = ângulo de assimetria, medido a partir do plano sagital, em graus.
F = freqüência média de levantamentos em levantamentos/min (Tabela 6.6)
C = qualidade da pega (Tabela 6.7)

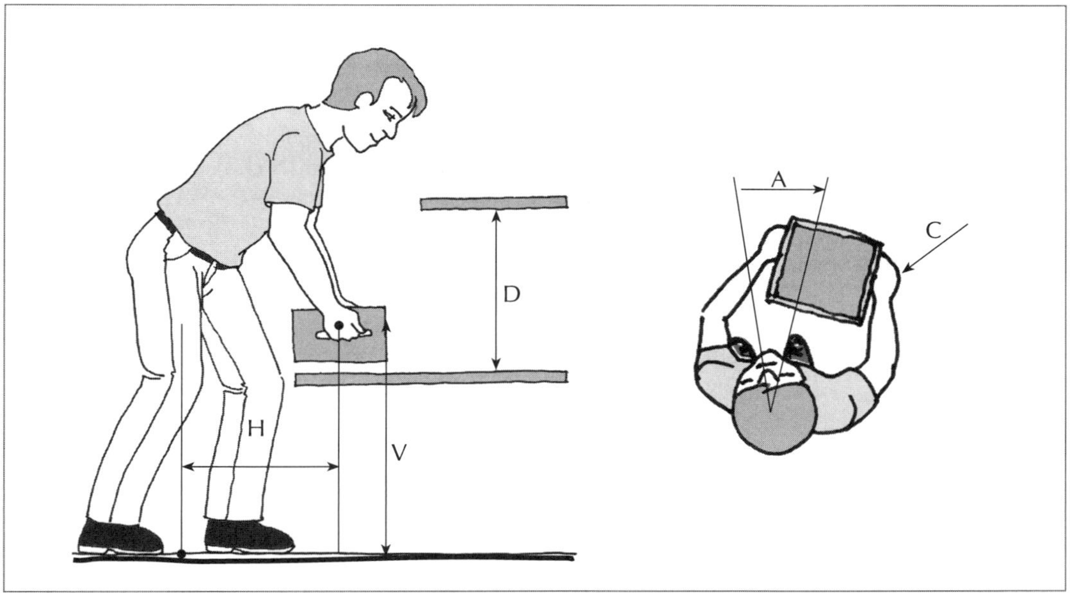

Figura 6.14 Fatores de carga considerados na equação de NIOSH.

A equação de NIOSH é expressa pela fórmula:

$$PRL = 23 \times (25/H) \times (1 - 0{,}003/[v - 75]) \times (0{,}82 + 4{,}5/D) \times$$
$$\times (1 - 0{,}0032 \times A) \times F \times C$$

TABELA 6.6

Qualidade da pega (C) para a equação de NIOSH

Qualidade da pega	Coeficientes da pega	
	V < 75	V ≥ 75
Boa	1,00	1,00
Média	0,95	1,00
Ruim	0,90	0,90

V = Altura inicial do levantamento, cm.

TABELA 6.4

Valores de F para a equação de NIOSH
Multiplicadores de freqüência (F)

Freqüência Levantamentos/min	Duração do trabalho (h/dia)					
	≤ 1 h		≤ 2 h		≤ 8 h	
	V < 75 (cm)	V ≥ 75 (cm)	V < 75 (cm)	V ≥ 75 (cm)	V < 75 (cm)	V ≥ 75 (cm)
0,2	1,00	1,00	0,95	0,95	0,85	0,85
0,5	0,97	0,97	0,92	0,92	0,81	0,81
1	0,94	0,94	0,88	0,88	0,75	0,75
2	0,91	0,91	0,84	0,84	0,65	0,65
3	0,88	0,88	0,79	0,79	0,55	0,55
4	0,84	0,84	0,72	0,72	0,45	0,45
5	0,80	0,80	0,60	0,60	0,35	0,35
6	0,75	0,75	0,50	0,50	0,27	0,27
7	0,70	0,70	0,42	0,42	0,22	0,22
8	0,60	0,60	0,35	0,35	0,18	0,18
9	0,52	0,52	0,30	0,30	0,00	0,15
10	0,45	0,45	0,26	0,26	0,00	0,13
11	0,41	0,41	0,00	0,23	0,00	0,00
12	0,37	0,37	0,00	0,21	0,00	0,00
13	0,00	0,34	0,00	0,00	0,00	0,00
14	0,00	0,31	0,00	0,00	0,00	0,00
15	0,00	0,28	0,00	0,00	0,00	0,00
> 15	0,00	0,00	0,00	0,00	0,00	0,00

V = Altura inicial do levantamento, cm.

Exemplo. Vamos supor que uma pessoa levante uma carga situada a 100 cm de altura (V = 100) e a 30 cm do corpo (H = 30), deslocando-a até 150 cm de altura (D = 50), rotacionando o corpo em 45° (A = 45°). Suponhamos que esse movimento seja repetido 5 vezes ao minuto, durante 1 h/dia. O fator F será de 0,80. A qualidade da pega é ruim (caixa com paredes planas). No caso C = 0,90.

Aplicando-se esses valores na equação de NIOSH teremos:

$$PLR = 23 \times (25/30) \times (1 - 0{,}003/[100 - 75]) \times (0{,}82 + 4{,}5/50) \times$$
$$\times (1 - 0{,}0032 \times 45) \times 0{,}80 \times 0{,}90 = 10{,}739 \text{ kg.}$$

Nessas condições, isso significa que a pessoa pode levantar 10,739 kg sem sofrer danos músculo-esqueléticos.

6.6 Transporte de cargas

A carga provoca dois tipos de reações corporais. Em primeiro lugar, o aumento de peso provoca uma sobrecarga fisiológica nos músculos da coluna e dos membros inferiores. Segundo, o contato entre a carga e o corpo pode provocar estresse postural. As duas causas podem provocar desconforto, fadiga e dores. O segundo ponto é estudado pela ergonomia, com o objetivo de projetar métodos mais eficientes para o transporte de cargas, reduzindo os gastos energéticos e os problemas músculo-esqueléticos.

Durante o transporte manual de cargas, a coluna vertebral deve ser mantida também, ao máximo possível, na vertical. Deve-se também evitar pesos muito distantes do corpo ou cargas assimétricas, que tendem a provocar momento (no sentido da Física), exigindo um esforço adicional da musculatura dorsal para manter o equilíbrio. Esses pontos podem ser resumidos nas seguintes recomendações:

Mantenha a carga próxima do corpo — Para o transporte de carga com os dois braços, deve-se mantê-la o mais próximo possível junto ao corpo, na altura da cintura, conservando-se os braços estendidos. O transporte de cargas com os braços flexionados (fazendo ângulo no cotovelo) aumenta a carga estática dos músculos e cria momento em relação ao centro de gravidade do corpo, que se situa à altura do umbigo.

Caixas grandes devem ser transportadas com os braços esticados, bem próximos do corpo, ou com o braço e antebraço formando ângulo reto, com o corpo ligeiramente inclinado para trás, de modo que o centro de gravidade da carga se aproxime da linha vertical do corpo, reduzindo-se assim o momento. As mulheres grávidas adotam posturas semelhantes.

Adote um valor adequado para cargas unitárias — De acordo com a equação de NIOSH, a carga unitária deve ter peso máximo de 23 kg. Essa carga deve ser reduzida de acordo com a ocorrência dos fatores desfavoráveis, já apresentados. Entretanto, também não se recomendam cargas unitárias muito leves, porque isso estimularia o carregamento simultâneo de vários volumes, podendo ultrapassar os 23 kg. Além disso, é preferível fazer poucas viagens com cargas maiores do que muitas viagens com cargas menores (Dul e Weerdmeester, 2004).

Use cargas simétricas — Sempre que possível, deve ser mantida uma simetria de cargas, com os dois braços carregando aproximadamente o mesmo peso. No caso de cargas grandes, compridas ou desajeitadas, devem ser usados dois carregadores para facilitar essa simetria. Se a carga for composta de diversas unidades, ela pode ser dividida (colocadas em caixas) para que possam ser transportadas com o uso das duas mãos.

Providencie pegas adequadas — O manuseio do tipo "pinça" (pressão com o polegar e os dedos) dever ser substituído por manuseios do tipo agarrar (Figura 6.15). Para isso, as caixas devem ser dotadas de alças ou furos laterais. Enquanto os manuseios do tipo pinça suportam 3,6 kg com o uso das duas mãos, aquela do tipo agarrar suporta 15,6 kg. Além disso, a superfície de contato entre a pega e as mãos deve ser rugosa ou emborrachada, para aumentar o atrito.

Trabalhe em equipe — O trabalho em equipe deve ser usado quando a carga for excessiva ou volumosa para uma só pessoa. Assim se evitam lesões no trabalhador ou danos à carga. Para casos mais complexos, envolvendo o trabalho de diversas pessoas, deverá haver um deles para orientar e coordenar os esforços dos demais. Isso se torna importante quando a carga impede a visão dos carregadores ou quando há obstáculos no percurso, por exemplo, atravessar uma rua movimentada de carros.

Defina o caminho — O caminho a ser percorrido deve ser previamente definido. Todos os obstáculos nessa rota devem ser removidos. No caso do trabalho em equipe, os membros dessa equipe devem ser previamente informados sobre o caminho à seguir.

Supere os desníveis do piso — Os desníveis do piso devem ser transformados em rampas de pequena inclinação, de até 8%, revestido de material anti-derrapante e com corrimões nas laterais. Essa rampa torna-se obrigatória para as pessoas portadores de deficiências (ver Capítulo 18).

Elimine desníveis entre postos de trabalho — Os postos de trabalho devem ter o mesmo nível para que o material não perca energia potencial de um posto para outro (Figura 6.16). Assim evitam-se os freqüentes abaixamentos e elevação dos materiais.

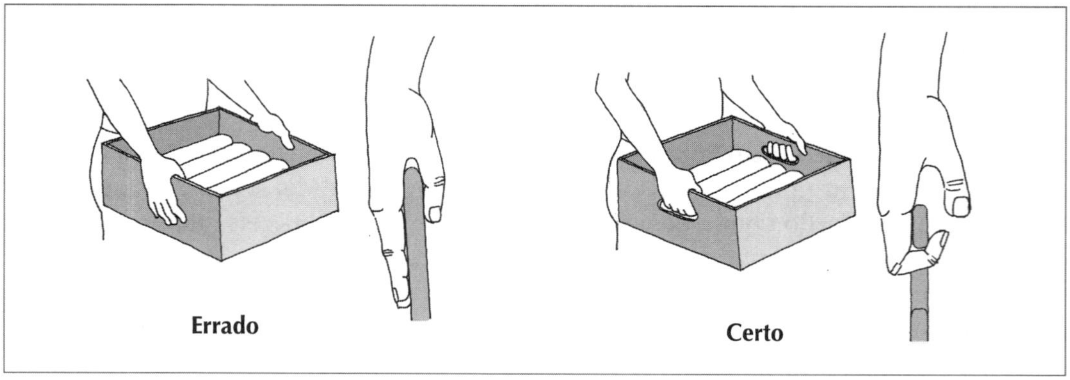

Figura 6.15
As pegas tipo "pinça" devem ser substituídas por manuseios de agarrar.

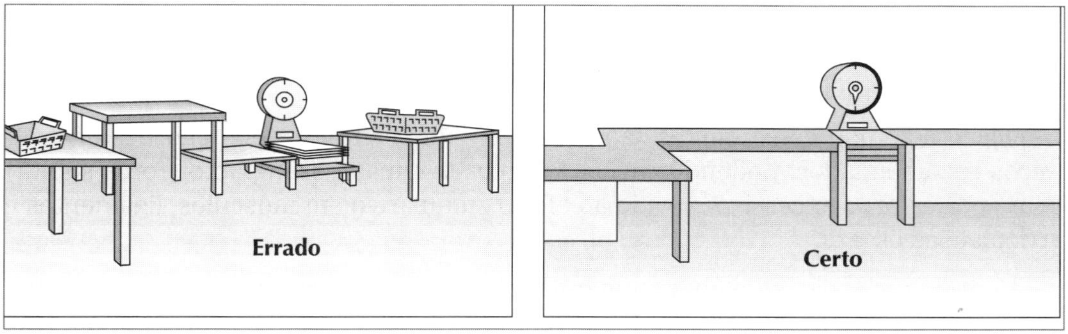

Figura 6.16
Os desníveis entre os postos de trabalho devem ser eliminados.

Use carrinhos – O transporte de cargas e materiais deve ser feito em carrinhos com rodas, apropriados para cada tipo de material, de modo a facilitar as operações de carga e descarga (Figura 6.17).

Use transportadores mecânicos — Use correias transportadoras, transportadores de rolos, pontes-rolantes, guinchos e outros meios mecânicos para suspender e transportar materiais.

Legislação brasileira

A legislação brasileira tem uma norma para transporte e manuseio de materiais, especificamente para o trabalho com sacarias (Norma Regulamentadora NR 11). Uma outra norma (NR18) estabelece o limite máximo de 60 kg para transporte e descarga

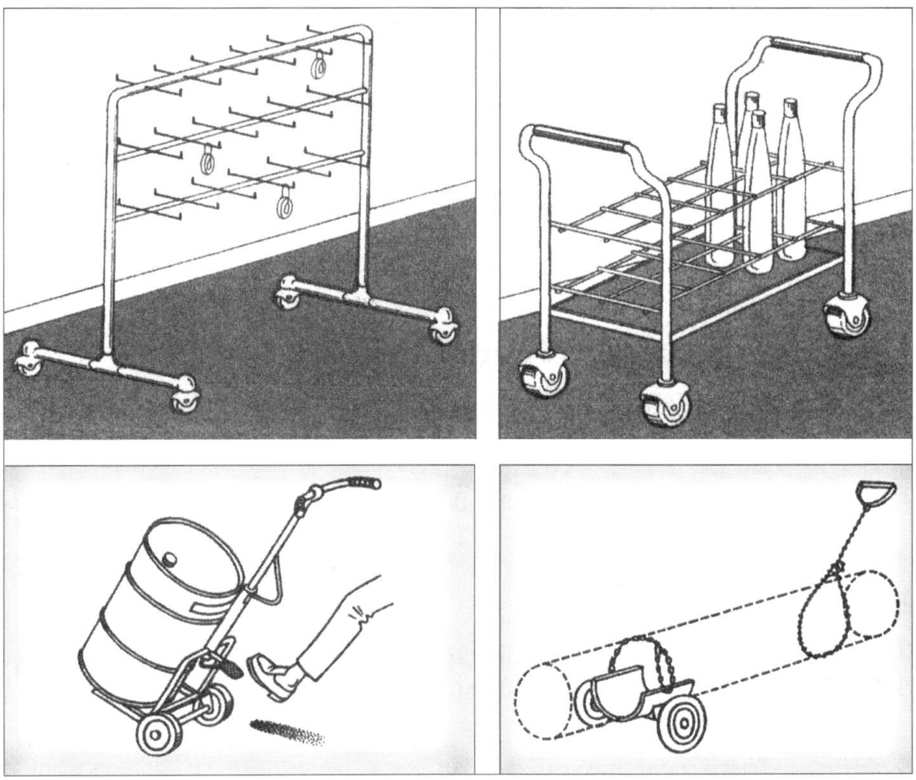

Figura 6.17
Existem muitos modelos de carrinhos apropriados para cada tipo de material a ser manuseado.

individual em obras de construção, demolição e reparos. O levantamento individual é limitado a 40 kg. Assim, para o transporte de 60 kg, o levantamento da carga deve ser feito com auxílio de uma outra pessoa.

Observa-se que esses limites são muito elevados, em vista dos padrões ergonômicos recomendados, podendo causar tanto os traumas por impacto (força súbita) como por esforço excessivo, devido ao efeito cumulativo em músculos, ligamentos e articulações ósseas.

Além do mais, não se pode recomendar cargas dessa magnitude à maioria da população. Para suportar cargas desse nível, é necessário selecionar pessoas do sexo masculino, jovens e de boa compleição física, treinados para suportar essas cargas. Isso não se faz parte das recomendações ergonômicas. A ergonomia tem realizado muitas pesquisas justamente para adequar o trabalho à maioria da população.

Conceitos introduzidos no capítulo 6

início da atividade
trabalho estático
trabalho dinâmico
trauma por impacto
trauma por esforço excessivo
sistema OWAS
diagrama de dores
questionário nórdico
resistência da coluna
equação de NIOSH

Questões do capítulo 6

1. Descreva as adaptações fisiológicas no início da atividade
2. Compare os efeitos fisiológicos dos trabalhos estáticos e dinâmico
3. Quais são as causas dos distúrbios musculares?
4. Comente os aspectos fisiológicos das três posições: deitada, em pé, sentada
5. Por que é muito fatigante inclinar a cabeça para frente?
6. Qual é a utilidade do sistema OWAS?
7. Quando e como se aplica o diagrama de dores?
8. Analise as conseqüências dos vários tipos de carga sobre a coluna.
9. Quais são as principais recomendações de equação de NIOSH?
10. Apresente pelo menos 3 recomendações para o transporte manual de cargas.

Exercício

Identifique uma situação que exija contração muscular estática. Apresente recomendações para aliviar essa carga estática.

7. Posto de trabalho

Posto de trabalho é a configuração física do sistema homem-máquina-ambiente. É uma unidade produtiva envolvendo um homem e o equipamento que ele utiliza para realizar o trabalho, bem como o ambiente que o circunda. Assim, uma fábrica ou um escritório seriam formados de um conjunto de postos de trabalho. Fazendo uma analogia biológica, um posto de trabalho seria equivalente a uma célula, onde o homem é o seu núcleo. Um conjunto dessas células constitui o tecido e o órgão, análogos aos departamentos, fábricas ou escritórios.

Naturalmente, para que a fábrica funcione bem, é imprescindível que cada posto de trabalho funcione bem. Neste capítulo veremos como um posto de trabalho deve ser arranjado e dimensionado, para ser eficiente.

No estudo do posto de trabalho há muitas aplicações de conhecimentos de biomecânica, já visto no Capítulo 6 e de antropometria, também já vistos nos Capítulos 4 e 5.

7.1 Enfoques do posto de trabalho

Há, basicamente, dois tipos de enfoques para analisar o posto de trabalho: o taylorista e o ergonômico. O enfoque **taylorista** (ver seção 1.3) é baseado nos princípios de economia dos movimentos. O enfoque **ergonômico** é baseado principalmente na análise biomecânica da postura e nas interações entre o homem, sistema e ambiente. O enfoque taylorista, embora seja criticado por ser pouco científico, ainda é importante, por ser largamente utilizado na prática. Naturalmente, ele pode ser aperfeiçoado com os conhecimentos atuais da ergonomia.

Enfoque taylorista do posto de trabalho

O enfoque taylorista do posto de trabalho baseia-se no estudo dos movimentos corporais necessários para executar um trabalho e na medida do tempo gasto em cada um desses movimentos. Resumidamente, é chamado de estudo de **tempos e movimentos**. Este é baseado em uma série de conhecimentos empíricos, acumulados desde a época de Taylor (1856-1915). A seqüência de movimentos necessários para executar uma tarefa é baseada em uma série de princípios de economia de movimentos (Tabela 7.1), e o melhor método é escolhido pelo critério do menor tempo gasto.

O desenvolvimento do melhor método é feito geralmente em laboratório de métodos, onde os diversos dispositivos, materiais e ferramentas são colocados em posições mais convenientes, baseados em critérios empíricos e experiências pessoais do analista de métodos. Esse processo abrange três etapas (ver Barnes, 1977).

1. ***Desenvolver o método preferido*** — Para desenvolver o método preferido, o analista de trabalho deve: *a*) definir o objetivo da operação; *b*) descrever as diversas alternativas de métodos para se alcançar o objetivo; *c*) testar essas alternativas; e *d*) selecionar o método que melhor atenda ao objetivo.
2. ***Preparar o método padrão*** — O método preferido deve ser registrado para se converter em padrão, ou seja, ser implantado em toda fábrica. Para isso, deve-se: *a*) realizar uma descrição detalhada do método, especificando os movimentos necessários e a seqüência dos mesmos; *b*) fazer um desenho esquemático do posto de trabalho, mostrando o posicionamento das peças, ferramentas e máquinas, com as respectivas dimensões; e *c*) listar as condições ambientais (iluminação, calor, gases, poeiras) e outros fatores que podem afetar o desempenho.

TABELA 7.1
Princípios de economia de movimentos (adaptado de Barnes,1977)

I - USO DO CORPO HUMANO
1 As duas mãos devem iniciar e terminar os movimentos no mesmo instante.
2 As duas mãos não devem ficar inativas ao mesmo tempo.
3 O braços devem mover-se em direções opostas e simétricas.
4 Devem ser usados movimentos manuais mais simples.
5 Deve-se usar quantidade de movimento (massa x velocidade) a favor do esforço muscular
6 Deve-se usar movimentos suaves, curvos e retilíneos das mãos (evitar mudanças bruscas de direção)
7 Os movimentos "balísticos" ou "soltos" terminando em anteparos são mais fáceis e precisos que os movimentos "controlados"
8 O trabalho deve seguir uma ordem compatível com o ritmo suave e natural do corpo
9 As necessidades de acompanhamento visual devem ser reduzidas
II - ARRANJO DO POSTO DE TRABALHO
10 As ferramentas e materiais devem ficar em locais fixos
11 As ferramentas, materiais e controles devem localizar-se perto dos seus locais de uso.
12 Os materiais devem ser alimentados por gravidade até o local de uso.
13 As peças acabadas devem fluir por gravidade
14 Materiais e ferramentas devem localizar-se na mesma seqüência de seu uso
15 A iluminação deve permitir uma boa percepção visual.
16 A altura do posto de trabalho deve permitir o trabalho de pé, alternado com trabalho sentado.
17 Cada trabalhador deve dispor de uma cadeira que possibilite uma boa postura.
III - PROJETO DAS FERRAMENTAS E DO EQUIPAMENTO
18 O trabalho estático das mãos deve ser substituído por dispositivos de fixação, gabaritos ou mecanismos acionados por pedal.
19 Deve-se combinar a ação de duas ou mais ferramentas.
20 As ferramentas e os materiais devem ser pré-posicionados.
21 As cargas de trabalho com os dedos devem ser distribuídas de acordo com as capacidades de cada dedo.
22 Os controles, alavancas e volantes devem ser manipulados com alteração mínima da postura do corpo e com a maior vantagem mecânica.

3. ***Determinar o tempo-padrão*** — O tempo padrão é o tempo necessário, a um operário experiente, para executar o trabalho usando o método padrão, incluindo-se aí as tolerâncias de espera (por exemplo, aguardar a máquina completar o ciclo), as ineficiências do processo produtivo, e as tolerâncias para fadiga (dependem da carga de trabalho e das condições ambientais).

Esse enfoque tradicional certamente contribuiu bastante para a hegemonia da indústria norte-americana, principalmente durante a primeira metade do século XX. Embora, os analistas de trabalho, naquele tempo, não tivessem os conhecimentos ou a fundamentação que se tem hoje em ergonomia, usavam conhecimentos empíricos que foram quase sempre confirmados posteriormente pelas pesquisas científicas.

Entretanto, hoje se admite que os seus resultados nem sempre são os mais eficazes. Um dos aspectos mais questionados é o que leva a produzir métodos cada vez mais simples e repetitivos. Isso, a curto prazo, pode ser eficiente, principalmente quando o trabalhador é pouco qualificado, mas também tem a **inconveniência** de concentrar a carga de trabalho sobre determinados movimentos musculares, produzindo excessiva fadiga localizada, além da monotonia.

Isso contribui para reduzir a motivação, provocando absenteísmos, alta rotatividade e até doenças ocupacionais. Na visão atual, considera-se que esses fatores podem ser tão fortes, a ponto de neutralizar as vantagens proporcionadas pela racionalização do posto de trabalho, quando se usam os princípios de economia dos movimentos.

Enfoque ergonômico do posto de trabalho

O enfoque ergonômico tende a desenvolver postos de trabalho que reduzam as exigências biomecânicas e cognitivas, procurando colocar o operador em uma boa postura de trabalho. Os objetos a serem manipulados ficam dentro da área de alcance dos movimentos corporais. As informações colocam-se em posições que facilite a sua percepção. Em outras palavras, o posto de trabalho deve envolver o operador como uma "vestimenta" bem adaptada, em que ele possa realizar o trabalho com conforto, eficiência e segurança. Um exemplo típico são as centrais de controle operacional de sistemas complexos (Figura 7.1).

No enfoque ergonômico, as máquinas, equipamentos, ferramentas e materiais são adaptados às características do trabalho e capacidades do trabalhador, visando promover o equilíbrio **biomecânico**, reduzir as contrações estáticas da musculatura e o estresse geral. Assim, pode-se garantir a satisfação e segurança do trabalhador e a produtividade do sistema (Tabela 7.2). Procura-se também eliminar tarefas altamente repetitivas, principalmente aquelas de ciclo menores a 1,5 minuto.

Figura 7.1 Posto de trabalho de um centro de controle operacional de uma usina nuclear.

TABELA 7.2
Recomendações ergonômicas para prevenir dores e lesões ósteo-musculares nos postos de trabalho

Limitar os movimentos ósteo-musculares nos postos de trabalho	Evitar contrações estáticas da musculatura
• Os movimentos repetitivos devem ser limitados a 2000 por hora • Freqüências maiores que 1 ciclo/seg prejudicam as articulações • Eliminar as tarefas com ciclos menores a 90 Seg • Evitar tarefas repetitivas sob frio ou calor intensos • Providenciar micro-pausas de 2 a 10 seg a cada 2 ou 3 min	• Permitir movimentações para mudanças freqüentes de postura • Manter a cabeça na vertical • Usar suportes para apoiar os braços e antebraços • Providenciar fixações e outros tipos de apoios mecânicos para aliviar a ação de segurar
Promover o equilíbrio biomecânico	**Evitar o estresse mental**
• Alternar as tarefas altamente repetitivas com outras de ciclos mais longos • Aumentar a variedade de tarefas, incluindo tarefas de inspeção, registros, cargas e limpezas • Não usar mais de 50% do tempo no mesmo tipo de tarefa • Evitar os movimentos que exijam rápida aceleração, mudanças bruscas de direção ou paradas repentinas • Evitar ações que exijam posturas inadequadas, alcances exagerados ou cargas superiores a 23 kg	• Não fixar prazos ou metas de produção irrealistas • Evitar regulagens muito rápidas das máquinas • Evitar excesso de controles e cobranças • Evitar competição exagerada entre os membros do grupo • Evitar remunerações por produtividade
Atuar preventivamente antes que os desconfortos transformem-se em lesões	

A maior dificuldade dos projetistas é a grande variabilidade das dimensões antropométricas da população. Isso leva a dimensionamentos inadequados dos postos de trabalho, provocando esforços musculares estáticos e movimentos exagerados dos braços, ombros, tronco e pernas. Posturas inadequadas e alcances forçados podem provocar dores musculares, resultando em quedas da produtividade.

Assim, o principal objetivo do projeto do posto de trabalho é a perfeita adaptação das máquinas e equipamento ao trabalhador, de modo a reduzir as posturas e movimentos desagradáveis, minimizando os estresses musculares.

Adequação do posto de trabalho

Diversos critérios podem ser adotados para avaliar a adequação de um posto de trabalho. Entre eles se incluem o tempo gasto na operação e o índice de erros e acidentes. Contudo, um dos melhores critérios, do ponto de vista ergonômico, é a postura e o esforço exigido dos trabalhadores, determinando-se os principais pontos de concentração de **tensões**, que tendem a provocar dores nos músculos e tendões, conforme foi visto no Capítulo 6.

Uma dor aguda, localizada, é o primeiro alerta de que algo não está indo bem. Em alguns casos, com o passar dos dias, há uma adaptação do organismo: os músculos alongam-se e se fortalecem, provocando redução gradativa das dores. Contudo, se essa dor continuar ou aumentar, indica que essa adaptação não se processou, o que pode provocar inflamação dos músculos ou dos tendões. Se não forem adequadamente tratados, podem resultar em lesões permanentes. Isso ocorre, sobretudo quando há solicitações de forças muito intensas, ou muito freqüentes, ou quando a postura do corpo é inadequada (ver Capítulo 6).

Estudos de biomecânica demonstram que o tempo máximo para se manter certas posturas inadequadas, como o dorso muito inclinado para frente (Corlett e Bishop, 1976), podem durar, no máximo, de 1 a 5 minutos, até que comecem a aparecer as dores.

Na posição inclinada, de pé, surge um momento (no sentido da Física), devido ao deslocamento do centro de gravidade para além do ponto de apoio dos pés no chão. Para equilibrar o corpo nessa posição, há uma solicitação adicional dos músculos em torno das articulações do dorso, quadris, joelhos e tornozelos.

A postura com o **dorso inclinado** para frente também é bastante comum na posição sentada, quando se deseja visualizar certos detalhes do produto ou processo. Se o trabalho exigir freqüentes inclinações da cabeça, superiores a 20° ou 30°, é necessário redimensionar o posto de trabalho, modificando a altura da cadeira ou da bancada, ou a posição da peça, para corrigir a postura. Do contrário poderão surgir fortes dores no pescoço e ombros, ao cabo de duas horas, devido à fadiga, concentrada nos músculos dessas partes do corpo (ver Figura 6.4).

Exemplo de dispositivo de segurança

Uma guarda de segurança semelhante a uma gaiola foi instalada em uma prensa mecânica (Corlett e Manenica, 1980). Essa guarda fecha-se automaticamente antes da prensa bater. Ela tem a função de isolar as mãos, conservando-as longe das partes perigosas da máquina, fazendo uma barreira física.

Entretanto, o mesmo trouxe também o inconveniente de exigir uma postura **forçada** do operador, que precisava levantar os ombros e "esticar" o braço para colocar as peças na prensa, passando por cima da guarda (Figura 7.2). Começaram a surgir diversas reclamações dos operadores. Um levantamento feito com 14 operadores, após 3 horas de trabalho, usando-se o diagrama de áreas dolorosas (Figura 6.7), mostrou a seguinte freqüência de dores localizadas:

Dores no dorso	9
Dores no ombro	6
Dores nas pernas	6
Dores nos braços	5
Dores nos quadris	4
Dores nas coxas	2
Dores no pescoço	1
Total	*33*

Portanto, foram localizados 33 pontos dolorosos, com uma média de 2,4 por operador, indicando que algo estava realmente errado. A partir disso, a guarda foi redesenhada, aumentando-se a dimensão de sua "boca", de modo que o operador pudesse colocar as peças com postura menos forçada, diminuindo as tensões sobre o dorso e os ombros. Numa nova avaliação feita com o dispositivo redesenhado, as incidências de dores musculares tinham se reduzido praticamente à metade daquelas do desenho original.

Figura 7.2 A instalação de uma gaiola de proteção na prensa trouxe o inconveniente de exigir uma postura forçada para o trabalhador (Corlett e Manenica, 1980).

7.2 Projeto do posto de trabalho

O projeto do posto de trabalho faz parte de um planejamento mais global das instalações produtivas, também chamado de arranjo físico ou *layout* de fábricas e escritórios. Esse planejamento das instalações é feito em três níveis.

Nível 1. Projeto do macro-espaço — Nesse nível, é feito um estudo do espaço global da empresa. São definidas as dimensões de cada departamento e também das áreas auxiliares, como estoques e manutenção. Nesse nível fica definido o fluxo geral de materiais, desde a entrada da matéria-prima até a saída dos produtos acabados, passando por todas as etapas intermediárias de transformação dessa matéria-prima em produto. Em cada etapa do processo fica definida a equipe de trabalho com todas as máquinas e equipamentos envolvidos nesse processo.

Nível 2. Projeto do micro-espaço — No nível micro, a atenção é focalizada em cada unidade produtiva, ou seja, no posto de trabalho. Isso geralmente inclui um trabalhador e o seu ambiente imediato, abrangendo a máquina e equipamento que ele utiliza, bem como as condições locais de temperatura e ruídos.

Nível 3. Projeto detalhado — O projeto detalhado estabelece as características da interface homem-máquina-ambiente, para que as interações entre esses subsistemas sejam adequadas. É nessa etapa que se projetam ou se selecionam os instrumentos de informação e de controle apropriados à natureza e exigências do trabalho.

A contribuição ergonômica pode ocorrer nesses três níveis. No nível macro incluem-se os estudos do ambiente em geral (iluminação, temperaturas, ruídos), a organização do trabalho (horários, turnos), trabalhos em equipe, sistemas de transporte e outros. Como já vimos no Capítulo 1, esse tipo de enfoque é realizado no domínio da macroergonomia. No nível micro, a ergonomia concentra-se essencialmente no estudo do posto de trabalho. No projeto detalhado, faz estudo dos controles e manejos (ver Capítulo 8) e dos dispositivos de informação (Capítulo 10).

Levantamento de dados

Para o projeto adequado do posto de trabalho, é necessário obter informações sobre a natureza da tarefa, equipamento, posturas e ambiente. No caso de novos projetos, pode-se levantar essas informações a partir de uma outra tarefa ou equipamento semelhantes. Para isso, podem-se usar diversas técnicas, como entrevistas, observações, questionários ou filmagens (ver Capítulo 2).

Muitas vezes, o ergonomista é solicitado a fazer o redesenho do posto de trabalho já existente. Nesse caso, é desejável realizar uma AET (ver seção 2.6) para investigar se o sistema atual proporciona conforto e saúde ao operador e se há alguma característica inconveniente no equipamento (protuberâncias que causam contusões, exigências de muita força, reflexos que atrapalham a visão). Esse levantamento deve visar:

- Fadigas físicas, visuais e mentais;
- Dores localizadas em regiões corporais; e
- Desconfortos ambientais (ruídos, poeiras, vibrações, calor, reflexos, sombras).
- Outros aspectos críticos (absenteísmos, doenças ocupacionais)

No projeto de um posto de trabalho, assim como em qualquer outro projeto, podem haver **restrições** tecnológicas, financeiras e de prazo. Por exemplo, é necessário aproveitar equipamentos já existentes ou há limitações de espaço. Nesses casos, o projetista deve conciliar, da melhor forma possível, as necessidades ergonômicas do trabalhador, com as restrições apresentadas. Isso significa que a postura, alcances, visão e espaço para os movimentos corporais, assim como o uso das forças, devem ser colocadas dentro das capacidades humanas, na medida do possível.

Dessa forma, antes de se iniciar o projeto, é necessário definir o grau de abrangência do mesmo. Em nível mais superficial, a contribuição do ergonomista restringe-se a apenas algumas adaptações, como ajustar a altura da mesa e cadeira, melhorar a localização do foco de luz ou providenciar acessórios, como apoio para os braços. O projeto também pode ser mais abrangente, envolvendo mudanças do processo produtivo, aquisição de novas máquinas ou mudanças na organização do trabalho, implantando-se grupos autônomos de produção.

Atividades do projeto

De uma forma geral, o projeto do posto de trabalho envolve diversas atividades como aquelas descritas na Tabela 7.3. Naturalmente, como já se explicou, isso depende da natureza do projeto. Dependendo do caso, algumas dessas atividades podem ser suprimidas, fundidas entre si ou até mesmo desdobradas, a fim de se analisar mais detalhes. Contudo, as atividades de projeto do posto de trabalho podem ser classificadas em cinco etapas: análise da atividade; arranjo físico do posto de trabalho; dimensionamento do posto de trabalho; construção e teste do modelo; e ajustes individuais. A seguir, vamos examinar cada uma dessas etapas separadamente.

TABELA 7.3
Atividades para o projeto de um posto de trabalho

1	Faça um levantamento sobre as características da tarefa, equipamento e ambiente usando técnicas como observações, entrevistas, questionários ou filmagens
2	Identifique o grupo de usuários para realizar medidas antropométricas relevantes ou procure obtê-las em tabelas
3	Determine as faixas de variações das medidas antropométricas para altura de assentos, superfícies de trabalho, alcances e apoios em geral
4	Estabeleça prioridades para as operações manuais, colocando aquelas principais na área de alcance preferencial
5	Providencie espaços adequados para acomodação e movimentação dos braços, pernas e tronco
6	Localize os dispositivos visuais dentro da área normal de visão
7	Verifique a entrada e saída de materiais e de informações de/para outros postos de trabalho
8	Elabore um desenho do posto de trabalho em escala e posicione os seus principais componentes
9	Construa um modelo (*mock-up*) em tamanho natural para testes com sujeitos
10	Construa um protótipo para testes em condições reais de operação

7.3 Análise da tarefa

A primeira etapa do projeto de um posto de trabalho é fazer uma análise detalhada da tarefa. Esta pode ser definida como sendo um conjunto de ações humanas que torna possível um sistema atingir o seu objetivo. Ou, em outras palavras, é o que faz funcionar o sistema, para se atingir o objetivo pretendido.

A análise da tarefa deverá ser iniciada o mais cedo possível, antes que certos parâmetros do sistema sejam definidos e se torne difícil e oneroso introduzir modificações corretivas. Por exemplo, quando as máquinas, acessórios, mesas e cadeiras já forem compradas, torna-se praticamente impossível modificar esses elementos, e o projeto se restringirá ao arranjo dos mesmos. Se a análise tivesse partido antes, provavelmente contribuiria para uma seleção mais adequada desses materiais, adaptados às necessidades do trabalho e do operador, produzindo um sistema homem-máquina mais integrado.

A análise da tarefa realiza-se em três níveis. O primeiro, chamado de descrição da tarefa, ocorre em um nível mais global, o segundo, chamado de descrições das ações, em um nível mais detalhado, e o terceiro, uma revisão crítica, para corrigir os eventuais problemas.

Descrição da tarefa

A descrição da tarefa abrange os aspectos gerais da tarefa e as condições em que ela é executada. Geralmente envolve os seguintes tópicos:

Objetivo — Para quê serve a tarefa, o que será executado ou produzido, em que quantidade e com que qualidades.

Operador — Que tipo de pessoa trabalhará no posto, verificando se haverá predominância de homens ou mulheres, os graus de instrução e treinamento, experiências anteriores, faixas etárias, habilidades especiais, dimensões antropométricas.

Características técnicas — Quais serão as máquinas e materiais envolvidos, o que será comprado de fornecedores externos e o que será produzido internamente, flexibilidade e graus de adaptação das máquinas, equipamentos e materiais.

Aplicações — Onde será usado o posto de trabalho, localização do posto dentro do sistema produtivo, uso isolado ou integrado a uma linha de produção, sistemas de transporte de materiais e de manutenção, quantos postos idênticos serão produzidos, qual é a duração prevista da tarefa (meses, anos ou unidades de peças a serem produzidas).

Condições operacionais — Como vai trabalhar o operador; tipos de postura (sentado, em pé), esforços físicos e condições desconfortáveis, riscos de acidentes, uso de equipamentos de proteção individual.

Condições ambientais — Como será o ambiente físico em torno do posto de trabalho, condições de temperatura, ruídos, vibrações, emanação de gases, umidade, ventilação, iluminação, cores no ambiente.

Condições organizacionais — Como serão a organização do trabalho e as condições sociais. Horários, turnos, trabalho em grupo, chefia, alimentação, remuneração, carreira.

Naturalmente, dependendo do tipo de tarefa, a descrição não precisará abranger todos esses itens, pois certas características podem ser bem conhecidas. Por exemplo, no caso de um posto de trabalho para um caixa de supermercado, sabe-se que cada unidade trabalhará separadamente e que não haverão maiores problemas de temperaturas elevadas ou ruídos excessivos. Por outro lado, se o trabalho for em uma forjaria ou fundição, as condições de temperatura, ruídos, vibrações, riscos de acidentes poderão ser bastante severas, merecendo um levantamento e análise mais detalhadas.

Descrição das ações

As ações devem ser descritas em um nível mais detalhado que a tarefa. Elas se concentram mais nas características que influem no projeto da interface homem-máquina e se classificam em informações e controles. As informações referem-se às interações em nível sensorial do homem e, os controles, em nível motor ou das atividades musculares (Figura 2.2).

Informações — Deve-se considerar: o canal sensorial envolvido (auditivo, visual, cinestésico); tipos e características dos sinais (intensidade, forma, freqüência, duração); tipos e características dos dispositivos de informação (luzes, som, *displays* visuais, mostradores digitais e/ou analógicos). Ver mais detalhes no Capítulo 10.

Controles — Envolvem o tipo de movimento corporal exigido; membros acionados no movimento, alcances manuais, características dos movimentos (velocidade, força, precisão, duração); tipos e características dos instrumentos de controle (botões, alavancas, volantes, pedais). Ver mais detalhes no Capítulo 8.

As ações podem ser registradas pela observação direta, por amostragem ou por filmagens. Existem diversas técnicas usadas na engenharia de métodos (Barnes, 1977) que podem ser utilizadas para esse registro. Estas incluem o gráfico de operações (mão esquerda/mão direita), atividades homem-máquina, gráfico de fluxo do processo, mapofluxograma e outros. Entretanto, para efeito de análises ergonômicas, é importante registrar as seguintes características de cada ação (os exemplos referem-se à tarefa de dirigir).

- Tipo de ação: acelerar, frear, acender luz
- Estímulo recebido: auditivo, visual, cinestésico
- Instrumento envolvido: volante, câmbio, velocímetro
- Membro envolvido: mão direita, pé esquerdo
- Condições operacionais: ruídos, vibrações
- Condições sociais: outras pessoas que viajam no carro.

A Figura 7.3 mostra as durações relativas da tarefa de dirigir ônibus (Göbel *et al.*, 1998). Verificou-se que os motoristas executam cerca de 200 ações por hora. A maior

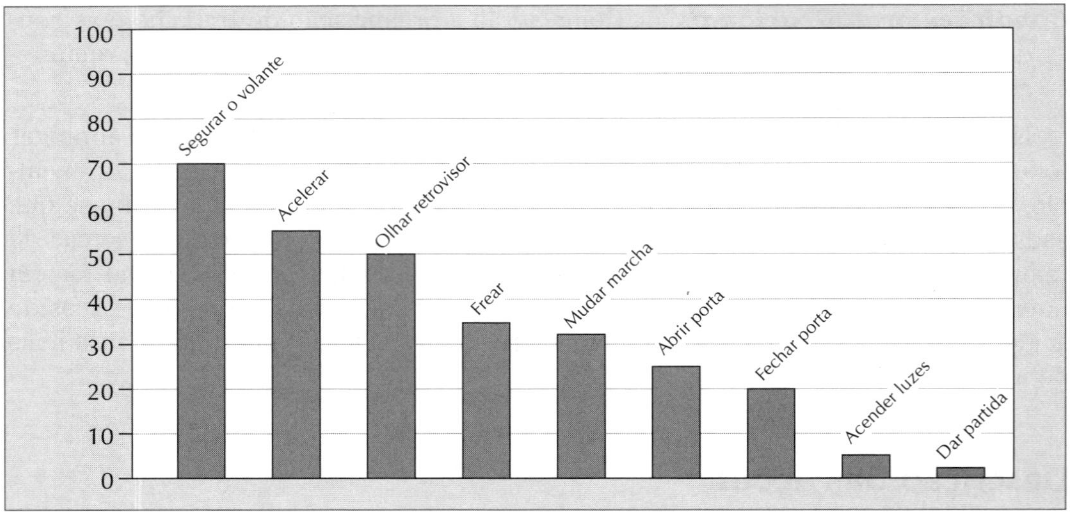

Figura 7.3
Durações relativas das ações na tarefa de dirigir um ônibus. A soma ultrapassa 100% porque há várias ações simultâneas (Göebel *et al.*, 1998).

freqüência dessas ações ocorre junto às paradas, quando o ônibus se aproxima, pára, há movimentação de passageiros saindo e entrando e depois inicia-se novamente a viagem.

Revisão crítica das tarefas e ações

A revisão crítica das tarefas e ações pode ser feita pela aplicação da AET(ver seção 2.6) para se corrigir os eventuais problemas constatados, antes de se prosseguir no projeto. Essa revisão visa principalmente avaliar as condições que poderiam provocar dores e lesões ósteo-musculares nos postos de trabalho (Tabela 7.4). Deve-se prestar atenção principalmente a dois aspectos:

Tarefas altamente repetitivas — As tarefas altamente repetitivas, principalmente aquelas com ciclos menores a 90 segundos (não se referem a ações como movimentos dos dedos na digitação, mas a tarefas, como montar peças de um rádio) devem ser aliviadas aumentando-se o tempo do ciclo (incluir maior números de ações durante o ciclo) ou intercalando-as com outras tarefas que usem diferentes combinações de movimentos musculares.

Ações estáticas — Na medida do possível, devem ser eliminadas ou aliviadas todos os tipos de contrações estáticas da musculatura. Isso ocorre, por exemplo, quando se segura uma peça com uma das mãos, enquanto a outra executa alguma ação ou quando se deve manter um pedal acionado durante um certo tempo.

É interessante também conferir as tarefas e ações com os princípios de economia dos movimentos (Tabela 7.1). Vamos supor, por exemplo, que exista um furo no tampo da bancada, por onde as peças prontas caem diretamente dentro de uma caixa coletora. Para acertar esse furo, é necessário um grande controle muscular e acompanhamento visual. Essa tarefa poderá ser melhorada se for criada uma depressão em torno do furo, como se fosse um funil, para aumentar a área da coleta. Também pode-se colocar um anteparo em torno do furo, como se fosse uma tabela no jogo de basquete. Em vez de posicionar precisamente a peça no furo, o trabalhador poderia jogá-la contra o anteparo, para fazer o "cesto".

7.4 Arranjo físico do posto de trabalho

O arranjo físico (*layout*) é o estudo da distribuição espacial ou do posicionamento relativo dos diversos elementos que compõe o posto de trabalho. Ou, em outras palavras, como serão posicionados os diversos instrumentos de informação e controle existentes no posto de trabalho.

Critérios para o arranjo físico

Existem diversos critérios, nos quais se baseiam os arranjos físicos dos postos de trabalho. Aqueles mais importantes, são descritos a seguir.

Importância — Colocar o componente mais importante em posição de destaque no posto de trabalho, de modo que ele possa ser continuamente observado ou facilmente manipulado. Por exemplo, no radar, o componente mais importante é a tela e, portanto, deve ocupar o centro das atenções. No automóvel, o velocímetro e o volante ocupam essas posições de destaque.

Freqüência de uso — Os componentes usados com maior freqüência devem ser colocados em posição de destaque ou de mais fácil alcance e manipulação. Por exemplo, para o arranjo de uma bancada para montagem, as peças a serem utilizadas com maior freqüência devem ser colocadas logo à frente do operador, onde são mais facilmente visualizadas e alcançadas com as mãos e, lateralmente, aquelas com menor freqüência de uso.

Agrupamento funcional — Os elementos de funções semelhantes entre si formam subgrupos, que são mantidos em blocos. Por exemplo, num painel de comando (ver Figura 7.4) todos os dispositivos visuais podem ser colocados na parte central. Lateralmente, à direita, colocam-se os botões rotativos e, à esquerda, os sinais auditivos.

Seqüência de uso — Quando houver um ordenamento operacional ou ligações temporais entre os elementos, as posições relativas dos mesmos no espaço devem seguir a mesma seqüência. Ou seja, aquele que deve ser acionado em primeiro lugar aparece na primeira posição e assim sucessivamente (ver Figura 7.5).

Intensidade de fluxo — Os elementos, entre os quais ocorrem maior intensidade de fluxo, são colocados próximos entre si. O fluxo é representado por uma determinada variável que deve ser escolhida em cada caso, podendo ser de materiais, movimentos corporais ou informações. A Figura 7.6 apresenta um exemplo, baseado no fluxo de movimentos visuais no painel de um avião. As larguras são proporcionais às intensidades do fluxo.

Ligações preferenciais — Os elementos entre os quais ocorrem determinados tipos de ligações são colocados próximos entre si. Ao contrário do critério anterior, que se baseava na intensidade de um único tipo de fluxo, aqui pode haver diferenças qualitativas no fluxo, por exemplo, movimentos de controle, informações visuais e informações auditivas, como se vê na Figura 7.7.

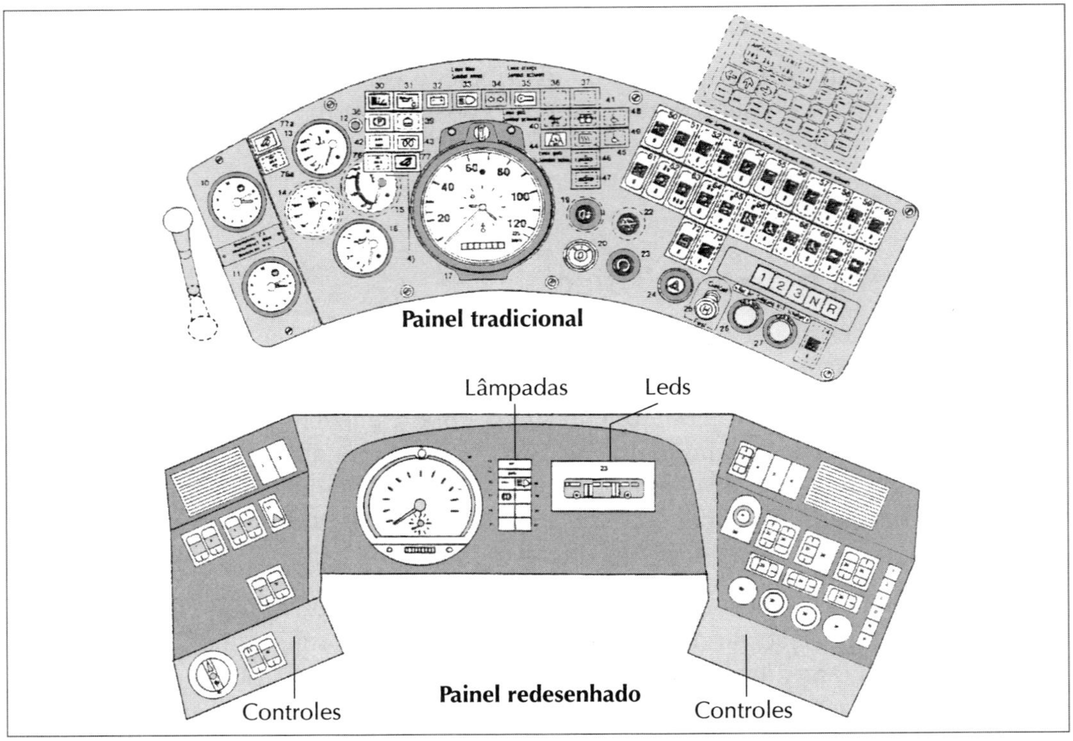

Figura 7.4 Redesenho do painel de instrumentos de um ônibus, com agrupamento de funções (Göebel *et al.,* 1998).

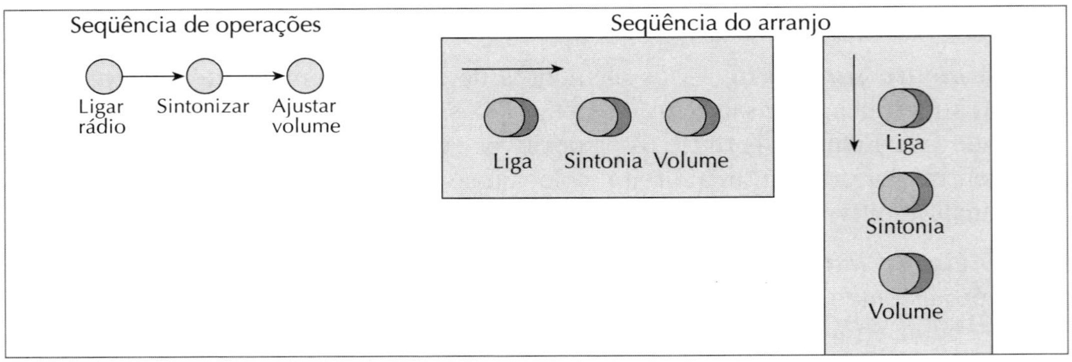

Figura 7.5 Arranjo pela seqüência de uso, com relações de natureza temporal entre os elementos.

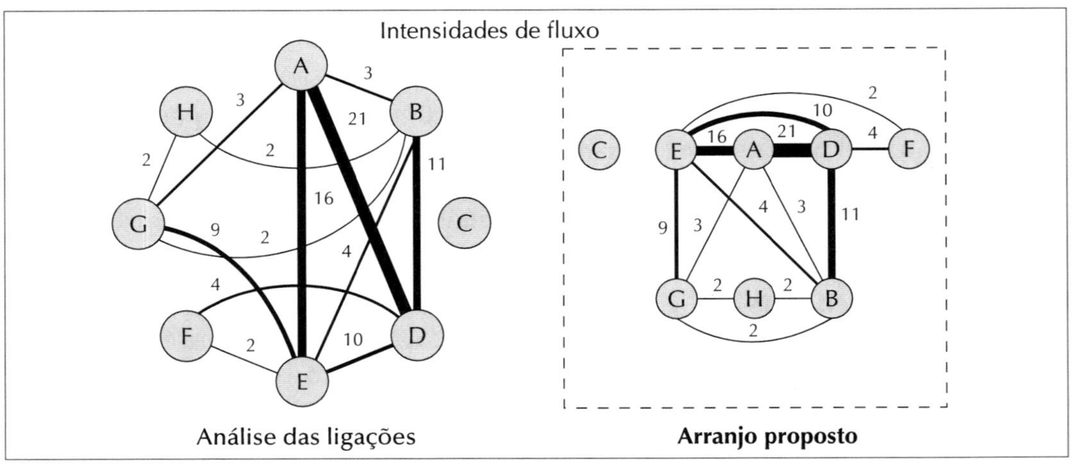

Figura 7.6 Arranjo proposto para a localização dos instrumentos de controle em um painel de avião, baseado nas intensidades de fluxo dos movimentos visuais entre eles. Os números e as larguras dos traços indicam intensidades de fluxo (McCormick, 1970).

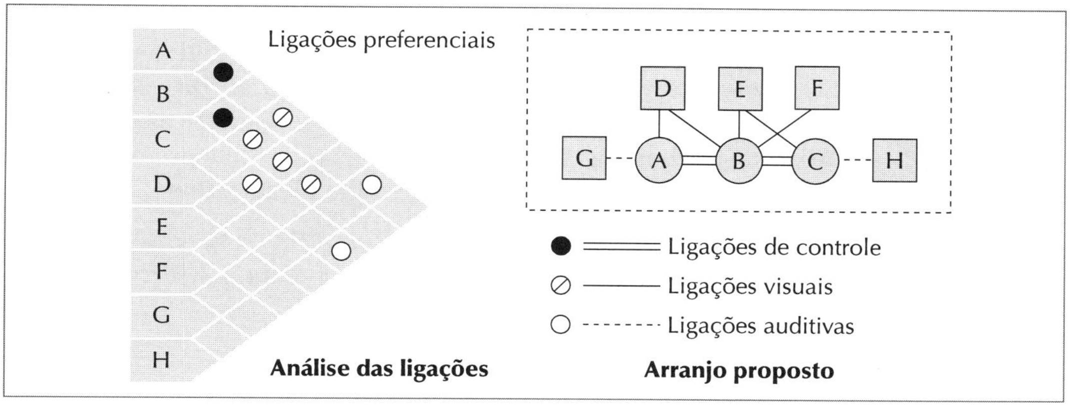

Figura 7.7 Arranjo proposto para os elementos de um painel de controle, pela análise das ligações preferenciais entre os mesmos.

Uso dos critérios

Observa-se que os três primeiros critérios apresentados (importância, freqüência de uso, e agrupamento funcional) referem-se à **natureza** dos elementos, enquanto os demais (seqüência de uso, intensidade de fluxo e ligações preferenciais) referem-se às **interações** entre os mesmos. Esses critérios não são mutuamente exclusivos entre si, podendo ser aplicados de forma conjugada. Assim, por exemplo, pode-se fazer um agrupamento funcional por blocos e depois examinar a intensidade de fluxo entre os diversos blocos. Ou, quando se fizer as ligações preferenciais, já colocar, no centro, aquele elemento de maior importância.

A escolha dos critérios mais relevantes vai depender, naturalmente, de cada caso específico, da variedade dos elementos envolvidos e do tipo de ligações ou fluxos existentes entre eles. Quando esses elementos forem numerosos (acima de dez) pode-se fazer uma análise inicial pelas ligações preferenciais ou pela intensidade de fluxo, para se ter uma idéia inicial do arranjo, que pode ser posteriormente melhorado pelo uso de outros critérios, como o da importância ou da freqüência de uso.

7.5 Dimensionamento do posto de trabalho

O dimensionamento correto do posto de trabalho é uma etapa fundamental para o bom desempenho da pessoa que ocupará este posto. É possível que essa pessoa passe várias horas ao dia, durante anos a fio, sentada ou em pé neste posto. Qualquer erro cometido neste dimensionamento pode, então, submetê-la a sofrimentos por longos anos. Em alguns casos, quando o arranjo envolve mesas ou bancadas, a correção pode ser feita de forma relativamente simples e econômica.

Por exemplo, pode-se cortar os pés da mesa ou da cadeira, para reduzir a altura, ou, ao contrário, providenciar calços ou estrados para aumentar essa altura. Contudo, em outros casos, como na cabine de comando de uma locomotiva ou painel de um centro de controle operacional de um sistema complexo, torna-se praticamente impossível introduzir esse tipo de correções.

Com a crescente difusão da ergonomia no mundo e a gradativa valorização dos seus conhecimentos, muitas de suas recomendações transformaram-se em normas técnicas. Essas normas não são obrigatórias. Porém, quando seguidas, garantem um certo padrão mínimo de qualidade e melhoram a intercambialidade de componentes e sistemas. A ISO (*International Standardization Organization*) iniciou , na década de 1980, um esforço para normatizar as medidas antropométricas em todo o mundo. Desde então, foram elaboradas mais de 30 normas relacionadas com a ergonomia. Entre aquelas relacionadas com o posto de trabalho, destacam-se:

ISO 6385 – *Ergonomics Principles in the Design of Work systems*
ISO 9241 – *Ergonomic Requirements for Office Work with Visual Display Terminals*
ISO 11064-1 – *Ergonomic Design of Control Room Layout*

Além dessas, existem também as normas nacionais de vários países. No Brasil, a ABNT – Associação Brasileira de Normas Técnicas, elaborou normas sobre móveis para escritório (cadeiras, mesas, sistemas de trabalho e armários). Essas normas sofrem freqüentes alterações. No caso de uma aplicação prática é aconselhável verificar se ainda continuam válidas (ver mais detalhes na página 582).

Dimensionamentos recomendados

O posto de trabalho deve ser dimensionado de forma que a maioria de seus usuários tenha uma postura confortável. Para isso, diversos fatores devem ser considerados, como a postura adequada do corpo, movimentos corporais necessários, alcances dos movimentos, medidas antropométricas dos ocupantes do cargo, necessidades de iluminação, ventilação, dimensões das máquinas, equipamentos e ferramentas, e interação com outros postos de trabalho e o ambiente externo.

De uma maneira geral, as seguintes dimensões são consideradas mais importantes para adaptação do posto de trabalho aos seus usuários:

- Altura da superfície de trabalho;
- Alcances normais e máximos das mãos;
- Espaços para acomodar as pernas e realizar movimentações laterais do corpo;
- Dimensionamento das folgas; e
- Altura para a visão e ângulo visual.

Essas dimensões guardam certa proporcionalidade com a estatura, como se pode ver no gráfico da Figura 7.8. Naturalmente, isso é válido apenas em primeira aproximação, pois, como já vimos no Capítulo 4, há muitas diferenças individuais dos segmentos corporais.

Alturas

Já vimos que a altura ideal para a superfície de trabalho, na postura em pé, fica na altura dos cotovelos, para trabalhos de precisão (Figura 5.6). Para trabalhos leves, essa superfície pode ser rebaixada em 5 cm e para trabalhos pesados, em até 25 cm.

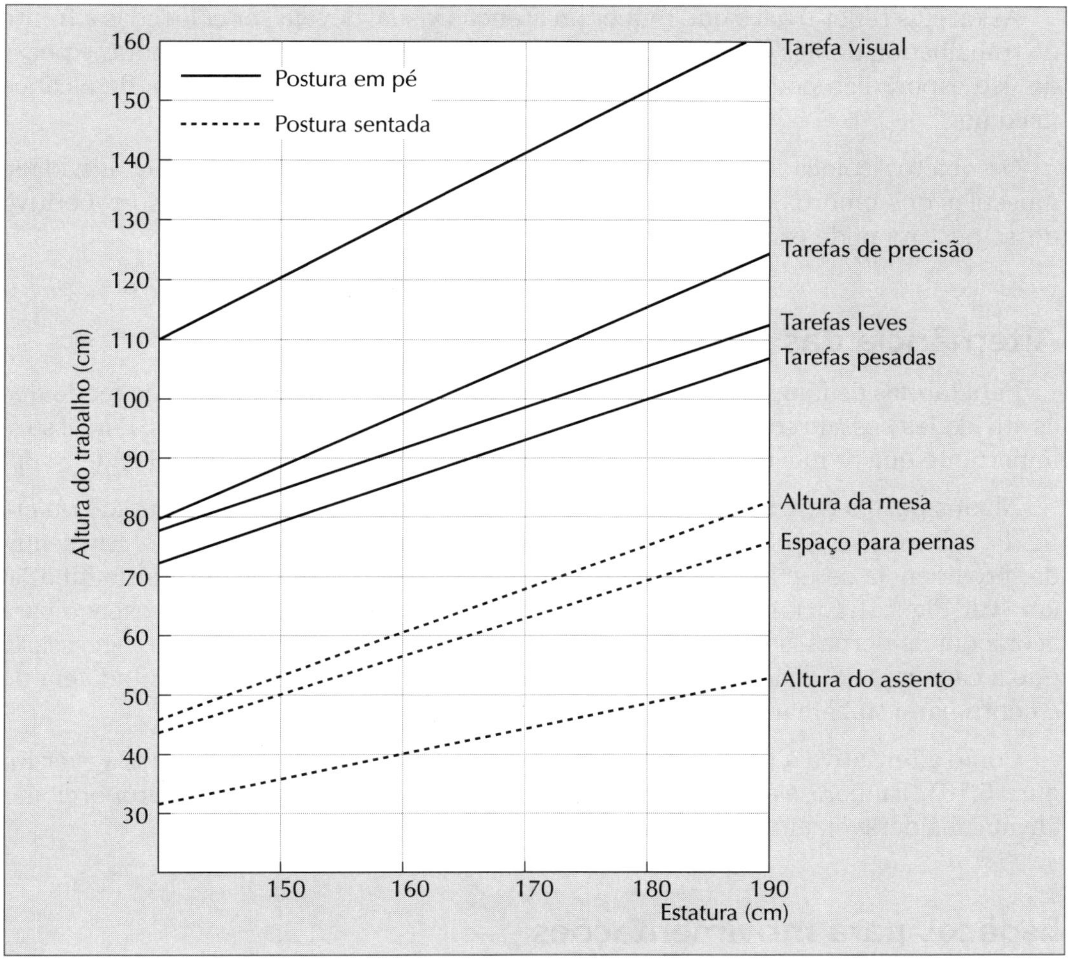

Figura 7.8 Alturas recomendadas para as superfícies de trabalho, em função das estaturas (Zinchenko e Munipov, 1985).

Devem ser consideradas as medidas antropométricas da média e extremos da população, bem como as diferenças entre homens e mulheres.

Para o trabalho sentado, o assento deve ficar na altura poplítea. A superfície de trabalho deve ficar na altura do cotovelo ou 2 a 3 cm abaixo dela (ver Tabela 4.5).

Alcances

O alcance normal sobre a superfície de trabalho pode ser traçado pela ponta do polegar, girando-se o antebraço em torno do cotovelo, com o braço caído naturalmente na lateral do corpo (Figura 5.5). O alcance máximo pode ser traçado com os braços estendidos, sem flexionar o dorso. Note que, em condições reais, o alcance pode ser maior, inclinando-se o corpo para frente, mas essa postura não é recomendável.

Os alcances geralmente são dimensionados para o extremo **inferior** da população, correspondendo a 5% dos usuários. Isso significa que 95% dessa população estará apta a alcançá-la sem dificuldades.

As tarefas repetitivas e que requerem atenção visual devem ser colocadas à frente do trabalhador, dentro da área normal de trabalho. Os controles, ferramentas e peças de uso esporádico podem situar-se fora dessa área, mas dentro da área de alcance máximo.

Os objetos colocados fora da área de alcance máximo exigem maior atividade muscular dos ombros e provocam estresse dos discos vertebrais. O uso repetitivo dessa postura pode provocar dores lombares.

Alternância das posturas

Para tarefas de longa duração, o posto de trabalho deve ser projetado de modo que as atividades possam ser realizadas com frequentes mudanças de posturas. Para isso, é importante que os móveis e equipamentos utilizados permitam essa mobilidade.

Alguns postos de trabalho são projetados para permitir o trabalho sentado ou em pé. Para isso, a superfície de trabalho é determinada pelo trabalho em pé. Em seguida, providencia-se uma cadeira alta, com apoio para os pés, com altura de 40 a 50 cm (ver Figura 11.9), para o trabalho sentado. Nesse caso, deve existir espaço para acomodar as pernas, sob a superfície de trabalho. Para trabalho em pé, é necessário que a cadeira seja removível. Com isso, pode-se alternar as posturas sentada/em pé e continuar a trabalhar na mesma superfície.

Como alternativa à postura sentada, pode-se adotar aquela semi-sentada (ver Figura 5.16). Embora esta seja menos confortável que a sentada, pode proporcionar alívio considerável, em relação ao trabalho contínuo em pé.

Espaços para movimentações

Um posto de trabalho apertado, com restrição de espaço, em geral exige movimentos mais precisos, que tendem a causar estresse no trabalho, além de reduzir a velocidade e aumentar os erros.

Deve haver um vão de 20 cm, no mínimo, entre o assento e a parte inferior do tampo da mesa, para permitir a acomodação das pernas. O posto de trabalho deve prever também um espaço lateral para as movimentações corporais. Recomenda-se deixar um espaço livre de 5 cm de cada lado, na altura da cintura e 10 cm de cada lado, na altura dos ombros. Essas tolerâncias devem ser acrescidas às medidas antropométricas (ver Tabelas 4.5 e 4.6). Nesse caso, deve-se adotar o percentil superior de 95% da população.

Dimensionamento das folgas

Há necessidade também de dimensionar as folgas em corredores, passagens e escadas. Drury (1985) relata uma experiência em que os sujeitos deveriam andar entre uma parede e uma pessoa sentada numa cadeira, a diferentes distâncias da parede. Registrando-se os movimentos dos sujeitos em um filme, constatou-se que estes deveriam realizar diversos movimentos corporais para não esbarrar na parede e nem na pessoa sentada. Quando o corredor se estreitava para menos de 60 cm de largura, a probabilidade de erros (esbarrões na pessoa ou na parede) era superior a 80%, a velocidades cada vez menores (Figura 7.9). Aumentando-se a largura, a partir de 64 cm, as pessoas conseguiam andar normalmente, sem forçar os movimentos corporais, a velocidades cada vez maiores. A partir de 92 cm, não se observaram melhorias significativas. Recomenda-se, portanto, largura de 90 cm para corredores, que permitem, inclusive, a circulação das cadeiras de roda (Figura 18.9).

Em um outro experimento, com operação simulada de evacuação de passageiros pela porta de emergência de uma aeronave, a velocidade de saída cresceu com o aumento da largura da porta, até um máximo de 45 cm, acima da qual não se observaram melhorias significativas.

Experiências semelhantes foram realizadas com operadores de empilhadeiras em uma fábrica. Aumentando-se as folgas laterais do corredor, de 3 para 10 cm, a probabilidade de erro caía de 50 para 7% e a velocidade aumentava em 20%.

O problema das folgas existe também em operações de montagens. Os posicionamentos precisos exigem maior acompanhamento visual e maior controle motor, que causam retardamentos e erros. Em uma operação de colocar componentes em um furo, constatou-se que o tempo necessário poderia ser reduzido à metade, passando de 2 min para 1 min, aumentando-se a folga de 2 para 4 cm.

Portanto, no dimensionamento de postos de trabalho, o subdimensionamento de espaços, restringindo os movimentos, são prejudiciais, assim como os superdimensionamentos, que provocam posturas inadequadas.

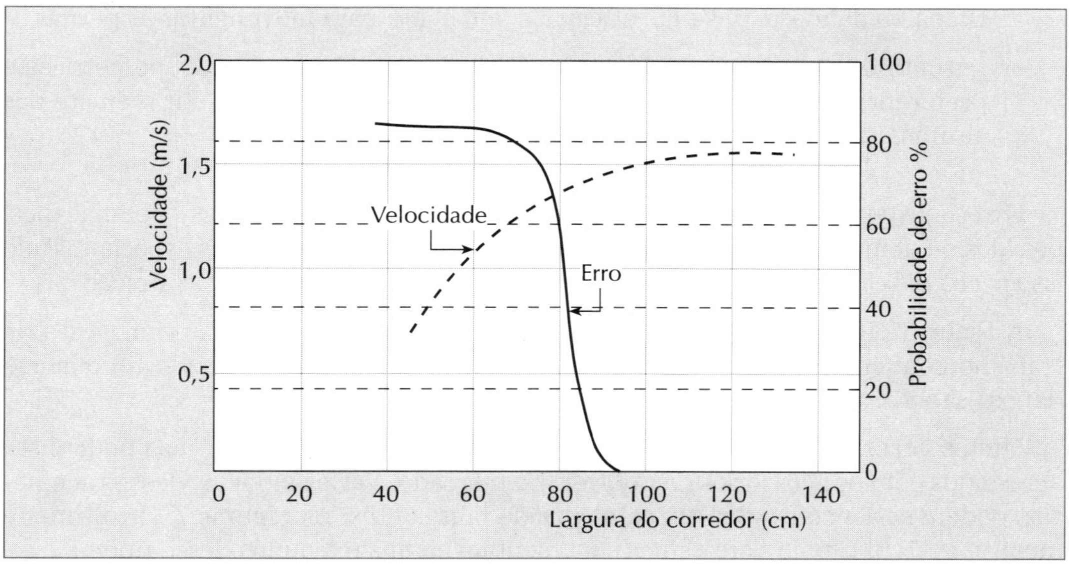

Figura 7.9
A largura do corredor influi na velocidade de fluxo e erros cometidos pelos transeuntes (Drury, 1985).

Trabalho visual

Na posição em pé, os olhos situam-se em torno de 150 cm para a média das mulheres e 160 cm para a média dos homens. As tarefas visuais devem situar-se abaixo disso, adotando-se a linha visual (horizontal) como altura máxima. Na posição sentada, a altura dos olhos situa-se a 73 cm acima do assento para a média das mulheres e 79 cm para a média dos homens.

As pesquisas demonstram que as pessoas, na postura sentada com o tronco ereto, preferem visualizar objetos a 20° abaixo da linha horizontal (traçada a partir dos olhos), com um desvio padrão de 12°.

Essas alturas deveriam ser respeitadas para o posicionamento das tarefas visuais, mas também de objetos como avisos e cartazes, para os quais se requer melhor visualização.

Ajustes individuais

Muitos móveis usados para compor postos de trabalho são produzidos em série. Por exemplo: mesas para digitadores, bancadas para uma linha de montagem, caixas para supermercados, cadeiras operacionais. Entretanto, pode acontecer que as tarefas executadas em cada um desses postos não sejam iguais entre si. E, certamente, haverá diferenças antropométricas entre os seus ocupantes. Por isso, é importante que os postos de trabalho tenham uma certa flexibilidade para se ajustar a esses casos particulares. Além disso, em alguns casos, será necessário adicionar alguns acessórios para facilitar a realização das tarefas.

Os ajustes nos postos de trabalho visam proporcionar uma postura flexível. Os principais objetivos desse tipo de posto são:

- Permitir mobilidade para facilitar freqüentes mudanças de posturas. Por exemplo, permitir que as pessoas trabalhem sentadas ou em pé, alternadamente. Embaixo da mesa, deve haver espaço suficiente para movimentar as pernas.
- Permitir ajustes dimensionais para acomodar as diferenças antropométricas e preferências individuais. No caso dos assentos e mesas, permitir o ajuste das alturas.

Esses ajustes não podem depender de mecanismos de ajustes muito complicados, pesados ou demorados, que exijam muita força, tempo ou ferramentas especiais. Tudo isso acaba desestimulando o usuário e o produto deixa de cumprir a sua função.

A Figura 7.10 mostra, esquematicamente, 14 ajustes possíveis em um posto de trabalho com computadores. Entre estes, os mais importantes (provocam maiores danos) são a altura do assento e a altura do teclado.

Muitas vezes, os ajustes não estão incluídos no projeto do posto, mas podem ser acrescidos com os acessórios disponíveis no mercado. Vários modelos desses acessórios podem ser encontrados em catálogos de fabricantes. As Figuras 7.11 (altura do monitor) e 7.12 (apoio para os pés) apresentam alguns exemplos desse tipo.

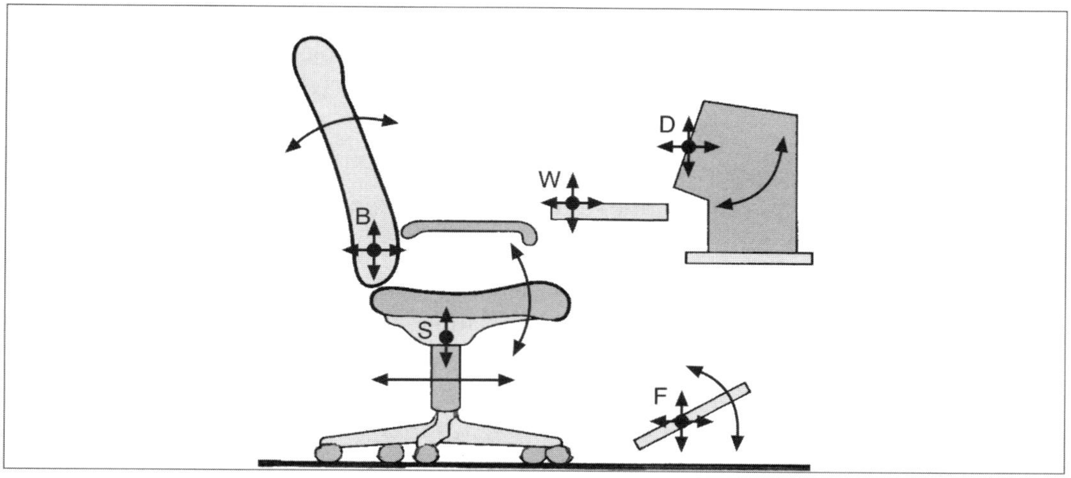

Figura 7.10
Ajustes possíveis em um posto de trabalho com computadores (Kroemer *et al.*, 1994).

Figura 7.11
Exemplo de acessório para elevar a posição do monitor.

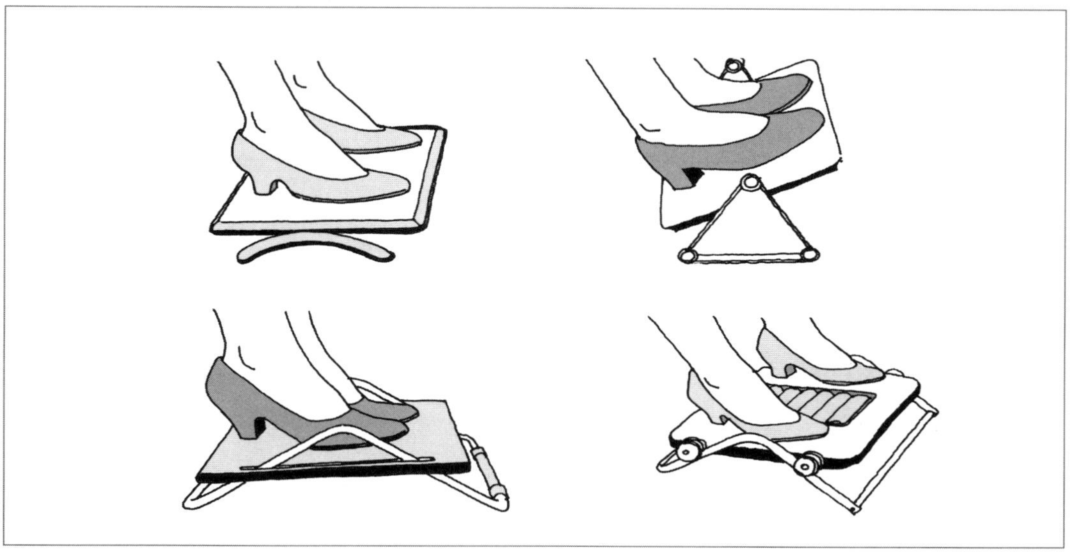

Figura 7.12
Exemplos de apoios para os pés (Moraes e Pequini, 2000).

Contudo, em casos mais específicos, torna-se necessário projetar e construir esses acessórios. A Figura 7.13 apresenta exemplo de uma base regulável para morsa (torno de bancada), permitindo adaptar a sua altura às características antropométricas de cada usuário.

A Figura 7.14 apresenta três modelos de suporte para os braços, usados para um estudo experimental: a) fixo; b) móvel no plano horizontal; e c) móvel em todas as direções horizontais e verticais (Feng *et al.*, 1997).

Foram realizados experimentos com esses três modelos de suportes para diferentes tipos de tarefas e mediram-se as atividades musculares dos ombros e pescoço. Os resultados, em comparação com a situação sem nenhum suporte, foram:

	Atividade muscular	*Redução (%)*
Sem suporte	631	—
Suporte horizontal-vertical	443	30
Suporte fixo	426	32
Suporte horizontal	378	40

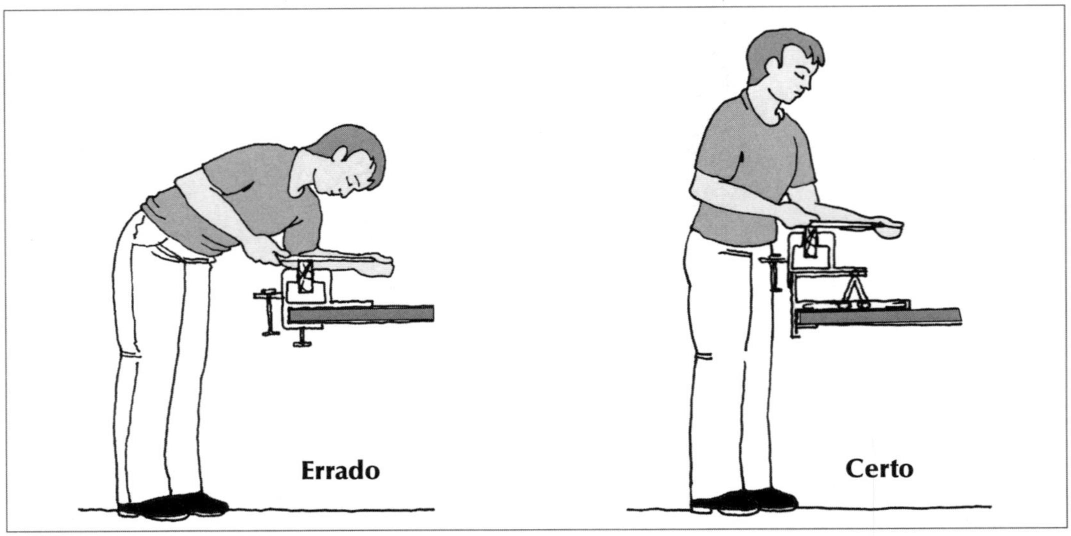

Figura 7.13 Base regulável para morsa, com ajustes de altura (Boussena e Davies, 1989).

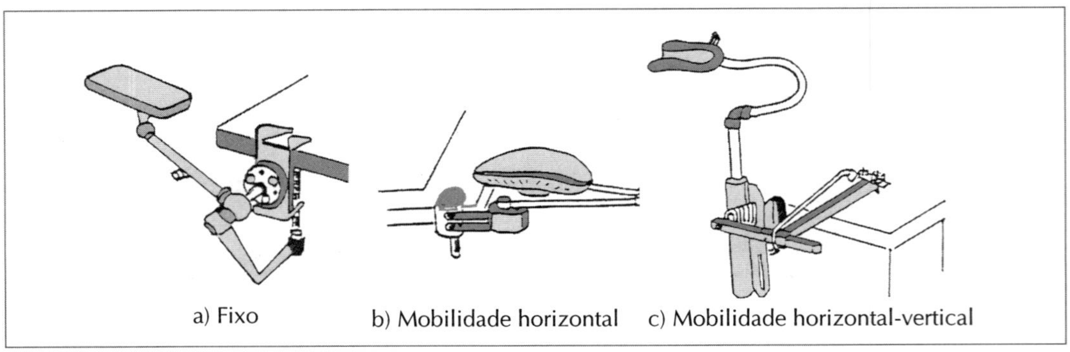

Figura 7.14 Suportes experimentais para antebraços (Feng *et al.*, 1997).

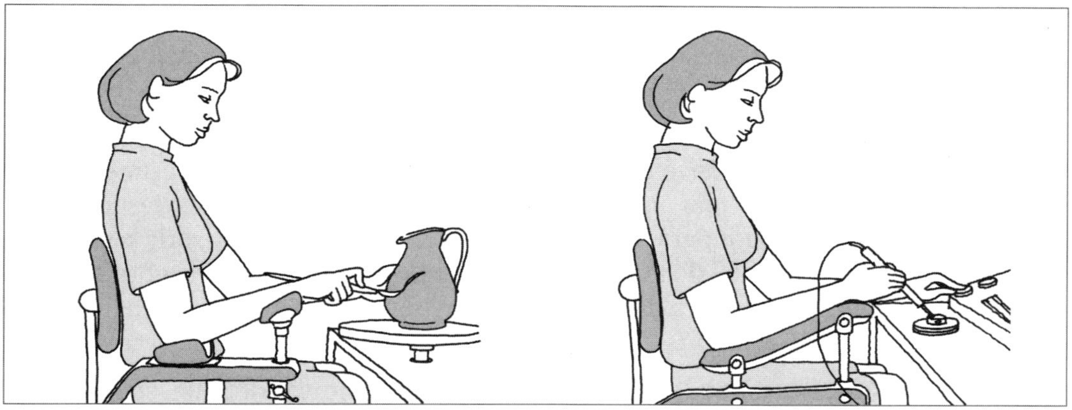

Figura 7.15 Exemplos de apoios para aliviar estresse nos braços (OIT, 2001).

Portanto, observa-se uma redução de até 40% das atividades musculares, com o uso de suportes. O suporte horizontal foi mais eficiente para tarefas realizadas ao nível da mesa, e o de ajuste horizontal-vertical, para tarefas acima do nível da mesa. O suporte fixo foi considerado conveniente quando há pouco espaço, restringindo a mobilidade.

Nos casos práticos, esses apoios podem ser construídos para adaptar-se a cada tarefa, como se vê na Figura 7.15. Nesses casos, é necessário lembrar também que cerca de 10% da população é constituída de canhotos.

7.6 Construção e teste do posto de trabalho

A etapa final é a construção e teste do posto de trabalho. Inicialmente poderá ser construído um modelo tridimensional de madeira ou papelão (*mockup*) em escala 1:1, apenas para simular a distribuição espacial dos diversos elementos que compõem o posto de trabalho (Figura 7.16). Nesse modelo poderão ser verificados alguns parâmetros como o alcance dos movimentos, conforto, postura e a visibilidade dos instrumentos. Nesta fase, os ajustes necessários poderão ser introduzidos com poucos gastos de tempo e de recursos.

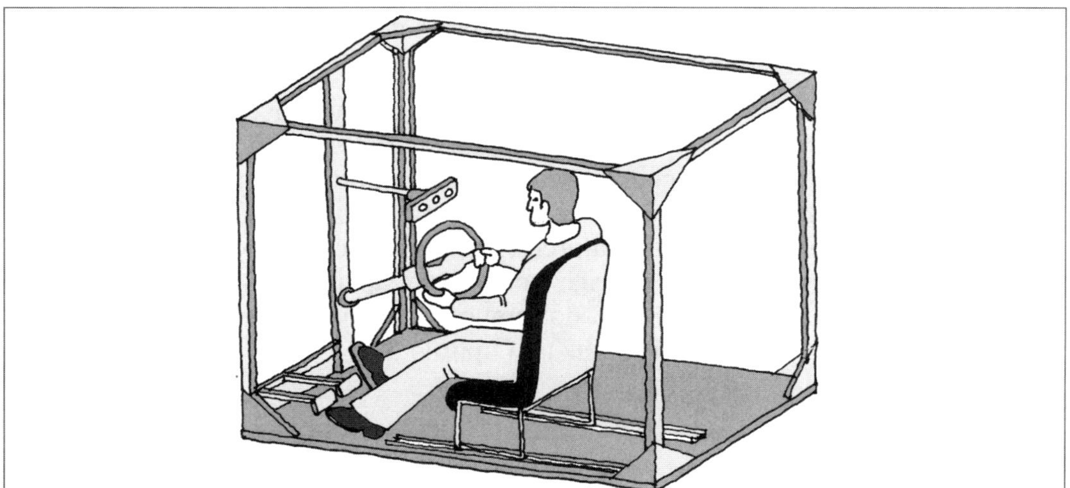

Figura 7.16 Exemplo de modelo tridimensional (*mockup*) construído em escala 1:1 (Woodson, 1987).

Entretanto, o teste definitivo do posto de trabalho deve ser feito com um modelo real ou mais próximo possível das condições reais de funcionamento, inclusive com a intervenção das condições operacionais, organizacionais e ambientais do local onde o posto de trabalho será instalado.

De preferência, o posto deve ser submetido a uma implantação experimental, em condições controladas, acompanhado de observações e medidas de desempenho. Por exemplo, numa cabina para venda de passagens para o metrô, seria necessário observar o comportamento dos usuários e se o ruído ambiental, presente no local onde essas cabinas serão instaladas, permite uma boa comunicação verbal entre o vendedor e os usuários.

Durante esses testes, podem ser verificados também certos detalhes, como a força necessária para acionar um pedal ou a existência de cantos "vivos", bordas cortantes ou protuberâncias nas bancadas, caixas ou bandejas. Os cantos angulosos devem ser substituídos por cantos arredondados com o maior raio de curvatura possível, para evitar possíveis contusões do operador.

Especificações para fabricação

Quando o posto de trabalho estiver finalmente aprovado, deverão ser preparadas as especificações para a fabricação do mesmo. Estas incluem desenhos técnicos, desenhos em perspectiva, desenhos de montagens, bem como as especificações de materiais e a descrição dos processos produtivos. Se for pertinente, esse conjunto de documentos deverá ser acompanhado de um memorial técnico, descrevendo os objetivos, uso e características operacionais, além de uma estimativa dos custos de produção.

Instruções de uso

Finalmente, devem ser preparadas as instruções para os usuários, em forma de manuais, microfichas, quadros, diagramas, fitas de áudio, vídeo ou CD. Esses elementos podem ser usados em programas de treinamento e consultas durante as operações e manutenção.

As instruções devem ser redigidas em uma linguagem acessível, compatível com o repertório dos usuários, evitando-se o uso de abreviaturas, códigos ou termos técnicos que não sejam de domínio comum. Os conceitos que exigem percepção espacial devem ser apresentados em forma de desenhos e gráficos, e nunca por meio de descrições verbais, que dificultam a compreensão. Um teste realizado com instruções bem preparadas para localizar e corrigir defeitos em aparelhos eletrônicos mostrou que era possível economizar até 50% do tempo dos técnicos, em relação ao uso de manuais tradicionais (ver mais detalhes no Capítulo 9).

7.7 Postos de trabalho com computadores

Devido à grande difusão da informática, nas últimas décadas, hoje existem postos de trabalho com computadores em praticamente todas as profissões. Em alguns casos, o uso de computadores é esporádico. Mas, em outros, o usuário passa horas com o corpo quase estático, com a atenção fixa na tela do monitor e as mãos sobre o teclado, realizando operações de digitação, altamente repetitivas. Isso acontece, por exemplo, nas centrais de *telemarketing* e nos Serviços de Atendimento ao Consumidor (SAC) das grandes empresas.

Em comparação com o trabalho tradicional de escritório, as condições de trabalho no terminal de computador são mais severas. As inadaptações ergonômicas desses postos de trabalho produzem conseqüências bastantes incômodas. Elas provocam fadiga visual, dores musculares do pescoço e ombros e dores nos tendões dos dedos. Estas últimas, em casos mais graves, transformam-se em doença ocupacional chamada de distúrbios osteomusculares relacionados ao trabalho (DORT), como já vimos na página 164.

São freqüentes as reclamações de dores musculares entre os trabalhadores em digitação. Essas reclamações geralmente concentram-se em dores das costas, ombros, pescoço e, em menor grau, nos braços e pernas.

Postura dos digitadores

Durante muito tempo recomendou-se que os digitadores assumissem uma posição ereta, com pernas, coxas e tronco fazendo 90°. Contudo, pesquisadores da área (Gradjean *et al.*, 1983) afirmam que isso não tem justificativas fisiológicas ou ortopédicas. Observando-se as pessoas em condições reais de trabalho de digitação, verificou-se que apenas uma pequena parcela delas assume essa postura ereta.

Constatou-se que os digitadores preferem posições **inclinadas**, mais relaxadas, que se assemelham à de uma pessoa dirigindo um carro, sendo, portanto, diferentes daquelas posturas geralmente adotadas em escritórios, que são mais eretas (ver Figura 7.17). Contudo, eles costumam também realizar freqüentes mudanças de postura, inclinando o corpo para frente e para trás. É importante que o posto de trabalho permita e facilite essas movimentações.

Portanto, as **cadeiras,** para uso em posto de trabalho com computadores, devem ter um encosto com inclinação regulável entre 90° e 120°. Observou-se também que as cadeiras tradicionais, em geral, têm encostos muito pequenos, não sendo adequada, por não permitirem uma postura mais relaxada, descarregando-se o peso das costas sobre o encosto. Outras características desejáveis da cadeira são: altura regulável do assento, bordas do assento arredondadas, pouco estofamento, eixo giratório, amortecimento vertical e cinco pés com rodas.

Grandjean (1987) apresenta os resultados de diversas pesquisas realizadas para estudar a postura das digitadoras. Ele observou que 30 a 40% delas se queixavam de dores no pescoço, ombros e braços. Esses índices são bem maiores, se comparados com pessoas que realizam trabalhos gerais de escritório ou vendedoras de lojas. Nesse caso, os índices ficavam entre 2 e 10%.

Figura 7.17
Em postos de trabalho com terminais de computadores, verificou-se que os operadores preferem adotar posturas mais relaxadas, voltadas para trás, do tipo b (Grandjean, 1987).

Estudos realizados, correlacionando as dores musculares com as características do posto de trabalho, apresentaram as seguintes causas de desconforto:

- Altura do teclado muito baixa em relação ao piso;
- Altura do teclado muito alta em relação à mesa;
- Falta de apoios adequados para os antebraços e punhos;
- Cabeça muito inclinada para frente;
- Pouco espaço lateral para as pernas – o operador desliza para frente, estendendo as pernas sob a mesa; e
- Posicionamento inadequado do teclado – a mão faz uma inclinação lateral (abdução) superior a 20° em relação ao antebraço.

Diversos estudos realizados com dimensões ajustáveis do posto de trabalho para computadores indicaram os valores apresentados na Figura 7.18.

Mesa para microcomputador

Para o projeto experimental de uma mesa para computador, foram feitas observações e entrevistas com 10 usuários (6 mulheres e 4 homens) de CAD e serviços administrativos (Karlqvist, 1998). Baseando-se nas informações obtidas, foram elaboradas as especificações de um projeto ideal (Tabela 7.4), para a construção de uma mesa experimental (Figura 7.19).

Essa mesa foi dotada de ajuste elétrico da altura entre 70 e 120 cm. Parte da superfície podia ser inclinada, com a parte inferior chegando ao mínimo de 59 cm de altura. A altura da tela também era dotada de regulagens elétricas. O protótipo dessa mesa foi submetido a testes com 24 usuários masculinos e 15 femininos. Em comparação com outros modelos de mesas, aquela experimental foi considerada superior, principalmente devido à facilidade de ajustar a posição da tela e ajustar a altura da mesa. No Brasil, existem normas técnicas para o dimensionamento dos móveis para informática (ver página 582).

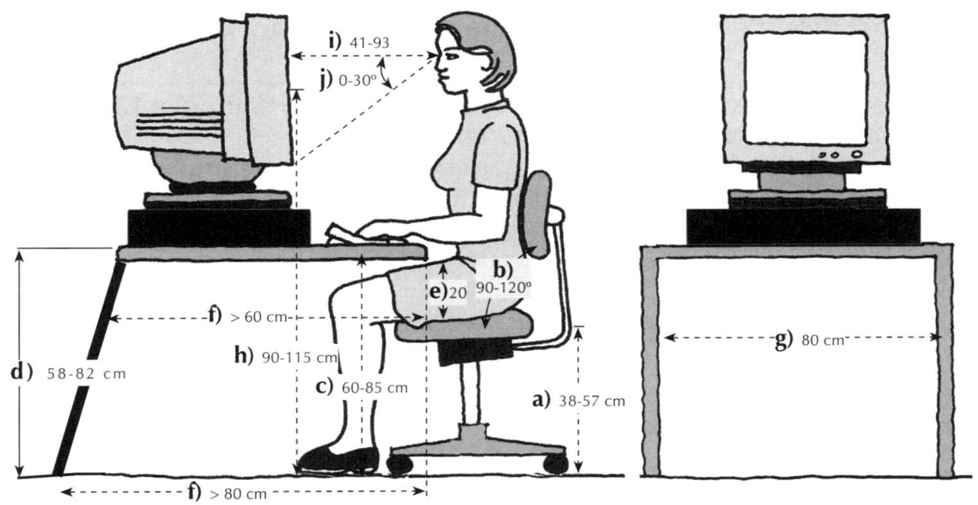

Variáveis	Dimensões recomendadas (cm)	Observações
Assento		
a) Altura do assento	38-57	As coxas devem ficar na horizontal, quando o joelho fizer 90°
b) Ângulo assento/encosto	90-120°	Deve ser ajustável, com uma média de 110°
Teclado		
c) Altura do teclado	60-85	Deve ficar na altura do cotovelo ou até 3 cm abaixo
d) Altura da mesa	58-82	Deve seguir a altura do teclado, da tela e o espaço para as pernas
Espaço para as pernas		
e) Altura	20	Deve permitir a acomodação e movimentação das coxas
f) Profundidade	60-80	Profundidade de 60 cm na altura dos joelhos e 80 cm no nível do piso
g) Largura	80	Deve permitir movimentação lateral das pernas
Tela		
h) Altura	90-115	A altura é medida entre o centro da tela e o piso
i) Distância visual	41-93	A distância dependo do tipo de tarefa e preferências pessoais
j) Ângulo visual	0-30°	É medida para baixo, a partir da horizontal no nível dos olhos

Figura 7.18 Dimensões recomendadas para o projeto de um posto de trabalho com computadores (Carter e Banister, 1994).

TABELA 7.4
Especificações para o projeto de uma mesa para computador (Karlquist, 1998)

• A superfície de trabalho deve ter regulagem de altura entre 70 e 120 cm
• O mecanismo deve ser de fácil ajuste
• Não deve haver travas sob a mesa que atrapalhem o movimento das pernas
• Deve haver apoio para os antebraços, inclusive durante o uso do *mouse*
• Deve haver ajuste da distância visual para a tela
• Os documentos a serem copiados devem ficar em uma superfície com inclinação ajustável superior a 45°
• A mesa deve ter espaço para materiais de consulta

Visualização do monitor

Existem basicamente dois modos para se apresentar textos em monitores: o que tem caracteres claros sobre um fundo escuro e o que tem caracteres escuros sobre um fundo claro. Este último se assemelha à página de um livro impresso e há uma tendência para esse tipo, porque reduz o contraste visual com os outros objetos próximos, que exigem também fixação visual do digitador, durante o trabalho.

Quando caracteres brilhantes são apresentados na tela do monitor, contrastando com o fundo escuro, criam uma situação incômoda, chamada de brilho relativo: as áreas mais brilhantes tendem a diminuir a sensibilidade da retina, enquanto as partes escuras aumentam-na. Como conseqüência, há uma redução da capacidade visual: a acuidade visual aos contrastes diminui. O brilho relativo pode ser reduzido se a diferença de brilho entre a figura e o fundo, no centro do campo visual, for inferior a 3:1 e, entre o centro e a periferia do campo visual, não exceder à proporção de 10:1.

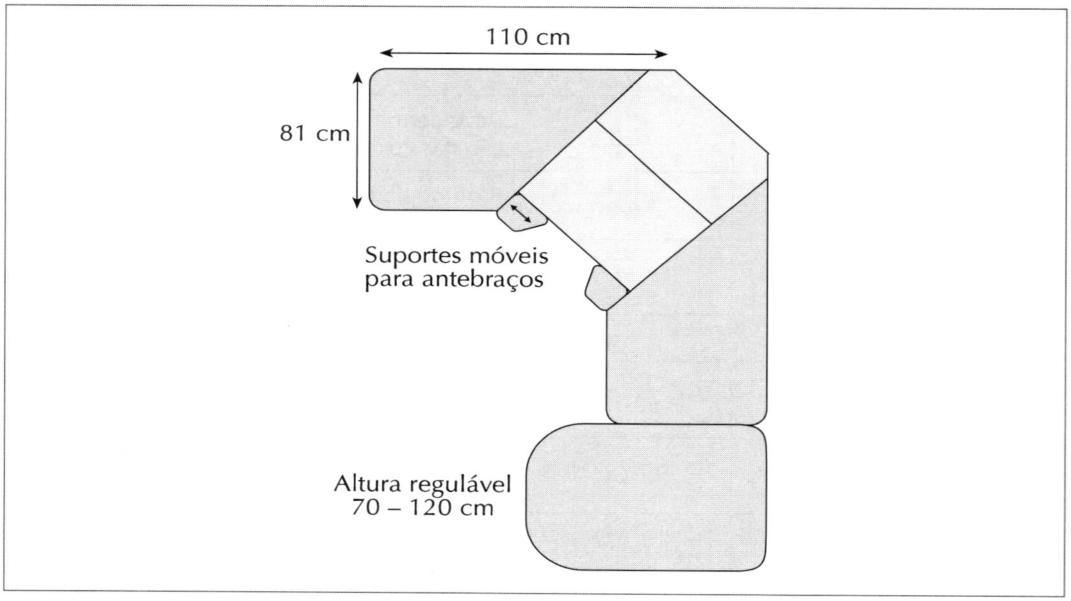

Figura 7.19
Tampo de mesa experimental com mecanismo elétrico para ajuste de altura entre 70 e 120 cm.

Iluminação do posto de trabalho

Os níveis gerais de iluminamento recomendados para trabalhos normais de escritório são de 500 a 700 lux. Entretanto, Grandjean (1987) observou que, em muitas salas de trabalho com computadores, os próprios operadores haviam retirado algumas lâmpadas para reduzir a iluminação ambiente para níveis de 200 a 300 lux. Isso se deve provavelmente ao desconforto provocado pelo elevado contraste com o fundo escuro dos monitores. Esse autor recomenda, então, que o nível geral de iluminamento nos postos de trabalho com computadores seja de 300 lux, quando os documentos a serem transcritos apresentarem boa legibilidade ou 500 lux, quando essa legibilidade for menor. Para os casos onde essa legibilidade for ainda menor, aconselha-se a colocação de uma fonte localizada, de até 1 000 lux, diretamente sobre o documento de baixa legibilidade.

Outro problema é o ofuscamento, causado pela presença de fonte com muito brilho, no campo visual ou reflexos na superfície de vidro no monitor. O ofuscamento e os reflexos podem ser reduzidos, utilizando-se fontes de luz difusa ou indireta, eliminado-se superfícies refletoras e colocando as luminárias de modo que a luz incidente no posto de trabalho tenha ângulos menores que 45° em relação à vertical (Figura 7.20). Às vezes torna-se necessário também mudar o posicionamento da tela em relação às fontes de brilho, como as janelas e luminárias (ver mais detalhes no Capítulo 15).

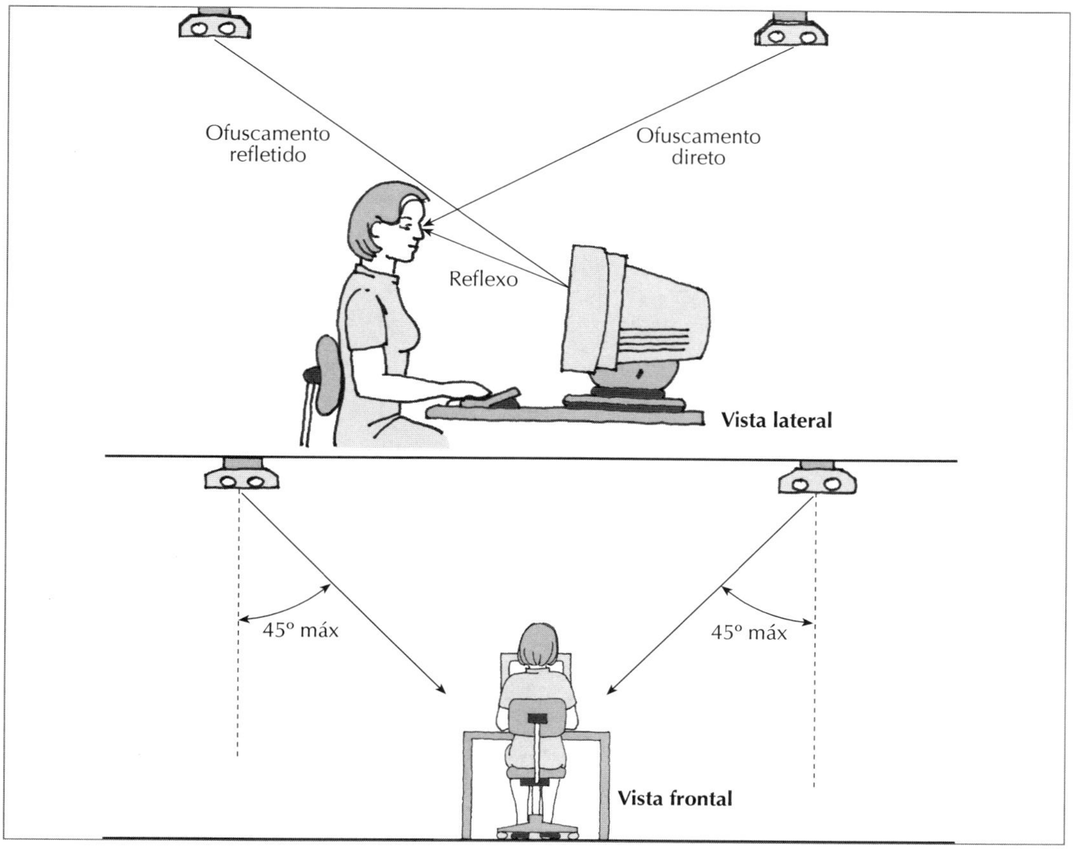

Figura 7.20 As luminárias devem ser posicionadas de modo a evitar os ofuscamentos provocados pelos brilhos diretos e reflexos no campo visual.

7.8 Estudo de caso — reabastecimento de aviões

Um caso de redesenho de um posto de trabalho de um centro de controle operacional de uma frota de caminhões da Esso para reabastecimento de aviões no aeroporto de Londres, é apresentado por Shackel e Klein (1976).

Após a aterrissagem, os aviões param em um dos 100 locais disponíveis, durante cerca de 30 a 60 minutos. Nesse tempo, além da carga e descarga de passageiros e bagagens, devem ser feitas as limpezas, manutenções e reabastecimentos de alimentos e combustíveis.

O reabastecimento de combustíveis é feito com **caminhões-tanque**. Esses caminhões têm capacidade de 18, 27 ou 54 mil litros de combustível. Dependendo da quantidade de combustível solicitado por cada avião, um caminhão pode reabastecer diversos aviões, antes de retornar ao posto de recarga. Nas horas de "pico" existem mais de 20 caminhões reabastecendo simultaneamente os aviões (ver Figura 7.21). Esse é um serviço que não pode parar nem atrasar-se. Um atraso de apenas alguns minutos poderia provocar sérias conseqüências, atrapalhando toda a movimentação de aviões no aeroporto.

Existem 120 pessoas envolvidas nesse serviço de reabastecimento. Como o serviço funciona 24 horas por dia, é necessário organizar o sistema de rodízio de turnos e os horários de refeições e pausas para que haja um número suficiente de trabalhadores em cada horário.

O comando de todo o processo é feito pelo controlador. Ele deve receber os pedidos de reabastecimento das companhias de aviação, verificar os caminhões-tanque e os homens disponíveis e emitir ordem de reabastecimento. O posto de trabalho (ver Figura 7.22) era constituído de uma escrivaninha comum, onde se acrescentam diversos acessórios.

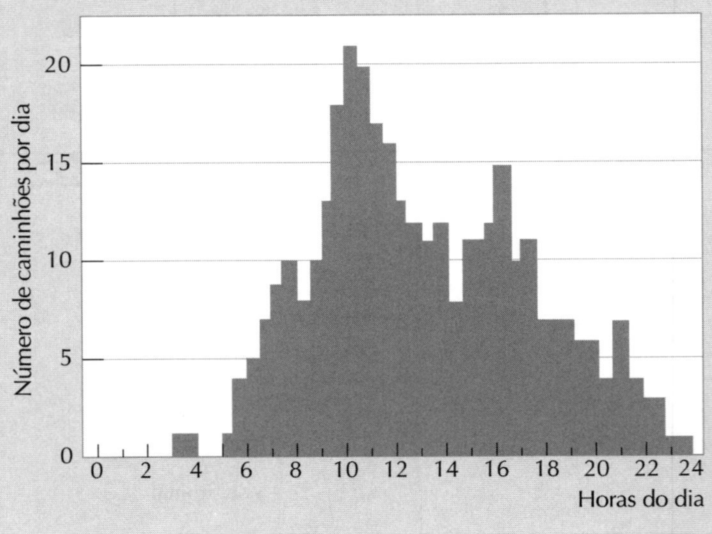

Figura 7.21 Número de caminhões-tanque envolvidos na operação de reabastecimento de aviões, em cada hora do dia, no aeroporto de Londres (Brigham, 1976).

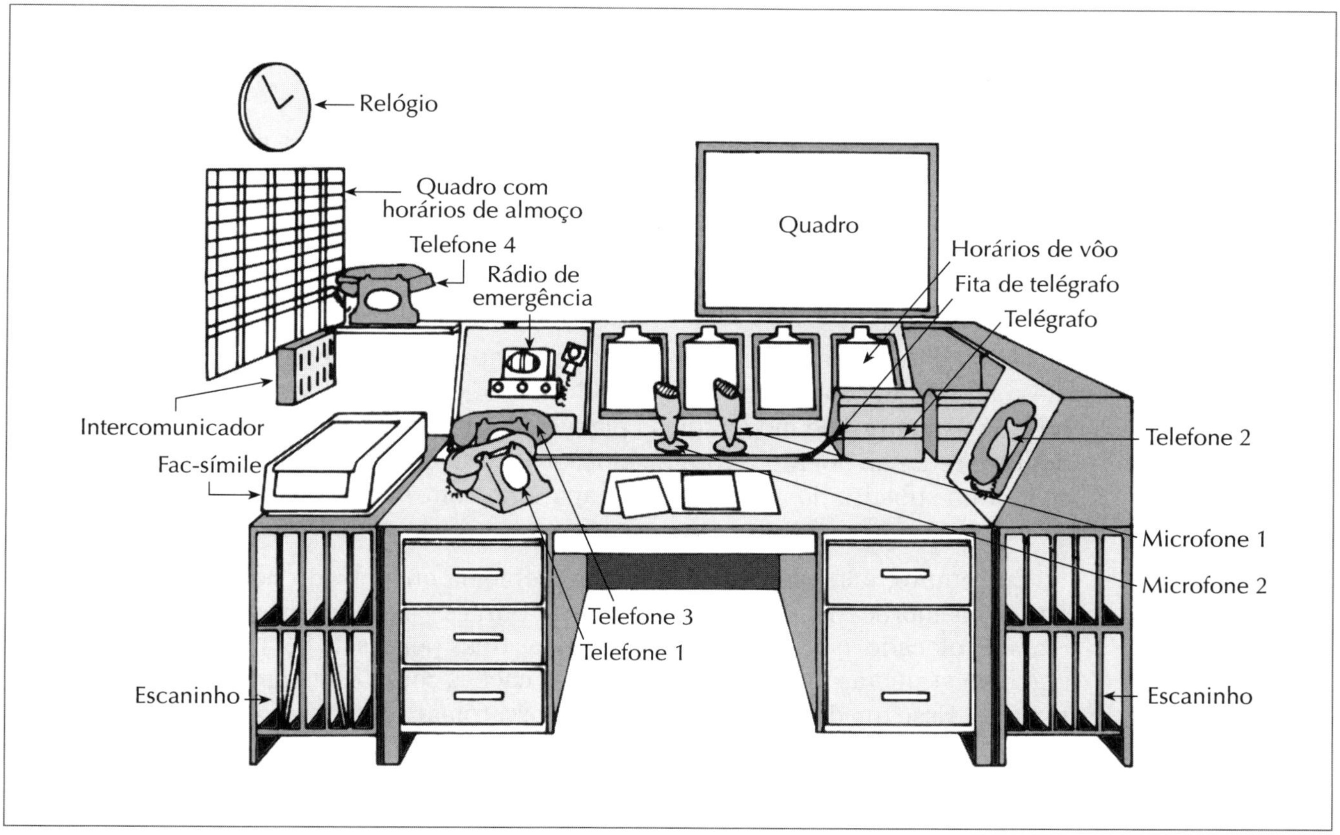

Figura 7.22 Posto de trabalho do controlador de abastecimento de combustíveis em aviões existente, antes do projeto de reformulação, no aeroporto de Londres (Shackel e Klein, 1976).

Os pedidos de reabastecimento eram recebidos por 4 telefones, um sistema de fax e um intercomunicador, que funcionam independentemente uns dos outros. Sobre a mesa corria uma fita de papel de telégrafo que informava, minuto a minuto, a chegada dos aviões. Em frente à mesa haviam 4 pranchas contendo os horários dos vôos. Colocados sobre o piso, à direita e à esquerda da mesa ficavam dois escaninhos contendo as planilhas dos caminhões, informando a carga de combustível disponível em cada um deles. A disponibilidade dos homens era informada por tabelas que ficavam sobre a mesa, onde o controlador lançava as ordens de reabastecimento.

O motorista escalado para o trabalho levava a respectiva planilha, onde registrava a quantidade real do combustível fornecida e retornava ao centro de controle.

O controlador conferia os registros, calculava o saldo da carga disponível e ordenava o recarregamento do caminhão-tanque, se fosse o caso. A planilha era recolocada no escaninho, até o caminhão ser novamente acionado.

A tarefa do controlador era dificultada porque havia um número limitado de homens e caminhões disponíveis e, quando ele despachava um caminhão com uma ordem, não sabia exatamente quanto tempo depois o mesmo estaria novamente disponível, porque havia variações no tempo de reabastecimento de cada avião. Ele também tinha o problema administrativo de organizar os turnos dos trabalhadores, procurando minimizar os diversos tipos de reclamações dos trabalhadores.

Uma das maiores solicitações do controlador era no uso da memória de curta duração (ver página 260), para compatibilizar os pedidos recebidos com a disponibilidade de homens e caminhões, a fim de tomar decisões.

O controlador ainda tinha problema com a postura para alcançar os escaninhos contendo as planilhas dos caminhões, que ficavam ao nível do piso, e precisava se voltar para trás para atender as pessoas que se colocavam às suas costas, e atender aos telefonemas, às vezes a mais de um, simultaneamente. Ele trabalhava constantemente de pé, tenso e sobrecarregado, pois não podia esquecer nenhum detalhe. Para agravar ainda mais a situação, o ambiente era bastante barulhento.

O posto de trabalho foi reprojetado para atender aos requisitos ergonômicos. A mesa foi desenhada com a forma de "L" para se colocar os escaninhos sobre a mesa, no lado esquerdo, de modo que as planilhas ficassem ao alcance do operador sentado. Em frente ao operador foram colocados o telefone (os quatro aparelhos telefônicos foram substituídos por um único aparelho com 10 canais) e os demais sistemas de comunicações.

Entretanto, faltava resolver o maior problema encontrado no posto de trabalho, que era a sobrecarga da memória de curta duração para a tomada de decisões. Para isso foi colocado, no canto da mesa (entre as duas pernas do "L"), um quadro magnético com etiquetas móveis, contendo informações sobre os caminhões, homens e aeronaves. Esse quadro ajudava o controlador a tomar decisões e aliviava a sua memória. As etiquetas representando as aeronaves eram brancas e se escrevia o número de vôos sobre elas. As etiquetas representando os homens eram codificadas por cores de acordo com o turno de trabalho e cada etiqueta continha o nome do motorista. As etiquetas que representavam os caminhões também eram numeradas e coloridas, com os tamanhos proporcionais ao volume dos tanques.

O controlador operava o quadro colocando as etiquetas representativas do caminhão e do homem sobre a etiqueta do avião e, quando a ordem era despachada, esse conjunto era deslocado para o centro do quadro. Assim, ele podia visualizar rapidamente os elementos que estavam ocupados a cada instante e ia planejando as futuras ocupações, selecionando as etiquetas de homens e caminhões que seriam acionados no instante seguinte.

Um modelo preliminar da mesa foi construído para testar as suas dimensões, alcances e posturas do operador, bem como o alcance e a visibilidade do quadro magnético (ver Figura 7.23).

O arranjo físico da sala foi melhorado para se reduzir a incidência de ruídos, e foi proposto também um novo método de trabalho.

Para garantir a aceitação do novo método de trabalho, os próprios controladores foram envolvidos em diversas etapas do desenvolvimento. Inicialmente, todos eles foram entrevistados para que pudessem falar sobre as dificuldades do seu trabalho. As diversas sugestões e críticas que apresentaram durante o desenvolvimento foram consideradas. Portanto, quando o novo posto foi apresentado aos mesmos, a aceitação foi boa, com pouca resistência e apenas alguns problemas a serem corrigidos.

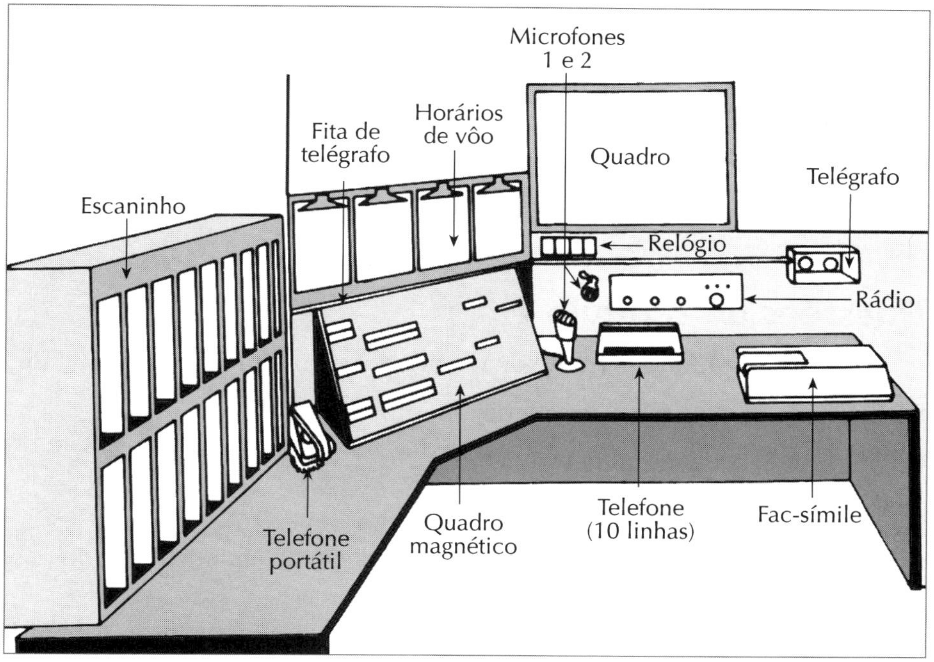

Figura 7.23 Posto de trabalho reformulado do controlador de abastecimento de combustíveis em aviões, no aeroporto de Londres (Shackel e Klein, 1976).

A introdução do novo sistema foi feita gradualmente, de modo a interferir o mínimo possível com a rotina do trabalho, e também para que os controladores pudessem se adaptar a esse novo sistema.

Após alguns meses de funcionamento, foram feitas entrevistas de avaliação com os controladores. Todos eles mostraram satisfação com o novo sistema. Os comentários se referiam principalmente à ajuda do quadro magnético e que eles se sentiam menos tensos e fatigados. Os trabalhadores se mostravam também mais satisfeitos, porque havia uma distribuição mais eqüitativa de cargas entre eles, tendo assegurados o esquema de rotação de turnos, os horários de refeições e as pausas. Como conseqüência, havia melhorado o relacionamento funcional entre o controlador e os trabalhadores. Os dirigentes também se mostravam satisfeitos, porque o sistema anterior já estava completamente saturado, à beira do colapso. Com o novo sistema, o aumento de 15% verificado no tráfego aéreo, durante os meses de verão, foi suportado sem maiores problemas.

Uma nova visita foi realizada pela equipe do projeto sete anos depois e ela constatou que tudo estava em ordem e as coisas funcionavam como foram previstas. A direção da empresa informou que o mesmo sistema havia sido implantado em outros aeroportos com igual sucesso.

Note que esse estudo foi realizado na década de 1970. Hoje, provavelmente, o sistema seria informatizado e o quadro magnético, substituído por uma tela de computador. Além disso, já existem diversos tipos de softwares que poderiam ser aplicados na programação dos abastecimentos. Contudo, o caso apresentado continua válido porque ainda se encontram muitos postos de trabalho improvisados. Observa-se que providências relativamente simples podem produzir resultados significativos.

Conceitos introduzidos no capítulo 7

enfoque tradicional
enfoque ergonômico
macro-espaço
micro-espaço
descrição da tarefa
descrição das ações
arranjo físico
dimensões recomendadas
espaço para movimentações
ajustes individuais

Questões do capítulo 7

1. Compare os enfoques tradicional e ergonômico do posto de trabalho.
2. Explique os dois níveis de planejamento das instalações.
3. Como se faz a análise da tarefa?
4. Como se faz a descrição das ações?
5. Cite o comente três critérios para a realização do arranjo físico do posto de trabalho.
6. Quais são os aspectos mais importantes para se fazer o dimensionamento do posto de trabalho?
7. O que se pode dizer a respeito da postura dos digitadores?
8. Quais foram as principais mudanças introduzidas no caso do centro de controle operacional dos caminhões de reabastecimento?

Exercício

Analise um posto de trabalho que você usa com freqüência, por exemplo, o seu local de estudo ou mesa com computador. Apresente recomendações ergonômicas para a melhoria do mesmo.

8. Controles e manejos

Este capítulo analisa o processo de transmissão de energia sob forma de forças e movimentos musculares do homem para a máquina.

De acordo com os princípios ergonômicos, as máquinas são consideradas como "prolongamentos" do homem. Uma boa adaptação homem-máquina contribui para reduzir os erros, fadiga e acidentes. Em conseqüência, melhora-se o desempenho do sistema. Para isso, serão estudadas inicialmente as características humanas para transmissão dos movimentos, especialmente com o uso das mãos. Depois, serão examinados os atributos que devem ter as ferramentas e máquinas, para se adaptarem a essas características humanas.

Juntamente com o Capítulo 10 sobre Dispositivos de Informação, fornece elementos para detalhar o Posto de Trabalho, já apresentado no Capítulo 7.

8.1 Movimentos de controle

Movimento de controle é aquele executado pelo corpo humano para transmitir alguma forma de energia à máquina. Esses movimentos geralmente são executados com as mãos e os pés e podem consistir desde um simples aperto de botão até movimentos mais complexos de perseguição (como nos vídeogames), alimentados continuamente por uma cadeia de ação→informação→ação (ver Figura 2.2).

Adequação dos controles aos movimentos corporais

Na medida do possível, os movimentos de controle devem seguir aqueles movimentos naturais e mais facilmente realizados pelo corpo humano.

Os movimentos corporais no trabalho foram estudados exaustivamente pelo casal Frank e Lílian Gilbreth, que formularam empiricamente 20 princípios de economia dos movimentos. Esses princípios foram posteriormente aperfeiçoados por Barnes (1977), que os transformou em 22 princípios de economia dos movimentos (ver Tabela 7.1). Segundo esses princípios, as mãos devem realizar movimentos rítmicos, seguindo trajetórias curvas e contínuas, evitando-se paradas bruscas ou mudanças repentinas de direção. Particularmente, o corpo tem dificuldades de realizar movimentos retilíneos, preferindo-se aqueles curvos.

Se os controles envolverem movimentos dos dois braços, estes devem ser feitos simultaneamente em direções opostas e simétricas. Observa-se que é muito difícil executar dois padrões diferentes de movimentos musculares simultâneos, como o de esterçar o volante e mudar a marcha do carro.

Figura 8.1 Projeto de pedal incompatível com o movimento natural dos pés, provocando desequilíbrio do operador (Murrell, 1965).

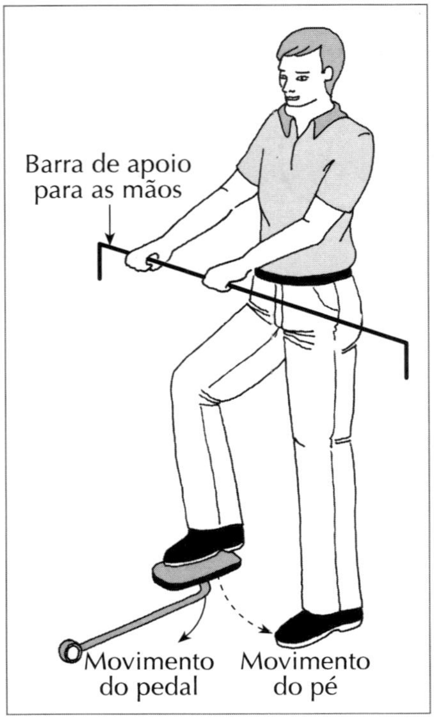

Murrell (1965) dá exemplo de um outro tipo de controle inadequado, em que o movimento da máquina não segue o movimento natural do corpo. No acionamento de pedais articulados, o pedal tende a deslocar-se para trás, afastando-se do corpo, enquanto o pé tende a aproximar-se do corpo e essa **incompatibilidade** tende a desequilibrar o operador. Se esse problema mecânico não puder ser corrigido, pode-se melhorar a estabilidade do operador, colocando-se uma barra de apoio para as mãos (Figura 8.1).

Estereótipo popular

O estereótipo popular é a **expectativa** de um determinado efeito, manifestada pela maioria da população, diante de uma certa situação. Por exemplo, para ligar o rádio, a maioria gira o botão para direita, no sentido horário. As pessoas adquirem esse estereótipo pelo treinamento e pela experiência no dia-a-dia.

Alguns desses estereótipos seriam naturais, ou seja, **inatos**, caracterizados pelo próprio organismo. Povos primitivos, sem contato anterior com a civilização, podem apresentar alguns estereótipos semelhantes aos dos civilizados. Testes realizados com crianças de 5

Quesitos		Alternativas	Engenheiros	Mulheres	Especialistas
Movimento do Knob					
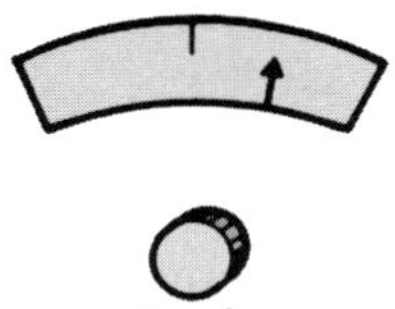 knob	Para mover a seta até o centro do mostrador, o knob deve ser girado no sentido: - Horário - Anti-horário	Horário Anti-horário	3 97	6 94	2 98
Fechadura de caixa					
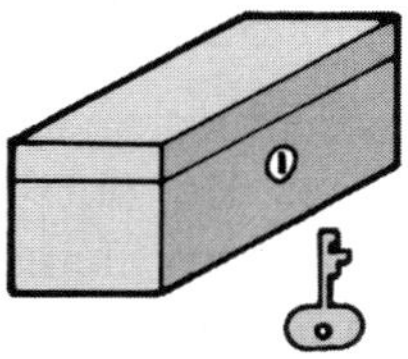	Para abrir esta caixa você colocaria a chave com os dentes voltados para: - Cima - Baixo	Dentes para cima Dentes para baixo	17 83	23 77	20 80
Movimento da alavanca					
	Para deslocar o ponteiro para a direita, você moveria a alavanca: - Empurrando - Puxando	Empurrando Puxando Sem resposta	76 24 —	59 41 —	71 25 4
Torneira de pia					
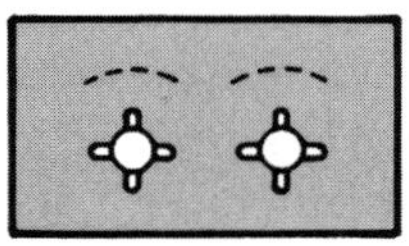	Indique em que sentido devem ser giradas as torneiras para abrir a água (vistas de cima):	ESQUERDA / DIREITA Horário / Horário Horário / Anti-horário Anti-horário / Horário Anti-horário / Anti-horário	17 23 13 47	34 20 26 20	22 13 16 49
Teclado para calculadora					
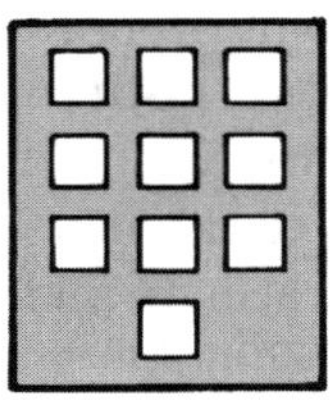	Coloque os algarismos de 1 a 0 como no teclado da máquina de calcular eletrônica:	Calculadora 7 8 9 4 5 6 1 2 3 0	25	33	36
		Telefone 1 2 3 4 5 6 7 8 9 0	49	14	35
		Outros arranjos	26	54	29

Figura 8.2

Exemplo de pesquisa sobre estereótipos populares, realizada entre 92 engenheiros, 80 mulheres e 55 especialistas em ergonomia (quase todos homens). Os resultados aparecem em percentagens (Smith, 1981).

anos, com aparelhos que elas nunca tinham visto antes, mostraram que 70% delas seguem o padrão "esperado". Esse índice aumenta para 87% em adultos de 20 anos. Isso demonstra que há uma forte tendência natural para os movimentos compatíveis que esta se acentua com o aprendizado.

Movimentos compatíveis e incompatíveis

Os movimentos de controle que seguem o estereótipo popular são chamados de **compatíveis**. Inversamente, os que o contrariam, são chamados de incompatíveis. Diversas pesquisas realizadas mostram que os movimentos compatíveis são aprendidos mais rapidamente e são executados com mais confiabilidade. Isso levou muitos pesquisadores a investigar os estereótipos em diversas situações. Smith (1981) realizou uma pesquisa em 18 situações diferentes (ver um resumo na Figura 8.2).

Verifica-se que, em alguns casos, como no movimento de *knob*, fechadura de caixa e movimento de uma alavanca, há uma nítida preferência das pessoas. Em outros casos, como nos movimentos de torneira de pia ou no arranjo do teclado de calculadora, isso não aparece claramente. Além disso, em alguns casos, observaram-se diferenças significativas dos resultados entre os três grupos de sujeitos que participaram do experimento, sugerindo que, nestes casos, a experiência e o treinamento podem influir nos resultados. Muitos estereótipos são adquiridos por treinamento e uma vez estabelecidos, fica difícil de modificá-los.

Demonstrou-se também que as pessoas podem ser treinadas para fazer intencionalmente movimentos **incompatíveis**, mas o tempo gasto nesse treinamento é maior do que no caso dos movimentos compatíveis. Além disso, numa situação de emergência ou de pânico, há uma forte tendência de retorno ao movimento compatível.

Murrell (1965) relata o caso de um registro que controlava o fluxo do óleo refrigerante em um navio (Figura 8.3). Esse registro apresentava um movimento incompatível com o mostrador. Partindo-se da posição fechada (*Off*) deveria ser girado à esquerda, no sentido anti-horário para abrir-se. Além da posição aberta (*On*), havia uma terceira posição para *Bypass* (desvio). O ponteiro do mostrador indicava essas posições girando ao contrário, no sentido horário.

Numa situação de emergência, o registro estava na posição ON e alguém gritou para passá-lo para *Bypass* e o operador girou-o imediatamente no sentido horário, seguindo a direção do ponteiro. Assim, realizou um movimento no sentido **contrário** daquele desejado, o que resultou em um sério acidente. Embora o marinheiro tenha sido treinado para girar o registro para a esquerda para desviar o fluxo de óleo, em uma situação de emergência, ele retornou ao seu estereótipo, ao contrário do padrão que deveria ter seguido. Isso demonstra a "força" do estereótipo e a dificuldade em contrariá-lo.

Outro exemplo é o dos motoristas **ingleses**. Na Inglaterra, a posição do motorista no carro e o sentido do tráfego são invertidos, em relação ao padrão do continente europeu. Os ingleses apresentam um dos menores índices de acidentes automobilísticos do mundo. Entretanto, um estudo realizado na Espanha demonstrou que eles provocam 216% mais acidentes nas estradas espanholas, em comparação com os próprios espanhóis (Bridger, 2003).

Isso indica que, um motorista inglês, dirigindo no continente, precisa prestar muita atenção. Contudo, numa situação de emergência ou pânico, os motoristas retornam ao seu estereótipo, podendo provocar acidentes. Outro problema é o dos turistas do continente, em visitas à Inglaterra. Eles precisam prestar muita atenção para não serem atropelados.

Portanto, os movimentos incompatíveis devem ser evitados, sempre que possível, durante o projeto. No caso em que isso for impossível, é preferível que todos os movimentos sejam incompatíveis, pois isso ainda é menos danoso que uma mistura de alguns movimentos incompatíveis com outros compatíveis, que tendem a causar confusão.

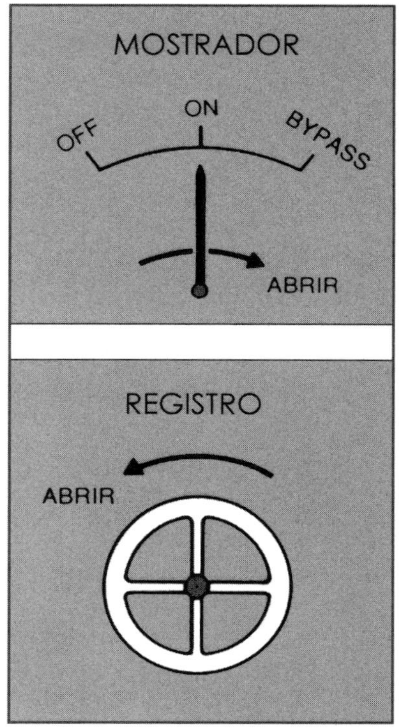

Figura 8.3 Exemplo de movimento incompatível entre o mostrador (abrir à direita) e o registro (abrir à esquerda) associados entre si (Murrell, 1965).

Destros e canhotos

Os canhotos, ou seja, aqueles que manifestam preferência pelo uso da mão esquerda, representam cerca de 10% da população. Apesar desse número não ser desprezível, praticamente todos os projetos de produtos são realizados supondo que todos os usuários são destros. As pesquisas sobre os movimentos dos controles quase sempre são realizadas supondo também que as pessoas são todas destras.

Os canhotos são obrigados a conviver no mundo dos destros. Alguns produtos como facas e canetas, não oferecem diferenças para destros ou canhotos. Mas há outros produtos como tesouras e abridores de latas, que causam problemas aos canhotos. Os problemas maiores surgem com os produtos assimétricos, como câmaras fotográficas, carros e teclados.

As pessoas apresentam um desempenho muscular significativamente melhor quando usam a mão **dominante**. Ou seja, os destros conseguem realizar movimentos com maior força, velocidade e precisão usando a mão direita. Com os canhotos, ocorre o inverso. Foi feito um teste com a inversão da mão dominante (Garonzik,1989). Os destros deveriam trabalhar com a mão esquerda, e os canhotos com a mão direita. Constatou-se que os canhotos apresentavam desempenho melhor. Ou seja, eles eram menos dependentes da mão dominante.

Isso talvez seja devido às pressões educacionais e culturais que forçam, os canhotos, ao uso da mão direita em proporção maior que os destros, a esquerda. Por exemplo, ao cumprimentar as pessoas ou fazer continência (militares) os canhotos são obrigados a usar a mão direita.

Os canhotos levam uma nítida desvantagem na operação de comandos em que são obrigados a usar a mão direita. A situação tende a agravar-se quando há grandes exigências de força, velocidade e precisão nos movimentos. Os projetistas podem contribuir de três maneiras para a superação dessa desvantagem:

- Substituindo comandos que exigem muita velocidade e precisão, por outros. Por exemplo, colocando alavancas no lugar de manivelas e botões de pressão no lugar daqueles rotativos;

- Desenhando instrumentos simétricos, de modo que possam ser operados indistintamente, com a mão direita ou a esquerda; e
- Desenhando produtos ou acessórios especiais para os canhotos.

Em alguns casos extremos, quando nada disso for possível ou economicamente justificável, deve-se selecionar um operador destro. Contudo, para que não haja essa discriminação, o projetista deve conceber, sempre que possível, produtos e postos de trabalho que possam ser utilizados indiferentemente tanto por destros como canhotos (ver projeto universal, página 318).

Compatibilidade espacial

Além da compatibilidade de movimentos, em que o movimento de controle sugere o movimento do mostrador e vice-versa, há também a compatibilidade espacial, em que a posição relativa dos controladores e mostradores no espaço sugerem essa correspondência.

Um experimento clássico foi realizado com **fogões** de 4 bocas, fazendo-se 4 arranjos diferentes de queimadores (mostradores) e botões (Figura 8.4). Observou-se que os sujeitos não cometem erros quando há algum tipo de correspondência espacial entre a posição dos botões e dos queimadores (arranjo 1). Quando essa correspondência deixa de existir (arranjos 2, 3 e 4) os erros aparecem a taxas de 6 a 11%. Em outro teste, perguntando-se a 200 sujeitos sobre as suas preferências entre os arranjos 2, 3 e 4 (o arranjo 1 foi excluído deste teste), todos foram mencionados com freqüências semelhantes, demonstrando, pelo menos nesse caso, a inexistência de um estereótipo determinante para a compatibilidade espacial. Observa-se também que os botões dos fogões não seguem o estereótipo popular (giram para esquerda) para "acender" ou "ligar".

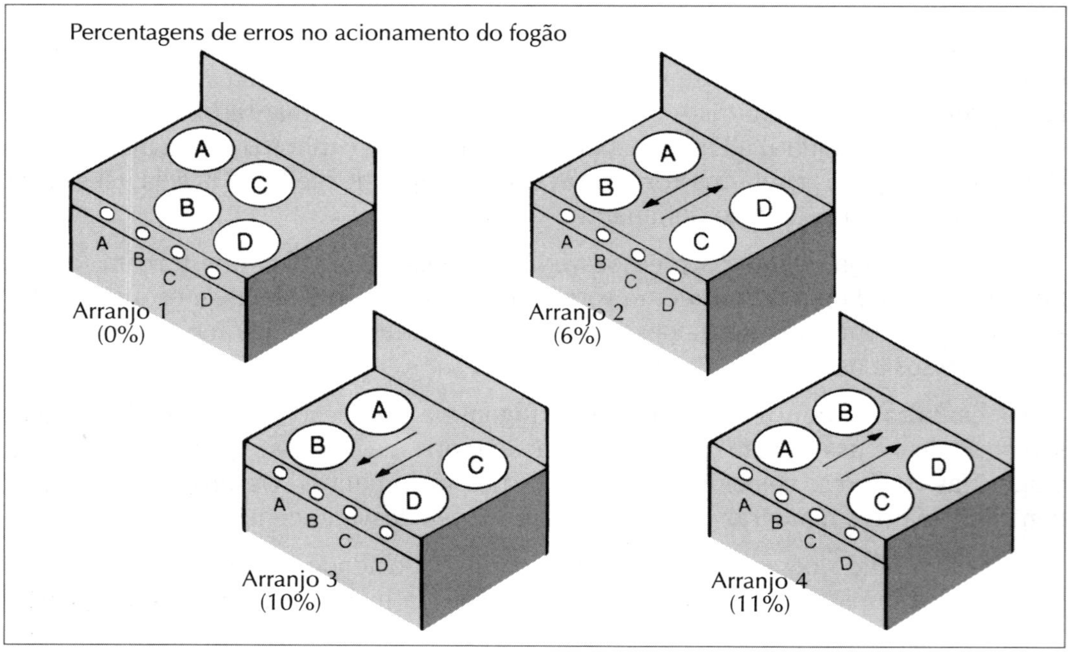

Figura 8.4 Resultados dos testes de compatibilidade, em percentagens de erros no acionamento, na associação entre botões e queimadores do fogão (Chapanis e Lindenbaum, 1959).

Nesses casos, em que a correspondência espacial entre mostradores e controles não fica evidente, há dois artifícios que podem ser usados para se reduzir os erros. O primeiro é desenhar **linhas** no painel ligando os controles aos respectivos mostradores. O segundo é o uso de um código de **cores** (correspondência de cores entre mostradores e controles). Em arranjos incompatíveis verificou-se que o uso das linhas de ligação reduziu os erros em até 95% e, os tempos de reação em 40%, com o uso de cores. Entretanto, nos casos em que já havia uma compatibilidade espacial, o acréscimo desses artifícios não aumentou a eficiência.

Em segundo lugar, no caso de grandes painéis, os botões podem ser arranjados em grupos de 3 a 5, diferenciados pelas funções, ou ter formas, tamanhos e cores diferentes em cada grupo, para facilitar a identificação dos mesmos.

Controles associados a mostradores

No caso de controles associados a movimentos de mostradores, *displays* ou luzes de um painel, o relacionamento entre eles é regido pelos seguintes princípios:

1º princípio — Os movimentos rotacionais no sentido horário estão associados a movimentos de mostradores "para cima" e "para direita".

2º princípio — Nos movimentos de controles e mostradores situados em planos perpendiculares entre si, o mostrador segue o movimento da ponta de um "parafuso" executado pelo controle, ou seja, a rotação do controle à direita tende a afastar o mostrador e vice-versa.

3º princípio — Os controles e mostradores executam movimentos no mesmo sentido, no ponto mais próximo entre ambos. Em outras palavras, é como se existisse uma engrenagem imaginária, de modo que o movimento de um deles "arrastasse" o outro. Esse princípio (Warrick, 1947) se aplica também aos controles e mostradores situados em planos diferentes.

A Figura 8.5 ilustra os casos mais freqüentes da aplicação desses princípios. Em outros casos, o relacionamento entre mostradores controlados não segue padrões definidos, como acontece com mostradores controlados por alavancas, situados em planos diferentes.

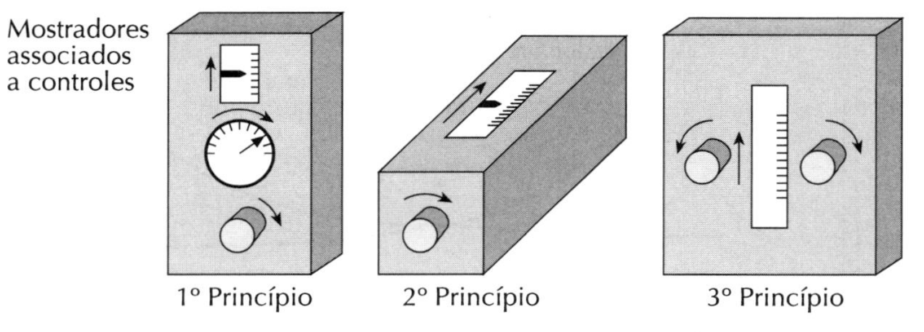

Figura 8.5
Aplicação dos princípios para associação entre movimentos de mostradores e controles.

Sensibilidade do deslocamento

Quando se discute a questão do relacionamento entre mostradores e controles, além da compatibilidade dos movimentos, um outro aspecto é o da sensibilidade do deslocamento. A sensibilidade é medida pela razão entre o deslocamento do mostrador e do controle. Assim, quando o deslocamento do mostrador é pequeno em relação ao movimento do controle, a sensibilidade é **baixa** e, inversamente, se o movimento do mostrador for grande em relação ao movimento do controle, a sensibilidade é **alta**.

Em um movimento contínuo de controle, há dois tipos de ajustes. Um é o ajuste "grosso" ou deslocamento, quando o operador desloca o ponteiro até a vizinhança do seu objetivo e depois um outro tipo de ajuste "fino" em que, finalmente, o ponteiro é colocado na posição exata. Os controles de baixa sensibilidade exigem maior tempo de deslocamento, mas são mais facilmente ajustados e, ao contrário, controles de alta sensibilidade se deslocam rapidamente, mas são mais difíceis ao ajuste fino.

Isso sugere que deva existir um ponto de **ótima** sensibilidade, onde a soma do tempo de deslocamento com o de ajuste fino seja mínimo. Esse ponto ótimo pode ser determinado graficamente (Figura 8.6), a partir das curvas de sensibilidade.

Naturalmente, existem também casos em que se usam deliberadamente baixas ou altas sensibilidades, conforme sejam mais importantes os ajustes "fino" ou "grosso", respectivamente. Por exemplo, no caso do **mouse**, o ajuste fino e preciso é mais importante.

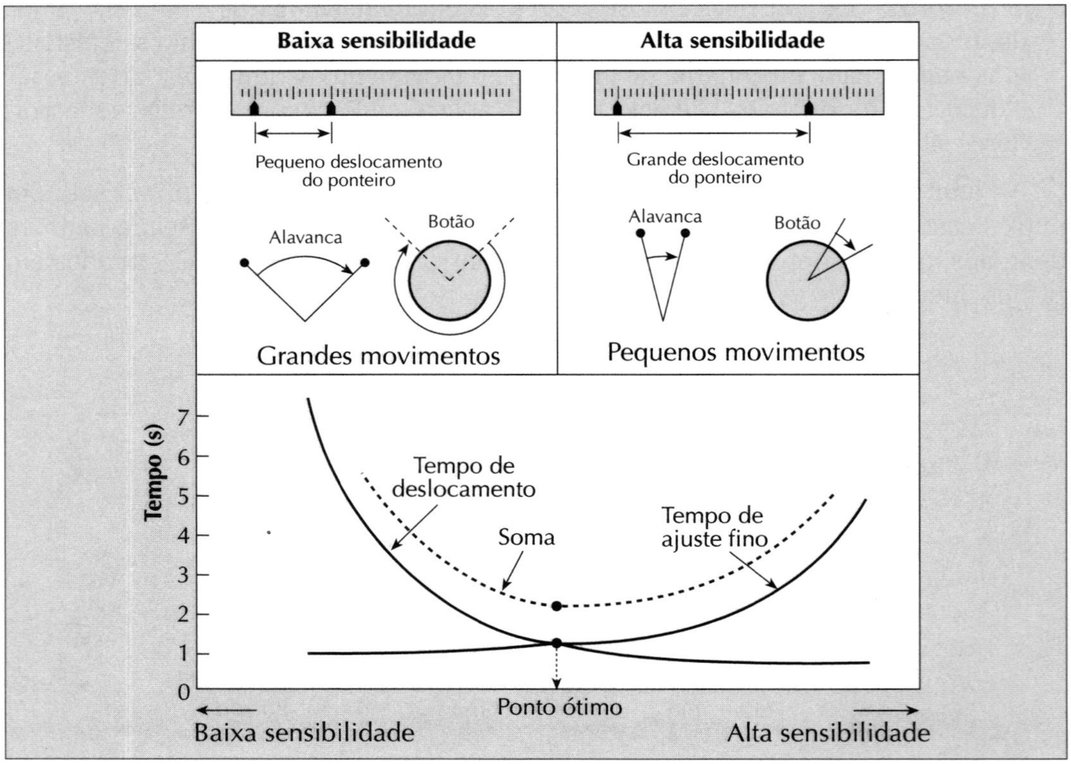

Figura 8.6
Curvas de sensibilidade dos movimentos de mostradores associados a movimentos de controles (McCormick, 1970).

A facilidade ou dificuldade desses ajustes está relacionada também com a resistência e a inércia dos movimentos envolvidos. Tanto um como outro podem dificultar a realização de movimentos, mas têm uma vantagem importante, pois servem para evitar os acionamentos acidentais e conservam os controles na posição desejada, principalmente nos casos em os mesmos estejam sujeitos a vibrações, como no caso dos rádios instalados em carros.

8.2 Controles

Para possibilitar as interações no sistema homem-máquina deve haver sub-sistemas próprios para que o homem possa introduzir informações no sistema. Esses sub-sistemas são chamados de controles. Os tipos usuais de controles são volantes, manivelas, botões, teclados, *mouse*, *joysticks*, controles remotos e outros. Esses controles são acionados principalmente com os movimentos das mãos e dedos. Pesquisas em andamento indicam que, futuramente, poderão ser utilizados outros meios como a voz (reconhecimento da fala) e expressões faciais.

Tipos de controles

Os controles são classificados geralmente em dois tipos básicos, de acordo com a função: discreto e contínuo.

Controle discreto — O controle discreto é o que admite apenas algumas posições bem definidas, não podendo assumir valores intermediários entre as mesmas. O controle discreto abrange as seguintes categorias.

- Ativação: admite somente dois estados possíveis sim/não ou liga/desliga.
- Posicionamento: admite selecionar um número limitado de posições, como no caso do botão rotativo para selecionar o modo de operar uma máquina.
- Entrada de dados: conjunto de botões, como um teclado, que permite compor séries de letras e/ou números. Exemplo: teclados de computadores, calculadoras e telefones.

Controle contínuo — O controle contínuo é o que permite realizar uma infinidade de diferentes ajustes. Pode ser subdividido em duas categorias:

- Posicionamento quantitativo: quando deseja-se fixar um determinado valor dentro de um conjunto contínuo, como no caso do *dial* de um rádio.
- Movimento contínuo: quando serve para alterar continuamente o estado da máquina, acompanhando a sua trajetória, como o volante de um automóvel.

Seleção dos controles

Para a correta seleção dos controles deve-se considerar, em primeiro lugar, as características das informações que se quer transmitir ao sistema (discreto ou contínuo). Em segundo lugar, as características operacionais, como a freqüência, velocidade, precisão e força dos movimentos exigidos do operador.

Para cada situação, há um controle mais adequado. E, entre os controles do mesmo tipo, há variações de tamanhos, resistência, textura e outras características que podem influir no seu desempenho (Figura 8.7). Para o controle de ativação, por exemplo, os mais eficientes são o botão liga-desliga, interruptor e pedal, se considerarmos que a velocidade é mais importante, sem requerer posicionamentos muito precisos. Essa ativação envolve mais o movimento balístico dos braços ou pernas, do que o movimento fino com os dedos. Para o posicionamento discreto, são indicados o botão ou alavanca. Para o controle contínuo, o volante ou pedal e assim sucessivamente.

De maneira geral, podemos dizer que a precisão vai diminuindo quando se passa do movimento do dedo para as mãos, daí para os braços, ombros e o corpo; mas a força desses movimentos aumenta na mesma seqüência.

Figura 8.7 Funções e características dos principais tipos de controles (Grandjean, 1983).

Tipo de controle		Função		Características		
		Discreta	Contínua	Velocidade	Precisão	Força
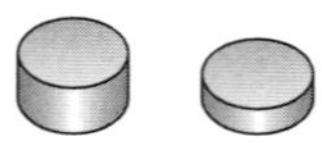	**Botão liga-desliga**	Ótimo para ativação 2 posições	Não	Boa	Baixa	Pequena 0,1 a 0,2 kg
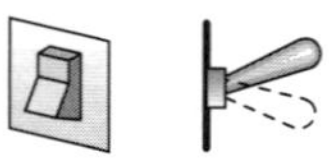	**Interruptor**	Ótimo para ativação 2 ou 3 posições	Não	Boa	Regular	Pequena até 1,0 kg para dedos até 5 kg para a mão
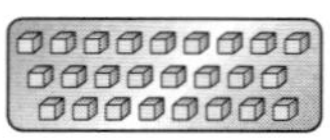	**Teclado**	Para entrada de dados	Não	Boa	Regular	Pequena 0,1 a 2,0 kg
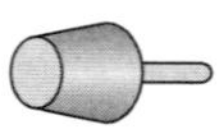	**Botão rotativo**	Não	Boa	Baixa	Regular	Até 2,5 kg x cm com diâmetro de 75 mm
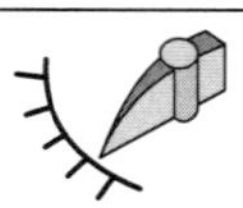	**Botão discreto**	Regular para 3 a 20 posições	Não	Boa	Boa dependendo do desenho	Até 1,5 kg x cm com diâmetro máximo de 100 mm
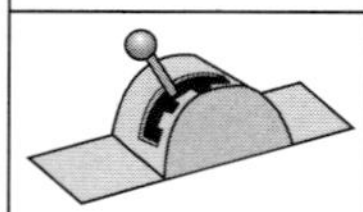	**Alavanca**	Boa para 2 a 10 posições	Boa	Boa	Boa	Até 13 kg
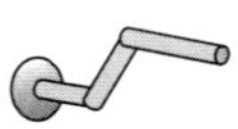	**Manivela**	Recomendada só para grandes forças	Boa	Lenta	Baixa	Até 3,5 kg com braço de 150 a 220 mm
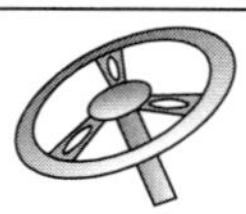	**Volante**	Não	Excelente	Regular	Boa	Até 25 kg com diâmetro de 180 a 500 mm
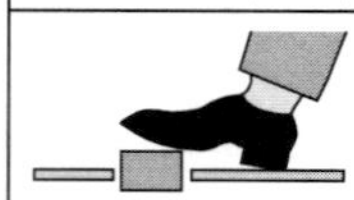	**Pedal liga-desliga**	Bom para ativação 2 posições	Não	Boa	Regular	Até 10 kg
	**Pedal simples**	Regular	Boa	Boa	Baixa	Até 90 kg

Controle com os pés

O movimento dos pés só serve para controles grosseiros. Embora a força transmitida pelos pés possa alcançar valores elevados, de até 200 kg para o operador sentado, ela será restrita a poucas combinações de direção e de sentido, e os movimentos são pouco precisos. Só se pode exercer o movimento de empurrar (e não o de puxar) com os pés. De qualquer forma, tem a grande vantagem de liberar as mãos para outras tarefas que exijam mais precisão. Tipicamente, são realizadas com os pés operações do tipo liga-desliga ou operações de prender e soltar materiais, no começo e fim das operações. Na posição de pé, há risco de provocar desequilíbrio (Figura 8.1)

Discriminação dos controles

Muitos artifícios podem ser utilizados para se diferenciar os controles e facilitar a sua correta identificação e operação, reduzindo-se o índice de erros e acidentes.

Um exemplo clássico de padronização dos controles foi aquela adotada em aeronaves, pela força aérea dos EUA, durante a II Guerra Mundial (Figura 8.8). Isso ocorreu depois que observaram 400 acidentes em apenas 22 meses, devido à confusão entre os controles do trem de pouso e dos flapes, principalmente em situações de emergência. Os controles foram redesenhados para que pudessem ser identificados pelo tato, mesmo sem o acompanhamento visual. Assim, o controle do trem de pouso foi desenhado com a forma de pneu, feito de borracha. O controle dos flapes, com forma de asa, feito com alumínio.

Para facilitar a discriminação entre os controles (não se confunda), podem-se fazer combinações entre diversas variáveis, tais como: forma, tamanho, cores, textura, modo operacional, localização e letreiros.

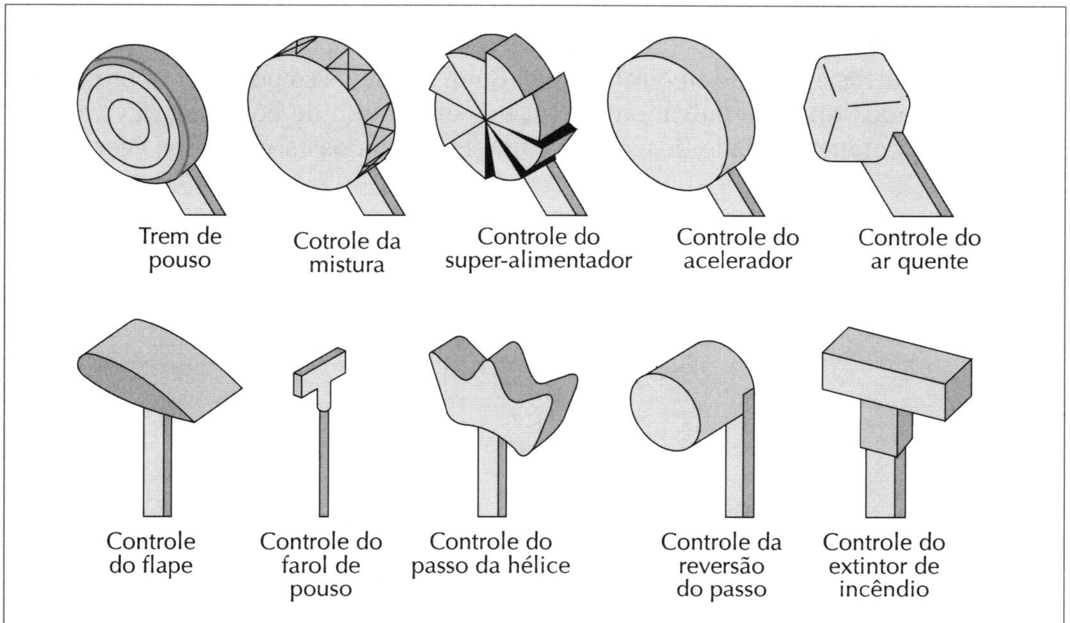

Figura 8.8 Padronização dos controles para uso aeronáutico, para facilitar a discriminação tátil, sem necessidade de acompanhamento visual dos mesmos. (Sorkin in Salvendy, 1987)

Forma — A discriminação pela forma é aquela que ocorre apenas pelo **tato**. A seleção é feita apresentando-se os controles aos pares a sujeitos com os olhos vendados, que devem dizer se os mesmos são iguais ou diferentes, apenas pelo uso do tato. Nesses testes consegue-se chegar a cerca de 15 *knobs*, que não são confundidos, uns com os outros. Um exemplo de 12 controles desse tipo é apresentado na Figura 8.9 (Sorkin, 1987).

Tamanho — A discriminação pelo tamanho (com a mesma forma) já é mais difícil do que pela forma. Ela só funciona bem se os controles estiverem próximos entre si, para que possam ser comparados visualmente. Nesse caso, as diferenças entre eles devem seguir uma **progressão geométrica**, com incrementos mínimos de 20% em relação à anterior, para que possam ser discriminados. Exemplo: diâmetros na seqüência: 10,0 – 12,0 – 14,4 – 17,3 – 20,7 – 24,9. Esse tipo de seqüência deveria ser adotado para moedas de diferentes valores.

Cores — O uso de cores pode ser um elemento importante para a discriminação de controles. Além disso, as cores podem ser associadas a determinados **significados**, como a verde para ligar a máquina e a vermelha para desligar. A desvantagem é que exige um acompanhamento visual e não funciona bem em locais mal iluminados ou quando se sujam facilmente. As cores podem sofrer mudanças sob diferentes tipos de iluminação. Deve-se considerar também que 2% das mulheres e 3,5% dos homens são daltônicos.

Textura — A textura refere-se ao tipo de acabamento superficial do controle. Experiências realizadas com controles cilíndricos construídos de mesmo material demonstraram que é possível discriminar **três tipos** de texturas: a superfície lisa, a superfície rugosa (recartilhada ou com pequenas estrias) e aquelas com pequenos sulcos no sentido axial. A discriminação das mesmas, naturalmente, é prejudicada quando o operador usa luvas.

Modo operacional — Cada tipo de controle pode ter um modo operacional diferente. Por exemplo, alguns podem ser do tipo alavanca, outros do tipo puxar/empurrar e outros ainda, do tipo rotacional. Cada um deles só pode ser operado com determinados tipos de movimentos. No uso desse tipo de controle, deve ser verificada a compatibilidade dos seus movimentos com os estereótipos (ver Figura 8.2).

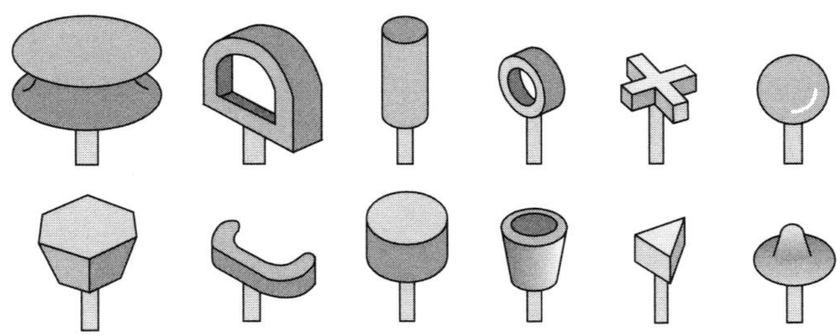

Controles discrimináveis pelo tato

Figura 8.9
Controles com formas que podem ser discriminados apenas pelo tato, sem necessidade de acompanhamento visual (Sorkin in Salvendy, 1987).

Localização — A localização dos controles supõe a sua identificação pelo senso cinestésico, sem acompanhamento visual. É o que ocorre, por exemplo, com o motorista manejando o câmbio, tendo a sua visão fixada no trânsito. Essa identificação exige um certo distanciamento entre os controles, porque o senso cinestésico não tem muita precisão. Testes realizados demonstram que as distâncias mínimas entre dois controles, para que não sejam confundidos entre si, devem ser de pelo menos 6,3 cm, para deslocamentos verticais e de 10,2 cm, para aqueles horizontais.

Letreiros — Os letreiros referem-se à colocação de palavras ou códigos numéricos nos controles. Dessa forma, consegue-se discriminar uma **grande quantidade** de controles, sem exigir treinamento especial. As salas de controle em centrais nucleares, por exemplo, têm paredes inteiras com centenas de controles iguais, identificados apenas pelos letreiros. Esses letreiros devem ser colocados acima dos controles, para que não sejam cobertos pelas mãos do operador. Tem as desvantagens de exigir espaço adicional no painel para a colocação dos letreiros, exigir certo tempo para leitura, não funcionar no escuro e exigir operadores alfabetizados.

Combinação de códigos

Naturalmente, essas diferentes maneiras de codificar os mostradores podem ser combinadas entre si, facilitando-se a discriminação dos mesmos. Em casos críticos, podem ser usados códigos **redundantes**, para melhorar essa discriminação, por exemplo, com a diferenciação simultânea de formas e cores. A Figura 8.10 apresenta exemplos de aplicação de formas e cores para a eliminação de ambigüidades. Contudo, a diferenciação entre os controles não deve ser exagerada, pois isso provoca confusão, além de dificultar a manutenção. Quando um controle danificado não tiver um similar no estoque, há risco de ser substituído por um outro tipo, o que aumenta o risco de erro na operação.

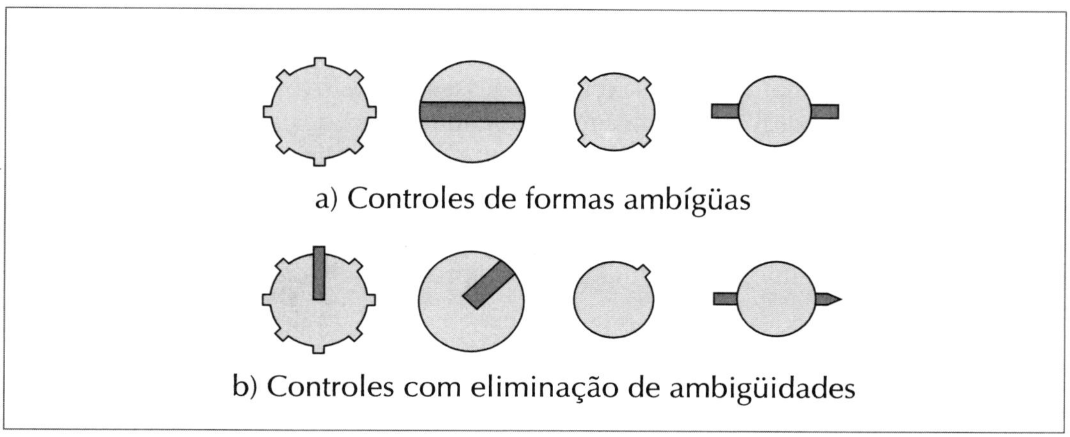

Figura 8.10 Exemplos de modificações que podem ser introduzidas nos controles, para a eliminação de ambigüidades (Oborne, 1982).

Prevenção de acidentes com controles

Os controles cujos acionamentos acidentais ou inadvertidos podem produzir conseqüências indesejáveis devem ser cercados de certos cuidados especiais no projeto. Entre estes, destacam-se os seguintes:

Localização — Colocar os controles para serem acionados seqüencialmente, dentro de uma determinada lógica de movimentos. Exemplo: ligar um conjunto de interruptores da esquerda para a direita.

Orientação — Movimentar o controle na direção em que não possa ser movido por forças acidentais do operador. Exemplo: botão que precisa ser puxado para ligar (não se liga acidentalmente com esbarrões).

Rebaixo — Encaixar os controles em um rebaixo no painel, de forma que não apresentem saliências sobre a superfície.

Cobertura — Proteger os controles por um anel ou uma caixa protetora ou colocá-los no interior de caixas com tampas.

Canalização — Usar guias na superfície do painel para fixar o controle numa determinada posição – o deslocamento é precedido de um movimento perpendicular ao mesmo, para destravá-lo.

Batente — Usar bordas para ajudar o operador a manter uma determinada posição, evitando, por exemplo, que os pés se escorreguem.

Resistência — Dotar o controle de atrito ou inércia para anular pequenas forças acidentais.

Bloqueio — Colocar um obstáculo, de modo que os controles só possam ser acionados quando forem precedidos de uma operação de desbloqueio, como a remoção da tampa, retirada de um cadeado ou a ligação da energia.

Luzes — Associar o controle a uma pequena lâmpada que se acende, indicando que está ativado.

Código — Em sistemas computadorizados, exige-se a digitação de um código para permitir acesso ao sistema. Esse código pode estar contido em cartões magnéticos.

A Figura 8.11 apresenta alguns exemplos desses dispositivos. Observa-se que dois ou mais desses dispositivos podem ser combinados entre si, para criar redundância e aumentar a segurança. Por exemplo, a orientação pode ser combinada com luzes e assim por diante.

Em modernos sistemas informatizados, há métodos para identificações dos indivíduos pelo reconhecimento automático das impressões digitais ou forma e cores da íris (olhos).

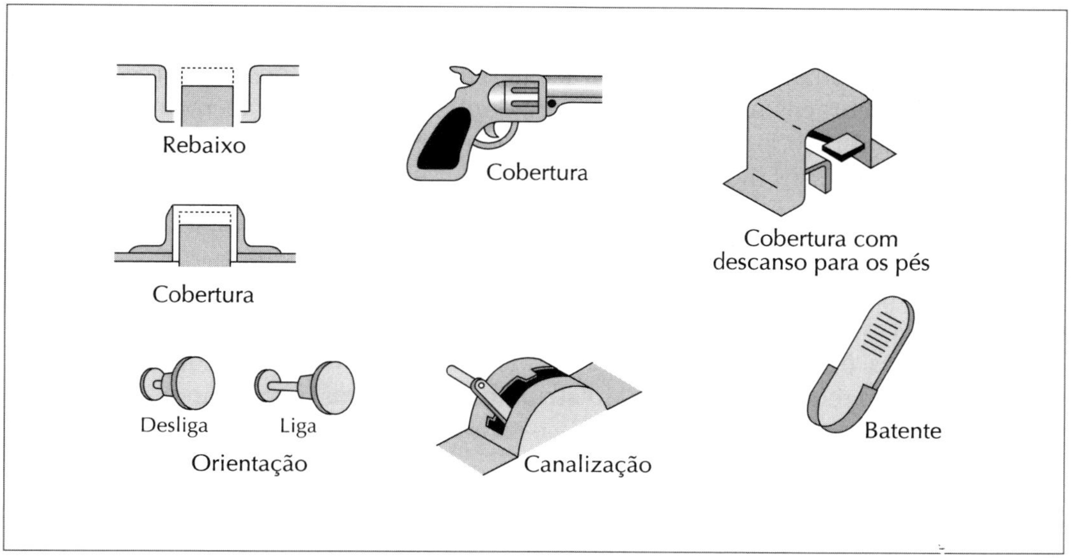

Figura 8.11 Exemplos de projetos para prevenir acidentes no uso de controles.

Teclado QWERTY

Os teclados estão cada vez mais presentes na vida dos cidadãos modernos. Eles fazem parte dos telefones, máquinas de calcular, controles remotos, computadores e diversos outros instrumentos. Provavelmente, o teclado mais difundido é o tipo QWERTY, usado em computadores. Ele é assim chamado devido à seqüência dessas letras na fileira superior esquerda.

O teclado QWERTY foi desenvolvido por volta de 1860, patenteado em 1879 e adotado como **padrão internacional** em 1966. Os requisitos ergonômicos desse teclado são apresentados na norma ISO/DIS 9241-4 (1994). A versão original funcionou até 1868 como um conjunto de carimbos. O papel deveria ser posicionado sob as letras, a cada batida. Depois houve uma evolução mecânica, fazendo com que as teclas batessem sempre na mesma posição, usando-se um sistema de alavancas.

O teclado mecânico foi baseado em dois princípios: a alternância de batidas entre as mãos esquerda e direita, para haver tempo de retorno, sem encavalar as teclas; e letras de formas semelhantes colocadas próximas entre si (a,s), (i,j), (n,m) para que os erros de digitação fossem mais facilmente corrigidos. Numa evolução mais recente, o sistema mecânico foi substituído pelos sistemas elétrico e eletrônico, que reduziram a resistência mecânica do teclado, contribuindo para aliviar a fadiga. Contudo, o seu arranjo linear e a disposição das teclas permaneceram praticamente inalteradas durante mais de um século.

A configuração plana e linear do teclado foi determinada pelas soluções mecânicas, em sua versão tradicional. Na década de 1960 começaram a surgir as máquinas de escrever elétricas e, na década de 1980, os teclados de computadores. Apesar de não existirem mais as restrições mecânicas, a configuração plana e linear dos teclados foi conservada, na maioria dos casos.

Problemas ergonômicos do teclados tradicionais

No teclado tradicional, os antebraços e as mãos assumem uma posição forçada (Figura 8.12). Os antebraços ficam voltados para dentro e os punhos fazem ângulos de 30 a 40° com o antebraço, provocando desvio ulnar. As palmas das mãos ficam voltadas para baixo. Todos esses movimentos não são naturais e provocam estresse muscular, que resultam em desconforto físico, dores nos braços, ombros e pescoço e, em alguns casos, inflamações nos tendões.

Para aliviar esse estresse, os digitadores tendem a mover os cotovelos para cima e para fora. Mas isso provoca posturas ainda mais desconfortáveis das mãos, braços, ombros, cabeça e tronco, aumentando a incidência de dores musculares e fadiga. Outro problema relaciona-se com a distribuição das letras, provocando sobrecarga sobre alguns dedos de pouca mobilidade e sobre a mão esquerda.

Teclado Dvorak

Ao longo dos anos, já se realizaram muitos estudos e propostas para melhorar o desenho do teclado. Um dos mais conhecidos é o de Dvorak (1936). Ele propôs uma redistribuição das letras, baseando-se em estudo de tempos e movimentos (Figura 8.13). Com esse novo arranjo, há uma redistribuição da carga entre os dedos e as mãos. No teclado tradicional, o dedo indicador esquerdo ficava com 22,9% da carga e a mão esquerda, com 57% (para textos em inglês).

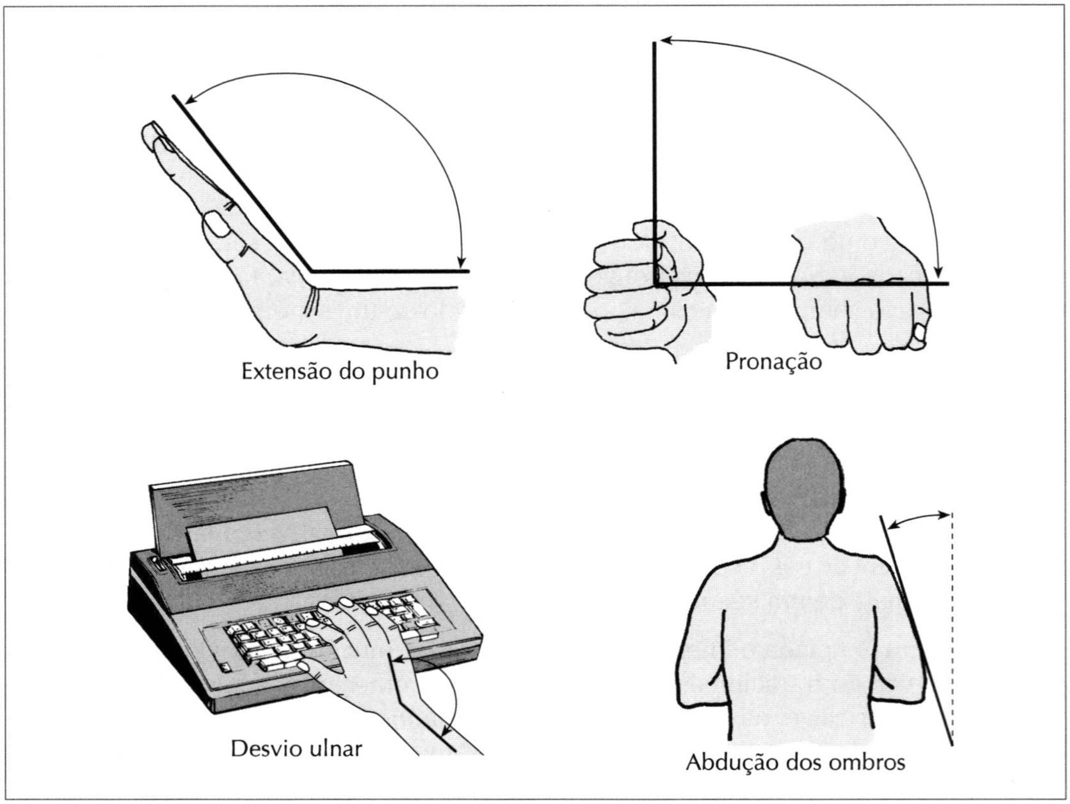

Figura 8.12
O teclado tradicional provoca uma postura forçada das mãos, antebraços e ombros, estressando diversos músculos.

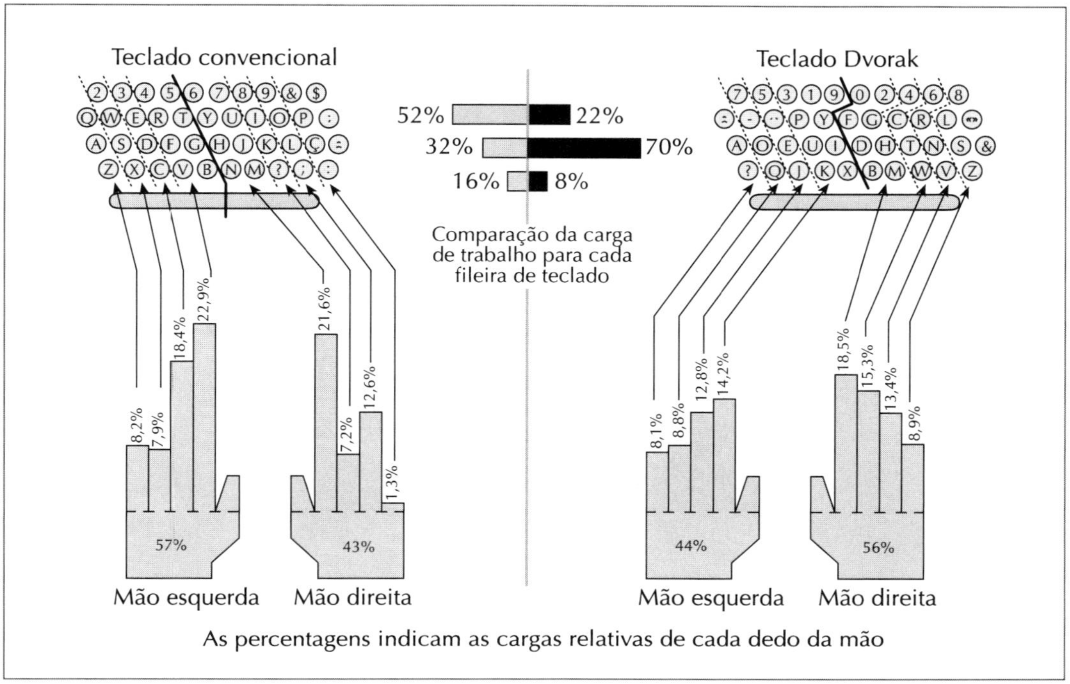

Figura 8.13 Proposta de Dvorak para redistribuição das letras do teclado, compatibilizando as cargas com as capacidades de cada dedo (*in* Barnes, 1977).

No teclado proposto, reduziram-se para 14,2% e 44%, respectivamente. Cerca de 70% das palavras podem ser escritas com as letras dispostas na linha central, contra apenas 32% do teclado convencional. A distância percorrida pelos dedos, durante um dia em trabalho de digitação, de 3,5 km foi reduzida para 1,7 km. Evidentemente, não seria mais possível mudar o teclado QWERTY, por ser um dos produtos mais difundidos no mundo. Contudo, esse estudo é apresentado apenas para comprovar que mudanças relativamente simples podem provocar grandes impactos na ergonomia.

Teclados experimentais

Estudos biomecânicos demonstram que uma postura mais adequada seria aquela com os dois antebraços voltados para frente, quase paralelos entre si, e com as palmas das mãos próximas da vertical. Essa postura se aproxima daquela usada pelo tocador de acordeão. Baseado nesses princípios, Kroemer (1972) construiu um teclado experimental, composto de dois segmentos independentes, um para cada mão (ver Figura 8.14). As duas partes eram articuladas, podendo ser reguladas em ângulos de 0 a 30°.

Outro experimento foi realizado com teclados articulados, tendo ângulos reguláveis, entre 0 e 30° (Çakir, 1995). Foram realizados testes com 26 digitadores experientes (acima de 28 mil toques/h) em 6 sessões consecutivas de 20 min com 5 min de pausa entre as sessões. Nas sessões iniciais, os ângulos foram fixados em 0°, 15° e 30°. Na última sessão, foi solicitado, a cada sujeito, que regulasse o ângulo de acordo com as preferências pessoais.

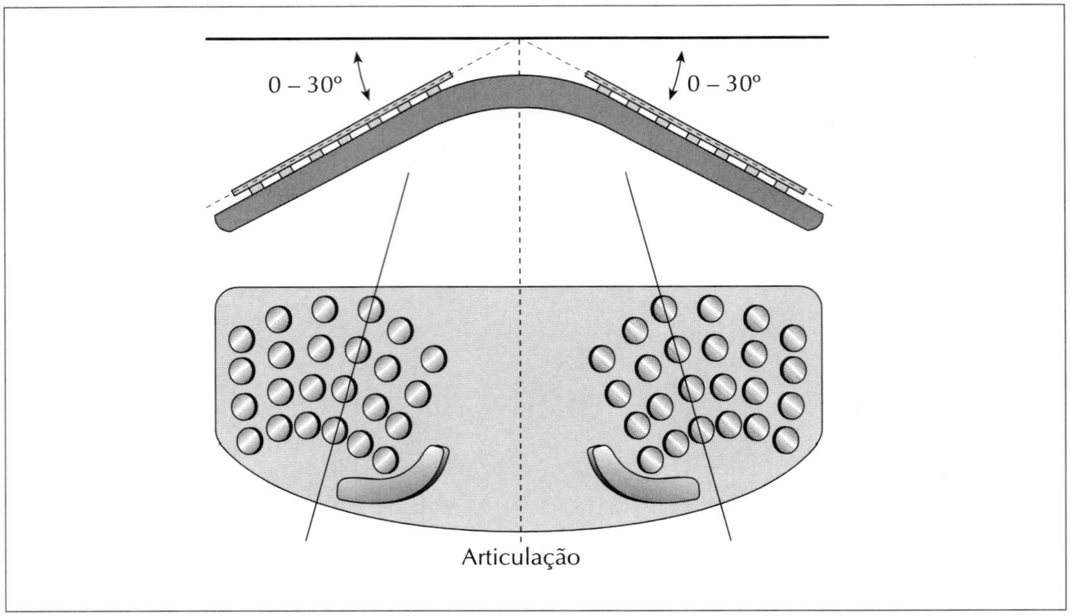

Figura 8.14 Proposta de teclado articulado, ajustável entre 0° a 30°, com um conjunto de teclas separadas para cada mão (Kroemer, 1972).

Em relação ao teclado tradicional, observou-se que o pior desempenho (80%) ocorria com a regulagem de 30°. Nas regulagens de 0° e 15°, esse desempenho situou-se em torno de 95%. Nas regulagens voluntárias, a maioria ajustou entre 0° (teclado plano) e 10°. Contudo, a maior diferença ocorreu nas avaliações do **conforto postural** e incidência de fadiga, onde o teclado articulado foi considerado significativamente melhor. O pesquisador argumenta dizendo que a pequena queda do desempenho foi devido à falta de adaptação dos sujeitos ao novo teclado. Esse processo demoraria cerca de 6 semanas. De qualquer forma, a redução das dores de cabeça, pescoço, braços, punhos e dedos, por si, já justificaria o novo projeto.

Pode-se concluir que o teclado tradicional é uma "pesada herança" que a humanidade recebeu do passado. Embora se conheçam os seus problemas e de como eles poderiam ser resolvidos, as soluções não podem ser implementadas por outros motivos. Se esse produto fosse desenvolvido hoje, com os conhecimentos atuais de ergonomia, provavelmente seria bem diferente. Teclados, controles e ferramentas manuais com desenhos inadequados ainda são muito freqüentes na industria e na vida diária. Eles provocam baixo desempenho, erros, fadiga e lesões que prejudicam tanto os trabalhadores como as empresas.

8.3 Automação dos controles

Antigamente havia pouca integração entre os diversos postos de trabalho. Cada trabalhador exercia os controles dentro de um âmbito restrito. Muitos controles eram realizados com operações manuais. O controle da temperatura era feito com atuação direta sobre o termostato e o de pressões, sobre válvulas e manômetros.

A "filosofia" básica da automação é substituir a mão-de-obra humana, que é considerada cara e pouco confiável, em relação às máquinas. Por outro lado, as máquinas não são capazes de executar todas as tarefas humanas. O operador humano ainda exerce as tarefas que não puderam ser automatizadas.

Controle de processos contínuos

Em fábricas modernas, com a introdução da automação de processos, todos os controles podem ser realizados de uma só vez, a partir de um **centro de controle operacional** também conhecido pela sigla CCO (ver Figura 7.1), onde o operador tem uma visão geral do processo. Naturalmente, o trabalho do operador ficou mais eficiente e cômodo. Em contrapartida, uma falha pode provocar conseqüências desastrosas.

No controle **automático**, o operador atua como vigilante, devendo tomar providências só em casos de anormalidades. Pode passar longos períodos com poucas exigências. Mas, de repente, pode ocorrer uma situação de emergência, quando o operador pode enfrentar situações desconhecidas. As conseqüências de um erro humano podem ter um impacto enorme em termos econômicos, danos ambientais e vidas humanas.

Nas indústrias de processo contínuo, como na petroquímica e fábricas de celulose e papel, a tarefa básica do operador é manter o processo funcionando dentro de certos parâmetros. Ou seja, deve acompanhar a evolução desses parâmetros e, ao constatar algum tipo de desvio, tomar providências necessárias para restabelecer o estado normal do processo.

Para se entender o trabalho do operador não basta fazer uma descrição das diferentes tarefas. É necessário entender o caráter dinâmico do trabalho, com as seguintes características (Persson, Wanek e Johansson, 2001):

- Várias decisões devem ser tomadas para se atingir o objetivo;
- As decisões não são independentes entre si – uma decisão anterior pode produzir resultados que influem na decisão posterior;
- O quadro das decisões altera-se tanto devido às decisões anteriores, como pela evolução própria do processo; e
- As decisões devem ser tomadas em tempo real e pode haver uma certa demora até que o efeito do controle se manifeste.

Assim, para tomar decisões corretas, o operador deve entender a natureza do processo e conhecer os efeitos provocados pelas suas atuações.

Controles passivos e ativos

O controle passivo ocorre quando há predominância das tarefas de monitoramento. Isso significa que o operador fica esperando pela ocorrência de desvios ou perturbações no processo para tomar as providências. Como essas situações são imprevisíveis, os operadores não podem controlar a sua carga de trabalho. Ao contrário, o ritmo do seu trabalho passa a ser ditado pelo próprio processo.

O controle **ativo** é aquele em que o operador não fica apenas esperando pelos acontecimentos. Ele exerce diversas outras tarefas. Pode, por exemplo, realizar estimativas e prever a evolução do processo, baseando-se em experiências anteriores. Ele pode elaborar um plano, para manter o processo sob controle, para as próximas horas. Também pode realizar algumas outras tarefas adicionais, como a manutenção preventiva, controle de qualidade e preenchimento de relatórios de acompanhamento.

No controle **passivo**, o operador tem baixo nível de excitação e seu trabalho pode ficar muito monótono. Quando ocorrer uma emergência, ele pode estar despreparado. O controle ativo procura manter o controlador em atividade, o tempo todo, a fim de reduzir a monotonia e deixá-lo alerta, para que possa agir mais rapidamente, no caso de uma eventualidade.

Transferência da aprendizagem

Muitos produtos mecânicos e eletromecânicos estão sendo substituídos por produtos eletrônicos. Em diversos casos, esses novos produtos preservam as características operacionais daqueles antigos. Assim, a pessoa que estava acostumada com o antigo, não terá problema com o novo. Nesse caso, dizemos que há uma transferência **positiva** do aprendizado. Quando isso não ocorre, dizemos que a transferência é **negativa**.

Por exemplo, quando se introduziram os aparelhos de vídeo-cassete, muita gente já estava acostumada a operar os gravadores de fita (áudio). Os aparelhos de vídeo conservaram as mesmas funções básicas de *Play*, *Rewind*, *Forward* e *Record* e a maioria das pessoas não teve dificuldade em adaptar-se rapidamente à essa nova classe de aparelhos.

Contudo, os aparelhos de vídeo introduziram novas funções, como o *Timer* para a programação. A maioria nunca utiliza essa função, pois não estava contido em seu repertório anterior e a mudança desse repertório é um processo demorado. O mesmo se pode dizer das câmaras fotográficas digitais, que conservam as mesmas funções básicas das câmaras com filmes, inclusive com configurações físicas semelhantes.

Outro exemplo interessante é o dos automóveis. Apesar das substituições de muitos componentes mecânicos por aqueles eletrônicos, o processo de dirigir continua sendo basicamente o mesmo em todo o mundo.

Os telefones celulares apresentam aspectos de transferências positivas e negativas. Provavelmente, um novato não conseguiria operá-los sem o manual de instruções. Do lado positivo destaca-se o arranjo das teclas e a forma de operá-los, que são semelhantes ao do telefone convencional. Contudo, há muitas diferenças significativas. No telefone convencional, basta tirá-lo do gancho para que o mesmo fique ligado e, ao término da discagem, a transmissão é feita automaticamente. No celular, é necessário pressionar o botão *on* para ligá-lo e o *send* para a transmissão. Além disso, o celular oferece muitos outros serviços que não eram disponíveis no telefone tradicional. Todos esses aspectos que exigem uma nova aprendizagem representam transferências negativas.

Do ponto de vista do mercado, é conveniente que essas inovações sejam introduzidas gradualmente, para que os consumidores tenham tempo para assimilar as inovações. Essas assimilações são mais difíceis para as pessoas idosas e aquelas com baixo nível de escolaridade.

8.4 Manejos

Manejo é uma forma particular de controle, onde há um predomínio dos dedos e da palma das mãos, pegando, prendendo ou manipulando alguma coisa.

A mão humana é uma das "ferramentas" mais completas, versáteis e sensíveis que se conhece (Napier, 1983). Graças à grande mobilidade dos dedos, e o dedo polegar trabalhando em oposição aos demais, pode-se conseguir uma grande variedade de manejos, com variações de força, precisão e velocidade dos movimentos. Em cada tipo de manejo pode haver predominância de alguns desses aspectos. Cortar arame com alicate exige força, montar pequenas peças exige precisão e tricotar exige velocidade.

Características do manejo

Existem diversas classificações de manejo, mas, de uma forma geral, elas recaem em dois tipos básicos: o manejo fino e o manejo grosseiro (Figura 8.15).

Manejo fino — O manejo fino é executado com as **pontas dos dedos**. É chamado também de manejo de precisão. Os movimentos são transmitidos principalmente pelos dedos, enquanto a palma da mão e o punho permanecem relativamente estáticos. Esse tipo de manejo caracteriza-se pela grande precisão e velocidade, com pequena força transmitida nos movimentos. Exemplos: escrever a lápis, enfiar linha na agulha, sintonizar o rádio.

Manejo grosseiro — O manejo grosseiro ou de força é executado com o **centro da mão**. Os dedos têm a função de prender, mantendo-se relativamente estáticos, enquanto os movimentos são realizados pelo punho e braço. Em geral, transmite forças maiores, com velocidade e precisão menores que no manejo fino. Exemplos: serrar, martelar, capinar.

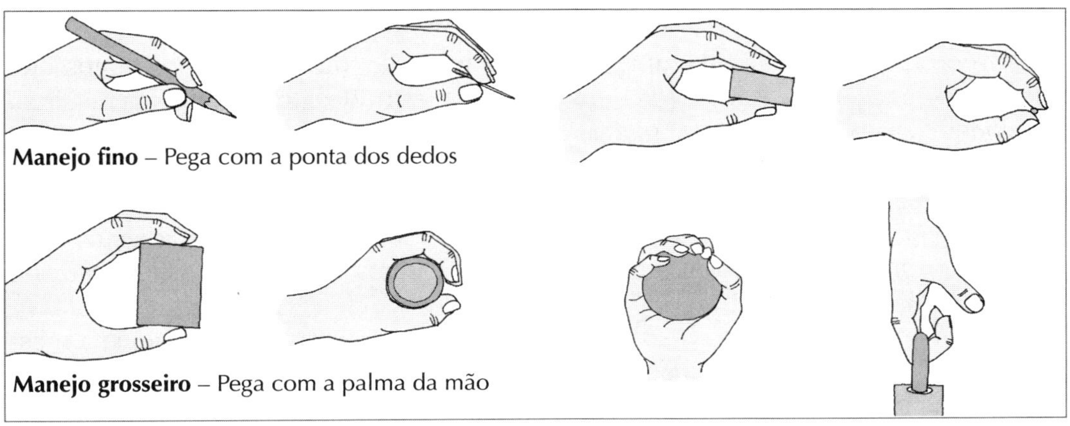

Figura 8.15
Os dois tipos básicos de manejo.

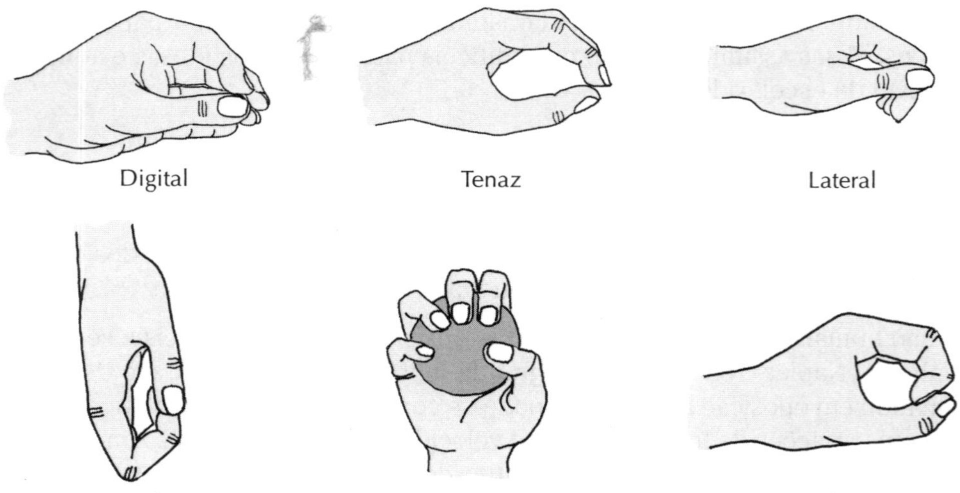

Figura 8.16 Analogia mecânica dos manejos (Taylor, 1954).

Outra classificação de manejos é feita segundo analogias mecânicas (Taylor, 1954), em seis categorias (Figura 8.16): digital, tenaz, lateral, gancho, esférica e de anel. As três primeiras assemelham-se ao manejo fino e as três últimas, ao manejo grosseiro.

Seleção do manejo

Com o progresso tecnológico e contínuo aperfeiçoamento das máquinas e ferramentas, a operação das mesmas passou a exigir mais precisão e menos força. Com isso, muitos manejos grosseiros foram substituídos por manejos finos.

Por exemplo, os bisturis para dissecção, usados na Idade Média, tinham cabos grossos e eram operados com o punho. Com o gume mais cortante das novas ligas de aço e a conseqüente exigência de menores forças, foi possível desenhar bisturis mais leves, com massas balanceadas, para permitir movimentos mais precisos com a ponta dos dedos. Modernamente, com os movimentos de corte realizados por um motor elétrico, essa precisão tornou-se ainda maior, pois os dedos só direcionam os movimentos, com pouca exigência das forças de pressão.

Entretanto, há também exemplos de casos inversos, ou seja, manejos finos que eram executados sem necessidade e que foram substituídos por manejos grosseiros, que podem ser executados com maior rapidez. Assim, um torno mecânico tinha um botão do tipo *knob* para ligar e desligar. Ora, esse controle não exige precisão, pois apresenta apenas duas posições discretas (liga/desliga) e pode ser substituído por um manejo grosseiro, como uma pequena alavanca movida com a palma das mãos ou até mesmo uma barra horizontal movida com os joelhos, ou um dispositivo movido por um pedal.

Também existem diversos casos em que se usam os dois tipos de manejo na mesma tarefa. Por exemplo, para colocar uma lâmpada, inicialmente há uma ação precisa, com as pontas dos dedos, para posicioná-la no bocal. Numa segunda etapa, se houver necessidade de força, pode-se usar o manejo grosseiro para atarraxá-la. Isso acontece também com a chave de fenda. Inicialmente, há um giro rápido com a ponta dos dedos e, no final, um aperto mais forte com a palma das mãos.

Força dos movimentos

Os movimentos de pega com a ponta dos dedos, tendo o dedo polegar em oposição aos demais, permite transmitir uma força máxima de 10 kg. Já para as pegas grosseiras do tipo empunhadura, com todos os dedos fechando-se em torno do objeto, a força pode chegar a 40 kg. Para levantar e abaixar peso com um braço, sem usar o peso do tronco, a força máxima é de 27 kg e para movimentos de empurrar e puxar (para frente e para trás) é de 55 kg. Para girar o antebraço, conseguem-se torques máximos de 66 kg × cm para a direita e de 100 kg × cm para a esquerda, usando a mão direita. Entretanto, para fins operacionais, os valores recomendados são de 13 kg × cm e de 20 kg × cm, respectivamente.

Diâmetro da pega

Para investigar a influência do diâmetro da pega, Pheasant e O'Neill (1975) construíram cilindros de aço polido com diâmetros variando 1 a 7 cm, com intervalos de 1 centímetro. Inicialmente, foram medidas as **áreas de contato** entre as mãos e os cilindros. Isso é feito pintando-se as mãos dos sujeitos com tintas para carimbo e pedindo para agarrar os cilindros envolvidos em papel. Desenrolando esse papel, obtém-se a marca deixada pela mão (Figura 8.17). A Figura 8.18 apresenta os resultados obtidos, de forma normalizada, ou seja, em percentagens em relação à média global obtida.

Pode-se avaliar também a força transmitida pela pega, colocando-se sensores de pressão em diversos pontos de contato entre a mão e o objeto.

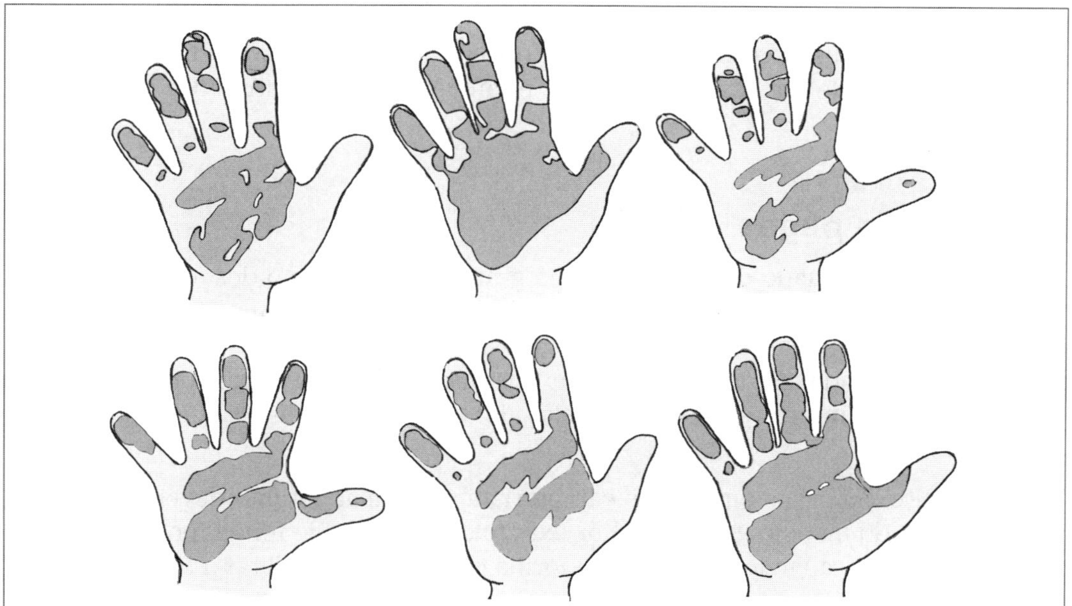

Figura 8.17 O grau de adaptação entre as pegas e a mão pode ser avaliado pelas suas área de contato (Garcia, 2001).

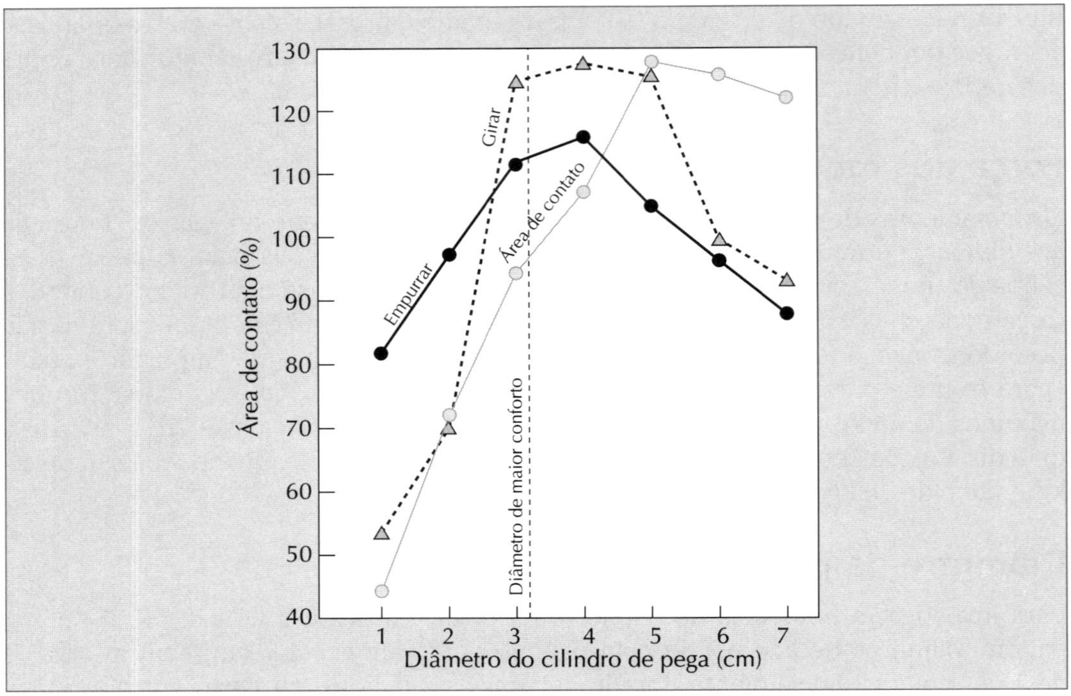

Figura 8.18
Áreas de contato entre a mão e cilindros de aço de diferentes diâmetros e as respectivas forças máximas transmitidas para empurrar e girar. Os resultados são apresentados de forma normalizada, atribuindo-se o valor 100 à média de cada variável (Pheasant e O'Neill, 1975).

Na segunda etapa, foram medidas as forças de girar e empurrar (no sentido axial) esses cilindros. Os resultados também aparecem na Figura 8.18. Observa-se os melhores resultados quanto à transmissão de forças são obtidos com os diâmetros de cilindros entre 3 a 5 cm. As áreas de contato são maiores com os diâmetros de 5 a 7 cm, mas estes cilindros não permitem uma boa pega, ou seja, os dedos não conseguem transmitir muita pressão sobre a superfície da pega.

Em um outro estudo realizado com um cone de variação contínua do diâmetro, para determinar o conforto subjetivo da pega, chegou-se ao valor médio de **3,2 cm** para o diâmetro que apresenta maior conforto. Recomenda-se esse diâmetro para o projeto de cabos de ferramentas manuais e também nos balaústres dos veículos coletivos.

Desenho de pegas

O desenho adequado da pega tem uma grande influência no desempenho no sistema homem-máquina. Assim, uma ferramenta destinada ao manejo fino deve ter formas menores que aquelas de manejo grosseiro. Isso pode ser visto, por exemplo, nas chaves de fenda: algumas destinadas à transmissão de grandes torques têm cabos de maior diâmetro, enquanto aquelas de manejo fino têm diâmetros menores (Figura 8.19).

Entretanto, há casos em que as características do manejo fino devem ser conjugadas com as do manejo grosseiro. Por exemplo, na chave de fenda, pode-se combinar forma cilíndrica (manejo fino) com forma ovalada para facilitar a transmissão de forças (Figura 8.20).

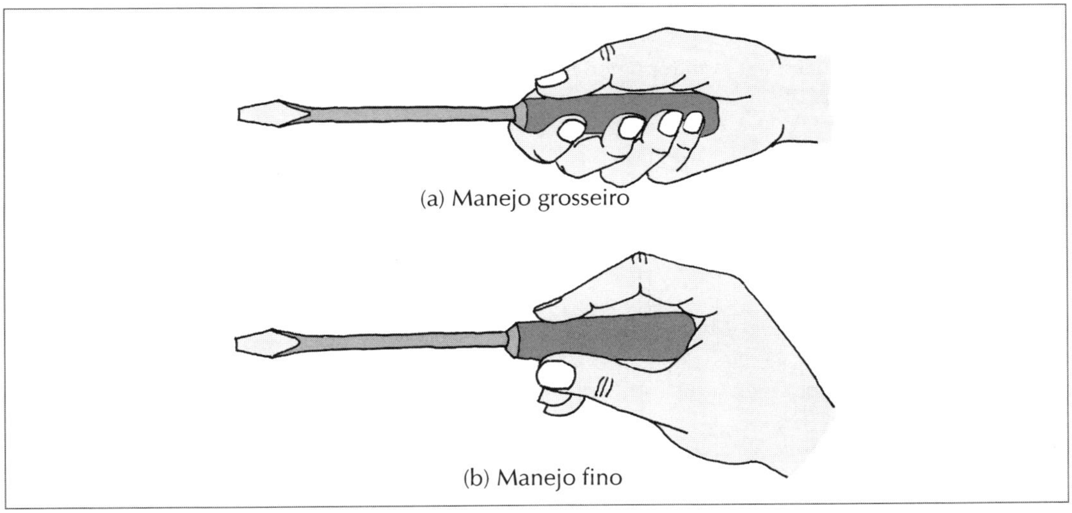

Figura 8.19 Manejos grosseiro e fino da chave de fenda. Cada um deles é mais adequado para um certo tipo de uso (Iida, 1971).

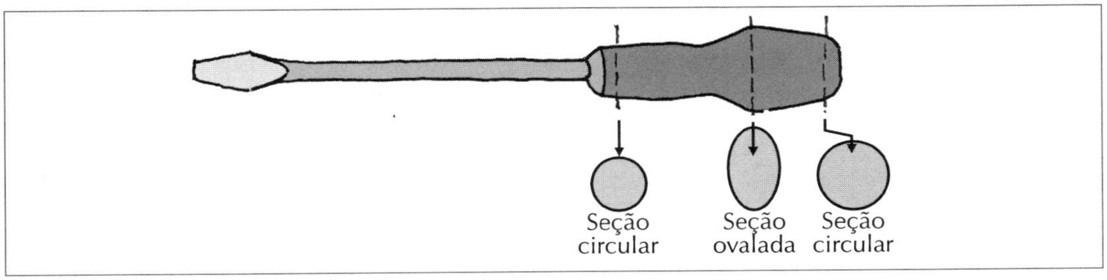

Figura 8.20 Chave de fenda combinando características para os manejos fino e grosseiro.

Existem muitas formas diferentes de pegas, desde um simples arame (baldes) até formas mais elaboradas, em *joysticks* e volantes. Basicamente, podem ser classificadas em dois tipos: geométrica e antropomorfa.

Pega geométrica

A pega geométrica é aquele que se assemelha a uma figura geométrica regular, como cilindros, esferas, cones, paralelepípedos e outras. Essas figuras, sendo um tanto quanto diferentes da anatomia humana, apresentam relativamente pouca superfície de contato com as mãos.

Tem a vantagem da flexibilidade de uso, permitindo variações de pega e adaptando-se melhor às variações das medidas antropométricas. Mas tem a desvantagem de concentrar as tensões em alguns pontos da mão e transmitir menos força. Portanto, o desenho geométrico, embora seja menos eficiente, pode ser mais adequado quando não se exigem grandes forças. Nesse caso, pode resultar em trabalho menos fatigante para o operador.

Pega antropomorfa

O desenho antropomorfo da pega geralmente apresenta uma superfície arredondada, conformando-se com a anatomia da parte do organismo usada no manejo. Geral-

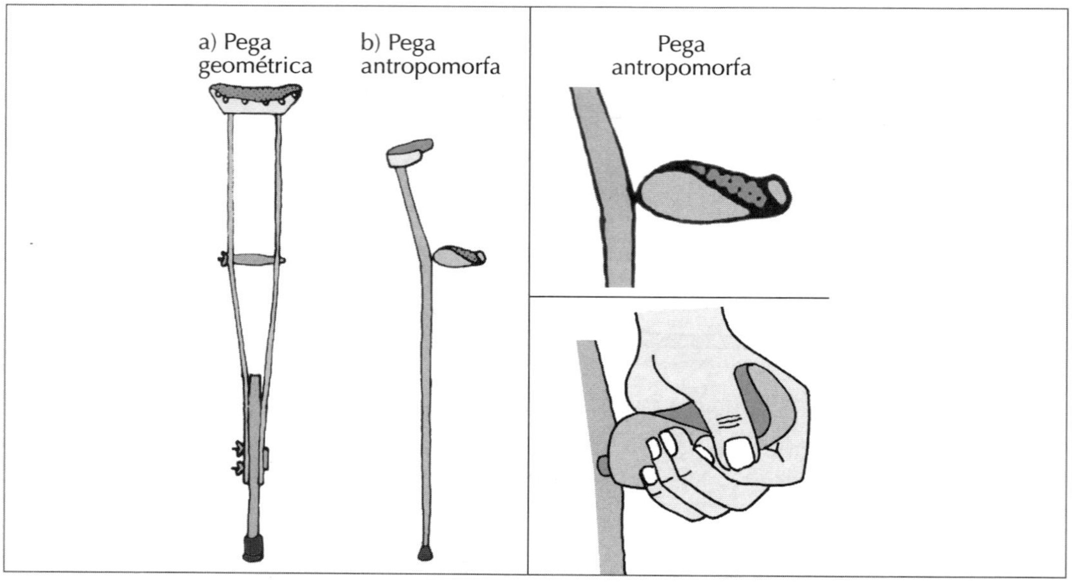

Figura 8.21 Aplicação das pegas geométrica e do antropomorfa em muletas (Pruner, 1965).

mente possuem depressões ou saliências para o encaixe da palma da mão, dos dedos ou das pontas dos dedos. Por esta razão, as formas antropomorfas são conhecidas como "anatômicas".

O desenho antropomorfo apresenta maior superfície de contato, permite maior firmeza de pega, transmissão de maiores forças, com concentração menor de tensões em relação à pega geométrica. Entretanto, pode ser mais fatigante em um trabalho prolongado, pois limita o manejo a uma ou duas posições.

Portanto, o desenho antropomorfo pode ser usado vantajosamente quando: o trabalho é de curta duração; quando a pega exige poucos movimentos relativos; há necessidade de maiores forças; e quando a população de usuários apresenta poucas variações nas medidas antropométricas. É o caso, por exemplo, de muletas (Figura 8.21) e espátulas (Figura 8.22).

Em certos casos, não se justifica o uso da pega antropomorfa. Por exemplo, em *joysticks* para videogames, o uso de formas antropomorfas não é conveniente porque: não há necessidade de transmitir grandes forças; há necessidades de variações

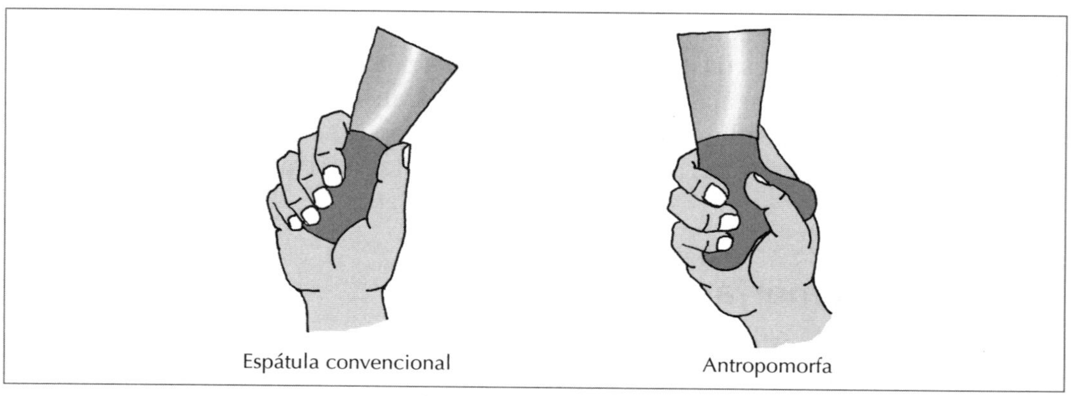

Figura 8.22 Redesenho da pega da espátula, substituindo-se a pega geométrica da espátula convencional pela pega antropomorfa, com maior área de contato (Tichauer, 1978).

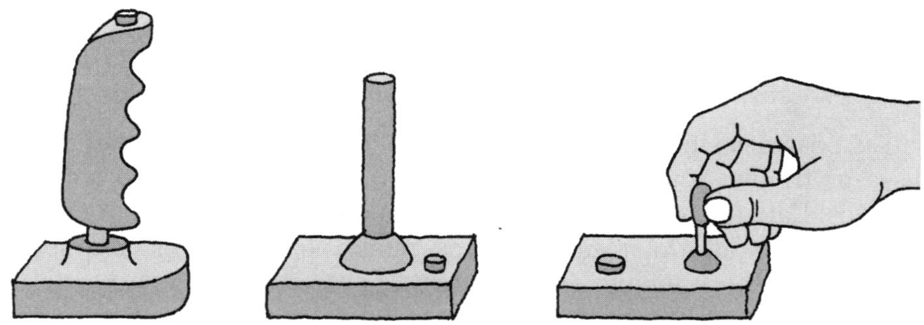

Figura 8.23 Diferentes tipos de desenhos de *joysticks* para *videogames*. O tipo C é o mais adequado para o caso, em que as exigências de velocidade e precisão são maiores, com pouca força.

de pega; há necessidade de velocidade e precisão nos movimentos; e, finalmente, há uma grande variação nas medidas antropométricas (desde adultos até crianças de 4 a 5 anos de idade).

Nesse caso, a forma geométrica seria mais conveniente. Entretanto, no caso dos *joysticks*, onde a velocidade e a precisão dos movimentos são mais importantes que a força, eles podem ser vantajosamente substituídos pelo manejo fino, com as pontas dos dedos. O botão de "tiro" deve situar-se na parte central, ou ter dois botões situados simetricamente, para não prejudicar os canhotos (Figura 8.23).

Observa-se finalmente, que existe um grande número de formas intermediárias entre o geométrico e o antropomorfo, procurando combinar as vantagens de cada uma delas, ou seja, suavizando-se a rigidez da pega antropomorfa, mas procurando-se aumentar a área de contato da pega geométrica.

Acabamento superficial

O acabamento superficial das pegas tem uma grande influência. No manejo fino são preferíveis superfícies lisas para facilitar a mobilidade. Já no manejo grosseiro, onde estão envolvidas maiores forças, é melhor uma superfície áspera para se aumentar o atrito com as mãos. As superfícies emborrachadas também contribuem para isso, com uma vantagem adicional, pois elas diluem as tensões.

A presença de contatos "vivos", protuberâncias e rebarbas na pega são prejudiciais porque concentram pressões nesses pontos. Garcia (2001) realizou desenho do cabo da chave de fenda com estrias em forma de espiral logarítmica, inspirando-se em formas naturais (abacaxi, fruta do conde). Essas estrias (Figura 8.24) melhoram o atrito com a mão, mas não chegam a traumatizá-la porque não tem cantos "vivos".

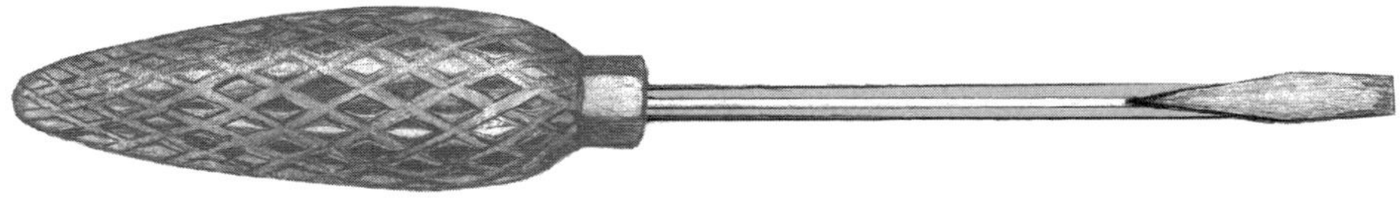

Figura 8.24 Chave de fenda com estrias superficiais em espiral logarítmica (Garcia, 2001 – patenteada pelo autor).

8.5 Ferramentas manuais

Todas as pessoas usam dezenas de ferramentas manuais, tanto na vida diária (escova de dentes, tesouras, talheres) como na profissional (alicates, martelos, furadeiras).

Diversas pesquisas indicam que há uma relação entre o projeto das ferramentas manuais e os traumas cumulativos que elas provocam nas mãos e antebraços de seus usuários. Kadefors *et al.* (1993) propuseram um diagrama (Figura 8.25) para o levantamento das áreas dolorosas das mãos, punhos e antebraços, à semelhança do diagrama de Corlett e Manenica (ver Figura 6.7).

Geralmente existem grandes variedades de desenhos de ferramentas manuais disponíveis para cada tipo de função. Elas devem ser selecionadas adequadamente de acordo com as características da tarefa. Aquelas que exigem velocidade e precisão com pouca força devem ser mais leves e ter um perfil mais delicado, aproximando-se de formas geométricas, enquanto aquelas que exigem transmissão de maiores de forças, devem ser mais robustas, com a pega aproximando-se de formas antropomorfas.

Na escolha da ferramenta adequada deve ser considerado, em primeiro lugar, a sua funcionalidade. No caso de uma serra, por exemplo, se ela corta bem. Se ela não tiver uma boa funcionalidade, provavelmente esta será a primeira fonte de problemas. Em segundo lugar, vem as características ergonômicas para se garantir a segurança e conforto do operador. Estas dependem basicamente de dois fatores:

Características da pega — As características a serem consideradas na pega incluem: as diferentes formas de pega; os movimentos a serem transmitidos (força, velocidade, precisão); possibilidade de usar as duas mãos (para aumentar a força ou precisão); e se é adaptável aos canhotos. A concentração das tensões na mão pode ser reduzida, melhorando-se o desenho da pega, aumentando-se o diâmetro da pega, eliminando-se as superfícies angulosas ou "cantos vivos" e substituindo-se as superfícies lisas por outras rugosas ou emborrachadas.

Centro de gravidade — O centro de gravidade da ferramenta deve situar-se o mais próximo possível do centro da mão. Isso, além de permitir um melhor controle motor, reduz os momentos (no sentido da Física), e conseqüentemente, os esforços musculares e os gastos energéticos durante a sua operação.

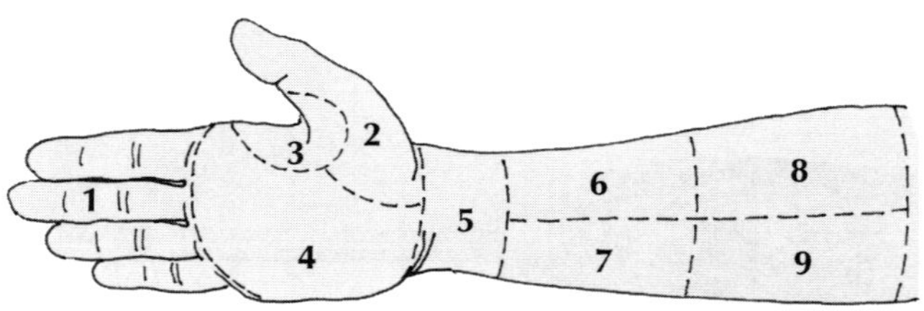

Figura 8.25 Diagrama para levantamento das áreas dolorosas no uso de ferramentas manuais (Kadefors *et al.*, 1993).

O modelo do cubo

Sperling *et al.*, (1993) elaboraram o modelo do cubo, combinando três variáveis críticas no uso repetitivo das ferramentas manuais: força, precisão e duração da tarefa. A conjugação dessas três variáveis pode provocar um efeito cumulativo com danos musculoesqueléticos.

Força (F) — A força é definida em termos relativos, como uma percentagem da capacidade voluntária máxima (CVM) necessária para a realização da tarefa. São consideradas tarefas altamente exigentes (FA) aquelas que demandam mais de 30% da CVM. Nesses casos, a musculatura suporta, no máximo, 4 minutos. As tarefas de baixa exigência (FB) são aquelas abaixo de 10% da CVM. As tarefas repetitivas ou contínuas nessas condições podem ser mantidas até o máximo de 30 min. Os níveis intermediários entre esses dois extremos são considerados médios (FM).

Precisão (P) — A precisão é definida pela folga ou tolerância permitida aos movimentos de posicionamento. A tarefa é considerada de alta precisão (PA) quando o efeito resultante da ferramenta manual pode oscilar 1mm no máximo. A de baixa precisão (PB) quando superar 5 mm. Entre 1 e 5 mm é considerada de média precisão (PM).

Duração (D) — É o tempo de uso da ferramenta manual. Ela é considerada alta (DA) se uma tarefa repetitiva durar mais de 30 min contínuos ou mais de 4 horas descontínuas durante a jornada. É baixa (DB) para duração contínua menor que 10 min ou menos de 1 hora descontínua durante a jornada. Entre 10 a 30 min contínuos e 1 a 4 horas descontínuas é considerada média (DM).

O cubo proposto (Figura 8.26) é dividido em três regiões: limites **aceitáveis**, correspondendo à região de baixa duração, combinado com forças baixas e médias, com

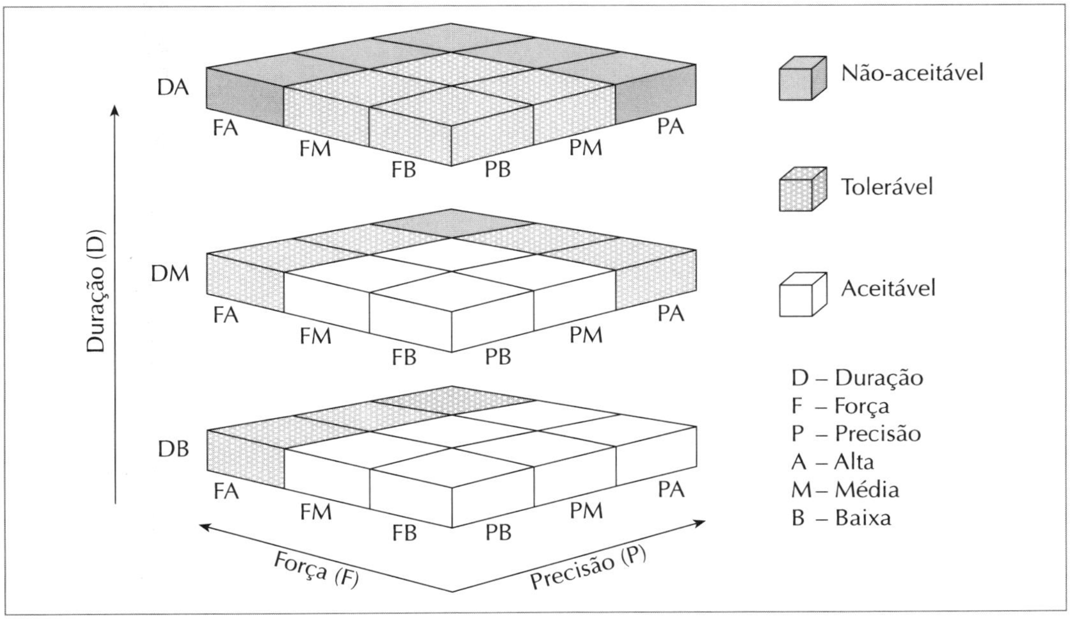

Figura 8.26
Modelo do cubo para classificação das ferramentas manuais (Sperling *et al.*, 1993).

qualquer nível de precisão. No outro extremo, **não-aceitáveis**, estão as combinações de alta duração com altas forças e altas precisões. No nível intermediário estão as combinações **toleráveis**, mas que precisam ser melhor examinadas.

Cabe ao projetista, em primeiro lugar, eliminar as condições não-aceitáveis, atuando em uma, duas ou três dessas variáveis. Ele pode atuar principalmente nas variáveis força e precisão, projetando ferramentas que exijam menores forças e apresentem as precisões exigidas, com menor controle muscular. Por exemplo, se uma ferramenta estiver na posição DM (duração média), FA (força alta) e PA (precisão alta) será considerada não-aceitável. Se ele conseguir reduzir a força para FM ou a precisão para PM, cairá na zona tolerável. Se conseguir os dois, já estará na zona aceitável.

Para fazer isso, o projetista poderá alterar a forma da ferramenta para melhorar a transmissão das forças ou reposicionar o seu centro de gravidade para melhorar o controle muscular. Do contrário, há necessidade de se atuar na organização do trabalho, reduzindo o tempo de duração da tarefa, intercalando-a com outros tipos de tarefas ou concedendo pausas freqüentes.

Desenhos das ferramentas manuais

O desenho das ferramentas manuais tem uma grande influência sobre a postura no trabalho, ângulo de flexão do punho, distribuição da pressão sobre a mão, carga muscular, fadiga e risco de lesões. Muitas vezes, mudanças de alguns detalhes no desenho podem provocar efeitos enormes, considerando-se que certos tipos de profissionais usam a mesma ferramenta de forma contínua, durante meses e anos seguidos. As principais variáveis a serem consideradas pelo projetista são:

- Resultados mecânicos (força, torque, aceleração);
- Peso e centro de gravidade;
- Forma e dimensões da pega;
- Possibilidade de mudar o manejo; e
- Superfície de contato com as mãos.

Vamos examinar dois casos de ferramentas manuais que foram redesenhadas para se adaptar melhor ao uso.

Alicates

A empresa de eletricidade Western Electric Company, dos EUA, descobriu que havia uma incidência anormal de tenossinovite (uma inflamação dolorosa dos tendões) entre seus trabalhadores, além de dores generalizadas no pulso, cotovelo e ombros. Um exame mais detalhado desse problema demonstrou que todos trabalhavam com um certo tipo de alicate para cortar a fiação elétrica. Devido ao desenho inadequado desse instrumento, os trabalhadores eram obrigados a uma postura forçada do punho, com concentrações de tensões, que provocavam as dores.

Após uma cuidadosa análise (Damon, 1965), o alicate foi redesenhado de forma a: a) eliminar a inclinação forçada do punho; b) reduzir a concentração de tensões

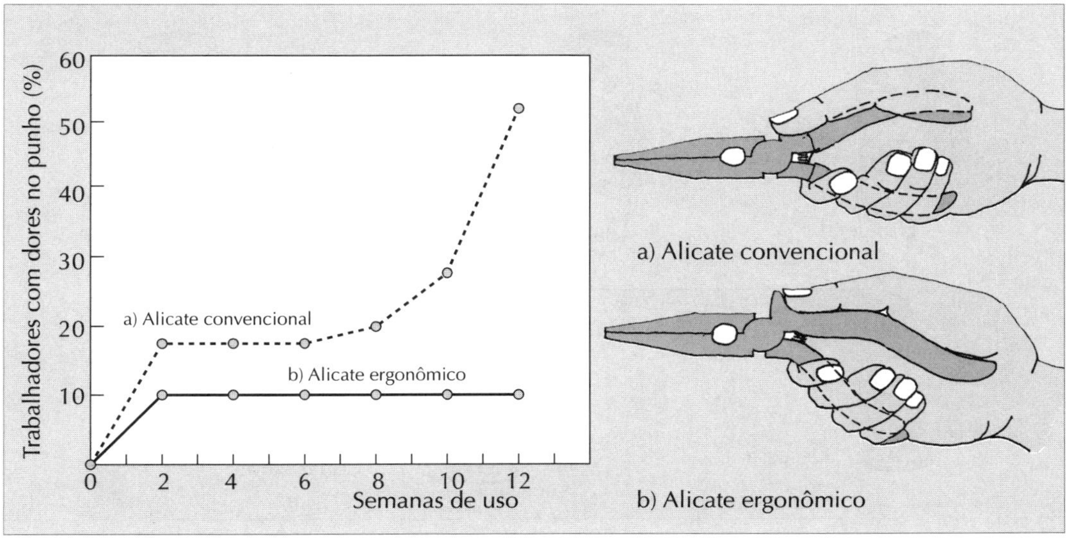

Figura 8.27 Comparação das dores nos punhos apresentados pelos trabalhadores usando alicate convencional e alicate redesenhado para reduzir as tensões no punho (Tichauer, 1978).

provocada pelo cabo na palma da mão; c) permitir a realização de movimentos necessários à execução da tarefa. O desenho obtido pode ser visto na Figura 8.27.

Os dois tipos de alicates foram submetidos a testes experimentais. Para isso, foram usados como sujeitos, dois grupos de pessoas, todos sem prática anterior na tarefa e que estavam sendo treinados. Entre os que usaram o alicate convencional mais de 60% reclamaram de dores no punho após 12 semanas de treinamento, enquanto apenas 10% dos sujeitos que usaram o alicate redesenhado fizeram essa reclamação.

Soluções semelhantes podem ser encontradas no desenho de instrumentos cirúrgicos e odontológicos, adaptados para cada uso específico.

Por exemplo, Pece (1995) desenvolveu um fórceps de exodontia (para extração de dentes), modificando a configuração dos instrumentos tradicionais. A forma da pega foi redesenhada, aumentando-se a área de contato com as mãos e colocando-a perpendicularmente à garra. Com isso, melhorou a postura da mão, reduzindo-se o desvio ulnar e aumentando o controle motor. Além disso, facilitou o trabalho do dentista, melhorando a visualização dos dentes.

Desenho de facas

A faca é uma ferramenta simples e de baixo custo. Alguns profissionais como cozinheiros e magarefes fazem uso contínuo da mesma. O projeto inadequado pode provocar inúmeros sofrimentos a esses tipos de profissionais. As seguintes variáveis influem no desempenho da faca (Hsiang *et al.*, 1977):

- Comprimento da lâmina: lâminas curtas permitem transmitir maior força na ponta e as lâminas longas aumentam a velocidade de corte na ponta;
- Largura da lâmina: as lâminas estreitas reduzem o atrito com o material cortado e as lâminas largas melhoram o controle sobre o corte;

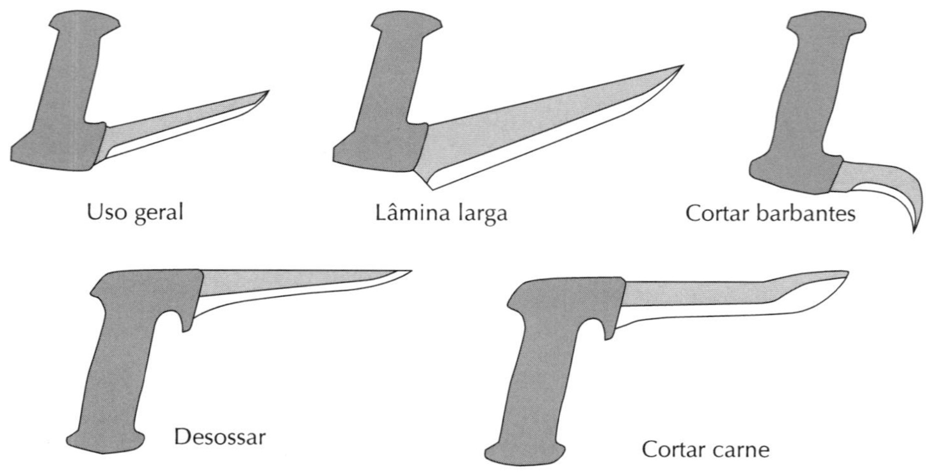

Figura 8.28
Facas com desenhos diferenciados para cada tipo de uso específico (OIT, 2001).

- Ângulo cabo/lâmina: a angulação entre o cabo e a lâmina melhora a postura e reduz o estresse sobre o punho;
- Perímetro do cabo: perímetros maiores aumentam a área do contato e reduzem as pressões sobre as mãos, mas podem dificultar o controle e reduzir a pressão do corte.

Naturalmente, um requisito essencial é a qualidade do aço para manter um bom fio de corte, mas esse fator foi adotado como constante durante o experimento. Os testes realizaram-se com 9 desenhos diferentes de facas, com variações em quatro características: comprimento da lâmina (85 a 155 mm), largura da lâmina (10 a 15 mm), ângulo cabo/lâmina (0° a 90°) e perímetro do cabo (44,4 a 63,5 mm).

Foram realizados experimentos com 10 sujeitos, que usaram os 9 modelos de facas para realizar cortes na horizontal (12 cm), vertical (15 cm) e curva (raio de 7 cm). Entre eles, 7 escolheram a faca com lâmina de 85 mm de comprimento, 15 mm de largura, ângulo cabo/lâmina de 45° e perímetro do cabo de 50,8 mm.

Contudo, dependendo da tarefa, pode haver outros desenhos mais específicos para cada finalidade (Figura 8.28). Além disso, as pessoas podem manifestar preferência para algum tipo particular de faca.

Conceitos introduzidos no capítulo 8

estereótipo popular
movimentos compatíveis
compatibilidade espacial
sensibilidade ao deslocamento
controle discreto
controle contínuo
discriminação dos controles
teclado QWERTY
controle automático
controle ativo
aprendizagem positiva
manejo fino
manejo grosseiro
pega geométrica
pega antropomorfa
modelo do cubo

Questões do capítulo 8

1. Qual é a importância dos estereótipos populares na ergonomia?
2. O que é compatibilidade espacial dos controle? Exemplifique.
3. Como se pode melhorar a discriminação dos controles?
4. Como se pode reduzir os acidentes com os controles?
5. Comente as vantagens e desvantagens do teclado QWERTY
6. Como se pode transformar um controle passivo em ativo?
7. O que caracteriza uma transferência positiva de aprendizagem?
8. Que critérios podem ser adotados na seleção de um manejo?
9. Qual é a importância do modelo do cubo?

Exercício

Escolha alguma ferramenta manual (chave de fenda, alicate, faca, tesoura, abridor de lata) e classifique-o usando o modelo do cubo. Apresente sugestões para a melhoria do mesmo.

9. Percepção e processamento de informações

Informação, no senso comum, geralmente confunde-se com notícias transmitidas pelo jornal, TV ou fala. Num sentido mais amplo, informação pode ser considerada uma transferência de energia que tenha algum significado em uma dada situação. Assim, uma luz que se acende e apaga, um ponteiro que se move ou uma sirene que toca, transmitem informações. Como o homem interage continuamente com outras pessoas, máquinas e o ambiente, há uma troca contínua de informações entre esses elementos, nos dois sentidos, ou seja, recebendo e transmitindo informações.

Para ocorrer a transmissão da informação ou comunicação, é necessário haver uma fonte, um meio e um receptor. A comunicação só ocorre quando o receptor recebe e interpreta corretamente a mensagem que a fonte desejava transmitir. A informação captada pelo organismo humano é conduzida até o seu sistema nervoso central, onde ocorre a decisão. Muitas vezes, essa informação é armazenada na memória para as futuras decisões.

A ergonomia moderna estuda principalmente os sistemas onde há predominância dos aspectos **sensoriais** (percepção e processamento de informações) e de tomada de decisões. Isso envolve o processo de captação de informações (percepção), armazenamento (memória) e seu uso no trabalho (decisão). Esse tipo de enfoque aumentou de importância a partir da década de 1980, com a crescente difusão da informática para a automação e robotização do trabalho.

Nesses novos sistemas, houve uma profunda mudança da função humana no trabalho. Muitas tarefas repetitivas e que exigiam o uso de forças foram transferidas para as máquinas, restando, ao homem, as tarefas de programação, manutenção, comando e controle dessas máquinas. O desempenho desses sistemas modernos depende mais da percepção humana para captação de informações e tomada de decisões, e das comunicações entre as pessoas no trabalho. Assim, a ergonomia passou a estudar os aspectos **cognitivos** das interações entre as pessoas e o sistema de trabalho, a fim de realizar projetos de máquinas mais eficazes.

Este capítulo apresenta esses processos, examinando as condições que favorecem ou prejudicam a recepção e o processamento das informações.

9.1 Sensação e percepção

Sensação e percepção são etapas de um mesmo fenômeno, envolvendo a captação de um estímulo ambiental e transformando-o em cognição.

Sensação

Sensação refere-se ao processo biológico de captação de energia ambiental. Essa energia é captada por células nervosas dos órgãos sensoriais, sob a forma de luz, calor, pressão, movimento, partículas químicas e assim por diante. A energia captada é convertida em um impulso eletroquímico, que se transmite ao sistema nervoso central, onde pode ou não ser processado.

Para haver sensação, é necessário que a energia ambiental, estimuladora das células nervosas, esteja dentro de certo limite chamado de **limiar**. Quanto mais intenso for o estímulo, mais facilmente ele será detectado e as respostas também serão mais rápidas. Entretanto, há também um limite superior. Acima desse limite, a sensação passa a ser dolorosa. Por exemplo, seres humanos não conseguem captar sons abaixo de 20 Hz (limiar da audição) e nem acima de 20 000 Hz (limiar da sensação dolorosa).

Cada tipo de impulso captado pela sensação é transmitido a uma área específica do sistema nervoso central. Ou seja, a parte de cérebro que processa impulsos visuais não recebe impulsos auditivos ou olfativos e assim por diante.

Percepção

Percepção é o resultado do processamento do estímulo sensorial, dando-lhe um significado. Os estímulos recebidos são organizados e integrados em informações significativas sobre objetos e ambiente. Nesse processo são usadas informações já armazenadas na memória para converter as sensações em significados, relações e julgamentos.

Enquanto a sensação é um fenômeno essencialmente biológico, a percepção envolve **processamento**. A percepção está ligada à recepção e reconhecimento de uma informação, comparando-a com uma informação anteriormente armazenada na memória. Depende também das experiências anteriores e de fatores individuais como personalidade, nível de atenção e expectativas. A mesma sensação pode produzir percepções diferentes em diferentes pessoas, levando-as a diferentes tipos de decisões.

Por exemplo, para ler um texto, as letras impressas no papel são convertidas em sensações pelas células fotossensíveis dos olhos. Esses estímulos são conduzidos pelo nervo óptico até o lobo ocipital do cérebro, onde são "decifrados" com o uso da memória. A percepção da letra **A**, por exemplo, está ligada à identificação de suas formas e o seu reconhecimento, em comparação com um padrão armazenado na memória.

Um analfabeto não tem essa memória e, portanto, não consegue fazer a "decodificação", ou seja, transformar alguns traços do papel em **significados**. Isso ocorre também com os usuários de computadores. Os programas que usam interfaces gráficas apresentam diversos tipos de ícones. Em muitos casos, os usuários não conseguem "decifrar" o significado desses ícones e, então, há um bloqueio da percepção.

Na prática, sensação e percepção fazem parte do mesmo fenômeno. Em geral, quando se fala em percepção, ela engloba também a fase preliminar da sensação. Esse é um processo contínuo. O nosso cérebro recebe e processa continuamente as informações do ambiente. Isso ocorre em alguns micro-segundos e nem sempre é um processo consciente, podendo ocorrer automaticamente.

Estágios da percepção

O processo de percepção ocorre em dois estágios. Inicialmente identifica-se "algo" diferente no ambiente, que chama a atenção. Esse processo ocorre automaticamente e se chama **pré-atenção**. Nessa fase são detectadas apenas as características globais do objeto, como formas, cores e movimentos. Algum aspecto ou característica particular pode despertar maior interesse, indicando que deve ser melhor examinado. Isso ocorre, por exemplo, com cores salientes, formas atraentes, movimentos inesperados e assim por diante.

No segundo estágio, chamado de **atenção**, há uma focalização dos sentidos naqueles aspectos interessantes, identificados pela pré-atenção. Nessa fase, ocorre um **reconhecimento**, quando as informações recebidas são comparadas com outras informações armazenadas na memória. A atenção também pode ser focalizada intencionalmente, por exemplo, quando se quer fazer a leitura de um texto.

9.2 Memória humana

A memória está relacionada com transformações das sinapses da estrutura neural do cérebro. O cérebro usa esse mecanismo para armazenar algumas informações percebidas, visando seu uso posterior. O ser humano tem cerca de 10 bilhões de células nervosas no seu sistema nervoso central (isso é maior que toda a população mundial). A capacidade total da memória é estimada em cerca de 100 milhões de bits, embora alguns autores dêem cifras que chegam a 43 bilhões de bits.

No processo de memorização, as informações ambientais são captadas, interpretadas, filtradas e armazenadas, em três níveis de processamento:

- O registro sensorial (sensação e percepção);
- A memória de curta duração (MCD); e
- A memória de longa duração (MLD).

Como já vimos, nem todas as sensações se transformam em percepções, e nem todas as percepções se transformam em memória de curta duração e apenas algumas delas são transferidas para a memória de longa duração. Embora não se conheçam precisamente como as informações fluem entre esses três níveis, sabe-se que são influenciadas pelas emoções (a pessoa nunca se esquece de um evento que tenha lhe causado uma grande comoção) e pelos interesses (as pessoas filtram as informações que lhes interessam).

Memória de curta duração

A memória de curta duração (MCD), também chamada de memória de trabalho ou de curto prazo, retém as informações por períodos extremamente curtos, de 5 a 30 segundos, ao cabo dos quais, são completamente esquecidas, na maior parte das vezes. É o que acontece, por exemplo, quando alguém dita o número de um telefone: ele é retido na memória, até ser transcrito no papel e, se esse processo demorar mais de 30 segundos, não seremos mais capazes de lembrá-lo.

A memória de curta duração está associada a circuitos auto-regenerativos de neurônios que se **ligam e desligam** rapidamente. A capacidade média de retenção é de 7 unidades não-relacionadas entre si (não vale, por exemplo, o número de letras em uma palavra ou uma seqüência lógica de números). Dependendo das circunstâncias e do grau de atenção, essa capacidade pode variar de mais ou menos 2, ou seja, entre 5 e 9 unidades simultâneas (7 ± 2). Isso significa que, em geral, há um acerto de 100% para lembrar até 5 unidades não relacionadas entre si e, a partir daí, os erros começam a aumentar rapidamente, sendo praticamente certa a ocorrência de erros acima de 9 unidades.

Se, em um certo momento, já houver 7 unidades na MCD e chegar uma nova unidade, será descartada uma unidade antiga para se colocar aquela nova. Portanto, a informação armazenada pode ser perdida tanto pelo **tempo** decorrido, como pela **sobrecarga**. Além disso, ela pode ser confundida com a ocorrência de outras informações simultâneas, mesmo que seja durante apenas alguns segundos. Por exemplo, em conversas paralelas ou quando se deve atender ao telefone enquanto se realiza uma operação aritmética. As tarefas que exigem uso simultâneo de diversos canais de informação provocam uma grande sobrecarga mental.

Memória de longa duração

A memória de longa duração (MLD) ou de longo prazo é aquela que retém informações por um tempo maior. Ela está associada a modificações na **estrutura** da célula nervosa, de caráter mais duradouro (e não a circuitos que se ligam e desligam). Comparando-se com a MCD, a MLD tem uma capacidade grande de armazenamento.

Além disso, a MLD tem caráter associativo. As novas informações são melhor fixadas quando se conectam com a rede neural já existente no cérebro. Essa rede apresenta certas rotas que podem ser seguidas, quando se tenta relembrar uma informação memorizada. A inclusão de novas informações na MLD é lenta porque é necessário estabelecer essas conexões com a rede existente e promover as transformações sinápticas.

Diferenças entre as memórias de curta e de longa duração

A memória MCD é de natureza fonética (forma), enquanto MLD codifica-se pelos aspectos semânticos (conteúdos).

Assim, a MCD relaciona-se mais com os aspectos **formais** do que aqueles conceituais da informação. Ela tende a confundir palavras que têm sons semelhantes entre si, como *são*, *som*, *tom*, *bom*, mas não as palavras diferentes que têm significados semelhantes, como *negro*, *preto* e *escuro*. Com a MLD, ocorre o inverso: relaciona-se mais com os aspectos semânticos ou **conceituais**, ou seja, tende a confundir informações de conceitos semelhantes, como *diagrama* e *gráfico*. Por exemplo, pode-se confundir Pedro com o João, porque são irmãos ou ambos exercem a mesma profissão (Tabela 9.1).

TABELA 9.1

Diferenças entre a memória de curta duração e a memória de longa duração

Característica	Memória de curta duração	Memória de longa duração
Capacidade de armazenamento	7 ± 2 itens	Grande
Tempo de retenção	5 a 30 seg	Muitos anos
Forma de codificação	Fonética	Semântica
Perda de informação	Concorrência de outros sinais	Dificuldade de relembrar

Interações entre as memórias de curta e de longa duração

Ainda não se sabe se as memórias de curta duração (MCD) e de longa duração (MLD) seriam etapas do mesmo processo ou se seriam processos distintos entre si, ocupando diferentes regiões de armazenamento no cérebro. É possível que a MCD funcione como uma espécie de fila, enquanto se aguarda um "arquivamento" definitivo na MLD, embora a maior parte das informações na MCD seja rapidamente descartada. Contudo, as pesquisas demonstram que elas têm mecanismos distintos de funcionamento.

Na prática, essa distinção entre MCD e MLD fica difícil, pois parece que elas operam conjuntamente. Em muitos casos de utilização da MLD descobriu-se que tinha havido interferência da MCD e vice-versa. A MCD também parece exercer papel importante na organização da MLD (Figura 9.1).

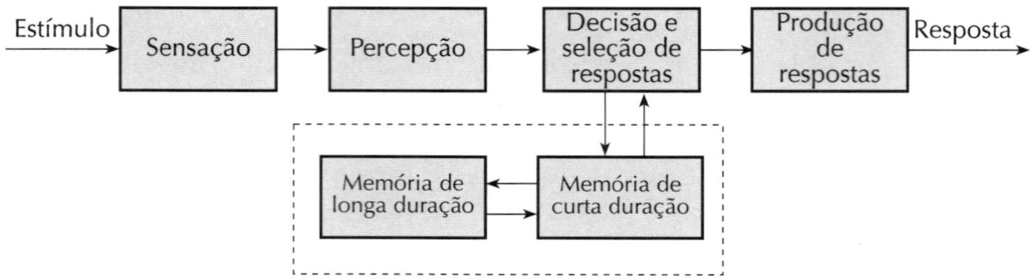

Figura 9.1 Modelo de processamento humano de informações (Wickens, 1992).

Pode-se fazer analogia com a programação de um computador. Durante uma tarefa (MCD) opera-se um programa de *software* (MLD). Terminando-se a tarefa, esta pode ser apagada, mas o programa permanece, podendo ser utilizada em outras tarefas.

As informações existentes na MLD classificam-se em dois tipos: declarativa e operacional.

Memórias declarativa e operacional

A memória declarativa contém informações de natureza "estática" (um estado de coisas) enquanto a operacional relaciona-se com o saber fazer. Quem recita uma poesia de Camões usa a memória declarativa. Saber acessar a Internet é operacional.

A memória declarativa é organizada por estruturas semânticas (categorias, esquemas, classes, grupos). A memória operacional é estruturada pelas regras de produção. Essas regras indicam que, se houver determinadas **condições**, uma certa **ação** poderá ser praticada.

Em uma tarefa prática, usamos dois tipos de memórias. Por exemplo, um guia que conduz um grupo de excursão dentro da selva, deve conhecer o caminho (operacional). Mas também deve conhecer as plantas e os animais (declarativa), para se evitar aqueles agressivos ou peçonhentos.

Algumas pessoas podem apresentar predominância de um dos tipos de memória. Um guia experiente pode ter um bom conhecimento do caminho (operacional), mas poucos conhecimentos teóricos sobre flora e fauna (declarativa). Um biólogo que realiza pesquisas em laboratório, ao contrário, pode ter um bom conhecimento da flora e fauna, mas não do caminho para guiar o grupo.

Esquecimento

Esquecimento é a incapacidade de recuperar informações memorizadas. Isso decorre do "arquivamento" da informação na "pasta" errada. Quando isso ocorre, não conseguimos localizar a informação correta na memória. A memória relaciona-se também com determinadas ocasiões e circunstâncias. Por exemplo, uma pessoa conhecida de uma academia de ginástica, talvez não seja reconhecida em um baile, com traje a rigor. Também ocorre a interferência de novas informações com a memória de curta duração e vice-versa.

Existem também as causas emocionais, pois podemos esquecer os fatos desagradáveis. O esquecimento pode estar relacionado também com a degeneração das células nervosas em pessoas idosas ou aqueles que sofreram um acidente vascular cerebral.

Erros de memorização

Os erros no uso da memória são muito freqüentes. Eles poderão ser evitados ou corrigidos, conhecendo-se os mecanismos que provocam o seu aparecimento. Os exemplos abaixo são apresentados em números, por simplicidade, mas podem ocorrer situações semelhantes com palavras ou conceitos.

Erro de transposição — O erro de transposição é o que ocorre quando dois ou mais dígitos tem as suas posições trocadas. Exemplo: 6**78**43 no lugar de 6**87**43.

Erro de substituição — O erro de substituição ocorre quando um conjunto diferente é lembrado no lugar daquele correto. Exemplo: 8163 no lugar de 8465.

Erro de conservação — O erro de conservação ocorre quando um algarismo que apareceu anteriormente repete-se indevidamente. Exemplo: 25.**5**.1987 no lugar de 25.6.1987.

Erro de omissão — O erro de omissão ocorre quando se esquece um elemento de uma seqüência, produzindo um espaço em "branco". Exemplo: 675**?**3 no lugar de 67523.

Para se evitar esses tipos de erro, principalmente quando se usa o processamento eletrônico de dados, foi introduzido o dígito verificador ou de controle. Existem também algumas maneiras práticas de reduzir a incidência desses erros, como veremos a seguir.

Aperfeiçoamento da memória de curta duração

Apesar da memória de curta duração ter uma capacidade extremamente pequena e ser rapidamente perecível, ela tem uma importância fundamental na ergonomia, pois é através dela que as instruções são convertidas em ação. Isso significa que essa pequena capacidade disponível da MCD deve ser utilizada da melhor maneira possível. Para isso, podem ser usados certos artifícios, como os que serão apresentados a seguir.

Fazer agrupamento — O agrupamento aumenta a capacidade da memória de curta duração porque cada grupo ocupa apenas uma posição da memória. Por exemplo, a palavra *clips* é mais fácil de memorizar que *pslci* porque ela, em si, constitui uma só unidade.

É difícil memorizar o número de telefone contendo 11 dígitos: 55113811411. Entretanto, fica mais fácil, se o mesmo for separado em blocos 55-11-381-1411, onde

55 é o código do país, 11 da cidade, e 381 o do bairro. Explicitando-se a estrutura, esses 11 dígitos reduzem-se a 7 itens (os três códigos e mais 4 dígitos finais), assim, recaindo dentro da capacidade da MCD.

Esse agrupamento ocorre também no nível semântico. Os grandes mestres de xadrez são capazes de memorizar, após alguns segundos, as posições de 25 peças, enquanto os novatos limitam-se às posições de apenas 6 peças. Para isso, os grandes mestres recorrem à memória de longa duração e relacionam as posições das peças com as jogadas (movimentos das peças), enquanto os novatos usam apenas a memória de curta duração, para determinar, simplesmente as posições de cada peça, isoladamente. Se, em vez de um jogo real, as peças forem colocadas aleatoriamente no tabuleiro, a vantagem dos grandes mestres desaparece.

Usar letras no lugar de números — O uso de letras no lugar de números facilita a memorização porque elas têm mais chances de se relacionarem entre si, formando conjuntos com algum significado, ou que a pessoa possa "completar", formando uma palavra que tenha significado. Por exemplo, chapas de táxi com iniciais TX têm uma identificação imediata. Esse artifício é muito usado na codificação de peças. Por exemplo, CP 2312 pode indicar cadeira de plástico modelo 2312; MF 31245, mesa com pés de ferro, modelo 31245. Esses números podem estar associados também a certos significados, representando cores, tipos de acabamentos e assim por diante.

Fazer diferenciação As pesquisas demonstram também que as características próprias, distintas e bem diferenciadas entre si, são mais facilmente memorizadas. De preferência, essas características não devem competir com outros sinais semelhantes existentes no ambiente, com os quais poderiam ser confundidos. Inversamente, formas, cores, sons e códigos semelhantes entre si são mais facilmente confundidos.

Por exemplo, o conjunto (X,P,K,Y) é mais fácil de ser memorizado que outros com letras de formas semelhantes (O,Q,C,G) ou sons semelhantes (D,C,G,B). Códigos semelhantes do tipo AI2312, AI3127, AI2142, também são facilmente confundidos entre si.

Verbalizar — As informações apresentadas verbalmente são mais facilmente retidas pela MCD do que aquelas apresentadas apenas visualmente. Isso significa que um conjunto de letras ou números escritos, pode ser melhor memorizado se for lido em voz alta ou mesmo silenciosamente. Nesse sentido, a prática adotada nas instruções militares, que faz sempre repetir a ordem recebida, em voz alta, facilita o uso da MCD.

Aperfeiçoamento da memória de longa duração

É sabido que há grandes diferenças individuais na capacidade de memorização. Entretanto, sabe-se também que essa capacidade pode ser desenvolvida através de um esforço consciente e aplicação de alguns "truques" simples, como os que são apresentados a seguir.

Construir redes neurais — A memória de longa duração é de natureza semântica-associativa, ou seja, conectam-se pelos seus significados. A memória organiza-se em uma série de nós de uma rede, que associam palavras com conceitos. Uma palavra pode estar associada a vários conceitos (exemplo: família associa-se com pais, filhos, casa) e o mesmo conceito pode estar associado a diversas palavras (exemplo: lazer associa-se com cinema, televisão, férias). Para lembrar-se é necessário puxar o "fio da meada", através desses conceitos.

Por exemplo, o nome de uma pessoa pode ser lembrado por um animal (Carneiro, Leão), um vegetal (Carvalho, Oliveira) ou uma localidade (Porto, Coimbra) ou figuras históricas (Ulisses, Sócrates). Nessa "perseguição", a memória pode passar de um nó para outro. Por exemplo, procurando lembrar-se do nome de um cantor de jazz, podemos lembrar de outros músicos que estejam no cruzamento dos mesmos nós (mesmo estilo, norte-americanos, negros).

Muitas vezes, conseguimos nos lembrar apenas de alguns aspectos que nos chamaram a atenção. Por exemplo, ao tentarmos lembrar os detalhes de uma reportagem, podemos lembrar o motivo de um crime, mas não o local onde ocorreu. Dessa forma, a memória poderá ser aperfeiçoada fazendo-se um esforço consciente para conectar cada parte de uma nova informação com aquelas já existentes na memória.

Usar informações-chaves — As informações podem ser classificadas por grupos semânticos, colocando-as em categorias ou classes já existentes na memória de longa duração. Por exemplo, um biólogo, ao observar a fauna de uma região, provavelmente será capaz de descrevê-la melhor, usando as categorias já existentes em sua memória (Figura 9.2).

Ele vai "arquivando" cada espécie animal, de acordo com essas categorias, que se assemelham a "gavetas" ou "pastas", também chamadas de informações-chaves. Enquanto isso, uma outra pessoa, sem ter essa estrutura predefinida, provavelmente faria uma descrição aleatória desses animais, lembrando-se de uns e esquecendo-se de outros. Isso se deve à falta de sistematização dessas informações, dificultando a recuperação delas.

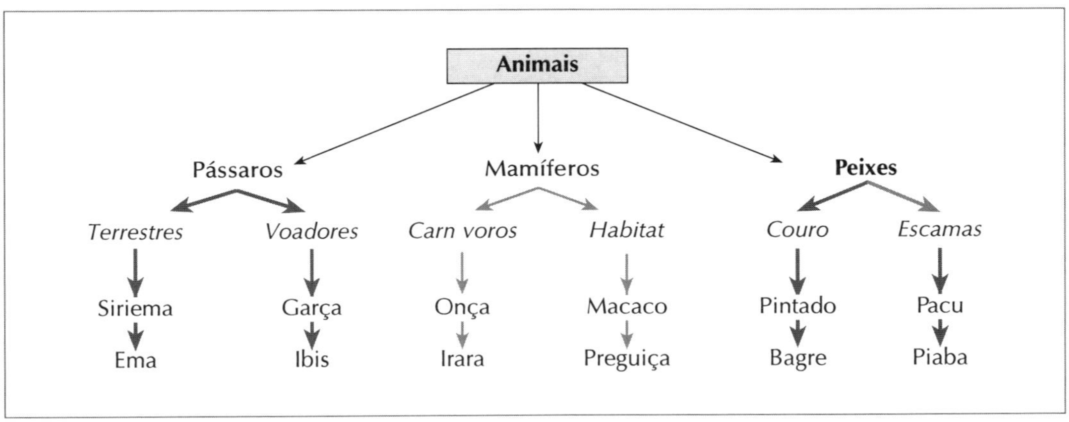

Figura 9.2
Exemplo de classificação semântica dos animais, usando a memória de longa duração.

Dar significados — As vezes, números não relacionados entre si podem ser associados com outros, que tenham significado para a pessoa, como datas de aniversario, número da sua casa, número do seu telefone e assim por diante. Por exemplo, 182279 seria associado com o ano da Independência (1822), e 79 poderia ser associado com a data 7 de setembro.

Formar palavras mnemônicas — Um truque muito usado para memorizar seqüências de nomes é o de formar novas palavras, usando-se as iniciais desses nomes, de forma que tenham sons pronunciáveis. Por exemplo, as palavras *deofloprucam – rodafonil – hervendelepitarwas* contém as iniciais de todos os Presidentes da República do Brasil, entre 1889 e 1930, cada um representado pelas três letras iniciais do seu nome: *Deo*doro da Fonseca, *Flo*riano Peixoto, *Pru*dente de Moraes, *Cam*pos Sales e assim por diante, com uma única inversão do nome de Artur Bernardes (*tar*) para facilitar a sonorização. Pode-se fazer isso com números. Por exemplo, *tuno* são iniciais de 3198.

Construir imagens visuais — Outra regra nmemônica bastante usada é a de associar os itens com imagens visuais, que são disponíveis em grande número e variedade na memória de longa duração, criando associações novas e até bizarras, de acordo com as experiências pessoais de cada um. Por exemplo, uma pessoa chamada Sócrates pode ser lembrada se for associada a um filósofo grego ou a um jogador de futebol.

Outra maneira é pela construção de histórias ou imagens visuais conectando, entre si, os elementos que antes estavam desconexos. Essas histórias e imagens devem ser fantasiosas e ilógicas (é mais difícil de lembrar as conexões lógicas). Por exemplo, suponha que você precise lembrar-se de três palavras: banana, nuvem, vaca. Aparentemente, são coisas desconexas entre si. Pode-se construir uma imagem visual de uma pessoa alta, "plantando bananeira" e encostando os pés em uma nuvem com forma de vaca. Se as palavras forem: garfo, fogo e mão, pode-se imaginar em um garfo queimando que se espeta na mão. Para lembrar da palavra trépano (instrumento cirúrgico) pode-se imaginá-lo envolto em três panos. Para diferenciar estalactite (formação no teto das cavernas) de estalagmite (formação no solo), pode-se associar o "g" desta última a *geo* (terra).

9.3 Organização da informação

Um dispositivo de informação não transmite propriamente informações, mas emite estímulos que podem ter ou não, significado para o receptor. Diversas características desses estímulos como freqüência, intensidade e duração podem ser importantes para que os mesmos possam ser corretamente percebidos e interpretados pelo receptor.

Capacidade de canal

O conceito de capacidade de canal é aplicado em dois tipos de situações. Em primeiro lugar, quando se fala em canal, refere-se a uma determinada dimensão de estímulo (audição, visão). Cada canal tem um limite superior, representado pela quantidade de informações que pode ser recebida nesse canal, por unidade de tempo, em termos absolutos.

O segundo conceito está relacionado com o limite superior da quantidade de informações que pode ser recebida e processada pela pessoa, considerando-se as várias modalidades de estímulos ela possa perceber, em um certo intervalo de tempo. Esse limite situa-se entre 40 e 50 bits por segundo. Acima disso, a pessoa fica estressada e começa a perder informações. Experiências realizadas em laboratório demonstram que há uma relação linear entre a quantidade de estímulos recebidos por minuto (x) e o número de erros (y) cometidos na leitura de dispositivos visuais, segundo a equação:

$$y = 0{,}11x - 16{,}67; \qquad y > 0$$

Isso significa que, para valores de (x) abaixo de 150 estímulos por minuto, não há praticamente erros de leitura ($y = 0$). Se esse número aumentar para 200 estímulos por minuto, pode-se esperar uma incidência de 5,3 erros de leitura por minuto. Essa equação significa também que o tempo mínimo de reação a cada estímulo é de 0,4 s (correspondendo a 150 estímulos por minuto). Contudo, deve-se considerar que esse valor foi determinado em laboratório, com as condições experimentais controladas. Na vida real, quando o operador precisa tomar decisões, esses tempos poderão ser maiores. E, quanto maior for o número de alternativas possíveis, maior deverá ser esse tempo.

Sinais simultâneos

Sinais simultâneos ocorrem quando o operador deve dividir a sua atenção (*time sharing*) entre dois ou mais estímulos relevantes, apresentados ao mesmo tempo. Muitos trabalhadores estão envolvidos nessas situações, que exigem o uso simultâneo de dois ou mais canais de informação. Por exemplo, um digitador usa preferencialmente a visão, mas pode receber também um aviso sonoro, indicando que algo está errado.

A rigor, não se pode dar atenção simultânea a mais de um estímulo. O que ocorre é um desvio consciente da atenção, rapidamente, indo e voltando de um estímulo para outro, tentando captar fragmentos dos mesmos, que ficam armazenados na memória de curta duração. A partir desses fragmentos, a mente humana faz uma integração, completando os estímulos.

Quando ocorrem sinais simultâneos, em geral, há **interferência** de um canal sobre o outro. Assim, a capacidade do conjunto é menor que a soma das suas capacidades, isoladamente. Por exemplo, a capacidade de lembrar informações verbais e numéricas torna-se menor quando se está dirigindo. Além disso, torna-se mais demorada. O tempo de reação de um motorista aumenta em 0,5 s quando sua memória está ocupada com uma tarefa adicional. Assim, não se recomenda o uso do telefone celular quando se está dirigindo. Nesse caso, há dois agravantes. O primeiro de caráter motor, segurando ou operando o telefone. O segundo, a necessidade de dividir a atenção entre o tráfego e a conversa.

A interferência de um sinal sobre o outro é chamado de **mascaramento**. Este tende a crescer com sinais simultâneos apresentados no mesmo canal e quando há semelhança entre esses sinais. Por exemplo, uma fala tende a interferir mais na outra fala do que a música ou o ruído da rua.

As experiências realizadas com sinais simultâneos indicam que eles provocam, facilmente, uma **degradação** no desempenho e, portanto, devem ser evitados, na medida do possível. Quando um sinal auditivo for usado em concorrência com um sinal visual, o primeiro resiste a mais interferências do que o visual. Assim, recomenda-se usar diferentes canais para os sinais simultâneos. Quando se usa o mesmo canal, deve haver uma diferenciação da natureza dos sinais (uma voz masculina e outra feminina serão melhores que duas vozes masculinas), para se reduzir o mascaramento.

De qualquer forma, quando os sinais simultâneos forem inevitáveis numa situação de trabalho, os pesquisadores recomendam que se estabeleça algum tipo de critério de **prioridade** para aqueles sinais mais importantes. Por exemplo, o som de um alarme pode requerer prioridade absoluta sobre qualquer outro tipo de sinal, por exigir uma ação imediata.

Sinais redundantes

Os sinais redundantes destinam-se a criar uma situação de duplicidade, ou seja, são apresentados estímulos por dois ou mais canais diferentes para o mesmo propósito. O caso mais comum é o sinal auditivo, que se superpõe ao sinal visual para transmitir a mesma informação, um confirmando o outro. Como exemplo, temos o pisca-pisca do alarme visual, apresentado junto com a sirene do alarme sonoro.

Em um experimento realizado em laboratório, foram usados dois tipos de sinais. Os sinais visuais eram apresentados em um monitor e os sinais auditivos consistiam de ruídos claramente audíveis na faixa de 300 a 900 Hz. Medindo-se a percepção dos mesmos isoladamente e depois conjuntamente, foram observados os seguintes resultados:

Sinal	*Percepção média (%)*	*Tempo de reação (s)*
Visual (somente)	28,6	1,00
Auditivo (somente)	54,9	0,99
Duplo (auditivo-visual)	61,0	0,89

Portanto, o sinal duplo auditivo-visual apresentou melhor desempenho que aqueles isolados, tanto no nível de percepção, quanto ao menor tempo de reação. A Figura 9.3 apresenta esses resultados separadamente, para os dez dias de duração dos testes (Colquhoun, 1975).

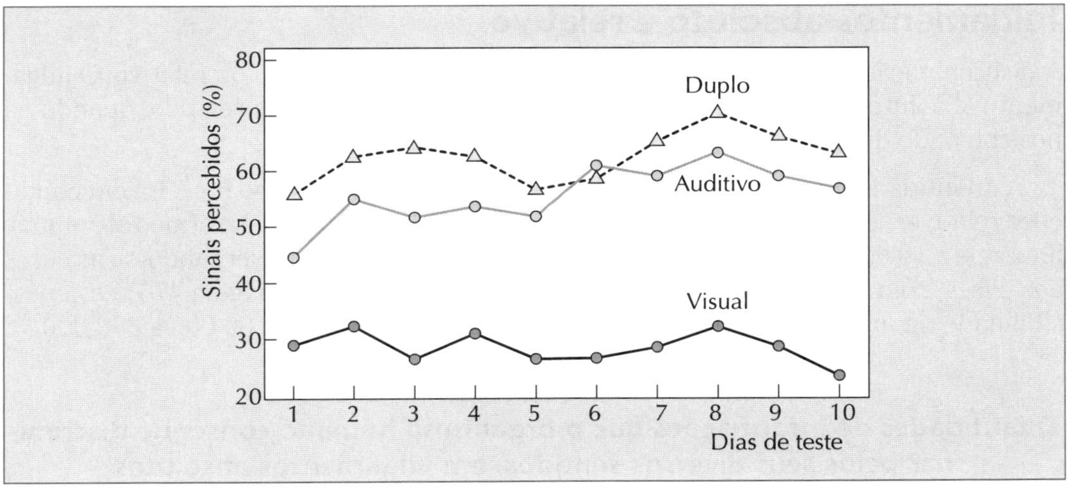

Figura 9.3 Os sinais duplos auditivo/visuais apresentados simultaneamente produzem melhores resultados que aqueles apresentados isoladamente (Colquhoun, 1975).

Em outro experimento mediu-se a detecção de 24 sinais apresentados aleatoriamente, durante períodos de 60 minutos. Constatou-se que os sinais visuais eram corretamente percebidos em 77% dos casos, os sinais auditivos em 83% dos casos, e a combinação auditivo-visual, em 90% dos casos.

Os sinais redundantes também podem ser usados com bons resultados para se criar um estado de alerta para a mensagem a ser transmitida posteriormente por um outro canal. Por exemplo, em um grupo de trabalho, cada pessoa pode estar associada a uma determinada cor de lâmpada em um painel. Ao se acender uma dessas lâmpadas, a pessoa correspondente pode esperar uma mensagem verbal que será transmitida em seguida.

Analogamente, em um painel de controle complexo, cada mostrador pode estar associado a ruídos de freqüências diferentes. Ao soar um determinado tipo de ruído, o operador concentra sua atenção naquele mostrador correspondente.

Ruído

O ruído é um estímulo desagradável ou indesejável, que pode atrapalhar a percepção do sinal. Entretanto, há um componente subjetivo para classificar um som em agradável ou desagradável. Assim, a mesma música pode ser agradável para uma pessoa e ser considerada um ruído pelo vizinho, que está interessado em assistir à TV.

O termo ruído geralmente é associado a sinais auditivos, mas esse conceito pode ser estendido para qualquer tipo de sinal que atrapalhe a percepção, como os "chuviscos" que ocorrem na tela de TV, as luvas que reduzem a sensibilidade tátil dos dedos ou reflexos que prejudicam a nitidez de uma fotografia.

Em muitas situações, os ruídos de diversas naturezas tendem a degradar a percepção de um estímulo, pelo efeito do mascaramento. Nesses casos, deve-se aumentar a intensidade desse estímulo ou usar certos tipos de estímulos menos suscetíveis a interferências.

Julgamentos absoluto e relativo

A discriminação de um estímulo pode ser feita de forma absoluta ou relativa. O julgamento absoluto é feito isoladamente, sem comparações e aquele relativo, quando há possibilidade de comparar dois ou mais estímulos entre si.

A quantidade de estímulos discrimináveis aumenta bastante se for feita em condições relativas. Por exemplo, a capacidade de discriminar cores, em termos absolutos, limita-se a 10 ou 12 matizes, enquanto em termos relativos, apresentando-se as cores aos pares, com diferenças de matiz, claridade e saturação (ver página 476) essa possibilidade de discriminações já aumenta para algo em torno de 100 000 a 300 000.

TABELA 9.2
Quantidades de informações que o organismo humano consegue discriminar pelos seus diversos sentidos, em julgamentos absolutos (McCormick,1970)

Tipo de estímulo sensorial	Quantidade de níveis discrimináveis em julgamentos absolutos	Quantidade de informações transmitidas em bits
VISÃO – dimensão simples		
• posição do ponteiro em escala linear	10	3,2
• tamanho visual	7	2,8
• cores - matiz	9	3,1
• cores - claridade	5	2,3
VISÃO – combinação de várias dimensões		
• cores – matiz e saturação	15	3,9
• tamanho e cores	17	4,1
AUDIÇÃO – dimensão simples	5	2,3
AUDIÇÃO – combinação de 6 variáveis(*)	150	7,2
ODOR – dimensão simples	4	2,0
ODOR – combinação de 3 dimensões (qualidade, intensidade e número)	16	4,0
GOSTO – salgado	4	1,9
– doce	3	1,7

(*) Freqüência, intensidade, ritmo das interrupções, frações de tempo, duração total e localização espacial do som.

Na situação de trabalho, os estímulos normalmente aparecem isolados, ou seja, devem ser discriminados de forma absoluta. A quantidade de discriminações que uma pessoa consegue fazer, de forma absoluta pode ser quantificada. As quantidades mais freqüentes dessas discriminações para vários tipos de estímulos são apresentadas na Tabela 9.2.

Observa-se que os números de possíveis discriminações que as pessoas conseguem realizar, em uma única dimensão, são relativamente baixos, caindo geralmente na faixa de 4 a 10 sinais, que correspondem respectivamente, a 2,0 e 3,2 bits. Com combinação de várias dimensões, por exemplo, com mudança de forma e cores de mostradores ou freqüência, intensidade e duração do som, a capacidade de discriminação das informações transmitidas já aumenta para 3,9 a 7,2 bits.

Instruções verbais

As instruções verbais são aquelas transmitidas por meio de palavras escritas ou faladas. Elas são importantes, porque é o principal meio de transmissão de informações entre as pessoas, e podem assumir diversas formas. Algumas delas tendem a facilitar e outras tendem a complicar a transmissão de informações. Geralmente, as instruções verbais são mais facilmente compreendidas quando se tomam os seguintes cuidados:

Construir frases curtas e simples — Recomenda-se limitar as frases a 10 palavras, no máximo. Uma frase longa pode ser considerada como junções de duas ou mais frases curtas. São aquelas que contém mais de 16 palavras. Seu desmembramento facilita a compreensão. Exemplos:

Longa: Os trabalhadores, em função dos critérios de gestão, atualmente predominantes, ficam cada vez mais isolados quando se reduz a equipe, em consonância com a automação.
Curtas: A automação isola os trabalhadores. Isso se deve à redução da equipe. Os critérios atuais de gestão também contribuem para isso.

Separar as diferentes ações em frases distintas, evitando-se as frases que misturam diversas ações. Essa recomendação complementa aquela anterior, colocando-se uma ação em cada frase, de preferência, seguindo-se a seqüência em que ocorrem. Exemplos:

Misturada: O rato que foi caçado pelo gato mordido pelo cachorro comeu o queijo.
Separadas: O rato comeu o queijo. Foi caçado pelo gato. O cachorro mordeu o gato.

Usar a voz ativa (e não a passiva) — Frases na voz ativa, denotando uma ação, são preferíveis. Exemplos:

Ativa: O operador ligou a máquina.
Passiva: A máquina foi ligada pelo operador.

Usar a forma afirmativa (e não a negativa) — A forma negativa fica difícil de entender porque representa o complemento de uma ação. Exemplos:

Afirmativa: Existem falhas.
Negativa: Não se pode afirmar que não existam falhas.

As pessoas têm especial dificuldade de entender as frases com mais de uma negação, do tipo: "não quero dizer que não concordamos". Fica a dúvida: duas negações equivalem a uma afirmação?

Frases negativas e passivas

Como regra geral, as instruções devem ser transmitidas em frases mais simples, afirmativas ou ativas. Elas são mais fáceis de serem entendidas, memorizadas e lembradas. As formas negativas e passivas geralmente provocam atraso na compreensão e podem causar erros de memorização. Vejamos os seguintes exemplos:

Afirmativa: "O botão vermelho liga a máquina".

Negativa: "O botão verde não liga a máquina".

Passiva: "A máquina é ligada pelo botão vermelho".

Embora essas frases tenham o mesmo objetivo, nem todas são igualmente entendidas pelo operador. Algumas podem exigir mais tempo para serem entendidas e outras, ainda, são mais fáceis de serem memorizadas e lembradas.

Diversas experiências realizadas (Broadbent,1977) mostraram que as instruções transmitidas na forma negativa ou passiva muitas vezes são memorizadas na forma afirmativa e então, na hora de serem lembradas, sofrem inversões ou interpretações que podem alterar o sentido. Por exemplo, a frase "não apertar o botão vermelho antes do verde" é memorizada da seguinte forma "primeiro o verde e depois o vermelho".

A forma passiva pode ser usada em alguns casos em que há diversas causas provocando um efeito e se quer destacar uma delas. Por exemplo, um acidente automobilístico pode ter diversas causas, mas supondo que se queira estudar a influência do alcoolismo no acidente, a instrução poderia ser "verificar se o acidente foi provocado pelo alcoolismo do motorista".

Mas há exceções. Em alguns casos, as frases negativas ou passivas são mais eficientes. As frases negativas podem ser melhores quando a instrução tem o objetivo de contradizer, cancelar ou proibir uma ação. Por exemplo, numa fila de oito botões, com o quarto botão vermelho e os demais verdes, é mais fácil descrevê-lo "o quarto botão **não** é verde", do que "todos os botões, exceto o quarto, são verdes". As instruções de restrições, cancelamentos, proibições do tipo "**não** ligue a máquina se a porta estiver aberta" também funcionam melhor no sentido negativo.

Fora essas exceções, para o caso em geral, ficam valendo as frases afirmativas e diretas, começando com o sujeito da oração. Observa-se também que as frases sem verbo, do tipo "Rio de Janeiro, apesar de tudo" dificultam a compreensão, pois a ação fica subentendida e pode dar margens a diversas interpretações diferentes.

Redação de textos

Na redação de textos, os **conceitos** ou **objetivos** devem ser apresentados em primeiro lugar. Depois vem o **contexto** (explicação, histórico e exemplos). Os textos que começam com o histórico e descrição do contexto são difíceis de entender. O leitor fica sem referências. Ele fica sem saber porque tudo aquilo está sendo colocado. Quando, finalmente, o conceito for apresentado, o leitor, provavelmente terá de fazer uma nova leitura para situar-se no contexto.

O mesmo se aplica na redação de projetos e relatórios. Os objetivos devem ser colocados em primeiro lugar. Depois vem as justificativas, metodologias e outras explicações de como aqueles objetivos serão atingidos, ou para que servem.

Manuais de instruções

Os manuais de instruções que acompanham os produtos muitas vezes não são claros ou pressupõe conhecimentos e habilidades que a maioria dos usuários desses produtos não possuem.

Outro problema relaciona-se com o tipo de conhecimento exigido: declarativa (estática) ou operacional (saber fazer). No caso da memória operacional, algumas representações gráficas como esquemas, desenhos ou fatos, são melhores.

Sremec (1972) fez uma experiência com um pequeno toldo para janela, disponível no mercado. Em um total de 15 pessoas que nunca tinham visto o produto antes, só 5, ou seja, 33%, foram capazes de montar corretamente o toldo apenas com as instruções do fabricante, que acompanhavam o produto. Entre os que acertaram, muitos tinham habilidades mecânicas ou conhecimentos anteriores, em nível superior à média da população. As instruções foram modificadas, sanando-se os problemas constatados. Feito um novo teste com 15 outras pessoas, 11 delas, ou seja, 73,3%, foram capazes de acertar na montagem do produto.

O problema é que essas instruções geralmente são redigidas por especialistas, que se expressam como se estivessem dirigindo-se a seus colegas de profissão e não ao público em geral. O repertório dos usuários do produto pode ser bem diferente e talvez o especialista não consiga se colocar no lugar deles para redigir essas instruções de forma clara e acessível para a maioria da população. Nesses casos, essas instruções deveriam ser testadas em uma amostra representativa da população-alvo, antes de serem colocadas no mercado.

Quando se quer apresentar diversas alternativas ou cursos de ação, é melhor organizá-las de forma itemizada, em vez do texto corrido. Essa apresentação itemizada fica mais clara e visível.

Exemplo de texto corrido: "Este medicamento é indicado para combater arritmias cardíacas, insuficiência coronária e artroses".

Exemplo de texto itemizado: "Este medicamento é indicado para o tratamento de:

- arritmias cardíacas
- insuficiência coronária
- artroses"

Além disso, o texto pode ser estruturado por tópicos (Figura 10.8).

Temporalidade da informação verbal

A fala tem o problema da temporalidade, ou seja, ela é rapidamente perecível no tempo, devido à reduzida capacidade da memória de curta duração. Quando há necessidade de se usar mais de duas variáveis simultâneas para a tomada de decisões, provavelmente começarão a surgir problemas de esquecimentos e omissões.

Muitas vezes, uma informação precisa ser retida durante algum tempo, porque dela depende um conjunto de decisões a serem tomadas seqüencialmente. Um exemplo disso é a informação sobre as condições meteorológicas que um piloto em vôo recebe da torre de controle do aeroporto. Ele deve reter essa informação durante algum tempo, na memória de curta duração, para tomar várias decisões. Nesse caso, a solução recomendada é a de apresentar essas informações com auxílio visuais, como quadros, telas ou *displays*, que mantenham a informação disponível por mais tempo, enquanto se executam as operações.

Comunicação verbal na aviação internacional

Na aviação internacional, as comunicações ar-ar, terra-ar e ar-terra são feitas em língua inglesa. O inglês foi escolhido como língua comum, porque logo após a II Guerra Mundial, quando se expandiram as rotas internacionais, a maioria dos pilotos já falava normalmente o inglês. Apesar disso, surgiram vários problemas devido aos sinônimos e sotaques. Para resolver o problema dos sinônimos selecionou-se um vocabulário padrão, com um número limitado de palavras. Cada palavra tem significado bem determinado e não podem ser usados sinônimos. Além disso, selecionou-se um conjunto de palavras que dificilmente são confundidos entre si.

O problema dos sotaques é mais grave. Sabe-se que na própria Inglaterra existem vários sotaques regionais e até mesmo dialetos, que não são facilmente compreendidos por pessoas de outras regiões. O mesmo se pode dizer do inglês falado nos EUA. O problema se agrava ainda mais quando o inglês é falado por aqueles povos que têm outra língua nativa.

Em certos casos, mesmo que uma fala seja corretamente compreendida, às vezes há demoras e necessidades de repetições, consumindo tempo precioso, principalmente em aeroportos internacionais congestionados, onde freqüentemente existem diversas aeronaves no ar esperando a sua vez para aterrisar. Para resolver esse problema, a tripulação de vôos internacionais é treinada para reconhecer cada palavra do vocabulário-padrão no sotaque daqueles países incluídos na rota.

Instruções verbais e a memória

Muitas tarefas dependem da correta lembrança (recuperação) de instruções verbais. Entretanto, isso depende da forma como essas informações foram apresentadas e memorizadas.

Seqüência das palavras — A seqüência das palavras contidas na instrução deve corresponder à mesma seqüência das operações. Por exemplo, se for necessário retirar um tampo para apertar um parafuso, a instrução correta deve ser "retire o tampo e aperte o parafuso" e não "aperte o parafuso depois de retirar o tampo".

O certo e o errado — As instruções devem dar ênfase a apenas à maneira correta de realizar uma tarefa. Vamos supor o caso inverso de um instrutor que ensine sempre a maneira **certa** e a maneira **errada** de realizar uma tarefa. Essas duas formas serão igualmente memorizadas e vai ser difícil, no futuro, separar o certo do errado, causando uma grande confusão na mente do aprendiz. Se houver necessidade de transmitir formas alternativas de executar a tarefa, estas devem ser feitas numa segunda fase, após um método certo, padrão ou tipo básico da tarefa tiver sido firmemente apreendido.

Informações-chaves — Quando se quer localizar uma informação armazenada na memória, as primeiras palavras mencionadas devem ser as informações-chaves, que servem para "puxar" a rede neural correspondente. Por exemplo, para se reclamar de um conserto, poderia ser dito: "aquele conserto feito na semana passada na máquina X não deu certo". Supondo que essa pessoa tenha consertado várias máquinas na semana passada, vai ser difícil localizar a máquina X na "pasta" de consertos. Provavelmente, a reclamação seria mais eficiente se fosse formulada da seguinte forma "a máquina X, consertada na semana passada, continua com defeito".

Expectativas do receptor — As pessoas conseguem perceber melhor aquelas informações que, de certa forma, já eram esperadas. Pode-se usar as informações-chaves para "ligar" o ouvinte, preliminarmente, ao assunto que será apresentado. Da mesma forma, no início de uma fala, é conveniente "avisar" os interlocutores sobre qual é o assunto que se quer abordar, repetindo o procedimento todas as vezes que houver mudança de assunto: "agora vamos tratar de tal coisa". Observou-se que essa tática é usada por oradores e professores experientes. Eles usam alguns minutos iniciais para motivar, a fim de melhorar a receptividade dos ouvintes sobre o assunto a ser apresentado.

9.4 Processamento da informação

Os estímulos captados pelos órgãos sensoriais são transmitidos ao sistema nervoso central por meio das conexões entre de células nervosas, que formam uma cadeia, chamada via aferente (item 3.1). Após serem processadas, retornam pela via eferente, aos órgãos de ação, produzindo respostas. Certas condições tendem a facilitar ou dificultar a transmissão e o processamento desses estímulos, como veremos a seguir.

Tempo de reação

Tempo de reação é o intervalo de tempo entre a recepção de um estímulo e a emissão da resposta pelo organismo, abreviadamente designado por estímulo-resposta. Em certas ocasiões, é necessário que essa resposta seja emitida rapidamente e sem erros. Existem diversas circunstâncias que podem modificar a velocidade e a precisão dessas respostas.

O tempo de reação é influenciado diretamente pelo grau de incerteza da resposta: quanto maior o número de alternativas a serem selecionadas, maior será o tempo de reação (TR). Esse tempo pode ser expresso matematicamente pela seguinte fórmula, chamada Lei de Hick-Hyman:

$$TR = a + b \log_2 N$$

onde a e b são constantes determinadas experimentalmente e N é o número de possíveis pares de estímulos-respostas equiprováveis (com probabilidades iguais de ocorrência).

Como $\log_2 N$ é equivalente à quantidade de informações contida em um estímulo, a equação acima poderá ser escrita de outra forma:

$$TR = a + b\,H$$

Onde H é a quantidade de bits contida no estímulo. Conceitualmente, o tempo de reação é a soma de diversos estágios distintos, numa cadeia, em que o estímulo é convertido em resposta. Assim, a constante a está relacionada com o mecanismo de percepção do estímulo e emissão da resposta, e b está relacionada com o processo de tomada de decisões, no sistema nervoso central. Assim os reflexos, que não exigem processamentos no sistema nervoso central, teriam tempo de reação igual a a, enquanto b depende da complexidade da decisão a ser tomada.

Para determinar os coeficientes a e b Sternberg (1969) realizou a seguinte experiência: conjuntos de 2 a 5 letras sem relações entre si eram apresentados na forma escrita ou falada, para serem armazenados na memória de curta duração. A seguir, eram apresentadas diferentes letras, uma de cada vez, também na forma escrita ou falada, e a pessoa deveria indicar, o mais rápido possível, se a letra já estava ou não contida no conjunto anteriormente memorizado. A resposta deveria ser dada verbalmente ou apertando-se um botão.

O tempo decorrido entre a apresentação do estímulo (letra apresentada) e a emissão da resposta era registrado. Naturalmente, quanto maior era o conjunto de letras memorizado, maior era o tempo de resposta. Colocando-se os valores obtidos em um gráfico (Figura 9.4) pode-se obter uma função linear do tempo TR em relação ao número de informações contidas no estímulo. A interseção dessa reta com o eixo TR dá o valor da constante a e a inclinação da reta representa o valor de b.

Complexidade da informação

O caso mais simples de decisão envolve apenas dois eventos equiprováveis (1 bit de informação), tipo cara/coroa. Nesse caso, a capacidade máxima é de duas decisões por segundo ou 0,5 s por decisão. A quantidade total de informações transmitidas é

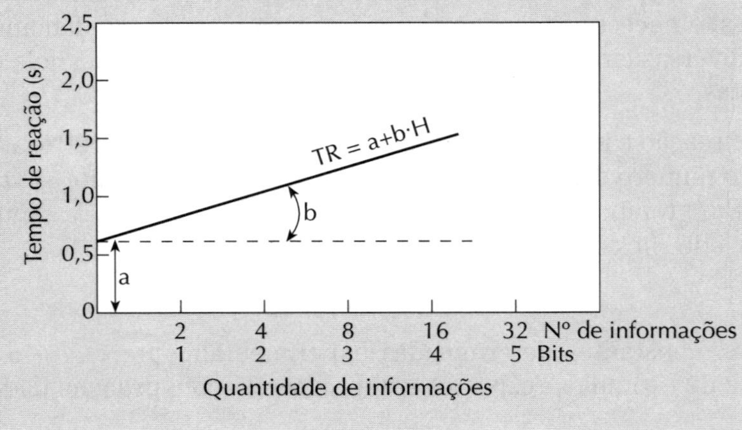

Figura 9.4 O tempo de reação é função linear da quantidade de informações (em bits) contidas no estímulo (Lei de Hick-Hyman).

relativamente maior quando há um pequeno número de decisões mais complexas, do que em um grande número de decisões mais simples. Ou seja, pode-se dizer que o aumento de complexidade reduz a velocidade das decisões, mas a quantidade total de informações transmitidas por unidade de tempo aumenta.

Além da complexidade, diversos outros fatores influem no tempo de decisão. Estes incluem a compatibilidade entre o estímulo e a resposta, e a expectativa para recepção do estímulo. Esses fatores, que tendem a aumentar o tempo de resposta, também tendem a aumentar a freqüência de erros nas respostas. Portanto, os sistemas de decisão mais simples, além de permitirem respostas mais rápidas, apresentam também maior confiabilidade nessas respostas.

Seletividade

Em condições de saturação, as pessoas tem capacidade para **selecionar** aquelas informações que são mais importantes para a tarefa em execução, ou para as quais os seus sentidos estão mais "ligados". Assim, elas podem aumentar a sensibilidade para certos estímulos. Por exemplo, uma mãe pode ouvir o choro do seu bebê durante uma festa barulhenta, enquanto o mesmo passa desapercebido para outras pessoas. No trabalho, um inspetor de qualidade pode identificar mais riscos e defeitos na pintura quando estiver atento.

Contudo, deve haver regras de prioridade claramente estabelecidos. Do contrário, cada trabalhador vai decidir de acordo com os seus próprios critérios ou de modo que lhe seja favorável. E isso nem sempre leva ao bom desempenho do sistema, como um todo.

Níveis de excitação

O nível de excitação de uma pessoa influi na sua capacidade de percepção e nas respostas fisiológicas. Essa excitação pode ser verificada por diversas técnicas como a EEG (eletro-encefalograma) do córtex cerebral, temperatura corporal, pulsações e níveis hormonais de adrenalina.

A captação dos estímulos depende do nível de excitação (Figura 9.5). Esse nível é mínimo no estado de sono e vai aumentando com o estado de alerta, até atingir o máximo. Após esse ponto, se a excitação continuar aumentando, a captação dos estímulos decresce, passando-se por estados de perturbação emocional, desorganização e pânico. Portanto, as pessoas apresentam baixo desempenho nos dois extremos, tanto nos casos de baixa como de alta excitação. Há um nível intermediário, entre esses dois extremos, em que a pessoa apresenta um desempenho ótimo.

O trabalho pode ser organizado de modo a manter um certo nível de estímulo, procurando situá-lo em torno de seu ponto ótimo. Por exemplo, o trabalho dos controladores passivos é pobre em excitação, causando monotonia. Acrescentando-se outras tarefas, pode-se aumentar o nível de excitação, transformando-os em controladores ativos. Esses controladores ativos apresentam alto nível de excitação, e consideram seu trabalho interessante e estimulante. Eles também se sentem mais responsáveis

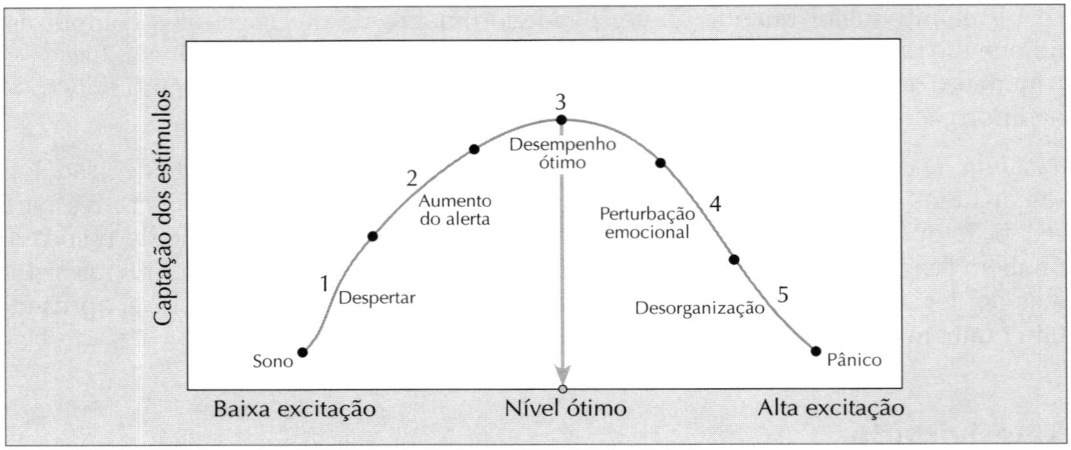

Figura 9.5 Influência do nível de excitação na captação de estímulos.

e comprometidos com o trabalho, enquanto aqueles passivos costumam reclamar de fatores ambientais, como o alto nível de ruídos.

Contudo, o estresse no ambiente de trabalho não depende apenas do nível absoluto de demanda (exigências), mas também dos recursos disponíveis para solucionar o problema. Se houver um desbalanceamento, de um lado, com alto nível de demanda e, de outro, recursos insuficientes sob controle do operador para resolver o problema, o nível de estresse tende a aumentar. Portanto, no projeto do posto de trabalho, é importante disponibilizar, ao trabalhador, todos os meios necessários para resolver o problema.

Vigilância

Vigilância é a capacidade de manter elevada atenção. Em alguns casos, ela deve ser mantida durante longos períodos, como ocorre com os controladores de vôos.

Em geral, os trabalhadores não apresentam bons resultados em tarefas que exigem vigilância contínua. O seu desempenho cai em 20% após meia hora e os erros tendem a crescer, devido à distração, monotonia e sono.

Diversas pesquisas realizadas sobre a vigilância indicam que ela pode se melhorada com as seguintes providências:

- O sinal auditivo deve estar pelo menos 5 dB acima do ruído ambiental;
- A duração do sinal visual deve ser de 2 a 3 segundos;
- A redundância (sinais auditivos e visuais) melhora a percepção;
- A realimentação das informações e o conhecimento dos resultados ou conseqüências da operação ajuda a manter a vigilância; e
- A diminuição das incertezas melhora a percepção, por exemplo, com sinais padronizados para cada tipo de evento.

As mudanças das condições ambientais, quebrando a monotonia, também contribuem para manter a vigilância. Por exemplo, motoristas de caminhão que fazem longos percursos à noite, costumam abrir a janela, periodicamente, para tomar rajadas de ar frio. Isso os mantém despertos e melhora a vigilância.

Realimentação

A realimentação *(feedback)* é um sinal emitido pelo sistema como "resposta" a uma ação executada pelo trabalhador. Esse sinal pode indicar que a ação foi corretamente executada. Um outro tipo de sinal pode indicar que houve erro.

O tempo entre a ação e a resposta tem forte influência no desempenho do trabalhador. Quanto mais rápida for a realimentação, melhor será o desempenho, contribuindo para manter o interesse e a vigilância. A demora excessiva pode aumentar o desinteresse e a insatisfação.

É provável que a realimentação facilite espírito de competição entre as pessoas, cada um tentando obter melhores resultados que os outros. Isso foi comprovado no caso de um trabalho repetitivo, em que o número de peças trabalhadas era registrado em contadores mecânicos facilmente visíveis (Chapanis, 1962).

Esse experimento foi realizado com dois grupos que não tinham experiência anterior na tarefa e ambos trabalharam duas semanas em condições semelhantes, sem supervisão, com uma única diferença. Os contadores mecânicos de um grupo tinham sido cobertos, de modo que os sujeitos não ficavam sabendo quantas peças tinham processado. Ao cabo de duas semanas, o grupo com o contador **visível** havia processado 81 300 peças e aqueles com o contador oculto, apenas 37 400 itens. Portanto, o primeiro apresentou uma produtividade 117% superior, com esse simples artifício.

No caso do consumo doméstico de energia elétrica, constatou-se uma economia de 12% nas contas mensais, instalando-se um mostrador bem visível, indicando continuamente o valor da conta a ser paga. Isso acontece também com o cartão magnético para telefones públicos que indica, continuamente, o número de pulsos gastos durante uma ligação.

Um aspecto importante a ser considerado é a correspondência entre a realimentação e a ação a que se refere. A realimentação deve estar relacionada apenas com os aspectos importantes que se quer monitorar. Quando ela for muito detalhada, pode provocar uma sobrecarga de informações. Por outro lado, se for muito genérica, fica difícil de associá-la a um comportamento específico. Um dos maiores problemas de antigos programas de computadores era a imprecisão das mensagens de realimentação *(illegal entry, syntax error)*, que eram muito genéricas, não apresentando uma orientação segura para se fazer as correções necessárias.

Memórias verbal e espacial

As informações memorizadas podem ser classificadas em dois tipos básicos: memória verbal e memória espacial. A memória **verbal** tem propriedades fonéticas e acústicas, e armazena informações lingüísticas como palavras e números. A memória **espacial** tem propriedades visuais e armazena informações analógicas e pictóricas, como figuras, desenhos e mapas. Na memória de curta duração, ambos têm a característica comum de perda rápida e capacidade limitada. As informações que contêm simultaneamente as duas características, verbal e espacial, são retidas com maior facilidade.

Muitas vezes, a lembrança (recuperação) de informações verbais e espaciais armazenadas simultaneamente ocorre mais facilmente para um dos tipos. Exemplo disso é quando conseguimos nos lembrar das feições de uma pessoa (espacial), mas esquecemos o nome dela (verbal).

Processamento de códigos semelhantes

A maneira de apresentar as informações influi na memorização e posterior recuperação dessas informações. As informações possuem duas dimensões:

- Modalidade , que pode se auditiva ou visual
- Formato ou código que pode ser verbal e espacial.

Estas possibilitam quatro combinações entre modalidades e formatos:

- Auditivo-verbal: é a fala normal
- Auditivo-espacial: sons com "terceira" dimensão, como o *home theater*.
- Visual-verbal: textos impressos
- Visual-espacial: figuras, elementos análogos e pictóricos, como gráficos, cartazes, TV, cinema.

O processamento de informações será mais eficiente se houver compatibilidade entre a modalidade da informação e a forma de apresentá-la (Figura 9.6).

As tarefas que exigem memória espacial serão melhor executadas se as informações forem apresentadas no formato espacial, e aquelas, que exigem memória verbal, com as informações verbais. Por exemplo, a seqüência de montagem de uma peça (espacial) deverá ser apresentada na forma visual-espacial. Se a mesma for apresentada na forma visual-verbal (textos explicativos), a dificuldade de compreensão será maior. Analogamente, tarefas que usam memória verbal como redação, interpretação de textos ou trabalho com números, serão melhor executadas com as informações verbais.

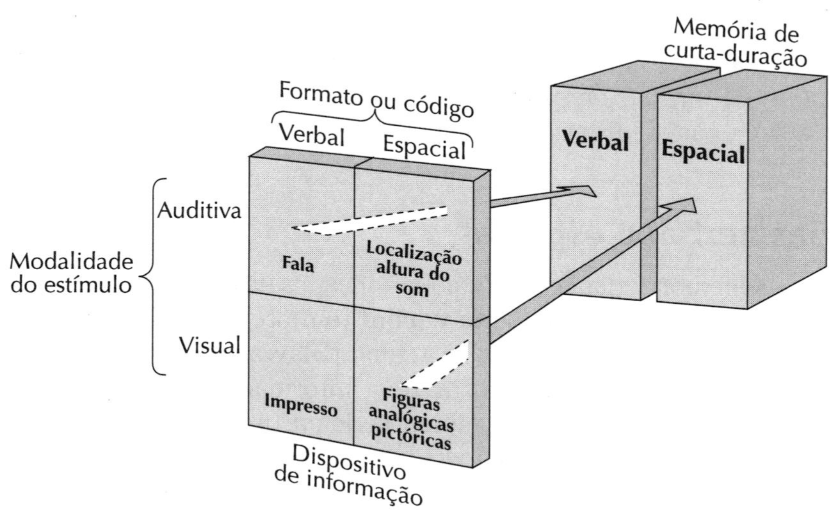

Figura 9.6 Compatibilidade entre os dispositivos de informação e a memória de curta-duração (Salvendy, 1987).

O canal auditivo tem a desvantagem de ser seqüencial e transiente, não permitindo retrocesso. Essa deficiência poderá ser contornada, principalmente no caso de mensagens longas, que superam a capacidade da memória de curta duração, fornecendo-se a mesma informação por escrito (visual) para criar redundância. A combinação auditivo-espacial (direção ou altura de um ruído) é a menos eficiente, devendo ser usada somente para alarme ou avisos, ou quando os demais canais estiverem sobrecarregados.

Expectativa da informação

Expectativa é uma informação esperada. Essa expectativa é construída pela pessoa, tanto a partir de outros estímulos ambientais, como pela extrapolação, a partir de informações anteriormente recebidas. Por exemplo, uma pessoa, ao ser cumprimentada, depois de ouvir a palavra "como", espera ouvir o seu complemento "vai?" Ou, quando o sinal vermelho do controle de tráfego apaga-se, há expectativa da luz verde acender-se.

A percepção é facilitada se a informação fornecida, de algum modo, corresponder à sua expectativa, ou seja, se ela coincidir com a informação **esperada**.

A expectativa ocorre também quanto aos movimentos, ou seja, qual parte do sistema se move em relação aos demais. Em um mostrador circular, por exemplo, a expectativa é que o ponteiro mova-se, e não a escala. Essa expectativa existe não apenas quanto a parte que se move, mas também quanto à direção do movimento.

Por exemplo, para dirigir os movimentos de um robô por controle remoto, foram analisadas duas alternativas para a colocação da câmara para monitorar os seus movimentos: dentro do robô (como se fossem os olhos) ou fora dele. Descobriu-se que a expectativa do operador era o do movimento do robô contra uma paisagem fixa e, nesse caso, o controle é mais eficiente se a câmara for colocada fora do robô.

Em geral, a capacidade humana para prever o comportamento futuro de um sistema é muito baixa. Por exemplo, prever a trajetória futura de veículos ou a temperatura ou pressão futuras de um processo químico. Esses tipos de extrapolações são feitos de forma deficiente e sobrecarregam a capacidade de processamento mental. Dessa forma, qualquer dispositivo artificial que informe o comportamento futuro, além de aliviar a carga do operador, tende a melhorar o seu desempenho. Isso pode ser representado, por exemplo, pela tela de um radar que informa os riscos de colisão, ou análises e extrapolações estatísticas ou simulações executadas com computadores.

9.5 Tomada de decisões

Decisão é a escolha de uma entre diversas alternativas, cursos de ação ou opções possíveis. A tomada de decisão é uma das atividades intelectuais mais comuns ao ser humano. Diariamente, tomamos centenas de decisões, desde que acordamos até o momento de dormirmos. Algumas decisões, como a escolha da roupa que vestiremos no dia, são relativamente simples. Outras, como a de um jovem que escolhe a sua futura profissão, são bastante complexas. As decisões também podem ser tomadas individualmente ou por grupos, como ocorrem em reuniões e assembléias.

Até a década de 1970, os estudos sobre decisões eram baseados na lógica matemática, descrevendo-se as várias opções possíveis e associando cada uma dessas opções às suas probabilidades de sucesso.

Atualmente admite-se que os seres humanos não são tão racionais como se supunha. Eles não consideram todas as opções possíveis e avaliam mal as probabilidades de cada uma. Alguns fatores, como simpatias pessoais, medos, acomodação, relações familiares, predominância de fatos recentes, a busca de resultados imediatos e vantagens pessoais, podem prevalecer nas decisões.

O processo decisório

O processo decisório usa tanto a **memória** de curta duração como a de longa duração, e a principal causa da dificuldade das decisões complexas está na baixa capacidade da memória de curta duração. Com isso, algumas opções são esquecidas ou omitidas.

Muitas vezes somos obrigados a tomar decisões sem conhecer todas as alternativas possíveis. Nesse caso, nem sempre a alternativa escolhida é a melhor. Às vezes, a melhor alternativa pode estar entre aquelas opções que foram omitidas por falta de percepção ou julgamentos incorretos do problema.

As conseqüências de uma decisão são chamadas de **resultados**. Esse resultado é associado a um valor subjetivo de utilidade. Cada pessoa tem um conjunto de valores subjetivos, que diferem de um indivíduo para outro, explicando porquê as pessoas tomam decisões diferentes diante de uma mesma situação. As pessoas também conseguem fazer uma certa avaliação subjetiva das probabilidades futuras de ocorrência dos eventos envolvidos na decisão. Muitos desses eventos dependem de fatores externos e estão fora de controle das pessoas. Contudo, esses eventos estão associados a determinadas probabilidades de ocorrência, que podem ser estimadas, em alguns casos.

Os modelos mais recentes consideram três etapas na tomada de decisões: coleta de informações, avaliação e seleção.

Coleta de informações

Antes de tomar uma decisão, as pessoas procuram informar-se. Naturalmente, quanto melhor a qualidade dessas informações, melhor poderá ser também a qualidade da decisão. Em alguns casos, as informações são incompletas e fragmentadas. Nesses casos, a decisão é baseada em certas suposições, como ocorre em uma investigação policial.

Em outros casos, ocorre o inverso: há excesso de informações. Nesse caso, a qualidade da decisão depende da capacidade de "filtrar" as informações relevantes para a construção do modelo cognitivo. Se esse modelo for falho ou incompleto, a pessoa poderá atuar sobre variáveis irrelevantes e assim, não será capaz de resolver o problema real. Existem também casos de pessoas que possuem uma visão parcial do problema e tomam decisões de sub-otimização. Como já vimos no Capítulo 2, isso nem sempre é benéfico para a solução do problema.

Muitas vezes, o filtro das informações relevantes é feito por outras pessoas, como no caso de dirigentes que possuem assessores para fazer análises e pareceres prévios e elaboram recomendações para as decisões. Esses filtros podem apresentar certos tipos de tendências, que distorcem a realidade. Para se evitar isso, é importante diversificar as fontes de informações. No caso de um projeto, por exemplo, deve-se ouvir argumentos, tanto das pessoas favoráveis como daquelas contrárias. Estas últimas podem mostrar que as opiniões favoráveis foram baseadas em informações incompletas ou falhas.

Avaliação

As informações coletadas servem para avaliar a situação, comparando-as com os conhecimentos que a pessoa já possui.

Além de perceber os fenômenos, é necessário interpretar o seu significado, construindo um **modelo cognitivo**. A qualidade da decisão depende do grau de fidelidade desse modelo em representar a situação real.

A avaliação da situação, acompanhada do modelo cognitivo serve para prever a evolução futura. Nessa avaliação é importante considerar que os sistemas são dinâmicos e estão evoluindo continuamente. Assim, o processo decisório deve adaptar-se a essas mudanças.

Muitas vezes, há uma incerteza sobre a futura evolução do sistema. Nesse caso, podem ser traçadas três trajetórias: otimista, pessimista e aquela mais provável. Essas trajetórias não indicam apenas uma linha, mas uma faixa, dentro da qual devem recair as decisões. Quanto maior a incerteza, maior será a largura dessa faixa.

Seleção da opção

A última etapa da decisão é a seleção da opção. Uma vez escolhida uma opção, é necessário descrevê-la detalhadamente e providenciar os instrumentos necessários para implementá-la. Isso envolve a atribuição de responsabilidades e a provisão dos recursos (humanos, materiais, financeiros, institucionais) necessários para a implementação. Esta deve ser acompanhada por um sistema de monitoramento (*feedback)* para identificar eventuais desvios e introduzir as correções necessárias.

Objetivos conflitantes

Os objetivos conflitantes ocorrem quando há oposição entre as alternativas possíveis. Essas situações são muito freqüentes em tarefas de controle na indústria. Por exemplo, um engenheiro que opera uma sala de controle de distribuição de eletricidade pode enfrentar conflito entre desligar a rede para fazer a manutenção, prejudicando o fornecimento ou mantê-la ligada e expor os técnicos ao risco de acidentes.

Em alguns casos, esses conflitos são dramáticos. Todas as opções são más e se deve escolher aquela "menos ruim". Nesses casos, a decisão chama-se **trágica.** Exemplo: uma pessoa está dirigindo e, de repente, à esquerda, surge um pedestre com risco de atropelamento, mas se ele desviar à direita pode colidir com um ciclista.

Se não houver um critério claramente estabelecido, as pessoas adotam um critério pessoal para decidir. Esse critério, em geral, é aquele que atende melhor aos interesses pessoais de cada um.

Estudos realizados em uma mina de carvão mostraram que os trabalhadores davam maior ou menor atenção aos procedimentos de segurança, que conflitavam com as quantidades de carvão produzidas, dependendo do sistema de pagamento adotado. Certamente, um pagamento proporcional à produção pode aumentar a produtividade mas aumenta também os riscos de acidentes. No cômputo global, isso pode não ser interessante para a empresa.

Dessa forma, os critérios de decisão não devem ficar ao acaso ou ao livre arbítrio do trabalhador. Se for constatada uma tendência de decisões inadequadas, devem ser tomadas certas providências. Estas incluem o estabelecimento claro de uma **hierarquia** de decisões, e o treinamento dos trabalhadores sobre os procedimentos seguros que devem adotar, em caso de conflitos.

Muitas vezes, isso reflete a própria **política** da empresa, que pode privilegiar certas orientações, como dar segurança aos trabalhadores, garantir a qualidade dos produtos, a satisfação dos clientes e assim por diante. Em muitas empresas, essas orientações são adotadas até como lemas temporários ou permanentes de atuação, como atingir "defeito zero". Evidentemente, cada trabalhador, em seu posto de trabalho, deve ser conscientizado sobre os tipos de decisões que contribuem para que essas orientações sejam seguidas.

Por exemplo, no caso "defeito zero", um torneiro mecânico deve ser instruído para afiar e trocar periodicamente as suas ferramentas de corte, pois as ferramentas gastas tendem a produzir defeitos. Essa atitude deve prevalecer, nesse caso, sobre qualquer outra, de natureza conflitante, como economia na troca de ferramenta ou interrupções da produção para efetuar essas trocas.

Desvios introduzidos pela percepção humana

A percepção humana introduz diversos tipos de desvios, que podem influir nas decisões. Estes são decorrentes tanto de sua limitação natural como pela inclinação para obter resultados "esperados" ou julgados mais favoráveis (aquilo que seus chefes gostariam). Ou seja, as pessoas "torcem" para que os resultados estejam dentro de suas expectativas ou conveniências. Isso não quer dizer que as pessoas sejam trapaceiras ou desonestas. Esses desvios ocorrem naturalmente e ninguém está livre de suas influências. A seguir, são apresentados aqueles mais importantes.

Simplificação — Devido à reduzida capacidade da memória de curta duração, as pessoas tendem a simplificar a realidade, enquadrando-a dentro dessa capacidade. Na prática, isso se restringe à análise de duas ou três alternativas, no máximo.

Tendência conservadora — As pessoas geralmente tendem a conservar as suas hipóteses iniciais de trabalho, mesmo que os fatos novos, acontecidos durante o trabalho, evidenciem o aparecimento de nova situação. Às vezes, até desprezam esses fatos novos, para que a hipótese inicial possa continuar valendo.

Tendência central — As pessoas tendem a superestimar as probabilidades de baixíssima freqüência e a subestimar aquelas de alta freqüência. É por isso as pessoas apostam em loterias de probabilidades de acertos extremamente baixas, temem as doenças de baixíssima ocorrência, ou desprezarem os cuidados em acidentes de alta freqüência.

Predominância de fatos mais recentes — Os fatos mais recentes tendem a predominar sobre aqueles mais antigos, mesmo que estes últimos tenham sido mais intensos ou mais graves. Isso equivale a dizer que o tempo contribui para amortecer os fatos, transformando aqueles mais graves em menos graves.

Influência de fatores estranhos — Alguns fatores aparentemente sem ligações entre si podem aparecer correlacionados. Por exemplo, se forem instalados motores novos em dois carros usados, aquele que tiver a carroceria mais amassada e enferrujada poderá ser considerado também com o pior motor, embora sejam iguais.

Preferência do observador — O observador manifesta preferência por objetos visualmente salientes (maior contraste, mais cores, mais brilho) e que se localizam no centro do seu campo visual. Essa preferência tende a acentuar-se quando operador estiver fatigado ou sob tensão.

Utilidade marginal decrescente — A utilidade, ou seja, os valores subjetivos de ganhos ou perdas, não se relacionam linearmente com o seu valor objetivo. O sentimento de utilidade é relativamente maior para ganhos menores e é relativamente maior para perdas maiores. Ou seja, um ganho de 5 em 100 é considerado subjetivamente maior que o ganho de 50 em 1 000 e uma perda de 50 em 1 000 é considerado maior que o de 5 em 100. Além disso, comparando-se as perdas e ganhos de mesmo valor absoluto, as perdas costumam aparecer subjetivamente ampliadas (Figura 9.7).

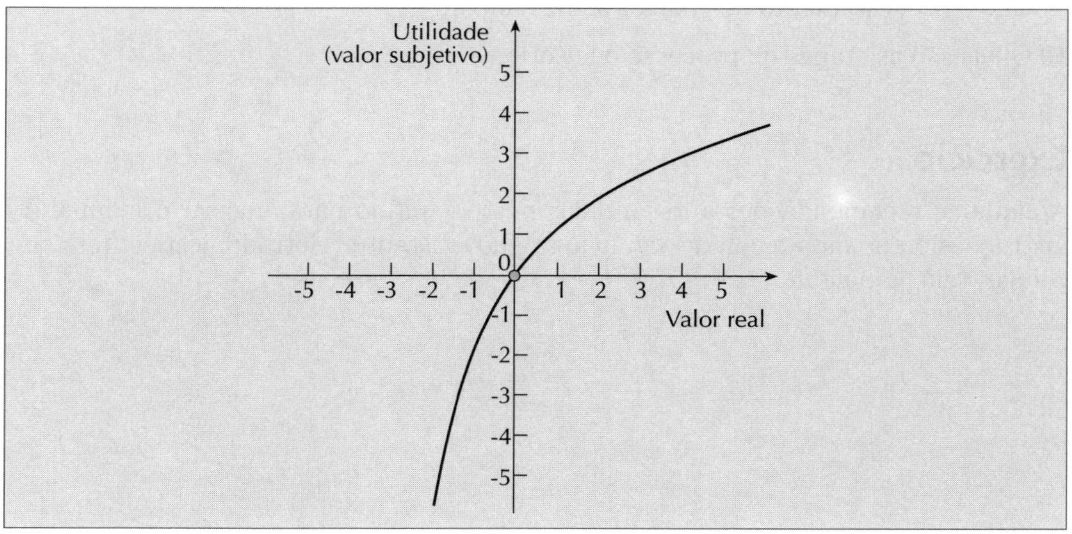

Figura 9.7
Relação hipotética entre o valor real e a utilidade (valor subjetivo).

Naturalmente, a pessoa não escolhe, conscientemente, nenhuma dessas tendências. Elas fazem parte do próprio processo de percepção humana. Duas ou mais tendências também podem aparecer associadas entre si. Por outro lado, elas podem induzir a decisões erradas. Portanto, ao tomar as decisões, é importante reconhecer a influência dessas tendências. Na medida do possível, pode-se fazer uma depuração, promovendo um "desconto" para que a verdade seja restabelecida.

Conceitos introduzidos no capítulo 9

sensação
percepção
memória de curta duração
memória de longa duração
rede neural
capacidade de canal
sinais simultâneos
sinais redundantes
tempo de reação
nível de excitação
vigilância
objetivos conflitantes

Questões do capítulo 9

1. Quais são as características da memória de curta duração?
2. Quais são as características da memória de longa duração?
3. Como se pode melhorar a memória de curta duração?
4. Como se pode melhorar a memória de longa duração?
5. Quais são as condições que favorecem a percepção de sinais simultâneos?
6. Quais são as vantagens dos sinais redundantes?
7. Qual é a importância da informação-chave para a memorização?
8. Quais são as condições que contribuem para se reduzir o tempo de reação?
9. Que é processamento de códigos semelhantes?
10. Quais são as etapas do processo decisório?

Exercício

Aplique as recomendações apresentadas neste capítulo para analisar o manual de instruções ou de montagem de algum aparelho existente (eletrodoméstico, telefone celular, relógio digital).

10. Dispositivos de informação

Os dispositivos de informação constituem a parte do sistema que fornece informações ao operador humano, para que este possa tomar decisões. O ser humano é dotado de muitos tipos de células sensíveis, mas pricipalmente a visão e audição são importantes no contexto do trabalho e, portanto, são mais estudadas pela ergonomia. A visão, em particular, se destaca como o principal órgão para recepção de informações no trabalho.

Os dispositivos de informação estão presentes em muitos tipos de produtos, ambientes e situações. Isso inclui desde objetos de uso cotidiano, como rádios, relógios e carros, até painéis de controle complexos, como cabinas de aeronaves e centrais de controle de uma usina nuclear. Um projeto inadequado de tais instrumentos pode causar erros, demoras e acidentes. Em alguns casos, as conseqüências podem ser desastrosas.

Este capítulo analisa as formas de organizar e apresentar as informações para que possam ser captadas e processadas com mais eficiência. Até recentemente, essas informações eram fornecidas basicamente pela palavra escrita e diversos tipos de mostradores. Muitas delas foram substituídas por meios informatizados, estabelecendo um novo tipo de relacionamento homem-máquina.

Juntamente com o Capítulo 8, este capítulo constitui um detalhamento do posto de trabalho, já apresentado no Capítulo 7.

10.1 Apresentação das informações

Já vimos, no Capítulo 3, que o homem é dotado de vários órgãos sensoriais, mas apenas dois deles são importantes para o trabalho: a visão e a audição. No ambiente de trabalho há uma grande predominância das informações visuais. As informações auditivas são usadas apenas em algumas situações específicas ou de forma complementar às informações visuais.

Existem diversos modos de apresentar as informações. Para cada situação pode haver uma modalidade mais adequada. A escolha dessas modalidades depende de certas condições, que devem ser analisadas. Pode-se começar com as seguintes perguntas (Cushman e Rosenberg, 1991):

- A natureza da informação é simples ou complexa?
- Há necessidade de uma informação quantitativa e precisa?
- A informação qualitativa ou indicação das faixas de operação seria suficiente?
- A informação exige uma ação imediata?
- A informação é exclusiva ou há outras pessoas envolvidas?
- A informação deve ser acessível também às pessoas não-especializadas?
- O receptor trabalha em local fixo ou fica andando?
- Quais são as características da iluminação e do ruído ambiental?

Uma cuidadosa análise da tarefa pode fornecer respostas para a maioria dessas perguntas. Isso pode levar à escolha entre mostradores visuais ou auditivos, dependendo das características da informação, posição do receptor em relação à fonte e das condições ambientais (Tabela 10.1). Por exemplo, se a natureza da informação for complexa e o ambiente, ruidoso, recomenda-se informação visual. Contudo, se o receptor ficar andando ou se a situação exigir uma ação imediata, a modalidade auditiva será a mais indicada.

Menus visuais e auditivos

Os menus podem ser elaborados com opções visuais ou auditivas. Os menus visuais são vantajosos porque podem apresentar maior número de opções, permitem uma visualização global e as informações não são perecíveis no tempo. Esse tipo de menu é muito usado em programas de computador.

Os menus auditivos, também chamados de interfaces de estilo telefônico, aparecem, por exemplo, em mensagens gravadas. Após ouvir cada mensagem, uma voz apresenta um menu com opções. Exemplo: tecle dígito 1 para repetir, 2 para guardar e 3 para apagar". Ao digitar uma das opções, por exemplo a 3, a voz comunica o resultado: "mensagem apagada". Nesse tipo de menu, o usuário deve guardar as opções em sua memória de curta duração.(Ver página 260).

Entretanto, devido à baixa capacidade de armazenamento da memória MCD, ocorrem freqüentemente dois tipos de erros, quando há um grande número de opções: erro de omissão (o usuário esquece o número da tecla) e de seleção (a opção escolhida é incorreta). Para reduzir esses erros pode-se organizar um menu hierárquico, sob a forma de **árvore de decisão**. Desse modo, em cada nível, devem existir apenas três opções. Elas vão se desdobrando em outras opções, cada vez mais específicas. Por exemplo, "disque 1 para vendas, 2 para manutenção, 3 para gerência". Ao discar 1, surgem mais três opções: "disque 1 para alimentos, 2 para eletrodomésticos e 3 para vestuários" e assim por diante.

TABELA 10.1

Vantagens relativas entre as apresentações visual e auditiva das informações (Cushman e Rosenberg, 1991)

Situações	Preferências	
	Visual	Auditiva
A informação ou mensagem:		
. É simples e curta		•
. É complexa e longa	•	
. Há demora para execução	•	
. Há urgência execução		•
. Envolve localizações espaciais	•	
O ambiente é escuro		•
O ambiente é ruidoso	•	
O receptor move-se continuamente		•
Há barreiras físicas no local		•

Compatibilidade estímulo-resposta

O tempo de reação entre um estímulo e a sua resposta oscila entre 100 a 500 ms. Desse tempo total, cerca de 60 a 70% é consumido pelo processamento da informação recebida e tomada de decisão. Esse tempo pode ser abreviado se houver compatibilidade entre o estímulo e resposta (ver página 280). Por exemplo, ações que requerem uma atividade espacial, devem ser informados nessa mesma modalidade. No caso da montagem de uma peça, deve haver instruções com desenhos, esquemas visuais ou fotos, e não com descrições verbais.

O projetista do sistema pode abreviar o tempo de reação, simplificando as decisões a serem tomadas e aumentando a compatibilidade entre o sistema real e a sua representação. Isso é análogo ao caso dos botões/queimadores do fogão (ver Figura 8.4).

Em *Shopping Centers* encontram-se os mapas de orientação, do tipo "você está aqui". Entretanto, esses mapas geralmente estão colocados em expositores verticais. Para orientar-se é necessário fazer o rebatimento mental desse mapa para o piso e, muitas vezes, uma rotação. Muitas pessoas têm dificuldade de raciocínio espacial para realizar essas operações mentais. A indicação seria melhor se o mapa estivesse no chão, coincidindo com a orientação do edifício (norte do mapa coincidindo com o norte do edifício).

Hierarquia das tarefas visuais

Nossos olhos têm uma grande mobilidade, podendo fazer muitas fixações, praticamente sem movimentarmos a cabeça (ver item 3.4). Entretanto, quando se exige atenção em um campo visual mais amplo, pode-se estabelecer uma hierarquia, em quatro níveis (Figura 10.1).

Nível 1. Visão ótima — Os objetos situados dentro dessa área podem ser visualizados continuamente, praticamente sem nenhum movimento dos olhos. Situa-se em um cone abaixo da linha horizontal de visão com abertura de 30° para frente e para os lados. Esse cone é conhecido como área de visão ótima.

Nível 2. Visão máxima — É a visão que se consegue, movimentando-se somente os olhos, sem movimentar a cabeça. Situa-se até 25° acima da linha horizontal de visão e 35° abaixo da mesma e, lateralmente, faz uma abertura horizontal de 80°, portanto, a 25° de cada lado, além da área de visão ótima. Esse cone ampliado, com 80° de abertura horizontal e 60° na vertical é chamada de área de visão máxima.

Nível 3. Visão ampliada — No nível 3, situa-se o campo visual que se consegue atingir com o movimento da cabeça, lembrando que a coluna cervical tem uma grande mobilidade. A cabeça consegue girar até 55° para a esquerda ou direita, inclinar-se até 40° para baixo e 50° para cima e pender-se para um dos lados do ombro, à esquerda ou à direita, em até 40°. Os cones de visão ótima e de visão máxima acompanham esses movimentos da cabeça.

Nível 4. Visão estendida — Nesse nível exigem-se movimentos corporais maiores, como "estender" o pescoço, girar o tronco ou levantar-se da cadeira.

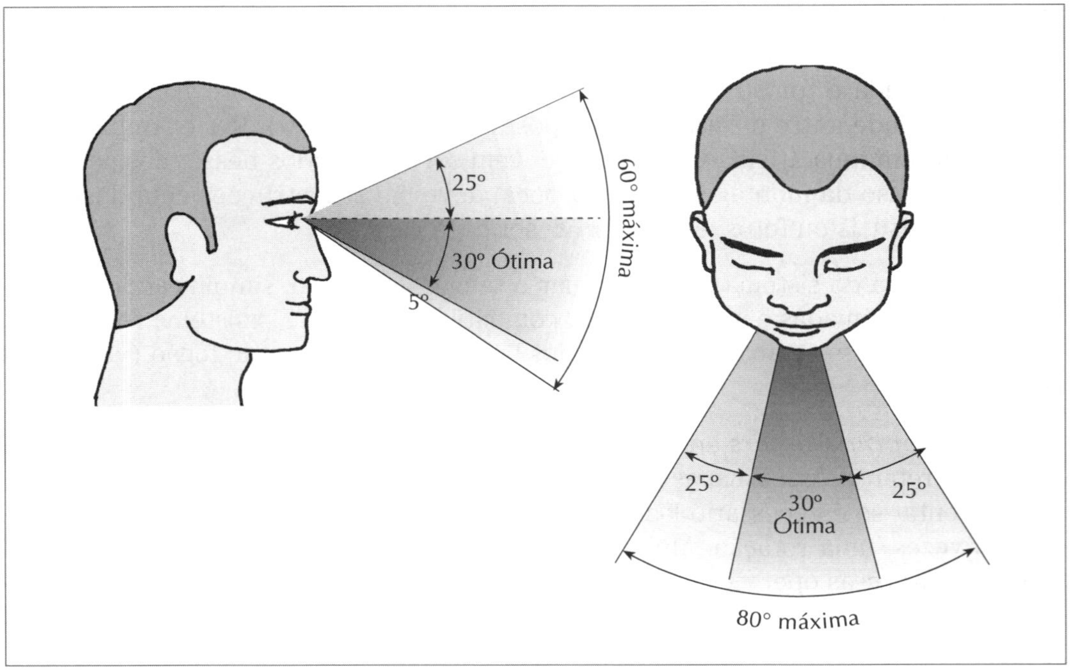

Figura 10.1
Cones de visão ótima e máxima.

Essa classificação das tarefas visuais em quatro níveis leva a recomendar que os dispositivos visuais também sejam classificados em quatro categorias, de modo que aqueles de maior importância se situem no nível 1, os de média importância no nível 2 e aqueles de uso menos frequente no nível 3 e aqueles de uso eventual, no nível 4.

No nível 1, as visualizações podem ser feitas mais rapidamente e com pouco esforço. O tempo exigido e o esforço crescem quando se passa do nível 1 para 2 e destes, para os níveis 3 e 4. No nível 1, podem ser feitas 2 inspeções simultaneamente, apenas com uma fixação visual. Isso significa que aí podem ser colocados dois dispositivos visuais que requeiram um acompanhamento contínuo.

No nível 2, os dispositivos ficam num campo de visão periférica. Nessa área, os olhos detectam apenas os movimentos grosseiros ou qualquer tipo de anormalidade, mas exige uma fixação visual posterior para a percepção dos detalhes. No nível 3, os objetos só podem ser percebidos quando houver um movimento consciente da cabeça e, no nível 4, com movimentos corporais maiores. Se estes forem freqüentes, haverá maiores gastos energéticos.

Quando surge a fadiga, o operador tende a simplificar o seu trabalho, inclusive como auto-defesa para preservar a sua saúde. Nessas condições ela pára de executar as tarefas de nível 4. Aqueles de nível 3 passam a ser menos observados e depois os de nível 2, sendo que os de nível 1, serão os últimos a serem afetados.

As regras do Gestalt

As regras do *Gestalt* (padrão, em alemão) começaram a ser formuladas por volta de 1910 por um grupo de psicólogos alemães, Wertheimer, Kohler e Koffka, da Universidade de Frankfurt. De acordo com essas regras, a nossa percepção não seria apenas uma soma das partes, pois acabamos construindo uma relação entre elas. Por exemplo, olhando-se para os três pontos da Figura 10.2, percebemos um **triângulo**, como se existissem segmentos imaginários ligando esses pontos.

Quando ouvimos uma música percebemos o conjunto, a sua harmonia, e não as notas separadamente. Essas notas podem ser modificadas, mas se forem tocadas na mesma seqüência, reconhecemos a mesma música. Portanto, para a *Gestalt*, o "conjunto não é uma simples soma das partes, porque adquire um significado próprio".

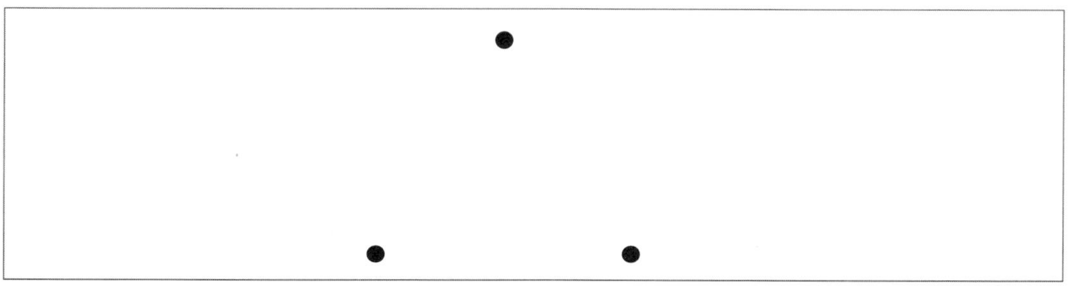

Figura 10.2 Olhando-se para esses três pontos, percebemos um triângulo.

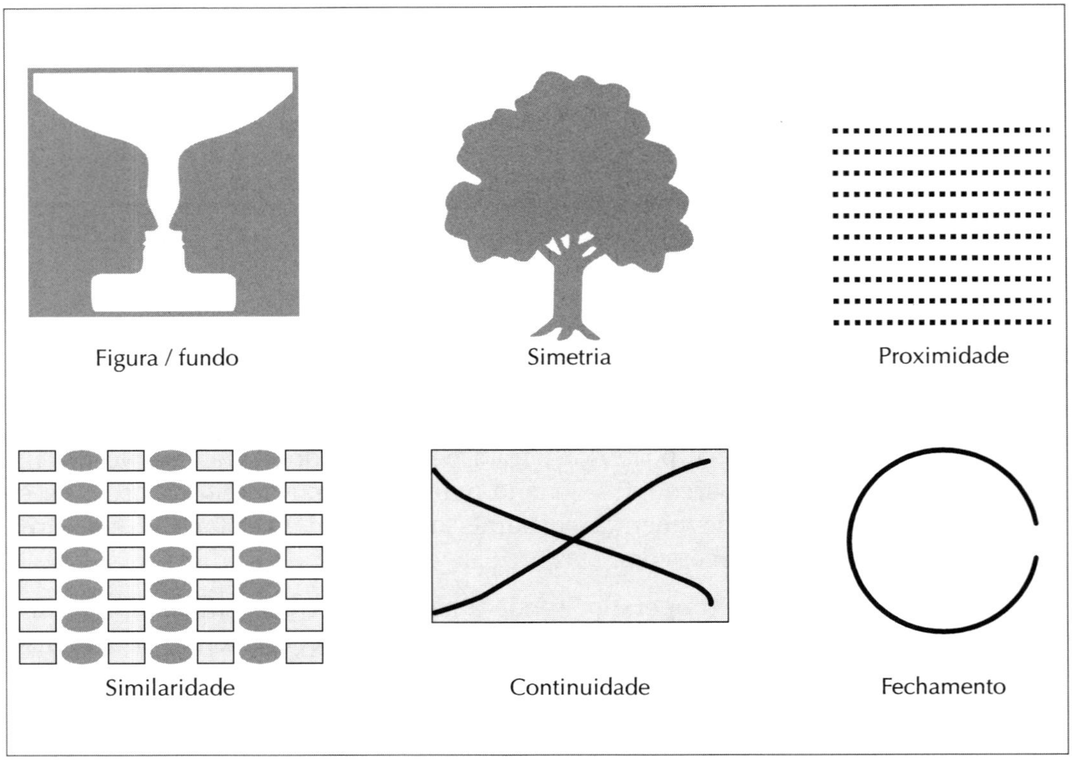

Figura 10.3
As regras do *Gestalt* (Baxter, 2000).

De acordo com a *Gestalt,* quando olhamos para uma imagem qualquer, o nosso cérebro tende a organizá-la, acrescentado-lhe um **significado**. Isso depende das características visuais dessa imagem, tais como formas, proporções, localizações e interações entre os seus elementos. Em 1923, Max Wertheimer formalizou os seguintes princípios do *Gestalt* (Figura 10.3).

Figura/fundo — A nossa percepção destaca uma parte da imagem, que é considerada mais importante, chamado de objeto ou figura. O resto é o fundo ou paisagem. Às vezes, em imagens ambíguas, a figura pode ser trocada pelo fundo, mas não conseguimos perceber os dois simultaneamente.

Simetria — Nós temos uma grande habilidade em descobrir simetrias em formas complexas. Esta é, provavelmente, a regra mais forte, pois está presente em quase todos os objetos e figuras consideradas mais belas e equilibradas.

Proximidade — Conjuntos de objetos ou figuras que se situam próximos entre si são “fundidos” entre si e percebidos como um conjunto único. Uma sucessão de pontos é percebida como uma linha contínua.

Similaridade — Objetos ou figuras com formas semelhantes são percebidos como um conjunto. Há uma tendência de se perceber esses elementos similares como um grupo único.

Continuidade — A percepção tende a fazer prolongamentos e extrapolações às trajetórias, mostrando uma tendência conservadora.

Fechamento — Figuras incompletas tendem a ser percebidas como completas. Fragmentos dessas figuras são completadas, reproduzindo objetos que tenham um significado.

Assim, os desenhos simétricos, com um contorno bem definido, são mais facilmente percebidos como figuras, destacando-se do fundo (Figura 10.4).

As regras do *Gestalt* podem ser aplicadas no arranjo dos elementos de um mostrador. Em cada setor podem ser agrupados os elementos que tenham formas semelhantes entre si ou funções semelhantes. A Figura 10.5 mostra, do lado esquerdo, um

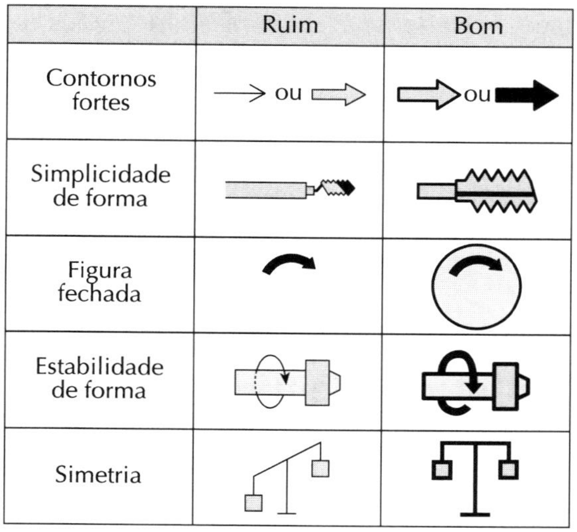

Figura 10.4 Recomendações para o desenho de símbolos (Easterby, 1970).

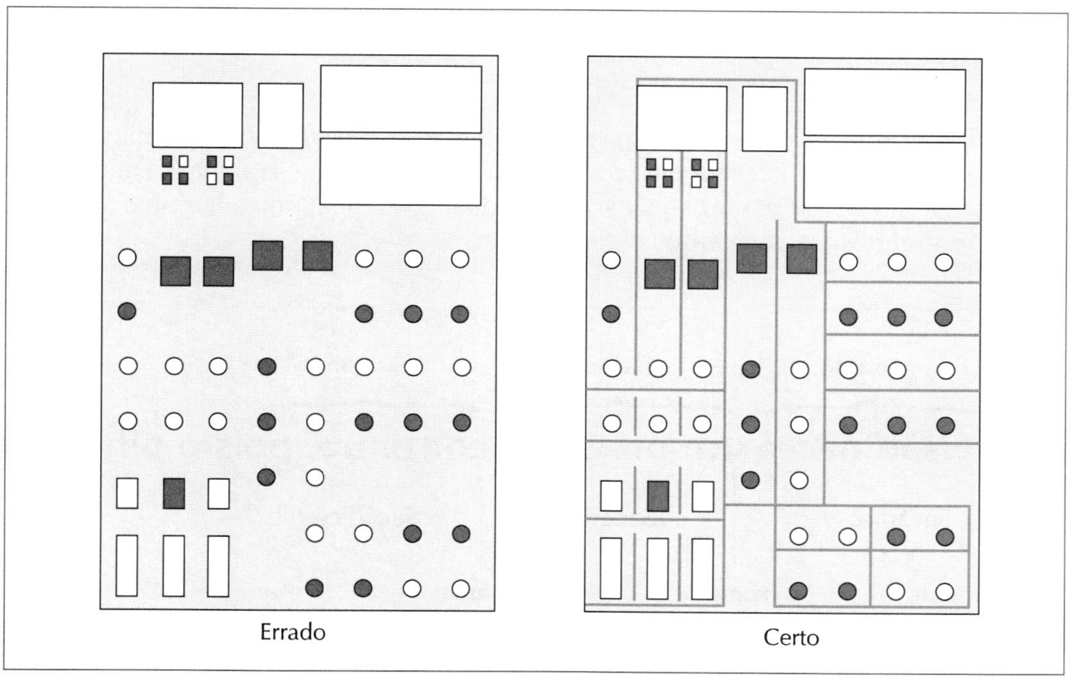

Figura 10.5 A separação dos instrumentos de um painel em blocos, identificando cada um dos subsistemas facilita a identificação deles. (Bridger, 2003)

painel com 56 elementos difíceis de serem identificados. Colocando-se traços horizontais e verticais separando os diversos sub-sistemas, eles formam blocos, facilitando a identificação. Isso se aplica ao arranjo das teclas do telefone celular, controles remotos e outros.

10.2 Palavra escrita

A palavra escrita aparece no contexto do trabalho em forma de manuais, bulas, especificações e também sob a forma de rótulos dos produtos e etiquetas e letreiros junto às máquinas. Em postos de trabalho informatizados podem ocorrer tarefas como redações, elaboração de cópias, anotações de pedidos, reclamações e preenchimento de formulários.

Como já vimos na seção 3.4, a visão não é um processo contínuo. Os nossos olhos, quando percorrem uma linha escrita, movem-se aos pulos. Primeiro, ele pára em um ponto. Depois move-se para o ponto seguinte e pára, novamente. O movimento de um ponto para outro chama-se sacádico e demora cerca de 0,25 s. Entre um ponto e outro ocorre uma fixação, quando os olhos captam um pequeno conjunto de 2 a 3 palavras (Figura 10.6). O cérebro vai processando à velocidade de 0,25 a 0,50 s por fixação.

Conforto na leitura do texto impresso

Estudos realizados com diversos arranjos de material impresso, demonstraram que a facilidade de leitura depende criticamente do espaçamento **entre linhas**. Linhas muito longas e pouco espaçadas entre si provocam embaralhamento visual. Assim, alguns autores sugerem que, para conservar a mesma quantidade de letras na página, seria preferível reduzir um pouco o espaçamento entre as letras, para compensar o aumento dos espaços entre as linhas.

Assim não se recomenda elaborar textos justificados nas duas margens (esquerda e direita), porque ela aumenta o espaçamento entre as palavras. Isso dificulta a captação do conjunto de palavras em cada fixação visual. Para se trabalhar com textos justificados, deve-se separar as palavras, em sílabas, ao final de cada linha, a fim de reduzir os grandes espaçamentos entre as palavras.

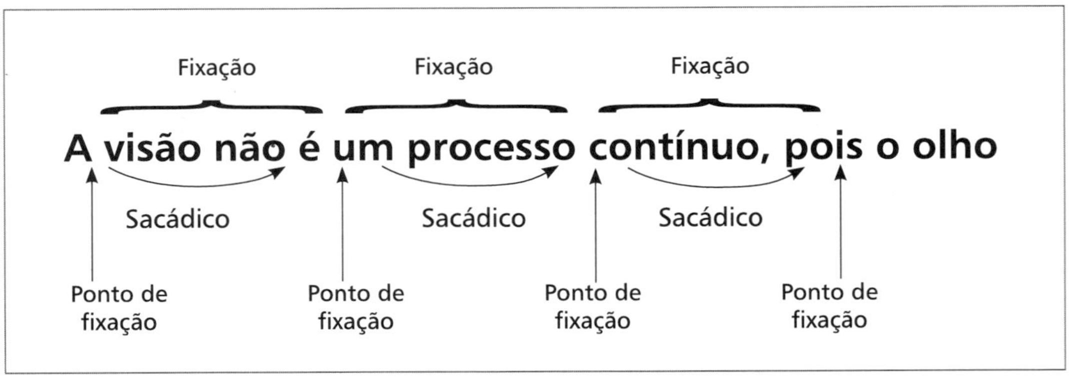

Figura 10.6 Durante a leitura, os olhos movimentam-se aos pulos, de uma fixação para outra.(Coe, 1996).

Figura 10.7 As linhas homogêneas do texto impresso formam um padrão de listras, que são desconfortáveis e provocam ilusões óticas (Wilkins e Nimmo-Smith, 1987).

As linhas homogêneas do texto impresso formam um padrão de listras (Figura 10.7). As características espaciais desse padrão provocam desconforto visual e ilusões óticas. Portanto, sempre que possível, deve-se fugir desse padrão. Isso pode ser realizado colocando-se parágrafos freqüentes, organizando-se mais de uma coluna na página, intercalando-se o texto com fotos e ilustrações ou alternando o tamanho das letras. Essas características são adotadas em jornais, que apresentam o texto em colunas estreitas, freqüentemente interrompidas com títulos ou ilustrações.

Textos estruturados

Os textos estruturados são aqueles organizados por tópicos, colocando-se um subtítulo em cada um deles. Em geral, os textos estruturados (Figura 10.8) contém mais informações, são mais objetivos e facilitam a consulta. Deve-se considerar principalmente que as pessoas lêem instruções ou manuais para obter algum tipo de conhecimento operacional e estão interessados em sanar alguma dúvida específica. Além disso, alguns trabalhadores não têm hábito de leitura e têm dificuldades de extrair as informações necessárias a partir de um texto muito longo.

Figura 10.8
Os textos estruturados são mais objetivos e facilitam a consulta.

Texto não-estruturado
Os símbolos são usados cada vez mais no lugar das palavras para indicar funções e comandos das máquinas. Entretanto, muitos desses símbolos não apresentam clareza suficiente para representar a função pretendida. Realizou-se um experimento em duas etapas, para verificar a preferência dos símbolos usados na operação de uma copiadora de grande porte. Na primeira etapa, um grupo de 36 pessoas inexperientes no uso de copiadoras fez desenhos para representar as 16 funções operacionais da máquina. A partir desses desenhos foram produzidos ícones para representar essas funções. Numa segunda etapa, outras 67 pessoas, todas sem experiência anterior no uso de copiadoras, fizeram as avaliações. Para isso, foram comparados os ícones gerados na primeira etapa, com aqueles que a empresa já usava em suas máquinas. A maioria preferiu os novos ícones, exceto para funções que indicavam impressão em 1 ou 2 faces do papel. Os resultados sugerem que a ergonomia pode contribuir na geração de símbolos mais facilmente compreendidos pelos usuários. (Howard *et. al.*, 1991)

Texto estruturado
Contexto - Há um crescente uso de símbolos substituindo palavras para representar funções e comandos em máquinas. *Objetivo* - Envolver os usuários para a geração de símbolos mais eficazes para uma copiadora de grande porte. *Método* - Primeira etapa: foram produzidos ícones para representar 16 funções da copiadora, baseando-se em desenhos realizados por 36 pessoas sem experiência anterior no uso das copiadoras. Segunda etapa: os ícones produzidos foram comparados com aqueles que a empresa já usava em suas máquinas. Essas comparações foram feitas por 67 pessoas também sem experiências anteriores. *Resultados* - Os ícones gerados tiveram a preferência da maioria, com exceção da função de imprimir em 1 ou 2 faces do papel. *Conclusão* - A ergonomia pode contribuir para a produção de símbolos mais facilmente compreendidos pelos usuários.

Recomendações sobre textos escritos

Algumas recomendações sobre textos escritos, visando facilitar a leitura, são apresentadas a seguir:

- Use tipos de letras mais simples. Letras muito rebuscadas ou enfeitadas dificultam a leitura.
- Use letras maiúsculas apenas para início da frase ou em nomes e títulos. Evite palavras inteiras com letras maiúsculas.
- Use letras minúsculas com serifas (pequeno traço perpendicular nas terminações das letras) para o texto. Exemplos: Times Roman, Courier, Cantoria. Sem serifas para os títulos: Arial, Helvetica, Century Gothic.
- As dimensões das letras dependem da distância visual (Figura 10.9). Como regra geral, a altura das letras maiúsculas deve ser de 1/200 da distância. Por exemplo, em uma sala de conferência, onde o expectador mais distante fica a 20 m, a altura da letra deve ser de 10 cm. Para leitura em tela de computador (distância aproximada de 40 cm) recomenda-se altura mínima de 2 mm.

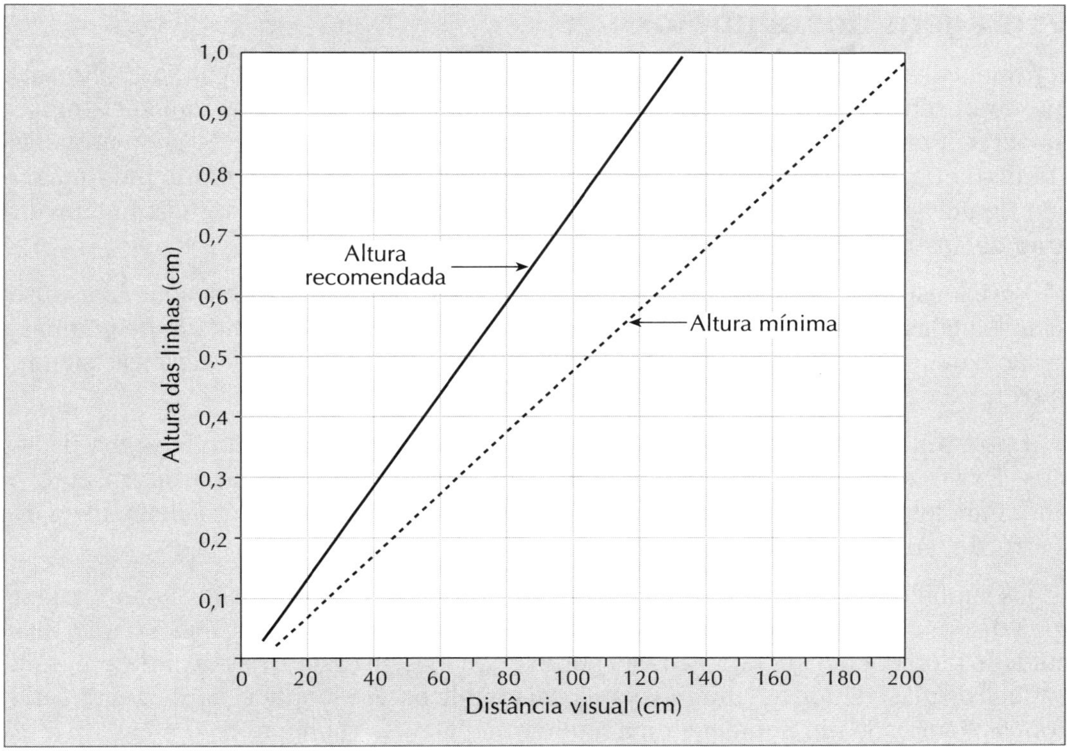

Figura 10.9 Alturas mínimas e alturas recomendadas para letras, de acordo com as distâncias visuais.

- Deve haver uma proporcionalidade entre a largura e altura das letras. Recomenda-se que a largura, para maiúsculas, tenha 60% da altura (variando entre 50 a 75%). Para letras estreitas como "i" e "l", 20% e para letras largas como "m" e "w", 80% da altura.
- O espaçamento entre linhas deve ser proporcional ao seu comprimento. Recomenda-se um espaçamento de pelo menos 1/30 do comprimento. Se a linha tiver 15 cm de comprimento, a distância entre linhas deve ser de 0,5 cm.
- Assegure um bom contraste figura/fundo (letra clara em fundo escuro ou vice-versa). O melhor contraste é conseguido com preto sobre branco. A colocação de fotografias e outras imagens no fundo dificulta a leitura porque provoca variações de contrastes.

10.3 Símbolos

A linguagem é uma das maiores barreiras à comunicação entre povos de diferentes culturas. Estima-se que existam hoje cerca de 5 000 línguas e dialetos em uso no mundo, das quais cerca de 100 são consideradas de maior importância. Em muitos casos, a comunicação entre elas fica difícil ou quase impossível. Para superar essa barreira de linguagem, algumas áreas de atividades humanas desenvolveram símbolos universais, como ocorre na música, matemática e muitas outras áreas da ciência.

Vantagens dos símbolos

A principal vantagem dos símbolos decorre da proximidade maior com o objeto real que representam. Por exemplo, para indicar um homem, o desenho da figura humana apresenta maior proximidade que a palavra "homem". No caso de onomatopéias (tique-taque, reco-reco, chiado, mugido, tibum!) a linguagem está muito próxima do seu significado. Mas isso não é o caso da maioria das palavras, que apresentam maior grau de abstração.

Vários estudos comparativos demonstraram a superioridade dos símbolos sobre as instruções verbais. Essa superioridade se traduz em maior facilidade de compreensão e maior rapidez das respostas. Contudo, não se observaram diferenças significativas no número total de respostas corretas.

Entretanto, nem todos os símbolos apresentam um significado claro aos usuários. Existem diversos fatores que podem provocar divergências na interpretação dos símbolos. Entre estes aparecem os diferentes repertórios profissionais, nível de instrução, cultura, religião e outros.

Os símbolos podem ser desenhados com vários graus de abstração. Quanto maior for a distância semântica entre a figura e aquilo que é representado, maior será a dificuldade de reconhecimento. Veja-se, por exemplo, os diversos tipos de indicações de banheiros masculinos e femininos em locais públicos. A identificação imediata seria com as figuras de um homem e uma mulher ou palavras "homem" e "mulher".

À medida que se afasta dessas figuras e palavras, a identificação vai se tornando mais difícil. Por exemplo, a figura masculina pode ser substituída por uma cartola e bengala (quem usa isso, atualmente?) e a feminina, por uma bolsa. As palavras homem e mulher podem ser substituídas pelas iniciais H e M. No caso, pode haver confusão, pois M pode ser entendido também como inicial de "masculino". Essas identificações tornam-se ainda mais difíceis quando os símbolos são apresentados separadamente, não permitindo o efeito comparativo.

Símbolos universais

Existem muitas propostas para a elaboração de símbolos universais para as comunicações homem-máquina. Dreyfuss (1972) fez uma pesquisa sobre uma coleção de 100 símbolos (Figura 10.10) que são internacionalmente usados, como aqueles em sinais de trânsito. Esses símbolos, principalmente aqueles usados em programas de computador são chamados também de **ícones**. Muitos desses ícones já são de uso universal.

A hipótese de se criar uma "linguagem" universal dos símbolos é particularmente atraente para fabricantes de equipamentos que exportam seus produtos para vários países do mundo. Existem muitas tentativas de padronizar alguns desses símbolos em nível mundial. Alguns órgãos como a ISO (*International Standards Organization*) procuram padronizá-los. Para isso, exige-se uma compreensão de pelo menos 66%, quando testados em 6 países diferentes. A Figura 10.11 apresenta alguns desses símbolos recomendados pela ISO.

Figura 10.10 Exemplos de símbolos básicos de uso internacional (Dreyfuss, 1972).

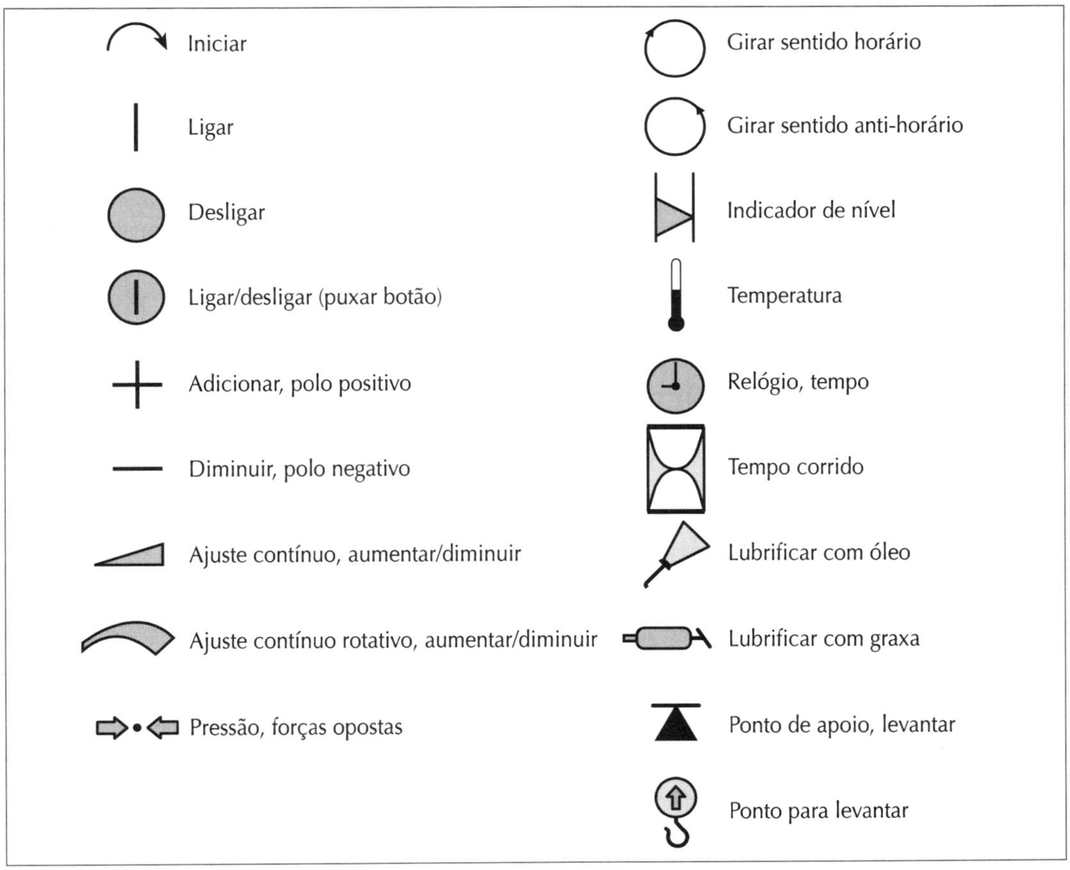

Figura 10.11 Exemplos de símbolos recomendados pela ISO

Diferenças culturais dos ícones

As figuras e cores podem ter significados diferentes em cada cultura. Na produção de ícones, deve-se ter o cuidado sobre os significados que ser-lhe-ão atribuídos em diferentes culturas. Em alguns casos, chegam a ter significados opostos.

Por exemplo, a serpente nas culturas cristã e hebreu, tem a conotação de diabo, tentação e pecado. Na cultura egípcia, sabedoria, poder e conhecimento. Na africana, realeza e imortalidade. O urso, na cultura cristã, significa demônio, crueldade e ganância. Na japonesa, benevolência, sabedoria e força.

Coe (1996) chama a atenção sobre dois tipos de figuras que podem ter muitas conotações culturais diferentes. Uma delas é a figura feminina. Ainda existem muitos tabus relacionados com o papel da mulher na sociedade. A outra são os gestos feitos com as mãos. O gesto de "*ok*", usado pelos norte-americanos, para indicar que "está tudo bem", pode ser extremamente ofensivo aos povos latino-americanos. Para evitar esses problemas, pode-se produzir ícones estilizados, para que não se identifiquem diretamente com os tabus e crenças de diferentes culturas.

De forma semelhante, as cores também podem ter significados muito diferentes. A cor branca, na cultura cristã, simboliza pureza e inocência. Na chinesa, morte e luto. O preto, na cristã, simboliza luto, morte e desespero. Na chinesa, feminilidade, inverno e água. O verde simboliza esperança e imortalidade para os cristãos. Para os hindus, a morte. A vermelha, na civilização ocidental, está associada com "pare", agressão e vergonha. Na chinesa, alegria. A amarela, na ocidental, significa perigo, covardia. Na chinesa, honra, realeza. Na árabe, alegria, prosperidade.

A aplicação das cores e símbolos deve ser estudado principalmente nos produtos para exportação. Uma aplicação errada dos mesmos pode inviabilizar comercialmente esses produtos, devido às diversas conotações que provocam. Por exemplo, os chineses exportam grande quantidade de árvores de Natal de plástico para os EUA. Eles estranham a preferência dos norte-americanos pelas árvores brancas, pois seria uma combinação de luto com uma data festiva (ver Tabela 15.3).

Desenvolvimento de ícones

Freqüentemente, os ícones são elaborados por projetistas da própria empresa, a partir de algumas suposições e experiências pessoais. Mas nem sempre os resultados são satisfatórios. Howard *et al.* (1991) desenvolveram uma técnica de consulta aos usuários, abrangendo duas etapas: pesquisa de imagens e teste de validação.

Pesquisa de imagens — Para a pesquisa de imagens seleciona-se um conjunto de palavras-chaves que representam os comandos que se quer introduzir no sistema. Essas palavras são impressas no alto de folhas em branco (tamanho A-4). Coloca-se uma palavra em cada folha. Essas folhas são distribuídas a um grupo de pessoas, que devem desenhar uma imagem para representar a palavra impressa.

De preferência, esse grupo deve ser representativo dos futuros usuários do sistema. As imagens assim obtidas visam identificar os estereótipos populares associados a cada tipo de comando. A partir dessas imagens, são elaborados os símbolos. Essa tarefa não é trivial porque costuma haver uma grande variedade de imagens. Em muitos casos é possível construir diversos ícones para representar o mesmo tipo de função, para serem submetidos ao teste de validação posterior.

Teste de validação — No teste de validação, os símbolos ou ícones gerados na fase anterior são submetidos à avaliação por um número maior de pessoas. As várias alternativas para representar uma determinada função são, assim, submetidas à votação.

A Figura 10.12 apresenta um exemplo de 16 tipos de comandos usados em uma copiadora de grande porte. Neste caso, os símbolos gerados pela pesquisa das imagens foi comparada com aqueles já existentes, que foram desenhados pelos projetistas da empresa. Em 9 casos, os símbolos gerados tiveram preferência maior, enquanto os símbolos existentes foram considerados melhores em 7 casos.

Essa validação pode ser estendida também a diferentes regiões e culturas. Por exemplo, a figura da mão espalmada (espere) encontrou dois problemas na França: os policiais a interpretaram como "pare" e os motoristas de táxi consideraram-na ofensiva.

10.4 Principais tipos de mostradores

Existem diversos tipos de mostradores e cada um tem características próprias que os recomendam para um determinado uso. O uso de mostradores inadequados pode prejudicar o desempenho do sistema homem-máquina, aumentando o tempo de reação e os erros. Podem também aumentar os custos de instalação e de manutenção.

Os mostradores se classificam basicamente em quantitativos e qualitativos e ambos podem ser estáticos ou dinâmicos, conforme forneçam leituras fixas ou variáveis.

Mostradores quantitativos

O mostrador quantitativo é usado quando a informação a ser fornecida é de natureza quantitativa, ligada a alguma variável como volume, pressão, peso, comprimento, temperatura, valor e assim por diante (Figura 10.13). Aqui existem dois grandes subgrupos: os analógicos e os digitais. Os mostradores analógicos apresentam um ponteiro ou uma escala móvel, que seguem uma evolução análoga ao estado da máquina, como o velocímetro de um carro, assim como um barômetro (pressão) ou dinamômetro (força).

Existe também o mostrador que faz o registro contínuo da variável em uma fita de papel. Esse tipo é muito usado em instrumentos médicos como eletrocardiogramas e eletromiogramas. Servem também para acompanhar a evolução de uma variável durante um longo tempo, como no caso dos sismógrafos e tacógrafos.

O mostrador **digital** é o que apresenta a situação da variável em números. Esse tipo de mostrador tem-se difundido bastante com a evolução da eletrônica e o advento dos relógios digitais e calculadoras eletrônicas. Muitos instrumentos de medida analógicos estão sendo substituídos por digitais, devido à sua maior facilidade, rapidez e precisão nas leituras. Assim, existem balanças digitais, paquímetros digitais, termômetros digitais e outros.

Funções	Símbolos existentes	Símbolos criados
Escurecer	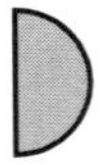 4,5	 94,0
Clarear	 1,5	 98,5
Fechar porta	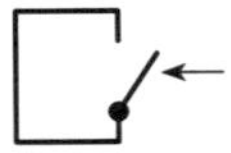 55,2	 44,8
Colocar papel	 46,3	 53,7
Colocar toner	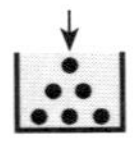 29,9	 70,1
Reduzir	 17,9	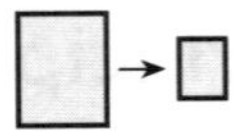 82,1
Ampliar	 22,4	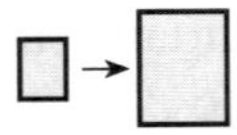 77,6
Chamar manutenção	 53,7	 46,3
Original só frente Cópia só frente	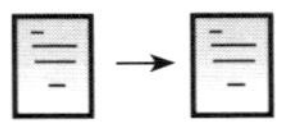 73,1	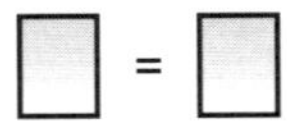 26,9
Dois originais só frente, cópia Frente-verso	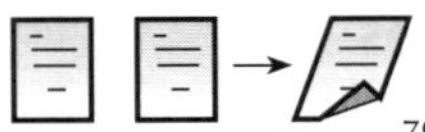 79,1	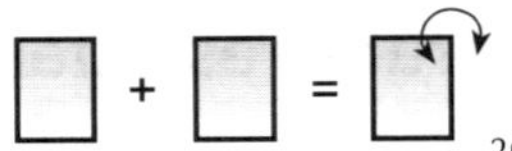 20,9
Original frente-verso, cópia, frente-verso	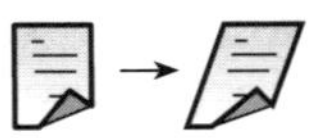 76,1	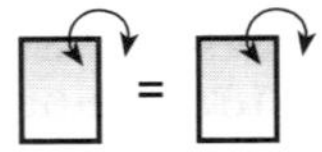 23,9
Original frente-verso duas cópias só frente	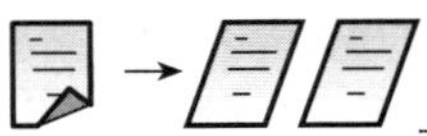 73,1	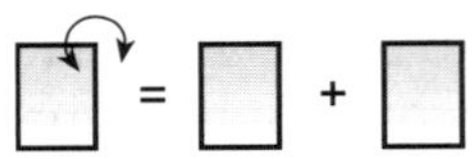 26,9
Papel entupido	 68,7	 31,3
Separar	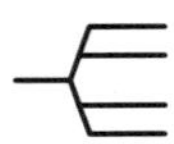 6,0	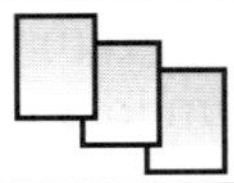 94,0
Espere	 25,4	 74,6
Pronto	 17,9	 82,1

Figura 10.12 Preferências entre os símbolos existentes para operar uma copiadora de grande porte, em comparação com símbolos criados pelos usuários. (Howard et al., 1991).

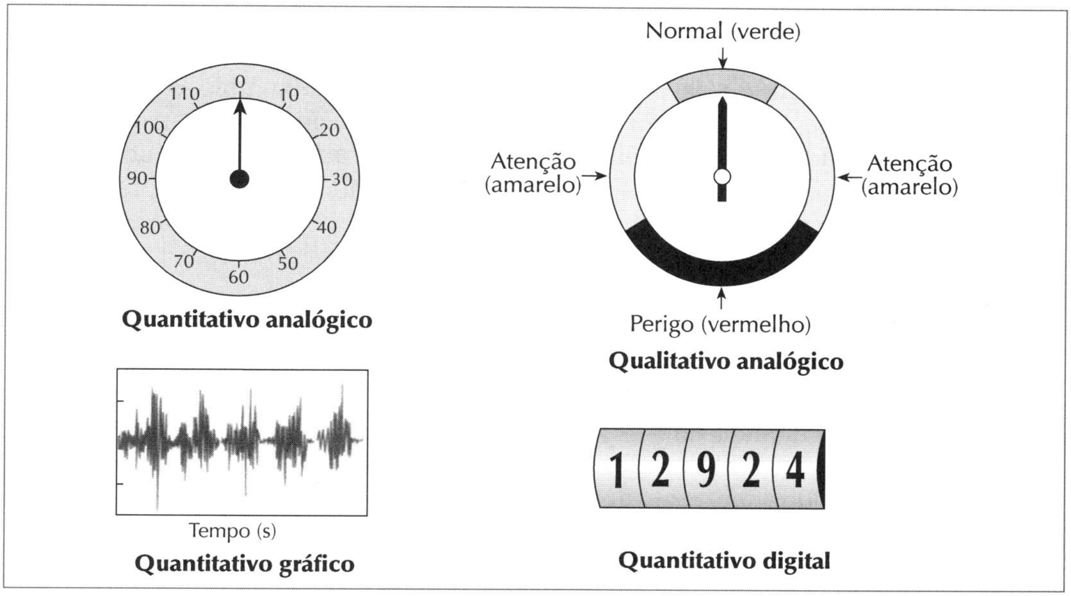

Figura 10.13 Principais tipos de mostradores.

Além desses tipos dinâmicos, existem também mostradores quantitativos estáticos como a indicação da altitude de uma localidade e a quilometragem de uma estrada.

Leituras analógicas e digitais

Experiências realizadas em laboratório, em condições controladas (Nason e Bennett, 1973) demonstraram que os contadores digitais são superiores aos diais (analógicos) para leituras quantitativas, tanto no tempo de leitura como na precisão das leituras. Os tempos de leitura nos contadores digitais permaneceram quase constantes, a 0,5 segundos, para números de 2 a 4 algarismos.

Enquanto isso, para os diais, variaram de 1,0 s até 3 s, para 2 a 4 algarismos, respectivamente. Esses resultados podem ser explicados, porque, na leitura no contador, basta uma fixação visual. O processo é mais complexo no dial. Primeiro, é necessário, localizar o ponteiro e, depois, escolher a porção da escala a ser lida, fazer a leitura das graduações mais próximas do ponteiro e, finalmente, interpolar o valor para a posição indicada pelo ponteiro.

Observou-se, também, que as leituras dos contadores sofrem menos influência das diferenças individuais, e que o tempo de treinamento pode ser reduzido, enquanto a leitura em diais exige treinamento anterior de 250 a 2500 leituras, antes do sujeito adquirir habilidade na leitura. As pessoas sem treinamento têm dificuldade quando se exigem interpolações na escala (estimar o valor entre duas marcações sucessivas da escala). Muitas delas executam mal essa ação e alguns simplesmente marcam 0,5 para qualquer ponto intermediário da escala.

Contudo, o contador digital não poderá ser utilizado na situação em que os números se sucedem com rapidez maior que 1 s de tempo de exposição, pois, do contrário, não será legível.

Em outros casos, constatou-se que os diais analógicos também têm uma função qualitativa muito importante, que os mostradores digitais não fornecem. Eles permitem acompanhar a **tendência** de evolução da variável. Por exemplo, o odômetro de um carro raramente é usado para a leitura exata da velocidade do carro, mas para verificar determinadas faixas de velocidade e também os aumentos e reduções de velocidades. Portanto, nesse caso, a substituição do mostrador analógico por um digital não seria vantajosa.

Mostradores qualitativos

Os mostradores qualitativos apresentam indicações sobre valores aproximados de uma variável, sobre a sua tendência, variação de direção ou desvio em relação a um determinado valor, quando não se necessita conhecer o valor exato da variável. É usado em controle de processos, onde as variáveis como pressão, temperatura e fluxo devem ser mantidos dentro de uma determinada faixa de operação, como é o caso do indicador de temperatura do motor do carro.

Mostradores pictóricos

Os mostradores pictóricos constituem-se em um grupo particular de mostradores qualitativos. Há uma grande variedade de mostradores pictóricos, tanto dinâmicos como estáticos. Os dinâmicos são representados, principalmente, pelos tubos de raios catódicos (TRC), presentes em monitores, TV, aparelhos de radar e outros. Há muitos problemas associados aos TRCs como o tamanho e brilho do objeto, contraste com o fundo, e os diversos tipos de ruídos (distorções) que o mesmo provoca. Contudo, o seu estudo mais detalhado não será feito aqui.

Quanto aos mostradores **estáticos**, são representados principalmente por cartazes e gráficos (Figura 10.14). Pesquisa realizada sobre a legibilidade de gráficos de linha, barras verticais e barras horizontais, demonstrou superioridade do primeiro, tanto no tempo médio de leitura, como no número de erros, ficando o de barras verticais em segundo, e os de barras horizontais em terceiro lugar. Os gráficos de linhas múltiplas, quando apresentados separadamente são superiores aos que apresentam várias linhas simultaneamente. O tempo de leitura para esse último tipo foi 47% maior em relação aos gráficos apresentados separadamente.

Legibilidade em escalas qualitativas

As escalas qualitativas são usadas principalmente em leituras de verificação, onde não é necessário conhecer o valor exato de uma variável, mas apenas checar se ela permanece dentro de uma faixa de operação ou de segurança. Sempre que for possível, deve ser usado código de cores nesses mostradores. Essas cores servem para separar as diversas faixas de operação e contribuem para reduzir a carga mental do operador. Deve-se tomar cuidado com os estereótipos associados a certas cores. Exemplos:

- Verde: indica andamento normal do processo

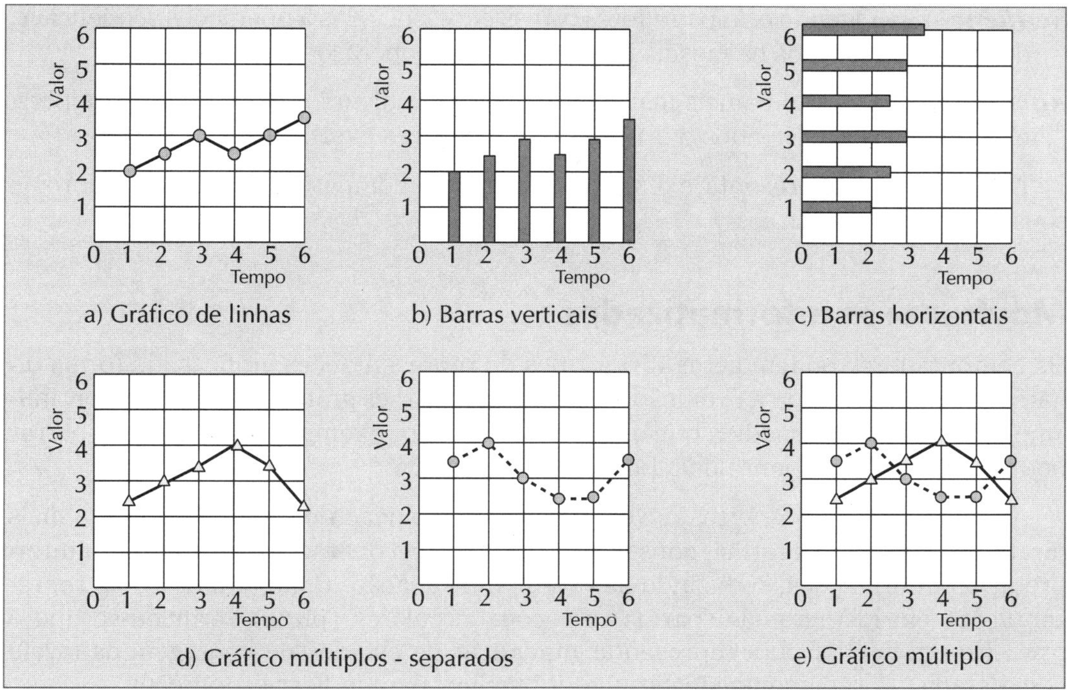

Figura 10.14 Exemplos de diferentes tipos de representação na elaboração de gráficos (McCormick, 1970).

- Amarelo: indica atenção – o processo saiu do normal e poderá exigir uma ação corretiva
- Vermelho: indica perigo – o processo está fora do normal e exige uma ação corretiva.

Para que sejam facilmente discrimináveis, devem-se usar de 3 a 4 cores, no máximo. Para cores de mostradores, deve-se tomar cuidado com a iluminação do ambiente, que pode provocar distorções. Na cabina de controle de aeronaves, por exemplo, onde é mantida luz vermelha no ambiente para permitir adaptação à visão periférica, o código de cores é substituído por figuras geométricas na escala. (Mc Cormick, 1970).

Localização de mostradores

A localização dos mostradores tem uma grande importância para facilitar a sua visualização. Quando há diversos mostradores em um painel, estes devem ser agrupados de modo que facilite a percepção do operador, aplicando-se as regras do *Gestalt*. Na medida do possível, o próprio arranjo espacial dos mesmos deve sugerir uma associação com as variáveis que estão sendo controladas, de acordo com os seguintes critérios gerais:

Importância — Os mostradores mais importantes, e que devem ser continuamente observados, devem ficar bem à frente do operador, no cone de visão ótima (Figura 10.1).

Associação — No caso de mostradores associados a controles, ambos devem ser colocados na mesma ordem ou mesmo tipo de arranjo espacial.

Seqüência — Quando os mostradores estiverem associados a operações seqüenciais, devem ser colocados na mesma seqüência dessas operações.

Agrupamento — Em painéis mais complexos, com diversos tipos de mostradores, eles podem ser agrupados por tipos ou funções que exercem.

A Figura 10.15 apresenta exemplos de arranjos compatíveis dos mostradores e seus respectivos controles.

Mostradores informatizados

Os computadores podem gerar vários tipos de representações gráficas, de forma dinâmica, acompanhando a evolução de um sistema. Esses gráficos podem ser continuamente atualizados à medida que o sistema evolui. Por exemplo, um gráfico de barras pode indicar até que ponto uma tarefa já foi realizada.

As representações gráficas devem mostrar a evolução do sistema de forma mais direta possível. Dessa forma, consegue-se diminuir as operações mentais para interpretar as informações, reduzindo-se o tempo de reação. Comparando-se as representações em histogramas (barras) e seções circulares (pizza) verificou-se que o primeiro era melhor para representar mudanças de estado (percentagem da tarefa completada). A representação circular era melhor para indicar proporções.

As cores podem ser usadas como um elemento adicional para organizar as informações e facilitar a visualização. São feitas as seguintes recomendações para o uso de cores em telas:

- Usar cores similares para significados similares;
- Usar uma cor de fundo para agrupar elementos relacionados entre si;
- Nem todas as cores são igualmente legíveis;

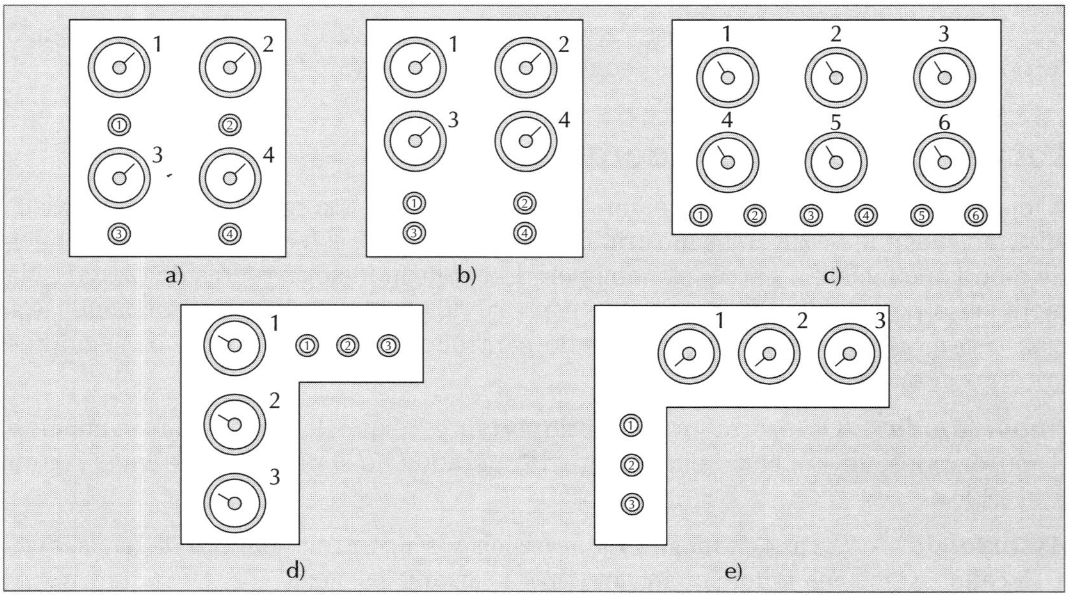

Figura 10.15 Exemplos de arranjos compatíveis entre mostradores com os seus respectivos controles (Kroemer *et al.*, 1994).

- Usar brilho e saturação para destacar elementos e atrair a atenção;
- Evitar o vermelho e verde para contornar grandes áreas claras; e
- Evitar o azul puro para texto, linhas finas e figuras pequenas.

Deve-se lembrar que os meios de reprodução (copiadoras) e projetores provocam ruídos, alterando as cores. Deve-se considerar também que a iluminação ambiental pode influir na percepção de cores. Isso acontece, por exemplo, quando são feitas projeções. As cores projetadas perdem definição, em relação às da tela do computador.

Uma limitação da tela do computador é a dificuldade de visualizar o **conjunto**, quando se trabalha nos detalhes de gráficos ou redes maiores. Processadores de texto modernos podem mostrar uma miniatura do *layout* em um canto da tela, mostrando como ficará a página impressa.

No caso de rede complexa com muitos nós, uma **miniatura** dessa rede pode aparecer em um canto, para orientar na navegação. Em cada tela aparece apenas uma parte dessa rede, mas a miniatura mostra sua posição na rede total, do tipo "você está aqui".

Para se facilitar a navegação, as decisões podem ser hierarquizadas. É análoga à procura de um produto em um *Shopping Center*. Primeiro escolhe-se o *Shopping*, depois a loja e, então, a seção dentro da loja. A busca pode prosseguir passando-se para um outro *Shopping* e assim sucessivamente.

No sistema de *hipertexto* não existe esse tipo de hierarquia. As informações são conectadas por nós e pode-se passar de um nó para qualquer outro, sem seguir uma seqüência rígida. A desvantagem é que o usuário pode ficar desorientado e não conseguir atingir o seu objetivo. Os usuários experientes possuem um mapa mental para navegação. Entretanto, descobriu-se que os mapas do tipo "você está aqui" não é muito útil para os novatos. Há problema em associar o mapa ao sistema e, depois, para conservar as indicações na memória de curta duração.

Buscas na tela

Quase todos os programas de computador apresentam *menus* de opções. Freqüentemente surge dúvida sobre a forma de organizar esse menu para facilitar a busca.

Durante a busca, a operação mais importante é encontrar a **palavra ou frase** que represente a ação pretendida. Geralmente, uma pessoa experiente sabe qual é a palavra ou frase que lhe serve e qual é a posição que ela ocupa na tela. Entretanto, durante a aprendizagem, o arranjo do menu influencia no tempo de busca e no número de erros cometidos.

Pesquisas experimentais descobriram que os usuários apresentam dois tipos de comportamento durante a busca (Cañas e Waerns, 2001). Em primeiro lugar, há uma busca rápida, quando se aceita ou recusa os itens que têm altas ou baixas probabilidades de acerto.

Se essa busca fracassar, há uma segunda busca, mais detalhada e mais lenta. O tempo dessa busca é proporcional ao número de opções oferecidas no menu. Esse procedimento estaria relacionado com as informações previamente memorizadas. Em primeiro lugar, há uma decisão rápida, se a informação apresentada for familiar ou estranha. Em segundo lugar, quando não existe esse grau de certeza, ocorre um processo mais lento, quando se busca, na memória, a existência ou não dessa informação.

A busca começa com a formulação mental da palavra ou frase que representa a ação pretendida. A primeira dificuldade está justamente nesse ponto. O usuário não encontra, no menu, aquela palavra ou frase que tinha imaginado. Em um experimento de laboratório pediu-se a um grupo de pessoas que emitissem palavras para designar certas ações e conceitos (não-objetos).

Descobriu-se uma **coincidência** máxima de 18% das palavras para designar as mesmas coisas. Portanto, a probabilidade do usuário encontrar, no menu, exatamente aquela palavra ou frase que tinha imaginado, é muito baixa, situando-se em torno de 20%. Assim, ele passa a explorar as opções apresentadas no menu e que tenham equivalência semântica com aquele que tinha imaginado.

O programador deve organizar as informações de modo a facilitar essa busca. Além disso, deve considerar também que há alta probabilidade de escolha de uma opção errada. Quando isso ocorrer, é preciso prever mecanismos de correção ou retorno ao estado anterior.

10.5 Alarmes

Alarmes são informações que servem para chamar a atenção, indicando uma situação crítica ou perigosa. Eles podem ser direcionados para uma pessoa específica (consumidor do produto) ou à população em geral (sinais de trânsito). No caso dos produtos, devem informar sobre os cuidados para não danifica-lo ou fazer uso incorreto dos mesmos, bem como sobre os riscos potenciais contidos nos produtos.

Para os alarmes serem efetivos, é necessário que sejam perceptíveis. Além disso, devem ser "convincentes" para que o receptor realize a ação esperada. Deve-se evitar os falsos alarmes, pois isso pode levar ao descrédito do sistema. Quando houver um perigo real, as pessoas podem achá-lo irrelevante, devido a esses falsos alarmes ocorridos no passado.

Processamento humano de informações

Wogalter (2002) elaborou um modelo de recepção e processamento humano de informações. Esse modelo inclui 7 etapas, desde a fonte da informação, o canal utilizado para transmissão e as características do receptor, até chegar ao comportamento desejado (Figura 10.16).

Uma das etapas representa o "filtro", constituído de atitudes, crenças e valores do receptor. Esse filtro avalia a credibilidade da mensagem recebida e se vale a pena seguir as suas recomendações. A compreensão e motivação são influenciadas pelas experiências passadas do receptor. Assim, ao longo dessa cadeia, uma informação

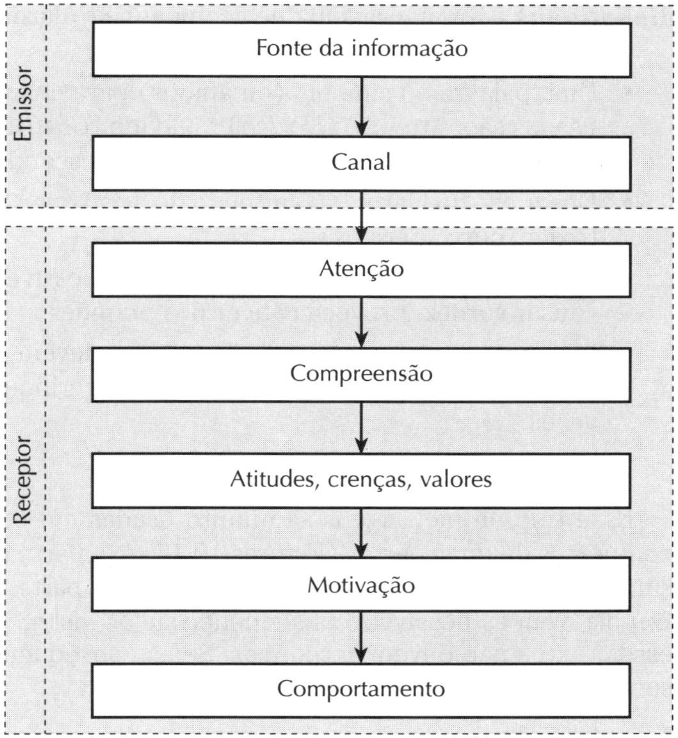

Figura 10.16 Modelo de recepção e processamento humano de informações (Wogalter, 2002).

pode levar a diferentes comportamentos, dependendo das características e experiências anteriores do receptor.

Por exemplo, um aviso de perigo na estrada (curva perigosa, pista escorregadia) pode ser acatado por uns e desprezado por outros. Alguns trabalhadores podem seguir a recomendação para o uso de equipamentos de proteção individual, enquanto outros, não. Portanto, os alarmes devem ser perceptíveis, destacando-se sobre os ruídos ambientais. Além disso, devem ter credibilidade, a fim de induzir o seu receptor a algum tipo de ação.

Visibilidade dos alarmes visuais

O primeiro requisito do alarme é que ele consiga atrair a atenção, na etapa de pré-atenção, sendo retido na memória de curta duração durante 3 a 6 segundos. Se a informação for considerada relevante, poderá levar à ação subseqüente.

No caso de alarmes visuais, a visibilidade poderá ser aumentada, usando-se letras de traços largos, alto contraste, cores salientes, bordas, símbolos chamativos e efeitos especiais, como luzes piscando. A cor vermelha é a que se associa melhor ao perigo. Depois vem, em ordem decrescente, laranja e amarelo.

A visibilidade pode ser melhorada com a colocação de um símbolo para chamar a atenção. Esse símbolo deve ter traços simples, com significado concreto (evitar conceitos abstratos). O símbolo deve ser destinado também àquelas pessoas que não conseguem ler (crianças e analfabetos) e pessoas de outras línguas, que não entendem o texto.

Mensagens — A mensagem que acompanha o alarme deve ter quatro componentes (Wagalter, 2002):

- Uma palavra ou símbolo (ou ambos) para chamar a atenção. As palavras mais usadas são: Atenção (*Notice*), Cuidado (*Caution*), Alerta (*Warning*) e Perigo (*Danger*), com a noção de gravidade crescendo nessa ordem.
- Descrição do alarme – Conteúdo do aviso que se pretende dar, do tipo: produto tóxico, curva perigosa.
- Explicação sobre as razões do alarme e possíveis conseqüências, do tipo: pode causar surdez, provoca câncer dos pulmões.
- Instruções preventivas – As instruções devem descrever as ações que levem a um comportamento seguro. Exemplos: verifique os freios, use máscara contra gases.

Esse tipo de mensagens são muito usadas em etiquetas de alarme, geralmente compostas de duas partes (Figuras 10.17). Na parte superior, há uma palavra ou um símbolo (ou ambos) para atrair a atenção. Na parte inferior, a descrição do alarme. Depois, vem as possíveis conseqüências e as instruções de como evitá-lo. Contudo, esses textos não devem ser longos. Se as conseqüências forem bem evidentes, não será necessário explicitá-los.

Localização — Os sinais de alarme devem localizar-se em posição bem visível, o mais próximo possível da fonte de perigo. Se for possível, devem ser colocados nas próprias máquinas e equipamentos que representam perigo. No caso de bulas ou prospectos contendo um grande número de informações, verificou-se que os alarmes são melhor lembrados quando aparecem logo no início. Em segundo lugar, na parte final. Aqueles que ocupam posições intermediárias são mais facilmente esquecidos.

Figura 10.17 Exemplos de alarmes visuais (Wogalter, 2002).

Alarmes sonoros

O alarme sonoro tem a vantagem de propagar-se em todas as direções. Aqueles de natureza não-verbal (buzina, sirene), podem ser usados em casos de emergência. Em geral, eliciam respostas mais rápidas que os alarmes visuais. Eles podem diferenciar-se pelas características sonoras (freqüências, intensidades) e pelo ritmo. Para advertir motoristas que trafegam na contra-mão, as freqüências mais audíveis situam-se entre 750 a 1 000 Hz, com pulsações de 6 Hz e intensidade 10 dB acima do ruído ambiental, de modo a evitar o mascaramento (confusão com outros ruídos ambientais).

O alarme multi-canal (sonoro e visual) leva a um desempenho superior do que aqueles em que esses estímulos são apresentados isoladamente. Quando a mesma informação chegar à memória por dois ou mais canais sensoriais, há uma melhor percepção sobre a prioridade do alarme.

Se o volume de informações for muito grande, o alarme sonoro pode remeter ao exame de um documento visual, contendo os detalhes necessários.

Conceitos introduzidos no capítulo 10

estímulo-resposta
Gestalt
texto estruturado
símbolos
ícones
mostradores quantitativos
mostradores qualitativos
mostradores pictóricos
mostradores informatizados
alarmes

Questões do capítulo 10

1. Como se pode reduzir o tempo estímulo-resposta?
2. Que entende por hierarquia entre as tarefas visuais?
3. Qual é a importância das regras do *Gestalt* para organizar as informações?
4. Como se pode melhorar a legibilidade e o conforto da palavra escrita?
5. Como se devem desenvolver os ícones?
6. Compare os desempenhos dos mostradores analógicos e digitais.
7. Explique o modelo de recepção e processamento humano de informações.

Exercício

Escolha algum mostrador que você conhece. Classifique-o por tipo e analise a sua legibilidade. Apresente sugestões para a melhoria do mesmo.

11. Ergonomia do produto

Até recentemente, o projeto e desenvolvimento de produtos era concentrado principalmente nos aspectos técnicos e funcionais. Os aspectos ergonômicos e de *design* eram pouco considerados. Entretanto, nas últimas décadas esse panorama transformou-se.

Grandes empresas como os produtores de aparelhos eletrônicos, eletrodomésticos e automóveis estão investindo cada vez mais em ergonomia e *design*. Hoje, esses fatores transformaram-se em importantes vantagens competitivas em todo o mundo.

Do ponto de vista ergonômico, os produtos são considerados como meios para que o homem possa executar determinadas funções. Esses produtos, então, passam a fazer parte de sistemas homem-máquina-ambiente. O objetivo da ergonomia é estudar esses sistemas, para que as máquinas e ambientes possam funcionar harmoniosamente com o homem, de modo que o desempenho dos mesmos seja adequado.

As informações necessárias para o projeto ergonômico de produtos já foram apresentados em diversos capítulos anteriores, especialmente naqueles 8 e 10. Aqui, além de reunir essas informações em torno dos produtos, serão apresentados critérios para avaliá-los, ou seja, para saber até que ponto esses produtos são realmente ergonômicos.

11.1 Adaptação ergonômica de produtos

A adaptação ergonômica de produtos tem uma longa história. Os homens sempre procuraram adaptar a natureza às suas necessidades, modificando-a e criando meios artificiais, quando ela não lhe fosse conveniente. O homem pré-histórico, fabricava armas de pedra lascada (Figura 11.1), há dois milhões de anos, adaptando-as à anatomia de suas mãos (Napier, 1983).

Esse produto primitivo foi aperfeiçoado 500 mil anos depois, para transformar-se em machadinha. O cabo adicionado tinha forma lisa e arredondada, ajustando-se confortavelmente à mão. Os povos primitivos que fabricavam arcos, flechas e tacapes, de alguma forma; já usavam as medidas antropométricas, provavelmente, testando-os no seu próprio corpo.

Como já vimos no Capítulo 1, a ergonomia evoluiu durante a segunda metade do século XX, passando a abordar problemas cada vez mais amplos, de forma integrada e interdisciplinar. No início, ela estudava apenas uma parte do produto, depois passou a estudar os produtos inteiros, de forma mais integrada, nos sistemas homem-máquina e, hoje, estuda esse produto como componente de sistemas maiores e mais complexos. Essa evolução pode ser divida em 3 fases.

Fase1. Ergonomia dos knobs e mostradores

Antes e durante a II Guerra Mundial, e até a década de 1950, os precursores da ergonomia estavam preocupados em melhorar o relacionamento entre o homem e a máquina, tornando os mostradores mais visíveis e os *knobs* mais fáceis de operar. Além disso, como conseqüência de desenvolvimentos da área da fisiologia do trabalho, preocupavam-se em reduzir a carga física do trabalho e os fatores de sobrecarga fisiológica, como temperatura ambiental e ruídos.

A bem dizer, aqueles especialistas ainda não faziam parte da equipe de projeto do produto. Eles atuavam como consultores para solucionar problemas **específicos**, apenas quando eram chamados. Isso acontecia quando os projetistas das máquinas desconfiavam que estava havendo alguma dificuldade de operação, ou quando ocorria algum fato emergencial, provocando altos índices de erros e acidentes. De certa

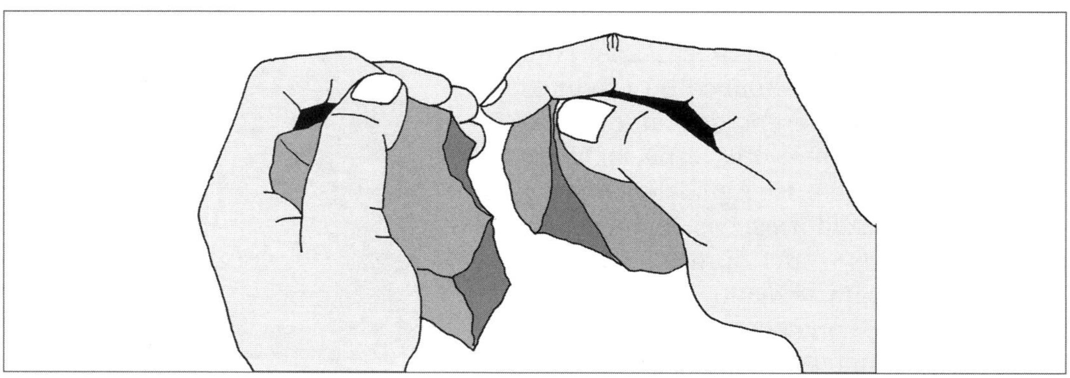

Figura 11.1 Processo de fabricação pré-histórica de arma de sílex lascado (Napier, 1983).

forma, eles eram até ridicularizados como sendo os especialistas de *knobs* e mostradores, pois a atuação deles não passava dessa contribuição ocasional e superficial no desenvolvimento de produtos.

Fase 2. Ergonomia de sistemas

A fase 2, que ocorre principalmente durante as décadas de 1950 e 60, é caracterizada por um alargamento da visão da ergonomia. Diversos aspectos de projeto, que eram resolvidos apenas tecnicamente, foram identificados como fontes de problemas ergonômicos, e que, portanto, deveriam merecer análises mais cuidadosas.

Ao mesmo tempo, os especialistas em ergonomia sentiram deficiência de conhecimentos sobre o desenvolvimento de sistemas complexos de trabalho. Como conseqüência, surgiram diversas teorias e modelos sobre o conceito de sistema e metodologias de desenvolvimento dos produtos. Assim, as variáveis relativas ao desempenho humano, foram gradativamente incluídos em um contexto **mais amplo** de análise, vinculando-as com a função do sistema a ser desenvolvido.

Portanto, não se tratava mais de melhorar apenas os controles e mostradores, mas saber qual era a função do homem nesse sistema. Dessa forma, a ergonomia desenvolveu uma **metodologia** para atuar no desenvolvimento de sistemas, construindo o modelo de sistema homem-máquina. Apesar dessa evolução, esse sistema era visto quase sempre como uma unidade isolada de produção, como um posto de trabalho, nem sempre integrado ao sistema produtivo como um todo.

Fase 3. Integração ao sistema produtivo

Com o crescente reconhecimento da importância da ergonomia nas empresas, sobretudo a partir da década de 1970, ela passou, cada vez mais, a figurar formalmente no organograma das empresas. Assim, aquilo que era um trabalho ocasional ou esporádico, passou a ser uma atividade permanente dentro dessas empresas.

Os especialistas em ergonomia passaram a trabalhar em equipe, **integrando-se** com os demais especialistas, participando da concepção de novos sistemas, desde a fase inicial desses trabalhos. A grande difusão da informática, a partir da década de 1980, introduzindo postos de trabalho informatizados em todos os setores de atividades humanas, trouxe novos desafios à ergonomia.

A contribuição da ergonomia, assim, deixou de ser superficial, passando a influir na própria especificação dos sistemas e na definição de sua configuração geral. E o termo sistema, aqui, passou a ter uma acepção mais ampla, podendo abranger a ação coordenada de centenas e até de milhares de trabalhadores e máquinas, formando verdadeiros macro-sistemas. Esse novo tipo de abordagem é conhecido também como **macroergonomia**. Ela passou a integrar a ergonomia no contexto do projeto e gerência de organizações, conhecidas hoje pela sigla, em inglês, ODAM - *Organizational Design and Management,* conforme já foi apresentado na página 18.

Características desejáveis dos produtos

Do ponto de vista ergonômico, todos os produtos, sejam eles grandes ou pequenos, simples ou complexos, destinam-se a satisfazer a certas necessidades humanas e, dessa forma, direta ou indiretamente, entram em contato com o homem. Então, para que esses produtos funcionem bem em suas interações com os seus usuários ou consumidores, devem ter as seguintes características básicas:

Qualidade técnica — É a parte que faz funcionar o produto, do ponto de vista mecânico, elétrico, eletrônico ou químico, transformando uma forma de energia em outra, ou realizando operações como dobra, corte, solda e outras. Dentro da qualidade técnica deve-se considerar a eficiência com que o produto executa a função, o rendimento na conversão de energia, a ausência de ruídos e vibrações, a facilidade de limpeza e manutenção e assim por diante.

Qualidade ergonômica — A qualidade ergonômica do produto é a que garante uma boa interação do produto com o usuário. Inclui a facilidade de manuseio, adaptação antropométrica, fornecimento claro de informações, facilidades de "navegação", compatibilidades de movimentos e demais itens de conforto e segurança.

Qualidade estética — A qualidade estética é a que proporciona prazer ao consumidor. Envolve a combinação de formas, cores, materiais, texturas, acabamentos e movimentos, para que os produtos sejam considerados atraentes e desejáveis, aos olhos do consumidor.

Equilíbrio entre as qualidades

As três qualidades do produto são genéricas e estão presentes em praticamente todos eles. Em cada tipo de produto há, naturalmente, uma ou outra qualidade que pode **predominar** sobre as outras. Por exemplo, em um motor elétrico, provavelmente a qualidade técnica seja a mais importante. Já em um alicate ou qualquer outro tipo de ferramenta manual, os aspectos ergonômicos podem ser predominantes e há casos como em objetos de decoração, onde predomina a estética. Contudo, em todos eles, essas três características estão presentes. O que varia é a intensidade relativa de cada um deles.

Alguns fabricantes não conseguem estabelecer um equilíbrio adequado entre essas três qualidades. Muitas vezes, pressionados pelo mercado, eles preferem alterar os aspectos estéticos e ergonômicos dos produtos porque as qualidades técnicas não são tão visíveis ao consumidor e também são de mais difícil modificação. Entretanto, existem também muitos casos de produtos que são tecnicamente bem resolvidos, mas fica difícil dotá-los depois das qualidades ergonômicas e estéticas.

Portanto, deve haver uma grande interação entre essas três qualidades do produto e, sempre que possível, devem ser solucionadas de forma integrada, desde a fase inicial de concepção do produto ou sistema. Quando o projeto básico desse produto ou sistema já estiver definido, fica mais difícil de "injetar" as soluções ergonômicas e estéticas *a posteriori*.

Às vezes, durante o desenvolvimento, pode ocorrer uma alternativa "tecnicamente perfeita". Mas, vista sob os ângulos da ergonomia e estética, pode ser problemática. Talvez existam outras alternativas melhores para a ergonomia, mesmo com um pequeno sacrifício do desempenho técnico. Assim, o projeto de um produto envolve uma solução de compromisso. Nem todos os sub-sistemas podem ser ótimos. O que importa é o resultado global. Em empresas modernas e competitivas, esse resultado significa atender às necessidades e aos desejos dos consumidores e do mercado.

Bens de capital e bens de consumo

Existem diversas classificações de produtos. Por exemplo, podem ser classificadas pelo nível de tecnologia (tradicional, intermediária, avançada), pelo tipo de tração (manual, mecânica, elétrica) e assim por diante. Uma classificação bastante difundida de produtos é quanto ao usuário, em bens de capital e bens de consumo.

Bens de capital — Os bens de capital são usados por empresas em alguma atividade produtiva. Exemplos: máquinas e equipamentos como prensas, tornos e fresas. Geralmente são adquiridas por empresas, operadas por trabalhadores especialmente treinados e têm, em volta deles, várias pessoas que apóiam seu funcionamento como os ferramenteiros, analistas de trabalho e técnicos de manutenção. Eles dificilmente são usados de forma diferente daquela que foi programada pela empresa e prevista pelos seus fabricantes. A qualidade técnica é dominante em seu projeto e a sua renovação é ditada principalmente pelos avanços tecnológicos.

Bens de consumo — Os bens de consumo são usados por indivíduos, geralmente no âmbito doméstico. Exemplos: eletrodomésticos, móveis e brinquedos. O seu uso e manutenção não é tão regular quanto aos bens de capital. Muitas vezes são usados de forma errada, por pessoas que não foram treinadas para a sua operação e manutenção. Incluem-se entre seus usuários, crianças, pessoas idosas, os portadores de deficiências, que não tem força ou habilidade motora dos adultos normais. Portanto, esses bens estão sujeitos a um uso mais irregular, menos sistemático e, inclusive, a usos não-previstos pelo fabricante.

As principais diferenças entre os bens de capital e bens de consumo estão apresentadas na Tabela 11.1. Observa-se que, na prática, muitos produtos poderiam ser incluídos nas duas classes. Por exemplo, o mesmo tipo de mesa e computador podem ser usados em uma empresa, para atividades profissionais ou no lar, onde estudantes os usam como instrumento didático.

Contudo, essa classificação ajuda o projetista a definir as principais características do produto. Os produtos que se destinam ao uso, tanto profissional como doméstico, deveriam reunir as características dos bens de capital e bens de consumo.

TABELA 11.1
Principais diferenças entre os bens de capital e os bens de consumo

Fatores	Bens de capital	Bens de consumo
Objetivo	Definido pelo fabricante e pela empresa	Selecionado pelo usuário e pode variar
Comprador	Empresa, mediante critérios técnicos e econômicos.	Individual, podendo predominar critérios subjetivos.
Usuário	Pessoas habilitadas, com treinamento.	Genérico, sem treinamentos específicos.
Acompanhamento do uso	Supervisionado por pessoas especializadas	Não existe, especificamente.
Manutenção	Sistemática, programada e preventiva.	Corretiva, para corrigir as falhas.
Custo da falha	Alto, podendo causar uma catástrofe.	Disperso, difícil de quantificar.
Renovação	Periódica, determinada por avanços tecnológicos.	Freqüente, sujeito à moda e mudanças formais.

11.2 Projeto universal e usabilidade

O mundo está cada vez mais globalizado, com a rápida expansão dos meios de comunicação e de transportes. Isso aumenta a circulação mundial das mercadorias e produtos. Além disso, há uma incorporação cada vez maior de certas minorias ao mercado de consumo. Com isso, os horizontes dos projetistas foram ampliados.

Antes, os projetos eram realizados para determinados segmentos da população e regiões. Hoje, os projetistas devem pensar no mercado mundial e na ampla variação das características dos seus usuários. Esse tipo de preocupação levou à formulação dos princípios do projeto universal e dos critérios para melhorar a usabilidade dos produtos.

Observa-se que há muita semelhança entre os critérios do produto universal e aqueles da usabilidade. O que diferencia são as ênfases. O projeto universal está preocupado em fazê-lo acessível à maioria da população, enquanto a usabilidade, em facilitar o seu uso. Naturalmente produtos universais acabam tendo uma boa usabilidade e vice-versa.

Projeto universal

O projeto universal preocupa-se em dotar o produto ou ambiente com as características que facilitem o seu uso pela maioria das pessoas, incluindo certas minorias, como os canhotos, idosos e portadores de deficiências físicas (Jardim, 2002). Ele parte do princípio de que é mais barato desenvolver esse tipo de produto, desde o início, do que produzir aparatos especiais para as minorias. Isso é válido principalmente no caso da produção seriada em larga escala. Assim, o projeto deve permitir mudanças ou substituição de suas características para acomodar diferentes usuários e formas de utilização. Contudo, observa-se certa inadequação no uso do termo "universal" porque não existe projeto que possa ser utilizado irrestritamente por todos os usuários.

Princípios do projeto universal

O projeto universal adota certos princípios, que podem ser aplicados tanto na avaliação dos produtos existentes, como para orientar o desenvolvimentos de novos produtos e ambientes (Null, 1993). São os seguintes:

Uso equitativo — O produto deve ter dimensões, ajustes e acessórios que permitam atender ao maior número possível de usuários. Estes devem permitir, a todos os usuários, uso de forma idêntica, quando possível ou, senão, equivalente. Assim, não se deve segregar ou estigmatizar qualquer usuário menos capaz. A segurança, proteção e privacidade devem estar igualmente disponíveis a todos os usuários.

Flexibilidade no uso — O projeto deve acomodar uma ampla gama de habilidades e preferências individuais, de modo a: possibilitar o uso aos destros e canhotos; facilitar o uso preciso e exato a todos os usuários; possibilitar a escolha do modo de usar; e adaptar-se às forças e ritmos próprios de cada usuário.

Uso simples e intuitivo — O produto deve ser facilmente entendido, sem depender de conhecimentos especializados, problema de linguagem ou nível de atenção momentânea. Para simplificar o produto, deve-se: eliminar a complexidade desnecessária; ser consistente com os estereótipos, expectativas e intuição dos usuários; acomodar uma vasta gama de problemas de linguagem ou diferenças culturais; hierarquizar as informações de acordo com a sua importância; gerar informações de realimentação, o mais rápido possível, durante e após o uso.

Informação perceptível — As informações devem ser efetivamente comunicadas aos usuários, sem depender de habilidades especiais dos mesmos, mesmo sob condições ambientais adversas. Esse princípio apresenta as seguintes diretrizes: apresentar as informações essenciais com redundância (com uso de mais de um canal sensorial); melhorar a visibilidade (ou audibilidade) com contrastes e texturas que se destaquem do fundo; compatibilizar a natureza da informação com o meio utilizado na transmissão; e tornar as informações perceptíveis aos deficientes sensoriais.

Tolerância ao erro — O projeto deve minimizar os riscos e as conseqüências adversas das ações involuntárias ou acidentais. Para isso, deve-se: reduzir a sensibilidade exagerada dos controles; arranjar os controles de forma lógica; isolar ou proteger aqueles perigosos; desencorajar ações inseguras em tarefas que exijam habilidade e vigilância; providenciar advertências para erros e acionamentos involuntários; e permitir fácil retorno ao estado anterior.

Redução do gasto energético — O projeto deve evitar super-dimensionamentos desnecessários, que levem a maiores gastos energéticos. Sempre que possível, o corpo e os membros do usuário devem ser mantidos na posição neutra, livre de estresses. As contrações estáticas dos músculos devem ser evitadas. Esse princípio pode ser estendido para o dimensionamento de motores, máquinas e equipamentos. A potência além do necessário provoca desperdícios de energia.

Espaço apropriado — O dimensionamento das máquinas, equipamentos e espaços de trabalho deve ser apropriado para acesso, alcance e manipulação, independentemente do tamanho do usuário, sua postura ou mobilidade. Os dispositivos de informação e controles manuais devem ser acessíveis ao usuário sentado ou em pé, acomodando as variações das medidas das mãos. Os espaços físicos exagerados levam as pessoas idosas a movimentar-se em excesso para realizar as tarefas.

Outros requisitos como custos e facilidade de manutenção poderiam ser acrescidos a esses princípios. Por exemplo, na substituição de peças, devem-se usar processos como encaixes e fixação com parafusos, no lugar de solda ou rebite, que exigem equipamentos especiais.

Usabilidade

Usabilidade (neologismo traduzido do inglês *usability*) significa facilidade e comodidade no uso dos produtos, tanto no ambiente doméstico como no profissional. Os produtos devem ser "amigáveis", fáceis de entender, fáceis de operar e pouco sensíveis a erros. Por exemplo, quando sentamos em uma cadeira bem projetada, sentimos conforto e parece que somos bem recebidos. Em outros casos, há cadeira que nos "agridem" e parece que querem nos expulsar, devido a uma relação não-amigável com o objeto.

A usabilidade relaciona-se com o conforto, mas também com a eficiência dos produtos. Por exemplo, ao manipularmos um controle remoto de TV podemos sentir conforto na pega e os botões serem suaves ao toque. Contudo, pode acontecer que esses botões estejam muito próximos entre si, provocando acionamentos errados. Em outros casos, a distribuição das funções pode estar confusa, provocando freqüentes erros.

A quantidade de erros pode indicar ineficiência do controle. Pode-se melhorar as dimensões, distanciamento entre os botões e a distribuição espacial entre os mesmos para que esses erros sejam reduzidos. Para facilitar a identificação visual, pode-se usar um código cores, para que seja visível até em um ambiente de semi-escuridão.

A usabilidade não depende apenas das características do produto. Depende também do usuário, dos objetivos pretendidos e do ambiente em que o produto é usado. Portanto, a usabilidade depende da interação entre o produto, o usuário, a tarefa e o ambiente. Assim, o mesmo produto pode ser considerado adequado por uns e insatisfatório por outros. Ou, adequado em certas situações e inadequado em outras.

Princípios da usabilidade

De acordo com Jordan (1998), existem alguns princípios para melhorar a usabilidade dos produtos:

Evidência — A solução formal do produto deve indicar claramente a sua função e o modo de operação. Por exemplo, a porta de vidro de um edifício público deve ter uma clara indicação se ela deve ser empurrada ou puxada para abrir-se. Uma placa metálica, sem nenhuma pega, pode indicar que ela deve ser empurrada e, do outro lado, uma barra que pode ser agarrada, indica que ela deve ser puxada. Em computação, os desenhos de ícones que representam funções devem ter significados claros. A evidência reduz o tempo de aprendizagem e facilita a memorização, além de reduzir os erros de operação.

Consistência — As operações semelhantes devem ser realizadas de forma semelhante. Isso permite que o usuário faça uma transferência positiva da experiência anteriormente adquirida em outras tarefas semelhantes. Por exemplo, as pessoas estão acostumadas a abrir as portas da casa e do carro. Ao deparar-se com um novo produto que tenha uma porta, ele provavelmente tentará abri-lo da mesma forma. Coisa semelhante ocorre também com o uso de *menus* em computadores.

Capacidade — O usuário possui determinadas capacidades para cada função, que devem ser respeitadas. Essas capacidades não devem ser ultrapassadas. Para dirigir um automóvel, por exemplo, as duas mãos ficam ocupadas com o volante. Então, as outras funções, como aceleração, embreagem e freio, são transferidas para os pés. O mesmo ocorre em relação aos órgãos dos sentidos. Quando a visão estiver saturada, as informações adicionais podem ser transferidas para outros canais, como a audição e o tato. Essa capacidade relaciona-se também com a força, precisão, velocidade e alcances, exigidos em movimentos musculares.

Compatibilidade — O atendimento às expectativas do usuário melhora a compatibilidade. Essas expectativas dependem de fatores fisiológicos, culturais e experiências anteriores. Estão relacionadas também com os estereótipos populares. Por exemplo, o movimento de um controle rotacional para a direita está associado com o "abrir" ou "aumentar". Em muitas culturas, a cor vermelha está associada com perigo ou proibição, em oposição ao verde, que significa segurança ou liberação de um procedimento, como acontece com os sinais de trânsito.

Prevenção e correção dos erros — Os produtos devem impedir os procedimentos errados. Se estes ocorrerem, devem permitir uma correção fácil e rápida. Em um carro, a ignição do motor poderia estar condicionada à colocação prévia do cinto de segurança e fechamento de todas as portas. Na digitação, freqüentemente ocorre o acionamento involuntário de alguns comandos. Se isso ocorrer, seu efeito poderia ser nulo ou ter disponível outro comando de correção ou retorno ao estágio anterior ao erro.

Realimentação — Os produtos devem dar um retorno aos usuários sobre os resultados de sua ação. Isso pode ser um simples "bip" indicando que um comando foi acionado. Em ligações telefônicas, existe um ruído típico indicando que a chamada foi completada e outro para indicar que a linha está ocupada. A realimentação é importante para que o operador possa redirecionar a sua ação. Em muitos casos, ele deve ir corrigindo a sua trajetória até atingir o objetivo pretendido. A falta dessa realimentação poderá resultar em muitos desperdícios, como no caso do motorista que dirigiu durante duas horas até o próximo vilarejo, para descobrir que estava no caminho errado. Portanto, é importante que essa realimentação se realize o mais rápido possível, usando-se sinais que tenham um significado correto.

A usabilidade dos produtos pode ser melhorada aplicando-se os princípios acima apresentados. Entretanto, essas medidas recaem em dois tipos de características (Jordan, 1998): físicas e cognitivas.

Características físicas

A usabilidade pode ser melhorada com alteração de algumas características físicas do produto, como dimensões, pesos, formas, resistências e outras. Essas mudanças devem visar sempre a adaptação do produto às características do usuário ou grupo de usuários.

Já vimos no Capítulo 5, os produtos devem ser adaptados à média da população. Em outros casos, essa adaptação deve ser feita a um dos extremos (inferior ou superior), às faixas ou ao usuário individual.

A usabilidade pode ser melhorada colocando-se mecanismos de regulagem em um produto que, antes, tinha uma medida fixa. É o que acontece, por exemplo, com as cadeiras operacionais que apresentam 3 a 4 regulagens para se adaptar melhor aos usuários individuais.

Um aparelho de TV portátil deve ter pouco peso. Entretanto, pode ser que os consumidores prefiram telas grandes. Aí estão duas variáveis antagônicas, que precisam ser compatibilizadas entre si. Talvez se consiga aplicar materiais mais leves, sem prejudicar a resistência. Ou, ao menos, melhorar a forma da pega para evitar o desconforto no transporte.

No caso de um controle remoto de TV, operado freqüentemente em ambientes de pouca luz, deve ser pouco vulnerável a erros. Consegue-se isso afastando-se os botões entre si, a ponto de evitar os acionamentos errados. O agrupamento desses botões por funções pode facilitar o aprendizado (ver regras do *Gestalt,* Capítulo 10). O centro de gravidade situado no centro da mão melhora o controle motor. Seu formato e acabamento superficial podem evitar que se escorregue e caia no chão. Enfim, diversas características físicas do produto podem ser modificadas para que se adapte melhor ao usuário.

Características cognitivas

As características cognitivas referem-se aos conhecimentos do usuário sobre o modo de usar o produto, baseando-se em suas experiências anteriores. Se as características físicas assemelham-se ao *hardware*, as cognitivas podem ser consideradas como *softwares*. Em outras palavras, os produtos não devem contrariar as experiências e os estereótipos já estabelecidos e que provocam certas expectativas(ver Capítulo 8).

Por exemplo, nosso estereótipo para abrir uma porta é girar alavanca para baixo, maçaneta para esquerda ou puxar uma alça. Qualquer produto que contrarie esses estereótipos causará dificuldade (isso acontece com alguns modelos de automóveis).

Quando se cria uma nova versão para um programa de computador, as funções básicas e os modos de operar da versão anterior, devem ser preservados, para que haja uma transferência positiva do aprendizado. Aquilo que já é conhecido deve ser integralmente aproveitado, acrescentando-se novas habilidades que ainda não existem.

Para a elaboração das características físicas, faz-se um levantamento antropométrico do grupo de usuários. Da mesma forma, para as características cognitivas, deve-se fazer um levantamento do repertório desse grupo. Isso inclui, por exemplo, o que eles conhecem sobre o produto e como estão acostumados a usá-lo.

11.3 O processo de desenvolvimento de produtos

O desenvolvimento de produtos envolve um conjunto de atividades que leva uma empresa ao lançamento de novos produtos ou ao aperfeiçoamento daqueles existentes. O processo geralmente se inicia com a tomada de decisões estratégicas, pela alta administração da empresa.

O desenvolvimento de produtos é um problema complexo, envolvendo o trabalho de diversos profissionais. Na medida do possível, essa equipe de desenvolvimento deve incluir também especialistas em ergonomia, desde as etapas iniciais do projeto. Às vezes, fica muito mais difícil e caro corrigir um defeito do que procurar alternativas para preveni-lo desde o início.

Etapas do processo de desenvolvimento de produtos.

O processo de desenvolvimento de produtos é muito variável, dependendo do tipo de produto e da organização da empresa. Algumas empresas enfatizam características técnicas, enquanto outras, aquelas ergonômicas ou estéticas. Outras, ainda, concentram-se na redução dos custos, mesmo com o sacrifício da qualidade.

Existem ainda as empresas que simplesmente copiam os produtos das outras, sem ao menos saber porque eles têm determinadas características. Em todos esses casos, o "juiz" final será o consumidor. Portanto, em qualquer projeto de produto, é importante saber o que os consumidores querem, quais são as características que eles valorizam e quanto estão dispostos a pagar.

De uma forma geral, o processo de desenvolvimento de produtos pode ser representado como se vê na Figura 11.2. Observe que esse processo não é linear. A cada etapa, poderá haver um retorno à fase anterior. Por exemplo, durante o detalhamento, pode ser que um componente previsto não esteja disponível e, então, é necessário retroceder para a etapa de desenvolvimento e modificar o projeto.

A ergonomia deve participar em todas essas etapas, como se vê na Tabela 11.2. Os especialistas em ergonomia geralmente responsabilizam-se pelas seguintes atividades (Haubner, 1990):

- Analisar e descrever as tarefas e características dos usuários do sistema
- Elaborar propostas para interfaces e alternativas para melhorar a usabilidade
- Contribuir para avaliar o produto do ponto de vista ergonômico, tanto do *hardware* como do *software*

Desse modo, a contribuição do ergonomista inicia-se com a definição das especificações do produto e, prossegue durante todas as etapas do desenvolvimento e chega até a etapa final de avaliação do produto, em uso.

TABELA 11.2

Participação da ergonomia nas diversas etapas do desenvolvimento de produtos

Etapas	Atividades gerais	Participação da ergonomia
Definição	Examinar as oportunidades Verificar as demandas Definir objetivos do produto Elaborar as especificações Estimar custo/benefício	Examinar o perfil do usuário Analisar os requisitos do produto
Desenvolvimento	Analisar os requisitos do sistema Esboçar a arquitetura do sistema Gerar alternativas de soluções Desenvolver o sistema	Analisar as tarefas/atividades Analisar a interface - informações - controles
Detalhamento	Detalhar o sistema Especificar os componentes Adaptar as interfaces Detalhar os procedimentos de teste	Acompanhar os detalhamentos
Avaliação	Avaliar o desempenho Comparar com as especificações Fazer os ajustes necessários	Testar a interface com o usuário
Produto em uso	Prestar serviço pós-venda Adquirir experiências para outros projetos	Realizar estudos de campo junto aos usuários e consumidores

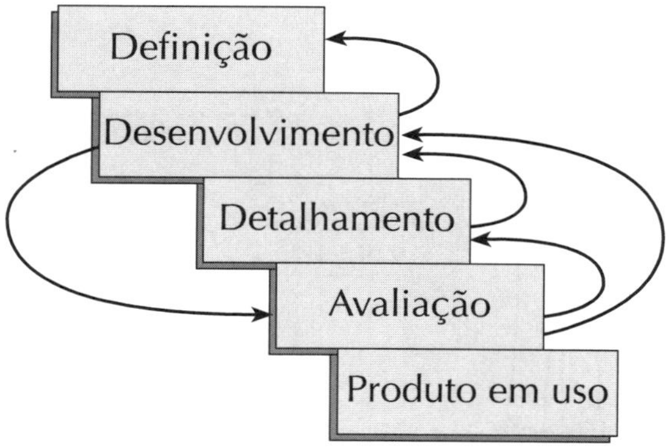

Figura 11.2
Etapas do desenvolvimento de produtos.

Desenvolvimento de produtos na empresa

Algumas empresas que têm atividades contínuas de desenvolvimento de produtos já empregam ergonomistas como membros permanentes de suas equipes. Quando o volume de trabalho não justificar esse envolvimento permanente, pode-se optar por consultores externos.

Um exemplo desses grupos permanentes é o da empresa *Philips*, da Holanda, que mantém 21 especialistas em ergonomia dentro de sua equipe de projeto (Stanton,1998). Eles dedicam 85% do tempo no desenvolvimento de projetos. Ocupam-se principalmente em analisar as interações dos usuários com os seus produtos, acumulando experiências para o projeto de novos produtos. Procuram incutir o conceito de usabilidade em todos os produtos, como uma política da empresa (Figura 11.3). A participação da ergonomia ocorre em 4 tipos de atividades (McClelland e Brigham, 1990):

Usuário — O conhecimento do perfil dos usuários, de suas necessidades e valores. Isso é fundamental para definir as características consideradas úteis e na formulação dos critérios de usabilidade.

Utilidade do produto — Um produto é útil quando executa as funções ou tarefas que o consumidor precisa. Uma análise das necessidades do usuário leva à descrição de um conjunto de tarefas a serem realizadas com o uso do produto.

Usabilidade — A usabilidade formula certas metas de desempenho para o produto. Essas metas são usadas durante o desenvolvimento do projeto, para a formulação de alternativas. São usadas posteriormente para avaliar o projeto da interface e realizar testes de usabilidade em protótipos.

Interface com o usuário — A análise da interface focaliza a atenção sobre o usuário interagindo com o produto, procurando respostas para as seguintes perguntas:

- O produto comunica *o quê*? — qual é a utilidade do produto?
- *Como* ele comunica? — como se usa o produto?

Os conceitos de utilidade, usabilidade e interface com o usuário são formulados logo no início de cada projeto. Eles são mantidos como pontos de verificação em to-

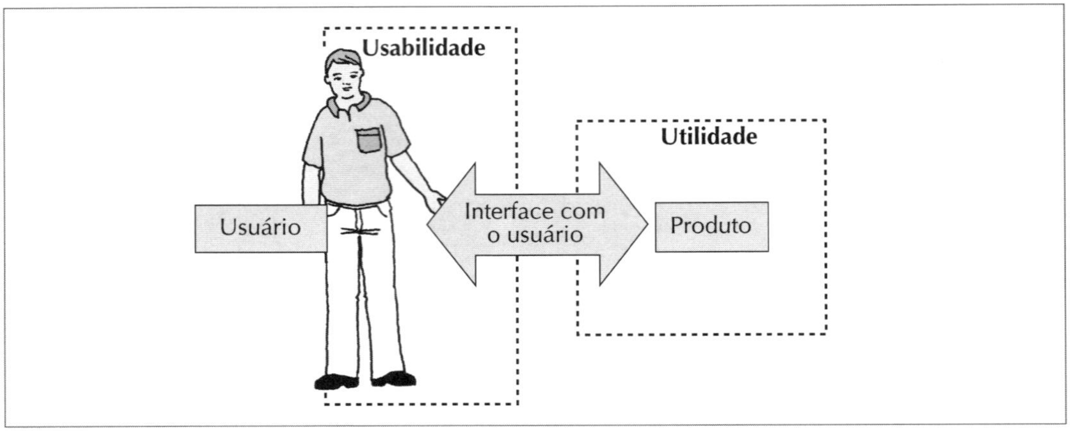

Figura 11.3 Atividades a cargo da equipe de ergonomia na Philips (McClelland e Brigham, 1990).

das as fases de desenvolvimento do projeto. A principal preocupação do ergonomista está na usabilidade. Ela não depende apenas do desempenho global do sistema. Deve-se fazer um exame detalhado das interações do usuário com o produto. Assim, é necessário acompanhar minuciosamente a elaboração dos detalhes do projeto que podem influir nessas interações.

11.4 Produtos de consumo

Os produtos de consumo ou bens de consumo movimentam grande parte da economia mundial. Eles se classificam em perecíveis (alimentos e bebidas) e duráveis (eletrodomésticos, móveis). Aqui trataremos apenas dos bens duráveis.

Pressionados pela competição globalizada, principalmente a partir da década de 1980, os fabricantes desses bens investiram na melhoria da qualidade e na redução dos preços para conquistar novos mercados. A ergonomia tem contribuído para a melhoria de qualidade dos produtos de consumo, adaptando-os melhor os produtos às necessidades e características do consumidor.

Por outro lado, com a grande difusão dos meios de comunicação, os consumidores estão cada vez mais informados e mais exigentes. Nesse contexto, ergonomia passou a ser usado pelas empresas como uma vantagem competitiva, produzindo e oferecendo-se "produtos ergonômicos", como sinônimo daquilo que atende às reais necessidades do consumidor.

Consulta aos clientes

Consultar os clientes significa ouvir os usuários ou consumidores do produto para se descobrir as características que eles consideram desejáveis. Isso não é feito apenas de uma forma esporádica. Ao contrário, é um processo sistemático, considerado como uma das etapas obrigatórias no desenvolvimento do produto. Essa é uma forma segura de reduzir os riscos no lançamento de novos produtos.

Até recentemente, os projetos de produtos eram realizados "a portas fechadas". A própria equipe **interna** da empresa encarregava-se do projeto, baseando-se em algumas suposições. Algumas vezes, na ausência dessa equipe, contratava-se um escritório externo, mas o processo de desenvolvimento é semelhante nos dois casos. Nesse processo, a empresa pode tomar decisões aparentemente lógicas, mas também pode cometer grandes enganos.

Na cadeia de produção → distribuição → consumo → descarte → reciclagem, pode haver vários tipos de clientes. "Clientes" podem ser entendidos de várias maneiras. Geralmente quem compra da empresa industrial são os atacadistas, distribuidores e outros intermediários e não os usuários finais dos produtos.

Muitas vezes, não é o próprio usuário que compra. Produtos infantis são comprados pelos adultos e usados pelas crianças. Materiais de limpeza são comprados pelas donas-de-casa e usados pelas empregadas. Em órgãos públicos, as compras são feitas por licitações e os usuários dos produtos raramente participam desse processo. Nesses casos, quando há dicotomia entre *quem decide* e *quem usa* é importante consultar os dois segmentos, pois cada um pode valorizar aspectos diferentes dos produtos.

Desenvolvimento participativo

Desenvolvimento participativo é aquele feito com consulta sistemática aos usuários potenciais do produto. Algumas empresas mantêm um cadastro daqueles clientes, usuários ou distribuidores, considerados os mais observadores, exigentes e críticos. Eles são convocados para contribuir na concepção, *design* e avaliações de novos produtos. Por exemplo, a *Philips* tem um cadastro de "testadores" para seus barbeadores. Eles são selecionados pelos seguintes critérios: são usuários dos barbeadores; são exigentes com os barbeadores; têm sensibilidade ao desconforto de barbear (pele delicada); e são capazes de expressar claramente o que sentem.

O levantamento das informações é feito com **entrevistas** ou **questionários** pode ser complementado com dois tipos de atividades: observação *in loco* e grupo de foco.

A **observação *in loco*** é feita com o cliente usando o produto em condições reais (Figura 11.4). Ela é importante para se registrar as posturas corporais, movimentos e forças na interação com o produto. Com isso, pode-se identificar as possíveis fontes de erros, fadigas e acidentes. Pode-se identificar também as características de *decepção* do produto. São aquelas que incomodam ou machucam e devem ser eliminadas. Por exemplo, um posto de trabalho que não permite a acomodação das pernas, na posição sentada e a pessoa é obrigada a adotar uma posição contorcida. Para eliminar essa característica de decepção, o posto de trabalho deve ser redesenhado para criar o espaço de acomodação das pernas.

O **grupo de foco** (ver página 55) é constituído de 6 a 10 pessoas, que emitem opiniões e comentários sobre uso de produtos. De preferência, um "usuário" faz uso simulado do produto que se quer analisar, de forma mais realista possível. No caso de um eletrodoméstico, deve ser feito em um ambiente de cozinha. A discussão pode ser livre ou orientada com perguntas do tipo "como se pode facilitar a limpeza do produto?", "a pega é confortável?"

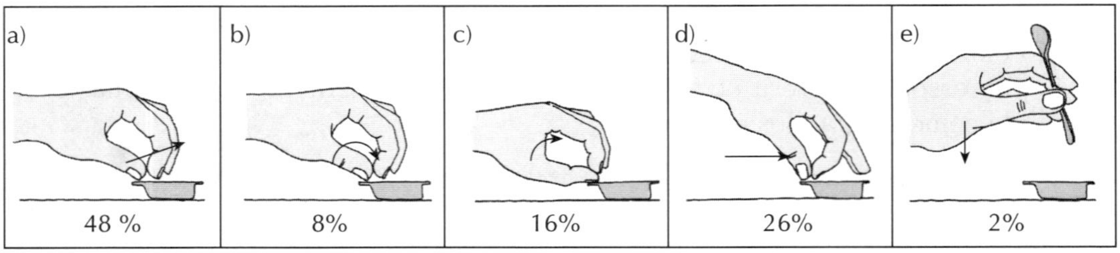

Figura 11.4 Vários modos observados para se abrir uma embalagem de geléia. Os números indicam percentagens observadas. Aqueles *b* e *d* foram os previstos pelos projetistas, totalizando apenas 34% (Kanis e Wendel, 1990).

Todas essas técnicas visam levantar informações para orientar o desenvolvimento do produto. Contudo, por questões técnicas ou econômicas, talvez o projetista não consiga implementar todas as sugestões apresentadas. Nesses casos, é importante chamar novamente o grupo de consumidores ou o grupo de foco para opinar sobre as alternativas viáveis, diante das **restrições** apresentadas. Por exemplo, pode ser que o grupo tenha sugerido uma substituição de materiais (vidro pelo plástico) ou formas (retas por curvas) e uma análise posterior de custo/benefício indicou que isso seria inviável para a empresa. Nesses casos, os projetistas devem formular alternativas de solução, para serem reavaliadas.

Pesquisa das características do produto

Os levantamentos acima sugeridos devem ser feitos de forma organizada, para que produzam informações úteis ao projeto. Além disso, na medida do possível, devem ser transformadas em medidas quantitativas, para que sejam comparáveis entre si e possam ser utilizadas como indicadores de progresso.

Para se fazer isso, deve-se fazer uma pesquisa inicial sobre as características do produto consideradas mais importantes pelos consumidores. Vamos supor, por exemplo, que os usuários de barbeadores elétricos tenham apresentado o seguinte elenco de características:

- Eficiência no corte;
- Facilidade de manejo;
- Baixo nível de ruído;
- Facilidade de transporte e guarda; e
- Estética.

Pode-se fazer uma pesquisa sobre a importância relativa de cada uma dessas características (Figura 11.5), pedindo-se para atribuir notas para **importância**, em uma escala de 1 (Pouco Importante) a 5 (Muito Importante). Somando-se as notas obtidas com um conjunto de usuários, pode-se estabelecer o *ranking*. Vamos supor que 20 pessoas tenham feito as avaliações e que o número máximo de pontos seria 100 = (5 × 20). Por exemplo, vamos supor que essas 20 pessoas tenham feito as seguintes avaliações quanto à "eficiência no corte": 3; 5; 4; 5; 2; 5; 5; 4; 5; 2; 5; 4; 5; 5; 3; 4; 5; 2; 5; 4. Somando esses valores obtém-se 82 pontos. O mesmo se faz em relação às outras características. Colocando-se em ordem decrescente dos pontos obtidos, podemos estabelecer o *ranking* das características:

	Pontos	*Ranking*	*Fator*
Eficiência no corte	82	1	8
Facilidade de manejo	71	2	7
Baixo nível de ruído	59	3	6
Estética	50	4	5
Facilidade de transporte e guarda	28	5	3

A partir disso podemos estabelecer um **fator** multiplicativo, proporcional aos pontos obtidos em cada característica (não precisa ser exatamente igual ao número de pontos, mas apenas para estabelecer a importância relativa de cada característica).

Com isso, construímos um outro questionário (Figura 11.6) que serve para avaliar cada um dos produtos. Esse questionário é passado novamente a um grupo de pessoas, para fazer as respectivas avaliações. O resultado desse questionário serve para comparar diversos produtos entre si, indicando as características "fortes" de cada um deles.

Ao usar barbeadores elétricos em geral, como você avalia a importância de cada uma das características abaixo?						
Características	Pouco importante				Muito importante	Pontos
	1	2	3	4	5	
Baixo nível de ruído			•			3
Facilidade de manejo				•		4
Eficiência no corte					•	5
Facilidade de transporte e guarda		•				2
Estética				•		4

Figura 11.5
Exemplo de questionário para avaliar as características consideradas importantes para o tipo de produto e estabelecer um *ranking* das mesmas.

Ao usar o barbeador marca *x*, modelo *y*, como você avalia, cada uma das características abaixo?							
Características	Fator	Avaliação					Pontos
		Ruim 1	Regular 2	Bom 3	Muito bom 4	Ótimo 5	
Eficiência no corte	8			•			24
Facilidade de manejo	7				•		28
Baixo nível de ruído	6		•				12
Estética	5					•	25
Facilidade de transporte e guarda	3			•			9
						Total	98

Figura 11.6
Exemplo de questionário para fazer a avaliação de cada produto, de acordo com as características definidas na Figura 11.5. Os resultados indicam as características "fortes" de cada produto.

Esses levantamentos servem para orientar o projeto. No primeiro caso, o aspecto a merecer atenção prioritária dos projetistas deve ser a "eficiência no corte" e depois, a "facilidade de manejo", "baixo nível de ruído" e assim por diante. Contudo, para melhorar a eficiência do corte e reduzir o nível de ruído depende mais de melhorias técnicas. Assim mesmo, os ergonomistas precisam trabalhar em conjunto com os técnicos porque uma alternativa técnica pode influenciar nos aspectos ergonômicos. Em outros casos, a iniciativa cabe aos ergonomistas. Por exemplo, para melhorar a característica "facilidade de manejo". Por sua vez, eles também devem conferir com os técnicos, para verificar se a proposta apresentada é tecnicamente viável.

Portanto, o trabalho de projeto do produto é eminentemente interdisciplinar. Além disso, se for adotado o método de desenvolvimento participativo, as alternativas deverão ser submetidas também à análise dos consumidores, ou usuários.

Avaliação de produtos

A avaliação de produtos visa determinar as suas qualidades técnicas, estéticas e de usabilidade dos produtos. Ela é feita rotineiramente pelos próprios fabricantes que desejam preservar o seu conceito no mercado e evitar problemas com os consumidores. Em outros casos, as próprias organizações de defesa dos consumidores podem realizar essas avaliações.

Existem vários tipos de critérios para avaliar os produtos. Contudo, geralmente podem ser classificados em três aspectos: técnico, usabilidade e estética.

Técnico — Do ponto de vista técnico, os produtos são avaliados quanto às suas características físicas, como dimensões, peso, dureza, resistência, estabilidade e durabilidade.

Usabilidade — A usabilidade ocupa-se da interface homem-máquina, avaliando o desempenho homem-máquina-tarefa, tais como as posturas corporais, localização de estresses, dores, índice de erros, acidentes e conforto.

Estética — A estética avalia os aspectos sensoriais, emocionais, sociais e culturais que influem no grau de aceitação e prazer proporcionado pelos produtos.

A avaliação dos produtos do ponto de vista técnico já é uma atividade bem estabelecida. Em alguns ramos como na construção civil e mecânica, já existem padrões e procedimentos bem estabelecidos para a realização de testes. Para isso, existe um conjunto de normas técnicas, laboratórios especializados e pessoal técnico habilitado para a realização dos ensaios. Entretanto, não se pode dizer o mesmo quanto aos aspectos estéticos e de usabilidade, embora sejam até mais importantes que aqueles técnicos, para os produtos de consumo.

Aspectos legislativos e normativos

Diversos países do mundo elaboraram legislações para regular as relações de consumo, como o *Consumer Protecting Act* (1987), da Inglaterra e o Código de Defesa do Consumidor (1990) do Brasil. Esses instrumentos legais responsabilizam o fornecedor do produto ou serviço pelo mau funcionamento ou defeitos dos objetos comercializados. Nos EUA, muitos fabricantes deparam-se com demandas judiciais de vultosas indenizações, em conseqüência de produtos defeituosos. Esses problemas poderiam ser evitados se os produtos fossem testados na fase de protótipo, pelo próprio fabricante, antes de chegar ao mercado.

No Brasil, em relação aos produtos de consumo, esse processo ainda está se iniciando. Por exemplo, no setor mobiliário existem normas técnicas sobre dimensionamentos e ensaios de estabilidade, resistência e durabilidade em móveis como cadeiras operacionais, mesas de trabalho, sistemas de trabalho, estantes e armários para cozinhas. Entretanto, ainda não se fazem testes de usabilidade e estética de maneira institucionalizada. As avaliações nessa área, em nosso país, geralmente são realizadas no âmbito das próprias empresas produtoras, como parte da metodologia de desenvolvimento e aperfeiçoamento dos seus produtos.

Observa-se que nem todos os produtos que apresentam conformidade às normas técnicas podem ser considerados de boa qualidade, sob os pontos de vista da usabilidade e estética. Isso acontece porque essas normas geralmente só apresentam recomendações sobre os aspectos técnicos do produto. Na área de ergonomia, existe a "Norma Regulamentadora NR-17 – Ergonomia" do Ministério do Trabalho (1990). Entretanto, ela apresenta apenas recomendações genéricas para serem usadas na fiscalização das condições de trabalho, sendo pouco eficaz para orientar o trabalho de projeto dos produtos.

11.5 Estudos de caso — desenvolvimento de produtos

Apresentaremos, a seguir, três estudos de caso, abordando um bem de capital, uma ferramenta manual e um bem de consumo. De forma semelhante ao caso do teclado *QWERTY*, já apresentado no Capítulo 8, grande parte dos produtos existentes no mercado resultou de conceitos equivocados ou incompletos de projeto. Em alguns setores mais avançados e competitivos como o automobilístico e eletrônica de consumo, a ergonomia já é aceita como importante parceira na melhoria desses produtos. Entretanto, em muitos outros setores ainda prevalecem atitudes tradicionais, que priorizam apenas o aspecto técnico dos produtos.

Caso 1 — Torno mecânico

Os tornos constituem uma classe de máquinas-ferramenta bastante difundida na indústria e oficinas mecânicas. Diversos estudos realizados demonstram que as posturas dos torneiros são inadequadas e os controles se situam fora do alcance normal dos braços.

Pesquisadores em ergonomia da Escola de Aeronáutica de Cranfield, Inglaterra, realizaram uma proposta, em tom de brincadeira, que ficou famosa. Eles aplicaram a ergonomia "ao reverso". Em vez de projetar a máquina, resolveram "projetar" um operador ideal para um torno existente. Para isso, localizaram, espacialmente, todos os controles da máquina e, sobre ele, desenharam o perfil do operador ideal. Criaram, assim, um boneco chamado de "homem de Cranfield" (Figura 11.7).

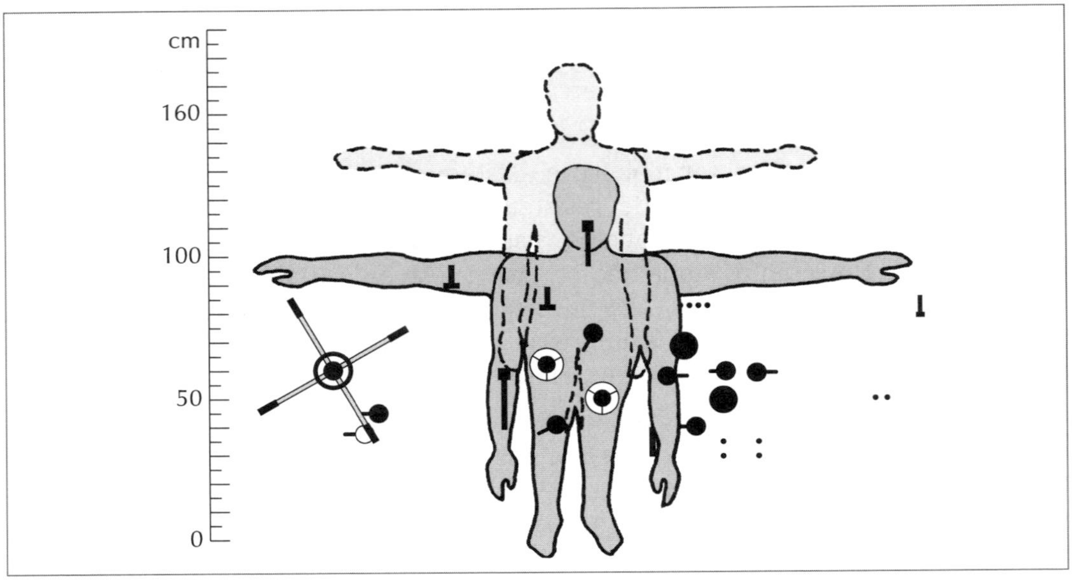

Figura 11.7 O homem de Cranfield, "projetado" para operar um torno mecânico. Em tracejado, pode-se compará-lo com um homem normal. (Fields, 1969).

TABELA 11.3

Comparações entre as medidas do homem de Cranfield e as de um homem médio (Fields, 1969)

Medidas (cm)	Homem de Cranfield	Homem médio	Diferença (%)
Estatura	135	173	22
Envergadura	244	178	(–) 37
Largura dos ombros	61	40	(–) 53
Altura do cotovelo	76	110	31

A Tabela 11.3 apresenta as medidas do homem de Cranfield, em comparações com as de um homem médio. As diferenças são bastante significativas. Oscilam entre 31 a (–) 53%. Além disso, constatou-se que o operador acionava três comandos, simultaneamente, em cada ciclo de trabalho. Para isso, ele usava as duas mãos e um dos pés, enquanto se equilibrava sobre o outro pé. Dado que o homem de *Cranfield* só existe na ficção, o homem real é submetido a posturas inconvenientes, com o dorso inclinado para frente e freqüentes movimentos laterais para alcançar os controles do torno. Isso, naturalmente, provoca estresses musculares, dores, erros e reduções da produtividade.

Harten e Derks (1975) realizaram um outro estudo sobre o torno universal, apresentando proposta para redesenhá-lo, a fim de adaptá-lo aos seguintes requisitos ergonômicos:

- A altura do torno deveria ser adequada à altura do operador (normalmente, os tornos são muito baixos);
- O torneiro deveria trabalhar tanto de pé como sentado;

- Os movimentos dos controles deveriam seguir os padrões normais dos movimentos dos dedos, mãos, antebraços, braços e ombros, em torno de suas articulações;
- O operador deveria ter visão sobre o ponto de contato da ferramenta com o material, sem necessidade de inclinar a cabeça para frente;
- Os indicadores de curso e de avanço deveriam ser lidos facilmente, sem exigir posturas inconvenientes;
- Todos os requisitos ergonômicos deveriam ser atendidos sem sacrificar a qualidade e o desempenho técnico do torno.

Inicialmente, para se resolver o problema da postura, chegou-se à conclusão que o barramento deveria ser inclinado de 15° a 20° (Figura 11.8), para possibilitar a visualização da peça torneada, sem a necessidade de inclinar a cabeça para frente. A altura foi dimensionada para a média (50%) da população. Para torneiros mais altos foram previstas plataformas, colocadas sob o torno, para aumentar a altura do mesmo, havendo plataforma de 5 e de 10 cm de altura. Também foram colocadas duas plataformas móveis, ajustáveis para a altura dos pés na posição sentada. Estimou-se que 80% dos trabalhos poderiam ser realizados na posição sentada.

Quanto aos indicadores de avanço e de profundidade, constatou-se que situavam-se em pontos distantes da localização da ferramenta e isso dificultava bastante o trabalho de controle, pois o torneiro deveria olhar alternadamente para eles (Figura 11.9). A alternativa foi de aproximar esses indicadores o máximo possível da posição da ferramenta. Os autores observam que há restrições mecânicas nessa solução, que poderia ser melhor resolvida se os indicadores mecânicos fossem substituídos por instrumentos eletrônicos, com leituras digitais.

Antes da construção do protótipo, foi construído um modelo de madeira, em tamanho real, para testar os dimensionamentos, alcances e movimentos do torneiro. Estes mostraram-se satisfatórios tanto para a posição sentada como para a posição de pé. Passou-se, então, à construção do protótipo, para testá-lo em condições reais de operação. Este foi aprovado e liberado para a produção seriada.

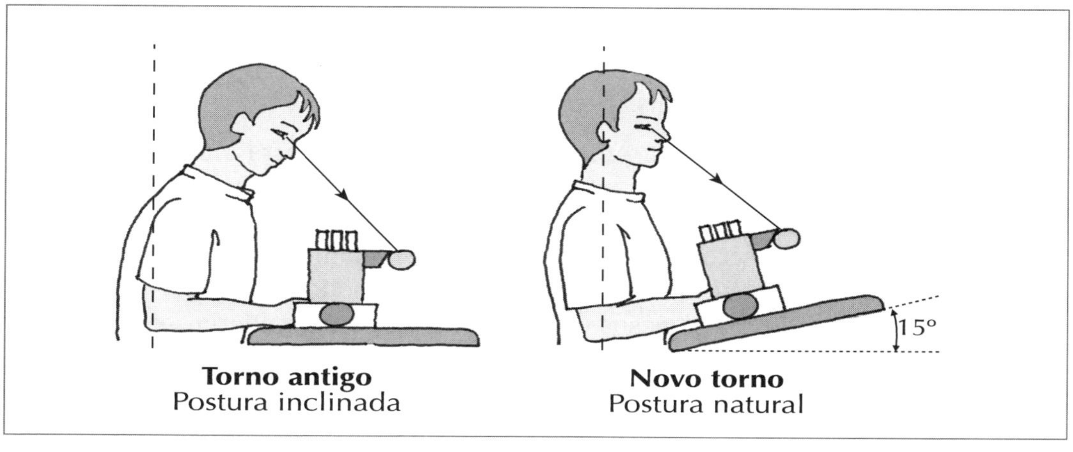

Figura 11.8 Redesenho de um torno mecânico. No torno antigo, o operador precisava inclinar-se para frente, para olhar a ferramenta. No novo desenho, foi mantida uma postura mais natural (Harten e Derks, 1975).

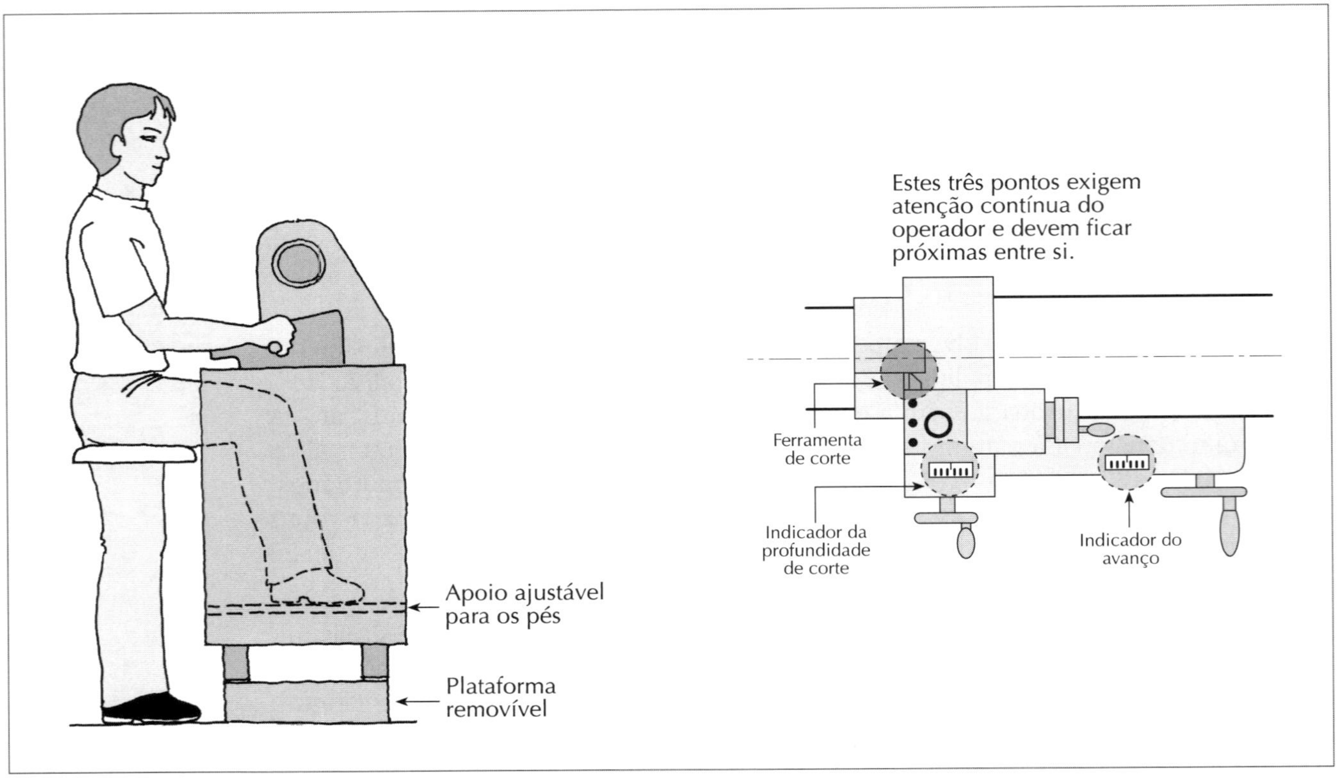

Figura 11.9 Soluções adotadas no redesenho de um torno mecânico, para possibilitar a sua operação com uso de uma postura menos fatigante, possibilitando trabalhar em pé ou sentado (Harten e Derks, 1975).

Caso 2 — Desenho de pás

Apesar da crescente mecanização de muitas tarefas humanas, ainda existem muitas delas que dependem do esforço muscular. Um exemplo disso são as ferramentas manuais, usadas principalmente em canteiros de obras e no meio rural, como as enxadas e pás.

As pás têm sido uma das ferramentas mais extensamente estudadas, desde a época de Taylor (ver seção 1.3). Ele observou que a mesma pá era usada para remover materiais de densidades diferentes como a cinza e o minério de ferro. Propôs, então, desenhos diferenciados de pás, com áreas das lâminas inversamente proporcionais às densidades dos materiais a serem removidos. Assim, haveria um equilíbrio das cargas entre os diversos materiais.

Lehmann (1960) cita que, na Alemanha, antes da II Guerra Mundial, existiam 12 000 tipos diferentes de pás em uso nas indústrias. Analisando-se todas as situações de uso dessas pás, seriam justificáveis 20 a 30 tipos diferentes, no máximo. Fazendo-se uma avaliação ergonômica das mesmas, Lehmann chegou à conclusão que nem sempre havia uma coerência entre a pá utilizada e aquela que seria a mais recomendada em cada caso. Havia casos em que o desempenho poderia ser melhorado em 10 a 20% com a simples troca do modelo de pá utilizado. Ele então elaborou uma tabela (ver Tabela 11.4) de tamanhos recomendados para as lâminas, de acordo com o tipo de material a ser removido.

TABELA 11.4

Áreas recomendadas para as lâminas de pás, de acordo com a densidade do material a ser removido (Lehmann, 1960)

Material	Densidade (kg/m^3)	Área da pá (m^2)
Ferro gusa	3 700	0,05
Minério de ferro	2 500	0,07
Areia úmida	2 000	0,09
Areia seca	1 500	0,12
Carvão	800	0,18
Coque	400	0,20

Mais recentemente, Freivalds (1986) realizou diversos testes com o desempenho das pás e chegou às seguintes recomendações para o seu desenho (ver Figura 11.10):

- O ângulo do cabo em relação às lâminas deve ser de aproximadamente 30°;
- O cabo comprido é melhor que os curtos (variam de 60 a 120 cm);
- a lâmina de ponta quadrada é mais adequada para materiais soltos (grãos);
- A lâmina de ponta arredondada é mais adequada para materiais aglomerados (terra) ou para escavar; e
- Deve ter o menor peso possível, desde que isso não comprometa nem a resistência nem a durabilidade.

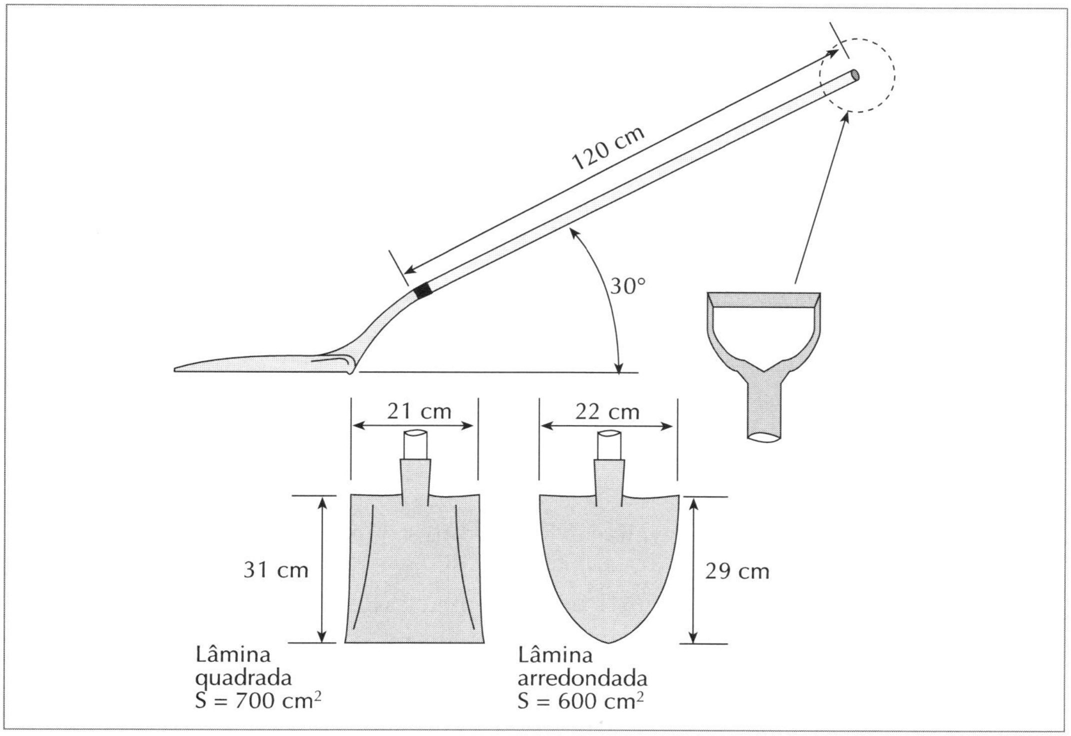

Figura 11.10 Desenhos e dimensões características da pá. A lâmina quadrada é recomendada para material solto e a lâmina arredondada, para escavar (Freivalds, 1986).

Figura 11.11 Pá com cabo curvo para melhorar a postura (Fegan, 1994).

A carga recomendada para cada lançamento é de 5 a 10 kg, mas isso depende da altura do carregamento. Para altura de até 2 m de lançamento da carga, recomenda-se um carregamento máximo de 7 a 8 kg, a um ritmo de trabalho de 8 lances por minuto. Se as condições externas forem adversas, como no caso de chuvas ou calor intenso, a carga deve ser reduzida para 5 a 7 kg por lançamento e o ritmo deve ser diminuído para 5 ou 6 lances/minuto.

Um paisagista australiano, Peter Fegan, fez desenho de um cabo curvo, para melhorar a postura e reduzir os esforços com os braços (Figura 11.11). A pá foi construída totalmente em aço, a custo 50% superior ao de uma pá convencional, mas de maior durabilidade. Um protótipo foi testado na Universidade Queensland de Tecnologia. Confirmou-se a melhoria da postura. A energia gasta em tarefas de carregamento de areia foi reduzida em até 30%.

Proposta semelhante foi feito por Degani *et al.* (1993), que acrescentou uma pega auxiliar ao cabo da pá. (Figura 11.12). Essa pega situa-se perpendicularmente ao cabo e pode girar até 30°, a fim de reduzir a tensão sobre o punho. A distância entre essa pega e o final do cabo é ajustável para acomodar as diferenças antropométricas. Testes realizados em laboratório com medidas das atividades musculares (EMG) mostraram a superioridade do desenho proposto, principalmente porque reduzia as inclinações do corpo.

Caso 3 — Jarras domésticas

Um dos trabalhos pioneiros de avaliação de produtos domésticos de consumo foi realizado por Floyd, Harding, Kirk e Ward (1965), na Inglaterra. Eles selecionaram sete diferentes modelos de jarras domésticas para água, todos com capacidade aproximada de 600 ml, encontradas normalmente no comércio, (Figura 11.13).

O formato das jarras variava bastante, aproximando-se de um cilindro, um tronco de cone e até uma esfera.

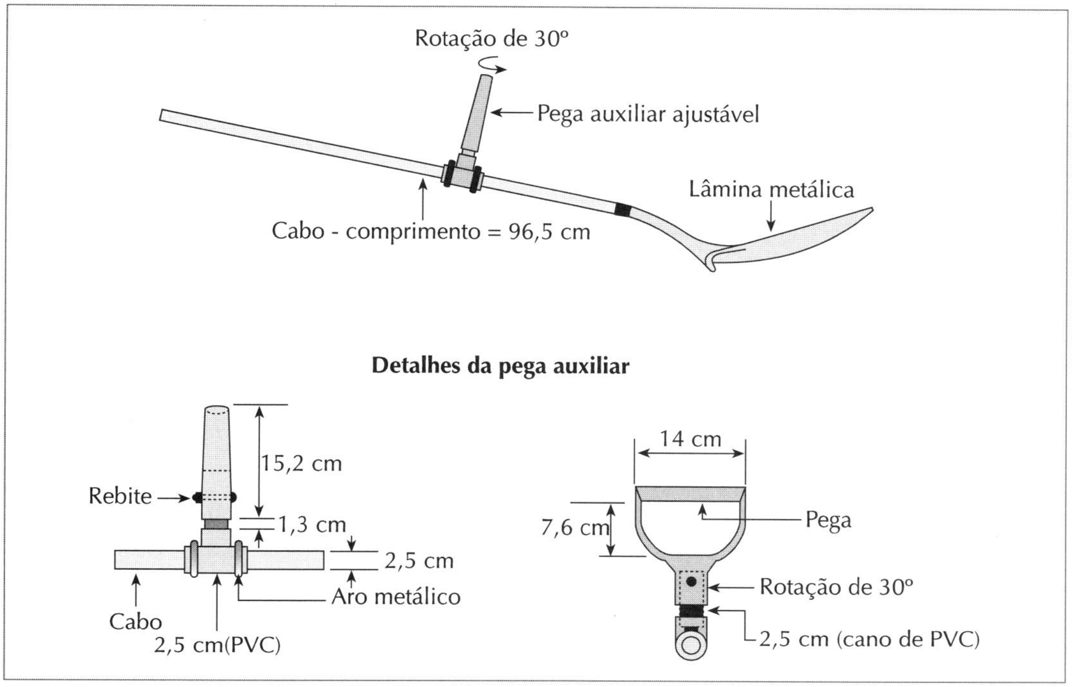

Figura 11.12 A colocação de uma pega auxiliar ajustável, perpendicular ao cabo da pá, contribui para melhorar a postura (Degani *et al.*, 1993).

Essas jarras foram submetidas a testes antropométricos, físico, fisiológico e subjetivo. Participaram do experimento, 44 mulheres como voluntárias, incluindo professoras, secretárias e donas-de-casa.

Teste antropométrico — O teste antropométrico teve o objetivo de verificar se as pessoas conseguiam segurar as jarras pelas suas pegas. Para isso, foram realizadas medidas das larguras da mão direita dos sujeitos, abrangendo os quatro dedos D2 a D5 (exceto o polegar) na altura da 2ª falange. Essas medidas variavam de 5,05 cm até 7,05 cm, com uma média de 5,80 cm. Portanto a largura mínima da pega deveria ser de 7,05 cm, considerando-se a amostragem realizada. As larguras das pegas variavam de 5,1 para a jarra *A* a 7,6 cm para a jarra *B*. A maioria apresentou dimensão inferior àquela desejável. Apenas a jarra *B* apresentou um tamanho satisfatório da pega.

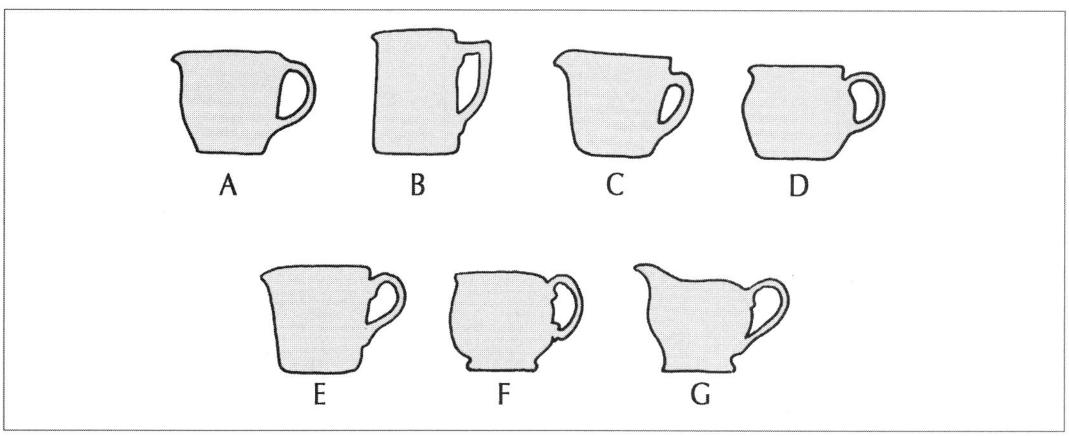

Figura 11.13 Tipos de jarras d'água de 600 mL normalmente encontradas no comércio e que foram submetidas a testes de avaliação ergonômica (Floyd, Harding, Kirk e Ward, 1965).

Teste físico — Para o teste físico, inicialmente, as jarras foram fotografadas contra uma malha graduada, para se determinar o momento (no sentido da Física) necessário ao ato de entornar. Isso foi feito medindo-se a distância entre o centro da pega e o centro de gravidade e multiplicando-se pelo peso de cada jarra cheia. O melhor resultado foi obtido pela jarra *B*, com 8198 g x cm e o pior resultado, pela jarra *D*, com 10993 g x cm. A segunda parte do teste físico consistiu em encher as jarras de água e ir entornando-as de 10 em 10°, medindo-se o volume da água entornada. Segundo esse critério, as jarras se dividiram em dois grupos (ver Figura.11.14). Um grupo de jarras, com formato assemelhando-se a um tronco de cone invertido (jarras *A*, *C* e *E*), iniciaram as descargas entre 6 e 10° de inclinação e entornaram rapidamente. Outros, só começam a descarregar com ângulos entre 16° e 24° e entornaram lentamente. Entre estes, a jarra *B* foi a que entornou mais lentamente. Portanto, a jarra *B* foi considerada a melhor, nos dois critérios físicos adotados.

Teste fisiológico — Durante o ato de entornar as jarras, foram feitos registros eletromiográficos dos músculos flexor e extensor do punho. Se essas atividades musculares forem pouco intensas, indicam que as jarras podem ser mais facilmente controladas e, portanto, oferecem maior conforto. As jarras *B*, *F* e *G* colocaram-se, respectivamente, em 1.°, 2.° e 3.° lugares, sendo que os piores resultados foram apresentados pelas jarras *C* e *D*, enquanto aquelas *A* e *E* colocaram-se em posições intermediárias.Testes adicionais, realizados com crianças e pessoas idosas, comprovaram essa dificuldade de exercer controle muscular, quando a água se entorna rapidamente, com freqüentes derramamentos d'água fora dos copos.

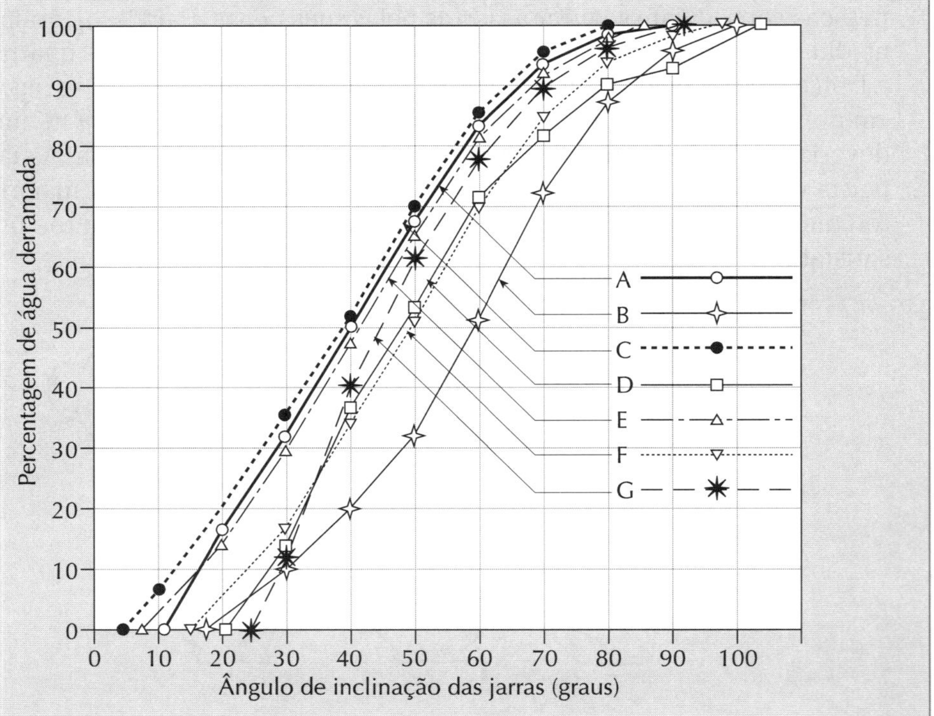

Figura 11.14
Volumes d'água entornados em cada jarra testada, a cada 10 graus de inclinação (Floyd, Harding, Kirk e Ward, 1965).

Teste subjetivo — As jarras foram avaliadas subjetivamente quando à facilidade de manejo quando cheias, vazias e durante o ato de entorná-las. Foram solicitadas também opiniões sobre a estética, forma, cores, decoração e facilidade de limpeza. Cada pessoa fez essas avaliações independentemente, e foi solicitado que elas não comentassem as suas opiniões com as demais, durante os testes. Isso, para que os resultados não fossem influenciados, uns pelos outros. A jarra *B* obteve as melhores avaliações quanto ao conforto, mas ficou em 5º lugar quanto à estética (a melhor estética foi atribuída à jarra *A*). Os piores resultados foram atribuídos às jarras *G, D, C*. Os sujeitos fizeram diversas outras observações. Alguns sugeriram que as jarras deveriam ter a boca mais larga e a base maior, para terem maior estabilidade.

A Tabela 11.5 resume os resultados desses testes. Verifica-se que a jarra *B* obteve a melhor classificação em todos eles, exceto na questão estética, quando ocupou o 5º lugar. No outro extremo, a jarra *C* que foi considerada aquela menos confortável e aquela G, de pior estética.

Os autores desse experimento concluem que as jarras que começam a entornar água lentamente são as melhores, porque permitem melhor controle motor e, portanto, proporcionam maior conforto. Constata-se, nesse caso, uma oportunidade de melhoria do produto, aplicando-se a técnica do *benchmarking*. Segundo essa técnica, o novo produto deve reunir as melhores características dos outros.

TABELA 11.5

Resumo das classificações obtidas pelas 7 jarras nos diversos testes. O número 1 indica que aquela jarra foi a melhor classificada no respectivo teste (Floyd et al., 1965)

Jarra	Antropometria	Teste Físico	Teste Fisiológico	Testes subjetivos	
				Conforto	Estética
A	4	4	4	3	1
B	1	1	1	1	5
C	7	5	7	7	6
D	6	7	6	6	4
E	5	6	5	4	3
F	2	2	2	2	2
G	3	3	3	5	7

Examinando-se novamente a Tabela 11.5 pode-se verificar que a jarra *B* foi considerada a melhor em 4 dos 5 critérios, perdendo somente na estética, quando foi classificada em 5º lugar. A jarra *A* foi considerada a melhor, em estética. Portanto, nesse caso, a estética da jarra *A* deveria ser analisada, para se melhorar a estética da *B*. Observa-se que *benchmarking* não é uma simples cópia. Tendo em vista as diferenças de configuração entre as jarras *A* e *B*, provavelmente não se pode transpor simplesmente a solução de uma para outra. Há necessidade de entender porquê a jarra *A* foi considerada esteticamente agradável, para redesenhar a jarra *B*, sem prejudicar as demais características dela, que foram bem avaliadas.

Conceitos introduzidos no capítulo 11

qualidade técnica
qualidade ergonômica
qualidade estética
projeto universal
usabilidade
desenvolvimento de produtos
desenvolvimento participativo
avaliação de produtos
homem de Cranfield

Questões do capítulo 11

1. O que entende por qualidades desejáveis do produto?
2. Quais são as principais diferenças entre bens de capital e bens de consumo?
3. Explique os conceitos de produto universal
4. Como se pode melhorar a usabilidade dos produtos?
5. Como se faz o desenvolvimento participativo?
6. Que aspectos devem ser analisados na avaliação de produtos?
7. Explique o caso do torno mecânico
8. Explique o caso do desenho de pás
9. Que características foram consideradas importantes na jarra doméstica?

Exercícios

1. Escolha um produto que você usa com freqüência e analise as suas características de usabilidade. Apresente sugestões para melhorar a usabilidade do mesmo.
2. Baseando-se no estudo de caso sobre as pás, analise algum produto semelhante, como enxadas, vassouras ou rodos.

12. Fatores humanos no trabalho

Neste capítulo vamos examinar as características do organismo humano, que influem no desempenho do trabalho.

O estudo da adaptação humana ao trabalho abrange as transformações que ocorrem quando o organismo passa do estado de repouso para a atividade e também aquelas transformações de caráter mais duradouro, devido ao treinamento.

A monotonia, fadiga e motivação são três aspectos muito importantes, que devem interessar a todos aqueles que realizam análise e projeto do trabalho humano. A monotonia e fadiga estão presentes em todos os trabalhos e não podem ser totalmente eliminados, mas controlados e substituídos por ambientes mais interessantes e motivadores.

Finalmente, as questões da idade, sexo e deficiências físicas no trabalho são assuntos da atualidade e estão atraindo, cada vez mais, atenção dos pesquisadores. Até agora, o homem adulto de 20 a 30 anos tem sido usado, quase sempre, como paradigma do trabalhador, mas isso está sendo cada vez menos real, à medida que outros segmentos da sociedade estão participando, cada vez mais, das atividades produtivas.

Muitos conceitos utilizados neste capítulo já foram apresentados anteriormente no Capítulo 3, e reaparecerão aqui no contexto aplicado ao trabalho.

12.1 Fatores fisiológicos do trabalho

Em determinados dias e horas, o organismo mostra-se mais apto ao trabalho. Nessas ocasiões, além do rendimento ser maior, há também menores riscos de acidentes. Diversos fatores condicionam esse estado favorável à atividade. Alguns são intrínsecos à própria natureza, como o ritmo circadiano, e outros são deliberadamente realizados pelo homem, como nos casos de treinamentos. Vamos examinar aqueles mais importantes para o trabalho humano.

Ritmo circadiano

O organismo humano apresenta oscilações em quase todas as suas funções fisiológicas com um ciclo de 24 horas. Daí o nome de circadiano, derivado do latim, *circa dies* significando cerca de um dia. Assim, por exemplo, o rim produz menos urina durante a noite e a sua composição noturna é diferente daquela diurna, sendo mais ácida à noite. A produção de hormônios corticais nas glândulas supra-renais atinge o mínimo entre 4 e 6 horas da manhã e o máximo por volta das 12 horas. O mesmo acontece com diversas outras funções fisiológicas.

A variável fisiológica mais significativa e de medição mais fácil é a **temperatura interna** do corpo. Ela sofre variações de 1,1 a 1,2°C durante o dia, oscilando entre 36,2 a 37,4°C, embora se observem diferenças individuais. Essa temperatura começa a subir por volta das 8 horas da manhã e mantém-se elevada até as 22 horas, quando começa a cair, atingindo o mínimo entre 2 e 4 horas da madrugada. Depois, volta a subir, para completar o ciclo.

O ritmo circadiano, bem como os demais indicadores fisiológicos, são comandados pela presença da luz solar. Assim, mesmo no caso de trabalhadores que trabalham à noite e dormem durante o dia, esse ritmo mantém-se quase inalterado, havendo apenas pequenas adaptações, que demoram cerca de 2 semanas para ocorrer.

Matutinos e vespertinos

Os estudos sobre os ritmos circadianos demonstram que há grandes variações individuais e que é possível distinguir pelo menos dois tipos: os matutinos e vespertinos.

Os matutinos são aqueles que acordam de manhã com mais facilidade, apresentam melhor disposição na parte da manhã e costumam dormir cedo. A sua temperatura sobe mais rapidamente, a partir das 6 horas e atinge o máximo por volta das 12 horas (Figura 12.1).

Os vespertinos são mais ativos à tarde e no início da noite. A temperatura corporal sobe mais lentamente na parte da manhã e aquela máxima só ocorre por volta das 18

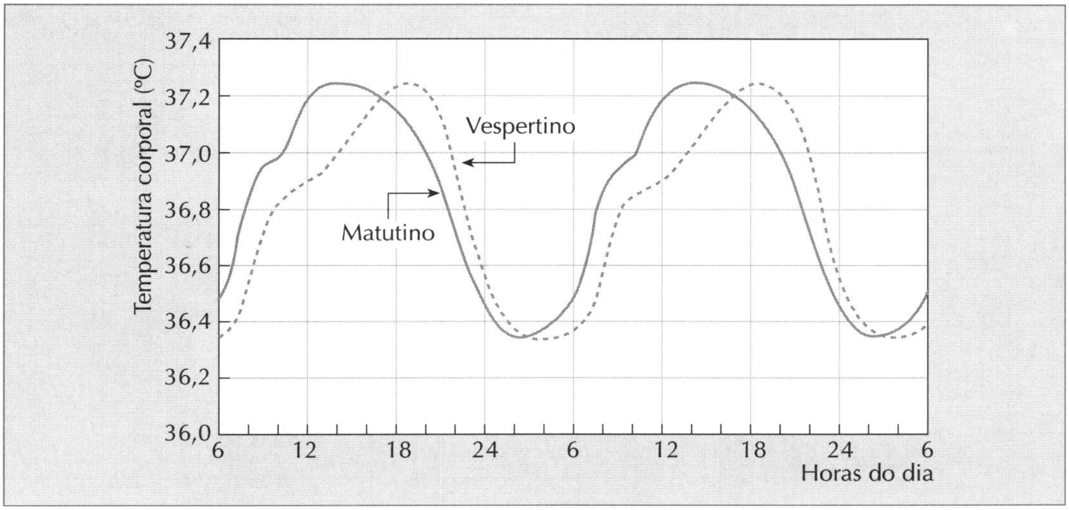

Figura 12.1 Variações da temperatura corporal durante o dia para indivíduos matutinos e vespertinos, devidas ao ritmo circadiano.

horas. Demonstram menor disposição na parte da manhã, mas, em compensação, são mais adaptáveis ao trabalho noturno.

Em uma população, os casos extremos de indivíduos tipicamente matutinos ou vespertinos constituem minoria. A maioria distribui-se em posições intermediárias, com diversos graus de tendências entre esses dois extremos.

Os ritmos circadianos não devem ser confundidos com a teoria dos biorritmos, que não encontrou comprovação científica (Wolcott *et al.*, 1977).

Importância do ritmo circadiano

Existem resultados comprovados da influência do ritmo circadiano no nível de alerta e desempenho no trabalho. Experimentos realizados em tarefas de inspeção, demonstram que os matutinos são mais eficientes na parte da manhã, para detectar falhas, enquanto os vespertinos são superiores na parte da tarde (Figura 12.2), com diferenças estatisticamente significativas entre esses dois grupos.

Uma usina sueca de gás, que funciona ininterruptamente, registrou, diariamente, durante 19 anos, os erros cometidos pelos controladores. Foram verificados 75 000 erros em 175 000 observações realizadas. Analisando-se a distribuição desses erros pelas hora do dia, constatou-se a existência de dois picos (Figura 12.3). Um deles, entre 12 e 14 horas e outro entre 2 e 4 horas. O primeiro pode ser explicado pela digestão, logo após o almoço. O segundo, pelo ciclo circadiano, quando o organismo apresenta os menores índices fisiológicos e, portanto, está menos apto ao trabalho.

Alimentação e ritmo biológico

A ingestão de refeições "pesadas" provoca um amortecimento da vigília devido à sobrecarga dos órgãos digestivos. Logo após essas refeições, organismo apresenta baixos índices fisiológicos e, portanto, fica menos apto ao trabalho. Na maioria dos

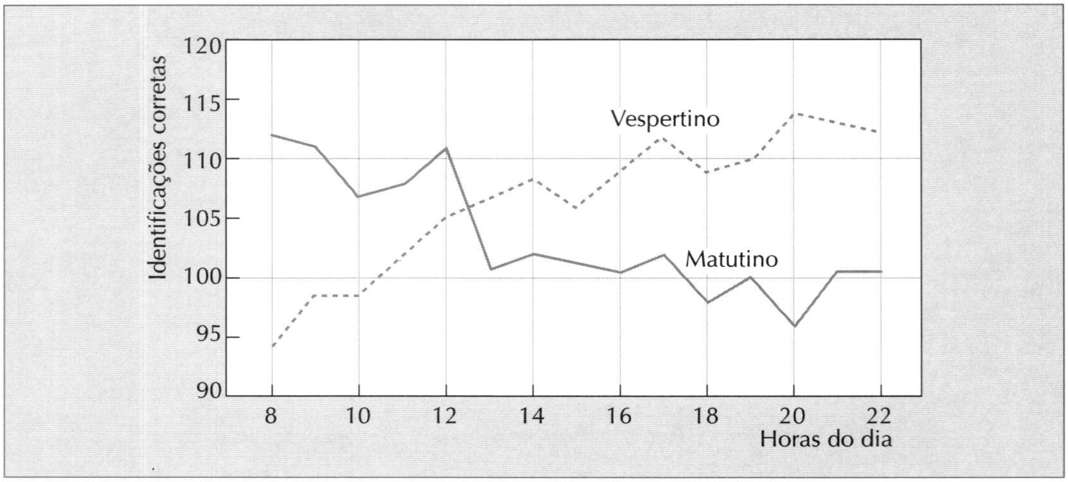

Figura 12.2 Número de falhas corretamente identificadas por elementos dos tipos matutino e vespertino, durante o dia. O matutino apresenta melhor desempenho na parte da manhã e o vespertino, na parte da tarde (Horne, Brass e Pettitt, 1980).

casos, uma pausa para almoço de 45 a 60 minutos é suficiente para esse período de digestão (Grandjean, 1998). Se essa pausa não for respeitada, há uma tendência de aumento de erros e acidentes.

Foi feita uma pesquisa com 500 motoristas de caminhão, que não tinham horários determinados de trabalho. Foi perguntado a eles em que horas do dia sentiam mais sono e que, praticamente, dormiam ao volante. A Figura 12.4 apresenta as freqüências das respostas obtidas. Observa-se a existência de dois picos. Um durante o dia, em torno das 12 às 14 horas, devido à digestão, e outro após a meia noite, principalmente entre 24 e 4 horas, devido aos ciclos circadianos.

Início da atividade

O corpo humano passa por diversas transformações fisiológicas no início da atividade. Isso ocorre, sobretudo quando se exigem esforços físicos pesados. Esse processo assemelha-se às máquinas térmicas, que precisam ser pré-aquecidas para entrar em regime normal de funcionamento.

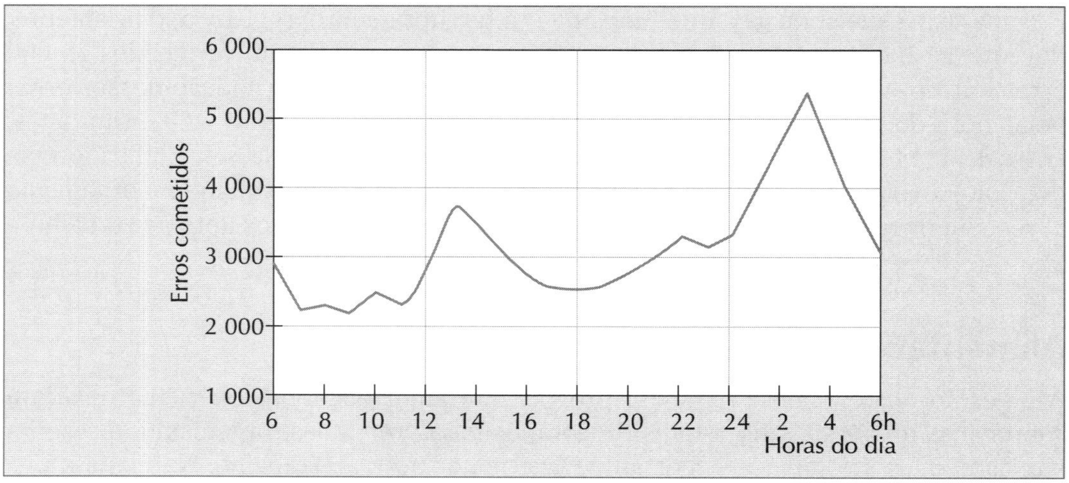

Figura 12.3 Influência dos horários na quantidade total de erros cometidos por controladores em uma usina de gás. Às 3 horas da madrugada, o número de erros chega a ser o dobro daquele do turno da manhã (Berjner, Holm e Swensson, 1955).

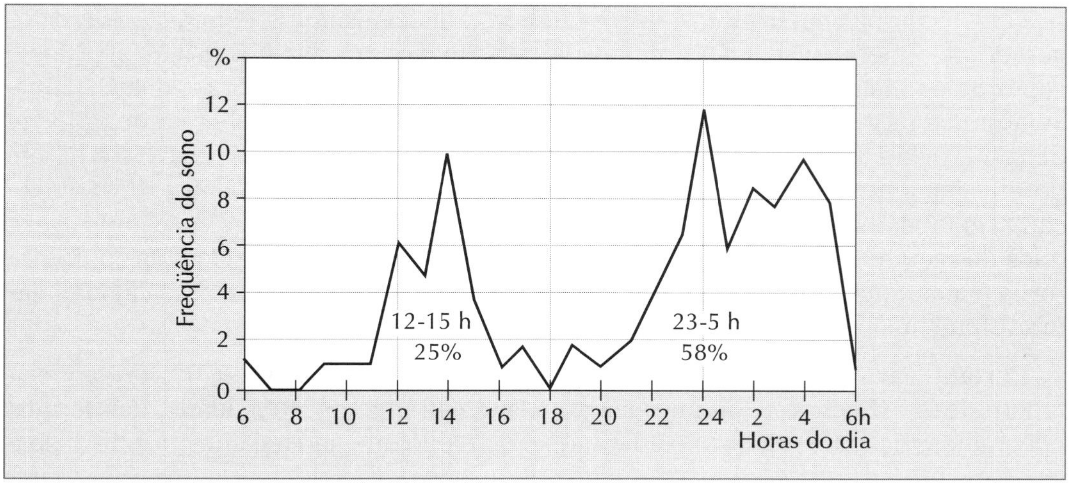

Figura 12.4 Freqüências do sono ao volante, em relação às horas do dia, manifestados por 500 motoristas de caminhão (Grandjean, 1998).

Quando uma atividade física pesada começa repentinamente, os músculos trabalham em desvantagem, com um débito de oxigênio (ver Figura 6.1). Não há tempo para regular as funções respiratória e circulatória para esse novo nível de demanda. O metabolismo dos músculos produz ácido lático e ácido racêmico, que aumentam o teor de acidez do sangue. Essa acidez do sangue serve como estimulante para a dilatação dos vasos e aumento da respiração, que contribuem para levar mais oxigênio aos músculos. O equilíbrio entre a demanda e o suprimento de oxigênio é restabelecido após 2 a 3 minutos. Terminando a atividade, o organismo retorna aos níveis fisiológicos anteriores, demorando cerca de 6 minutos para essa transformação (Figura 12.5).

Para trabalhos físicos muito intensos, como em competições esportivas, há outras transformações. O rim praticamente deixa de funcionar, cessando a produção da urina, e também a irrigação sanguínea no aparelho digestivo se reduz. Isso aconselha a não se fazer esforço físico pesado com o estômago cheio, porque, havendo forte demanda muscular, esta última predomina sobre a função digestiva.

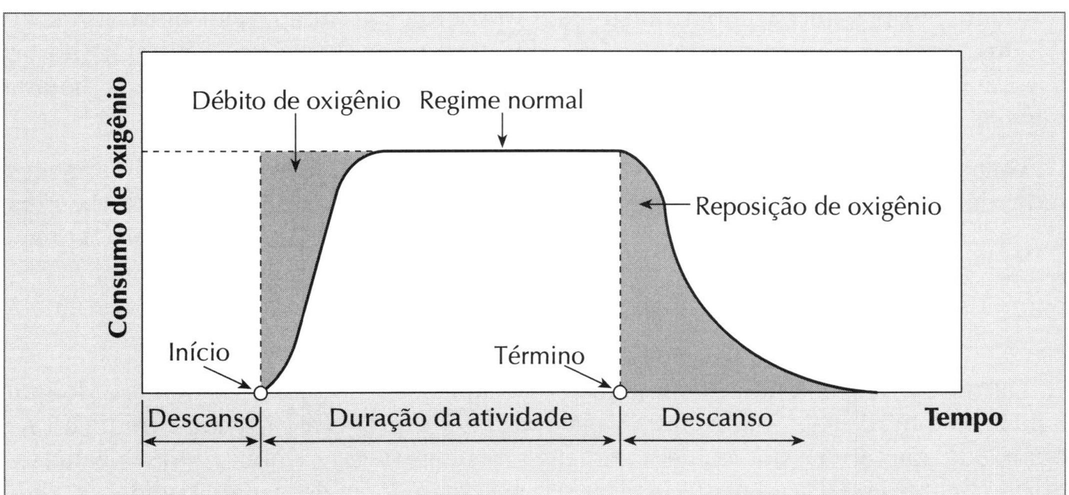

Figura 12.5 No início de uma atividade física pesada, o organismo atua em condições desfavoráveis, com débito de oxigênio, durante 2 ou 3 minutos, até entrar em regime normal de funcionamento.

O trabalho muscular intenso ativa também o mecanismo de eliminação do calor gerado pelo metabolismo. Um organismo acostumado a trabalhos físicos pesados é capaz de eliminar até 10 vezes mais calor, em relação ao estado de repouso. A musculatura se desenvolve pelo aumento da espessura das fibras, embora a quantidade delas permaneça constante. Essas fibras também se tornam mais flexíveis e há um desenvolvimento dos vasos **capilares** no interior dos músculos, facilitando a irrigação sanguínea e, portanto, há mais abastecimento de oxigênio e remoção dos resíduos do metabolismo. O coração também se fortalece com o exercício físico. Ele se torna maior e mais forte. O seu ritmo diminui, mas, em cada batida, passa a bombear um volume maior de sangue.

Portanto, para um trabalho físico pesado, é aconselhável fazer um pré-aquecimento de 2 a 3 minutos, ou iniciar a atividade com menor intensidade, dando uma oportunidade para o organismo adaptar-se, de modo que não haja um grande desbalanceamento entre a oferta e a demanda de oxigênio. Em algumas empresas, adota-se a prática da ginástica de aquecimento, antes da jornada de trabalho, assim como os atletas fazem aquecimento muscular antes das competições.

Ritmo circadiano e o sono

O organismo humano é dotado de dois "relógios" para controlar as funções vitais. Eles têm um ciclo regular de 24 horas e são ajustados pela luz solar. Um deles controla os períodos de sono e vigília e o outro, as funções fisiológicas, como a temperatura corporal e batimentos cardíacos. Em condições normais, há uma sincronização entre esses dois relógios. Assim, a temperatura corporal e outras funções fisiológicas aumentam quando estamos acordados e decaem quando dormimos.

Contudo, o sincronismo entre esses dois relógios pode ser perturbado, por exemplo, quando se trabalha no período noturno. Um dos relógios abaixa o ritmo dos níveis fisiológicos indicando que está na hora de dormir. O outro relógio "diz" que está na hora de trabalhar e não de dormir. Há um conflito entre eles e o organismo procura compatibilizá-los. O processo de adaptação dura cerca de 2 semanas, mas não se faz de forma completa. Ao contrariar o ritmo natural do organismo, consegue-se apenas uma adaptação parcial aos novos horários de dormir e acordar.

Uma pessoa adulta dorme, em média, 8 horas diárias. Mas há muitas variações individuais, situando-se em torno de 8 ± 2 horas, ou seja, entre 6 a 10 horas. Existem alguns casos extremos de pessoas que só precisam de 3 a 4 horas de sono. Se uma pessoa dormir menos que o seu organismo exige, acaba acumulando um débito, que poderá ser compensado nos finais de semana ou em dias de folga, de modo que a média diária seja mantida.

Durante o sono há uma recuperação das capacidades física e mental, sendo que aquela mental é mais importante. A fadiga mental provoca irritação e redução na qualidade das tarefas que exigem atenção e concentração mental. Alguns pesquisadores sugerem que a fadiga física seria uma conseqüência dessa fadiga mental.

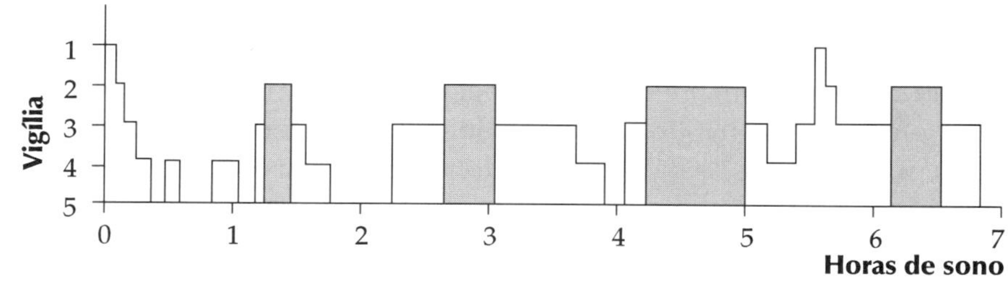

Figura 12.6 Representação esquemática da sucessão de fases do sono. As áreas sombreadas indicam as fases REM (Grandjean, 1998).

Fases do sono

O sono não é um processo homogêneo. Durante o sono há uma sucessão de quatro fases: adormecimento, sono superficial, sono profundo e REM (*rapid eye moviments*). Em cada uma dessas fases há variações de índices fisiológicos como o ritmo cardíaco, ritmo respiratório, tônus muscular e atividades elétricas do cérebro (EEG).

A primeira fase, de adormecimento, marca o início do sono e dura de 1 a 7 minutos. Depois disso, há uma sucessão das outras fases, que se repetem a cada 90 a 100 minutos (Figura 12.6). Na fase REM, o cérebro torna-se ativo, como se estivesse acordado, os olhos movem-se rapidamente e os sonhos são freqüentes. Nessa fase ocorre a máxima desconcentração muscular e há dificuldade em acordar. Um sono só é considerado de boa qualidade quando se consegue atingir algumas fases REM.

Diversas substâncias estimulantes costumam ser usadas pelos trabalhadores, para "espantar" o sono e manter a vigilância. Os mais comuns são a cafeína, fumo e álcool.

Cafeína

A cafeína é um estimulante, que é rapidamente absorvida pela corrente sanguínea. Em geral aumenta a vigilância, reduz a inibição, alivia a fadiga e provoca queda do apetite. Ao tomar uma xícara de café, chá ou ingerir uma barra de chocolate há um aumento do ritmo cardíaco, entre 2 a 10 batidas por minuto, durante 5 a 15 minutos. O seu efeito cessa em meia hora.

Experimentos realizados com pessoas que consumiam doses de 0,2 a 0,4g de cafeína demonstraram um aumento do nível de atenção, com redução dos tempos de reação. Os motoristas que consumiam 0,2g de cafeína e se submetiam a testes de direção durante 90 min, demonstraram maior atenção, com uma significativa diminuição dos tempos para acelerações e desacelerações. Estes resultados foram obtidos em comparação com um grupo de controle que havia recebido placebo.

Mas ela produz também alterações fisiológicas, elevando a temperatura corporal, acelerando o ritmo cardíaco e aumentando o consumo de oxigênio. Entretanto, cada pessoa tem um determinado nível de tolerância. Se este for ultrapassado, ocorrem diversos efeitos nocivos como indigestão, nervosismo e insônia. Em alguns casos crônicos, o consumo excessivo da cafeína pode provocar patologias mais sérias.

Fumo

O fumo contém monóxido de carbono à razão de 4% do seu volume. Esse gás tem afinidade de 200 a 300 vezes maior que a do oxigênio para combinar com a hemoglobina do sangue. Como essas hemoglobinas funcionam como "carrinhos" para transportar oxigênio dos pulmões para os músculos, o monóxido de carbono tenderá a ocupar os lugares do oxigênio, reduzindo a capacidade circulatória para transportar oxigênio.

As pessoas que fumam de 15 a 25 cigarros por dia apresentam uma taxa de 6,3% de hemoglobina combinada com o monóxido, o que resulta numa redução de 5 a 10% de sua capacidade aeróbica, reduzindo a sua capacidade física.

Uma pesquisa realizada na Inglaterra entre 285 atletas mostrou que havia, entre eles, 16% de fumantes, mas todos estavam no grupo que dependia mais de suas habilidades motoras (como tiro ao alvo) do que do esforço físico contínuo. Entre os corredores de longa distância, por exemplo, não foi encontrado um único fumante. Além disso, o fumo contém uma grande mistura de substâncias tóxicas e cancerígenas que tem efeito depressivo e reduzem a capacidade física dos fumantes.

A longo prazo, podem provocar doenças irreversíveis como o câncer dos pulmões. Recentes pesquisas demonstraram que os não-fumantes que trabalham na mesma sala dos fumantes (fumantes passivos), apresentam os mesmos sintomas dos fumantes, ao respirarem o ar contaminado. Isso é agravado em ambientes fechados, como os de ar condicionado.

Álcool

O álcool (etanol) mistura-se em qualquer proporção com água e, portanto, com o sangue. Uma vez ingerido, passa facilmente para a corrente sanguínea e chega aos órgãos bem abastecidos de sangue, como o cérebro, pulmões, fígado e rins. O teor máximo de álcool no sangue ocorre meia hora após a sua ingestão. A sua eliminação começa no momento da ingestão e ocorre uniformemente até que a concentração se torne muito baixa. Esse processo não pode ser acelerado. Se o volume ingerido for grande, pode demorar 6 a 8 horas até que o fígado tenha tempo suficiente para eliminá-lo.

O álcool destilado é absorvido mais rapidamente que o da cerveja. Se for acompanhado de alimento, o ritmo de absorção pode ser retardado. Entretanto, esse ritmo depende da composição do alimento. É mais lento com carboidratos, médio com gorduras e rápido com proteínas. Além disso, há muitas diferenças individuais. Mulheres, pessoas obesas e idosas são mais suscetíveis ao efeito do álcool. Há influência também do ritmo circadiano. No início da tarde, quando o organismo está mais ativo, o seu efeito manifesta-se mais rapidamente do que à noite.

Em doses muito pequenas, de até 0,01% do volume do sangue, o álcool pode se benéfico ao sistema cardiovascular. Porém, a partir disso, começam a aparecer os **efeitos nocivos**, agravando-se a partir de 0,07%. A concentração acima de 0,1% no sangue provoca depressão e mudanças de humor, como gargalhadas ou choro compulsivo. Aos 0,2% há perda de controle emocional e o estado de coma advém aos 0,4% (Kroemer, 1994).

O álcool afeta tanto o sistema neurológico como o muscular. No sistema neurológico, o álcool retarda a transmissão dos impulsos nervosos nas junções sinápticas e afeta o córtex cerebral, causando falhas na memória, distúrbios de linguagem e descontrole motor. O tempo de reação começa a aumentar a partir da concentração de 0,07% no sangue. A sensibilidade tátil é reduzida, assim como a olfativa. As acuidades visual e auditiva são menos suscetíveis. Contudo, em tarefas complexas, observam-se retardamentos e há maior incidência de erros.

O álcool afeta também o sistema muscular, provocando degradação dos movimentos. Há perdas de velocidade e precisão. A pessoa alcoolizada não consegue andar em linha reta. Os motoristas alcoolizados não conseguem dirigir em linha reta e apresentam dificuldades para desviar-se dos obstáculos, reagir rapidamente aos incidentes e estacionar. Na indústria, foram constatados diversos efeitos negativos, afetando tanto a qualidade como a quantidade da produção. Com o teor de 0,09%, a produtividade é reduzida a 50%.

Portanto, o álcool, mesmo em dosagens pequenas, pode trazer conseqüências danosas ao trabalho. Há uma redução da percepção, capacidade de tomar decisões corretas, memória, fala, aumento do tempo de reação e degradação do controle motor. Em conseqüência, os erros, acidentes e a produtividade são seriamente afetados. Infelizmente, o álcool também reduz a capacidade de autocrítica. Assim, uma pessoa alcoolizada tem dificuldade de reconhecer os seus erros.

12.2 Conhecimento, aprendizagem e treinamento

Conhecimento é tudo que aprendemos e sabemos. Aprendizagem é o processo de aquisição de novos conhecimentos. Treinamento é o enriquecimento da memória com conhecimento operacional.

Informação e conhecimento

Há uma diferença conceitual entre informação e conhecimento. **Informação** é uma notícia impressa no jornal ou um dado armazenado no computador. O **conhecimento** já envolve algum tipo de operação ou uso dessa informação.

O conhecimento está armazenado na memória de longa duração. Como já vimos na página 262, ele pode ser de caráter declarativo ou operacional. O conhecimento declarativo contém fatos, figuras e sentimentos. O conhecimento operacional é aquilo que sabemos fazer, como dirigir um automóvel.

O conceito de conhecimento pode ser estendido às organizações. Assim, uma organização, como uma empresa, adquire conhecimentos, armazena-os e os usa em suas operações. Uma empresa possui tanto conhecimentos declarativos como os operacionais. Conhecimentos declarativos são de natureza "estática" como as normas técnicas, manuais de operação, endereços dos fornecedores e outros. Os conhecimentos operacionais indicam como fazer: como projetar, como fabricar, como controlar a qualidade, como distribuir e assim por diante.

Gestão do conhecimento

No mundo moderno, o conhecimento tornou-se mais precioso que os próprios materiais. Empresas que usam muitos conhecimentos são classificadas na categoria de **conhecimentos intensivos**. Para essas empresas, a gestão do conhecimento, tem se transformado em uma das suas principais preocupações.

A gestão do conhecimento lida com a aquisição, armazenamento e recuperação das informações, para que possam ser usadas quando forem necessárias.

Aquisição — É a tarefa de capturar a informação, codificá-la e armazená-la de forma estruturada. Essa tarefa assemelha-se a guardar um novo livro na biblioteca. Se não for adequadamente codificado e colocado na estante correta, será praticamente impossível localizá-lo depois, no meio de milhares de outros livros. Essa informação fica, então, praticamente perdida.

Recuperação — É a tarefa de buscar a informação armazenada na ocasião em que se necessita dela. Para isso é necessário filtrar e selecionar somente aquela informação relevante para o usuário, seja ele individual ou organizacional. Dessa forma, as pessoas recebem informações que tenham significado e valor para o seu trabalho, sem perder tempo com informações inúteis.

Personalização — Personalização é o uso da informação nos contatos pessoais. Isso é facilitado, por exemplo, pelo uso de um vocabulário padronizado para designar os mesmos conceitos dentro de uma área de trabalho. Quando a linguagem natural não oferecer precisão suficiente para designar os vários conceitos, pode-se criar um código próprio para as comunicações.

Atualmente, a maioria das empresas usa sistemas informatizados (e-mail, Internet) e o volume de informações disponíveis é muito grande. O excesso de informações pode ser prejudicial. Em vez de ajudar, acaba atrapalhando. Então, o maior problema está em estabelecer um critério adequado para as três etapas acima descritas, para que não haja aquisição e armazenamento de informações inúteis, que jamais serão utilizadas. Na hora da recuperação, devem ser obtidas apenas aquelas informações realmente relevantes e que tenham um significado para o trabalho que se quer realizar.

Comunicações no grupo de trabalho

O sucesso de um trabalho em equipe depende muito das comunicações entre seus membros. Isso se torna mais importante à medida que a complexidade dos sistemas vai crescendo e muitas decisões devem ser tomadas. Por exemplo, até a década de 1980, os programas de computador eram relativamente simples e podiam ser desenvolvidos por um único programador. Os ergonomistas analisavam o trabalho desse programador solitário e depois generalizavam as suas conclusões para o grupo. Hoje, as programações complexas dependem da cooperação mútua entre várias pessoas e intensa troca de informações entre eles.

Os programadores que fazem parte de uma equipe trocam muitas informações entre si, usando basicamente três meios: comunicação pessoal, telefone e Internet.

A comunicação **pessoal** é mais eficaz para os aspectos estratégicos e criativos. Ela deve ser usada principalmente na fase inicial dos trabalhos para que o objetivo fique bem claro para todos, inclusive a atribuição das tarefas e responsabilidades que cabem a cada participante. Já o **telefone** é usado para informações mais superficiais, para confirmar uma informação ou esclarecer dúvidas. A **Internet** é eficaz para os detalhes técnicos e operacionais, podendo incluir, além da linguagem, imagens, gráficos e desenhos. Outra vantagem da Internet é a possibilidade de guardar a informação, para uso posterior.

As comunicações, principalmente aquelas de natureza pessoal, dependem da **confiança** mútua entre pessoas. Ela pode ser muito intensa entre as pessoas que se confiam mutuamente e pequena ou até nula, quando não houver essa confiança. Quando essa confiança é baixa, as comunicações tendem a ser mais formalizadas e "frias". Esse tipo de comunicação não ajuda o processo criativo. Portanto, o sucesso do grupo vai depender do uso adequado desses meios de comunicação e da confiança mútua entre as pessoas.

Aprendizagem por processo exploratório

Aprender significa adquirir conhecimentos e armazená-los na memória de longa duração. O processo de aprendizagem geralmente começa com uma apresentação verbal da informação, onde se descreve como deve ser realizada a tarefa. Essa informação é armazenada em forma declarativa. Com o treinamento na execução da tarefa, o conhecimento passa a ser operacional.

Por exemplo, para aprender a usar um novo processador de textos, podemos adquirir conhecimento declarativo lendo o manual, ouvindo a explicação de um professor ou seguindo uma instrução programada.

Entretanto, nos casos práticos, os usuários raramente fazem leitura dos manuais e nem dispõe de professores ou instrução programada. Observando-se como as pessoas aprendem na prática, verificou-se que elas preocupam-se em aprender apenas alguns aspectos do sistema que consideram importantes e que estejam diretamente relacionados com o trabalho em execução. Depois aprendem gradativamente outras facetas, em um processo exploratório, por tentativas e erros.

Nesse processo **exploratório**, o usuário procura imagens (palavras, ícones, menus) que possam estar relacionadas com a tarefa que pretende realizar. Isso indica que a interface deve ser projetada de modo que as imagens apresentadas estejam relacionadas com essa tarefa.

Os modernos programas de computadores são projetados para que se possam executar algumas tarefas básicas com pouca ou nenhuma instrução. Isso acontece também com os jogos eletrônicos. Ao ver, imediatamente, os resultados de suas ações, as pessoas são encorajadas a prosseguir. Os usuários desses sistemas acabam desenvolvendo seus próprios modelos mentais sobre o funcionamento do sistema. A partir dessa experiência empírica, eles se tornarão capazes de prever os resultados de novas ações. Com o aumento da auto-confiança, serão capazes de executar ações cada vez mais complexas.

Transferências de modelos mentais

Para facilitar a aprendizagem exploratória, o projetista de sistemas deve partir de modelos mentais que já existem no repertório dos aprendizes. Deve aproveitar as habilidades já desenvolvidas na operação de algum sistema anterior. Assim, o tempo de adaptação será abreviado, além de reduzir os erros na operação do novo sistema.

Se os novos sistemas forem operados de modo semelhante àqueles já conhecidos, dizemos que há uma transferência **positiva** do aprendizado. Nesse caso, o modelo mental do sistema antigo é transferido para o novo. Um bom projeto de sistema deve ser composto de sub-rotinas coerentes com uma certa lógica, para que o usuário possa entende-lo, usando uma transferência positiva do aprendizado.

A aprendizagem por exploração torna-se mais fácil também quando há semelhança semântica entre a tarefa pretendida e a imagem que aparece na interface. O tempo necessário para aprender a realizar uma nova tarefa se reduz quando há uma correspondência semântica entre a tarefa e a imagem.

Em caso contrário, quando ele não puder aplicar o modelo mental já existente, terá dificuldade de aprendizagem, cometerá mais erros e será incapaz de agir diante de eventos inesperados. No caso da transferência positiva, torna-se capaz de prever, com certa segurança, o comportamento do sistema e saberá como agir em casos imprevistos.

Modelo mental e aprendizagem

Durante a aprendizagem, uma pessoa adquire conhecimentos sobre as relações estruturais e o funcionamento do sistema em que atua. Com esses conhecimentos, ele constrói um modelo mental do sistema, que corresponde a uma representação de sua estrutura e funcionamento. O modelo mental (Figura 12.7) permite que uma pessoa simule mentalmente o funcionamento de um sistema, do tipo: "se eu apertar essa tecla, vai acontecer tal coisa".

Quem projeta um sistema elabora e desenvolve o modelo completo de funcionamento desse sistema. Contudo, do outro lado, os seus usuários não têm essa percepção global. Eles tomam conhecimento do sistema gradativamente. Aos poucos, com a experiência, vão descobrindo relações e detalhes do sistema. É como acontece naquela anedota de cegos apalpando um elefante. Aquele que pegar a tromba dirá que o elefante é um conjunto de tubos rugosos e flexíveis. O que pegar a orelha, que são folhas flexíveis. O marfim, que é um cone duro, liso e pontudo, e assim por diante. Cabe, portanto ao projetista do sistema, permitir que o usuário novato construa um modelo mental correto, desde as primeiras "apalpadas".

Os modelos mentais não são estáticos. Eles **evoluem** à medida que as pessoas adquirem experiência, e podem ser corrigidos, simplificados ou acrescidos de novos detalhes. À medida que adquirem experiência, os operadores introduzem simplificações em seus modelos mentais, baseando-se em sua experiência. Essa simplificação é feita a favor da eficiência, pois os operadores experientes preservam as conexões importantes para obter os resultados pretendidos.

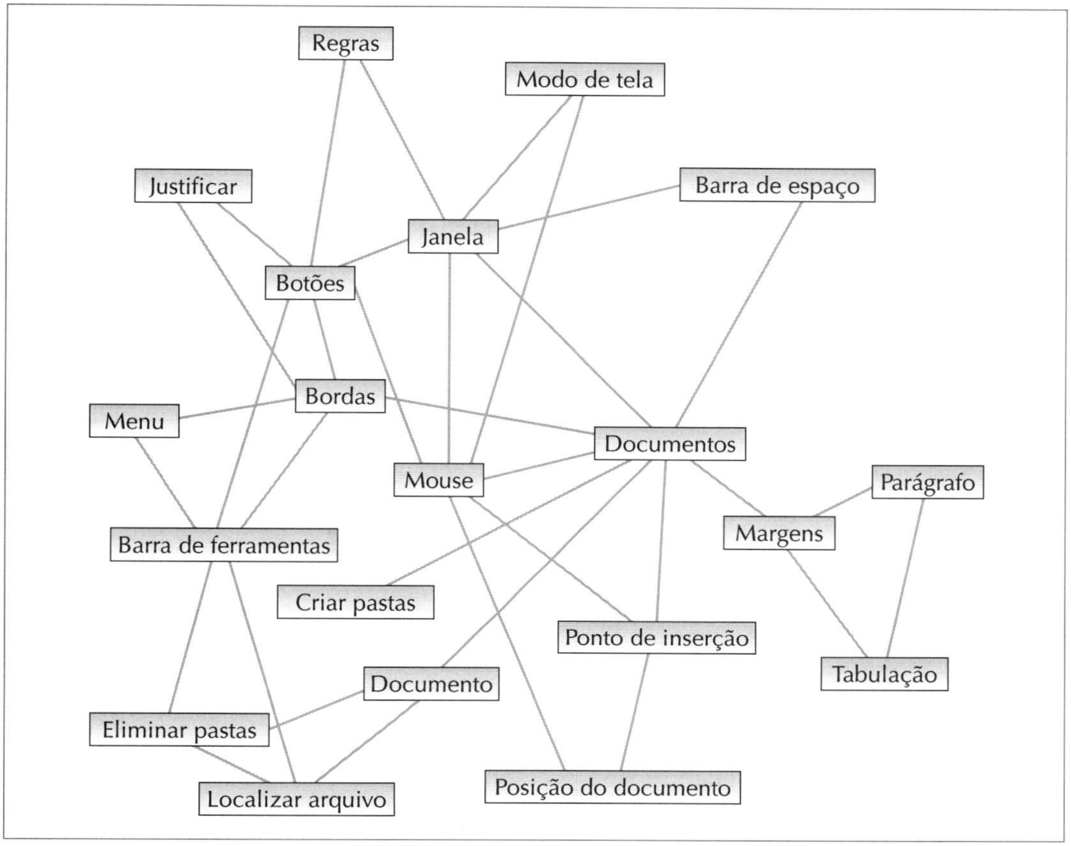

Figura 12.7 Rede conceitual dos usuários de um processador de textos (Cañas e Waerns, 2001).

Um projetista de sistema pode conceber um sistema flexível, que vá se adaptando, à medida que o operador vai adquirindo experiência. Ele pode providenciar atalhos para os operadores experientes. De qualquer forma, é necessário haver alguns indicadores **durante** o processo para conferir se a rota está correta (e não apenas ao final da operação). Se houver algum desvio, o operador deve ser avisado o mais rápido possível, com um alarme do tipo "bip".

Cañas e Waerns (2001) descrevem um experimento em que foram comparados os modelos mentais de dois grupos de pilotos de caça. Um deles, constituídos de novatos, com 200 horas de vôo e pouca experiência em situações de combate. Outro, de pilotos veteranos, com média de 2 500 horas de vôo e com experiências em situações simuladas de combate aéreo.

Os novatos conheciam melhor os procedimentos gerais de vôo, mas apresentavam um desempenho inferior nas situações de combate. O modelo mental dos novatos apresentava maior número de conexões (49) que os experientes (37). Contudo, descobriu-se que essa simplificação dos experientes não era feita aleatoriamente. Eles descartavam as relações pouco importantes e preservavam aquelas ligações importantes, o que indica uma maior clareza das suas relações conceituais, que leva à maior **eficiência** operacional. Desse modo, a experiência funciona como um filtro. As pessoas experientes tendem a simplificar os modelos mentais, mas preservam as conexões importantes para atingir os seus objetivos.

Adaptação e treinamento

O organismo apresenta várias adaptações fisiológicas durante o processo de aprendizagem.

Um novato, realizando uma tarefa pela primeira vez, sentirá mais dificuldade que uma pessoa experiente, já acostumada a essa tarefa. O novato vai fazer movimentos bruscos, deselegantes, cometer mais erros, e sentir-se mais fatigado.

No dia seguinte já sentirá menos dificuldades. Com o tempo, a sua coordenação muscular vai melhorando e os seus movimentos se tornam mais suaves e harmoniosos. Em conseqüência, o consumo de energia reduz-se, a fadiga diminui e a sua produtividade aumenta. Um trabalhador experiente consegue regular o seu gasto energético, de modo que possa suportar bem a jornada de trabalho.

Curva de aprendizagem

Pesquisas realizadas com a curva de aprendizagem demonstram que o tempo do ciclo se reduz em **escala logarítmica** em função do número de vezes que uma tarefa é repetida. A velocidade dessa redução depende de vários fatores. Em geral, com 50 a 100 ciclos, o tempo pode chegar à metade ou um terço do tempo inicial. Há casos em que, com 10 000 ciclos, ainda se observam reduções de tempo.

A curva de aprendizagem nem sempre é contínua. As vezes, o tempo do ciclo sofre quedas bruscas, indicando que o trabalhador encontrou um método melhor para executar o trabalho, com a experiência adquirida. A energia gasta também pode reduzir-se à metade da inicial, ao cabo de um período de 10 dias de trabalho, acontecendo reduções semelhantes com outros índices fisiológicos como a freqüência cardíaca e a temperatura corporal. Essas reduções de tempo dependem ainda de diferenças individuais. Certas pessoas apresentam maior velocidade nessa redução, sendo que algumas não conseguem ultrapassar determinados limites de redução.

Diversas transformações ocorrem no organismo do trabalhador durante a aprendizagem, tornando-o mais apto a executar a tarefa. Estas podem ser classificadas nas seguintes fases:

Fase 1. Aprendizagem da seqüência de atividades — Envolve a execução de uma instrução escrita ou verbal, ou a imitação de um comportamento. Nesse particular, observa-se que a maioria dos trabalhadores industriais com alguma experiência anterior, é capaz de executar rapidamente uma seqüência relativamente longa de atividades, não havendo, em geral, necessidade de fracioná-la em subconjuntos mais simples.

Fase 2. Ajuste dos canais sensoriais — À medida que o trabalhador vai adquirindo habilidade, os canais sensoriais usados para obter informações sobre a tarefa vão se modificando. Um exemplo típico é a crescente participação do senso cinestésico substituindo a visão. Por exemplo, uma pessoa que está aprendendo a andar de bicicleta sempre olha para os pés na hora de posicioná-los nos pedais, e depois torna-se capaz de fazer esse movimento "às cegas", somente com o uso do senso cinestésico.

Com o tempo, o trabalhador acaba selecionando um conjunto de canais sensoriais, que transmitem só as informações **essenciais** para o seu trabalho. Observa-se também um uso mais eficiente dessas informações, com a simplificação do modelo cognitivo e a atenção se concentrando naqueles aspectos realmente importantes, ignorando aqueles menos significativos. Além disso, há melhor sincronização entre informações e ação, de modo que as primeiras são obtidas no tempo certo em que se tornam necessárias.

Fase 3. Ajuste dos padrões motores — Associado ao ajuste dos canais sensoriais, ocorre um ajuste dos padrões motores, com uma seleção mais adequada dos movimentos corporais (como a escolha do dedo correto para cada manipulação). Há também uma melhoria na velocidade, trajetória e ritmo dos movimentos. Por exemplo, um trabalhador experiente pode arrumar as peças para montagem em uma seqüência que favoreça as fixações visuais e de forma que as mesmas sejam apanhadas com a mão, logo após ocorrerem essas fixações visuais, sincronizando a visão com os movimentos das mãos.

O tempo necessário para se adquirir padrões consistentes, tanto dos canais sensoriais como dos movimentos motores está diretamente relacionado com a variância (dispersão) dos mesmos. Ou seja, quanto menor for a variância, mais rapidamente esses padrões serão alcançados, aumentando-se a precisão e a constância dos movimentos.

Fase 4. Redução da atenção consciente — Finalmente, na última fase de aquisição de habilidade, o trabalhador passa a executar a tarefa "automaticamente", com necessidade de poucas informações. Dizemos que ele passa a operar no "piloto automático". Apenas algumas informações servem para "monitorar" a tarefa, que é interrompida quando se percebe algum tipo de anormalidade.

Dessa forma, ao mesmo tempo que os trabalhadores experientes passam a necessitar de poucas informações para as suas tarefas rotineiras, também desenvolvem uma sensibilidade de fazer controle **por exceção**. Isso significa que quando uma informação recebida não corresponder à sua expectativa, voltam a ser usados os canais sensoriais, como a visão, que haviam sido "dispensados" pelo efeito da aprendizagem. Essa simplificação de atenção consciente sobre a tarefa ocorre aleatoriamente, pela prática de cada um, mas pode ser introduzida intencionalmente durante o treinamento, fazendo com que o trabalhador passe a ignorar deliberadamente certas informações, mantendo apenas aquelas consideradas essenciais ou as que indiquem algum tipo de anormalidade.

12.3 Fadiga

Fadiga é o efeito de um trabalho continuado, que provoca uma redução reversível da capacidade do organismo e uma degradação qualitativa desse trabalho. A fadiga é causada por um conjunto complexo de fatores, cujos efeitos são cumulativos. Em primeiro lugar, estão os fatores fisiológicos, relacionados com a intensidade e duração do trabalho físico e mental. Depois, há uma série de fatores psicológicos, como a monotonia, a falta de motivação e, por fim, os fatores ambientais e sociais, como a iluminação, ruídos, temperaturas e o relacionamento social com a chefia e os colegas de trabalho.

Conseqüências da fadiga

Embora os mecanismos causadores da fadiga não sejam totalmente conhecidos, há uma razoável descrição das conseqüências da mesma. Uma pessoa fatigada tende a aceitar menores padrões de precisão e segurança. Ela começa a fazer uma simplificação de sua tarefa, eliminando tudo o que não for essencial. A força, velocidade e precisão dos movimentos tendem a diminuir. Os movimentos tornam-se descoordenados quando registrados por métodos cronociclográficos (Figura 12.8). Os erros tendem a aumentar (ver Barnes, 1977).

Um motorista fatigado, por exemplo, olha menos para os instrumentos de controle e reduz a freqüência das mudanças de marcha. Observa-se que os pilotos de avião fatigados apresentam uma tendência irresistível de relaxar, quando se aproximam do aeroporto, e isso produz um repentino aumento de erros, que podem resultar em acidentes. Mesmo a pessoa pensando que esteja fazendo o melhor possível, o seu padrão de desempenho vai piorando. Isso ocorre com coisas certas feitas em tempos errados ou coisas erradas feitas nos tempos certos, dependendo daquela variável sob maior controle.

As tarefas com excesso de carga mental provocam redução da precisão na discriminação de sinais, **retardando** as respostas sensoriais e aumentando a irregularidade das respostas. No caso de tarefas complexas, a fadiga também leva à desorganização das estratégias do operador para atingir os seus objetivos, encontrando maior dificuldade para combinar os elementos, incluindo omissões daquelas tarefas de baixa freqüência e alterações na memória de curta duração.

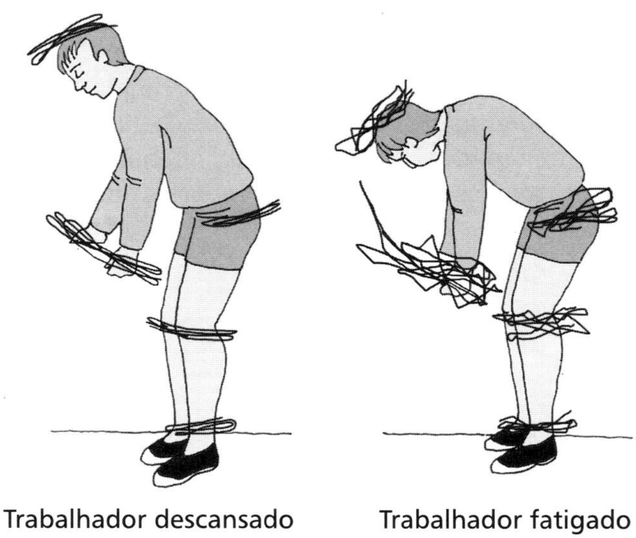

Figura 12.8 Registros cronociclográficos, mostrando que a fadiga tende a deteriorar o padrão dos movimentos musculares.

A **sobrecarga** ocorre quando as solicitações feitas sobre o indivíduo excedem a capacidade de resposta do mesmo, e isso depende do grau de liberdade que o operador dispõe para resolver o problema, da estratégia adotada para solucionar o problema e também dos conhecimentos e habilidades individuais. Há grandes diferenças individuais de reações à sobrecarga. Algumas pessoas conseguem simplificar ou protelar parte das tarefas, para continuar operando, enquanto, outras, podem descontrolar-se.

Fatores fisiológicos da fadiga

A fadiga fisiológica resulta do acúmulo de ácido lático nos músculos como já vimos na página 72. Quando a atividade muscular é muito intensa, o ritmo de produção do ácido lático, como subproduto do metabolismo, é maior que a capacidade do sistema circulatório em removê-lo, provocando, então, um desequilíbrio. A fadiga decorre também do esgotamento das reservas de energia, que se manifesta pelo baixo teor de açúcar no sangue. Essa reserva pode ser reposta pela ingestão de glicose ou alguma outra substância que possa ser facilmente utilizada pelo metabolismo (Figura 3.10).

A fadiga fisiológica é reversível, desde que não ultrapasse certos limites, e o corpo se recupera com pausas concedidas durante o trabalho, ou com o repouso diário. Entretanto, existe um outro tipo de fadiga, chamada de **crônica**, que não é aliviada por pausas ou sonos e tem um efeito cumulativo. A fadiga crônica é caracterizada por fastio, aborrecimento, falta de iniciativa e aumento progressivo da ansiedade.

Com o tempo, pode causar doenças como úlceras, doenças mentais e cardíacas. Nessa situação, o descanso já não é suficiente para se recuperar, devendo-se recorrer ao tratamento médico. Certos sais de potássio e de magnésio reduzem esses efeitos. A fadiga crônica tem causas complexas, mas, em geral, não se deve unicamente à situação de trabalho. Ela é agravada por conflitos e frustrações pessoais, decorrentes, por exemplo, de problemas familiares ou financeiros.

Fatores psicológicos da fadiga

Os sintomas de fadiga psicológica são mais dispersos e não se manifestam de forma localizada, mas de forma mais ampla, como sentimento de cansaço geral, aumento da irritabilidade, desinteresse e maior sensibilidade a certos estímulos como fome, calor, frio ou má postura.

Esse tipo de fadiga está relacionado de forma complexa a uma série de fatores como a monotonia, motivação, estado geral da saúde, relacionamento social e assim por diante. Observa-se, por exemplo, em disputas esportivas, que os jogadores do time perdedor manifestam mais fadiga que os ganhadores, embora ambos tenham feito esforços físicos semelhantes durante a partida. A fadiga também tem um componente emocional. As pessoas estressadas por algum motivo alheio ao trabalho podem ficar mais suscetíveis à fadiga.

A fadiga também ocorre em situações onde há predomínio do trabalho "mental" com poucas solicitações de esforços musculares. Por exemplo, pessoas executando operações aritméticas, repentinamente, após algum tempo, sofrem lapsos ou bloqueios, que vão se tornando mais freqüentes com o aumento da fadiga, ao mesmo tempo que os erros também crescem.

Diferenças individuais para a fadiga

Existem muitas diferenças individuais que influem no aparecimento da fadiga, desde diferenças de compleição física das pessoas e o treinamento, até fatores psicológicos como a personalidade e a auto-confiança.

A fadiga muscular pode ser medida objetivamente usando um aparelho chamado Ergógrafo de Mosso, que registra a contração máxima de um dos dedos da mão, a um ritmo constante (Figura 12.9). O perfil da curva assim obtida chama-se ergograma. Alguns psicológicos experimentais fizeram extensas pesquisas sobre esses ergogramas, tendo-se chegado às seguintes conclusões:

Perfil individual — Cada pessoa tem um perfil típico do ergograma, que se mantém mais ou menos inalterado, mesmo após vários anos.

Máximo controlado — As pessoas nunca exercem a sua força máxima, no limite de sua capacidade física (isso é conseguido hipnotizando-as). A diferença entre esse máximo fisicamente possível e o máximo controlado mentalmente, depende de cada pessoa.

Tipos característicos — Há pelo menos dois tipos característicos de indivíduos quanto ao comportamento à fadiga. Um deles consegue manter o desempenho mais ou menos constante durante um longo período e, quando se fatigam, a curva cai bruscamente (Figura 12.10, Tipo A). O outro tipo é aquele que manifesta fadiga desde os estágios iniciais, diminuindo a sua capacidade de trabalho continuamente, sem quedas bruscas (Figura 12.10, Tipo B).

Esses ergogramas já foram utilizados como testes para a seleção de pessoal e para o dimensionamento das pausas no trabalho. Mas, deve-se tomar cuidado em generalizar os resultados, pois a situação real do trabalho provavelmente é bem diferente daquela que consiste somente em contrair um dedo a um ritmo constante. Além disso, como já vimos, os mecanismos da fadiga são complexos e não podem ser avaliados por um simples tipo de contração muscular. De qualquer forma, serve para demonstrar as diferenças individuais, entre sujeitos submetidos a condições semelhantes de teste.

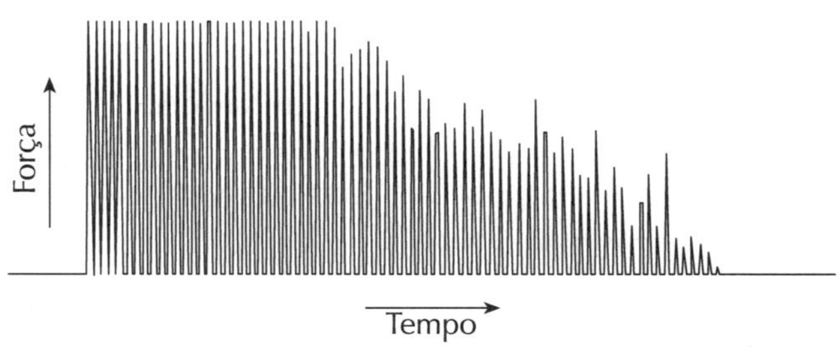

Figura 12.9 Exemplo de ergograma, com registro de forças em contrações musculares repetitivas, realizado em ergógrafo (Walter, 1963).

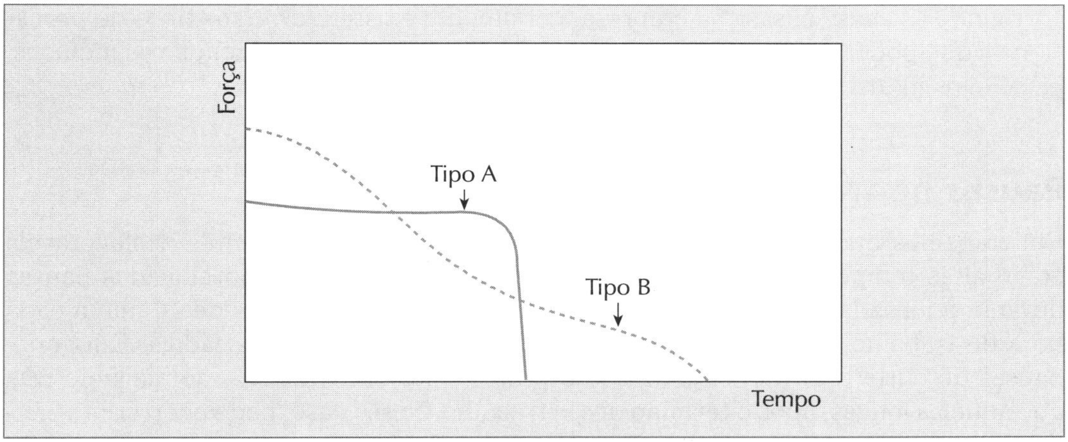

Figura 12.10 Diferenças individuais de ergogramas. O indivíduo do tipo A apresenta uma queda brusca de desempenho e o do tipo B, uma queda gradual (Walter, 1963).

Fadiga e produtividade industrial

A fadiga é um dos principais fatores que concorrem para reduzir a produtividade. Em alguns casos, é relativamente fácil localizar as fontes de fadiga, que podem ser a exagerada carga muscular ou ambientes com ruídos, vibrações, temperaturas ou iluminação inadequadas. Em outros casos estão relacionados com horários, trabalhos em turnos, programação da produção, ou relações pessoais dentro e fora do trabalho.

Em trabalhos industriais, observou-se que as **jornadas** muito longas provocam reduções de desempenho. Na maioria dos casos, considera-se que a jornada de 8 a 8,5 horas é a máxima para se manter uma boa produtividade. Se ela for estendida para 9 horas ou mais, a produção total não será muito diferente, a menos que os trabalhadores tenham ritmos forçados, sendo monitorados pela máquina ou correias transportadoras.

Mesmo nesse caso, apesar da velocidade permanecer forçosamente constante, observa-se que os **erros** começam a aparecer aleatoriamente, com freqüência cada vez maior. Portanto, mesmo que a quantidade se mantenha nessas horas adicionais, a qualidade da produção tende a cair. O custo dos refugos e retrabalhos talvez não justifique essa produção adicional.

As diferenças individuais na questão da fadiga são significativas. Algumas pessoas se fatigam mais facilmente que outras. Outras, ainda, apresentam maior resistência em determinados tipos de trabalho. Existem também pessoas que se tornam mais suscetíveis à fadiga em certos dias ou em determinadas fases da vida.

Quando as causas da fadiga puderem ser identificadas, devem ser analisadas e resolvidas. Por exemplo, a fadiga pode ser provocada por postos de trabalho mal dimensionados ou com arranjos inadequados, que exigem torções do tronco, cabeça inclinada para frente ou manipulações fora das áreas normais de alcance.

A administração deve estar sempre atenta para a ocorrência da fadiga. Deve tomar medidas para selecionar, treinar e alocar os trabalhadores adequadamente, para reduzir a fadiga. De preferência, deve-se atuar preventivamente. Em casos mais agudos, tomar providências, encaminhando os trabalhadores para devidos tratamentos e corrigindo as suas causas. Na empresa, geralmente existem diversos tipos de profissionais que podem assessorar nessas providências. Entre ele incluem-se os médicos, psicólogos industriais, engenheiros de produção e outros.

Pausas no trabalho

Em trabalhos que exigem atividade física pesada, ou em ambientes desfavoráveis como altas temperaturas ou excesso de ruídos, devem ser proporcionadas pausas durante a jornada de trabalho. Para trabalhos moderados, pausas de 10 min a cada hora de trabalho, são suficientes para permitir a recuperação da fadiga. Em geral, pausas de curta duração, embutidas no próprio ciclo de trabalho são mais efetivas que aquelas longas, após o término desse trabalho. Nesse caso, pode ocorrer um efeito cumulativo da fadiga e, a recuperação, tornar-se mais difícil.

Em trabalhos árduos ou em ambientes hostis, há necessidade de aumentar essas pausas. Há casos em que a duração das pausas deve ser maior que a duração do próprio trabalho. Em alguns casos extremos, como em temperaturas muito altas, o trabalhador pode ficar exposto apenas durante 5 min. Depois, deve ter uma longa pausa (1 hora) , para que o organismo possa eliminar o excesso de carga térmica e restabelecer o equilíbrio orgânico.

Em muitos casos, essas pausas estão embutidas no próprio **ciclo** de trabalho. A variação de atividades durante o próprio ciclo serve para prevenir ou retardar a fadiga. Por exemplo, em digitação, a própria operação de virar a folha serve como pausa. Outro exemplo é do carregador que leva a carga e retorna sem carga.

Contudo, isso não dispensa um outro tipo de pausa, reservada às necessidades fisiológicas, quando ele pode se levantar e andar, ativando a circulação das pernas e dos músculos dorsais. Durante essas pausas, se houver oportunidades de contatos sociais (conversas) com colegas, poderá haver um aumento do moral, retardando o aparecimento da fadiga.

12.4 Monotonia e motivação

Monotonia e motivação são processos que se sobrepõe à fadiga, podendo agravá-la ou aliviá-la. Eles são causados pelos estímulos ambientais, que podem ser monótonos ou motivadores.

Causas da monotonia

Monotonia é a reação do organismo a um **ambiente uniforme**, pobre em estímulos ou pouco excitante. Os sintomas mais indicativos da monotonia são uma sensação de fadiga, sonolência, morosidade e uma diminuição da vigilância. As operações repetitivas na indústria e no tráfego rotineiro são condições propícias à monotonia. Da mesma forma, um professor que apresenta a sua aula com tom de voz e intensidade constante, provoca monotonia.

As experiências demonstram que as atividades prolongadas e repetitivas de pouca dificuldade tendem a aumentar a monotonia. Os trabalhos de vigilância com baixa freqüência de excitação, mas que exigem atenção continuada, também provocam monotonia.

Um operador observando um quadro de comando para detectar anormalidades que raramente ocorrem, enfrenta uma situação **pobre em excitações**. O mesmo acontece na operação de máquinas semi-automatizadas, onde há uma reduzida participação do operário. Alguns cargos, como o do guarda-noturno, podem ser extremamente monótonos.

As observações realizadas na indústria demonstram que há certas condições agravantes da monotonia: a curta duração do ciclo de trabalho, períodos curtos de aprendizagem e restrição dos movimentos corporais. Os locais mal iluminados, muito quentes, ruidosos e com isolamento social (pouca possibilidade de contato com os colegas de trabalho) são outros fatores que influem na monotonia.

Conseqüências da monotonia

Em termos operacionais, existem duas conseqüências mensuráveis da monotonia: a diminuição da atenção, e o aumento do tempo de reação. Como conseqüência, os erros aumentam.

Experimentos realizados em laboratório demonstram que há redução da vigilância em tarefas monótonas. Isso foi comprovado com um dispositivo constituído de um ponteiro que gira contra uma escala de 100 marcações, à razão de 1 giro por minuto. A cada intervalo de 30 minutos, o ponteiro realizava 12 saltos aleatórios, pulando uma marcação, que os sujeitos deviam registrar. Na primeira meia-hora, houve 15% de sinais não-detectados. Essa percentagem cresceu, respectivamente, para 26, 27 e 28% nas três meias-horas seguintes, até completar duas horas de experimento.

Outras pesquisas comprovam que a **vigilância** decresce significativamente após 30 minutos de trabalho contínuo. Em tarefa de vigilância na tela do radar, durante duas horas seguidas, observou-se que a quantidade média de sinais não-detectados era de 50% na primeira meia-hora. Essas percentagens subiram, respectivamente, para 77, 84 e 90% para as segunda, terceira e quarta meias-horas seguintes. Observa-se que esses resultados são afetados pelo estado de fadiga do operador e pelas condições ambientais desfavoráveis, como temperaturas elevadas e excesso de ruídos. Observa-se, também, que vigilância aumenta (os sinais não-detectados diminuem) após o intervalo de almoço (entre 12 e 13 horas), mas isso não contribui para reduzir o tempo de reação (Figura 12.11).

Em condições experimentais, verifica-se que o desempenho na percepção de sinais pode ser aumentado, melhorando-se a **visibilidade** do sinal (contraste, forma) e sua intensidade (altura do som), proporcionando-se uma realimentação (*feedback*) ao operador e aumentando (até certo ponto) a freqüência dos sinais. O aumento dessa freqüência diminui a monotonia, mas o seu aumento exagerado também provoca saturação dos canais sensoriais. Na prática, observou-se que menos de 100 sinais, durante intervalos de 30 minutos, causam monotonia. Mas, acima de 300 si-

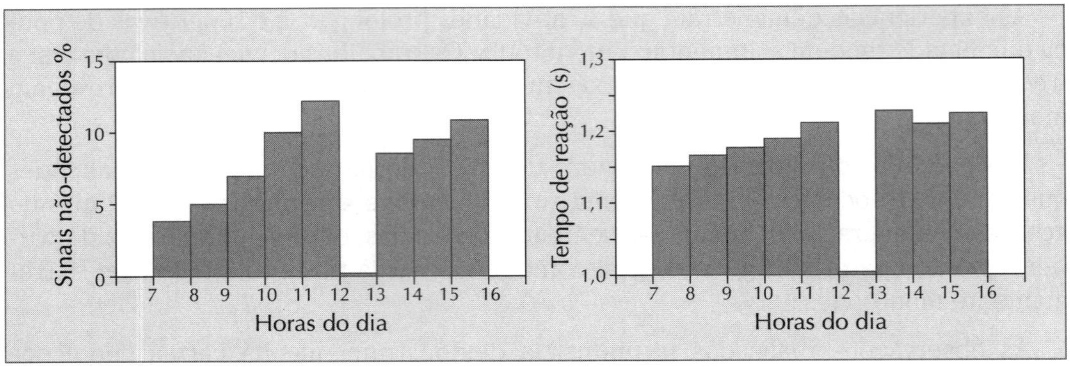

Figura 12.11 O trabalho repetitivo tende a aumentar a quantidade de sinais não-detectados e os tempos de reação (média para 21 trabalhadores) durante a jornada de trabalho (Haider *in* Grandjean, 1998).

nais, causam saturação. Portanto, recomenda-se uma faixa de trabalho entre 100 a 200 sinais apresentados a cada 30 minutos ou uma média de 3 a 7 sinais por minuto (Figura 12.12). O rendimento máximo ocorre com a apresentação de 6 sinais por minuto, em média.

Fatores fisiológicos da monotonia

Os órgãos dos sentidos são mais sensíveis às mudanças das excitações e se tornam insensíveis às excitações contínuas de nível constante. As variações dos níveis de excitação estimulam as estruturas de ativação do cérebro, enquanto as excitações constantes não transmitem sinais aos órgãos que provocam ativação.

Portanto, para o sistema sensorial, as excitações constantes e regulares comportam-se praticamente como se não houvessem novas excitações, porque o organismo se adapta ao nível dessas excitações constantes e só é ativado novamente com a mudança no nível dessa excitação. Esse é um mecanismo de defesa do organismo, que tende a proteger-se das excitações constantes, "desligando-se" delas.

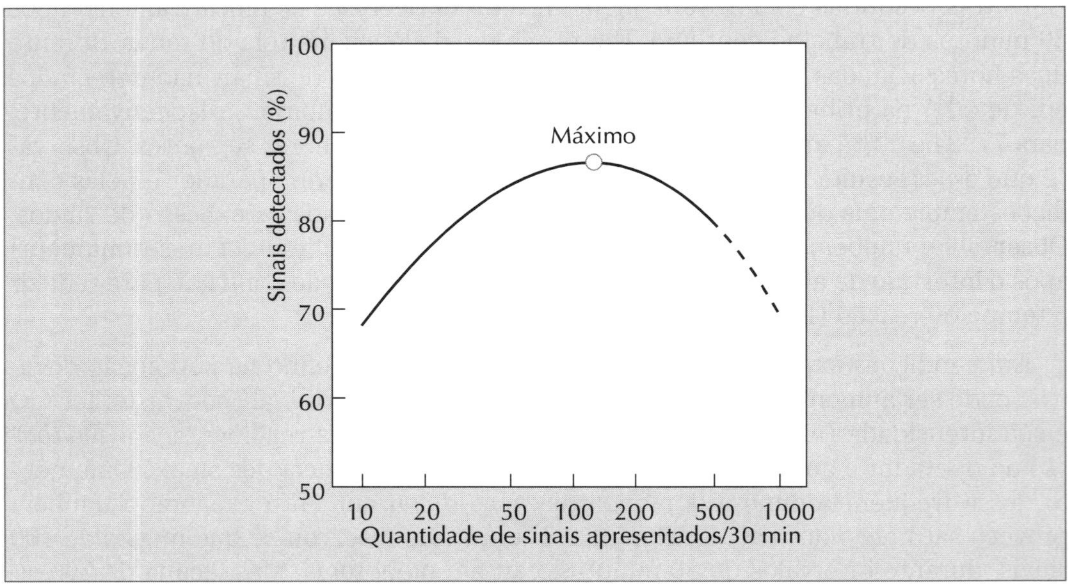

Figura 12.12 Relação entre a quantidade de sinais apresentados em intervalos de 30 minutos e aqueles detectados pelo observador.

De forma semelhante, no reino animal, alguns predadores não conseguem enxergar as figuras estáticas. Uma das defesas da possível presa é ficar imóvel, tornando-se invisível, até que cessem as ameaças. Portanto, tarefas repetitivas tendem a diminuir o nível de excitação do cérebro, refletindo-se numa diminuição geral das reações do organismo.

Um dos motivos dessa redução do nível de atividade é a menor produção da **adrenalina** pelas glândulas supra-renais. A produção desse hormônio, que é responsável em manter o nível de atividade humana, está ligada a perigos e desafios físicos, psíquicos e mentais. A adrenalina prepara o organismo para evadir-se, diante de um perigo iminente.

Uma pessoa submetida durante longo tempo a uma tarefa monótona, sofre uma redução de sua capacidade física e mental, provocada pela falta de novos "desafios". O ser humano, para desenvolver-se precisa enfrentar **desafios**. A ausência destes pode provocar atrofias, à semelhança da musculatura da perna que fica imobilizada pelo gesso, após um acidente. Experiências realizadas com animais de laboratório demonstraram que os fortes desafios mentais provocam desenvolvimento dos mesmos nos planos funcional, morfológico e bioquímico, que os tornam mais ativos e sensíveis à excitação.

Pode-se concluir que uma tarefa exageradamente repetitiva, que não provoque novos desafios ao homem, tende a atrofia-lo, enquanto os ambientes que sempre provocam excitação ou novos desafios tendem a desenvolvê-lo. Entretanto, por outro lado, não se deve exagerar. As pessoas submetidas a desafios muito grandes ou insuportáveis manifestam comportamentos de fuga, sofrem de estresse e podem ficar doentes.

Fatores psicológicos da monotonia

O trabalho que corresponda às capacidades e preferências da pessoa será executado com maior interesse, satisfação, motivação e bom rendimento. Ao contrário, aqueles muito repetitivos e pouco desafiadores, que não estimulem as suas capacidades, serão pouco motivadores e monótonos. No outro extremo, um trabalho que exige muito, além das suas capacidades, também não permite um bom rendimento.

Essas considerações levam à construção de uma curva teórica, pela qual deve existir um nível de complexidade **ótimo** da tarefa, para se obter o máximo rendimento (Figura 12.13). Na prática, a forma real dessa curva depende de vários fatores, como as diferenças individuais (o que é monótono para uns pode ser desafiador para outros), tipo de tarefa e do ambiente em geral.

Estudos realizados com pessoas que se mostraram mais resistentes à monotonia demonstraram que elas têm outros objetivos na vida, fazendo do seu trabalho repetitivo apenas um meio. É o caso de pessoas que mantinham outras atividades após o expediente ou imigrantes, que pensavam em ganhar dinheiro para retornarem aos seus países de origem. De forma semelhante, os aprendizes, para os quais o trabalho tinha sabor de "novidade" apresentavam menos sintomas de monotonia que os trabalhadores mais experientes.

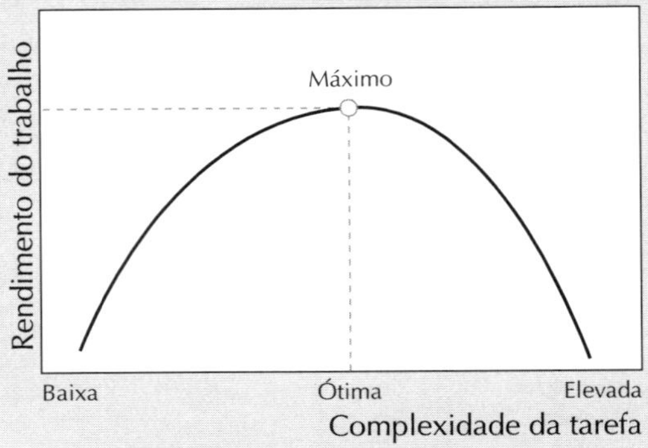

Figura 12.13 Curva teórica de rendimento do trabalho em função da complexidade da tarefa.

As pessoas de caráter mais extrovertido apresentam maior suscetibilidade à monotonia. Por outro lado, não se observou nenhuma correlação entre a inteligência e a monotonia, e também a crença de que as mulheres são mais resistentes à monotonia não teve comprovação científica.

A diminuição da satisfação com o trabalho é considerada um pré-requisito da monotonia. Wyatt e Marriot (1956) desenvolveram uma escala de medida de **satisfação** com o trabalho, a partir de respostas e de uma classificação feita pelos próprios trabalhadores. Aplicando esses critérios a duas empresas da indústria automobilística, eles entrevistaram 340 pessoas na fábrica A e 217 na fábrica B, determinando o grau de interesse, monotonia e satisfação em três tipos de organização de trabalho encontrados nessas empresas: a) ritmo constante, determinado por uma correia transportadora; b) ritmo irregular; e c) trabalho livre, em que cada um trabalhava de acordo com o seu próprio ritmo (Tabela 12.1).

TABELA 12.1

Opiniões subjetivas apresentadas por trabalhadores de duas empresas automobilísticas, sobre três tipos diferentes de organização do trabalho (Scherrer,1981)

	Empresa	Tamanho da amostra	Trabalho em ritmo constante	Trabalho em ritmo irregular	Trabalho livre
O trabalho é interessante	A	340	35%	56%	67%
	B	217	34%	57%	94%
O trabalho é monótono	A	340	54%	42%	39%
	B	217	55%	37%	28%
Índice de satisfação	A	340	0,53	0,92	0,96
	B	217	0,57	1,00	1,17

Pode-se observar que os resultados do trabalho livre apresentam aproximadamente o dobro nos índices de interesse e satisfação, em relação ao ritmo constante, enquanto o ritmo irregular apresenta valores intermediários entre esses dois sistemas. Portanto, a organização do trabalho que impõe ritmo constante aos trabalhadores é a que apresenta piores resultados nos três tipos de avaliações realizadas.

Uma das conseqüências mais sérias da monotonia é a saturação psíquica: um conflito interior entre o "dever trabalhar" e um forte desejo de "parar de trabalhar". Esse conflito provoca ansiedades e tensões cada vez mais fortes nas pessoas submetidas a um ritmo de trabalho repetitivo.

Motivação

Existe, no comportamento humano, algo que faz uma pessoa perseguir uma determinada meta ou objetivo, durante um certo tempo, que pode ser curto ou longo, e que não pode ser explicado somente pelos seus conhecimentos, experiência e habilidades (pré-requisitos). Esse "algo" mais é conhecido como determinação, impulso, ânimo, "garra", objetivo, vontade, necessidade, ou mais genericamente, como **motivo**, e o processo, pelo qual ele é ativado e o mantém em funcionamento, chama-se **motivação**.

Não se pode observar diretamente a motivação, mas os seus efeitos podem ser medidos indiretamente. Por exemplo, pela contagem das quantidades adicionais de peças produzidas por um trabalhador motivado. Portanto, um trabalho seria o resultado da conjugação entre a habilidade e a motivação. A habilidade está relacionada com os conhecimentos, experiências ou condições prévias (pré-requisitos) e, a motivação, com a decisão de realizar esse trabalho.

Tarefas motivadoras

Uma tarefa monótona e rotineira pode ser transformada em outra, mais interessante e motivadora, tomando-se algumas providências, tais como: estabelecer metas; desafiar; informar; e recompensar.

Estabelecer metas — As experiências demonstram que a fixação de metas ou objetivos a serem alcançados é mais motivador do que uma situa-ção em que não se sabe onde se quer chegar (façam o melhor que puderem!). Sem a fixação dessas metas, o trabalho parecerá não ter fim. O simples fato de terminar uma tarefa já é motivador. Essas metas podem ser fixadas até mesmo em um trabalho repetitivo, estabelecendo-se uma determinada quantidade ou dividindo-se a produção em lotes a serem produzidos num determinado tempo. No caso de trabalhos muito longos ou complexos, podem ser fixadas metas intermediárias, que servem como marcos (*milestones*).

Desafiar — As tarefas que contém um certo desafio tornam-se mais motivadoras que aquelas rotineiras e triviais. Em geral, as pessoas gostam de novas experiências, novas emoções e novas realizações. Também há pessoas que gostam de competir e o desafio pode estar na superação de outros resultados. (Quanto produzimos ontem? Vamos superar esta marca?) Esse tipo de desafio existe em competições esportivas, onde certas marcas (recordes, índices olímpicos) devem ser superadas. Contudo, esse desafio não pode ser exacerbado, porque pode tornar-se prejudicial.

Informar — Se o trabalhador receber informações contínuas ou periódicas sobre o seu desempenho, tende a melhorá-lo. Por exemplo, ele pode ser informado periodicamente sobre "quanto falta" ainda para se atingir a meta. A simples instalação de um contador mecânico, para registrar a quantidade de peças processadas, já serve para motivá-lo como já vimos na página 279. Essas informações podem ser também de caráter mais global, como a contribuição dada, pelo trabalhador, para reduzir o índice de acidentes ou aumentar o lucro da empresa.

Recompensar — A motivação também pode ser criada pelas conseqüências do trabalho. Essas podem ser de caráter monetário (mais ganhos, recompensas, abonos), organizacional (promoção, prêmios) ou social (reconhecimentos, elogios). O estímulo motivador pode depender da atividade exercida. Por exemplo, um operário é motivado para ganhar um adicional de produtividade (monetário), um estudante, para tirar uma boa nota e passar de ano (organizacional), e um artista, para ser admirado (social). Naturalmente, esses tipos de recompensas podem estar associados entre si.

Existem várias teorias psicológicas que procuram explicar a motivação. Muitos experimentos foram realizados, na tentativa de comprová-las. Elas se dividem basicamente em dois grupos: teorias e processo e teorias de conteúdos.

Teorias de processo em motivação

As teorias de processo preocupam-se em explicar as causas e objetivos do comportamento e determinar as variáveis ou componentes envolvidos neste processo.

A teoria de processo mais conhecida é a da **expectância-valência**. Segundo essa teoria, o comportamento humano dependeria de uma avaliação subjetiva da expectância, vis-à-vis a sua valência.

A **expectância** seria uma avaliação subjetiva das chances ou probabilidades de sucesso, que uma pessoa faz, antes de iniciar uma tarefa. Isso está relacionado com a quantidade de esforço que seria necessário para se atingir uma meta, como posicionar uma peça corretamente em uma montagem ou ser aprovado em um concurso.

A **valência** seria o possível valor do resultado. Isso seria a razão, pela qual, a pessoa acha que vale a pena realizar a atividade. A valência seria uma combinação de motivos e recompensas e dependeria da experiência pessoal e da realimentação externa. Geralmente a atividade não tem valor por si só, mas pelas suas conseqüências ou recompensas. Naturalmente, há uma certa subjetividade nesse conceito, porque cada pessoa pode ter uma diferente escala de valores.

Teorias de conteúdo em motivação

As teorias de conteúdo procuram determinar as necessidades que motivam uma pessoa ou a classe de motivos que ela procura atingir. Essas teorias assumem que todas as pessoas têm certas necessidades a serem preenchidas ou certos motivos que direcionam as suas ações. Se uma pessoa tiver várias alternativas para escolher, ela será guiada pelas suas necessidades ou motivos, para escolher uma determinada ação que mais lhe convier.

Essas teorias têm atribuído várias origens para o motivo: seria uma necessidade inata, um estado de privação ou um desequilíbrio com o ambiente.

As teorias mais antigas tendem a localizar os motivos na própria pessoa, na forma de necessidades pessoais. Modernamente tem-se dado maior importância ao ambiente, ou seja, ao relacionamento do indivíduo com o mundo que o cerca. Outras tentaram estabelecer uma hierarquia de motivos, ou seja, existiriam alguns motivos que seriam dominantes sobre os demais. As teorias de motivo mais conhecidas são as de Maslow e Alderfer.

Teoria de Maslow

Uma das teorias de conteúdo mais conhecidas é a de Maslow (1943). Segundo essa teoria, as pessoas são motivadas a alcançar ou manter certas necessidades relacionadas com o bem-estar físico, intelectual e social.

Nível 1. Necessidade fisiológicas — Tem a ver com a sobrevivência individual e da espécie, satisfazendo a fome, sede, respiração, conforto térmico, sexo e outros. Essas necessidades fisiológicas predominam sobre todas as outras.

Nível 2. Necessidade de segurança — Proteção contra ambientes agressivos, doenças, crimes, guerras, catástrofes naturais, acidentes, assaltantes, conturbações sociais, neuroses, loucuras e qualquer outra situação que cause tensão.

Nível 3. Necessidade de aceitação — A busca da estima ou afeição de membros da família, dos amigos e dos colegas de trabalho. Ser aceito pelo grupo social, manifestando seu espírito gregário.

Nível 4. Necessidade de ego — Ser apreciado pelas suas qualidades, capacidades, conhecimentos e atributos físicos, destacando-se sobre as demais pessoas do grupo ou da sociedade. Ter reconhecimento e poder sobre essas pessoas.

Nível 5. Necessidade de auto-realização — Sentir-se realizado, com pleno aproveitamento de suas potencialidades.

Segundo essa teoria, os cinco níveis de necessidades seriam hierarquizados, ou seja, uma pessoa só se sente motivada no nível 2 quando o nível 1 já estiver satisfeito, e assim por diante. Assim, uma pessoa só seria motivada pela segurança após satisfazer as necessidades fisiológicas de sobrevivência imediata (fome, sede, frio) e daí, passando para os de maior nível.

Teoria de Alderfer

A teoria de Alderfer também é de conteúdo. Contudo, é mais simples, baseandose em apenas três níveis:

Nível 1. Necessidades básicas — *S*ão as necessidades que devem ser satisfeitas para assegurar a sobrevivência do indivíduo, também chamada de necessidades de existência.

Nível 2. Necessidades de relacionamento — São as necessidades de contato social, sentindo a proximidade dos outros e sendo estimado pelos mesmos.

Nível 3. Necessidades de crescimento — São as necessidades de destacar-se dos outros, diferenciando-se dos demais e conseguindo influência para mudar a situação.

Resumindo, pode-se dizer que as necessidades de nível 1 são de natureza biológica, as de nível 2, de caráter social, refletindo o caráter gregário do ser humano, e aqueles de nível 3, de poder e dominação sobre os demais.

Tanto a teoria de Maslow como a de Alderfer são bastante questionáveis e de difícil comprovação na prática. As necessidades, a nível fisiológico ou básicas, são indiscutíveis. Mas, para os outros níveis, nem sempre seguem a ordem hierárquica. Em termos individuais, existem muitas exceções. Há cientistas, artistas e esportistas, capazes de passar privações, isolamento social, fome e frio, e desprezam a segurança pessoal, em busca do reconhecimento social e de auto-realização.

Na indústria é muito comum o uso do incentivo monetário. Segundo as teorias acima, isso só seria efetivo para as pessoas que estivessem nos níveis 1 e 2 de Maslow ou nível 1 de Alderfer, pois, em princípio, é mais difícil "comprar" estima e auto-realização com dinheiro, pelo menos com aqueles montantes pagos aos trabalhadores.

Estudo de Herzberg

Existem diversos outros estudos que procuram identificar os conteúdos motivacionais em um ambiente de trabalho. Provavelmente, o estudo mais significativo nesse sentido foi realizado por Herzberg (1959), que entrevistou 1 685 trabalhadores perguntando as causas de maior satisfação e maior aborrecimento deles no trabalho. Por exemplo, uma resposta típica que mostra a satisfação é: "fiquei satisfeito porque consegui terminar o meu trabalho no prazo" e o de insatisfação: "não gosto do chefe do departamento para o qual fui transferido".

Aquelas causas de maior **satisfação**, que agem positivamente, foram chamadas de motivadoras, e são: realização; reconhecimento pela realização; o trabalho em si; responsabilidade; avanço; e crescimento.

Os fatores de maior **insatisfação** são: política e administração da empresa; supervisão, relacionamento com o superior; condições de trabalho; salário; relacionamento com os colegas; vida pessoal; relacionamento com os subordinados; status; e segurança. Note que esses fatores de insatisfação não são necessariamente opostos àqueles motivadores. Se não existirem, geram insatisfação, mas, se existirem, nem sempre são fontes de satisfação (como a saúde).

O estudo de Herzberg tem sido criticado por aqueles que consideram o trabalho, em si, motivo secundário da satisfação ou insatisfação. A relação entre trabalho e sua satisfação envolveria aspectos mais amplos e complexos. As pessoas teriam também outros objetivos externos mais importantes ligados à vida familiar, comunitária, prática de esportes, diversões e *hobbies.* O trabalho seria apenas um meio de ganhar dinheiro, para se atingir esses outros objetivos.

Mais recentemente, West e Patterson (1998) fizeram um levantamento do grau de satisfação entre trabalhadores de 42 empresas industriais da Inglaterra (Bridger, 2003). Eles descobriram que o nível geral da satisfação depende dos resultados globais alcançados pela empresa. Fazendo-se uma analogia esportiva, é como se sentisse orgulho em jogar num time que está vencendo. Isso aumenta as responsabilidades, cooperação entre os membros e facilita o trabalho em equipe.

Importância da motivação

Um trabalhador motivado produz mais e melhor. Sofre menos os efeitos da monotonia e da fadiga. Não precisa de muita supervisão, pois procura, por si mesmo, resolver os problemas para alcançar os objetivos.

Portanto, é compreensível que todas as administrações de empresas procurem manter os seus trabalhadores motivados. Mas, como já vimos, isso nem sempre é tarefa fácil. Seria necessário conhecer, primeiro, **o que motiva** as pessoas. Esse assunto é complexo e não se pretende alongá-lo, aqui. Chamaríamos a atenção apenas para dois aspectos:

Em primeiro lugar, o fator que mais motiva é o **salário**, pelo menos para aqueles trabalhadores de menor renda, que se situam nos níveis de necessidades 1 e 2 de Maslow. Para os demais, os salários podem ser até fontes de insatisfação. Não os salários em si, mas as injustiças salariais.

Em segundo lugar, o clima de trabalho e o **reconhecimento**, baseados num relacionamento de franqueza, respeito e confiança entre os trabalhadores e a administração da empresa. Os critérios de remuneração e promoção devem estar claramente estabelecidos e, sempre que possível, baseados no desempenho do trabalho e aperfeiçoamentos pessoais.

Por exemplo, a administração pode escolher um dos elementos de um grupo e promovê-lo a chefe. Contudo, se o mesmo não for reconhecido pelos seus pares pela maior capacidade, liderança ou antiguidade, constituirá um fator de insatisfação, diminuindo a motivação. Aqueles que se julgam com maior mérito sentir-se-ão desprestigiados, preteridos, injustiçados ou até "perseguidos". Muitas vezes, isso motiva pedidos de transferência para outros departamentos e até demissão da empresa.

12.5 Influências do sexo, idade e deficiências físicas

No mundo atual ainda existem, infelizmente, muitas discriminações e preconceitos ao trabalho de mulheres, pessoas idosas e aquelas portadoras de deficiências. Em muitos países do mundo houve avanços na legislação, coibindo essas discriminações e, nos casos das mulheres, idosos e deficientes, há leis especiais protegendo-os.

A ergonomia tem mostrado um crescente interesse pelo estudo dos mesmos, pois tudo indica que a participação deles na força de trabalho será cada vez maior. As mulheres estão cada vez menos presas aos afazeres domésticos, tendo preparo e disposição para ingressarem no mercado de trabalho. Com a diminuição das taxas de natalidade e o aumento da expectativa de vida das pessoas, o contingente de pessoas idosas tende a aumentar em todos os países. Os deficientes, com os progressos das técnicas de reabilitação e o desenvolvimento de equipamentos especiais, estão se capacitando cada vez mais para o trabalho produtivo.

Trabalho feminino

Durante séculos, a mulheres ficaram confinadas ao lar, dedicando-se aos afazeres domésticos e à criação dos filhos. A industrialização, o avanço tecnológico e a evolução da sociedade, liberaram as mulheres para outras atividades produtivas. Devido ao maior acesso delas à educação e ao treinamento e também à expansão do setor terciário ou de serviços, elas passaram a atuar com maior intensidade no mercado de trabalho. Além disso, o trabalho, principalmente a partir da segunda metade do século XX, passou a depender menos da força física.

Até a II Guerra Mundial, a participação feminina era representada principalmente pelas jovens, antes do casamento. Hoje, elas já trabalham por longos períodos e representam 40,3% da força de trabalho no Brasil. Quanto à escolaridade, 29,7% da população feminina ocupada tem o curso médio ou equivalente, enquanto esse percentual é de 20,7% naquela população masculina (IBGE, 2001).

As mulheres não se distribuem igualmente em todas as funções. Ao contrário, estão bastante concentradas em atividades de educação, saúde, comércio e trabalhos de escritório. Em algumas profissões, como no ensino fundamental, a presença delas é quase absoluta. Na indústria, a presença delas é maior no setor de alimentos, têxtil e eletrônica.

Entretanto, no mundo em que houve predominância masculina durante tanto tempo, ainda existem muitas máquinas, postos de trabalho e sistemas adaptados somente ao uso masculino. Isso é semelhante ao caso dos automóveis, que foram dimensionados apenas para os homens, até a década de 1950, porque só eles dirigiam, como já foi mencionado na página 141. A partir disso, com o crescente número de mulheres na direção, houve uma revisão no conceito dos automóveis. Mas isso ainda não aconteceu em muitos outros setores.

Características femininas no trabalho

Homens e mulheres não apresentam diferenças quanto à capacidade intelectual, mas são significativamente diferentes em suas funções fisiológicas, capacidade cardiovascular, forças musculares e dimensões antropométricas. A seguir, vamos examinar algumas delas, que apresentam maior importância para o trabalho.

Antropometria — As mulheres são mais baixas, cerca de 12 cm em relação aos homens. Entretanto, se forem considerados os segmentos do corpo, nem sempre são menores que os homens, na mesma proporção da estatura. O problema é que as mulheres muitas vezes precisam trabalhar com máquinas, postos de trabalho e acessórios de uso individual, que foram projetados para uso masculino, mesmo naqueles casos em que há predominância da mão-de-obra feminina. A falta de adaptação a esses equipamentos torna o trabalho mais difícil e mais fatigante para elas.

Capacidade física — As mulheres têm uma capacidade muscular de aproximadamente 60 a 70% do homem **(Figura 12.15)**. A capacidade pulmonar também é de 70% dos homens. Em geral, elas possuem um coração menor, menos sangue e menor concentração de hemoglobina no sangue, fazendo com que haja menos suprimento de oxigênio nos músculos. O limite para levantamento de peso e carregamento manual, para as mulheres, deve ser fixado em 20 kg, no máximo.

Pode-se reservar, aos homens, aquelas tarefas que exijam maior força física. Entretanto considerando-se a totalidade das tarefas existentes no país, esses casos constituem a minoria.

Menstruação — O ciclo menstrual nas mulheres dura cerca de 28 dias. Entre 30 a 40% das mulheres são afetadas pela síndrome da tensão pré-menstrual, também conhecida como TPM. Essa síndrome atinge mais fortemente 10% delas, que sentem fortes dores e chegam a ter depressões profundas, incapacitando-as ao trabalho. A TPM surge 7 a 10 dias antes da menstruação e é causada por alterações dos níveis hormonais e retenção de líquidos na mama, pernas, intestino e cérebro, aumentando o peso em até um quilo.

Diversos estudos comprovam que as atividades físicas pesadas executadas pelas mulheres desorganizam o seu ciclo menstrual. Isso ocorre, por exemplo, com as atletas em período de competição. Em adolescentes, também pode ocorrer o retardamento da menarca. Contudo, estudos realizados com trabalhadoras em indústria demonstraram que os esforços físicos exigidos delas não chegavam a esse nível, a ponto de interferir no ciclo menstrual.

Outros estudos, ainda não completamente comprovados, tentam medir o efeito do ciclo menstrual sobre a produtividade. Entre as atletas olímpicas, 17% delas acreditavam que tinham desempenho inferior no período pré-menstrual e 15% afirmaram que não conseguiam um bom rendimento durante a menstruação (duração de 24 a 36 horas). Outras pesquisas, realizadas também entre atletas, indicam que

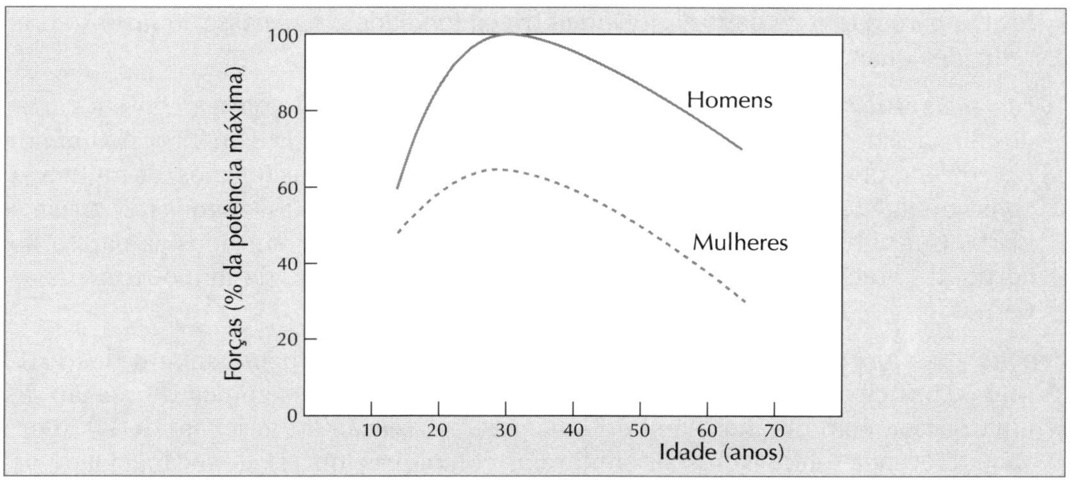

Figura 12.15
Forças relativas de homens e mulheres, em comparação aos homens de 20 a 30 anos.

30% delas são afetadas por queda de rendimento no período menstrual (Gamberale, 1985). Embora todos esses casos se refiram a extremos, com grandes exigências físicas, aconselha-se que as mulheres menstruadas sejam poupadas do trabalho físico mais pesado, como levantamento de pesos e transporte manual de cargas superiores a 20 kg. Esta restrição deve ser observada também para as mulheres grávidas e na menopausa.

Em resumo, pode-se dizer que homens e mulheres podem se complementar no trabalho, cada um executando atividades mais adequadas à sua capacidade física. Se os homens têm mais força física, as mulheres se adaptam mais facilmente às tarefas que exigem atenção a pequenos detalhes. Em geral, elas são mais cuidadosas e se envolvem menos em acidentes.

Processo de envelhecimento

A idade média da população tende a aumentar em quase todos os países do mundo. Existem duas causas para isso: redução do índice de natalidade; e aumento da vida média da população. Projeções feitas OIT indicam que, em 2025 existirão 32% de pessoas com mais de 55 anos na Europa. Esses índices serão de 30% nos EUA, 21% na Ásia e 17% na América Latina. Esse fenômeno atraiu a atenção de muitos pesquisadores em ergonomia. Eles procuram entender melhor o processo de envelhecimento, para que o trabalho possa ser adaptado ao mesmo. Assim, pode-se ampliar o período produtivo na vida das pessoas.

O processo de envelhecimento provoca uma degradação progressiva da função cardiovascular, forças musculares, flexibilidade das articulações, órgãos dos sentidos e da função cerebral. Esse processo inicia-se por volta dos 30 a 40 anos, mas acelera-se a partir dos 50 anos. O envelhecimento não ocorre uniformemente para todas as funções fisiológicas, como veremos a seguir.

Antropometria — A estatura das pessoas começa a diminuir gradativamente depois dos 50 anos. Os homens perdem 3 cm até os 80 anos, e as mulheres, 2,5 cm. Contudo, as maiores influências ocorrem nos dados de antropometria dinâmica. Há uma redução dos alcances e da flexibilidade, especialmente dos braços. Dessa forma, para o uso de dados antropométricos tabelados, é necessário fazer certas reduções quando se tratar de pessoas idosas.

Força muscular — A força muscular começa a decrescer gradativamente a partir dos 30 anos de idade (Figura 12.15). Aos 65 anos, essa perda é de 25%. As mulheres sofrem, proporcionalmente, o mesmo tipo de perda. Aos 50 anos, as mulheres conseguem exercer aproximadamente a metade da força dos homens de mesma idade. Contudo, esse declínio não ocorre uniformemente em todas as partes do corpo. Os braços e as mãos são menos afetados pela idade do que o tronco e as pernas.

Processos cognitivos — O envelhecimento dificulta o processamento dos estímulos, principalmente aqueles de natureza complexa. Os tempos de reação de uma pessoa com 60 anos são 20% maiores, em reação a um jovem de 20 anos. Essa diferença tende a crescer em tarefas complexas, que exigem capacidade de discriminação entre vários estímulos diferentes. Esse declínio está associado à dificuldade de reter novas informações na memória de curta duração. Há pouca redução na capacidade dessa memória, mas a informação passa a ser retida por menos tempo, e as informações armazenadas temporariamente são facilmente perturbadas. O problema se agrava com pessoas muito velhas, que podem esquecer o objetivo da ação, em plena fase de execução da mesma.

Visão — A idade reduz a transparência do cristalino, diminui a sua elasticidade e afeta os músculos que controlam a sua forma. Isso afeta principalmente a capacidade de acomodação dos olhos (focalização de objetos próximos). A distância de acomodação vai aumentando gradativamente, a partir dos 10 anos de idade (ver página 85). Aos 16 anos, é de 8 cm e passa para 12,5 cm aos 32 anos, 25 cm aos 44, 50 cm e 100 cm, aos 60 anos. Esse aumento da distância é acompanhado pela perda na velocidade de acomodação.

Outro problema ocorre com a acuidade visual (capacidade de perceber pequenos detalhes). Ela atinge o máximo em torno dos 10 anos de idade e, a partir disso tende a decrescer. Os idosos também precisam de luzes mais intensas porque o cristalino e o humor vítreo perdem transparência. As pessoas com 60 anos precisam do triplo da intensidade, em relação aos jovens de 20 anos. A capacidade de discriminar cores começa a declinar por volta dos 30 anos. Essa perda ocorre, primeiro na faixa do verde-azul e depois no vermelho, a partir dos 55 anos.

Audição — A capacidade auditiva começa a declinar por volta dos 20 anos, mas torna-se mais evidente a partir dos 50 anos. Nessa idade, começa a aumentar a dificuldade de identificar sons de baixa intensidade ou fazer discriminação entre vários sons. A perda da audição ocorre, sobretudo em sons agudos, acima de 1 000 hertz. Nesse ponto, existe uma diferença entre homens e mulheres (Figura 12.16). Elas sofrem uma perda maior na faixa dos 500 - 1 000 hertz. Nos homens, a perda mais significativa ocorre na faixa de agudos, acima de 3 000 hertz. Isso faz com que as pessoas idosas tenham maiores dificuldades de entender a fala. Comparados com os grupos de 20 anos, os de 40 anos apresentam perda de 5%, os de 60, 10%, os de 70, 17% e os de 80, 35%.

Contudo, é bom lembrar que todos esses sintomas de senilidade devem ser vistos como uma das faces das diferenças individuais entre pessoas. Há pessoas de 60 anos de idade com tanta força e disposição para o trabalho quanto outra de 20 a 30 anos. Além do mais, a atividade constante funciona como tônico para preservar a capacidade física, psicomotora e mental das pessoas

Senilidade e trabalho

Apesar das perdas de suas habilidades físicas, não significa que as pessoas idosas fiquem incapacitadas para o trabalho. Essas pessoas, tendo acumulado experiência durante muitos anos, podem apresentar um bom desempenho no trabalho, desde que este não faça exigências acima de suas capacidades.

Em relação aos trabalhadores mais jovens, são mais cautelosos na tomada de decisões, adotam procedimentos mais seguros, reduzem as incertezas e são mais se-

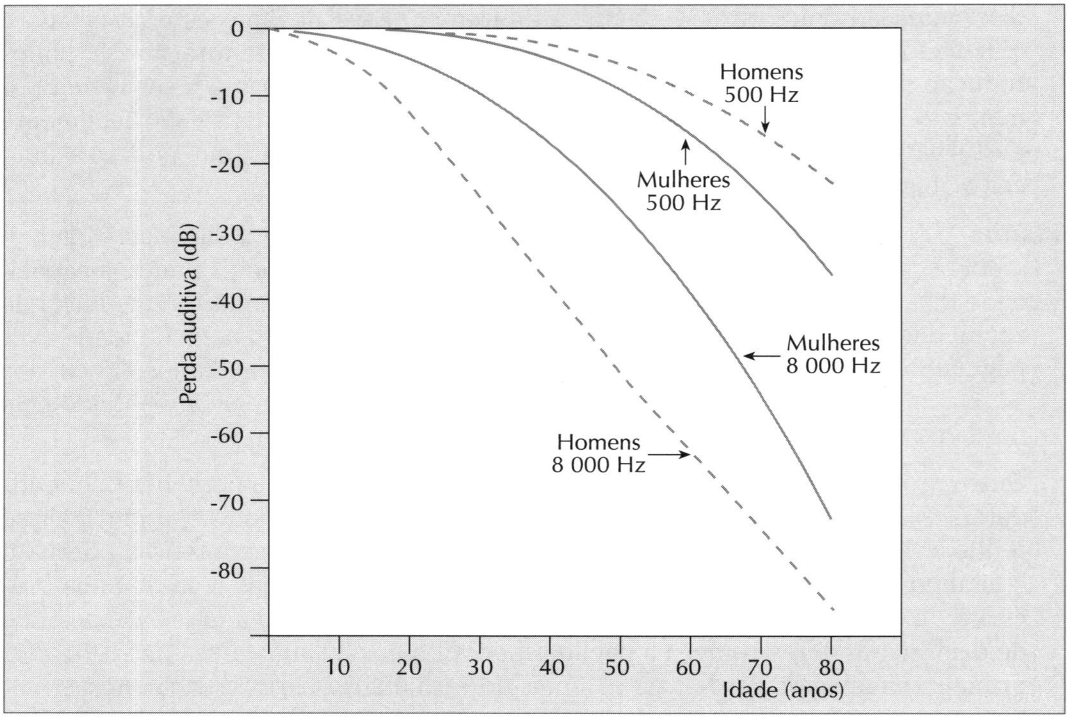

Figura 12.16 Perdas auditivas de homens e mulheres nas freqüências de 500 Hz e 8 000 Hz.

letivos no aprendizado de novas habilidades. Pode-se dizer que há um mecanismo de compensação. Com a redução de sua capacidade de receber e processar informações, surge uma tendência de estreitar o campo de interesse e ignorar certos eventos. Isso pode contribuir para reduzir a dispersão e aumentar a concentração e a confiabilidade nos resultados.

Os postos de trabalho devem ser adaptados aos idosos. As ferramentas e materiais de trabalho devem ser colocados mais próximos para facilitar o alcance e reduzir os movimentos corporais. Se possível, deve-se reduzir a complexidade das informações, eliminando-se as informações irrelevantes, e reforçando aquelas importantes. A intensidade dos estímulos, assim como a luminosidade no local de trabalho devem ser aumentadas.

Pessoas portadoras de deficiências

Pessoas portadoras de deficiências são aquelas que não podem exercer plenamente as suas aptidões físicas, em conseqüência de doenças, acidentes ou causas congênitas. Cada deficiente apresenta um quadro próprio de deficiências, que, em geral, podem ser classificadas em:

- Os que dependem permanentemente da cadeira de rodas;
- Os que usam pernas mecânicas, muletas ou bengalas;
- Os que são parcial ou completamente cegos;
- Os que são parcial ou completamente surdos;
- Os que têm lesões no sistema nervoso central; e
- As diversas deficiências provocadas pela idade avançada.

Estima-se que existam 5 a 6% de deficientes em uma população (no Brasil há estimativas de até 15%). A questão dos deficientes, assim como de outras minorias populacionais, está sendo cada vez mais estudada em diversos países do mundo, dispondo-se, hoje, de um razoável acervo de conhecimento sobre os mesmos.

Muitos esforços são feitos no sentido de integrá-los melhor à sociedade e capacitá-los para o trabalho. Provavelmente, a contribuição mais significativa foi dada pelo professor Asmussen, da Dinamarca, onde houve uma grande epidemia de poliomielite em 1950, produzindo muitos deficientes. Ele fundou um instituto especial para proporcionar exercícios musculares de reabilitação para as pessoas parcialmente paralisadas. Esse trabalho era complementado com o desenvolvimento de cadeiras de rodas especiais, inclusive para a prática de esportes, utensílios domésticos, peças de banheiro, maçanetas de portas, torneiras, elevadores e até casas e prédios de apartamentos especialmente projetados para os deficientes.

Em conseqüência de trabalhos como esse, os deficientes estão conseguindo, cada vez mais, superar o isolamento e participar de atividades produtiva, esportiva e da vida social. São citados como exemplos de perseverança e força de vontade. Nos jogos para-olímpicos, onde os competidores são originários dos mais diferentes países, eles têm demonstrado garra e entusiasmo fora do comum, na conquista de medalhas.

Análise da deficiência física

Uma pessoa portadora de deficiência não pode ser comparada simplesmente a uma outra não-deficiente, da qual se subtraiu alguma habilidade. De certa forma, há um mecanismo de compensação. Os surdos podem ter aguçada a sua percepção visual, e os cegos desenvolvem capacidade de concentrar-se nas sensações táteis, auditivas e cinestésicas. Os paralíticos das pernas desenvolvem força e habilidade com as mãos. Aqueles que não têm mãos, pode substituí-las, pelo menos parcialmente, pelo desenvolvimento de maior mobilidade dos pés.

Em cada caso, as deficiências deverão ser objeto de exame médico cuidadoso, para se recomendar as técnicas de reabilitação adequadas. Muitas vezes, devido a diagnósticos errados, promove-se um mau aproveitamento do deficiente para o trabalho.

Conta-se o caso real de um empregado de escritório que parece ser até anedota. Esse empregado sofreu um acidente automobilístico, no qual perdeu o braço direito, e foi considerado incapacitado para o cargo que vinha exercendo, pois o mesmo exigia muita escrita manual. Sendo um funcionário exemplar, a empresa procurou aproveitá-lo em alguma outra função e ele foi convertido, então, em mensageiro.

Ele aceitou essa nova função contrariado, sem entender bem as razões que teriam levado a empresa a mudá-lo de função. Um dia, alguém observou, por acaso, que o referido mensageiro tinha uma habilidade excepcional com a mão esquerda. Investigando-se o caso, descobriu-se que ele era canhoto desde o nascimento, e ninguém tinha se lembrado de perguntar sobre a sua lateralidade, quando ele foi acidentado. Com isso, ele conseguiu recuperar a sua função original.

Pessoas portadoras de deficiência na indústria

Muitas indústrias já promovem o aproveitamento de pessoas portadoras de deficiência. Mediante escolha adequada da tarefa, treinamento e adaptações dos postos de trabalho, as portadoras de deficiência podem tornar-se tão produtivas quanto as pessoas não-deficientes. Da mesma forma que existem os automóveis para paraplégicos, com todos os controles manuais (sem pedais), na indústria também podem ser feitas adaptações semelhantes nas máquinas.

Uma empresa holandesa promoveu o aproveitamento de moças paraplégicas em uma operação com prensa, adaptando o controle do pedal para uma pequena alavanca acionada com a parte lateral de uma das mãos. Outro exemplo vem da Noruega, onde uma empresa conseguiu aproveitar moças que tinham pouca mobilidade nos braços, mas cujas mãos funcionavam normalmente. Com o auxílio de um mecanismo de polias penduradas no teto e que mantinham os braços suspensos em uma posição adequada, elas conseguiam realizar trabalhos de digitação.

São também freqüentes os aproveitamentos de cegos para trabalhos de inspeção e montagem nas indústrias, com a adaptação dos locais de trabalho. Por exemplo, colocam-se anteparos para os movimentos manuais, indicando o posicionamento das peças. O código Braille pode ser aplicado em instrumentos, como gabaritos de controle de qualidade. As informações de *feedback* podem ser proporcionadas pelo canal auditivo.

O avanço da computação gerou muitas facilidades para os deficientes. Hoje já existem muitos programas de *software* para ajudá-los em vários tipos de tarefas. Além do mais, o computador pode ser operado com poucos movimentos, dispensando a escrita manual, manipulação de papéis ou uso de telefones.

Conclusão

Ainda existem muitas oportunidades para se realizar pesquisas e desenvolvimento de produtos, postos de trabalho e ambientes adaptados às características masculinas e femininas, aos idosos e pessoas portadoras de deficiências.

Outro segmento diferenciado, ainda carente de estudos, são as crianças e adolescentes, que respondem hoje por uma faixa significativa de bens de consumo como materiais escolares, roupas, brinquedos e móveis.

Entre as minorias populacionais pode-se incluir também a mulher grávida, que sofre mudanças temporárias das proporções corporais e alterações na capacidade para realizar esforços físicos.

À medida que os problemas ergonômicos forem solucionados para a maioria das pessoas adultas, essas minorias populacionais passarão a receber maior atenção. Nessa área há ainda muita deficiência de informações para se trabalhar nos projetos ergonômicos.

Conceitos introduzidos no capítulo 12

ritmo circadiano
indivíduo matutino
indivíduo vespertino
fases do sono
conhecimento
modelo mental
curva de aprendizagem
fadiga física
fadiga psicológica
monotonia
motivação
teoria de Maslow
teoria de Alderfer
estudo de Herzberg
trabalho feminino
envelhecimento
senilidade
deficiente físico

Questões do capítulo 12

1. Qual é a importância do ritmo circadiano para o trabalho?
2. Explique as transformações físicas que ocorrem no início do trabalho.
3. Quais são os efeitos prejudiciais da cafeína, fumo e álcool no trabalho?
4. O que é gestão do conhecimento?
5. Como se modifica o modelo mental com o treinamento?
6. Quais são as principais conseqüências da fadiga?
7. Quais são as causas e conseqüências da monotonia?
8. O que se entende por motivação? Como podem ser melhoradas?
9 O que se pode fazer para adaptar o trabalho às mulheres?
10.Como o trabalho pode ser adaptado às pessoas idosas?
11.Como o trabalho pode ser adaptado às pessoas portadoras de deficiências?

Exercício

Descreva uma situação monótona ou fatigante. Faça sugestões para melhorar a motivação. Justifique-as de acordo com as teorias de Maslow, Alderfer e Herzberg.

13. Organização do trabalho

Este capítulo apresenta aplicação de conhecimentos da ergonomia na organização do trabalho, de modo que a monotonia, fadiga e erros sejam reduzidos, e se criem ambientes mais cooperativos e motivadores.

Um dos maiores problemas dos trabalhadores modernos é o do estresse, causado principalmente pelas competições, exigências e conflitos. Estes, até certo ponto, podem ser reduzidos pela correta definição e atribuição de tarefas, seleção e treinamento, estabelecimento de planos salariais e de carreira e, principalmente, por um relacionamento franco, sincero e saudável entre os trabalhadores e a administração da empresa.

Dois aspectos importantes serão examinados com mais detalhes neste capítulo: a questão da alocação do trabalhador em equipe e o do trabalho noturno. O trabalho em equipe é quase regra na produção industrial, pois excluindo-se certos tipos de trabalhos artesanais, a produção moderna depende do esforço coordenado de centenas ou até milhares de pessoas. Além disso, cerca de 20 a 30% desses trabalhadores estão envolvidos de alguma forma, com o trabalho noturno, que apresenta profundas diferenças em relação ao trabalho diurno.

Este capítulo pode ser considerado uma continuação do Capítulo 12, onde foram apresentados os principais fatores humanos que influem no trabalho. Agora, veremos como o trabalho pode ser organizado a fim de criar um ambiente produtivo ou reduzir as conseqüências dos fatores negativos, que não podem ser evitados ou eliminados.

13.1 Estresse no trabalho

Na sociedade moderna, com o avanço tecnológico, aumento da competição, rápidas transformações, pressão de consumo, ameaça de perda de emprego e outras dificuldades do dia-a-dia, os trabalhadores vivem cada vez mais em uma situação estressante.

Devido à gravidade desses problemas, eles merecem constante atenção por parte da administração da empresa e, se bem tratados, produzem efeitos benéficos. Alguns tipos de programas integrados, executados a longo prazo, procurando eliminar sistematicamente as fontes de estresse produziram resultados significativos, sendo que os benefícios foram estimados em até cinco vezes o valor gasto nesses programas.

Mecanismos do estresse

As pessoas estressadas apresentam algumas mudanças visíveis de comportamento. Em primeiro lugar, há uma perda da auto-estima e da auto-confiança, que as levam a se relaxarem dos cuidados com a higiene pessoal. Ao mesmo tempo, sofrem de insônias, tornam-se agressivas e passam a beber ou fumar exageradamente. Em segundo lugar, as transformações neuro-endocrinológicas interferem nas funções fisiológicas e inibem as defesas naturais do organismo, tornando-as mais vulneráveis a **doenças**, como dores musculares, problemas gastro-intestinais e doenças cardiovasculares.

Uma explicação simples para o estresse seria a seguinte: quando a pessoa recebe um estímulo qualquer do ambiente para agir, há, imediatamente, uma preparação psico-fisiológica do organismo para essa ação, mobilizando a energia do corpo e ajustando o nível das funções fisiológicas. Se essa ação não se completar, por um motivo qualquer, há uma frustração e a energia acumulada deve ser dissipada, provocando efeitos físicos e psicológicos prejudiciais.

A primeira reação do estresse aparece na glândula pituitária, que produz um hormônio que, por sua vez, serve para estimular outras glândulas como a tiróide, pâncreas, fígado e supra-renal. A supra-renal injeta grande quantidade de **adrenalina** na circulação sanguínea, que dilata a pupila, inibe o processo digestivo e acelera a atividade cardíaca. Elas agem conjuntamente, preparando o organismo para enfrentar um desafio ou fugir da situação de **perigo**. Os hormônios provocam dilatações cardiovasculares, para aumentar o fluxo sanguíneo e, ao mesmo tempo, constrições na circulação periférica, economizando sangue, para o caso de uma necessidade adicional, e isso produz um aumento da pressão sanguínea.

Se esse fenômeno for repetido com grande freqüência, pode surgir uma **hipertensão**, aumentando o risco de doenças cardiovasculares, úlceras gástricas e infecções respiratórias. Contudo, a hipertensão pode estar associada a diversas outras causas. O estado de estresse prolongado passa a influir no desempenho do trabalho, reduzindo a produtividade e a qualidade, podendo também aumentar os riscos de acidentes, absenteísmos e a rotatividade dos trabalhadores.

O estresse também afeta o sistema nervoso central, reduzindo a capacidade do organismo em responder a estímulos, diminuindo a vigilância e provocando distúrbios emocionais. Também são freqüentes os sintomas de ansiedade e **depressão**. Muitas pessoas recorrem ao uso do álcool, fumo e drogas para aliviar os sintomas do estresse. Outros comportamentos como o hábito de comer em demasia, dormir demais e exercitar-se fisicamente, podem produzir conseqüências nocivas à saúde.

Causas do estresse

As causas do estresse são muito variadas e possuem um efeito cumulativo. As exigências físicas ou mentais exageradas provocam estresse, mas este pode incidir mais fortemente naqueles trabalhadores já afetados por outros fatores, como conflitos com a chefia ou até problemas domésticos. Vamos examinar algumas dessas principais causas.

Conteúdo do trabalho — Uma das maiores causas do estresse no trabalho é a pressão para manter um certo ritmo de produção. Isso ocorre não apenas na linha de produção, mas também no atendimento a pessoas de uma fila ou devido ao prazo exíguo para entrega de um trabalho. Contribuem também para o estresse, as responsabilidades, conflitos e outras fontes de insatisfação no trabalho.

Sentimentos de incapacidade — O estresse decorre de uma percepção pessoal da incapacidade em atender à demanda do trabalho ou terminá-lo dentro de um prazo estabelecido. Isso resulta de uma avaliação pessoal de que não se conseguirá atender a essa demanda ou não se conseguirá obter os recursos ou apoios necessários para completar o trabalho.

Condições de trabalho — As condições físicas desfavoráveis, como o excesso de calor, ruídos exagerados, ventilação deficiente, luzes inadequadas, ofuscamentos, gases tóxicos ou uso de cores irritantes no ambiente de trabalho também aumentam o estresse. Aqui se inclui também o projeto deficiente do posto de trabalho, obrigando-se a manter uma postura inadequada ou com dificuldades de visualizar os instrumentos e alcançar os controles e demais instrumentos.

Fatores organizacionais — Entre os fatores organizacionais, incluem-se os comportamentos dos chefes e supervisores que podem ser demasiadamente exigentes e críticos e, portanto, pouco encorajadores. Há também as questões de salários, carreira, horários de trabalho, horas extras e turnos.

Pressões econômico-sociais — A questão do dinheiro para pagar as contas e a forte pressão exercida pela sociedade de consumo são elementos de freqüentes preocupações. Além disso, os conflitos com colegas de trabalho, amigos e familiares podem também trazer aborrecimentos que contribuem para o estresse.

O conjunto desses fatores é representado graficamente na Figura 13.1. Podemos fazer uma analogia com uma caixa d'água, onde existem diversas torneiras, despejan-

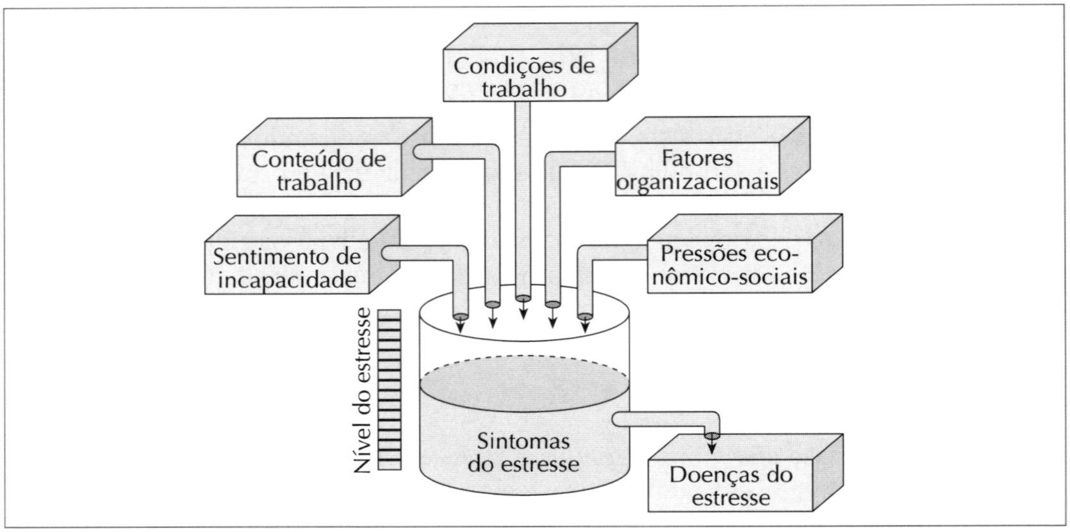

Figura 13.1
O estresse ocupacional é provocado por diversos fatores, que têm um efeito cumulativo sobre o organismo. A persistência dos mesmos pode levar a doenças típicas do estresse (Grandjean, 1983).

do água, até que chega o momento dessa água entornar. Isso equivale ao surgimento das **doenças** do estresse. Naturalmente, não é necessária a ocorrência simultânea de todos os fatores citados.

Em cada caso, alguns desses fatores podem ter maior influência que os outros. O "nível" em que a água se entorna também é bastante variável, dependendo das características individuais, em termos de conhecimentos, habilidades, experiência, preparo e disposição para "enfrentar" a situação. Portanto, o nível absoluto da demanda nem sempre é o fator dominante. O que importa é a diferença existente entre essa demanda e a avaliação pessoal da capacidade para superá-la.

Dificuldades percebidas no trabalho

Uma das maiores causas de estresse dos trabalhadores é a dificuldade encontrada na realização do próprio trabalho. Entretanto, não é fácil diagnosticar essas causas. Muitas vezes são introduzidas ações corretivas no posto de trabalho, baseando-se em falsas suposições. A atuação corretiva, nesse caso, é ineficaz e as causas reais que provocam o estresse não são eliminadas. Para resolver esse problema, Herbert (1978) desenvolveu uma metodologia para avaliar as dificuldades percebidas no trabalho, pelos próprios trabalhadores, baseando-se nas seguintes etapas:

Identificação das dificuldades — Para identificar as dificuldades, foram inicialmente selecionados alguns cargos para estudo, como os de contabilistas e chefes de enfermagem. Para cada cargo, foram escolhidos 5 a 10 ocupantes dos mesmos. Essas pessoas selecionadas passaram a ser entrevistadas semanalmente, para que pudessem falar sobre as dificuldades encontradas no cargo. Algumas pessoas só foram entrevistadas 2 ou 3 vezes, mas outras chegaram a ser entrevistadas até 10 vezes, em semanas consecutivas. Com o tempo, elas mesmas se organizaram para fazer pequenas anotações sobre as dificuldades encontradas durante a semana, que eram apresentadas durante as entrevistas. Com isso, foram obtidas listas de mais de 100 quesitos das dificuldades de cada cargo. Estes foram classificados em três tipos.

a) *Dificuldades relacionadas com a tomada de decisões*. Exemplos:
- As informações disponíveis não são suficientes
- As informações disponíveis não são confiáveis
- As informações disponíveis são complicadas
- Minha ação pode prejudicar a empresa
- Minha ação pode prejudicar outras pessoas
- As possíveis conseqüências da ação são desconhecidas

b) *Dificuldades relativas ao relacionamento pessoal*. Exemplos:
- Preciso convencer as pessoas que têm opiniões diferentes
- As pessoas não fazem aquilo que foi combinado
- Algumas pessoas não passam as informações corretas
- Tem gente desleal mas preciso agir com cautela

c) *Dificuldades relacionadas com o gasto de tempo e de energia*. Exemplos:
- Tempo disponível é muito curto
- A tarefa é pesada, desgastante
- O barulho do compressor perturba muito
- O trabalho é muito interrompido por telefonemas

Avaliação das dificuldades — Com base nesses quesitos, foi elaborado um questionário para ser respondido por um número maior de pessoas. Foram escolhidas 10 a 15 pessoas de cada cargo, preferencialmente aquelas com maior experiência e que tivessem uma visão abrangente do respectivo cargo. Essas pessoas deveriam avaliar cada um dos quesitos numa escala de zero a dez, com o grau zero correspondendo a "*extremamente fácil*" e o grau dez a "*dificuldade máxima que posso suportar*".

Análises estatísticas — As avaliações de cada quesito foram totalizadas e colocadas em ordem decrescente de dificuldade. Diversas análises estatísticas foram então realizadas para validar os resultados obtidos. Em alguns casos, constataram-se resultados contraditórios entre si e, então, foram eliminados. Os quesitos que restaram representam realmente as dificuldades de cada cargo, na opinião dos próprios trabalhadores e isso, certamente, é diferente de suposições feitas por pessoas estranhas ao cargo.

Em resumo, o método mostrou-se válido para levantar diretamente, junto aos trabalhadores, o elenco das principais dificuldades que eles sentiam no cargo, fornecendo bases mais confiáveis para se fazer qualquer tipo de intervenção no sentido de eliminar ou reduzir essas dificuldades.

Redução do estresse

O estresse tem várias causas e afeta diferentemente as pessoas. Assim, não é possível estabelecer uma forma única para preveni-lo ou combatê-lo. Existem diversas medidas que podem ser adotadas e que são descritas a seguir.

Redesenho do posto de trabalho — O redesenho do posto de trabalho deve visar uma postura melhor do trabalhador, adaptando-se às suas dimensões antropométricas e facilitando a realização dos movimentos corporais. Esse redesenho deve reduzir também as cargas sensorial (visual e auditiva) e muscular, se for constatada uma sobrecarga dos mesmos. Adicionalmente, deve ser verificado se o ambiente físico está dentro dos valores recomendados, abrangendo a temperatura, umidade, velocidade dos ventos, ruídos, vibrações, iluminação, uso de cores e outros.

Contatos sociais — No redesenho do posto de trabalho, deve-se tomar especial cuidado para não provocar o isolamento dos trabalhadores, impedindo os contatos sociais entre eles. Estes são muito importantes para combater o estresse e monotonia. Em alguns casos, os ambientes ruidosos não permitem uma conversa normal. Em outros, há um isolamento físico (cabinas acústicas, cabinas de controle de qualidade) ou temporal (guardas noturnos). Nesses casos, é importante providenciar **pausas** freqüentes no trabalho, para que esses contatos sociais se tornem possíveis. Essas pausas também têm a função de permitir mudanças na postura e promover uma recuperação da fadiga.

Treinamento — O novato enfrenta uma situação muito estressante, principalmente se houver a possibilidade de não ser bem aceito pelos novos colegas de trabalho. Muitas empresas não oferecem nenhum treinamento e outras, simplesmente, colocam o novato ao lado de um outro mais experiente, para que seja treinado no próprio cargo (*on-the-job training*).

Para reduzir a insegurança do novato, é aconselhável submetê-lo a algum tipo sistematizado de treinamento. Além do desenvolvimento das habilidades específicas do cargo, deve-se fornecer informações sobre a empresa e os serviços que ela oferece aos seus empregados como alimentação, transportes, creches, serviços de saúde, assistência social, atividades esportivas e assim por diante. Deve haver uma apresentação formal dos novatos aos veteranos, para que aqueles sejam bem aceitos.

Ajudas — Se houver alguma dificuldade, evento inesperado, ou emergencial, como quebra de máquina ou acidente de trabalho, o trabalhador deve saber a quem recorrer. Isso, naturalmente, depende da natureza do assunto, mas o importante é que o trabalhador saiba quem poderá ajudá-lo em cada caso. Quando não houver serviços próprios, muitas empresas mantêm convênios com prestadores externos de serviços, como os convênios médicos. O problema maior ocorre no turno da noite e finais de semana, quando esses serviços de apoio geralmente não funcionam.

Exercícios de relaxamento — Muitas empresas adotam a prática da ginástica laboral ou exercícios físicos para relaxar. Há também programas mais completos, incluindo exercícios para relaxamento muscular, exercícios respiratórios, psicoterapia de grupo e assim por diante. Alguns desses exercícios podem ser feitos coletivamente, antes da jornada de trabalho. Em outros casos, há empresas que fazem pausas coletivas de 2 em 2 horas, para que os trabalhadores façam exercícios de alongamento e relaxamento nos próprios locais de trabalho.

Nos casos de trabalhos muito estressantes, há empresas que organizam "salas de descompressão" onde as pessoas podem relaxar-se. Em todos esses casos, há resultados positivos comprovados, com a redução do nível de ansiedade e das dores de cabeça. Entretanto, os casos mais graves e persistentes devem ser tratados individualmente, com a assistência de um médico ou psicólogo. Essas medidas não são isoladas entre si e podem ser adotadas simultaneamente.

13.2 O trabalho na era pós-taylorista

Já houve uma época em que o trabalho foi considerado um "castigo" ou um mal necessário. Muita gente trabalhava somente porque precisava ganhar dinheiro para a sobrevivência. Se tivéssemos oportunidade de examinar as condições em que essas pessoas trabalhavam, certamente acharíamos que elas tinham razão.

As fábricas antigas eram sujam, escuras, barulhentas e perigosas. Os postos de trabalho eram improvisados. A exigência de força física, levantando e carregando peças pesadas e desajeitadas era muito grande, provocando freqüentes acidentes. Bernardino Ramazzini, publicou um livro em 1700 descrevendo 54 doenças típicas de cada profissão, como doenças dos oleiros, ferreiros, pedreiros, pescadores e assim por diante, tudo em conseqüência das condições insalubres dessas profissões. Decorridos mais de 300 anos, infelizmente, muitas dessas condições ainda persistem.

As características do taylorismo

Como já vimos no Capítulo 1, houve uma grande mudança na organização do trabalho, no início do século XX, baseando-se em princípios tayloristas. O taylorismo foi considerado um grande avanço para e época. Hoje, sofre muitas resistências, por fazer a fragmentação do trabalho, até chegar a tarefas simples e repetitivas. Entretanto, essa simplicidade é apenas aparente porque ele exige um grande aparato para definir os métodos de trabalho, realizar as cronometragens dos trabalhadores e calcular os pagamentos por peças produzidas. Além disso, o trabalhado repetitivo provoca fadigas localizadas em certas partes do corpo.

A monotonia do trabalho repetitivo reduz a vigilância e tende a provocar erros e acidentes. Tudo isso se reflete na baixa qualidade da produção, aumento de absenteísmos e rotatividade (também chamado de *turnover*, mede a taxa de demissões/admissões durante um certo período).

Os trabalhadores, envolvidos em tarefas de pouco significado e com excesso de controles, sentem-se angustiados porque parece que seu trabalho nunca termina, por mais que se esforcem . Em conseqüência, há baixa identificação do trabalhador com os objetivos da empresa. Em linguagem popular, pode-se dizer que eles "não vestem a camisa" da empresa. Ao contrário, em certos casos extremos, devido ao enorme descontentamento, são até capazes de sabotá-la, aumentando deliberadamente o tempo de operação ou índice de refugos.

Entretanto, o lado mais perverso do taylorismo é a nítida separação entre o planejamento e a execução, promovendo a desapropriação dos conhecimentos do trabalhador. Todas as tarefas são cuidadosamente planejadas no departamento de **Organização e Métodos** das empresas, até os seus mínimos detalhes, com especificação de tempos-padrões para cada atividade, não deixando qualquer grau de liberdade ao trabalhador. Este é considerado apenas como "braços e pernas", desprovido da cabeça pensante. Impedido de tomar qualquer tipo de decisão sobre o seu próprio trabalho, eles se sentem profundamente angustiados e essa é uma das maiores fontes de insatisfação dos trabalhadores. Por outro lado, a administração da empresa também perde a oportunidade de obter valiosas sugestões dos próprios trabalhadores, que poderiam resultar em melhorias dos métodos e economia de materiais.

O trabalho moderno

A partir da década de 1960, começaram a surgir novas experiências de organização do trabalho, visando diminuir os efeitos nocivos das tarefas altamente repetitivas e rigidamente padronizadas. Com isso, procurou-se aumentar o grau de motivação, produtividade e estabilidade dos trabalhadores, diminuindo os absenteísmos e a rotatividade.

O trabalho moderno é caracterizado pela **flexibilidade** e maior respeito às diferenças individuais e características próprias de cada grupo. Com isso, o trabalhador tem maior grau de liberdade para decidir sobre o seu próprio trabalho. A distribuição das tarefas, dentro de uma equipe, pode ser decidida pelos próprios elementos dessa equipe, de acordo com as habilidades e preferências de cada um. No caso de uma linha de montagem, a esteira pode ter velocidade variável. No início da jornada, a velocidade pode ser menor e ela vai aumentando, quando os trabalhadores se sentirem "aquecidos". Da mesma forma, quando se sentirem cansados, podem reduzí-la.

O ambiente físico também tem se transformado. Modernamente, as fábricas vêm adquirindo um outro aspecto. Cada posto de trabalho, as vezes, é uma máquina de alta complexidade, que exigiu muitos estudos de diversos especialistas, para que possa ser operado de forma eficiente com um mínimo de riscos. A temperatura e a iluminação são também cuidadosamente estudadas para se criar um ambiente agradável. Os espaços são organizados de forma a permitir um bom relacionamento com os colegas e os supervisores.

Entretanto, para se promover essa transformação, é necessário analisar as principais fontes de insatisfação e ineficiência dos trabalhadores e atuar sobre as mesmas.

Fontes de insatisfação dos trabalhadores

As fontes de insatisfação dos trabalhadores dependem, naturalmente, do tipo de trabalho. Provavelmente, os trabalhadores de uma metalúrgica terão diferentes fontes de insatisfação que outros de uma indústria de alimentos ou de prestação de serviços. Mas, de uma forma geral, elas podem ser agrupadas nas seguintes categorias.

Jornada de trabalho — Com o progresso tecnológico e o aumento da produtividade, há uma tendência histórica de se reduzir a jornada de trabalho. Ela já chegou a 16 horas diárias, sem descanso semanal e sem férias, no início da revolução industrial. Hoje, nos países desenvolvidos, a indústria já adotou o sistema de 5 dias semanais de trabalho, com jornadas diárias de 8 a 9 horas, totalizando 40 a 45 horas semanais. Seguindo essa tendência de redução, os especialistas acreditam que se poderá chegar a 30 horas semanais de trabalho, com férias de 5 a 6 semanas, ao cabo de duas ou três décadas, nos países desenvolvidos.

Enquanto isso, nos países menos desenvolvidos, onde a produtividade é baixa, ainda existem jornadas de 44 e até 48 horas semanais. Essa questão, geralmente, é regulamentada por leis trabalhistas em cada país, mas, além da jornada normal de trabalho, muitas empresas recorrem ao trabalho em horas-extras. Isso é muito comum em empresas que trabalham com produtos de demanda sazonal, como os ovos de Páscoa e enfeites de Carnaval.

O que se pode dizer, do ponto de vista ergonômico, é que as jornadas superiores a 8 ou 9 horas diárias de trabalho são improdutivas. As pessoas que são obrigadas a trabalhar além disso, costumam reduzir o seu ritmo durante a jornada normal, acumulando reservas de energia para suportar as horas-extras. Assim, o volume total produzido com as horas-extras não será muito diferente daquele que seria produzido em regime normal. Além disso, há uma correlação direta do volume de horas-extras com problemas como doenças e absenteísmos (Figura 13.2). Outra questão relacionada é o trabalho noturno, que será visto mais adiante, na seção 13.6.

Remuneração — Embora todos trabalhem, de uma maneira ou outra, para ganhar dinheiro, este não é necessariamente a única nem a maior motivação para o trabalho. Existem pessoas que dão relativamente menor importância ao salário, procurando outras compensações, como estabilidade no emprego e realização profissional. Há também diferenças culturais e educacionais na questão de valorizar a remuneração. Também, em algumas empresas, observa-se que os trabalhadores são mais "ligados" à questão salarial do que em outras.

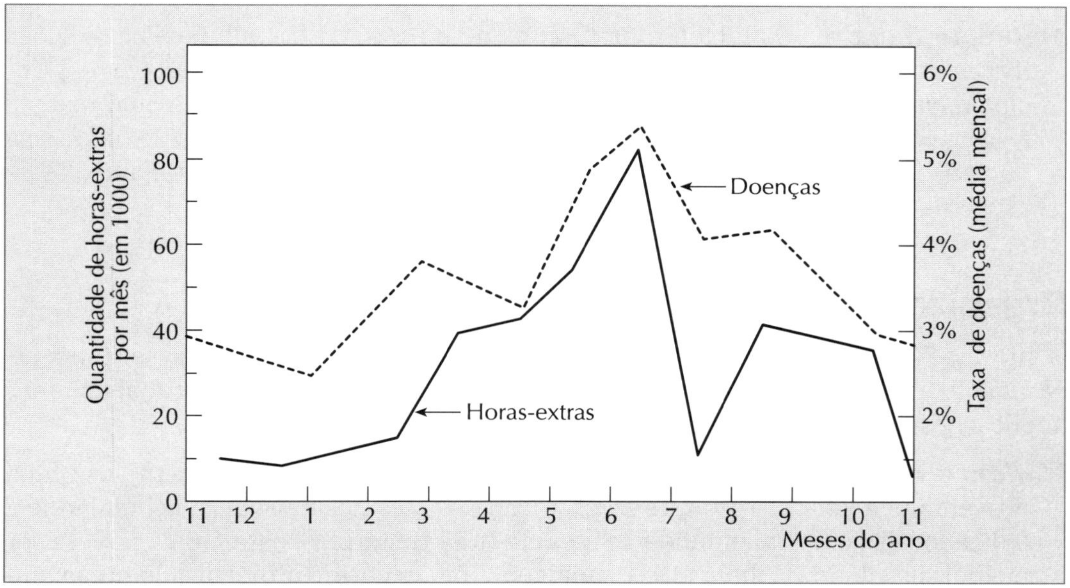

Figura 13.2 Influência das horas-extras na incidência de doenças entre os trabalhadores (Behrens *in* Grandjean, 1983).

Contudo, os trabalhadores, em geral, são mais sensíveis aos ganhos **relativos**, ficando mais incomodados com as injustiças salariais, em relação aos seus colegas, do que propriamente com os seus valores absolutos. Isso está associado à questão de prestígio, status, e do reconhecimento do seu mérito pela empresa. As queixas sobre os salários também aparecem com maior freqüência quando há outras fontes de insatisfações como a chefia, ambiente físico ou psicossocial. Às vezes, os próprios trabalhadores não são capazes de explicitar claramente os motivos de suas insatisfações e, então, elas são descarregadas sobre os salários, que podem se transformar em reivindicações objetivas.

Organização — A organização do trabalho deve permitir que cada um possa exercitar as suas habilidades, com sentimento de auto-realização, sem necessidade de controles rígidos sobre cada atividade. As pessoas devem sentir-se respeitadas, sem discriminação, tendo um relacionamento amigável com os seus colegas e superiores.

Na medida do possível, essa organização deve ser feita de modo **participativo**, com envolvimento dos próprios trabalhadores, que são os maiores interessados, como se verá no item seguinte. Esse envolvimento deve ser feito da maneira mais franca possível, para que os trabalhadores não se sintam enganados pela administração. As decisões tomadas devem ser implementadas o mais rápido possível, para que haja uma associação clara entre as sugestões apresentadas pelos trabalhadores e as providências adotadas.

Ambiente psicossocial — O ambiente psicossocial abrange aspectos como sentimento de segurança e estima, oportunidades de progresso funcional, percepção da imagem da empresa, aspectos intrínsecos do trabalho, relacionamento social com os colegas e os benefícios que o trabalhador recebe da empresa. Muitas vezes existem chefes e colegas que são antipatizados, nos quais ele não confia ou não gosta. Esses aspectos, às vezes, não são de fácil definição e medida. Nem por isso deixam de ser menos importantes.

Ambiente físico — O ambiente físico abrange o posto de trabalho e as condições físicas como iluminação, cores, temperatura, ruídos e vibrações. Destaca-se principalmente a presença de elementos poluidores e nocivos à saúde, como poeiras e gases tóxicos. Se esses elementos não estiverem dentro das faixas de tolerância humana, constituem-se em fontes de estresse e de insatisfação no trabalho. Estes aspectos serão apresentados nos Capítulos 15 e 16.

Organização do trabalho e saúde

Conforme já foi apresentado no Capítulo 6, diversas providências podem ser tomadas para melhorar a postura e aliviar a carga de trabalho. Vamos examinar aqui algumas implicações desses aspectos com a organização do trabalho.

Mudança de método — Os métodos muito simples e altamente repetitivos têm a desvantagem de exigir sempre a contração dos mesmos músculos, acumulando a fadiga localizada. Aumentando-se a **variedade** de tarefas, essa fadiga poderá ser melhor distribuída. Vihma (1982) apresenta um experimento realizado numa empresa de confecções. As costureiras que faziam o mesmo produto foram divididas em dois grupos: no grupo A, o trabalho era organizado em linha, com as costureiras realizando pequenas operações repetitivas. No grupo B, cada costureira se encarregava de produzir uma peça inteira. As do grupo A apresentaram 63% mais queixas de dores no pescoço e nos ombros, e 760% a mais nas pernas, em relação as do grupo B (Tabela 13.1).

TABELA 13.1

Queixas de dores apresentadas por costureiras que realizavam operações repetitivas (grupo A) e integradas (grupo B) (Vihma,1982)

Localização das dores	Grupo A Operações repetitivas (%)	Grupo B Operações integradas (%)
Pescoço e ombros	98	60
Pernas	43	5
Pelo menos quatro queixas	38	0

Rigidez organizacional — Dejours (1987) apresenta a teoria de que uma rigidez excessiva na organização do trabalho, com a imposição de um ritmo artificial, neutraliza a vida mental durante o trabalho, tornando o trabalhador mais suscetível a doenças. Quando os trabalhadores têm uma certa liberdade em organizar o seu próprio trabalho, eles o fazem de maneira peculiar, cada um promovendo pequenos ajustes, de acordo com as necessidades de sua personalidade, e isso proporcionaria maior equilíbrio emocional.

Em uma fábrica de acumuladores de chumbo (o chumbo provoca uma doença ocupacional chamada de saturnismo), a administração promoveu uma mudança de métodos, aumentando a sua rigidez. Isso provocou uma grande insatisfação dos trabalhadores. Embora esse novo método não tivesse aumentado o risco de contaminação com o chumbo, começaram ocorrer mais casos de sintomas da fadiga e se constatou um nítido aumento da contaminação sanguínea com o chumbo.

Como isso não poderia ser atribuído a alterações do nível da poluição ambiental, chegou-se à conclusão que o novo método havia aumentado a suscetibilidade dos trabalhadores. Isso foi atribuído ao aumento da rigidez do trabalho, afetando o funcionamento da vida mental dos trabalhadores, desorganizando o seu sistema defensivo e favorecendo o aparecimento de doenças. O corolário disso é que trabalhadores bem ajustados e satisfeitos ficam menos sujeitos a doenças e acidentes, por terem as suas defesas naturais em plena atividade.

Participação dos trabalhadores — Uma administração que consiga envolver os trabalhadores na busca de soluções, só poderá obter vantagens, porque não há ninguém que conheça melhor o trabalho do que eles próprios. Mesmo que esse trabalho seja cuidadosamente analisado por especialistas, é possível que escapem certos detalhes que, na prática, podem ser importantes.

Outra vantagem é que isso contribui para melhorar a aceitação de novas propostas, reduzindo as resistências às mudanças. Esta é uma tendência humana natural. As pessoas sempre relutam em aceitar aquilo que é desconhecido ou duvidoso e tendem a aceitar melhor aquilo que é conhecido ou familiar. As contribuições dos trabalhadores, então, não devem ser desprezadas, mesmo que se tratem de pequenos detalhes aparentemente insignificantes, pois servem para marcar a participação dos mesmos.

13.3 O trabalho flexível

As últimas décadas do século XX foram marcadas por profundas mudanças no sistema produtivo, devido às seguintes causas:

- Emergência de novos países industrializados com aumento considerável da competição em nível mundial. A China surge no cenário como um dos mais fortes competidores.
- Difusão de novas tecnologias, como a informática, Internet e o telefone celular, facilitando as comunicações no trabalho e incrementando o comércio mundial.
- Melhor qualificação dos trabalhadores e fortalecimento das representações sindicais.
- Maior conscientização dos consumidores, que não aceitam produtos e serviços de má qualidade ou aqueles oriundos do trabalho infantil e processos predatórios dos recursos naturais.
- Grande diversificação da linha de produtos, com obsolescências cada vez mais rápidas.

Diante dessa situação, as empresas não conseguem mais manter sistemas de produção rígidos, baseados em princípios tayloristas. Surgiram novas propostas para promover o alargamento e enriquecimento do trabalho nas linhas de produção.

Alargamento e enriquecimento do trabalho

Antigamente, produtos padronizados eram produzidos em grande escala. Alguns ficavam na linha de produção durante várias décadas. Hoje, isso não acontece mais, pois as séries de produção estão cada vez menores. No extremo, essa série é constituída de uma única peça, ou seja, cada peça produzida é diferente da outra, assemelhando a produção industrial à produção artesanal.

O alargamento e o enriquecimento apareceram como propostas para reduzir as inconveniências dos trabalhos altamente repetitivos, aumentando, tanto o ciclo de trabalho, como as responsabilidades dos trabalhadores.

Alargamento do trabalho — O alargamento, também chamado de enriquecimento horizontal, acrescenta, a cada trabalhador, outras tarefas de complexidades semelhantes, sem mudanças substanciais na natureza do trabalho. Um exemplo típico é o do caixa de bancos. Antes, ele só fazia o pagamento de cheques, cujos saldos e as assinaturas eram conferidas por outros funcionários. O próprio caixa incorporou essas tarefas para diversificar as suas tarefas. Um outro tipo de alargamento é o que ocorre com rotações periódicas entre cargos semelhantes. Para isso, é necessário que os trabalhadores sejam treinados para ocupar três ou quatro cargos diferentes.

Enriquecimento do trabalho — O enriquecimento do trabalho, formulado por Herzberg (1968), ocorre no sentido vertical e se propõe a introduzir mudanças qualitativas, aumentando as responsabilidades, auto-realização e as chances de crescer. O trabalho, assim, passa a ter significado maior. Envolve mudanças mais profundas que as do alargamento e coloca os trabalhadores em situações em que eles se sintam realmente **desafiados** pela exigência de novas responsabilidades, novos conhecimentos, novas habilidades e tenham chances de mostrar o seu valor, como nos seguintes exemplos.

1) Remover os controles diretos sobre a tarefa, de modo que o próprio trabalhador passe a responsabilizar-se pelo seu desempenho. Os controles são transferidos para os aspectos mais gerais ou globais do desempenho;
2) Atribuir tarefas mais difíceis e que exijam maiores conhecimentos e habilidades, como a programação da produção, preparação da máquina, manutenção e controle de qualidade (Figura 13.3).
3) Criar postos de trabalhos mais integrados, de sorte que uma pessoa ou uma equipe se responsabilize pela realização de um ciclo completo de produção, sem a necessidade de controles intermediários.

Em resumo, passa-se a controlar os resultados globais do trabalho, deixando as etapas intermediárias a cargo do próprio trabalhador. Esse processo deve ser feito com cuidado e um acompanhamento contínuo, para não fracassar. No começo, pode haver muita insegurança dos trabalhadores, e até resistência ao novo método, por parte daqueles mais conservadores e inseguros.

Em uma implantação experimental do trabalho enriquecido, verificou-se uma queda da produtividade nos três primeiros meses. Contudo, a partir do quarto mês, a produtividade começou a crescer e, no oitavo mês, a produtividade já tinha alcançado o **dobro** daquele valor anterior à implantação do novo método. A satisfação dos trabalhadores, medida em uma escala de 80 pontos, no máximo, subiu de 40 para 55 pontos durante esse período de 8 meses. Uma vantagem adicional do método é a simplificação dos controles administrativos, que passa a ser feito sobre aspectos mais globais e importantes da produção.

Embora exija um custo maior no treinamento e na organização e controle da produção, o enriquecimento do trabalho produz economia pela maior motivação, reduções de absenteísmos, rotatividade e outros problemas do trabalho. Porém, o que mais diferencia esse sistema produtivo dos demais é a melhoria da **qualidade**, sendo especialmente indicado nos casos em que há necessidade de produzir peças de alta qualidade e confiabilidade.

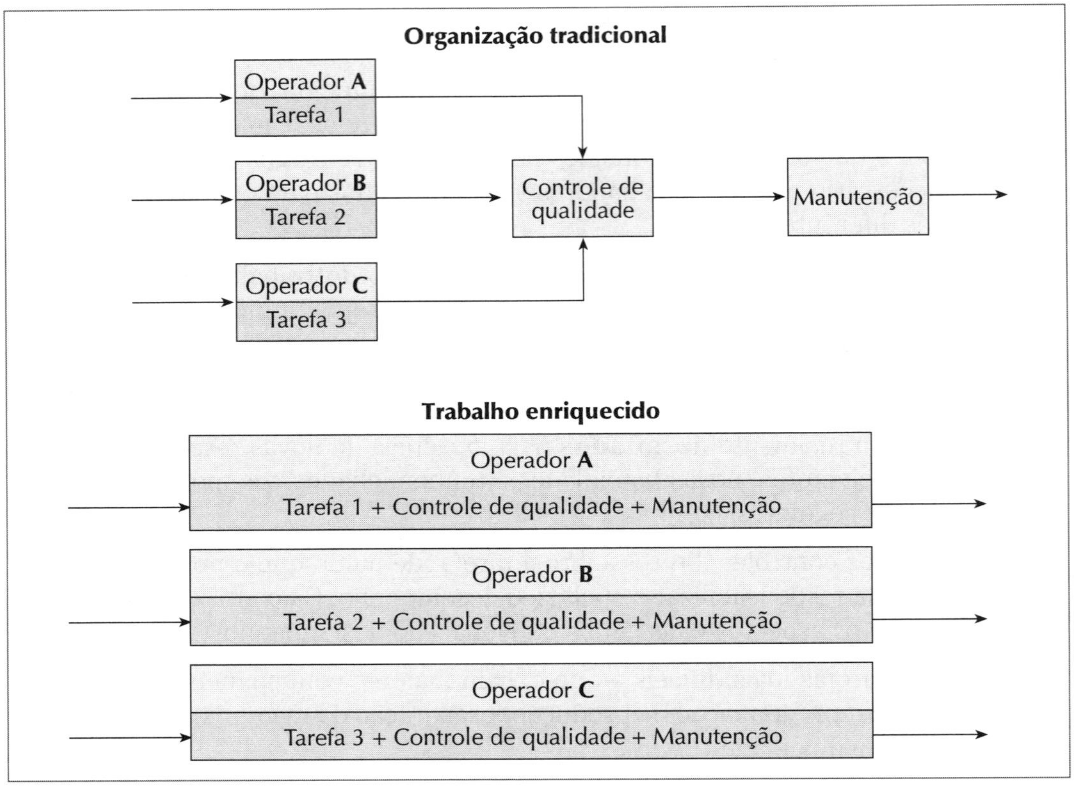

Figura 13.3 Enriquecimento do trabalho, com incorporação de tarefas de maior complexidade ao cargo.

No sistema tradicional, um trabalhador não tem a mesma preocupação com a qualidade, por isso fica a cargo dos inspetores. Ao responsabilizar-se também pela qualidade, tomará mais cuidado para produzir peças boas, além de corrigir rapidamente os eventuais defeitos, antes que se propaguem. Se isso acontecer, a responsabilidade será dele e do seu grupo.

Modos para aumentar a flexibilidade

As empresas modernas e competitivas são caracterizadas por uma grande flexibilidade operacional e rapidez para absorver novas tecnologias, fazer *redesign* dos produtos existentes e lançar novos produtos, tendo qualidade superior e preços competitivos. Essa flexibilidade é caracterizada pelos seguintes aspectos:

Organograma — No organograma tradicional, os cargos são hierarquizados em 6 a 10 níveis. O fluxo de informações é unidirecional, de "cima para baixo". A estrutura é departamentalizada e há pouca troca de informações "horizontais". Na empresa flexível, os níveis hierárquicos são reduzidos a 3 ou 4 e as fronteiras entre esses níveis hierárquicos são diluídos (Figura 13.4).

A Tabela 13.2 apresenta um exemplo, onde 9 níveis hierárquicos foram reduzidos para 4. Na estrutura tradicional, o **objetivo-fim** da organização é desdobrado em **atividades-meio** para cada unidade da organização. Naquela flexível, há um direcionamento maior de todos os grupos para o objetivo-fim. Uma organização típica é

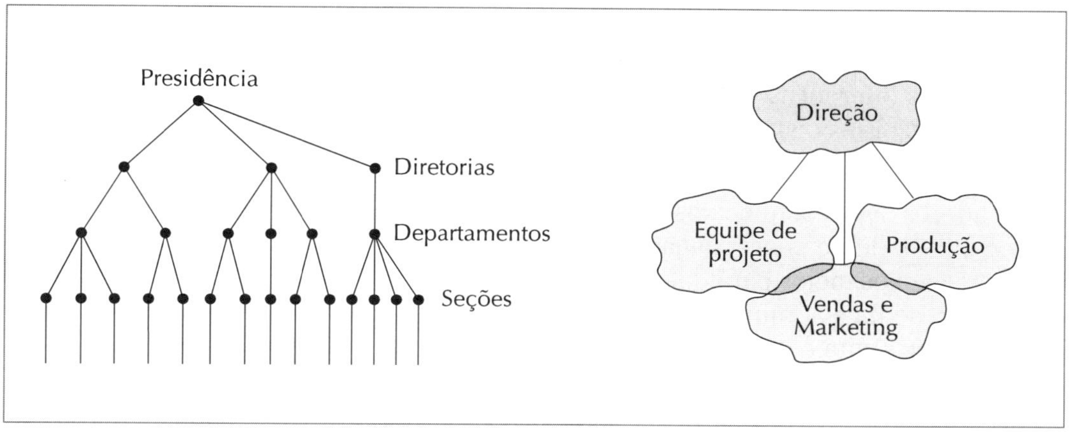

Figura 13.4
O organograma hierarquizado das estruturas tradicionais é substituído por formas mais flexíveis de organização (Dul e Weerdmeister, 2004).

aquela por "unidade de negócios", em que cada grupo responsabiliza-se por um certo objetivo, tendo mais flexibilidade e rapidez nas decisões.

TABELA 13.2

A introdução de grupos autônomos de produção permite reduzir os níveis hierárquicos e direcionar os grupos para as atividades-fim (Di Martino e Corlett, 1998)

A empresa sueca SKF, produtora de rolamentos, resolveu fazer uma mudança profunda de sua estrutura organizacional, em 1986. A antiga estrutura funcional e hierarquizada foi substituída por outra, resultando em uma estrutura mais "achatada" e ágil, moldada para atender aos requisitos do mercado e dos clientes, por unidade de negócios.

Níveis da organização anterior	Níveis após a reorganização
1. Presidente	1. Gerente da área
2. Diretor industrial	2. Gerente da fábrica
3. Chefe de departamento	3. Gerente do setor
4. Chefe de seção	4. Encarregado da produção
5. Engenheiro da fábrica	
6. Supervisor de produção	
7. Mestre	
8. Preparador da máquina	
9. Operador da máquina	

Trabalhadores flexíveis — Organizações flexíveis exigem trabalhadores flexíveis. Isso significa que, na nova organização, os trabalhadores não devem se restringir a realizar tarefas simples e repetitivas. Os cargos devem incluir uma variedade maior de tarefas, mesclando aquelas de natureza simples e repetitivas com outras mais complexas. Nem todos os trabalhadores aceitam essa nova situação. Em geral, 60% deles aceitam os novos desafios, 30 % preferem continuar nas tarefas simples e repetitivas e 10% não gostam nem de um nem de outro.

Líderes no lugar de chefes — As estruturas formais têm chefes nos postos de comando, enquanto a empresa flexível tem líderes. A Tabela 13.3 apresenta as principais diferenças entre eles. O poder dos chefes vem por delegação dos seus superiores. Eles distribuem as tarefas e controlam o desempenho dos seus subordinados.

Os líderes são reconhecidos pelo grupo, devido ao seu conhecimento, experiência e capacidade de coordenação. São também chamados de **facilitadores** porque providenciam os meios para que o seu pessoal possa trabalhar satisfeito. Enquanto o chefe representa a administração da empresa perante os trabalhadores, o líder faz o inverso: representa o grupo perante a administração.

TABELA 13.3

Diferenças de estilos gerenciais de chefes e líderes (Dul e Weerdmeester, 2004)

Chefes	Líderes
Os chefes não revelam tudo – mantém algumas informações confidenciais	Os líderes apresentam logo todas as informações disponíveis, a todos do grupo
Os chefes conhecem tudo – você pode perguntar qualquer coisa a eles	Os líderes admitem que não conhecem tudo, mas poderão buscar as informações necessárias
Os chefes conhecem tudo melhor, e fazem questão de demonstrar isso	Os líderes não conhecem tudo e procuram aproveitar os conhecimentos dos seus subordinados
Os chefes centralizam e tomam as decisões solitariamente.	Os líderes criam condições para que cada um tome as suas próprias decisões
Os chefes estão sempre ocupados com o seu trabalho.	Os líderes têm maior disposição para apoiar o trabalho dos seus subordinados
As comunicações com os subordinados restringem-se aos assuntos de trabalho, de "cima para baixo"	As comunicações são mais francas, nos dois sentidos
Se você trabalhar bem, nada ouve – se você errar, estará enrascado	O líder está interessado nos subordinados – ele pergunta e ouve
O empregado é sempre o culpado pelos erros e fracassos	Diante de um erro, o líder pergunta o que se pode fazer para que não se repita

Horários flexíveis — A organização flexível, não precisa manter a rigidez dos horários de trabalho. Em vez de se fixar rigidamente um horário único para todos, pode-se fixar uma faixa. Digamos, entre 8:00 e 8:30 h para se chegar ao trabalho. Contudo, a quantidade total de horas trabalhadas deve ser a mesma para todos. Quando o trabalho depender de atividades coletivas, como na linha de montagem, deve haver um núcleo comum, onde todos estejam presentes.

Aqueles que chegam antes podem realizar certas atividades preparatórias, como abastecimentos de material e, aqueles que ficam no final, outras atividades, como o relatório da produção. Em um restaurante, aqueles que chegam antes ajudam na preparação dos alimentos e os que ficam depois, cuidam da limpeza. Esse tipo de flexibilidade está muito longe de um *laissez-faire*, onde cada um decide o que quer fazer. Ao contrário, os horários de cada um são propostos e discutidos com o grupo e aceito pelo líder. Uma vez acertados, devem ser cumpridos, para se preservar a capacidade produtiva do grupo.

Terceirização

Uma modalidade extrema do trabalho flexível é a terceirização, muito adotada am algumas indústrias como a de confecções. Por esse sistema, uma costureira pode trabalhar na própria casa, dividindo o seu tempo entre afazeres domésticos e profissionais. Isso existe também em setores de alta tecnologia, como computação e design gráfico. Até mesmo grandes empresas como estaleiros e fábricas de automóveis podem ter, no interior de suas plantas, várias empresas de menor porte, terceirizadas. Organizações semelhantes são adotadas no setor agropecuário, na criação de aves e suínos, por exemplo, por sistema de parcerias.

Em todos esses casos, a empresa-mãe ou empresa-estruturante costuma controlar apenas os dois extremos (início e fim) da cadeia produtiva, terceirizando as tarefas intermediárias, geralmente aquelas que exigem maior volume de trabalho e mão-de-obra.

Entretanto, do ponto de vista da ergonomia e das leis trabalhistas, essa terceirização tem o seu lado perverso. Muitas pessoas e microempresas terceirizadas, sem capacidade de investimento, acabam improvisando seus postos de trabalho, sem as mínimas condições adequadas para isso. Por outro lado, trabalhando informalmente, acabam sem a proteção da legislação trabalhista. Muitas vezes acabam envolvendo a mão-de-obra de crianças e adolescentes em condições desumanas de trabalho.

Produção sem estoques

A produção sem estoques, também chamada de *just-in-time* (JIT) baseia-se em um princípio simples: produzir apenas a quantidade a ser vendida, fabricar apenas as peças ou componentes necessários para as montagens e comprar apenas matérias-primas na quantidade certa, quando for necessário. Nesse sistema de produção, cada etapa do processo produtivo só funciona quando houver uma necessidade na etapa seguinte. Desse modo, esse sistema é "puxado" por uma demanda externa ou interna.

O JIT elimina os estoques, que são considerados como amortecedores para compensar as ineficiências do sistema. Funcionam como acumuladores que abastecem o sistema e permite que ele continue funcionando, mesmo quando houver falha em algum sub-sistema.

No JIT, o sistema todo funciona como uma linha de produção ampliada, exigindo-se uma sincronia global de todas as operações. Ele é interessante para o cliente, porque apressa as entregas e para a empresa, porque reduz o investimento financeiro em estoques e nos procedimentos de controle. Entretanto, é muito estressante para os trabalhadores, pois trabalham sob pressão contínua e não podem falhar. O custo de uma falha é muito maior, se comparado com o sistema tradicional de produção com estoques.

13.4 Alocação do trabalho em grupo

A distribuição de tarefas a membros de um grupo depende de vários fatores, como a natureza das mesmas, e a duração de cada uma delas. Algumas tarefas exigem treinamentos e habilidades especiais para as quais existem trabalhadores especialmente qualificados. Muitas vezes, a administração da empresa fixa as tarefas que cabe a cada trabalhador, como forma de atribuir responsabilidades. Assim, quando surgir algum tipo de problema, o respectivo responsável da área ou setor onde este tenha ocorrido, deverá tomar as providências necessárias, evitando-se os subterfúgios e os jogos de "empurra".

Cada grupo tem a sua dinâmica própria, pois o grupo não é uma simples soma dos talentos e habilidades individuais. Às vezes, grupos constituídos de pessoas medianas funcionam melhor que um grupo de "gênios", preocupados mais em exprimir as suas individualidades, dando pouca importância ao trabalho coletivo do grupo.

Organização social do trabalho

Todos os grupos de trabalho têm suas regras internas de funcionamento. Essas regras nem sempre coincidem com o que está descrito na organização formal do trabalho (descrição de cargos e funções) e nem aquilo que é suposto pelos seus superiores.

Ao se propor uma mudança do método de trabalho, deve-se entender, primeiro, como ele está sendo executado. Ao analisar as ferramentas ou técnicas utilizadas, deve-se verificar também como são utilizadas, por **quem** e **quando**. No caso de ferramentas manuais, pode ser que haja um uso compartilhado de uma forma muito bem organizada pelos próprios membros do grupo. Portanto, os ergonomistas recomendam uma observação cuidadosa de **como** o trabalho é feito, antes de propor mudanças. Para isso, é necessário ganhar a confiança dos trabalhadores e fazer as observações durante um certo tempo (pode-se levar até um ano) para que todos os detalhes sejam compreendidos.

Existe exemplo de uma introdução problemática de um sistema computadorizado para se fazer a programação e controle da produção em uma empresa gráfica (Button, 1993). Antes da introdução desse sistema, os próprios trabalhadores estabeleciam as prioridades de impressão. Eles sabiam, por experiência, quais eram as épocas em que haviam grandes demandas. Isso era determinado pelo calendário escolar e datas comemorativas, como o dia das mães e Natal. Os próprios trabalhadores se **antecipavam**, preparando as máquinas para receber as demandas. Isso era feito, aproveitando-se o tempo ocioso entre uma encomenda e outra.

Com o novo sistema de programação da produção, foi determinado que essas preparações deveriam ser feitas de acordo com as encomendas recebidas. Portanto, **após** a chegada das mesmas. Como conseqüência, houve um grande atraso nas entregas e aumento do tempo ocioso, enquanto se esperava pela chegada dos pedidos. O erro aqui foi o de utilizar a chegada dos pedidos como única informação para ordenar a produção, desprezando o conhecimento acumulado pelos trabalhadores.

É importante ressaltar também que essa organização interna dos trabalhadores visa criar certas **conveniências** para eles mesmos. Por exemplo, eles podem acelerar o trabalho para criar um período de descanso mais à frente, ou para alguém tirar um dia de folga por motivos particulares. Nesses casos, a administração da empresa só deve interferir se julgar que está afetando a produtividade do grupo, pois, isso geralmente gera descontentamento e ressentimento, que podem ser muito prejudiciais.

Objetivo do grupo

Dentro de um grupo, cada pessoa pode ter um objetivo próprio. Em alguns casos, o objetivo do grupo pode ser simplesmente a soma daqueles objetivos individuais. Em outros casos, o grupo deve ter um objetivo em comum. (No futebol, chegar ao gol). Isso significa que cada pessoa deve fazer certas concessões para se adaptar a esse objetivo global. Pode haver negociações dentro do grupo, em que uns perdem e outros ganham, para se chegar a um **consenso**. Em outros casos, o objetivo do grupo é imposto por um fator externo como uma Ordem de Serviço de uma empresa. Nesse caso, a margem de negociação pode ser muito pequena, ou mesmo nula, como no caso das ordens militares.

Em geral, as pessoas fixam objetivos diferentes quando trabalham individualmente ou em grupo. As pessoas que trabalham individualmente costumam fixar um nível mais alto, que aqueles em grupo, quando há diluição das responsabilidades. Além disso, em grupo, as pessoas acreditam que é mais importante causar uma boa impressão, do que assumir responsabilidade. Essa responsabilidade reduz-se ainda mais quando há rigidez nas ordens e comandos recebidos. Uma pessoa que simplesmente cumpre ordens, de certa forma, sente-se descompromissada com os objetivos. Esses objetivos são "dos outros" e não os seus próprios.

Considerando que as pessoas trabalham pior em grupo, do que individualmente, é necessário haver uma **coordenação** adequada para que os esforços individuais não se distanciem dos objetivos do grupo. Sem essa coordenação, cada indivíduo atuará de forma que lhe pareça mais conveniente, nem sempre convergente com o objetivo do grupo. (Cada jogador chuta para um lado e não se atinge o gol).

A principal vantagem do trabalho em grupo está no aproveitamento dos diferentes conhecimentos profissionais. Para os projetos complexos é necessário contar com a colaboração de diversos tipos de profissionais, como engenheiros mecânicos, *designers*, médicos, fisioterapeutas e outros. Cabe, então, ao coordenador do grupo, conjugar esses diferentes talentos, a fim de atingir o resultado pretendido.

Modelos de alocação

Alocação é a distribuição das tarefas entre os membros de um grupo. Existem, basicamente, três modelos para se fazer essa alocação.

Alocação em série ou organização vertical — Na alocação em série, cada membro do grupo realiza uma parte do trabalho e passa-o para o membro seguinte, que faz outra parte e assim, sucessivamente, até completar o trabalho, como elos de uma corrente. Isso ocorre tipicamente nas linhas de produção. Esse sistema funciona relativamente bem se o fluxo for de materiais, como peças e componentes de um produto. Entretanto, quando o fluxo for de informações, as possibilidades de falha são maiores e, se houver falha de um único elo, todo o sistema ficará prejudicado. É o caso, por exemplo, de alguém que se esquece ou transmite uma ordem errada, interrompendo a corrente.

Alocação em paralelo ou organização horizontal — Na alocação em paralelo há mais de um elemento executando a mesma tarefa. No caso de informações, dizemos que há uma redundância. Em sistemas produtivos, a organização em paralelo é adotada quando se quer dois ou mais trabalhadores executando simultaneamente o mesmo tipo de trabalho, multiplicando a capacidade produtiva. Em sistemas de informação, muitas vezes, a redundância é criada intencionalmente, para se prevenir de alguma falha e aumentar a confiabilidade do sistema.

Sistemas mistos — Os dois modelos básicos apresentados acima podem ser combinados entre si para produzir alocações híbridas vertical-horizontal ou série-paralelo. Esses sistemas procuram aproveitar as vantagens de cada um, para resolver determinados problemas específicos. Somente naquelas tarefas em que houver "congestionamentos" ou se exigem maiores confiabilidades, as operações são feitas por diversos trabalhadores colocados em paralelo e, no restante do sistema, pode-se manter a organização vertical ou em série.

Por exemplo, na edição de um livro, a digitação do mesmo pode ser feito por uma única pessoa (organização vertical) enquanto a revisão poderia ser feita por duas pessoas (horizontal). A Tabela 13.4 apresenta um exemplo de quatro diferentes possibilidades para a alocação de três tarefas (X,Y e Z) a três trabalhadores (A,B e C). O tipo vertical leva a uma especialização maior dos trabalhadores, enquanto o tipo horizontal exige trabalhadores mais "ecléticos" e versáteis, facilitando a rotação entre os mesmos.

TABELA 13.4
Diferentes possibilidades de organização de um trabalho com três tarefas (X,Y e Z) e três trabalhadores (A,B e C)

Tipo de alocação	Trabalhador A	Trabalhador B	Trabalhador C
Vertical, em série	x	y	z
Horizontal, em paralelo	1/3 (x y z)	1/3 (x y z)	1/3 (x y z)
Híbrido vertical-horizontal	x	1/2 (y z)	1/2 (y z)
Híbrido horizontal-vertical	1/2 (x y)	1/2 (x y)	z

Na prática, existem situações bem mais complexas, com diversas combinações em série e paralelo e, inclusive com alocações assimétricas de tarefas. Isso acontece, por exemplo, quando há três faxineiros limpando uma sala e dois deles se concentram naquela área mais suja, enquanto o terceiro se encarrega sozinho da área menos suja.

Uso de computadores na alocação

Em sistemas que trabalham com fluxo de informações (e não de materiais), o computador pode ser usado com grande vantagem para alimentar vários postos de trabalho em paralelo, pois ele pode fornecer as informações necessárias a várias pessoas que trabalham simultaneamente, como em um balcão para fazer as marcações de passagens aéreas. A rede de computadores apresenta a característica da **ubiqüidade**, que pode ser aproveitada vantajosamente na organização do trabalho. Apresentam ainda a vantagem de possibilitar uma simplificação de tarefas complexas e eliminar a sobrecarga da memória de curta duração dos operadores, para a tomada de decisões.

Já vimos, na página 260, que a pequena capacidade dessa memória de curta duração é causa freqüente de erros e omissões na tomada de decisões. Portanto, os computadores, com essa ubiqüidade, que as pessoas não possuem, permitem multiplicar os postos de trabalho em paralelo.

Isso ocorreu, por exemplo, com os caixas de bancos. Antes da introdução dos computadores, as filas de clientes eram organizadas pelo dígito final de suas contas, e cada caixa ficava com um lote de correntistas para atender. Com o computador, essa divisão tornou-se desnecessária, pois todos os caixas passaram a ter acesso, indistintamente, a todas as contas. Isso possibilitou a introdução da fila única, em que um cliente pode ser atendido por qualquer um dos caixas.

Estudo de caso — Centro de Controle Operacional de ambulâncias

Um centro de controle operacional de ambulâncias, em uma grande cidade, funcionava recebendo os pedidos e transmitindo ordens para a movimentação das ambulâncias, que ficavam circulando pela cidade (Stammers e Hallam, 1985). A cidade era dividida em 3 zonas, cada uma com atendente, controlador, operador de rádio e frotas próprias de ambulâncias (Figura 13.5).

Nesse centro de controle, os pedidos eram recebidos por telefone, pelos atendentes, e anotados em um formulário de requisição de ambulância, que eram entregues fisicamente aos respectivos controladores de cada zona. Os controladores deveriam analisar os pedidos, avaliar a urgência de cada caso, estabelecer prioridades, verificar as disponibilidades de ambulâncias, tomar decisão e passar as ordens para os operadores de rádio, que se encarregavam, finalmente, de transmití-las às ambulâncias.

A demanda era muito variável. Haviam ocasiões em que as ambulâncias de uma determinada zona ficavam sobrecarregadas, enquanto outras ficavam ociosas, mas

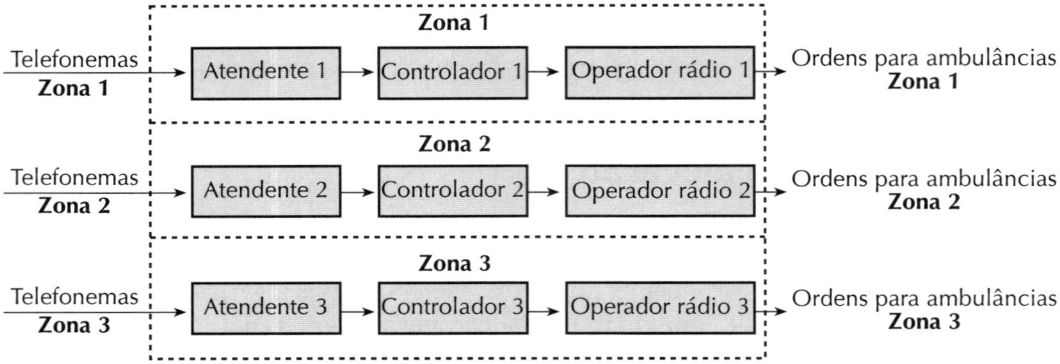

Figura 13.5 Processo de trabalho em um centro de controle operacional de ambulâncias, organizado em três equipes em série, divididas por zonas de atendimento (Stammers e Hallam, 1985).

elas não eram transferidas de uma zona para outra, porque cada frota ficava sob responsabilidade de um controlador próprio.

Esse sistema seguia um modelo vertical de organização, que se repetia três vezes, uma para cada zona da cidade. Qualquer omissão nessa cadeia de informações em série resultava em falha. Essas falhas ocorriam freqüentemente. Outro problema era do desbalanceamento dos serviços, com evidente subotimização do sistema, pois cada controlador funcionava como um subsistema independente. O trabalho era monótono e havia pouco contato dos controladores entre si, bem como entre os atendentes e entre os operadores de rádio.

O sistema foi reestruturado, com a introdução de um computador para auxiliar na tomada de decisões. Um único atendente passou a receber todos os telefonemas. Os pedidos eram digitados no computador, que fornecia informações aos 3 controladores, simultaneamente. Estes conversavam entre si entre si para decidirem sobre as ordens prioritárias a serem transmitidas aos operadores de rádio (Figura 13.6). A disponibilidade das ambulâncias era obtida também imediatamente no computador. Os operadores de rádio também trabalhavam em paralelo, e estes foram reduzidos de 3 para 2.

Nesse novo sistema, embora cada controlador continuasse a controlar uma zona preferencial, não havia uma divisão rígida de tarefas. Um controlador poderia ajudar o outro em uma situação de sobrecarga. As informações no computador aliviavam a memória de curta duração. Com ajuda do computador, dificilmente as informações eram perdidas. Além disso, havia constante cruzamento de informações entre os controladores e entre os operadores de rádio. Portanto, houve uma considerável melhoria de qualidade no fluxo de informações.

O contato social freqüente entre os controladores e os operadores de rádio contribuiu para aumentar a motivação no trabalho, reduzindo a monotonia e os erros. É importante observar o uso inteligente do computador nesse caso. Ele não foi usado apenas como uma "memória" mas como um elemento integrativo do trabalho, modificando a estrutura e o funcionamento do sistema.

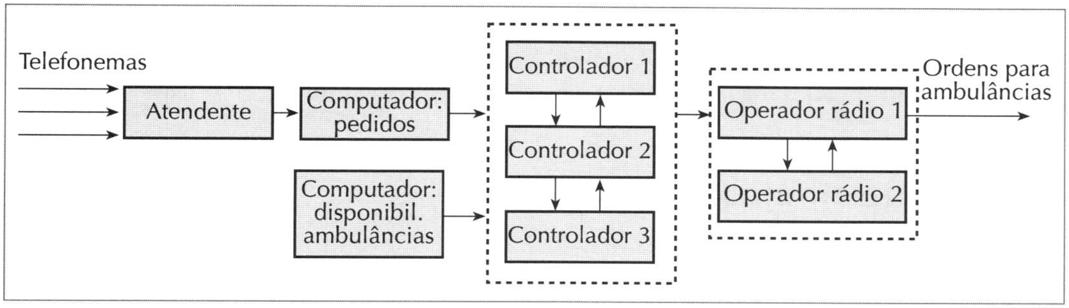

Figura 13.6 Reorganização do centro de controle operacional de ambulâncias, com a introdução de computadores para apoiar a tomada de decisões. Os três controladores trabalham em paralelo, o mesmo acontecendo com os dois operadores de rádio (Stammers e Hallam, 1985).

Rotação de trabalhadores

A rotação de trabalhadores é uma forma de organização em que um trabalhador é transferido, periodicamente, de um cargo para outro. (Esse conceito não deve ser confundido com o de rotatividade dos trabalhadores ou *turnover*, que é a taxa de demissão e admissão de trabalhadores).

Essa rotação contribui para reduzir a monotonia e a sobrecarga músculo-esquelética. Contudo, para ser eficaz, é necessário haver uma diferença dos padrões musculares entre os cargos revezados. Por exemplo, pode-se fazer rotação entre um cargo que exija postura sentada, com movimentos predominantes das mãos e braços, por outro, em pé, andando, por exemplo, fazendo abastecimento de material.

Para que a rotação de trabalhadores seja possível em uma empresa, é necessário que eles estejam habilitados a ocupar todos os cargos de um determinado conjunto. Numa situação ideal, é interessante que haja um aumento gradual de complexidade nessa sucessão de cargos, para que os trabalhadores tenham oportunidade de enfrentar, constantemente novos desafios. Esse tipo de organização tem sido adotado por diversas empresas, como uma forma de combater a monotonia (ver mais detalhes na seção 12.4).

Em algumas linhas de montagem costuma-se usar a figura do operário-curinga, também chamado de **multifuncional**, que é treinado para ocupar qualquer um dos postos de trabalho dessa linha. Ele está preparado para substituir qualquer colega que falte ao trabalho ou, simplesmente, queira se afastar por alguns minutos para ir ao banheiro ou tomar um lanche.

Em uma empresa eletrônica, haviam 8 postos de trabalho dispostos em torno de uma mesa, para a montagem de componentes eletrônicos (Scherrer, 1981). Aí trabalhavam deliberadamente apenas 6 pessoas, restando sempre 2 postos vagos. Com o trabalho em andamento normal, o material ia se acumulando nesses **postos vagos**. Então, qualquer um dos 6 trabalhadores, que estivesse com o seu trabalho adiantado, deslocava-se para um desses postos vagos para processar as peças acumuladas. Como esses postos vagos não eram fixos e qualquer um dos trabalhadores poderia ocupá-los, havia oportunidade para eles irem rodando na mesa, de posto em posto, conforme o acúmulo de peças. A condição necessária para esse tipo de organização funcionar, é que todos os trabalhadores conheçam as tarefas de todos os postos e estejam dispostos, coletivamente, a assumir responsabilidade pela produção global do grupo.

Esse tipo de rotação, embora contribua para reduzir a monotonia, na verdade, é um artifício que não muda substancialmente a natureza do trabalho repetitivo. Hoje já existem esquemas bem mais elaborados, conforme veremos a seguir.

Grupos autônomos de trabalho

Os grupos autônomos são constituídos de 7 a 12 membros e cada grupo tem uma determinada missão. A gerência deve fixar claramente o trabalho que eles devem realizar (pontos de início e término) e os critérios pelos quais serão avaliados (produção total, índice de refugos, volume de vendas). As demais decisões "internas" serão tomadas pelo próprio grupo. Isso inclui a escolha de um coordenador, inclusão e exclusão de membros no grupo, distribuição de tarefas, ritmos e métodos de trabalho. Eles podem, por exemplo, interromper o trabalho, por decisão coletiva, para comemorar o aniversário de um dos membros do grupo. Essa decisão implica também em uma aceleração posterior para recuperar o tempo perdido.

A fábrica de televisão da Philips começou a fracionar suas enormes linhas de montagem na década de 1960. Antes, o aparelho de TV era montado em uma linha com 120 pessoas trabalhando em série, com um ciclo de 1 minuto. Em uma primeira etapa, essa linha foi reduzida para 104 postos de trabalho, subdivididos em 5 grupos. Entre um grupo e outro havia um estoque de peças semi-acabadas, funcionando como reservatório, para não interromper o fluxo, e se faziam controles de qualidade ao final de cada grupo. A qualidade global do trabalho melhorou, assim como a produtividade. Na etapa seguinte, o ritmo de trabalho repetitivo foi diminuído, e foram introduzidas certas mudanças nas tarefas, resultando num ciclo de 4 minutos para a montagem de cada aparelho de TV.

Finalmente, o trabalho foi organizado em forma de grupos autônomos, compostos de 7 pessoas por grupo. A atribuição interna das tarefas entre os elementos do grupo passou a ser decidido por eles mesmos. Com isso, o ciclo de cada trabalhador passou para 20 minutos. Os elementos do grupo assumiram diversas outras **responsabilidades** como o controle da produção e requisição de materiais e ferramentas, que antes eram feitos pelos chefes de equipe ou supervisores de produção.

Na mesma empresa, uma outra linha destinada à montagem de rádios também foi fracionada em grupos autônomos de 3 pessoas cada (Figura 13.7). Dessas 3 pessoas, duas trabalhavam em série e uma em paralelo. Esta última montava o rádio inteiro e atuava como coringa, ocupando o lugar, quando uma das duas outras faltava ao serviço ou precisava afastar-se por alguns momentos.

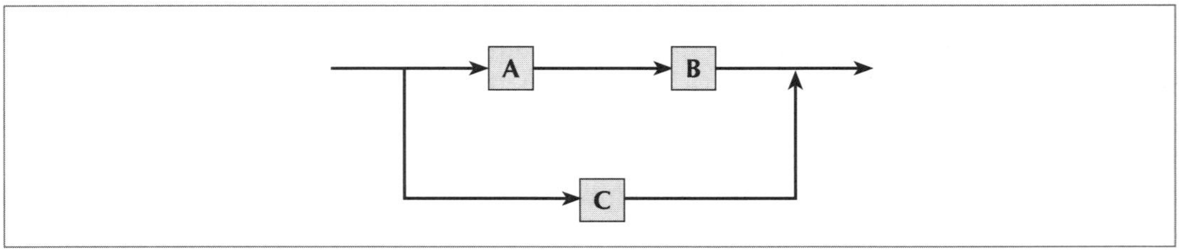

Figura 13.7 Linha de montagem com dois trabalhadores em série (***A*** e ***B***) e um em paralelo (***C***).

A empresa sueca Saab-Scania implantou, em 1973, um sistema de montagem de motores de caminhões em grupos autônomos, fracionando a linha de produção e reorganizando os trabalhadores dentro de arranjos físicos (*layouts*) em forma de "U". Como acontece nesses casos, os elementos do grupo discutiam entre si e decidiam como cada um deles trabalharia. Uma outra empresa sueca (Volvo) construiu uma nova fábrica, baseando toda a sua produção nesse conceito de grupos autônomos.

Vantagens dos grupos autônomos

Os grupos autônomos proporcionam diversas vantagens, principalmente na melhoria de qualidade e menor desperdício de materiais. No sistema tradicional de montagem, em linha, o que importa é que cada um complete a sua tarefa dentro do ciclo determinado, sem se preocupar muito com a qualidade, mesmo porque a contribuição de cada pessoa para o produto final fica muito diluída e quase anônima. Esse "anonimato", associado a uma pressão de trabalho, imposta pela velocidade da correia transportadora pode levar à produção defeituosa. Os grupos autônomos acabam com esses problemas, e o maior contato social entre os membros do grupo aumenta o grau de solidariedade entre eles.

Ao mesmo tempo, o ciclo mais longo contribui para reduzir a monotonia e a fadiga. Portanto, os grupos autônomos, como o próprio nome indica, têm autonomia para decidirem sobre a organização interna do trabalho, dentro do grupo. Os controles administrativos, como a quantidade total produzida e a qualidade final do produto, são transferidos para os resultados mais globais, deixando os controles intermediários a cargo do próprio grupo.

Toyotismo

A empresa automobilística Toyota (Monden, 1984) desenvolveu um sistema de rotação de trabalhadores, baseado na organização de pequenas unidades produtivas, chamadas de células de produção, a partir da década de 1970. Estas se baseiam no princípio de que todos os trabalhadores de uma célula são capazes de operar todas as máquinas da mesma. Criou-se o neologismo "toyotismo", para designar o novo sistema. Esse termo foi inspirado no "fordismo", assim chamado em homenagem a Henry Ford (1863-1947), considerado o "pai" da linha de montagem, que foi baseada nos princípios tayloristas.

O sistema de células foi implantado inicialmente em uma fábrica de 220 trabalhadores, onde era produzido e montado o diferencial da roda traseira dos automóveis. Essa implantação foi realizada em três etapas:

Etapa 1. Rotação de supervisores — Inicialmente, todos os supervisores e chefes de células (60 no total) entraram no sistema de rotação, sendo transferidos entre células com o mesmo tipo de serviço. Essa etapa foi essencial para que os supervisores pudessem comandar, depois, a rotação dos operários.

Etapa 2. Rotação dos operários dentro de cada célula — Na segunda etapa, cada operário foi transferido de um posto de trabalho para outro, dentro da célula.

O tempo de treinamento e a adaptação a cada novo posto de trabalho foi variável, entre alguns dias até diversas semanas, seguindo uma programação semanal de treinamento (Figura 13.8).

Etapa 3. Rotação em regime — Quando todos os operários completaram o treinamento em todos os postos de trabalho, a velocidade de rotação foi aumentada progressivamente. Inicialmente, fez-se a rotação semanal, passando depois para a diária e depois a cada quatro horas. Em alguns casos, essa rotação passou a ser feita a cada duas horas.

Vantagens da rotação de cargos

A principal vantagem desse sistema de rotação é a redução da monotonia e combate à fadiga. Algumas operações são mais pesadas ou desagradáveis que as outras, mas todos devem passar por elas. Verificou-se que, no início de cada rotação, os operários conversavam entre si para a tomada de decisões e isso melhorou o relacionamento humano no grupo e aumentou a solidariedade entre eles. Cada operário participa de todas as operações da célula e assim, ele se identifica mais com o objetivo do trabalho, cuidando mais da qualidade, segurança, custo e quantidade produzida.

Há um melhor relacionamento entre os supervisores e operários e dos operários mais antigos com os novatos. Tanto os supervisores como os operários experientes participavam do treinamento dos novatos, pois o desempenho destes últimos era fundamental para que o grupo todo funcionasse bem.

○ A ser treinado
◔ Incluído no programa
◑ Em treinamento
● Já treinado

Programação de treinamento

Depto. __________
Supervisor __________
Célula __________
Semana _____ Início __________

Operador	Processo										Observações
	A	B	C	D	E	F	G	H	I	J	
1	●	●	◔	●	○	○	○	○	○	●	
2	●	●	○	○	◔	●	○	○	●	●	
3	●	●	○	◑	○	○	○	●	○	●	
4	○	○	●	●	○	○	◔	●	●	○	
5	◑	○	●	●	○	○	●	●	●	○	
6	○	○	●	●	○	●	○	●	●	○	
7	○	◑	●	●	○	○	○	●	●	○	
8	●	○	◔	○	●	●	●	○	◑	○	
9	●	◔	●	○	●	●	●	○	○	●	
10	○	○	○	○	●	●	●	◑	○	○	
Chefe da célula	●	●	●	●	●	●	●	●	●	●	

Figura 13.8
Folha para programação semanal de treinamento de operadores multifuncionais de uma célula de produção.

Layout para o trabalho multifuncional

No *layout* tradicional da linha de produção, o arranjo físico costuma ser linear. Os materiais entram em uma das extremidades e saem pela outra. Os contatos entre os trabalhadores dessa linha ficam difíceis porque estes se restringem aos vizinhos da frente e de trás. No trabalho multifuncional, a célula de produção é arranjada em forma de "U". Assim, o material entra e sai do mesmo lado, ou seja, aquele que traz o material também pode retirar o produto acabado. Esse tipo de *layout* promove uma aproximação física entre os trabalhadores (Figura 13.9), facilitando a rotação dos mesmos entre os diversos postos de trabalho e, além do mais, há mais flexibilidade para aumentar ou diminuir o nível de produção da célula.

Por exemplo, quando a carga de trabalho não for muito alta, pode-se colocar um operador naquelas operações mais demoradas. Nas outras operações de ciclos menores, um operador pode cuidar de duas ou três máquinas e assim sucessivamente. Isso é possível porque, pelo menos teoricamente, todos os operadores sabem operar todas as máquinas da célula, embora, na prática, alguns operadores encontrem mais dificuldades que outros, em certas operações.

Dentro da célula, as máquinas são colocadas umas próximas das outras, de propósito, para que não sobrem espaços para o acúmulo de materiais, eliminando-se, assim, os estoques intermediários. Eliminam-se também as operações improdutivas de colocação e retirada desses materiais em caixas. As peças são transferidas, uma a uma, de uma máquina para outra, conservando-se, na medida do possível, a mesma altura em relação ao piso, para preservar a energia potencial (ver Figura 6.16).

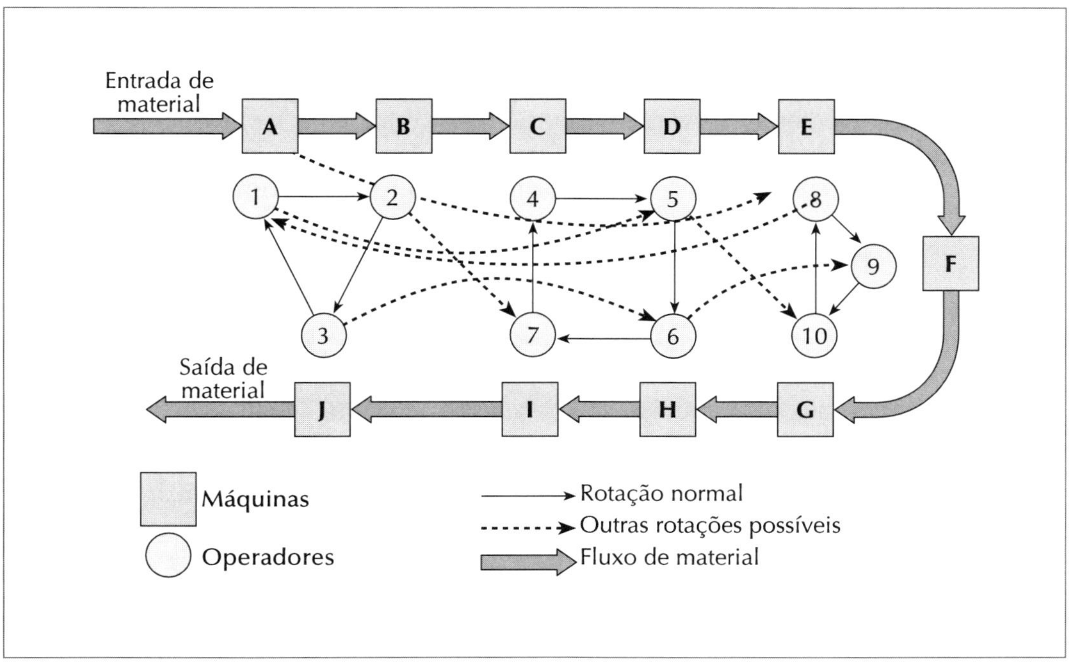

Figura 13.9 Célula de produção com *layout* em forma de "**U**", para operadores multifuncionais.

13.5 Seleção e treinamento

O princípio geral da ergonomia diz que as máquinas e o ambiente de trabalho devem ser adaptados ao homem. Isso significa dizer que as máquinas e o ambiente são as variáveis do sistema e o homem, o seu parâmetro. Isso é válido na maioria dos casos e é a atitude que deve orientar, sempre que possível, os trabalhos em ergonomia. Por outro lado, o homem não é considerado como uma parte rígida e imutável do sistema. Devido às grandes diferenças individuais existentes entre as pessoas, que já foram ressaltadas em diversas ocasiões, elas podem ser adequadamente selecionadas e, além do mais, podem ser aperfeiçoadas pelo treinamento. Enfim, existe também uma certa adaptabilidade humana, que poderá ser aproveitada para melhorar o desempenho do sistema produtivo.

Diferenças individuais de produtividade

As pessoas diferem entre si, quanto à capacidade de realizar trabalho, mais do que usualmente se supõe. Os produtos de uma empresa os seus métodos de trabalho podem ser padronizados, mas os trabalhadores diferem entre si. Richardson (1970) observou um grupo de funcionários burocráticos que faziam trabalhos rotineiros, facilmente quantificáveis. Esses funcionários foram classificados de acordo com a sua produtividade e divididos em 4 grupos, com igual número de pessoas.

Quantificando-se a produção ao longo de 15 dias, constatou-se que aquele quartil mais produtivo havia produzido 3,5 vezes o número de peças do pior quartil e os dois quartis médios apresentaram também eficiências intermediárias. Fazendo-se as contas, chegou-se à conclusão de que seria necessário o dobro do número total de empregados, se todos trabalhassem no ritmo do pior quartil. Em termos individuais, observou-se que as diferenças são mais significativas. O indivíduo mais eficiente produzia até 6 vezes mais que o mais lento.

Muitas vezes tem-se atribuído essa diferença de produtividade à questão do **treinamento**. Entretanto, várias experiências realizadas comprovaram que o treinamento pode até acentuar essas diferenças. Um acompanhamento feito com costureiras industriais, durante 2 anos, mostrou que as diferenças individuais de produtividade acentuavam-se consideravelmente, à medida que iam adquirindo experiência.

Entretanto, em casos de tarefas mais complexas de montagens, verificou-se que essas diferenças iniciais tendiam a atenuar-se com o tempo. Ou seja, aquelas pessoas que apresentavam baixa eficiência inicial, conseguiam relativamente um progresso maior, se comparadas com aquelas mais eficientes, mas não chegavam a ultrapassar estas últimas.

Resumindo, pode-se concluir que a prática pode aumentar ou reduzir as diferenças individuais. Contudo, estas continuam sendo significativas e não podem ser totalmente eliminadas pelo treinamento.

Essas diferenças individuais de produtividade são aproveitadas, por exemplo, na organização das linhas de produção. Os trabalhadores mais produtivos são colocados sempre nas operações finais, para criar uma espécie de "vácuo". Se for feito o contrário, há simplesmente um "congestionamento" da linha, prejudicando o fluxo da produção.

Seleção de pessoal

A seleção de pessoal parte do princípio de que nem todos os trabalhadores são iguais entre si, pois eles se diferenciam quanto às suas capacidades físicas, habilidades e experiências. Dessa maneira, pode-se admitir que certos tipos de trabalhadores são mais adequados a determinados tipos de tarefas.

A ergonomia propõe-se a realizar projetos adequados à maioria da população, abrangendo inclusive as pessoas portadores de necessidades especiais (ver projeto universal na página 318). Esse preceito deve ser seguido sempre que possível. Entretanto, na prática, podem existir certas restrições pela própria natureza do trabalho ou das condições ambientais, que torna isso difícil ou demasiadamente oneroso.

Assim, a seleção de pessoal, em alguns casos, pode ser até mais importante que o próprio projeto do trabalho e o treinamento. O projeto pode ser modificado à vontade, mas o treinamento só acentua as características que já existem no indivíduo. A seleção pode buscar certas habilidades básicas e características de personalidade desejadas. A preparação de astronautas, por exemplo, é precedida de uma rigorosa seleção, que aprova apenas alguns candidatos entre milhares deles.

Existem diferentes tipos de testes que são aplicados em psicologia para avaliar certas habilidades individuais, como habilidade quantitativa, verbal, memória, raciocínio espacial e outros. Para a habilidade motora existem testes específicos para determinar a coordenação motora, destreza manual, tempo de reação e assim por diante. Normalmente, esses testes são complementados pela análise dos dados biográficos e de uma entrevista, realizada por pessoas especialmente treinadas para isso.

Uma aplicação típica da seleção de pessoal ocorre quando os cargos e seus respectivos programas de treinamento já estão definidos e, daí, parte-se para definição dos critérios e procedimentos a serem aplicados na seleção de pessoal para o preenchimento desses cargos. Naturalmente, esse processo não é rígido, porque pode haver um processo de adaptação mútua, do trabalhador ao cargo e vice-versa. Além do mais, os conteúdos dos cargos costumam sofrer mudanças, em conseqüência de novas tecnologias ou novas demandas da empresa, assim como os trabalhadores evoluem continuamente pela experiência e treinamento, tornando esse processo adaptativo bastante dinâmico.

Programa de treinamento

O treinamento pode ser feito em bases individuais, principalmente aquele que acontece no próprio cargo (*on-the-job-training)*, em que o aprendiz é colocado junto a um trabalhador mais experiente, que lhe transmite os seus conhecimentos e habilidades. O treinamento pode ser feito também de forma mais sistematizada, principalmente nos casos de novos empreendimentos ou quando há um grande número de pessoas a serem treinadas.

Um programa de treinamento precisa começar necessariamente, com a definição dos objetivos. Para isso, às vezes, é interessante contar com a colaboração de pessoas de vários departamentos como os de pessoal, produção, métodos e outros, se possível, incluindo-se também representantes dos empregados.

Conteúdos do treinamento — Os conteúdos do treinamento são normalmente divididos em duas categorias: os conhecimentos e as habilidades. Os **conhecimentos** visam aumentar a memória declarativa e podem incluir informações gerais sobre a empresa e aquelas mais específicas sobre as tarefas, o posto de trabalho e as condições de trabalho.

As **habilidades** visam aumentar a memória operacional. Incluem o treinamento sobre a postura, movimentos corporais e a seqüência de movimentos que devem ser executados. Incluem também as decisões a serem tomadas durante o trabalho, e os procedimentos a serem adotados em uma situação de emergência.

Em cargos de fábrica, como torneiros, ferramenteiros, soldadores e outros, geralmente os conteúdos de habilidades predominam sobre aqueles de conhecimento. Pode ocorrer o inverso, ou seja, a predominância dos conteúdos de conhecimentos, para os cargos administrativos ou burocráticos.

Programação do treinamento — De preferência, os conteúdos de conhecimento e habilidades devem ser intercalados entre si, com duração de 30 a 60 minutos cada aula.

O treinamento pode envolver uma simples tarefa, como apertar um parafuso, ou tarefas complexas como montar e desmontar o motor de um automóvel, que exige a execução ordenada de centenas de diferentes tipos de ações. Essas tarefas mais complexas podem ser decompostas naquelas mais simples. O aprendiz deve ir adquirindo, gradativamente, as habilidades mais simples, que vão se somando para chegar às mais complexas.

O treinamento deve evoluir do simples para o complexo, e do fácil para o difícil. Os conteúdos devem ser organizados de forma que as novidades ou novas habilidades sejam transmitidas **progressivamente**, sem estressar ou fatigar o aprendiz. Cada lição deve ser precedida de um rápido resumo da lição anterior e, sempre que possível, deve ser apresentada com alguma ajuda visual como fotos, gráficos, cartazes, filmes ou vídeos. No caso de montagem de peças, por exemplo, uma amostra das próprias peças deverá estar sempre presente.

Controle da aprendizagem

É fundamental, no processo de aprendizagem, fazer uma realimentação das informações, o mais rápido possível. Isso serve, de um lado, para o próprio aprendiz comprovar que aprendeu certo e, de outro, ao instrutor, para saber se a programação está sendo bem sucedida. O ideal é realizar uma verificação a cada passo, para se certificar que todos aprenderam, antes de se passar ao passo seguinte. Muitas vezes esses passos estão ligados entre si. Se o passo anterior funcionar como pré-requisito para o passo seguinte, não adianta prosseguir sem que se tenha certeza de que o passo anterior tenha sido dominado pelos alunos.

Quando se trata de avaliar as habilidades, não é suficiente verbalizações do tipo "vocês entenderam?" ou "alguém tem alguma dúvida?" É necessário que cada aprendiz **repita** a tarefa, demonstrando que sabe fazê-la e, se alguma coisa estiver errada, deve ser corrigida imediatamente. Essas verificações podem ocorrer diversas vezes durante uma aula ou pelo menos uma vez em cada aula. Às vezes é possível estabelecer critérios mais objetivos de acompanhamento sob a forma de notas ou escores. Essa opção é interessante porque serve para auto-controle do próprio aprendiz.

O instrutor deve reforçar o comportamento desejável dos aprendizes. Isso pode ser um simples gesto de aprovação ou um elogio. Essas apreciações positivas podem ser feitas em público. Contudo, se algum aprendiz apresentar algum desvio de conduta ou comportamento indesejável, deve-se chamar a sua atenção em particular, confidencialmente.

Muitas vezes, não é suficiente treinar apenas as pessoas de um determinado cargo, porque, em geral, estas dependem do trabalho de outros. Assim, o treinamento freqüentemente precisa abranger vários cargos, para ser eficaz.

Reciclagem

Para manter os trabalhadores sempre atualizados, devem ser previstos treinamentos de manutenção ou reforço, também chamados de reciclagem. Essa reciclagem é particularmente necessária para atividades que sofrem impacto de rápidos avanços científicos e tecnológicos, como a informática e telecomunicações. Em indústrias mais dinâmicas, isso é feito pelo menos uma vez ao ano e cada trabalhador passa, em média, uma semana ao ano em cursos de reciclagem. Para trabalhadores mais qualificados, é importante que a empresa proporcione oportunidades para freqüentar eventos, como feiras e congressos, onde são apresentadas as principais novidades.

Cargos, salários e carreiras

Um aspecto importante da organização do trabalho é a definição de cargos, salários e carreira em uma empresa. Cargo é um conjunto de tarefas executadas por uma pessoa. Geralmente, um cargo é ocupado por mais de uma pessoa, que exercem tarefas semelhantes. A descrição do cargo detalha as tarefas desse cargo. A especificação do cargo, descreve os requisitos exigidos para um ocupante desse cargo (Tabela 13.5). Esses requisitos são importantes para seleção de empregados para o cargo, treinamento e promoções.

Para cada cargo, deve existir um salário definido. Esse salário não é fixo, mas determinado por uma faixa onde se distribuem os ocupantes daquele cargo. As variações individuais de salários, para os ocupantes do mesmo cargo, são devidas à escolaridade, especializações, antigüidade ou mérito pessoal.

TABELA 13.5
Exemplo de descrição de cargo

Descrição de cargo	*Empresa*: X, Y, Z
Cargo: Eletricista de Manutenção *Departamento*: Manutenção	*Código*: MAT471

A. Objetivo

Reparar motores elétricos, transformadores e aparelhos de medição

Fazer instalações e executar medições elétricas elementares

B. Descrição das Tarefas

Tarefas diárias

- Testar o funcionamento e reparar motores, transformadores e aparelhos de medição
- Instalar e vistoriar motores e transformadores
- Medir voltagens, amperagens e isolamentos

Tarefas periódicas

- Vistoriar o funcionamento das instalações elétricas
- Atender a solicitação de emergência
- Fazer pedidos de materiais e peças de reposição

Tarefas ocasionais

- Auxiliar na montagem de equipamentos e instalações
- Treinar ajudantes

C. Especificações do cargo

1. *Instrução geral*: Nível fundamental
2. *Instrução técnica/especializada*: Curso SENAI – eletricidade básica
3. *Experiência anterior*: 2 a 3 anos em reparo de motores e transformadores
4. *Responsabilidade por equipamento*: Descuidos e erros poderão causar prejuízos de até 20 salários mínimos em equipamentos.
5. *Responsabilidade por metarial e ferramentas*: Materiais, ferramentas e instrumentos de medida utilizados valem até 10 salários mínimos.
6. *Esforço físico*: Peso das ferramentas e materiais manipulados situa-se abaixo de 20 kg. Poucos movimentos corporais exigidos
7. *Esforço visual e mental*: Exige concentração visual e esforço mental para analisar e descobrir as causas dos defeitos.
8. *Responsabilidade pela segurança de terceiros*: Acidentes prováveis podem provocar afastamento do trabalho até 30 dias.
9. *Condições de trabalho*: O ocupante trabalha a maior parte do tempo sentado junto à bancada. Local de trabalho bem iluminado, ventilado e limpo.
10. *Riscos*: Acidentes prováveis incluem choques elétricos, queimaduras e lesões de certa gravidade. Contudo, não chega a incapacitar o ocupante para o trabalho.

D. Provimento

Interno – entre os ocupantes de cargo de auxiliar de eletricidade

E. Promoção

Cargo de supervisor de manutenção

Preparado por:	Aprovado por:	Data:

Um plano de cargos bem definido permite estabelecer as **carreiras**, que são sucessões de cargos de nível crescente que um empregado pode ir galgando, ao longo do tempo. Esse plano de cargos e salários, complementado por um sistema de avaliação do mérito, permite que os empregados mais esforçados e capazes sejam promovidos e, assim, permaneçam por um longo tempo. As empresas que não procederem assim, estarão sujeitas a uma elevada rotatividade de pessoal com despesas de seleção, treinamento e custos trabalhistas, além de não terem um quadro de pessoas identificadas com os objetivos da empresa.

13.6 Trabalho noturno

O trabalho noturno é imprescindível à vida moderna. Enquanto a maioria das pessoas descansa, muitas outras trabalham. Nos EUA, estima-se que 26% da força total de trabalho esteja envolvido no trabalho noturno.

Alguns tipos de plantas industriais como refinarias de petróleo, usinas siderúrgicas e indústrias químicas, simplesmente não podem ser paralisadas. Outras funcionam continuamente por razões econômicas, para amortizar os elevados investimentos, como é o caso dos centros de processamento de dados. Há serviços cujo ciclo natural exige o trabalho noturno, como as centrais de abastecimento, para que os feirantes e supermercados tenham mercadoria disponível na parte da manhã. Há também os serviços que não podem ser interrompidos, como a polícia, atendimentos hospitalares, serviços de eletricidade, transportes e muitos outros.

Embora sejam praticamente inevitáveis em todos esses casos, o trabalho noturno não deixa de ser bastante inconveniente, pois se exige atividade do organismo quando ele está predisposto a descansar, e vice-versa.

Fatores que influem no trabalho noturno

Vamos examinar alguns fatores que influem no desempenho do trabalho noturno. O conhecimento dos mesmos pode ajudar na organização de um trabalho menos prejudicial aos trabalhadores. Deve-se saber, principalmente, que não é possível fazer o mesmo tipo de exigência em relação aos trabalhadores diurnos, por uma série de razões que se serão apresentadas a seguir.

Ritmo circadiano — Como já vimos na página 342, o organismo humano não funciona uniformemente durante todo o dia. Ele possui uma espécie de "relógio" interno que regula o nível de suas atividades fisiológicas e estas são mais intensas durante o dia e menos, à noite, principalmente entre 2 e 4 horas da madrugada. Quando o trabalhador troca o dia pela noite, o ritmo circadiano **não se inverte** completamente (Figura 13.10), mas sofre apenas pequenas adaptações, pois o mesmo é governado pela luz solar. Algumas pessoas apresentam mais facilidade de se adaptar, mas estas adaptações serão sempre parciais. Isso significa dizer que, infelizmente, esse fator será sempre uma fonte de sofrimento para os trabalhadores noturnos.

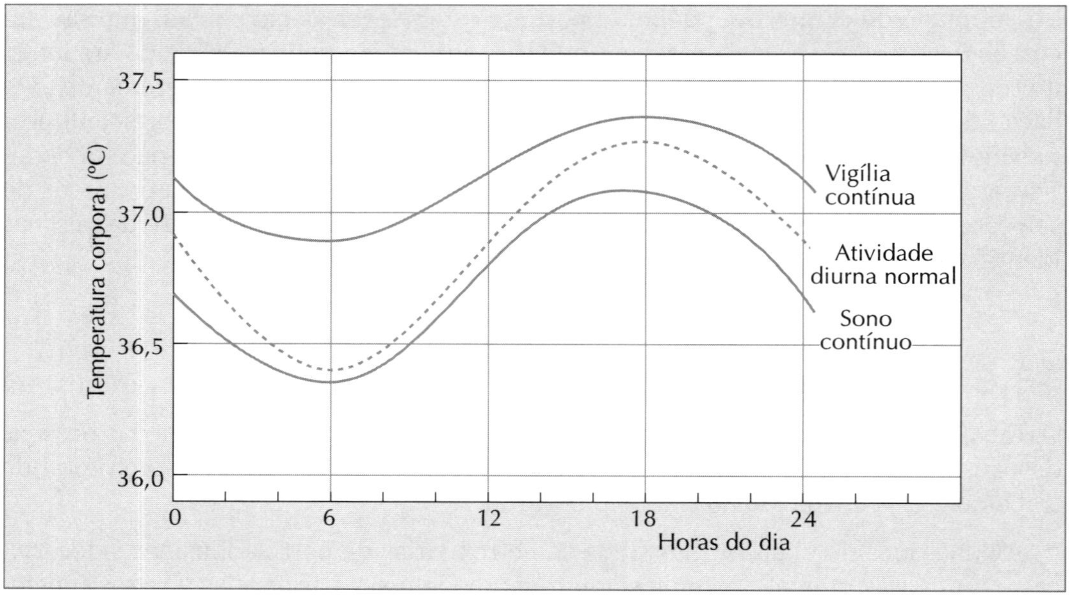

Figura 13.10 Variações da temperatura corporal de um trabalhador no turno diurno normal, em comparação com vigília contínua e sono contínuo (Kroemer *et al.*, 1994).

Diferenças individuais — Há muitas diferenças individuais quanto à capacidade de adaptação ao trabalho noturno. Murrell (1965) afirma que, em um estudo feito com um grande número de trabalhadores, 27% apresentaram certa adaptação do ritmo circadiano da temperatura corporal em três dias, 12% levaram seis dias e 23% levaram mais de seis dias e 38% nunca apresentaram adaptações. Outros estudos indicam que essa percentagem de pessoas que não conseguem se adaptar ao trabalho noturno é de 20%.

Também se verificou que as pessoas vespertinas, ou seja, aquelas cujos ritmos circadianos são mais intensos na parte da tarde, apresentam facilidade maior de adaptação ao trabalho noturno.

Tipo de atividade — A adaptação ao trabalho noturno é relativamente mais fácil nas atividades que exigem movimentação do corpo do que aqueles em que o corpo fica parado. Assim, operadores de máquinas e transportadores de materiais se adaptam mais facilmente do que trabalhadores de escritório ou centrais de controle, que ficam sentados.

Desempenho — O trabalho noturno reduz a concentração mental e isso leva a um aumento do índice de erros e acidentes (ver Figura 12.3). Observou-se que as operações monótonas e repetitivas aumentam o sono e induzem a erros freqüentes, principalmente após a meia-noite. Além disso, devido à menor aptidão fisiológica à noite, deve-se evitar trabalhos muito pesados. Esses resultados são agravados se não houver condições adequadas de trabalho, como uma iluminação de níveis recomendados para cada tipo de tarefa.

Saúde — Os trabalhadores noturnos apresentam maior cansaço, irritabilidade, distúrbios intestinais, úlceras e transtornos nervosos. Também, entre os trabalhadores noturnos, verifica-se um maior consumo de estimulantes (café e cigarro), álcool e pílulas para dormir (Fisher, 1982).

Conseqüências sociais — Uma pessoa que trabalha à noite acaba tendo menos contato com membros de sua família e da comunidade, devido à incompatibilidade de horário com os mesmos. Com o tempo, isso pode criar problemas de relacionamento. Além disso, os eventos sociais costumam ocorrer mais à noite, quando ele está trabalhando.

Trabalho e lazer

A nossa sociedade está estruturada para um ciclo diário de trabalho→lazer→sono.

Assim, as pessoas que trabalham no período diurno, geralmente podem desfrutar do horário após o expediente, geralmente das 19 às 22 horas, quando ocorrem praticamente todas as atividades de lazer, como as melhores programações de TV, cinema, teatro e outros. Esse período de lazer, intercalado entre o trabalho e o sono, tem um papel relaxante, para aliviar as tensões do trabalho e facilitar o sono.

Para os trabalhadores noturnos, essa seqüência fica alterada para: trabalho→sono →lazer, com evidentes prejuízos, inclusive porque há pouca oferta de atividades de lazer no horário que ele teria disponível para isso. Nesses casos, é importante proporcionar alguns dias de folga, principalmente nos finais de semana, para atendimento aos compromissos sociais, culturais e religiosos.

Conseqüências do trabalho noturno

Existem diversos estudos que avaliam as conseqüências do trabalho noturno, principalmente quanto às suas influências no desempenho, aumentando os tempos de reação, erros e riscos de acidentes. Por exemplo, foi realizado um acompanhamento de um grupo de 12 trabalhadores (Tilley *et al.*, 1982) que trabalhavam alternadamente, com os seguintes horários:

- Turno da manhã – das 6 às 14 horas
- Turno da tarde – das 14 às 22 horas
- Turno da noite – das 22 às 6 horas

As análises realizadas como o sono e o desempenho desses trabalhadores demonstraram os seguintes resultados:

Duração do sono — Foram constatadas diferenças significativas na duração média do sono entre os três turnos. O sono noturno do turno da tarde (após 22 horas) era o mais longo, com uma duração média de 7 horas diárias. Em segundo lugar, vinha o sono noturno do turno da manhã, com duração média de 6 horas. Em último lugar aparecia o sono diurno do turno da noite, com duração média de 5,14 horas. Portanto este último, comparado com o primeiro, apresentava uma redução de 26% no tempo de sono.

Qualidade do sono — As pessoas que trabalhavam no turno da noite demoravam mais tempo para atingir a fase de sono profundo (REM) e permaneciam 16,2% do tempo nessa fase (ver Figura 12.6). As do turno da tarde ficavam 17,2% e os do turno da manhã, 22,5% na referida fase. Portanto, as do turno da noite, além de dormir menos, tinham um sono de pior qualidade. Um questionário realizado antes e depois dos respectivos sonos, perguntando sobre o sentimento de bem estar e da qualidade reparadora do sono, apresentou a pior avaliação para os trabalhadores do turno da noite. Eles reclamavam do calor, barulho e luz que incomodavam o sono.

Desempenho — O tempo de reação (Figura 13.11-a) foi nitidamente maior para o turno da noite, indicando um desempenho de menor qualidade. Em geral, os melhores desempenhos eram apresentados pelo turno da tarde, ficando o turno da manhã em situação intermediária. As diferenças nos tempos de reação chegavam a ser de 10 a 18% maiores para o turno da noite, em relação ao turno da tarde. As temperaturas do corpo, medidas logo após os testes de desempenho, mostraram que os trabalhadores do turno da noite apresentavam temperaturas sempre mais baixas que aqueles da manhã e da tarde. As diferenças entre os da noite e da manhã, chegavam a cerca de 0,6 °C, comprovando as diferenças dos ritmos circadianos entre eles (Figura 13.11-b).

Essa pesquisa demonstrou que o desempenho dos trabalhadores no turno da noite é comparável ao de um trabalhador diurno que tenha passado uma noite inteira sem dormir. Além disso, como o sono dos trabalhadores noturnos é de menor duração e pior qualidade, não tem a mesma capacidade reparadora, se comparado com o sono dos trabalhadores diurnos. Isso é como se houvesse um "débito" de sono, que vai se acumulando durante a semana, provocando uma queda gradativa do desempenho durante esses dias até ser compensado no dia de folga semanal, quando ele chega a dormir 12 ou mais horas.

Na maioria dos casos de trabalhos noturnos, esse menor desempenho não chega a comprometer a produtividade e a segurança, devido à pouca exigência desses cargos. Entretanto, em alguns casos críticos, como no caso de pilotos e controladores de tráfego aéreo, operadores de centros de controle operacional e serviços de emergência, os erros poderão provocar conseqüências graves. Nesses casos, para se reduzir a

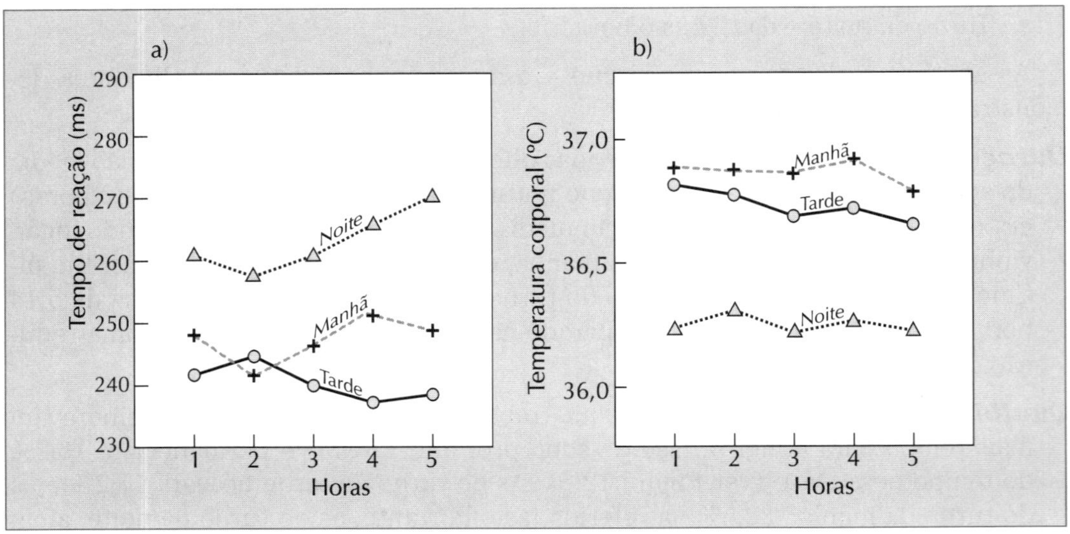

Figura 13.11 Diferenças dos tempos de reação e de temperatura corporal entre os três turnos de trabalho (Tilley, 1982).

fadiga e monotonia, os trabalhadores podem fazer rotações, a cada 2 horas, entre os postos de trabalho. Também se pode trabalhar com sistemas redundantes (em paralelo), a exemplo do que acontece com o piloto e co-piloto de aeronaves.

Turnos fixos versus rotativos

A maior parte das empresas que funciona à noite adota um esquema de turnos rotativos, ou seja, a mesma pessoa trabalha alternadamente em diferentes períodos. Entretanto, também há algumas empresas que adotam sistemas de turnos fixos, onde cada empregado tem um horário fixo de trabalho, que não se altera. Assim, os trabalhadores noturnos, como os vigias noturnos, são sempre os mesmos.

Existem certas vantagens e desvantagens em cada um desses sistemas. Colligan, Frockt e Tasto (1979) relatam um acompanhamento feito com o pessoal de enfermagem (98% de mulheres) em 12 hospitais, dos quais 7 adotavam somente o sistema de turno fixo. De um total de 1219 pessoas observadas, 315 trabalhavam permanentemente no turno da manhã, 306 permanentemente no turno da tarde, e 289 no turno da noite, também permanentemente, e 309 trabalhavam no sistema de turnos rotativos (Tabela 13.6).

TABELA 13.6

Freqüências de visitas à clinica e média de dias com doenças (em 6 meses) de enfermeiras em 3 regimes trabalho de turnos fixos e 1 rotativo. O pior resultado é apresentado pelo regime com rotação de turnos (Colligan,1979)

Turno	Número de pessoas observadas	Freqüência de visistas ao serviço médico (%)	Número de dias com doença em 6 meses
1. Manhã (fixo)	315	0,67	3,32
2. Tarde (fixo)	306	0,64	3,33
3. Noite (fixo)	289	0,83	3,74
4. Rotativo	309	7,71	4,21

Um acompanhamento médico, realizado durante 6 meses, demonstrou que não haviam diferenças significativas entre os três turnos fixos, quanto às freqüências das enfermeiras ao serviço médico e também quanto ao número de dias doentes, embora fosse constatado um pequeno aumento para o turno da noite. Porém, aquelas que realizavam rotações de turnos, apresentavam registros significativamente maiores, tanto no número de dias doentes como na freqüência ao serviço médico. As que trabalhavam no sistema rotativo realizavam cerca de 10 vezes mais visitas ao serviço médico, em relação àquelas de turnos fixos.

Além disso, aquelas de turnos fixos reclamavam de doenças menos graves como dores de cabeça, resfriados comuns e faringites. As de turno rotativo apresentavam maior incidência de casos mais graves como infecções respiratórias agudas e doenças gastro-intestinais. Os autores argumentavam que, provavelmente, os trabalhadores em turnos rotativos não reclamam de pequenas indisposições, porque consideram que isso seja uma conseqüência normal do próprio sistema rotativo de turnos.

Outro estudo demonstrou que 72% dos trabalhadores diurnos tinham recorrido ao serviço médico, contra apenas 47% daqueles do turno noturno. Contudo, descobriu-se que esses índices não são comparáveis entre si, porque os trabalhadores diurnos reclamavam de muitas doenças corriqueiras, enquanto que os trabalhadores noturnos só recorriam ao serviço médico em casos de maior gravidade.

Esses estudos demonstram que os turnos rotativos são **piores** que os turnos fixos, inclusive em relação aos que só trabalham no turno da noite. A explicação para isso parece estar na ruptura do ciclo circadiano, provocada pelas freqüentes mudanças nos horários de trabalho. Além do mais, os resultados dos turnos fixos podem ser melhorados se forem selecionados indivíduos do tipo vespertino para o trabalho noturno. Mas conforme já se observou, se os turnos fixos são vantajosos do ponto de vista fisiológico, há evidentes prejuízos dos compromissos sociais para os trabalhadores noturnos. Estes são igualmente importantes, e devem ser considerados na elaboração de um esquema de trabalho em turnos.

Critérios fisiológicos para a elaboração de esquema de turnos

Devido aos vários tipos de inconveniências apresentadas, o trabalho noturno é considerado um "mal necessário". Assim sendo, resta organizar esquemas de trabalho que provoquem o menor prejuízo possível, tanto à saúde dos trabalhadores como ao seu convívio social.

Em diversos estudos realizados na Europa, foram descobertos pelo menos 200 esquemas diferentes de horários e de rotação de turnos em uso nas empresas. Alguns deles são considerados "tradicionais", mas nem sempre são os mais recomendáveis, à luz dos conhecimentos disponíveis na área.

Nos últimos anos surgiram novas propostas para a organização dos esquemas de turnos, colocando em prática os conhecimentos adquiridos na área de fisiologia do trabalho. Estas propostas procuram compatibilizar, de um lado, os prejuízos ao sono e, de outro, as folgas necessárias para o lazer e convívio social. De acordo com esses critérios, são apresentadas as seguintes recomendações, de acordo com Knauth, Rohmert e Rutenfranz (1979):

Evitar as jornadas superiores a 8 horas de trabalho diário — Em casos normais, deve-se considerar a jornada de 8 horas como a máxima possível. Em casos excepcionais, admitem-se jornadas de até 12 horas, no máximo. Jornadas maiores começam a interferir no tempo necessário para um sono reparador. Deve-se considerar o tempo necessário para o deslocamento da casa para o trabalho e vice-versa e outras necessidades pessoais do trabalhador.

Limitar os dias consecutivos de trabalho noturno — O organismo humano nunca se adapta completamente ao trabalho noturno, que provoca sono, perda de apetite e cansaço. Esses sintomas vão se acumulando em dias consecutivos de trabalho noturno. Por outro lado, uma única noite de trabalho não provoca alterações significativas no organismo humano.

Cada dia de trabalho noturno deve ser seguido de uma folga de 24 horas — O sono diurno tem duração menor e qualidade pior. Portanto, não é tão reparador quanto o sono noturno. Assim, cada dia de trabalho noturno deve ser seguido de um sono noturno para permitir a recuperação no dia seguinte.

Deve haver uma folga de dois dias consecutivos pelo menos uma vez por mês — Muitos trabalhadores valorizam especialmente as folgas nos finais de semana pela oportunidade de poderem desfrutá-las com os demais membros da família, que também trabalham fora ou freqüentam escolas. Além disso, podem participar de certas atividades culturais, esportivas, religiosas e de lazer, que só ocorrem nesses dias.

A quantidade total de folgas durante o ano deve ser pelo menos equivalente ao dos trabalhadores de um único turno — Considerando que os trabalhadores em turnos já se sacrificam normalmente com a freqüente alteração dos seus horários de trabalho, seria justo que eles tenham pelo menos o mesmo número de folgas anuais daqueles que trabalham somente durante o dia. Se considerarmos a semana de 5 dias, o número mínimo de folgas anuais seria de 104 dias, sem contar os feriados.

Planos recomendados para o revezamento de turnos

Os critérios acima descritos constituem condições ideais e nem todos podem ser satisfeitos simultaneamente. Então, na prática, algum aspecto deverá ser sacrificado. Na tabela 13.7 são apresentados 11 esquemas possíveis, onde se procuram aplicar os critérios apresentados, com uso dos seguintes códigos:

Código	*Turno*	*Horário*
1	Manhã	6 – 14 h
2	Tarde	14 – 22 h
3	Noite	22 – 6 h
4	Dia	Jornada de 8 horas
0	Folga	Dia de folga

Os oito primeiros são para jornadas de 8 horas e os três últimos para jornadas de 12 horas, com maior número de dias folgados. Observe que, sempre após o turno da noite, há pelo menos uma folga e o trabalho noturno foi limitado a três noites consecutivas, no máximo. Em cada ciclo, todos os trabalhadores têm pelo menos uma folga nos fins de semana, com dois dias de duração.

TABELA 13.7

Exemplos de planos recomendados para o trabalho em turnos. Cada linha representa os turnos de um trabalhador (Knauth, Rohmert e Rutenfranz,1979)

Plano Nº	Esquema de turno 1 = manhã; 2 = tarde; 3 = noite; 4 = dia; 0 = folga				Jornada (h)	Número de dias		Duração do ciclo (Sem.)	Folgas sábado domingo por ciclo
	1ª Semana **1234567**	2ª Semana **1234567**	3ª Semana **1234567**	4ª Semana **1234567**		Trabalho	Folga		
1	3012300	0123011	1230122	2301233	8	21	7	4	1
2	1230100	2301222	3012333	0123011	8	21	7	4	1
3	1122333	0011222	3300111	2233000	8	21	7	4	1
4	1120233	0112023	3011202	3301120	8	6	2	8	1
5	1110222	0333011	1022203	3301110	8	9	3	12	1
6	1222330	0111233	0012223	3001112	8	12	4	16	2
7	1123300	1123300	1123300	1123300	8	15	5	20	2
8	1122330	0112233	0011223	3001122	8	18	6	24	3
9	4300430	0430043	0043004	3004300	12	2	2	4	1
10	4400330	0440033	0044003	3004400	12	4	4	8	2
11	4300440	0330043	0044003	3004300	12	6	6	12	3

Obs.: DIAS DA SEMANA: **1** = segunda; **2** = terça; **3** = quarta; **4** = quinta; **5** = sexta; **6** = sábado; **7** = domingo.
TURNOS: 1 = manhã; 2 = tarde; 3 = noite; 4 = dia; 0 = folga

A Tabela 13.8 apresenta um exemplo de detalhamento do Plano 1, contido na Tabela 13.7. Nesse caso, para cada posto de trabalho existem 4 trabalhadores (indicados pelas letras A,B,C e D), que trabalham em três turnos: manhã, tarde e noite.

Naturalmente, se houver disponibilidade de mais trabalhadores, essas folgas poderão ser mais espaçadas, reduzindo-se principalmente as noites consecutivas de trabalho.

Observe-se que, na recomendação desses planos, não foram consideradas questões legais ou acordos trabalhistas de sindicatos que, em alguns casos, limitam a jornada a um máximo de 6 horas consecutivas de trabalho noturno.

Além dos esquemas de revezamento contínuos, que rodam durante 24 horas do dia, durante os 7 dias da semana, há também os esquemas semi-contínuos, com trabalho durante 24 horas do dia, mas interrompendo-se nos finais de semana e feriados. Em outros esquemas descontínuos, as atividades não chegam a durar 24 horas por dia e há também interrupções nos finais de semana e feriados. Nesta última categoria recai a maioria das atividades de um único turno com folga para almoço e descansos semanais, como os serviços de escritório, e aqueles outros como as atividades de comércio e serviços, que funcionam ininterruptamente durante o dia, mas paralisam as suas atividades à noite.

TABELA 13.8

Exemplos de aplicação do plano 1 de revezamento de turnos, apresentado na Tabela 13.7. O ciclo se completa em 4 semanas de modo que, em cada ciclo, todos os trabalhadores (A, B,C e D) têm um fim de semana com dois dias de folga

Turno	1ª Semana 1 2 3 4 5 6 7	2ª Semana 1 2 3 4 5 6 7	3ª Semana 1 2 3 4 5 6 7	4ª Semana 1 2 3 4 5 7
(1) manhã	C B A D C B B	B A D C B A A	A D C B A D D	D C B A D C C
(2) tarde	D C B A D C C	C D A D C B B	B A D C B A A	A D C B A D D
(3) noite	A D C B A D D	D C B A D C C	C B A D C B B	B A D C B A A
(0) folga	B A D C B A A	A D C B A D D	D C B A D C C	C B A D C B B

DIAS DA SEMANA: **1** = segunda; **2** = terça; **3** = quarta; **4** = quinta; **5** = sexta; **6** = sábado; **7** = domingo — TRABALHADORES: A, B, C, D.

Questões correlatas

Há diversas leis regulamentando essa questão de horários, turnos de trabalho e de descanso semanal dos trabalhadores. Um esquema de turnos deve, naturalmente, seguir essas normas legais, prejudicando, o menos possível, os aspectos ergonômicos aqui apresentados.

Conceitos introduzidos no capítulo 13

causas do estresse
redução do estresse
insatisfação dos trabalhadores
trabalho flexível
alargamento do trabalho
enriquecimento do trabalho
just-in-time
objetivo do grupo
modelos de alocação
rotação de trabalhadores
grupos autônomos
toyotismo
seleção de pessoal
programa de treinamento
trabalho noturno
trabalho em turnos

Questões do capítulo 13

1. Quais são as principais causas do estresse no trabalho?
2. Como ocorre a insatisfação dos trabalhadores?
3. Qual a principal diferença entre alargamento e enriquecimento do trabalho?
4. Como se pode aumentar a flexibilidade do trabalho?
5. Explique os dois modelos básicos de alocação de tarefas.
6. Explique a reorganização do trabalho no caso das ambulâncias.
7. Quais são as principais características dos grupos autônomos?
8. Quais são as principais características do toyotismo?
9. Como se faz a programação do treinamento e o controle da aprendizagem?
10. Quais são as principais recomendações para o trabalho em turnos?

Exercício

Trace um paralelo entre o fordismo (aplicação dos princípios tayloristas) e o toyotismo (células de produção) quanto à rigidez organizacional, tempo do ciclo, participação dos trabalhadores nas decisões e flexibilidade da produção.

14. Segurança no trabalho

A segurança no trabalho é um assunto da maior importância, que não interessa apenas aos trabalhadores, mas também às empresas e a sociedade em geral, pois um trabalhador acidentado, além dos sofrimentos pessoais, provoca despesas ao sistema de saúde e passa a receber seus direitos previdenciários, que são pagos por todos os trabalhadores e empresas.

Segundo Nogueira (1987), a primeira estatística oficial disponível sobre acidentes de trabalho no Brasil data de 1969, tendo-se registrado a marca alarmante de 1 059 296 acidentes em uma população de 7 268 449 trabalhadores, sendo que pelo menos 14,47% daqueles trabalhadores tinham sofrido pelo menos um acidente durante aquele ano. Esse índice apresentou tendências crescentes até atingir o máximo de 18,10% em 1972. A partir de 1975, com a adoção de medidas preventivas e a atuação governamental nessa área, os índices tenderam a decrescer, baixando para 3,84% em 1984.

Contudo, o Brasil ainda permanece como um dos países com maior índice de acidentes. Este se concentra em alguns setores, como na construção civil e transportes.

Na análise dos acidentes, muito já se conhece sobre as falhas mecânicas e materiais do sistema. As engenharias já dispõem de várias técnicas para dimensionar máquinas e os materiais, de acordo com as resistências e solicitações requeridas. Por outro lado, muitos acidentes têm sido atribuídos a "falhas humanas". As descrições dessas falhas geralmente recaem nas categorias de negligências, sono, alcoolismo e outras deficiências do ser humano. A ergonomia tem uma visão mais abrangente. Ela analisa principalmente as interações do sistema, com o seu usuário.

Nesse capítulo será estudado o problema do erro humano, causador de acidentes, e diversas formas de evitar esses acidentes, que devem ser objeto de contínua preocupação em todas as empresas e a sociedade em geral.

14.1 O erro humano

Muitos acidentes costumam ser atribuídos ao erro humano ou ao fator humano. Entretanto quando se fala em erro humano, geralmente se refere a uma desatenção ou negligência do trabalhador. Veremos aqui que isso não é tão simples assim. Para que essa desatenção ou negligência resulte em acidente, houve uma série de decisões anteriores que criaram as condições para que isso acontecesse. Se essas decisões tivessem sido diferentes, essa mesma desatenção ou negligência poderiam não ter resultado em acidente.

A abordagem do erro humano tem sofrido mudanças na medida em que se compreende melhor o comportamento do homem. Atualmente, existem dados que permitem analisá-lo melhor, para se prever o desempenho futuro de sistemas onde haja participação humana.

A natureza do erro humano

Uma forma mais correta de considerar o erro humano não é pelas suas conseqüências prejudiciais, mas pelo acompanhamento das **variações** do comportamento humano. Esse comportamento nunca é constante. Até mesmo os trabalhadores muito experientes ou aqueles que executam tarefas simples e repetitivas apresentam certas variações. Para cada tipo de tarefa existe uma determinada faixa de variações que são aceitáveis e, quando elas começam a ultrapassar um certo limite, pode-se considerar que há alguma anormalidade, aumentando os riscos de acidentes.

Existem duas situações em que essa variação de comportamento é considerada um erro. Uma delas é quando a intensidade da variação for muito grande, colocando-a fora de uma faixa considerada "normal" ou aceitável. A outra é quando essa variação ou adaptação não for suficiente para acompanhar mudanças exigidas pela tarefa ou ambiente. É como se um motorista não conseguisse acompanhar a curva de uma estrada.

A variação normal do comportamento humano é causada por fatores internos ao homem, e pode provocar conseqüências externas, como a quebra de uma máquina.

Muitas vezes é difícil estabelecer essa relação entre o funcionamento **interno** do organismo humano, que não são observáveis facilmente, e as suas conseqüências **externas**. Como exemplos desse funcionamento podem ser incluídas as decisões exigidas pela tarefa, os mecanismos cognitivos envolvidos no erro, uma falha da memória ou até a presença de fatos estranhos que provocam desvios de atenção.

Esses elementos podem ser deduzidos a partir das características da tarefa e da situação de trabalho onde foi constatado o erro. Um modelo deste tipo é o que analisa as causas das falhas em três níveis possíveis: no sistema sensorial, no sistema nervoso central e no sistema motor. Em cada um desses níveis podem ocorrer os desvios causadores de acidentes.

O erro humano resulta, portanto, das interações homem-trabalho ou homem-ambiente, que não atendam a determinados padrões esperados. Nesse conceito estão implícitos três elementos:

- Uma ação humana variável;
- Uma transformação do ambiente (ou máquina) que não atenda a determinados critérios; e
- Um julgamento da ação humana frente a essas situações.

Erro e violação

Erro é um ato involuntário que se desvia daquele normal ou pretendido. Por exemplo, um digitador que escreve *catra* quando pretendia escrever *carta*. Já a violação é um ato **deliberado** que se desvia da ação segura. Por exemplo, um motorista que dirige alcoolizado ou um motociclista sem o capacete. Apesar dessa violação ser um ato intencional, nem sempre leva a conseqüências danosas. Um tipo especial de violação são as **sabotagens**, quando uma violação é praticada deliberadamente para produzir dano.

O erro geralmente recai no domínio da percepção, processamento humano das informações ou interações inadequadas com o sistema. A violação ocorre no contexto social e envolve fatores cognitivos e motivacionais, levando a pessoa a ultrapassar intencionalmente os procedimentos seguros.

Os erros têm sido estudados por psicólogos e outros profissionais há pelo menos um século, sem separá-los das violações. Feita essa distinção, constatou-se que, muitos acidentes, antes atribuídos aos erros, na verdade, foram devidos às violações. No desastre nuclear de Chernobyl (1986), por exemplo, constatou-se que cinco das sete causas identificadas poderiam ser classificadas como violações e não como erros. Essa distinção entre erros e violações é importante porque nem sempre as medidas preventivas para evitar os erros são eficazes para o caso das violações.

Tipos de erros

Existem muitos tipos de erros humanos. Aqueles mais comuns são ocasionados por erro de percepção e cujas ações não produzem o efeito desejado. Há também casos de ações certas, mas que são executadas no tempo errado, ou ações que são omitidas ou acrescidas sem necessidade. Há diversas classificações de erros humanos, mas aquela mais usual é pelo nível de atuação do organismo (Figura 14.1).

Erros de percepção — São erros devidos aos órgãos sensoriais, como falha em perceber um sinal, identificação incorreta de uma informação e outros.

Erros de decisão — São aqueles que ocorrem durante o processamento das informações pelo sistema nervoso central, como erros de lógica, avaliações incorretas, escolha de alternativas erradas e outros.

Erros de ação — São erros que dependem de ações musculares, como movimentos incorretos, posicionamentos errados, trocas de controles, força insuficiente ou demora na ação.

Existem muitas condições que podem agravar os erros. Entre estas podem citar-se a falta de treinamento, instruções erradas, fadiga, monotonia, estresse, posto de trabalho deficiente, má iluminação, organização inadequada do trabalho e outros.

Tipos de violações

As violações são de natureza mais complexa e não se explicam apenas pelos fatores fisiológicos, pois são **conscientemente** praticados. Uma pessoa que vê e ultrapassa o sinal vermelho no trânsito não tem erro de percepção e tem consciência de que está infringindo uma norma estabelecida. Assim mesmo, ela pratica esse tipo de ato, sabendo que o mesmo envolve um elevado risco de acidente. As violações podem ser explicadas por duas causas.

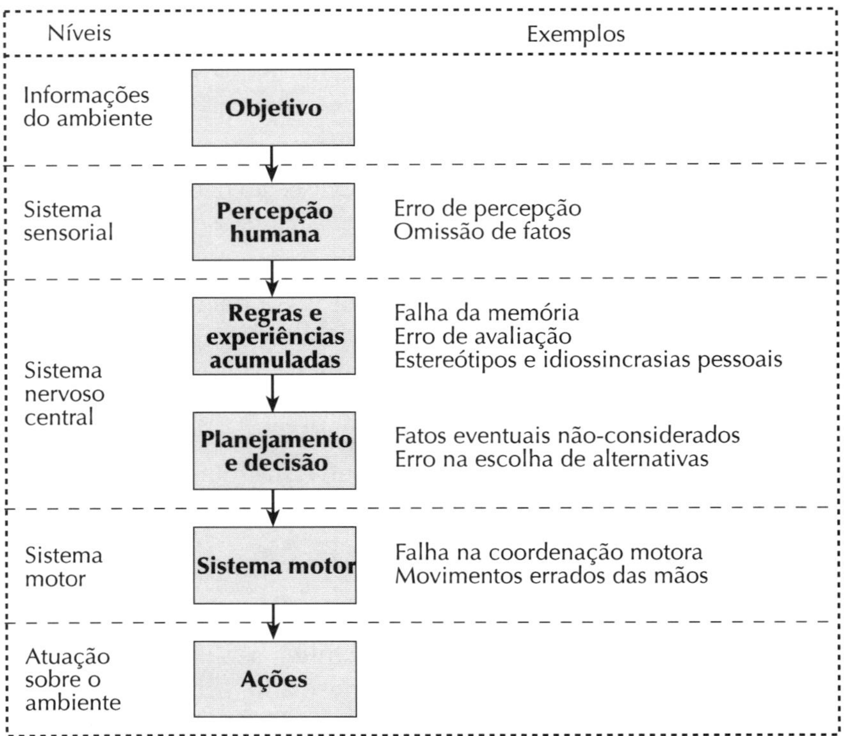

Figura 14.1 Exemplos de erros humanos que ocorrem em diversos níveis de percepção e processamento de informações.

Motivação interna — São ocasionadas por problemas psicológicos, necessidade de auto-afirmação, rebeldia, demonstrações de não-conformidade a certos estereótipos, códigos ou regras estabelecidas.

Motivação externa — São violações praticadas por premência de tempo, necessidade de ganhar dinheiro, pressões sociais, ou seguir regras e valores de certos grupos e minorias.

Muitas vezes, essas causas não aparecem isoladas, podendo ocorrer mais de uma causa que contribuem para um erro ou violação.

Efeitos da aprendizagem

Comparando-se trabalhadores novatos com aqueles experientes, observou-se que ambos cometem erros. Muitas vezes, os experientes cometem até mais erros. Entretanto, há uma grande diferença entre eles quando se trata de corrigir os erros. Os experientes são sempre mais rápidos.

Portanto, no projeto de sistemas, não é suficiente preocupar-se apenas com a prevenção dos erros. É necessário que esses erros se tornem facilmente detectáveis e **corrigíveis**. Mais que isso, que as conseqüências do erro sejam minimizados. Por exemplo, se o motor do carro estiver funcionando e um motorista distraído, acionar a chave de ignição, isso não deve provocar nenhuma conseqüência sobre o motor, que já está funcionando. Esse tipo de sistema chama-se **tolerante a erros**. Desse modo, o projetista de sistemas deve considerar que esses erros serão praticados, tanto pelos aprendizes como pelos experientes e o importante é que os mesmos, quando cometidos, não produzam efeitos danosos.

Análise dos erros

Nem sempre é fácil identificar e caracterizar os erros. No julgamento do que é certo ou errado pode haver um certo grau de subjetividade. O que é errado para uns pode ser certo para outros, dependendo dos critérios pessoais. Além disso, nem todos os erros produzem conseqüências danosas, como normalmente se supõe.

O julgamento do erro humano – Para que um comportamento humano insatisfatório seja classificado como um erro humano, é necessário um julgamento. Esse **julgamento** pode ser feito pela própria pessoa que realiza a ação. Essa pessoa quase sempre é capaz de perceber que errou, desde que o objetivo daquilo que era pretendido seja claramente definido, com antecedência, e que haja um sistema de realimentação para informá-lo sobre o resultado da ação.

Contudo, esse julgamento pode ser feito por outras pessoas, como chefes, supervisores e certos tipos de "profissionais" do julgamento, como inspetores de qualidade, inspetores de segurança, investigadores de seguros ou juízes. Nesse caso, em geral, há um lapso de tempo entre a ação e o julgamento, e depende de uma reconstrução analítica. Os resultados apresentados nem sempre coincidem com as apreciações do próprio trabalhador. As divergências podem aumentar ou diminuir, em função do tempo decorrido entre a ação e o respectivo julgamento.

Enfoque analítico — Até recentemente, os acidentes eram registrados como fatos, sem maiores considerações sobre as condições ou processo de trabalho onde ocorriam. Nos últimos anos, tem-se dado maior ênfase ao enfoque analítico do acidente, com uso de métodos semelhantes aos que eram usados para investigar as falhas do sistema técnico. Isso ocorreu a partir da aceitação da idéia de que o acidente é uma conseqüência de **desvios** daquilo que é considerado um trabalho normal ou bem sucedido. Assim, nos registros de acidentes, solicita-se a descrição das condições reais encontradas e não apenas daquilo que "deveria" ter sido encontrado.

Comparadas com as simples estatísticas de acidentes, essas análises aumentam a compreensão sobre os mecanismos do acidente e facilitam a tomada de providências para se sanar os desvios constatados. Assim, recomenda-se que as descrições de erros ou acidentes não sejam apresentadas simplesmente como fatos, mas complementadas com a descrição das **circunstâncias** que causaram os desvios, em comparação com aquilo que seria normalmente esperado.

Freqüência dos erros

A freqüência dos erros depende do funcionamento da interface homem-trabalho. Se o homem for capaz de identificar imediatamente as conseqüências provocadas pelos desvios naturais do seu comportamento, ele pode introduzir ações corretivas, diminuindo a freqüência dos erros. Portanto, os erros dependem da facilidade de percepção das condições inaceitáveis e da reversibilidade do sistema. Essa reversibilidade depende da dinâmica e da linearidade do sistema, sendo mais fácil, naturalmente, quando há uma resposta direta e linear do sistema.

Isso quer dizer que os erros humanos não podem ser estudados isoladamente das condições onde eles ocorrem. Se as características da tarefa e do ambiente forem organizadas de modo que as pessoas possam detectar e corrigir imediatamente os seus comportamentos inadequados, a freqüência de erros tende a diminuir.

Incidentes críticos

O estudo dos erros a partir dos acidentes nem sempre produz bons resultados, por três motivos. Em primeiro lugar, nem todos os erros provocam acidentes. Em segundo lugar, os acidentes não ocorrem com tanta freqüência e, portanto, não oferecem muitas oportunidades para estudo. Em terceiro, existe pouca relação entre a gravidade do erro com a gravidade do acidente (pequenos erros podem provocar grandes acidentes e vice-versa).

Para não ficar apenas na dependência dos acidentes para estudar os erros, Fitts e Jones (1947) desenvolveram um método chamado de incidentes críticos. Eles são representados pelas situações chamadas de **quase-acidentes**, mais numerosas que os acidentes. São situações anormais que aconteceram, efetivamente, mas foram evitadas a tempo, antes que se transformassem em acidentes.

Para levantar os incidentes críticos, Fitts e Jones usaram um grupo de pilotos de avião, que eram entrevistados semanalmente. Eles eram solicitados a descrever as situações de perigo em que estiveram envolvidos, com sérios riscos de acidentes. Pedia-se, aos pilotos, que anotassem esses acontecimentos, para serem mais facilmente lembrados durante a entrevista. Com isso, foram constatadas diversas falhas, tais como:

- Falha nos mostradores: ilegibilidade, erro de leitura, inversão, interpretação, instrumentos confusos, interpolação na escala, ilusões, esquecimentos, reflexos, instrumentos inoperantes;
- Falhas nos controles: substituição, ajuste, inversão, ativação involuntária, esquecimentos, fora de alcance;
- Deficiências nos procedimentos para corrigir os desvios; e
- Ausência de motivação e estímulos para reduzir a monotonia, fadiga e estresse.

Com essa análise de incidentes críticos foi, então, conseguida uma grande quantidade de informações, que contribuiu consideravelmente para o aperfeiçoamento dos controles e mostradores em aeronaves. Provavelmente, isso não seria possível se a coleta de informações tivesse se baseado apenas nas análises dos acidentes, mais raros que os quase-acidentes. Técnicas semelhantes têm sido bastante utilizadas no estudo de direção de veículos, instalando-se instrumentos especiais para registrar os incidentes críticos, como freadas bruscas ou mudanças repentinas de direção.

Prevenção de erros

Existem diversas formas para prevenir os erros humanos. Uma delas é substituir o homem pela máquina, principalmente em tarefas simples e repetitivas ou que exijam grandes forças. Contudo, deve-se observar que as máquinas erram menos, mas dificilmente corrigem os seus próprios erros, enquanto o ser humano é mais sensível a isso.

A aplicação dos conhecimentos ergonômicos no aperfeiçoamento de mostradores, controles, postos de trabalho e outros dispositivos contribuem claramente para a redução dos erros. Isso significa que as máquinas devem ser construídas de modo que não funcionem enquanto todos os procedimentos de segurança não tenham sido adotados.

Por exemplo, trens e elevadores que só se movimentam com as portas fechadas, ou uma caixa de chave elétrica que só se abre quando a energia estiver desativada. Existem também eletrodomésticos, como fornos e lavadoras, que só funcionam com as portas fechadas. Certos dispositivos incluídos na própria máquina, também podem reduzir os erros e acidentes. Os erros de digitação de teclados podem ser reduzidos se houver um tempo mínimo de 20 a 30 ms entre dois acionamentos sucessivos. É o caso também de veículos que tenham um limite superior de velocidade.

A seleção, treinamento e supervisão adequada do operador também contribuem na redução de erros. Naturalmente, um operador treinado, que execute o trabalho com satisfação, e com um ritmo adequado, cometerá menos erros.

Procedimentos seguros

Os procedimentos seguros são recomendações escritas que visam reduzir os acidentes nos locais de trabalho. Eles são continuamente atualizados para se adaptar aos novos equipamentos e mudanças das condições de trabalho. Também incorporam as novas descobertas, baseadas nas análises de incidentes e acidentes ocorridos no passado. Podem surgir também novas normas e leis. Assim, há tendência de que esses procedimentos se tornem cada vez mais detalhados e restritivos.

Teoria da homeostase do risco

A teoria da homeostase do risco afirma que cada pessoa tem um determinado "marco" (limite superior) para o risco. Isso significa que essas pessoas estão dispostas a correr um certo nível de risco, até que este se aproxime do seu marco (Bridger, 2003).

Segundo essa teoria, haveria um mecanismo de **ajuste** do risco, aumentando-o ou reduzindo-o, em função das condições de segurança. Por exemplo, a instalação de equipamentos de segurança em automóveis, como cintos de segurança e *airbags* diminuiu o risco. Contudo, alguns motoristas, ao sentirem-se mais seguros, passaram a dirigir de forma mais agressiva, aumentando os seus riscos, até se aproximarem novamente dos respectivos marcos. Segundo essa teoria, a simples instalação desses equipamentos não contribui para diminuir os acidentes.

De acordo com a teoria da homeostase, a forma mais eficiente de reduzir os acidentes é atuar sobre o **marco**, procurando abaixar o seu nível. Isso naturalmente só é válido nos casos em que a própria pessoa tem controle sobre o grau de risco a que estão expostos. Não vale, por exemplo, para os casos em que o ritmo da produção é comandado pela máquina. Existem muitas maneiras de reduzir esse marco. Seguem-se alguns exemplos:

Instruir os trabalhadores — Mostrar as ligações entre comportamentos de riscos e os respectivos acidentes, bem como suas conseqüências em termos humanos, sociais e materiais. Isso é particularmente válido quando há falha na percepção do risco, ou seja, o risco real é maior que aquele suposto pelo trabalhador;

Conceder incentivos — Reforçar a prática de atos seguros, visando aumentar a freqüência dos mesmos. Por exemplo, conceder um prêmio ou um dia de folga para trabalhadores que completarem certa quantidade de dias trabalhados sem envolver-se em acidentes;

Aplicar punições — Aumentar as conseqüências sobre aqueles que praticam atos inseguros, como castigos e punições. Por exemplo, aumentar o valor das multas para excessos de velocidade.

Portanto, pela teoria da homeostase, o investimento puro e simples no sistema para melhorar a segurança seria pouco eficaz porque o homem acaba também ajustando o seu comportamento para correr maiores riscos, ao sentir-se seguro. Para ser efetivo, deve-se atuar sobre o homem, a fim de abaixar o nível do seu marco (limite superior) de risco. Isso pode ser feito de forma sistemática em empresas, com a divulgação e discussão sobre os procedimentos seguros.

14.2 Fatores que influem nos acidentes

Os acidentes geralmente resultam de interações inadequadas entre o homem, a tarefa e o seu ambiente. Em cada caso, pode haver predomínio de um desses fatores. O acidente pode ser causado por um comportamento de risco do operador de um sistema. Pode ser explicado também pelas inadequações do posto de trabalho, produtos mal projetados ou falhas da máquina. A explicação pode vir também do meio ambiente, como buracos na estrada. Contudo, essas causas não aparecem isoladamente e o acidente geralmente só ocorre quando há uma conjugação de fatores negativos.

Modelos seqüenciais de acidentes

Os modelos seqüenciais são aqueles que explicam os acidentes por uma cadeia de eventos. Heinrich (1959) formulou um modelo bastante difundido, que é chamado também de **dominó** do acidente, pois existiriam cinco eventos encadeados que levariam à lesão do trabalhador: personalidade; falhas humanas; causas de acidentes (condições inseguras e atos inseguros); acidente; e lesão.

Segundo essa teoria, a prevenção deveria ser feita pela retirada de uma das "pedras" para se interromper a corrente e, assim, evitar a propagação da queda no dominó. Essa teoria é muito contestada, porque admite a existência de certos traços de personalidade (insegurança, irresponsabilidade, teimosia, valentia, machismo) que tornariam algumas pessoas mais suscetíveis a acidentes e isso não tem comprovação prática. Na prática, observou-se que existem realmente algumas pessoas que se envolvem, com maior freqüência, em acidentes. Contudo, como se verá mais à frente, isso não se caracteriza como um traço permanente da pessoa, mas um acontecimento circunstancial e temporário.

Outro modelo seqüencial foi apresentado por Ramsey (1978), segundo o qual, uma pessoa exposta a uma condição insegura, apresentaria os seguintes comportamentos seqüenciais:

- Percepção do perigo (órgãos sensoriais);
- Identificação do perigo (processamento da informação);
- Decisão de evitar o perigo (escolha da alternativa); e
- Habilidade para evitar o perigo (habilidade motora, forças, tempo de reação).

Qualquer falha em uma dessas etapas contribuiria para aumentar os riscos de acidentes. Analogamente ao modelo do dominó, a prevenção deveria ser baseada na interrupção da cadeia que leva ao acidente. Esses modelos seqüenciais centralizam as causas dos acidentes na falha humana. Modelos mais recentes, como aqueles apresentados a seguir, apresentam propostas mais abrangentes.

A etiologia dos acidentes

Reason (1995) propôs um modelo abrangente sobre as causas dos acidentes nas organizações, dividindo-as em três blocos (Figura 14.2).

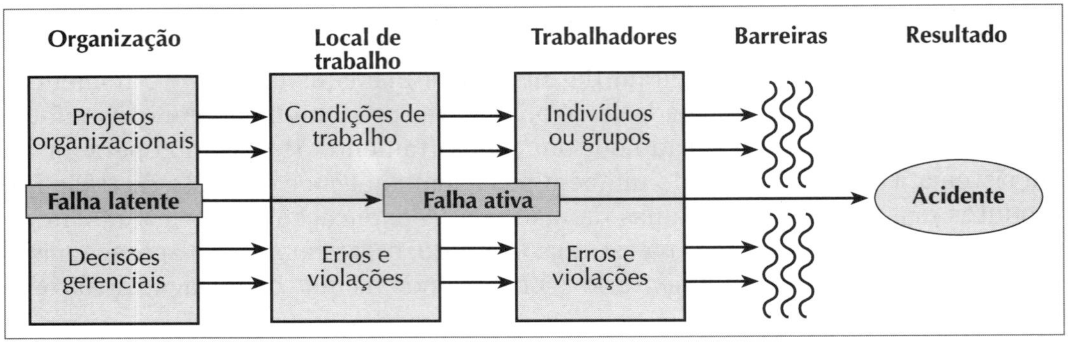

Figura 14.2 Modelo de causa organizacional dos acidentes (Reason, 1995).

Bloco 1. Organização — Algumas decisões organizacionais podem criar condições que favorecem o aparecimentos de acidentes. Estas são chamadas de **falhas latentes** e incluem atividades como projeto do produto, projeto do trabalho, planejamento e controle da produção, plano de cargos e salários, investimentos na automação dos equipamentos e outros.

Muitas vezes, essas decisões são condicionadas por fatores como restrições financeiras, políticas da empresa ou prazos limitados. Exemplo disso são materiais de má qualidade usadas nas instalações da fábrica. Em conseqüência, nem sempre se pode garantir as melhores condições para a realização do trabalho. Isso acaba criando as falhas latentes. Essas falhas propagam-se dentro da organização, e seguem o fluxo produtivo, através dos diversos departamentos.

Bloco 2. Local de trabalho — No local de trabalho surgem as condições para a ocorrência de erros e violações. Entre estas incluem-se equipamentos e ferramentas inadequadas ou mal conservadas, postos de trabalho mal projetados, ambientes sujos e ruidosos, posturas inadequadas, cargas excessivas e outros.

Bloco 3. Trabalhadores — Aqui entram as condições pessoais que podem favorecer a ocorrência de erros e violações, como estresse, fadiga, monotonia, treinamento inadequado e conflitos com colegas e chefias.

As falhas do Bloco 1 são ditas **latentes** porque surgem nos escalões superiores e são criadas por pessoas afastadas dos acidentes, tanto no espaço como no tempo. Por exemplo, o projeto do local de trabalho pode ser realizado até em outro país distante. Já as falhas dos Blocos 2 e 3 são chamadas de **ativas** e ocorrem no local do trabalho, e produzem efeito imediato em forma de lesões ou danos materiais.

É praticamente impossível eliminar essas falhas. Todas as decisões estratégicas produzem algum tipo de falha latente. Assim, os recursos disponíveis devem ser direcionados prioritariamente para as áreas críticas, onde os acidentes poderiam produzir conseqüências mais graves. Além disso, o modelo apresentado abrange apenas as variáveis internas à empresa. Considerando que a empresa não é um sistema fechado, significa dizer que ela recebe diversos materiais e serviços de terceiros. Muitas vezes, as causas dos acidentes podem estar embutidas nesses fornecimentos recebidos pela empresa.

Pode-se criar **barreiras** para que essas falhas não se transformem em acidentes. Exemplo dessas barreiras podem ser o treinamento, equipamentos com dispositivos de segurança, equipamentos de proteção individual, padrões, procedimentos seguros, limpeza, ordem, melhor relacionamento social e assim por diante.

Método da árvore de causas

O método da árvore de causas foi proposto por Leplat e Rasmussen (1984). Enquanto os métodos seqüenciais apresentam um relacionamento linear entre as causas, o método da árvore propõe um grafo com um relacionamento mais complexo entre essas causas.

Esse método faz a representação gráfica das interações entre as diversas falhas que conduzem a um acidente. Entende-se aqui, por falha, qualquer tipo de erro humano, defeito mecânico ou deficiências ambientais que provocam desvios na tarefa. Em geral, há uma cadeia de eventos que levam até o acidente. Evidentemente, no caso de uma simples falha de um componente, como, uma lâmpada que se queima, é uma causa isolada, que não provoca maiores conseqüências. Mas, em geral, os acidentes são precedidos de diversos tipos de falhas, cujos efeitos cumulativos provocam os acidentes.

Para a construção da árvore de causas, parte-se de um acidente que já aconteceu e, a partir daí, organiza-se a lista de causas que contribuíram para a ocorrência do acidente. Depois são definidas as relações entre essas causas, que podem ser de dois tipos:

Relação seqüencial ou em série (x→y) — Indica que o evento x é uma condição necessária ou pré-requisito para a ocorrência do evento y; se não existisse x, o evento y também não existiria. É o caso de uma pessoa que caiu y de uma escada x: se não tivesse subido na escada, a pessoa não teria caído.

Relação de confluência ou em paralelo (x_1, x_2→y) — Significa que é necessário ocorrer dois ou mais eventos simultâneos x_1 e x_2 para que ocorra a conseqüência y. Sem x_1 ou sem x_2, o evento y não ocorreria. Por exemplo, uma pessoa que caiu y de uma escada x_1 porque esta escorregou em um chão liso x_2.

Exemplo da árvore de causas

Leplat e Rassmussen (1984) apresentam um exemplo de transporte de uma carga pesada com uso de uma empilhadeira (Figura 14.3). O operador recebeu uma ordem para transportar uma carga do depósito até um certo local da fábrica. A empilhadeira "regular" que ele estava acostumado a usar estava defeituosa. Então, foi necessário recorrer a uma empilhadeira de reserva, cujos controles se diferenciavam da empilhadeira regular. O operador não estava costumado a dirigir essa empilhadeira de reserva. Ela também era um pouco menor que a empilhadeira regular, e com isso, provocou uma sobrecarga. Além disso, essa empilhadeira, por deficiência de manutenção, apresentava um defeito no sistema de freio.

Durante o trajeto, surgiu um obstáculo inesperado na pista. O condutor teve que fazer uma manobra brusca, que provocou uma inclinação da carga. Como a empilha-

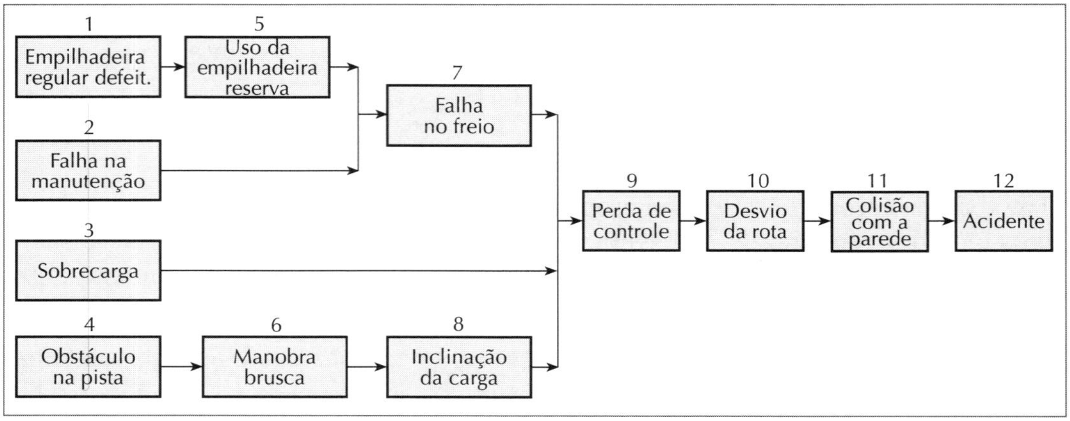

Figura 14.3 Exemplo de uma árvore de causas, usada na análise de um acidente com operação de empilhadeira (Leplat e Rasmussen, 1984).

deira estava sobrecarregada, os freios não estavam funcionando e o condutor não estava acostumado a dirigi-lo, ele perdeu o controle. A empilhadeira, então, desviou-se do seu trajeto e colidiu contra uma parede, causando ferimento no operador e um grande prejuízo material.

Nesse caso, observamos quatro eventos confluentes: empilhadeira regular com defeito; falha na manutenção; sobrecarga da empilhadeira; e o obstáculo na pista. Observando-se as diversas causas, podem ser adotadas certas medidas para que, futuramente, não provoquem outros acidentes semelhantes:

- A empilhadeira de reserva deveria ser semelhante à regular, com a mesma capacidade de carga e os mesmos tipos de controles, se possível, padronizando-se a frota.
- O sistema de manutenção deveria ser reorganizado, com manutenções preventivas e revisões periódicas do sistema de freios.
- A sobrecarga poderia ser evitada, por exemplo, escrevendo-se em um lugar bem visível da empilhadeira a sua capacidade de carga máxima, e as cargas também deveriam ter os seus pesos declarados de forma bem visível. A empilhadeira ainda poderia ser dotada de algum sistema de aviso ou alarme para indicar a sobrecarga.
- As rotas onde trafegam as empilhadeiras deveriam ser mantidas limpas e desobstruídas.
- Para reduzir o efeito das colisões, podem ser usados certos dispositivos, com o pára-choques nas empilhadeiras ou *guard-rails* nas paredes onde os choques ocorrem com maior freqüência.
- Finalmente, se for constatado também algum tipo de imperícia do operador, este poderia ser treinado para saber como se deve agir em situações de emergência.

Muitas vezes, por questões econômicas ou limitações de recursos, não é possível atuar simultaneamente em todas essas medidas. Nesses casos, é possível que a eliminação de apenas uma das falhas críticas (aquela que provoca maior impacto) seja suficiente para interromper a cadeia e evitar o acidente.

Análise das causas

Ou autores do método da árvore de causas salientam que, em vez de ficar procurando quem foi o "culpado" pelo acidente, é melhor fazer uma análise das causas que ocasionaram esse acidente, com o objetivo de eliminá-las, para que as mesmas não se repitam. Isso envolve ações como modificações em máquinas e equipamentos, alterações no processo produtivo, melhoria da organização do trabalho, sistemas de manutenção, treinamento dos trabalhadores, melhoria do sistema de informações e assim por diante.

Em outras palavras, consiste em introduzir modificações no sistema produtivo, de modo que ele possa resistir aos erros humanos, ou para que tenha **tolerância** para absorver certa faixa de variação do comportamento humano. Por exemplo, vamos supor que uma pessoa deva dirigir um carro de 150 cm de largura em linha reta, mas, devido à variação natural do comportamento humano, ele provoque desvios freqüentes à direita e à esquerda, e que esses desvios sejam de 50 cm, no máximo, para cada lado. Nesse caso, a estrada deveria ter pelo menos 250 cm de largura para absorver as variações de comportamento do motorista.

A árvore de causas é mais facilmente elaborada pela análise retrospectiva, partindo-se de um acidente já acontecido. Isso torna-se mais fácil quando as tarefas são estruturadas, como geralmente ocorre no trabalho repetitivo em indústrias. Entretanto, especialistas treinados no assunto podem fazer **previsões** de acidentes onde elas ainda não ocorreram, desde que conheçam a estrutura da tarefa e as probabilidades de ocorrência das falhas. Assim, pode-se trabalhar preventivamente, eliminando-se as falhas, antes que elas ocorram.

Também, como já vimos, podem ser tomadas certas providências, que funcionam como **barreiras**, para impedir a propagação das causas ao longo da árvore. A manutenção preventiva das máquinas, instalação de dispositivos de proteção e exames médicos periódicos dos trabalhadores são exemplos dessas barreiras.

Para as tarefas menos estruturadas, como no trabalho agrícola ou em canteiros de obras, a construção dessa árvore de causas fica mais difícil, devido ao relacionamento pouco definido entre as falhas. Nesse caso, é importante que, além da descrição do acidente, haja sempre uma análise das condições em que esses acidentes ocorreram, para que as possíveis causas do acidente sejam identificadas e removidas. Aqui também um analista experiente é capaz de identificar as causas e construir árvores hipotéticas. Por exemplo, se houver uma viga mal equilibrada, é possível que acabe caindo sobre a cabeça de alguém ou se houver pedaços de madeiras com pontas de pregos espalhados pelo chão, é possível que acabem furando o pé de algum trabalhador. Se essas causas forem eliminadas a tempo, os acidentes poderão ser evitados.

Modelos fatoriais de acidentes

De acordo com o modelo fatorial, não existiria uma seqüência lógica ou temporal de eventos, mas um conjunto de fatores que interagem continuamente entre si e cujo desfecho pode ser um quase-acidente ou acidente. Esse modelo é mais dinâmico, pois os fatores estariam em contínua evolução, bem como as interações entre eles.

Os fatores normalmente incluídos em estudos de acidentes são: conteúdo da tarefa; máquinas e ferramentas; trabalhador; personalidade; sonolência; estrutura organizacional; e ambiente físico. Vamos analisar melhor cada um desses fatores.

Conteúdo da tarefa

Em muitas investigações de acidentes, as atenções são concentradas no homem, no equipamento ou no ambiente. Muitas vezes isso leva a uma visão estática do acidente, por não considerar devidamente o conteúdo da tarefa. Portanto, uma forma mais dinâmica de investigar um acidente é o de dar maior importância à atividade, analisando-se o conjunto de fatores humanos envolvidos, em comparação com as exigências da tarefa. Uma incompatibilidade entre ambos pode ser a causa do acidente.

Para facilitar a análise das capacidades humanas, elas podem ser decompostas em fatores como: antropométrico, biomecânico, metabólico, ambiental, controle do movimento, alcances, tomada de decisões e influências sociais. Naturalmente, para cada tipo de tarefa pode existir uma classificação mais conveniente desses fatores. Estes podem ser comparados com as respectivas demandas das tarefas. Assim pode-se identificar a variável que é a causa provável do acidente e sobre a qual se deve atuar.

A Figura 14.4 ilustra um exemplo que quatro fatores para o caso de uma tarefa de carregamento manual. Conforme a natureza dessa tarefa, um determinado fator humano, como forças musculares máximas, poderá ficar sobrecarregado, representando, então, o **fator limitante** dessa tarefa. No caso, como essa exigência já está quase no seu limite máximo, qualquer esforço adicional poderá resultar em acidente. Em tarefas mais complexas podem existir diversos fatores limitantes, sobre as quais devem ser concentradas as atenções, para que sejam aliviados, na medida do possível.

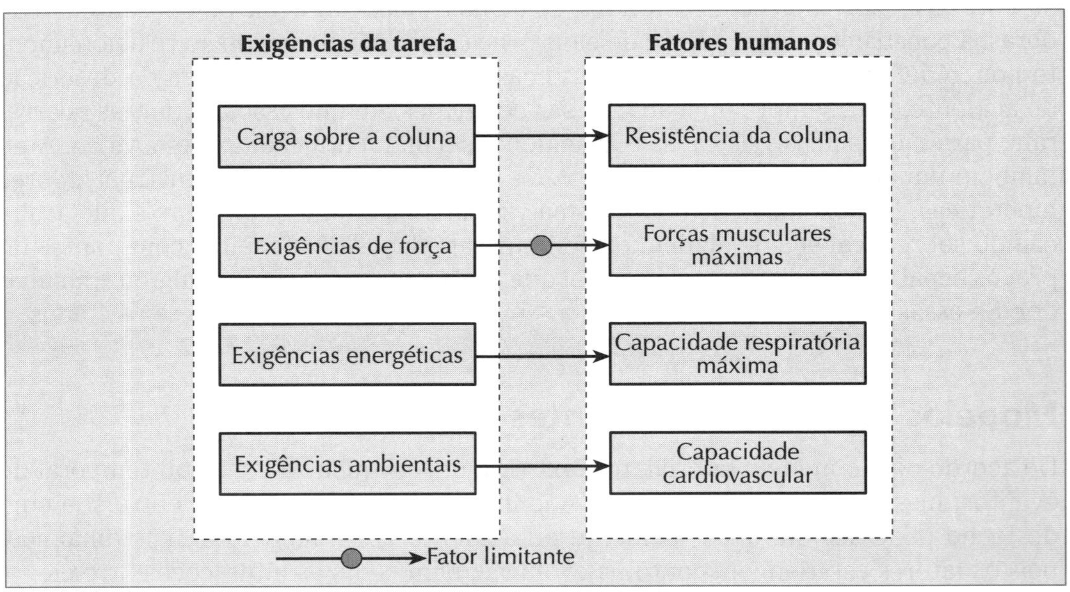

Figura 14.4 Em um trabalho de carregamento manual, cada parte da tarefa provoca demanda sobre um determinado fator humano, existindo aquele que é limitante.

Durante a execução dos trabalhos, é possível que ocorram **desvios** ou mudanças em relação àquilo que foi planejado ou considerado como normal. Esses tipos de desvios ocorrem com maior freqüência em trabalhos menos estruturados, como na construção civil, mineração e agricultura. Drury e Brill (1983) fizeram um levantamento da natureza desses desvios, durante análises de acidentes ocorridos em trabalhos de mineração. Constataram 54% de mudanças nas atividades, 25% no ambiente e apenas 2% devido aos fatores individuais.

Evidentemente, em um trabalho estruturado, como no trabalho industrial repetitivo, onde há mais controle, é possível que essas mudanças das atividades ou do ambiente não ocorram com tanta freqüência, relativamente às mudanças dos fatores individuais.

Características das máquinas e ferramentas

As características das máquinas e ferramentas usadas pelos trabalhadores podem influir no risco de acidentes. As características operacionais das mesmas devem situar-se dentro dos limites de percepção do organismo humano, assim como as exigências de movimentos musculares e energéticas. Quanto mais essas exigências se aproximarem daqueles limites máximos ou mínimos, maiores serão os riscos.

Um outro aspecto importante é a realimentação de informações, para que o trabalhador possa corrigir continuamente a sua atuação. Quanto mais rápida for essa realimentação, tanto melhor, pois a correção poderá ser imediatamente realizada, antes que se propaguem, multiplicando as conseqüências. Não se deve esquecer também a importante questão dos estereótipos e da compatibilidade de movimentos, já apresentados na seção 8.1.

Atributos do trabalhador

Existem diversos atributos pessoais do trabalhador, que podem contribuir para aumentar ou reduzir os riscos de acidentes. Aí se incluem as capacidades sensoriais, habilidades motoras, a capacidade de tomar decisões e experiências anteriores. Por exemplo, dirigindo um carro na estrada, de repente, o motorista poderá vislumbrar um caminhão vindo na contra-mão. A decisão de frear ou desviar-se pela esquerda ou direita vai depender das percepções e da experiência do motorista. A chance de ser bem sucedido em cada uma dessas manobras, depende das habilidades do motorista e, naturalmente, das reações do outro motorista.

Após perceber a existência do perigo, a pessoa deve decidir como responderá à situação emergente. Esse processo é bastante complicado porque pode sofrer influência de inúmeros fatores. O tempo necessário para a tomada de decisão tende a aumentar, tanto com o aumento do número de informações de entrada (*inputs*) como pelo aumento das alternativas possíveis. Embora a velocidade das decisões possa ser aumentada com certas "regras práticas", isso nem sempre é simples e não pode ser generalizada. Se as várias informações forem conflitantes entre si, a pessoa necessitará ainda de mais tempo para estabelecer uma hierarquia entre elas e escolher aquela alternativa que julgar mais conveniente.

Em geral, há uma tendência do trabalhador optar por aquela alternativa que seria melhor recebida pela empresa ou pelos seus superiores hierárquicos, ou aquela que mais o beneficiaria pessoalmente (ver mais detalhes sobre o processo de tomada de decisão na seção 9.5).

Estudos mais aprofundados demonstram que as características individuais como personalidade, sexo, idade e capacidades intelectuais não apresentam influências significativas sobre os acidentes. Em geral, são superados por outros fatores, como máquinas inadequadas ou ambientes desfavoráveis. Por outro lado, foi constatado que o estresse (ver seção 13.1) e preocupações surgidas na vida pessoal, fora do trabalho, tem uma forte influência na ocorrência de acidentes.

Personalidade

Diversos estudos estatísticos realizados com as pessoas que se acidentam, demonstraram que a freqüência de acidentes não se distribui uniformemente entre os trabalhadores. Ao contrário, há um pequeno grupo de trabalhadores que apresentam freqüências de acidentes acima da média. Isso levou à formulação de uma teoria, segundo a qual existiriam pessoas com maior predisposição para acidentes. Tentaram-se identificar os traços de personalidade que explicariam essa tendência.

O estudo do comportamento social desse grupo mostrou que essas pessoas eram agressivas e com tendências anti-sociais. Também se descobriu que a imaturidade, inexperiência e problemas de saúde contribuem para aumentar a freqüência dos acidentes. Contudo, os estudos não conduziram a nenhum conjunto consistente de traços de personalidade que pudessem se caracterizar como atributos permanentes daquelas pessoas mais suscetíveis a acidentes.

Atualmente, a teoria mais aceita é que essas pessoas mais suscetíveis a acidentes existem, de fato, mas não seriam dotadas de características permanentes que as tornem mais propensas a sofrer acidentes durante toda a vida. Essas características dependem de traços de personalidade e fatores ambientais que se transformam com o tempo.

Algumas pessoas, devido a doenças ou problemas pessoais, podem tornar-se mais suscetíveis a acidentes durante um **certo período** e depois sair dessa situação, assim que os seus problemas pessoais sejam resolvidos. Outras pessoas que se mostravam relativamente seguras, até então, podem sofrer um repentino desequilíbrio em suas vidas, fazendo com que se tornem mais suscetíveis. Hoje se admite que existiria uma espécie de "clube" das pessoas suscetíveis, cujos "sócios" não seriam permanentes, pois sempre existem pessoas entrando e saindo do mesmo.

Portanto, essa questão de traços de personalidade relacionados com acidentes, parece ser mais complexa do que se acreditava até alguns anos atrás. O que se sabe, hoje, é que cada pessoa tem um repertório de comportamentos, que podem ser considerados seguros ou inseguros, dependendo do tipo de risco a que está exposta no seu ambiente de trabalho. É função da ergonomia identificar esses riscos e eliminá-los no ambiente de trabalho, para que os comportamentos inseguros não se transformem em acidentes.

Sonolência

A maioria dos trabalhadores já passou pela experiência da sonolência no trabalho, que prejudica o desempenho, em um instante em que a atenção é necessária. Cerca de 85% dos trabalhadores noturnos e 64% dos motoristas declaram que sentem sonolência durante o trabalho (Wedderburn, 1987). Contudo, apenas 4 a 5% desses casos resultam em acidentes. Entre os acidentes de tráfego com resultados fatais, estima-se que 45% seriam devidos à sonolência dos motoristas. Esse tipo de acidente costuma ser mais violento porque a dormência do motorista dificulta a redução de velocidade ou desvio para evitar colisões.

As pesquisas demonstraram que os momentos de sonolência são muito breves, durando apenas 0,5 a 1,5 segundos, mas são suficientes para provocar sérios acidentes. Os estudos sobre o hábito de dormir recomendam pelo menos duas horas de sono para se recuperar da sonolência, mas muitos motoristas relatam que sonecas rápidas de cinco minutos os aliviam bastante.

Para combater a sonolência, os motoristas procuram modificar os estímulos ambientais, abrindo a janela, reduzindo a calefação, dirigindo mais lentamente ou variando deliberadamente a velocidade. Em outros casos, procura-se uma estimulação direta sobre o organismo, esticando-se, dando beliscões, mordendo os lábios, lavando o rosto, fumando, tomando água, café, sucos, e comendo doces ou chocolates. Também podem-se introduzir tarefas secundárias como cantar ou assobiar.

Em resumo, a sonolência é um aviso de que o organismo está fatigado e que precisa dormir. Ela é agravada pela monotonia da tarefa. Quando o trabalho, por um motivo qualquer, não puder ser interrompido para uma pequena pausa ou até um intervalo de duas horas para uma soneca, as mudanças dos estímulos ambientais podem contribuir para retardar ou reduzir os estados de sonolência.

Estrutura organizacional

Um trabalho organizado de modo que as tarefas e responsabilidades de cada trabalhador estejam claramente definidas, em um ambiente descontraído e um clima amistoso entre os colegas e os superiores, tende a reduzir os acidentes.

Como já vimos na seção 12.1, a questão dos horários e turnos de trabalho também tem uma forte influência, devido aos ciclos circadianos. Além disso, o trabalhador, no turno da noite, não tem tanta assistência como no turno diurno, pois determinados setores da empresa só funcionam durante o dia. Esses trabalhadores noturnos, em geral, também têm menor contato social e isso aumenta a monotonia, tornando-os mais suscetíveis a acidentes.

Uma organização que favoreça a interação dos trabalhadores entre si, como foi visto no Capítulo13 e um ambiente de franqueza, onde os problemas sejam discutidos com os superiores para resolvê-los conjuntamente, principalmente aqueles relacionados com a prevenção de acidentes, podem contribuir para reduzir esses acidentes. Mas isso não é suficiente. Sempre que for possível, devem ser promovidas palestras e discussões, com apresentação de materiais visuais como filmes e vídeos que enfatizem a necessidade dos comportamentos seguros no trabalho.

Ambiente físico

O ambiente físico exerce grande influência sobre os acidentes, por ser fonte permanente de estresse dos trabalhadores. Um ruído indesejável ou um ofuscamento visual podem modificar o comportamento do trabalhador, favorecendo a ocorrência de acidentes. Esses aspectos serão melhor apresentados nos Capítulos 15 e 16.

Aqui deve ser considerado também o projeto do posto de trabalho (já apresentado no Capítulo 7). Quando o trabalhador é forçado a manter posturas inadequadas ou manipular controles que estejam fora de seu alcance normal, muitas vezes é obrigado a executar movimentos difíceis, aumentando o risco de acidentes. Por outro lado, os postos de trabalho bem dimensionados, limpos, com boa iluminação e onde as exigências da tarefa estejam dentro de suas capacidades sensoriais, cognitivas e motoras, tornam o trabalhador mais apto a identificar as situações de risco e evitar os acidentes.

14.3 Segurança na indústria

A indústria moderna caracteriza-se pelo alto grau de investimento em capital e pela complexidade de suas operações. Isso significa dizer também que possuem muitos pontos vulneráveis, onde podem ocorrer acidentes, com um grande potencial de perdas e danos.

Em diversos ramos industriais, diferentes métodos têm sido desenvolvidos para analisar os incidentes e acidentes, com o objetivo de identificar as suas causas e propor medidas de segurança.

Através de análises sistemáticas, algumas indústrias conseguiram reduzir ao mínimo os acidentes provocados pelos erros humanos. Como é difícil estimar a confiabilidade humana de forma global, sua análise é decomposta em tarefas mais simples e se pesquisam as confiabilidades de cada uma dessas tarefas. Assim se identificam algumas **tarefas críticas** do sistema, cujas confiabilidades podem ser determinadas, em comparação com outros casos semelhantes. Durante o projeto do sistema, deve ser dada especial ênfase a essas tarefas críticas. Nesse ponto, deve-se tomar uma decisão sobre o grau de confiabilidade que se quer atribuir a essas tarefas críticas.

Evidentemente, torna-se praticamente impossível ou anti-econômico aumentar a confiabilidade além de um certo limite. Isso significa dizer que a confiabilidade de 100% só existe teoricamente. Portanto, um certo grau de risco é inerente à operação de qualquer sistema. Conseqüentemente, os trabalhadores sempre estarão sujeitos a certos riscos no seu dia-a-dia.

No nosso caso, vamos nos restringir às operações de máquinas e equipamentos operados diretamente pelos trabalhadores e que podem causar lesões nos mesmos. Naturalmente, podem existir outros tipos de acidentes, de baixa freqüência de ocorrência, mas cujas conseqüências podem ser catastróficas, como no caso de vazamento de gases tóxicos ou explosões de caldeiras. Existem métodos para indicar pontos fracos ou vulneráveis de toda a planta industrial e de sua operação global, mas estes fogem do escopo desta obra.

Pontos perigosos

Máquinas e equipamentos exigem cuidados especiais, pois geralmente têm partes móveis que representam riscos potenciais. Mas eles podem tornar-se seguros se forem adequadamente projetados e construídos, bem instalados e operados por pessoas habilitadas. Existem três pontos críticos na máquina, que normalmente são responsáveis pela maioria dos acidentes:

Geração e transmissão de movimentos — Abrange a fonte de movimentos e o sistema de transmissão, incluindo o motor, eixos, engrenagens, polias, correias, volantes, correntes, bielas e outros. Esses pontos são perigosos quando estão expostos.

Ponto de operação — É onde se processa o trabalho propriamente dito, realizando operações como corte, estampagem, solda, moldagem, dobramento, moagem, mistura, limpeza, tintura e assim por diante. Esses pontos são especialmente críticos quando a alimentação e a retirada de peças são feitas manualmente.

Outros pontos móveis — No sistema produtivo, existem diversos outros pontos que se movimentam, não pertencendo às categorias anteriores. Exemplo disso são as correias transportadoras, alimentadores de rolo, pontes rolantes, instrumentos de testes, veículos e diversos outros.

Esses pontos merecem atenção prioritária do analista, pois são responsáveis pela grande parte dos acidentes.

Segurança na operação de máquinas

Existem duas classes de medidas para se aumentar a segurança na operação de máquinas: aquelas que atuam na máquina e as que atuam no homem. Na primeira classe, forma mais eficaz de atuação ocorre na fase de projeto de máquinas e equipamentos, de modo a eliminar os pontos perigosos. Em segundo lugar, pode-se construir um isolamento na máquina ou proteção para evitar o contato humano com os pontos perigosos.

A atuação sobre o trabalhador deve ser considerada como medida de segunda ordem. Os seres humanos apresentam variações de comportamento e não se pode esperar que estejam sempre atentos e vigilantes para a prática de atos seguros. A primeira providência para se atuar sobre o trabalhador é afastá-lo das partes perigosas. Esse esse afastamento não for possível, recomendam uso dos equipamentos de proteção individual (EPI), como último recurso. A seguir, vamos detalhar algumas dessas medidas.

Desenvolver projeto seguro — O projeto seguro é aquele que não expõe o operador ao risco. As partes móveis são devidamente protegidas, como no caso da serra circular (Figura 14.5). Em outros casos, os produtos só podem ser acionados após tomar medidas preventivas de segurança. É o caso, por exemplo, de máquinas de lavar roupas e forno de microondas, que só funcionam com as suas portas fechadas. Um cuidado especial deve ser tomado para que os dedos, mãos e braços não sejam colocados em situações perigosas (Figura 14.6). Outro cuidado refere-se à

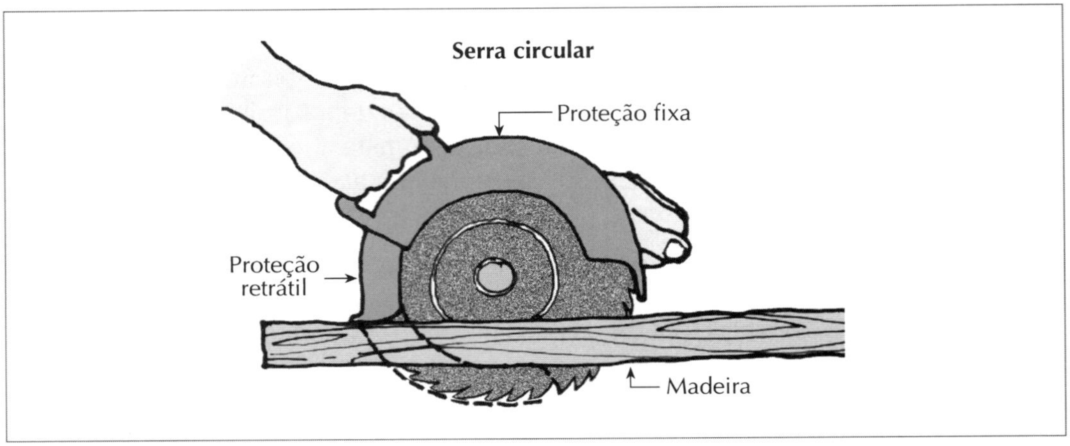

Figura 14.5
Exemplo de proteção para as mãos e os dedos.

eliminação de cantos vivos ou protuberâncias que podem causar lesões no caso de pancadas (ver outros detalhes no Capítulo 11).

Isolar a máquina — Máquinas perigosas e que não precisem ter contatos freqüentes com o homem devem ser isoladas em salas ou cubículos fechados, por meio de uma grade protetora ou um alambrado. Assim se evitam os contatos daqueles que desconheçam o perigo que elas representam. Os alambrados ou parapeitos devem ter uma altura mínima de 2 m ou serem afastados de pelo menos 1 m da máquina, para que fiquem fora de alcance das pessoas (Figura 14.10). Exemplos típicos são os compressores de ar, cuja ligação com os pontos de uso pode ser feita com mangueiras ou tubulações. Nesse caso, ele pode ser instalado no lado externo, usando a própria parede como elemento isolante.

Isolar a parte perigosa da máquina — Quando não for possível isolar a máquina por inteiro, deve-se isolar pelo menos aquelas partes perigosas e que não exijam contato permanente com o operador. Esse princípio é particularmente aplicável aos pontos de geração e transmissão de movimentos. Em geral, todos os pontos perigosos de transmissão que fiquem até a altura de 2,10 m a partir do piso, devem ser isolados por telas ou grades protetoras de malha fina, que não permitam a introdução dos dedos. Para isolar os pontos de operação, a abertura máxima recomendada, para não permitir a introdução de dedos é de 6 mm, e a barreira protetora deve estar a pelo menos 40 mm de distância.

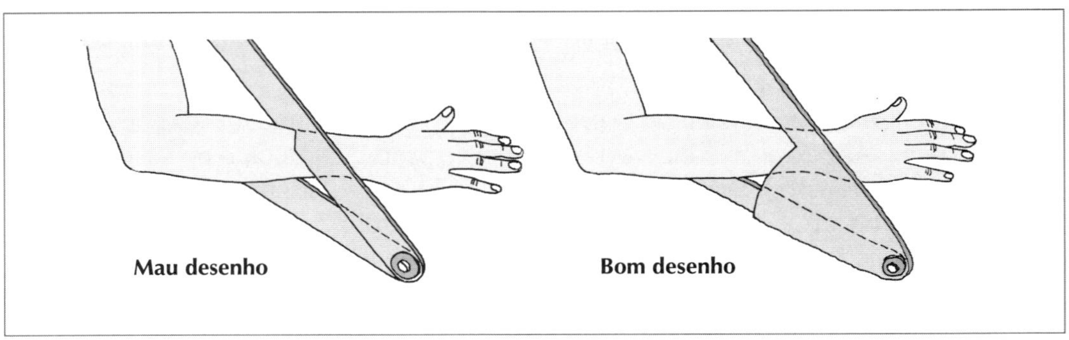

Figura 14.6
Exemplo de desenho de máquina destinado a previnir acidentes.

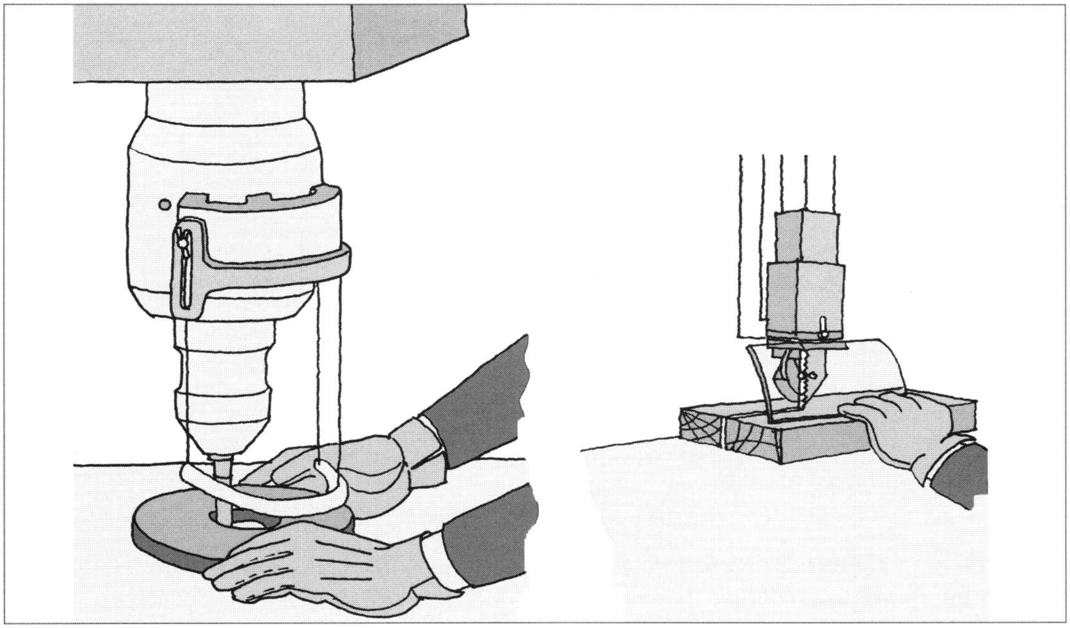

Figura 14.7
As proteções transparentes permitem visualizar a operação em andamento (OIT, 2001).

Proteger as partes perigosas das máquinas — Quando os pontos de operação da máquina não podem ser isolados, devem ser protegidos por dispositivos especiais como bocais, grades ou guardas protetoras. Estes diferem do isolamento porque permitem acesso para a colocação e a retirada de peças, mas as mãos do operador devem ser mantidas a distâncias seguras. Isso ocorre na operação das prensas e guilhotinas, que oferecem sérios perigos à mutilação dos dedos e mãos, se não tiverem guardas protetoras que se fechem durante a operação (Figura 14.7 e 14.8). Em outros casos, essa guarda está aclopada ao pedal que aciona a prensa, de modo que, ao acionar o pedal, a guarda desce automaticamente.

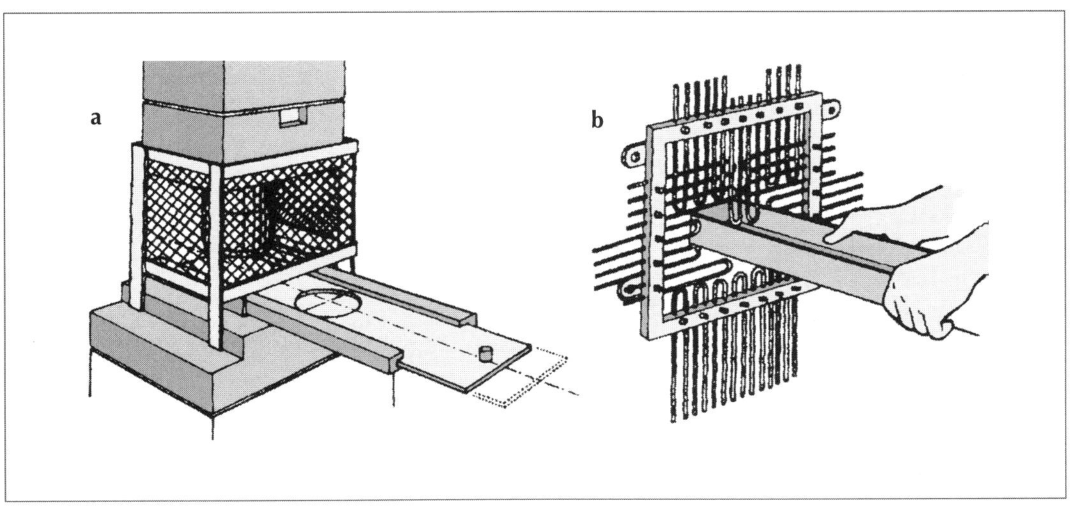

Figura 14.8
Proteção para partes perigosas da máquina.
a) Alimentador deslizante para prensa.
b) Guarda com abertura regulável para prensa (OIT, 2001).

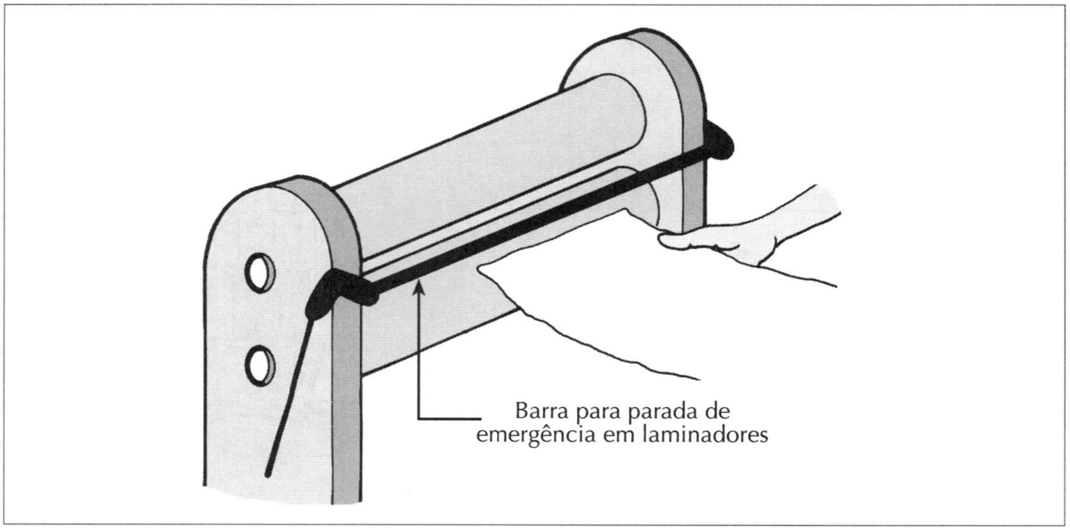

Figura 14.9 Exemplo de dispositivo mecânico para paralisar a máquina em caso de perigo. Quando a mão se esbarra na barra de proteção, a máquina se desliga automaticamente.

Interromper o funcionamento da máquina — Numa situação de emergência, a máquina pode ser freada ou desligada por meio de um dispositivo mecânico, como um cabo de aço, barras ou alavancas (Figura 14.9). Esses dispositivos, usados em laminadoras, prensas e tesouras, destinam-se a paralizar a máquina quando as mãos ou braços estiverem a perigo, e devem ser acionados por outra parte do corpo como o punho, joelho, cabeça ou pés. O sistema pode ser acionado também por uma célula fotoelétrica, que paralisa automaticamente a máquina, quando a mão ou outro objeto estranho invadir a área perigosa.

Afastar o operador da área perigosa — A forma mais simples é colocar a máquina ou sua parte perigosa fora do alcance do operador construindo-se uma barreira física entre eles (Figura 14.10).

Figura 14.10 Exemplos de distâncias seguras do ponto de perigo (DIN 31001).

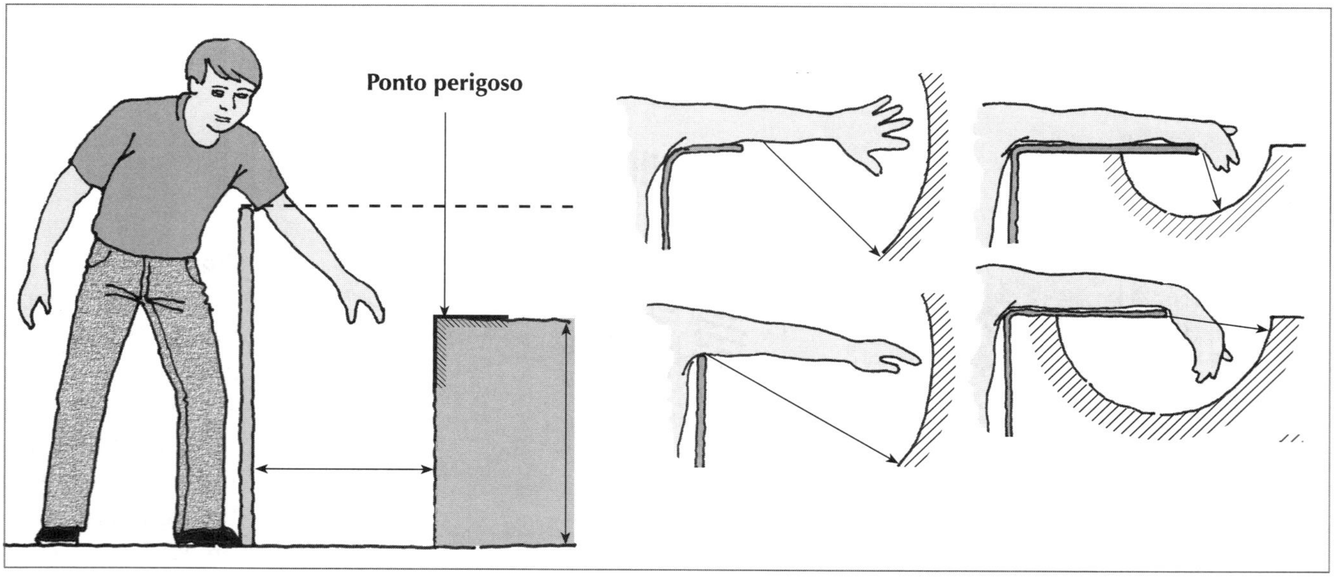

Figura 14.11 Exemplos de comando bi-manual para manter as duas mãos ocupadas durante a operação de uma máquina perigosa.

Quando isso não for possível, as mãos do operador devem ser retiradas da zona perigosa por algum dispositivo mecânico ou mantidas a uma distância segura durante a operação. É o caso, por exemplo, do dispositivo de arraste, que se move mecanicamente, acoplado ao êmbolo da prensa e faz a "varredura" da área perigosa.

Outro tipo é o dispositivo afastador de mãos, que consiste de um cabo de aço amarrado ao pulso ou luvas do operador e que puxa as suas mãos para fora da área perigosa, antes da prensa bater. O comando duplo também tem função semelhante (Figura 14.11). Consiste de dois botões ligados eletricamente ou duas alavancas, que devem ser acionadas simultaneamente, para manter as duas mãos ocupadas, fora da área de perigo. Esses comandos duplos devem ser separados, pelo menos 50 cm entre si, para evitar que sejam operados com uma só mão e o antebraço. Se ficarem mais próximos, devem ter um anteparo separando-os ou terem uma moldura protetora, para evitar o acionamento com o antebraço.

Usar ferramentas especiais — Uma forma de afastar as mãos dos pontos perigosos de operação é pelo uso de ferramentas especiais para colocar ou retirar peças do ponto de operação. Existem muitos tipos de alicates, pinças e alongadores (Figura 14.12) para essa finalidade. Algumas dessas ferramentas são dotadas de imãs ou borrachas de sucção para que as peças possam ser "grudadas" mediante um simples contato superficial.

Usar equipamentos de proteção individual — As partes do corpo com maiores riscos de acidentes podem ser protegidas com os equipamentos de proteção individual (EPI), como luvas, botas, capacetes e óculos. Existem EPIs como protetores auriculares e máscaras (Figura 14.13) para proteger-se das condições ambientais adversas. Diversos EPI também são usados em atividades não-industriais, como na prática de esportes (joelheiras, caneleiras); policiais (coletes à prova de balas); saúde (aventais, luvas, máscaras) e transportes (cintos de segurança, capacetes).

Os EPIs geralmente são incômodos e interferem no desempenho. Um protetor auricular, por exemplo, pode proteger o trabalhador contra os ruídos excessivos, mas também dificulta as comunicações. As máscaras dificultam a respiração. As luvas difi-

Figura 14.12
Uso de ferramentas especiais para afastar as mãos da área de perigo.

cultam o movimento dos dedos e tiram a sua sensibilidade. Os óculos ficam freqüentemente sujos quando recebem respingos. Além disso, alguns EPIs apresentam uma falsa segurança: os filtros eficazes para poeiras não funcionam para os gases.

Observa-se também que muitos EPIs não são eficazes para as mulheres, porque são fabricados apenas nas dimensões para homens, como as luvas que ficam folgadas ou máscaras que deixam entrar gases pelos lados, quando usadas pelas mulheres.

Portanto, os EPIs devem ser considerados como a última "trincheira" na defesa dos trabalhadores, para serem usados somente nos casos em que outros recursos são impraticáveis ou muito dispendiosos. Além disso, pode haver uma transferência de responsabilidade, da empresa para o trabalhador. A empresa, em vez de tomar medidas sistemáticas, mais efetivas para proteger o trabalhador, pode simplesmente acusá-lo de desleixo, na explicação de uma acidente.

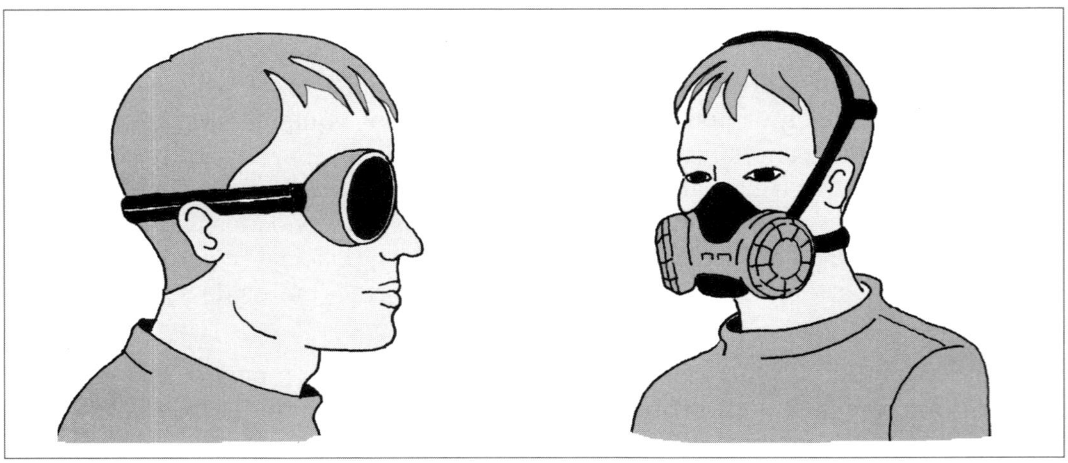

Figura 14.13
Exemplos de equipamentos de proteção individual.

Ressalta-se, finalmente que o hábito de tomar leite nos casos de intoxicação também é uma falsa proteção, porque não há evidências de sua eficácia nesses casos. Ele só apresenta a vantagem de ser um bom alimento.

Prevenção das quedas

As quedas estão entre os acidentes mais significativos, que ocorrem fora da operação de máquinas. Elas representam a principal fonte de acidentes em ambientes domésticos, principalmente para crianças e idosos. As seguintes medidas são recomendadas para prevenir as quedas:

- Evitar desníveis no piso, principalmente aqueles menores de 10 cm;
- Sinalizar os desníveis com faixas anti-derrapantes;
- Não deixar objetos que possam obstruir as passagens e corredores;
- Remover as instalações de fios elétricos, cabos telefônicos ou outros obstáculos no piso;
- Não usar pisos muito lisos e encerados, principalmente em locais sujeito a chuvas;
- Limpar imediatamente os pisos molhados ou sujos de óleo ou graxa;
- Melhorar a iluminação de escadas e desníveis; e
- Colocar corrimão nas escadas e desníveis.

Em locais onde forem constatadas quedas freqüentes, os pisos devem ser substituídos por materiais anti-derrapantes.

14.4 Projeto de produtos seguros

Já vimos, na página 317, que os produtos se classificam em bens de capital e bens de consumo. Os produtos abordados no tópico anterior foram quase todos de bens de capital. Nesta seção, vamos examinar os acidentes envolvendo os produtos de consumo.

Os acidentes, durante o uso de produtos de consumo, são bastante freqüentes. Ao contrário dos bens de capital, os seus usuários não foram treinados para o uso dos mesmos. A faixa de usuários é bastante ampla, podendo incluir crianças, idosos, canhotos e analfabetos. Além do mais são freqüentes os usos não-formais do produto: uso da faca como chave de fenda, tesoura como martelo, banquinho como escada. Além desse mau uso, contribuem para os acidentes, o mau design e os defeitos de fabricação.

Análise de acidentes com produtos

As pessoas acidentadas durante o uso de produtos costumam recorrer aos médicos e pronto-socorros. Entretanto, os registros que se encontram nesses lugares são muito genéricos e não fornecem informações detalhadas de como ocorreram esses acidentes. Em conseqüência, são pouco úteis para orientar um trabalho de redesenho, visando eliminar as causas desses acidentes.

Kanis e Weegefls (1990) desenvolveram uma metodologia para coletar dados sobre acidentes, envolvendo vários produtos de consumo existentes. Os pesquisadores visitaram as pessoas vitimadas, nos próprios locais onde ocorreram os acidentes. Essas visitas eram agendadas o mais rápido possível, logo após a ocorrência dos respectivos acidentes. O acidente era "reconstruído", com a vítima fazendo uso simulado do mesmo produto causador daquele.

Essa reconstrução ocorria no mesmo "cenário" do acidente, sendo registrado em vídeo. A vítima podia apresentar a sua versão sobre o acidente. Depois era feita uma entrevista aberta, usando-se uma lista de perguntas. Ao final da entrevista, os pontos importantes eram recapturados e só então seguia-se uma discussão sobre os detalhes do produto envolvido. Adicionalmente, eram feitas as medidas antropométricas da vítima.

Ao longo de um ano, foram feitas descrições sobre 12 acidentes, incluindo:

- Cortes provocados por facas, descascadores de batatas e fatiadores de queijo;
- Queimaduras provocadas por fogões e ferros de passar;
- Quedas, devido à ruptura da mesinha aclopada à cadeira de criança, quando foi utilizada como escada;
- Contusão provocada no queixo por um aparelho de ginástica para os braços, quando escapou de uma das mãos;

As informações coletadas foram submetidas a um grupo de *designers*. Eles observaram que certas características, como o corte afiado das facas são inerentes ao produto, e, portanto, difíceis de corrigir. Entretanto, no caso da cadeira de criança, observaram que o produto aparentava uma resistência maior do que tinha, na realidade. No caso do aparelho de ginástica, seria possível melhorar a pega para evitar que se escape das mãos.

Eles concluíram que muitos acidentes eram devidos às percepções erradas, **induzidas** pelos produtos. Os consumidores julgavam que os produtos tinham determinadas qualidades e, na realidade, isso não acontecia. Eles sugeriram que essa percepção poderia ser melhorada, se os produtos não escamoteassem certos detalhes construtivos.

Como observação final, os designers consideraram que as descrições dos acidentes eram importantes principalmente para mostrar as diferentes formas de uso do produto e na identificação das situações de risco. As descrições detalhadas dos acidentes forneceram diversas "inspirações" para a melhoria do produto, a fim de evitar os futuros acidentes.

Em situações de trabalho, a maioria das lesões ocorre com o uso de ferramentas manuais como facas, martelos, alicates, pás e outros. As ferramentas elétricas que provocam mais acidentes são as serras, furadeiras, esmeris, grampeadores e aparelhos de solda.

Muitas lesões podem ser prevenidas pelo projeto adequado das ferramentas, limitando-se a potência das mesmas, providenciando-se dispositivos de segurança e melhorando a pega. A maioria dessas lesões ocorre quando o trabalhador adota uma postura inadequada, ou deve fazer uma força repentina ou um movimento brusco para controlar a ferramenta (ver mais detalhes no Capítulo 8).

Projeto de produtos seguros

No mundo atual, os consumidores estão cada vez mais informados e exigentes. Em muitos países, existem diversos tipos de normas e leis para garantir os seus direitos. Diante disso, algumas empresas resolveram investir na segurança dos seus produtos, baseando-se em dois pontos. Primeiro, na identificação de situações perigosas, que poderiam resultar em acidentes; e, segundo, na busca de soluções práticas para prevenir esses acidentes.

A Universidade de Delft, Holanda, desenvolveu um método para o projeto de produtos seguros (Figura 14.14), baseado em 5 etapas (Schoone-Harmsen, 1990):

Etapa 1. Descrição de possíveis acidentes — As empresas podem obter dados relacionados a acidentes com uso de seus produtos através das SAC (Serviço de Atendimento ao Consumidor) ou serviços de manutenção. No caso de um produto novo, podem ser analisados outros produtos semelhantes já existentes no mercado. A partir disso, pode-se fazer uma descrição dos possíveis acidentes envolvendo o produto.

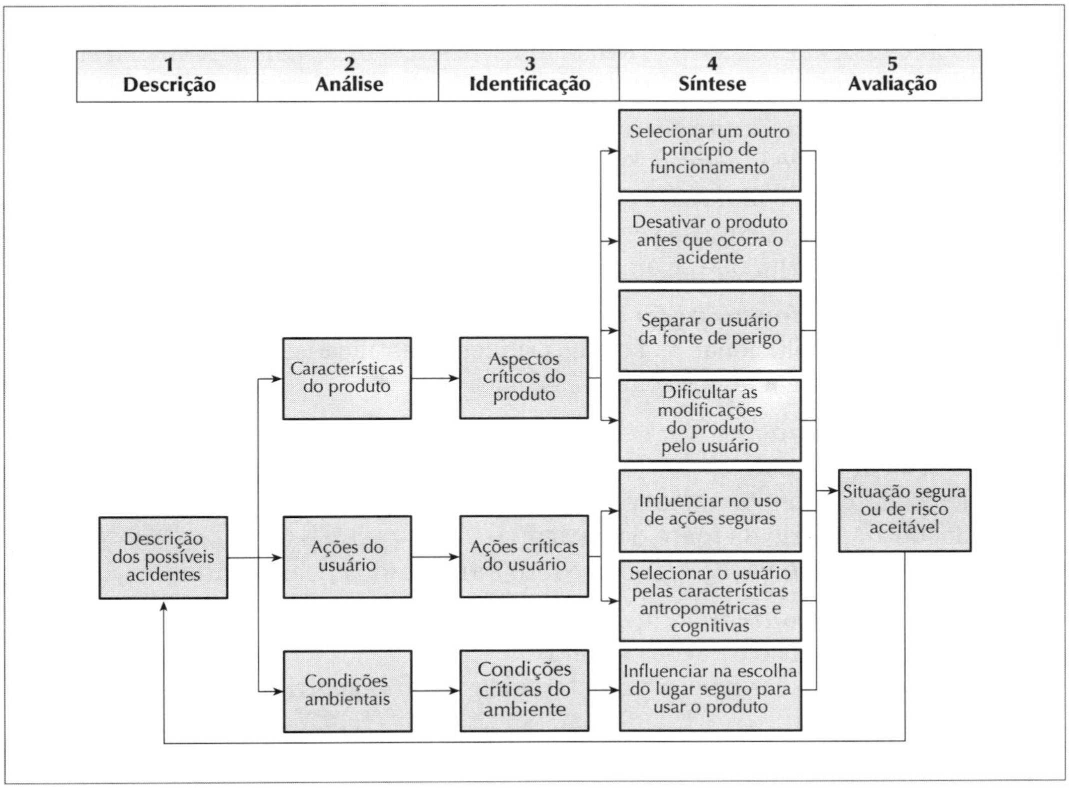

Figura 14.14 Metodologia para projeto de produtos seguros (Schoone-Harmsen, 1990).

Etapa 2. Análise do problema — O produto deve ser analisado quanto ao projeto, ações do usuário e situações de uso em diversas fases, como as ações que precedem o uso, durante o uso e aquelas posteriores do uso, como a limpeza e armazenamento. Para isso, pode-se usar uma matriz (ver Tabela 14.1), respondendo a perguntas como: Quais são as ações necessárias para operar o produto? Quais são as características que facilitam ou atrapalham a sua limpeza? Como se faz a reposição das peças? Como se guarda o produto? As respostas a essas questões podem ser obtidas com entrevistas de usuários ou com um grupo de foco (ver página 55).

TABELA 14.1
Matriz para analisar a segurança do produto

Etapas do uso	Fatores relevantes		
	Projeto do produto	Ações do usuário	Situações de uso
Preparação para uso			Difícil de posicionar
Durante o uso		Exigência de controle muscular	Não se adapta para canhotos
Limpeza	Material enferruja Cantos sem acesso		
Manutenção/refil	Perde o corte	Difícil de afiar	
Armazenamento/ guarda		Pontas salientes	

Etapa 3. Identificação de fatores críticos — Após a análise, pode-se selecionar alguns fatores críticos, considerados como possíveis causas de acidentes. Os projetistas devem atuar sobre esses fatores, modificando as características dos produtos para torná-los mais seguros. Nessa etapa, devem ser listados todos os fatores considerados críticos, para que sejam elaboradas as alternativas de menores riscos.

Etapa 4. Síntese, formulação da solução — Nessa etapa são elaboradas as alternativas para solucionar os fatores críticos, identificados na etapa anterior. Estas geralmente recaem nos seguintes casos:

Corrigir uma característica crítica do produto
- Selecionar um outro princípio de funcionamento;
- Desativar o produto antes que ocorra um acidente;
- Afastar o usuário da fonte de perigo;
- Dificultar as modificações do produto introduzidos pelo usuário.

Corrigir ou prevenir uma ação crítica do usuário
- Influenciar no uso de ações seguras;
- Selecionar o usuário pelas características antropométricas e cognitivas.

Corrigir ou prevenir uma condição crítica do ambiente
- Influenciar na escolha do lugar seguro para usar o produto.

Naturalmente, esta lista é só um lembrete. A busca de uma solução adequada poderá envolver muitas pesquisas e experimentações.

Etapa 5. Avaliação da solução — Para avaliar a solução proposta podem ser definidos alguns critérios como: segurança, facilidade de uso, durabilidade, facilidade de limpeza, custos, viabilidade técnica e assim por diante. Para cada tipo de produto pode haver um elenco desses critérios. Eles devem ser ordenados pela importância relativa de cada um, a fim de se estabelecer prioridades. Contudo, os aspectos relacionados à segurança devem ser sempre destacados. Na seleção de alternativas, podem ser estabelecidos critérios de ponderação, para se atribuir valores quantitativos (pontos) a cada alternativa (ver seção 11.4).

Exemplo de aplicação

Para aplicar o método proposto é necessário que o projetista tenha alguma experiência na análise de acidentes e na conversão dos seus requisitos em características do produto.

Schoone-Harmsen (1990) apresenta um exemplo de análise e redesenho de uma pequena bomba de ar, acionada a pedal (Figura 14.15 –a). Essa bomba é de uso doméstico e serve para encher pneus de carros, bicicletas e bóias. Observando-se como esse produto é usado e guardado, verificou-se que havia uma mola no interior do pistão, com uma certa resistência, que era compatível com as forças da perna. Entretanto, ela deveria ser premida também na hora de guardá-la, colocando-se o pedal próximo da base. Essa posição era mantida com um gancho. Isso foi considerado como uma possível fonte de acidente, pois a mola do pistão era muito forte e o gancho poderia desprender-se acidentalmente, provocando um solavanco. Para solucionar esse problema, foram geradas três alternativas:

- Trocar a mola, por uma outra mais fraca;
- Reduzir o tamanho da bomba, de modo que não houvesse necessidade de comprimi-la na hora de guardar; e
- Desconectar o cilindro, de modo que não seja necessário comprimi-la para guardar.

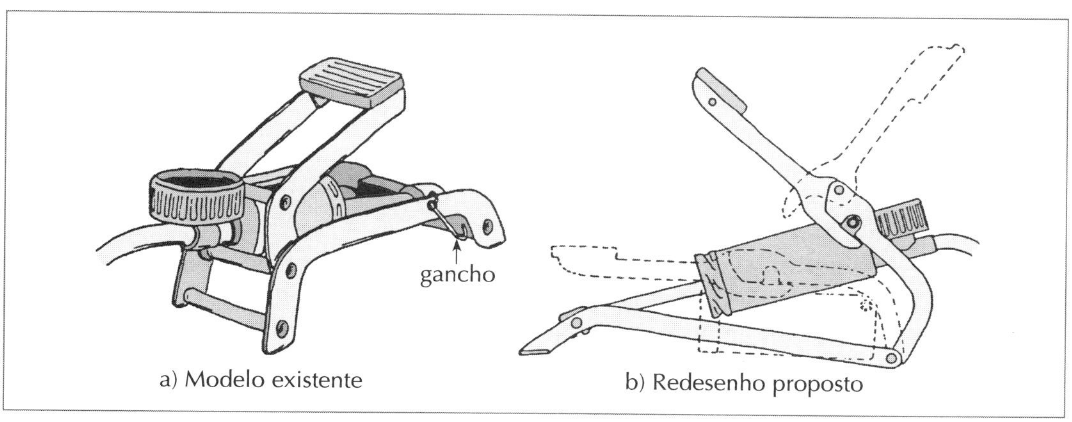

Figura 14.15 Proposta para redesenho de uma bomba de ar movido a pedal (Schoone-Harmsen, 1990).

A primeira alternativa foi considerada inadequada, pois o retorno do cilindro seria lento e isso prejudicaria o desempenho do produto. A segunda, envolveria muitas mudanças e o seu desempenho também seria prejudicado, pois aumentaria o número de bombeamentos. A última alternativa foi considerada a mais viável, por envolver poucas mudanças do produto, sem prejuízo do seu desempenho. A Figura 14.15-b apresenta um desenho esquemático da solução proposta.

14.5 Implementação da segurança no trabalho

Algumas empresas conseguiram resultados significativos na redução dos acidentes, adotando-se um programa a longo prazo. Isso inclui uma decisão da administração superior, como uma política da empresa, o envolvimento de todos os escalões, e a execução sistemática de diversas atividades.

Programa de segurança do trabalho

O programa de segurança do trabalho deve ter existência formal, baseando-se em documentos escritos, que façam parte da política geral da empresa. Também é importante que haja recursos especialmente destinados à sua implementação, para que os seus responsáveis tenham uma certa autonomia de ação e rapidez nas decisões, sem depender de mecanismos complicados e burocratizados de decisão. Esse programa deve incluir as seguintes etapas:

Comprometer a administração superior da empresa — Isso inclui a tomada de decisões estratégicas e a alocação dos recursos necessários, com uma fixação clara dos objetivos e metas a serem alcançadas. Deve haver também um sistema de acompanhamento e "cobrança" dos resultados, através de relatórios periódicos (mensais).

Criar uma unidade responsável pela implementação — Deve haver um grupo responsável pela implementação do programa, podendo ser subdividido em várias atividades, como segurança interna, projeto de produtos seguros, realização de avaliação e testes e assim por diante. Esse grupo deve responsabilizar-se também pelas investigações dos acidentes e elaboração de análises, estatísticas e relatórios.

Envolver todos os escalões administrativos e de trabalhadores — Para isso, o grupo responsável deve realizar freqüentes reuniões, palestras e outros eventos, a fim de promover esse envolvimento.

Implementação do programa

O "espírito" de segurança deve perpassar por toda a organização, desde a alta administração, até o funcionário mais simples. Isso significa dizer que os administradores deverão demonstrar apoio ao programa, dirigindo-se aos empregados para falar sobre as condições de trabalho e problemas de segurança, o que pode ser feito em reuniões ou encontros formais, mas é mais eficiente num ambiente informal.

A média administração deverá ter um envolvimento mais direto, participando de reuniões mensais ou até semanais, para efeito de planejamento, acompanhamento e avaliação das atividades desenvolvidas pelo programa. Essas reuniões poderão incluir representantes dos trabalhadores, para que eles apresentem as opiniões ou reivindicações da classe. É importante que essas atividades ocorram de forma regular e sistemática e não apenas em situações emergenciais ou após um acidente.

As pesquisas demonstram também que as organizações mais democráticas que estimulam a **participação** dos trabalhadores nas decisões podem aumentar a motivação dos mesmos, concorrendo para reduzir os acidentes e reforçando as atitudes seguras. Inclusive, podem-se atribuir prêmios e vantagens aos trabalhadores que tenham se destacado na prevenção de acidentes. O reverso da medalha, ou seja, organizações autoritárias, que usam punição para castigar os elementos que cometem falhas, apresentam pior desempenho quanto à ocorrência de acidentes.

Um fator motivacional importante é a comunicação entre vários níveis da organização (alta administração, média administração, trabalhadores), aumentando a participação de todos nos assuntos relacionados com a segurança. Com isso, pode-se construir uma atitude receptiva quanto aos objetivos e metas do programa de segurança. As comunicações informais são ainda mais motivadoras e fornecem informações mais confiáveis para o relato de acidentes.

Cipa

No Brasil, a Norma Regulamentadora nº 5 (1999) exige a organização da Comissão Interna de Prevenção de Acidentes – CIPA, em todos os estabelecimentos com mais de 20 empregados. A Cipa é composta de representantes da empresa e dos empregados. Estes últimos são eleitos pelos empregados. O número de elementos dessa Comissão depende do número total de empregados e do setor de atuação da empresa. Por exemplo, para o setor de equipamentos, máquinas e ferramentas, deve haver 1 representante eleito para empresas até 50 empregados, 2 até 100, 3 até 120, 4 até 300 e assim sucessivamente. A Cipa deve reunir-se pelo menos 1 vez por mês ou sempre que houver um acidente, podendo atuar preventivamente ou corretivamente, assessorando a empresa na tomada das medidas necessárias.

Acompanhamento da segurança

O acompanhamento da segurança pode ser feito por meio de inspeções periódicas aos principais postos de trabalho, podendo usar questionários ou *check-lists* para fazer as verificações. Se houver um acidente, deve ser preparado um relatório minucioso, descrevendo o tipo de acidente, a lesão causada e as condições do local onde ocorreu o acidente, verificando, principalmente se houve algum desvio, em relação às condições normais de operação.

Se for constatada a ocorrência de alguma condição insegura no posto de trabalho ou equipamento envolvidos, deve-se fazer um relatório com recomendações, dirigidas aos engenheiros e *designers* responsáveis pelo projeto, para que o problema seja resolvido.

Para acompanhamentos globais, destinados à alta administração, devem ser construídos dois índices: o coeficiente de freqüência e o de gravidade.

Coeficiente de freqüência — Expressa o número de acidentes ocorridos com perda de tempo em relação a 10^6 (um milhão) de horas trabalhadas, contabilizando-se todos os trabalhadores da empresa. Por exemplo, se forem constatadas, em um determinado mês, 10 acidentes em 200 000 horas trabalhadas, o coeficiente de freqüência será:

$$CF = \frac{10}{200\ 000} \times 1\ 000\ 000 = 50$$

Coeficiente de gravidade — O coeficiente de gravidade representa a perda de tempo com os acidentes, em número de dias, ocorridos em um milhão de horas trabalhadas. Difere do coeficiente de freqüência, que indica apenas a quantidade de acidentes. Assim, em um certo mês, se ocorrerem 10 acidentes, que provoquem um total de 200 dias perdidos, em um total de 200 000 horas trabalhadas, o coeficiente de gravidade será:

$$CG = \frac{200}{200\ 000} \times 1\ 000\ 000 = 1\ 000$$

Esses dois coeficientes servem como indicadores gerais da situação de acidentes em uma empresa. Podem ser elaborados gráficos desses coeficientes, mostrando suas tendências nos últimos 12 meses, atualizados mensalmente, para o acompanhamento da alta administração (ver Figura 14.16).

Implantação de práticas seguras

Para implantar práticas seguras no trabalho, é necessário, em primeiro lugar, identificar as situações de risco. Isso pode ser feito examinando-se os relatórios de acidentes. Contudo, estes podem ser muito falhos por registrarem apenas os casos mais graves e aqueles que implicaram em lesões dos trabalhadores.

Outra fonte de informações são os próprios trabalhadores e seus superiores imediatos. O levantamento pode ser feito através de questionários, desde que a linguagem usada seja apropriada. Mas estes provocam certa desconfiança dos trabalhadores. Para superar essas limitações, é melhor fazer observações e entrevistas diretas, baseando-se em fatos reais, evitando-se as opiniões ou suposições pessoais. Quando forem identificadas todas as situações de risco, estas podem ser classificadas de acordo com a gravidade e freqüência da ocorrência, para se estabelecer as prioridades de tratamento.

A etapa seguinte é a desenvolver práticas seguras de trabalho a serem transmitidas aos trabalhadores. Muitas vezes, a própria observação do trabalho pode indicar a existência de uma prática mais segura e, em outros casos, esta precisa ser desenvolvida, e pode envolver a mudança de ferramentas, pequenas modificações do local de trabalho ou uso de equipamentos de proteção individual. A prática segura no trabalho depende das seguintes atividades.

Descobrir as condições inseguras — As condições inseguras devem ser descobertas por pessoas especializadas ou pelos próprios trabalhadores, desde que estes recebam um treinamento especial para reconhecer essas condições. Uma vez identificadas essas condições, devem ser feitas comunicações a todos os trabalhadores para que fiquem alertas e tomem os devidos cuidados.

Adotar práticas seguras — O conhecimento das condições inseguras facilita o trabalhador a adotar práticas seguras no trabalho. Em caso de perigo difuso, deve-se usar algum tipo de EPI. Se houver perigo extremo ou desastre iminente, o trabalhador deve adotar comportamentos emergenciais, como cortar a fonte de energia, desligar a máquina, disparar o alarme ou sair correndo.

Conservar e manter limpo — A conservação, consertando os equipamentos danificados, e a limpeza, ajudam a prevenir as situações de perigo e motivam o trabalhador a adotar práticas seguras. Objetos ou sujeiras espalhadas no chão podem ser fontes de tropeços e quedas, além de "atraírem" mais sujeira. A aplicação do 5 – S pode ser útil para isso (ver tópico seguinte).

Primeiros socorros — Como conhecimento suplementar, os trabalhadores devem aprender algumas práticas de primeiros socorros, para ajudar imediatamente os colegas acidentados, enquanto se aguarda a chegada de uma assistência mais especializada. Certas práticas como a massagem cardíaca e a respiração boca-a-boca podem salvar vidas. Contudo, se houver suspeita de fraturas ósseas, principalmente da coluna vertebral, a remoção do acidentado deve ser feita por especialistas.

A prática do 5 – S

"5 – S" é uma prática bastante simples, barata e eficiente para manter os locais de trabalho limpos, arrumados e saudáveis, para reduzir os riscos de acidentes. Essa sigla que tem origem em cinco palavras japonesas (todas começando com **s**), que podem ser traduzidas por: ordenação, arrumação, limpeza, higiene e auto-disciplina.

Ordenação — Os utensílios, materiais e equipamentos necessários ao trabalho devem ser separados e classificados por tipo e tamanho. Isso inclui também as informações e dados necessários a cada trabalho. Somente aqueles necessários devem estar no local do trabalho.

Arrumação — Deve haver um lugar certo para guardar cada tipo de objeto, adotando-se algum princípio ou método de arrumação. Cada objeto deve ter um lugar certo, de modo que seja facilmente encontrado, quando necessário. Isso inclui também os arquivos de papéis e as informações eletrônicas.

Limpeza — A área de trabalho deve ser mantida limpa e desimpedida, sem acúmulo de entulhos desnecessários, retirando-se as sujeiras e lavando-se aquilo que for lavável. Isso inclui também o uso de apenas aquelas matérias-primas, informações e dados necessários em cada tarefa.

Higiene — A área de trabalho deve ter boas condições higiênicas e sanitárias, incluindo iluminação, ruídos, temperatura ambiental, poluição atmosférica e outros. Essas condições devem ser favoráveis à saúde física e mental.

Auto-disciplina — Deve-se criar o hábito de observar as recomendações, preceitos e normas, com exercício do auto-controle e auto-direção, tendo iniciativa para propor e executar ações cabíveis. (Exemplo: colocar o lixo no cesto, catar objetos caídos).

O 5 – S ajuda a desenvolver práticas seguras no trabalho, para que os riscos sejam evitados. Os benefícios imediatos do 5 – S são a melhoria do ambiente de trabalho, uso eficiente do tempo, melhor aproveitamento de materiais, prevenção de acidentes e aumento da produtividade. Varrer o chão sujo e jogar no lixo tudo que é inútil pode ser um bom começo. Pode-se instituir um "dia do 5 – S" quando todos "arregaçam as mangas" para remover as sujeiras e coisas inúteis do seu local de trabalho.

Treinamento em segurança

O treinamento em segurança visa transmitir as práticas seguras no trabalho, desenvolvendo a capacidade de reconhecer as condições inseguras e criando habilidade para evitar os acidentes. No caso da ocorrência de acidentes, o trabalhador deve saber como proceder, comunicando imediatamente o fato aos seus superiores ou acionando a chamada de profissionais especializados (bombeiros, médicos). Se for o caso, ele próprio pode prestar os primeiros socorros ao colega acidentado.

Existem várias modalidades de treinamento em segurança. Aquela mais simples é o que ocorre no próprio local de trabalho (*on-the-job training*), onde um trabalhador mais experiente ou o supervisor treina o novato. Esse treinamento tem a vantagem de ser feito nas condições reais de trabalho, mas também tem a desvantagem de não ser um método sistemático e, além disso, alguns trabalhadores e supervisores não têm habilidade ou entusiasmo para transmitir as suas experiências.

Um outro tipo de treinamento mais efetivo é o que consiste de **aulas**, apresentadas por especialistas. Essas aulas devem ser realizadas em sessões diárias de 30 minutos, para não interferir muito na rotina do trabalho. Cada turma deve ter um máximo de 15 alunos, para facilitar a manifestação individual de cada participante. As aulas devem ser sempre complementadas com filmes, vídeos, discussão de casos e visitas aos locais de trabalho, com o instrutor mostrando *in loco* as fontes de perigo.

O treinamento, por si só, não é suficiente para se garantir um comportamento seguro dos trabalhadores. Ele deve ser complementado com programas de valorização, recompensas e prêmios, visando **reforçar** o comportamento seguro. O treinamento também pode contar ponto para promoções. Um treinamento realizado dessa forma conseguiu aumentar, de 35 para 95%, as práticas seguras, durante um programa com 9 semanas de duração.

Estudo de caso — Programa global de segurança

A empresa química Dupont (Griffits, 1985), em função do elevado índice de acidentes observado em suas fábricas, resolveu instituir um programa global de segurança.

Para isso, houve uma decisão inicial da alta administração da empresa. Depois foram envolvidos sucessivamente outros setores como: produção, *marketing*, pessoal e qualidade. Esse programa foi baseado nos seguintes princípios:

- *Todos os acidentes podem ser evitados* — Se os acidentes forem aceitos como uma fatalidade, eles continuarão a ocorrer. Se, ao contrário, forem considerados como aberrações, algo deverá ser feito para que não ocorram ou não se repitam.
- *Segurança é uma responsabilidade da alta administração* — A segurança faz parte das responsabilidades da alta administração e não pode ser delegada aos escalões inferiores. É ela que deve estabelecer os objetivos, providenciar recursos e exercer o controle do programa de segurança.
- *A segurança deve fazer parte de todos os trabalhos* — A segurança deve estar incluída entre as preocupações contínuas dos trabalhadores, assim como a produtividade, qualidade e custos.
- *Os chefes são responsáveis pela segurança dos seus subordinados* — Os supervisores de linha, assim como os chefes de outros níveis, devem responsabilizar-se pela segurança dos trabalhadores sob seu comando, garantindo a adoção de práticas seguras no trabalho.

Esses princípios foram aplicados na formulação de um programa de segurança para todos os níveis da empresa, baseando-se nas seguintes etapas:

Etapa 1. Definição da política de segurança — Os objetivos do programa foram estabelecidos de uma forma objetiva e clara, definindo-se as metas e os recursos a serem aplicados no programa. Foram definidas também as atividades a serem desenvolvidas com a aplicação desses recursos (treinamento de pessoal, aquisição de equipamentos, modificações do processo produtivo, introdução de procedimentos de controle).

Etapa 2. Planos setoriais de segurança — A política da empresa foi detalhada em níveis setoriais. Cada setor da empresa foi orientado a elaborar um plano anual de segurança para o seu respectivo setor. Esse plano deveria fixar os objetivos, as principais metas e prazos para atingi-los, descrevendo as medidas a serem adotadas para que essas metas fossem atingidas dentro dos prazos estabelecidos.

Etapa 3. Relatórios de incidentes — Todos os incidentes (quase-acidentes) que tenham causado perdas materiais ou ferimentos ou que possam vir a causá-las, deviam ser relatados e investigados imediatamente. Esses relatos são essenciais para as medidas de prevenção de acidentes. Eles permitem atuar sobre as causas, antes que provoquem conseqüências maiores.

Etapa 4. Envolvimento dos trabalhadores — Os trabalhadores foram envolvidos através de programas de treinamento, revisão periódica dos procedimentos de operação, transporte de materiais e manutenção de máquinas. Cada um deveria participar dos grupos para discussão de assuntos ligados à segurança. Esse tipo de reunião em pequenos grupos é chamado de Círculo de Controle de Qualidade ou CCQ (ver página 529).

Etapa 5. Acompanhamento — A administração da empresa realizou o acompanhamento do programa, não apenas através de relatórios, mas também com a supervisão direta das atividades de treinamento, reuniões com os responsáveis e visitas periódicas aos diversos setores da empresa para verificar o cumprimento das normas de segurança.

A empresa empregava 33 000 pessoas, que trabalhavam com produtos químicos, totalizando cerca de 5 milhões horas trabalhadas por ano. Antes da introdução do programa ocorriam cerca de 120 acidentes por ano, com aproximadamente 3 000 dias perdidos. Isso resultava, respectivamente, coeficiente de freqüência = 24 e coeficiente de gravidade = 600. Esses índices vinham se mantendo constantes ao longo dos anos.

Com a introdução do programa e a adoção das medidas acima descritas, os efeitos começaram a aparecer no ano seguinte ao da implantação. Os índices começaram a cair e continuaram a reduzir-se, ano após ano. Ao cabo de seis anos de vigência do programa, o coeficiente de freqüência havia caído para 0,4, ou seja, apenas, 1,6% daquela marca anterior, e o coeficiente de gravidade chegou a 30, o que representava apenas 5% da marca anterior à introdução do programa (Figura 14.16).

Mesmo sem considerar o enorme sacrifício humano que é poupado, um programa desses pode ser facilmente justificado do ponto de vista econômico. Cada acidente, além dos prejuízos materiais e despesas com tratamentos médicos, provoca interrupções na produção e chama a atenção de outros trabalhadores. O tempo real perdido, na verdade, não envolve apenas aquele trabalhador acidentado, mas de todos os outros que interrompem o seu trabalho para socorrer o colega acidentado, ou simplesmente para saber o que aconteceu. Tudo isso, sem falar que um acidente contribui para diminuir o ânimo e o moral dos demais trabalhadores, provocando uma queda da produtividade. A longo prazo, pode afetar a motivação dos trabalhadores.

Assuntos correlatos

Deixamos de abordar aqui as questões da legislação e da normalização técnica, que são bastante extensos e podem ser consultados em obras mais especializadas.

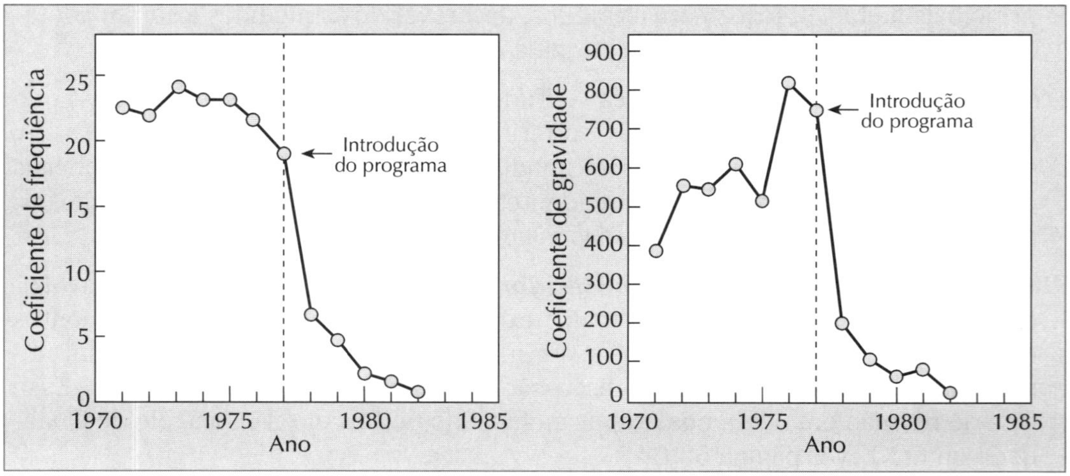

Figura 14.16 Evolução dos coeficientes de freqüência e de gravidade de acidentes antes e depois da introdução de um programa de segurança do trabalho (Griffits, 1985).

Conceitos introduzidos no capítulo 14

erro humano
violação
enfoque analítico
incidente crítico
quase-acidente
homeostase do risco
arvore de falhas
modelo fatorial
ponto perigoso
produto seguro
coeficiente de freqüência
coeficiente de gravidade
5-S
prática segura

Questões do capítulo 14

1. Que se entende por erro humano?
2. Diferencie erro de violação. Apresente exemplos.
3. Explique o enfoque analítico do erro.
4. O que é homeostase do risco?
5. Como se estruturam os modelos sequenciais?
6. Explique o método da árvore de causas.
7. Quais são as principais variáveis consideradas nos modelos fatoriais?
8. Explique e exemplifique pelo menos 3 medidas para melhorar a operação de máquinas.
9. Como se faz o projeto de produtos seguros?
10. Explique as principais etapas de um programa de segurança do trabalho.

Exercício

Descreva um acidente que você ou alguém de sua família tenha sofrido. Construa a árvore de causas do mesmo e faça uma análise fatorial desse acidente.

15. Ambiente: iluminação e cores

Quase todas as vidas animal e vegetal existentes no planeta dependem da luz solar. Ela governa as nossas vidas, estabelecendo os ritmos fisiológicos e o ciclo de atividades como acordar, dormir, comer e trabalhar. Além disso, ela tem um efeito benéfico sobre o organismo, melhorando a saúde e o humor.

Contudo, na vida moderna, o homem passou a depender cada vez mais de luzes e cores produzidas artificialmente, tanto no ambiente profissional, como no lar.

A lâmpada incandescente, inventada em 1878 por Thomas Edison (1847-1931), foi um dos inventos que mais contribuiu para aumentar a produtividade humana, tendo acrescido mais quatro horas diárias de vida ativa para a população mundial.

O correto planejamento da iluminação e das cores contribui para aumentar a satisfação no trabalho e melhorar a produtividade, além de reduzir a fadiga e os acidentes.

Este capítulo, juntamente com o Capítulo 16, apresenta os principais fatores ambientais que influem no desempenho do trabalho humano.

15.1 Fotometria

A fotometria realiza medidas da luz. Essas medidas são essenciais para o projeto e avaliação dos postos de trabalho.

Já vimos, na página 86, que o olho humano é sensível à luz com comprimentos de onda entre 400 nm (azul) a 750 nm (vermelha). A sensibilidade não é uniforme ao longo dessa faixa, atingindo o ponto máximo em torno de 550 nm (amarelo esverdeado). O olho adapta-se automaticamente a diferentes níveis de iluminamento. Há muitas diferenças individuais sobre preferências dos níveis de iluminamento no posto de trabalho. Além disso, as estimativas subjetivas desses níveis variam bastante.

As principais **unidades fotométricas** são a intensidade luminosa (I), o fluxo luminoso (F), iluminamento (E) e luminância (L). As definições delas aparecem na Tabela 15.1.

TABELA 15.1

Definição das principais variáveis usadas na iluminação

Variável	Unidade	Definição
(I) Intensidade luminosa	Candela (cd)	Luz emitida por uma fonte ou refletida em uma superfície iluminada
(F) Fluxo luminoso	Lúmen (lm)	Energia luminosa que flui a partir de uma fonte
(E) Iluminamento	Lux (lx) Lúmen/m²	Quantidade de luz que incide sobre uma superfície
(L) Luminância	Candela por m² (cd/m²)	Quantidade de luz emitida por uma superfície e percebida pelo olho humano
(R) Reflectância	(%)	Proporção da luz incidente refletida pela superfície

A unidade de intensidade luminosa chama-se candela (cd). Uma fonte luminosa emite fluxo de luz em todas as direções. À medida que se afasta da fonte, o fluxo luminoso vai se espalhando e perdendo a capacidade de iluminamento. O iluminamento é a luz que incide sobre uma superfície, e é medido em lux. A luminância de um objeto é a luz emitida ou refletida, que incide nos olhos.

Leis da iluminação

As leis da iluminação estabelecem relações matemáticas entre as seguintes grandezas físicas (Figura 15.1):

I – intensidade luminosa da fonte, em candelas;
F – fluxo luminoso, em lumens;
E – iluminamento, em lux;
L – luminância, em candela / m^2;
R – reflectância, em %;
S – superfície iluminada, em m^2;
D – distância entre a fonte e a superfície, em metros.

Lei do fluxo luminoso — O fluxo luminoso é igual ao iluminamento multiplicado pela área incidente.

$$F = E \times S = I \times 12{,}57$$

A constante 12,57 representa a área total de uma esfera (m^2) com 1 metro de raio, no centro da qual se situa a fonte luminosa de intensidade I.

Lei do iluminamento — O iluminamento é inversamente proporcional ao quadrado da distância entre a fonte luminosa e a superfície iluminada, multiplicada pelo cosseno do ângulo de incidência.

$$E = \frac{I \cdot \cos\alpha}{d^2}$$

Se os raios incidirem perpendicularmente à superfície iluminada, $\alpha = 0°$ ou seja, $\cos \alpha = 1$ e temos:

$$E = \frac{I}{d^2}$$

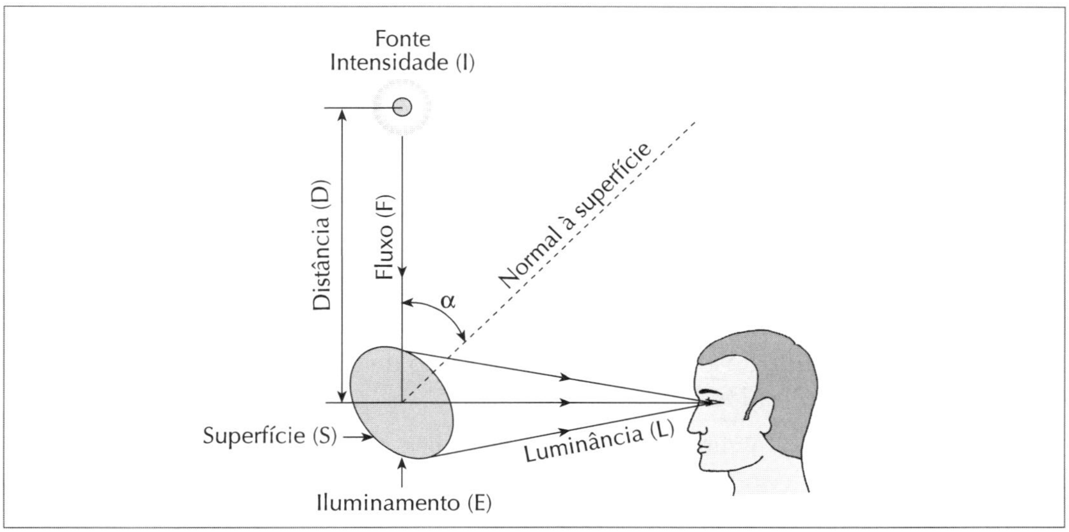

Figura 15.1 Grandezas físicas da iluminação.

Isso significa que o iluminamento de uma superfície diminui na razão quadrada da distância que a separa da fonte.

O iluminamento de 1 lux ou 1 lumen/m² corresponde a uma fonte de 1 candela, incidindo sobre uma esfera de 1 m de raio. Se essa esfera aumentar o raio para 2 m, mantendo-se a mesma fonte, o iluminamento na superfície interna cairá para ¼ lux ou 0,25 lux.

Lei da reflectância — A reflectância mede a proporção da luz refletida, em relação à luz incidente, ou seja:

$$R = \frac{L}{E} = \frac{\text{Luminância}}{\text{Iluminamento}}$$

Se a superfície for perfeitamente refletora, a luminância será igual ao iluminamento, resultando R = 1,0. (Os valores de R podem ser expressos também em termos percentuais, multiplicando-se esse valor por 100). Mas isso não ocorre, em geral. A superfície absorve parte da luz incidente e reflete o restante. Um papel branco tem reflectância de 95%, uma roupa branca, de 65% e uma folha de jornal impresso, cerca de 55%. Um papel preto fosco tem reflectância de 5%. Além disso, essa reflexão não se processa uniformemente para todos os comprimentos de onda incidentes. Essa reflexão seletiva das superfícies permite visualizar as suas cores, como se verá mais adiante.

15.2 Efeitos fisiológicos da iluminação

O nível de iluminamento interfere diretamente no mecanismo fisiológico da visão e também na musculatura que comanda os movimentos dos olhos.

Já vimos, na página 83, que o olho humano possui dois tipos de células fotossensíveis: os cones e os bastonetes. Possui também musculaturas internas para promover mudanças na forma do cristalino e musculaturas externas, para movimentar os globos oculares.

Existem muitos fatores que influem na capacidade de discriminação visual, como a faixa etária e as diferenças individuais, mas aqui vamos considerar apenas os três fatores julgados mais importantes e controláveis em nível de projeto dos locais de trabalho: a quantidade de luz; o tempo de exposição; e contraste entre figura e fundo.

Quantidade de luz

Por muito tempo, os sistemas de iluminação nos ambientes de trabalho foram dimensionados de modo a poupar, ao máximo possível, a energia elétrica. Os valores recomendados até a década de 1950 oscilavam em torno de 10 a 50 lux, muito abaixo dos níveis atualmente utilizados.

Hoje, com o desenvolvimento de lâmpadas mais eficientes e o planejamento de luzes localizadas, as recomendações são para luzes até dez vezes mais intensas. A iluminação deficiente e a conseqüente fadiga visual causam 20% de todos os acidentes (Grandjean, 1998). Uma fábrica de tratores dos EUA conseguiu reduzir em 32% o índice de acidentes na linha de montagem, aumentando o nível geral de iluminamento de 50 para 200 lux.

O rendimento visual tende a crescer, a partir de 10 lux, com o logaritmo do iluminamento, até cerca de 1 000 lux, enquanto a fadiga visual se reduz nessa faixa (Figura 15.2). A partir desse ponto, os aumentos do iluminamento não provocam melhoras sensíveis do rendimento, mas a fadiga visual começa a aumentar. Dessa forma, recomenda-se usar 2 000 lux praticamente como o máximo. Em alguns casos excepcionais, para montagens ou inspeções de peças pequenas e complicadas, com pouco contraste, pode-se chegar a 10 000 lux.

Existem diversas tabelas de níveis de iluminamento recomendadas para cada tipo de ambiente, mas quase todas recaem nas faixas apresentadas na Tabela 15.2. De um modo geral, para as áreas não-produtivas como almoxarifados, passagens e corredores, pode-se manter níveis em torno de 100 lux. Para as áreas produtivas, com a presença contínua de trabalhadores, são recomendados níveis de 200 a 600 lux. Se houver necessidade de um iluminamento maior, aconselha-se usar uma **iluminação localizada** de até 2 000 lux, complementando a iluminação geral do ambiente. Com essa providência, além de economizar energia, pode-se ter a vantagem de poder direcionar o foco da luz sobre os detalhes desejados ou eliminar sombras, reflexos e ofuscamentos.

Esse foco dirigido também ajuda a aumentar a concentração do trabalhador sobre a tarefa, devido ao efeito **fototrópico**, pois os olhos são atraídos para os pontos mais brilhantes do campo visual. A proporção recomendada entre o nível, no centro da tarefa, e o iluminamento geral do ambiente é de 3:1 ou seja, a intensidade do foco é o triplo daquela do ambiente geral.

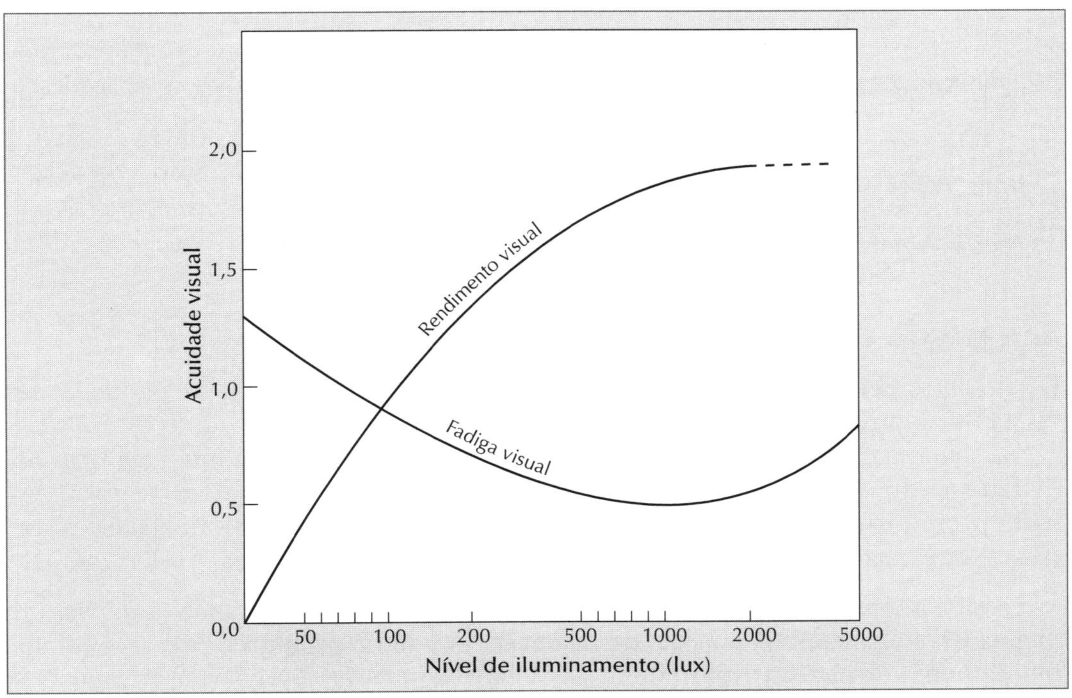

Figura 15.2
Variações do rendimento e da fadiga visual em função do nível de iluminamento (Hopkinson e Collins, 1970).

TABELA 15.2

Níveis de iluminamento recomendados para algumas tarefas típicas

Tipo	Iluminamento recomendado (lux)	Exemplos de aplicação
Iluminação geral de ambientes externos	5 – 50	Iluminação externa de locais públicos, como ruas, estradas e pátios.
Iluminação geral para locais de pouco uso	20 – 50	Iluminação mínima de corredores e almoxarifados, zonas de estacionamento.
	100 – 150	Escadas, corredores, banheiros, zonas de circulação, depósitos e almoxarifados.
Iluminação geral em locais de trabalho	200 – 300	Iluminação mínima de serviço. Fábricas com maquinaria pesada. Iluminação geral de escritórios, hospitais, restaurantes.
	400 – 600	Trabalhos manuais pouco exigentes. Oficinas em geral. Montagem de automóveis, indústria de confecções. Leitura ocasional e arquivo. Sala de primeiros socorros.
	1 000* – 1 500*	Trabalhos manuais precisos. Montagem de pequenas peças, instrumentos de precisão e componentes eletrônicos. Trabalhos com revisão e desenhos detalhados.
Iluminação localizada	1 500 – 2 000	Trabalhos minuciosos e muito detalhados. Manipulação de peças pequenas e complicadas. Trabalhos de relojoaria.
Tarefas especiais	3 000 – 1 0000	Tarefas especiais de curta duração e de baixos contrastes, como em operações cirúrgicas.

(*) Pode ser combinado com a iluminação local.

Tempo de exposição

O tempo de exposição, para que um objeto possa ser discriminado, depende do seu tamanho, contraste e nível de iluminamento.

Na maioria dos casos, é suficiente o tempo de 1 segundo para que haja uma boa discriminação. Se os objetos forem pequenos e o contraste for baixo, o tempo necessário poderá crescer sensivelmente. Por exemplo, para objetos pequenos, se o contraste for reduzido de 70 para 50%, o tempo necessário aumentará em 4 vezes.

Os olhos têm dificuldade em fixar os objetos em movimento, como já foi visto na página 87. Por exemplo, no caso de inspeção, em que o produto se move continuamente numa esteira transportadora, os olhos fazem várias fixações, aos "pulos". Se

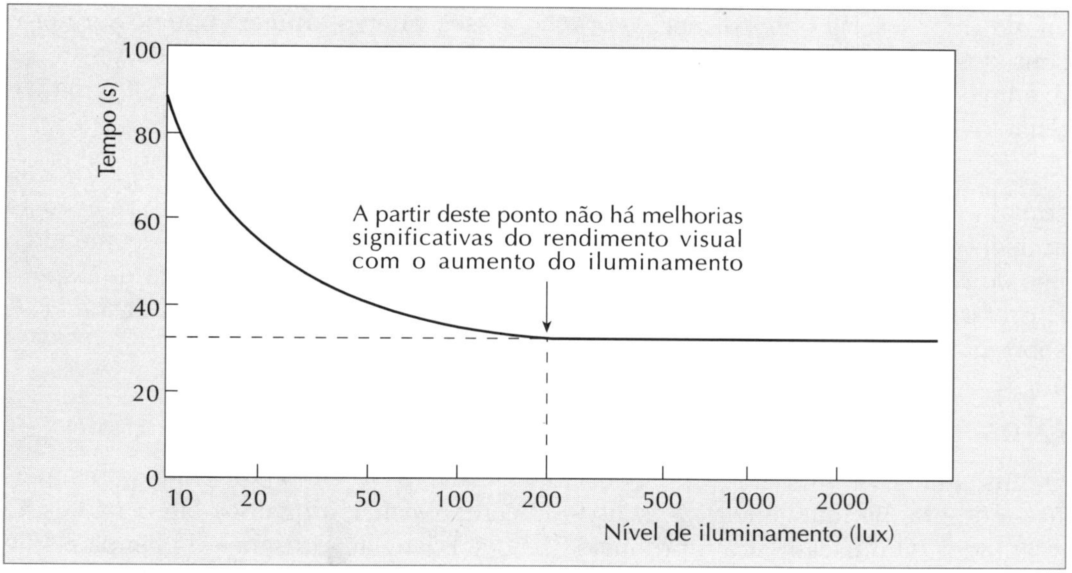

Figura 15.3 Redução do tempo necessário à exposição visual, com o aumento do nível de iluminamento. Acima de 200 lux não há melhorias significativas.

a velocidade aumentar, alguns objetos passarão desapercebidos, diminuindo a eficiência da inspeção. Nesse caso, é preferível que os objetos se movam de forma intermitente, em pequenos lotes, de modo que as fixações visuais se processem sobre os objetos parados.

Em um experimento de laboratório, a mesma tarefa foi realizada com diferentes níveis de iluminamento, na faixa de 10 a 2 000 lux (Figura 15.3). O tempo necessário para realizar essa tarefa foi-se reduzindo com o aumento do iluminamento. A partir de 90 s para 10 lux, reduziu-se para 35 s (39% do inicial) quando o iluminamento passou para 200 lux. A partir desse ponto, não foram observadas melhorias consideráveis, mesmo que o iluminamento tenha chegado a 2 000 lux. Portanto, pode-se considerar que o aumento do nível de iluminamento, acima de certo nível crítico, é desnecessário, representando desperdício de energia, sem um aumento correspondente da produtividade. Além disso, como já foi visto, níveis acima de 1 000 lux favorecem o aparecimento da fadiga visual.

Contraste entre figura e fundo

Contraste é a diferença de luminância entre a figura e fundo. Se não houver esse contraste, a figura ficará camuflada e não será visível, como acontece, por exemplo, com um urso polar na neve ártica. Numericamente, o contraste é definido pela expressão:

$$C = (E_1 - E_0)/E_1$$

onde: E_1 = luminância da figura, E_0 = luminância do fundo.

Por exemplo, se o luminância da figura for de 80 e a de fundo 20, o valor de contraste será C = 60/80 = 0,75. Segundo essa fórmula, o contraste assume valores no intervalo de 0 a 1. O valor zero seria, por exemplo, uma página completamente branca e o valor 1 seria o preto sobre o branco. Esses valores também podem ser apresentados em termos percentuais, multiplicando-se a expressão por 100. Assim, no exemplo dado, o contraste seria de 75%. Portanto, o contraste é um conceito relativo e não depende apenas do iluminamento absoluto da figura.

O contraste indica também a proporção adequada de luminância entre a área de trabalho e o ambiente imediato. A proporção recomendada é de 3:1. Em relação ao ambiente geral, essa proporção pode ser de 10:1. Dessa forma, não se recomenda o uso de revestimentos brancos em mesas de trabalho para manipulação de papéis. É preferível usar um tom cinza ou beje para que a folha branca possa destacar-se sobre o fundo.

Ofuscamento

O ofuscamento é uma redução da eficiência visual, provocado por objetos ou superfícies de grande luminância, presentes no campo visual, à qual, os olhos não estão adaptados. O ofuscamento é produzido pelo sol, janelas, presença de lâmpadas no campo visual ou reflexões em superfícies polidas. É produzida também por faróis de carros na direção contrária, quando se dirige à noite.

A retina é capaz de adaptar-se a diferentes níveis de luminância, desde que os contrastes não sejam muito grandes. Desse modo, se não for possível eliminar ou recobrir a fonte luminosa, pode-se aumentar o nível de iluminação ambiental, para reduzir o contraste. Assim, quanto mais escuro for o ambiente geral, maior será a vulnerabilidade dos olhos ao ofuscamento. A iluminação de túneis, por exemplo, deve ser maior durante o dia, quando os olhos estão adaptados à maior claridade ambiental.

Existem vários níveis de ofuscamento, desde o desconforto até a incapacitação visual. O desconforto é provocado pela presença de pontos luminosos brandos no campo visual, que distraem a atenção e provocam fadiga, mas não chegam a afetar seriamente o desempenho.

O **desconforto** é provocado pela atividade do músculo que controla a abertura do íris. Quando há um objeto brilhante que se destaca em um ambiente escuro, há ações contraditórias entre os músculos que tendem a fechar (adaptação ao claro) e outros que tendem a dilatar (adaptação ao escuro) o íris, causando fadiga, irritação e distração. Isso ocorre em ambientes interiores com iluminação mal planejada ou quando se assiste à televisão numa sala escura.

Os casos mais graves de ofuscamento ocorrem quando luzes muito intensas surgem repentinamente no campo visual, podendo provocar uma “cegueira” temporária. Esse efeito pode permanecer por alguns segundos, mesmo após a retirada da fonte luminosa. As pessoas idosas são mais sensíveis a esse tipo de ofuscamento.

Os ofuscamentos ainda podem ser diretos ou indiretos. Aqueles **diretos** ocorrem com a presença da fonte de brilho no campo visual. Esses ofuscamentos podem ser evitados removendo-se a fonte, colocando-a fora do campo visual ou instalando-se um anteparo entre a fonte e os olhos. Aqueles **indiretos** são causados por reflexão (ver Figura 15.5). Podem ser evitados substituindo-se as superfícies lisas e polidas por outras, foscas. Isso ocorre, por exemplo com vidros e peças cromadas, que devem ser substituídas ou colocadas fora do campo visual. Os reflexos também podem ser evitados mudando-se a posição da fonte de brilho ou da superfície refletora.

O efeito do ofuscamento sobre a eficiência visual foi testado colocando-se deliberadamente uma lâmpada de 100 watts no campo visual. A tarefa consistia em fazer identificações de barras paralelas de diferentes tamanhos e contrastes. A fonte de ofuscamento foi se deslocando para cima, fazendo ângulos de 5, 10, 20 e 40° em relação à linha de visão. A eficiência visual melhorou de 16% para 31%, 41% e 58%, respectivamente, com o progressivo afastamento da fonte de ofuscamento em relação ao objeto de teste (Figura 15.4).

Redução do ofuscamento

A medida mais eficaz para acabar com o ofuscamento é eliminar a fonte de brilho no campo visual. Quando isso não for possível porque a fonte, por exemplo, é uma janela que reflete a luz solar, pode-se mudar a posição do trabalhador de forma que essa janela fique de lado ou de costas para ele. Os ofuscamentos também podem ser reduzidos com uma combinação adequada entre as iluminações direta e indireta. A luz direta incide sobre a tarefa e serve para melhorar o contraste, mas pode provocar sombras. A luz indireta é refletida no teto, paredes e outras superfícies e ajuda a fazer transição suave com outras áreas, além de reduzir as sombras.

Como uma regra geral, nenhuma lâmpada deve ficar "nua" no campo visual. As luminárias devem ser posicionadas de modo que a luz não incida diretamente sobre os olhos. No caso de lâmpadas fluorescentes, é preferível colocá-las paralelamente à linha da visão, com aletas perpendiculares, reduzindo-se a exposição da superfície

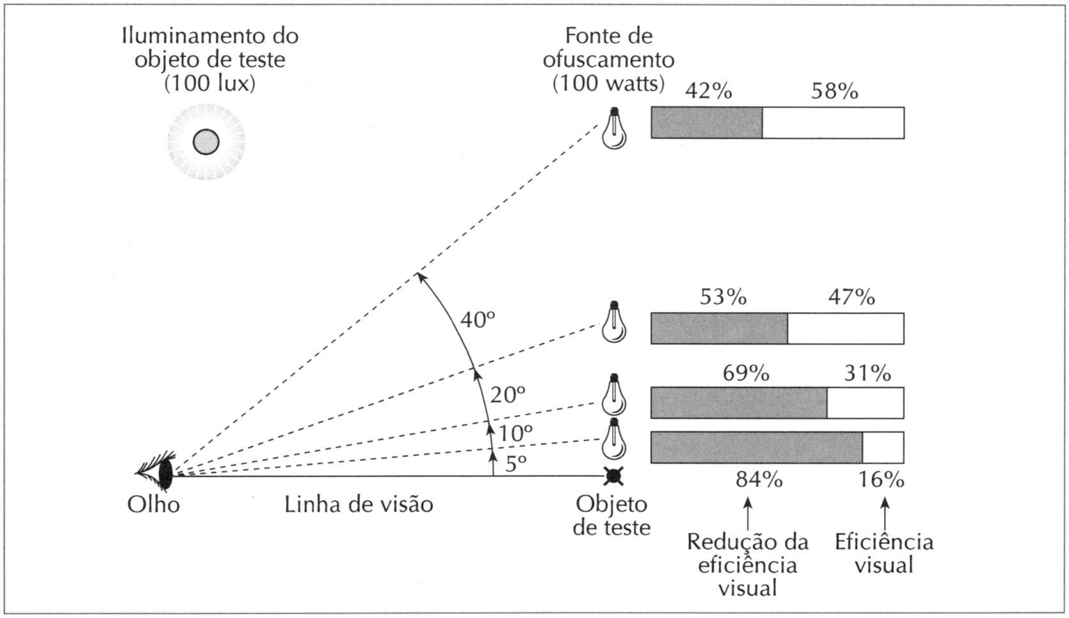

Figura 15.4 Efeitos do ofuscamento provocado por uma fonte luminosa de 100 watts no campo visual (Luckiesh e Moss *in* McCormick, 1970).

luminosa. Geralmente, é preferível colocar um número maior de lâmpadas de potências menores, em vez de um pequeno número de lâmpadas potentes.

Ofuscamento em monitores

A superfície envidraçada do monitor pode provocar ofuscamento por reflexão. Isso acontece freqüentemente quando os computadores são introduzidos em escritórios tradicionais, sem uma adaptação do sistema de iluminação. Nesses escritórios, anteriormente, não existiam superfícies verticais refletoras. Assim, torna-se necessário fazer um novo projeto de iluminação, ou posicionar os monitores de modo que evitem tanto o ofuscamento direto como o indireto (Figura 15.5).

Fadiga visual

A fadiga visual é caracterizada pela irritação dos olhos e lacrimejamento. A freqüência do piscar vai aumentando, a visão torna-se "borrada" e se duplica. Tudo isso diminui a eficiência visual. Em grau mais avançado, ela provoca dores de cabeça, náuseas, depressão e irritabilidade emocional. Em conseqüência, há quedas do rendimento e da qualidade do trabalho.

A fadiga visual ocorre principalmente nos trabalhos que exigem grande concentração visual, como em microscópios, monitores, inspeção de peças e revisões de texto. Alguns fatores aumentam a fadiga visual. Incluem-se, aí, a má iluminação e fatores organizacionais, tais como rigidez das rotinas e longos períodos de trabalho sem pausas.

A fadiga visual é provocada principalmente pelo esgotamento dos pequenos músculos ligados ao globo ocular, responsáveis pela movimentação, fixação e focalização dos olhos. Raramente referem-se à dificuldade de percepção das células fotossensíveis. Ela pode ser atribuída às seguintes causas:

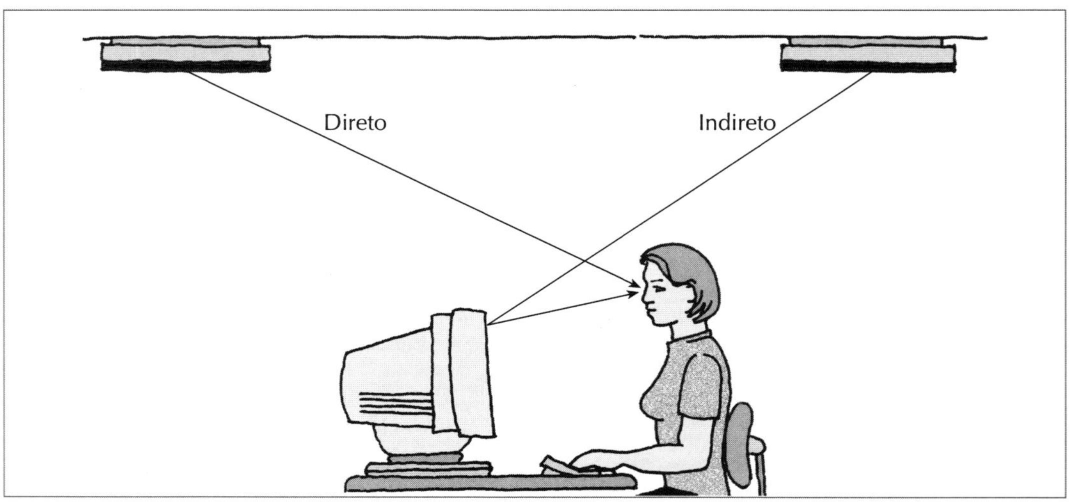

Figura 15.5 Fontes de ofuscamentos diretos e indiretos (reflexos).

- *Fixação de detalhes* — Objetos muito pequenos exigem grande esforço dos músculos que movimentam os olhos, para acomodação e convergência;
- *Iluminação inadequada* — A intensidade luminosa insuficiente ou inadequada provoca brilhos e ofuscamentos;
- *Pouco contraste* — Quando há pouca diferença entre a figura e fundo, porque ambos apresentam cores, tonalidades ou formas semelhantes;
- *Pouca definição* — Objetos e figuras com traços ou contornos confusos, como cópias mal feitas ou manuscritos pouco legíveis;
- *Objetos em movimento* — Os objetos em movimento exigem maior ação muscular para serem focalizados, principalmente se forem pequenos, de baixo contraste e mal iluminados;
- *Má postura* — A má postura pode dificultar a leitura, por exemplo, quando há paralaxe em instrumentos de medida.

Se alguns dos problemas acima mencionados não puderem ser evitados, deve-se, pelo menos, diminuir o impacto deles, evitando que uns não ocorram simultaneamente a outros.

Prevenção da fadiga visual

Para evitar a fadiga visual, deve haver um cuidadoso planejamento da iluminação, assegurando a focalização do objeto a partir de uma postura confortável. A luz deve ser planejada também para não criar sombras, ofuscamento ou reflexos indesejáveis. Além da iluminação adequada do objeto, a iluminação do fundo deve permitir um descanso visual durante as pausas e aliviar o mecanismo de acomodação. Recomendam-se pausas freqüentes, mesmo que sejam de curta duração. Estas podem ser de 5 min a cada 1 hora ou até mais curtas e mais freqüentes, de 1 min a cada 10 min de trabalho.

Idade e fadiga visual

A idade afeta a fadiga visual de diversas maneiras. O poder de acomodação, para focalizar objetos próximos, reduz-se gradualmente devido ao endurecimento das lentes. O foco vai aumentando gradativamente durante a vida, de 10 até 75 cm. A partir dos 45 anos, quando o foco ultrapassa 25 cm, o esforço para focalizar pequenos detalhes vai se tornando cada vez maior, sendo aconselhável o uso de óculos para prevenir a fadiga visual.

A idade provoca também redução do tamanho da pupila, diminuindo a quantidade de luz que penetra nos olhos. Para a mesma intensidade de luz, a quantidade que penetra nos olhos reduz-se a um terço, quando se passa de 20 para 60 anos. Esse problema é agravado pela perda de transparência interna dos olhos. Isso significa que as pessoas idosas precisam de mais luz, para prevenir a fadiga visual.

A velocidade e a precisão na discriminação de pequenos detalhes também se reduzem a partir dos 30 anos, e a sensibilidade visual diminui na faixa da luz azul.

Apesar dessa redução da capacidade visual, a maioria das pessoas idosas continua apta para trabalhos que não exijam muitas acomodações. Contudo, isso é feito com mais fadiga visual, que pode ser parcialmente compensada pelo uso de óculos e pela melhoria da iluminação.

Existem também problemas com as pessoas que usam óculos, principalmente em trabalhos com computadores. Esses óculos geralmente são prescritos para uma distância de leitura de 30 cm. Contudo, no trabalho com monitores, essa distância visual é maior, na faixa de 40 a 60 cm. Nesse caso, seria recomendável usar outro par de óculos para as tarefas de digitação.

Aspectos psicológicos da iluminação

O aumento do iluminamento aumenta a satisfação das pessoas, até o nível de 400 lux (Bridger, 2003). Acima disso, além de não aumentar a satisfação, pode provocar ofuscamentos e fadiga visual. A luz uniforme provoca monotonia, enquanto as suas variações são estimulantes. A luz solar apresenta variações durante o dia, tanto na intensidade como em sua composição espectral. Isso provoca contínuas alterações da paisagem durante o dia, com diferentes níveis de iluminamentos.

Muitas pessoas preferem trabalhar junto às janelas para terem contato com o "mundo exterior". Isso proporciona um alívio visual e contribui para manter o equilíbrio psicológico. Outras acreditam que a luz solar seja mais saudável que a luz artificial. Contudo, as janelas também são fontes de calor e a incidência da luz solar direta pode provocar fortes ofuscamentos e reflexos em telas de monitores e outras superfícies refletoras. Para se evitar isso é necessário realizar um projeto adequado das edificações e do *layout* interno das instalações.

15.3 Planejamento da iluminação

A iluminação dos locais de trabalho deve ser cuidadosamente planejada desde as etapas iniciais de projeto do edifício, fazendo-se aproveitamento adequado da luz natural e suplementando-a com luz artificial, sempre que for necessário.

A luz natural, além de ter boa qualidade, proporciona economia com gastos energéticos. Entretanto, a incidência direta da luz solar deve ser evitada, pois provoca perturbações visuais, e se ela incidir sobre paredes envidraçadas, tende a aquecer o ambiente pelo "efeito estufa".

A claridade do ambiente é determinada não apenas pela intensidade da luz, mas também pelas distâncias das fontes e pelo índice de reflexão das paredes, tetos, piso, máquinas e mobiliário.

Um bom sistema de iluminação, com o uso adequado de cores e a criação dos contrastes, pode produzir um ambiente de fábrica ou escritório agradável, onde as pessoas trabalhem confortavelmente, com pouca fadiga, monotonia e acidentes, e produzam com maior eficiência.

Luz natural

A luz natural, além de permitir a visão, produz importantes efeitos fisiológicos. A vitamina D é sintetizada na pele sob a ação dos raios ultravioletas (UV). Essa vitamina é usada no metabolismo do cálcio. A sua deficiência pode provocar o enfraquecimento dos ossos, principalmente nas crianças. Esse problema torna-se mais grave em habitantes de climas temperados, que apresentam menor taxa de absorção do cálcio durante o inverno.

Há muito já se conhece que a luz solar regula as atividades cíclicas de animais, tais como reprodução e migração. Pesquisas recentes demonstraram que influem também no humor e comportamento das pessoas. Nos climas temperados, onde o dia tem menor duração durante o inverno, constatou-se maior incidência de estados depressivos, caracterizados por aumentos do sono e do apetite, ansiedade, menor disposição e dificuldades nos relacionamentos sociais. Esses pacientes foram tratados com fototerapia, expondo-os a uma luz artificial de 2 500 lux, para "prolongar" o dia até 6 horas.

A luz natural também produz efeitos terapêuticos benéficos. Ulrich (1984) apresenta relato de recuperação de pacientes pós-operatórios em um hospital da Filadélfia, EUA. Nesse hospital havia duas alas. Uma, com vista interna e outra com vista externa, por onde se podia receber luz solar e visualizar uma rua arborizada. Comprovou-se, estatisticamente, que os pacientes com vista externa apresentavam menor freqüência de queixas, exigiam menos medicamentos para aliviar dores e recebiam alta em tempo menor.

Tipos de lâmpadas

A luz solar apresenta um espectro contínuo, com intensidade mais ou menos uniforme dentro do espectro visível (Figura 15.6).

A lâmpada incandescente de filamento de tungstênio também apresenta um espectro **contínuo**. Contudo, em comparação com a luz solar, apresenta maiores intensidades nos comprimentos de onda mais longos, em torno de 700 nm (vermelho). Os outros tipos de lâmpadas apresentam um espectro **descontínuo**, com descargas em algumas faixas de comprimentos de ondas. Para que a lâmpada tenha maior eficiência, procura-se concentrar essas descargas na faixa de maior sensibilidade do olho, entre 500 nm (verde) e 600 nm (amarelo).

Além disso, algumas lâmpadas apresentam intermitências incômodas, acendendo e apagando ciclicamente. As lâmpadas fluorescentes oscilam na mesma freqüência da corrente alternada da rede elétrica. Cerca de 6% das pessoas, a maioria mulheres, apresentam sensibilidade a essas oscilações, queixando-se de dores de cabeça (Lindner e Kropf, 1993). Quando essas lâmpadas foram substituídas por lâmpadas eletrônicas de alta freqüência essas queixas desapareceram.

Outro problema relacionado com essas lâmpadas intermitentes é o efeito estroboscópico, com motores, ventiladores e partes móveis de equipamentos. Se a velocidade deles coincidir com a freqüência das lâmpadas, pode produzir uma imagem estática, constituindo em riscos de acidentes.

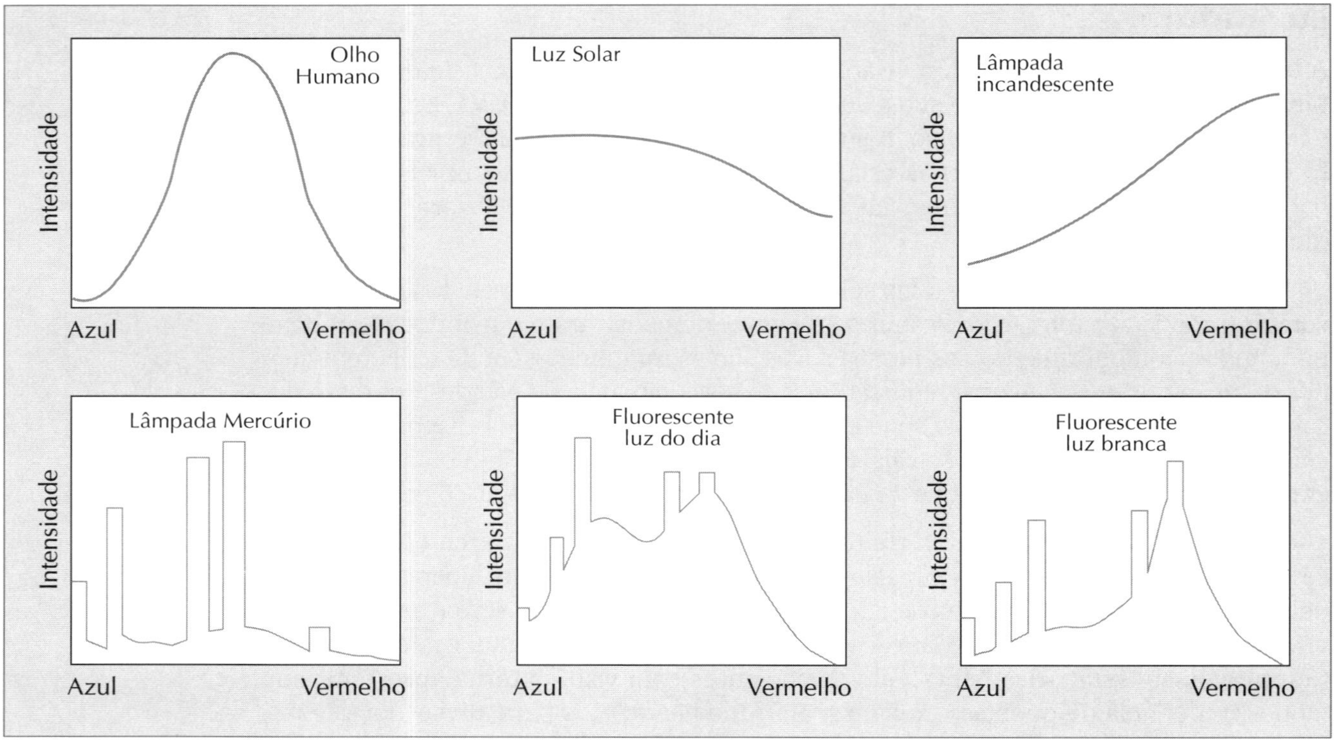

Figura 15.6 Sensibilidade do olho humano em comparação com o espectro da luz solar e alguns tipos de lâmpadas.

Sistemas de iluminação

O sistema de iluminação, assim como a escolha do tipo de lâmpadas, luminárias e a distribuição das mesmas dependem das características do trabalho a ser executado. Existem basicamente três tipos de sistemas de iluminação (Figura 15.7):

Iluminação geral — A iluminação geral se obtém pela colocação regular de luminárias em toda a área, garantindo-se, assim, um nível uniforme de iluminamento sobre o plano horizontal. Deve haver um cruzamento dos cones de luz acima da superfície de trabalho, para que não existam regiões sombreadas.

Iluminação localizada — A iluminação localizada concentra maior intensidade do iluminamento sobre a tarefa, enquanto o ambiente geral recebe menos luz, da ordem de 30 a 50% da primeira. Consegue-se iluminação localizada pela colocação de luminárias próximas aos locais onde são executadas as tarefas.

Iluminação combinada — A iluminação geral pode ser complementada com focos de luz localizados sobre a tarefa, com intensidade de 3 a 10 vezes superior ao do ambiente geral, principalmente nos seguintes casos:

- A tarefa exige iluminamento local acima de 1 000 lux;
- A tarefa exige luz dirigida para discriminar certas formas, texturas ou defeitos;
- Existem obstáculos físicos que dificultam a propagação da iluminação geral.

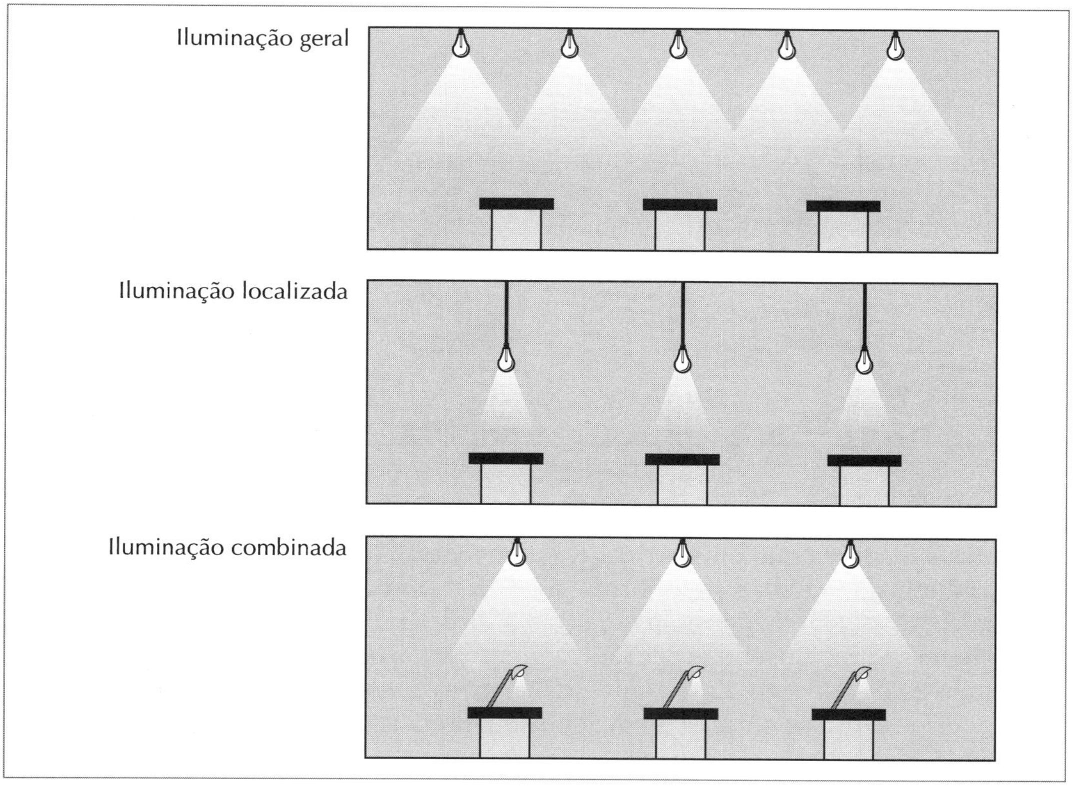

Figura 15.7 Sistemas de iluminação típicos em áreas de trabalho.

Posicionamento das luminárias

As luminárias devem ser posicionadas de modo a evitar a incidência da luz direta ou refletida sobre os olhos, para não provocar ofuscamentos. De preferência, devem situar-se acima de 30º em relação à linha de visão (horizontal) e, se possível, devem ser colocadas lateralmente ou atrás do trabalhador, para evitar a luz direta ou refletida nos seus olhos (Figura 15.8).

No caso de iluminação combinada, se houver necessidade de se colocar a luminária em frente ao trabalhador, esta deve ser provida de um anteparo, para se evitar a incidência de luz direta sobre os olhos (Figura 15.9).

Iluminação de fábricas

Os edifícios industriais devem ter um pé direito (altura das paredes) de pelo menos 4 metros. Sempre que possível, deve ser feito um aproveitamento da iluminação natural, pelas janelas e pelo teto.

A forma mais tradicional de coberturas para fábricas é do tipo **dente-de-serra**, que permite a entrada de luz natural pela face sul (observe que, no hemisfério norte, recomenda-se a face norte). Nesse caso, a orientação do edifício deve ser cuidadosamente estudada em cada latitude, para que os locais de trabalho não sejam afetados pela incidência de luz direta durante a jornada de trabalho. Esse tipo de solução apresenta algumas desvantagens.

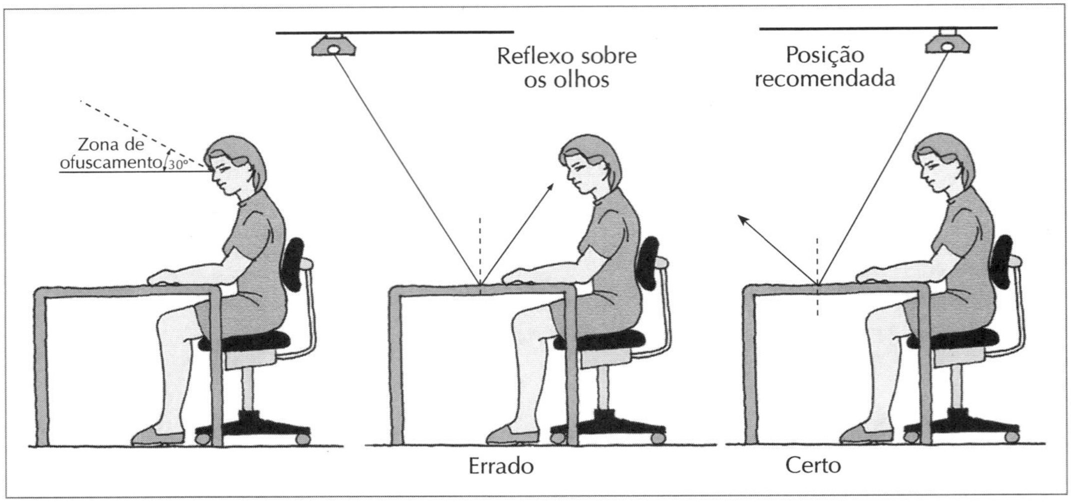

Figura 15.8
As luminárias devem ficar posicionadas 30 graus acima da linha de visão e atrás do trabalhador, para evitar ofuscamentos e reflexos.

Os trabalhadores que olham para o sul encontram uma grande área de luz, que tende a iluminar as partes superiores e provocar **sombras** nas partes inferiores das máquinas. Se as paredes internas opostas à direção da luz forem pintadas de uma cor clara, esse problema pode ser reduzido pela reflexão da luz em direção ao norte, reduzindo-se o contraste. Entretanto, esse contraste só será satisfatoriamente reduzido se for permitida a entrada de pequena quantidade de luz natural pela face norte da cobertura.

Em prédios de vários andares, não se pode promover a iluminação pela cobertura. Resta o recurso de se aproveitar a **luz lateral**. Para isso, é necessário haver uma grande superfície de área envidraçada (Figura 15.10). A iluminação natural só será efetiva até uma profundidade de duas vezes a altura da janela, acima do plano de trabalho. Assim, supondo que o plano de trabalho esteja a 1 m de altura e o pé direito seja de 4 m, com janela até o teto, a iluminação natural será efetiva até a distância de 6 m. As grandes áreas envidraçadas também são problemáticas. Elas tendem a aquecer muito no verão e a perder calor no inverno, prejudicando o conforto térmico. O ofuscamento é outro problema. Mesmo que o sol não atinja diretamente a janela, as grandes áreas envidraçadas, com muita claridade, tendem a provocar desconforto visual.

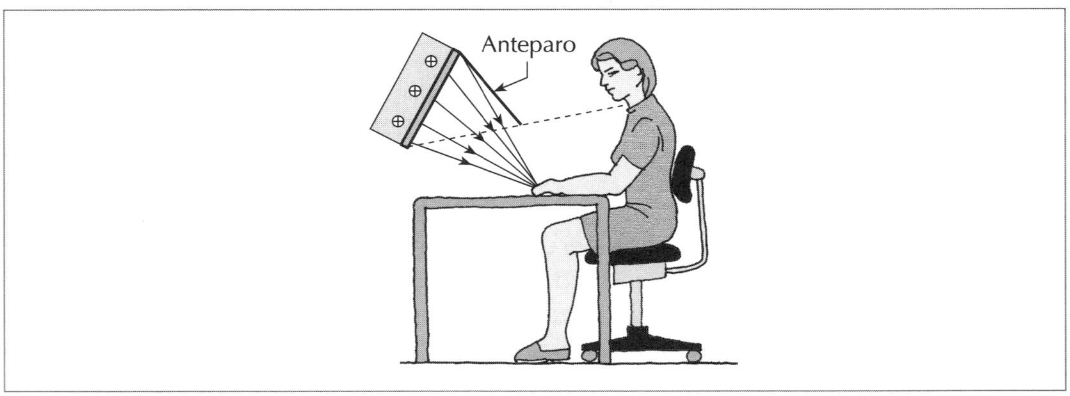

Figura 15.9
Na iluminação local, a luminária deve ser protegida por um anteparo, para evitar ofuscamentos. (Grandjean, 1998)

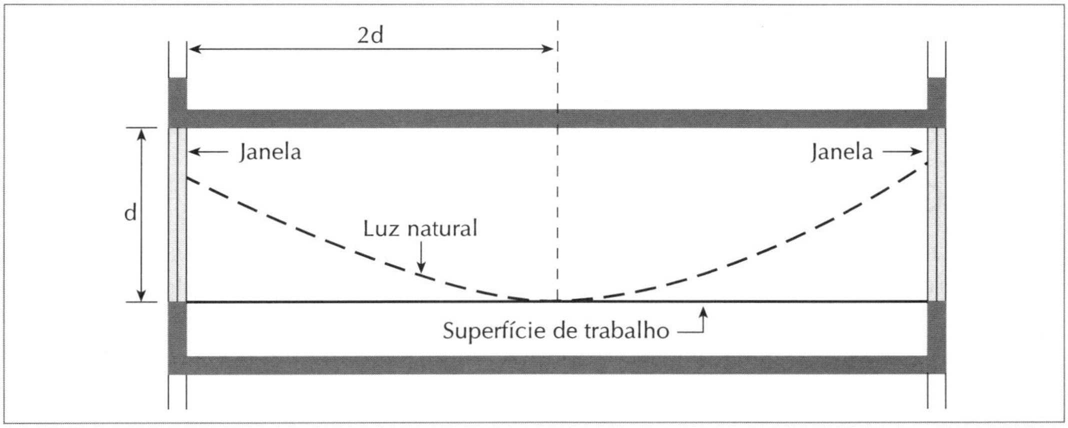

Figura 15.10
Perfil de propagação da luz natural que penetra pelas janelas. O alcance horizontal é o dobro da altura das janelas, acima da superfície de trabalho (Hopkinson e Collins, 1970).

Devido às razões apresentadas, em fábricas de vários andares, tem-se preferido usar uma suplementação permanente de luz artificial, criando condições adequadas de trabalho e deixando as janelas com a sua função insubstituível de "manter contato" com o exterior.

Resumo das recomendações sobre iluminação

Resumidamente, são apresentadas as seguintes recomendações para a iluminação dos ambientes de trabalho.

- Sempre que possível, aproveitar a iluminação natural, evitando-se a incidência direta da luz solar sobre superfícies envidraçadas.
- As janelas devem ficar na altura das mesas e aquelas de formatos mais altos na vertical, são mais eficazes para permitir uma penetração mais profunda da luz.
- A distância da janela ao posto de trabalho não deve ser superior ao dobro da altura da janela, para o aproveitamento da luz natural.
- Para reduzir o ofuscamento: a) usar vários focos de luz, ao invés de um único; b) proteger os focos com luminárias ou anteparos, colocando um obstáculo entre a fonte e os olhos; c) aumentar o nível de iluminação ambiental em torno da fonte de ofuscamento, para diminuir o brilho relativo; d) colocar as fontes de luz o mais longe possível da linha de visão; e) evitar superfícies refletoras, substituindo-as pelas superfícies difusoras.
- Para postos de trabalho onde se exigem maiores precisões, providenciar um foco de luz adicional, que pode ter um iluminamento de 3 a 10 vezes superior ao do ambiente geral.
- Usar cores claras nas paredes, tetos e outras superfícies, para reduzir a absorção da luz.
- A luz da lâmpada fluorescente é intermitente e pode causar efeito estroboscópico em motores ou peças em movimento (se houver coincidência com a ciclagem de 60 hertz podem produzir uma imagem estática), havendo riscos de provocar acidentes.

- A intermitência da lâmpada fluorescente pode tornar-se incômoda para as pessoas sensíveis. Elas podem ser substituídas por lâmpadas eletrônicas com freqüências de oscilação mais altas.

15.4 Características das cores

Cor é uma resposta subjetiva a um estímulo luminoso, que penetra nos olhos. O olho é um aparelho integrador de estímulos. Ele nunca percebe um estímulo isolado, mas um conjunto de estímulos simultâneos e complexos, que interagem entre si, formando uma imagem. Esta pode ter características diferentes daqueles estímulos, quando considerados isoladamente. Por exemplo, um movimento é percebido pela sucessão de várias imagens.

A sensação de luz e calor, associada com a forma dos objetos é um dos elementos mais importantes na transmissão de informações.

Do ponto de vista físico, as cores do espectro visível podem ser consideradas como ondas eletromagnéticas na faixa de 380 nm a 770 nm (ver Figura 3.13).

Cor da luz e do objeto

A cor da luz é caracterizada pelos comprimentos de onda de intensidades dominantes na fonte. A luz solar é considerada branca, porque ela tem intensidades em todos os comprimentos de ondas visíveis, enquanto a luz artificial da lâmpada de tungstênio é mais avermelhada porque tem maiores intensidades naquelas ondas mais longas.

A cor de um objeto é caracterizada pela absorção e reflexão seletiva das ondas luminosas incidentes. A cor que enxergamos é aquela que foi refletida pelo objeto.

Quando nos referimos à cor de um objeto, geralmente subentendemos que o mesmo é visto sob luz branca ou solar. Com outras luzes, como acontece com muitos tipos de lâmpadas comerciais, as cores percebidas podem ser alteradas.

Características das cores

As cores das luzes podem ser caracterizadas por três variáveis: matiz, luminosidade e saturação.

Matiz, tom ou gama (hue) — Matiz, tom ou gama é aquilo que normalmente chamamos de cor. Ele é caracterizado pelo comprimento de onda dominante na luz refletida. O espectro visível varia entre 380 nm (violeta) a 770 nm (vermelho alaranjado). Na faixa de 470-475 nm situa-se o azul; o verde entre 495-535 nm; o amarelo entre 575-589 nm; o laranja entre 590 a 630 nm e o vermelho, acima de 630nm.

As cores puras ou monocromáticas raramente ocorrem. Elas só podem ser produzidas em condições controladas, em laboratórios. Aquelas nós percebemos, em geral, resulta de uma grande mistura de comprimentos de onda.

Claridade, luminosidade ou valor — A claridade depende da capacidade de uma superfície em refletir a luz branca. É a qualidade da cor que classificamos como clara ou escura. Acrescentando-se branco a uma determinada cor, aumentamos a sua claridade. O processo inverso ocorre com a adição de preto. Quanto mais intensa for a luz incidente, maior será a claridade da superfície (praia durante o dia). Diminuindo-se a intensidade da luz, a aparência fica escurecida. É o que acontece com a cor da praia à noite, quando há pouca luz branca para refletir.

Saturação — Saturação é a qualidade da cor que descrevemos como "pureza". Uma cor saturada ou pura é monocromática, ou seja, é composta de um único comprimento de onda. A mistura de outros comprimentos de onda produz cores insaturadas, pela redução da pureza. Por exemplo, a luz vermelha pura, quando adicionada de branca ou cinza, produz a coloração rósea, insaturada. As cores insaturadas, comparadas com aquelas puras têm uma aparência "desbotada" ou "lavada".

Essas três variáveis podem ser representadas por dois cones justapostos pela base (Figura 15.11), colocando-se a luminosidade variando no sentido do eixo, de baixo para cima, a matiz no círculo central e a saturação no raio desse círculo.

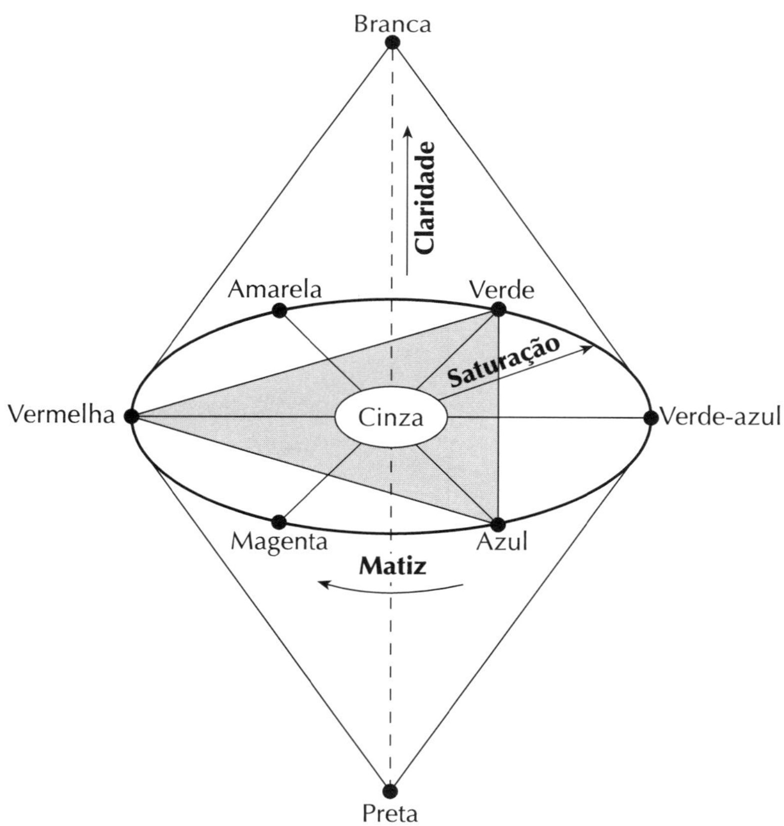

Figura 15.11 Cone de cores, de acordo com o Sistema Munsell de cores.

Círculo de cores

O círculo central do cone de cores, representado pela interseção dos dois cones, é chamado de círculo de cores. Ele faz a representação dos diferentes comprimentos de onda, as matizes (Figura 15.12).

As cores diametralmente opostas nesse círculo, são chamadas de **complementares** entre si. Se forem misturadas, elas se anulam, resultando na branca ou cinza. Isso significa que uma anula o efeito da outra, no sistema visual. Os pares complementares mais comuns são o verde/magenta, vermelha/verde-azul e amarela/azul.

A mistura de cores não-complementares, produz sensação de uma outra cor, por efeito aditivo. Por exemplo, misturando-se luzes vermelha e verde, resulta na amarela (ponto A da Figura 15.12). Isso significa dizer que uma onda de 700 nm (vermelha), misturada com outra de 520 nm (verde) produz a sensação de 580 nm (amarela). A nossa sensação visual não consegue distinguir essa mistura. Portanto, a sensação da amarela pode ser produzida por uma onda de 580 nm ou mistura de 520 nm e 700 nm.

Sistema Munsell de cores

Para resolver o problema de identificação das cores, muitas vezes descritas de forma vaga, Albert H. Munsell criou, em 1912, um sistema de padrões de cores, que leva o seu nome.

O sistema Munsell de cores resulta de combinações das três características, acima apresentadas, de modo que duas cores adjacentes na amostra sejam representadas por iguais diferenças na percepção (escala eqüidistante). Esse sistema forma um espaço tridimensional que, para aplicações práticas, foi reduzido a 100 pranchas, representando 100 diferentes matizes.

Cinco desses matizes são considerados fundamentais, designadas pelas letras R (vermelho), G (verde), B (azul), Y (amarelo) e P (magenta ou púrpura). Um outro

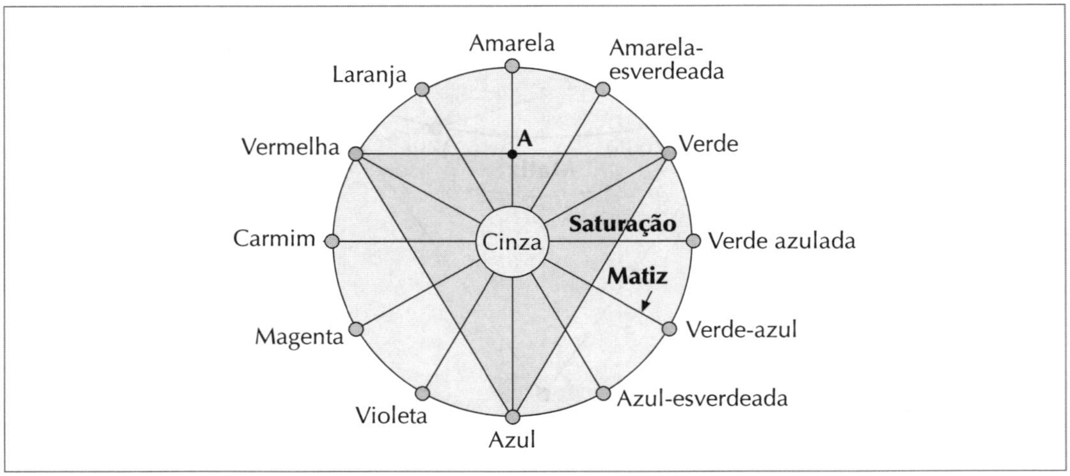

Figura 15.12 Círculo de cores. As cores diametralmente opostas são complementares entre si. O triângulo assinalado representa as cores primárias das luzes.

matiz qualquer é designado por uma letra e um número. Por exemplo, 5R significa matiz 5 do vermelho (R). Cada prancha representa um matiz e apresenta, na escala vertical, 11 claridades numeradas de 0 a 10. Na escala horizontal aparecem as variações da saturação, numeradas de 2 em 2, de 0 a 12. Os valores de claridade e saturação aparecem separados por uma barra. Por exemplo, 5R 4/6 significa matiz 5 do vermelho (R) claridade nº 4 e saturação nº 6. A principal vantagem do sistema Munsell é a rapidez e precisão na identificação das cores, de forma codificada, e apresenta flexibilidade para a inclusão de novos valores que venham a surgir com os aperfeiçoamentos técnicos da indústria de tintas e corantes.

Cores primárias de luzes

As cores primárias de luzes são aquelas que não podem ser produzidas pela mistura das outras. Elas também não se anulam, mutuamente. Inversamente, a mistura delas, em diferentes proporções, pode reproduzir quase todas as outras cores (as exceções seriam as cores metálicas como ouro, prata e cobre). Existem diversas cores primárias, mas aquelas mais usadas são a azul (460 nm), verde (530 nm) e vermelha (650 nm). Se forem misturadas em quantidades iguais, produzem a sensação da luz branca. A mistura aditiva de cores é usada na televisão e nos monitores a cores. A tela desses aparelhos é composta de grânulos azul, verde e vermelho. Dependendo da intensidade de cada um, produzem a sensação de diferentes cores.

Efeito subtrativo de cores

As cores dos pigmentos, presentes nas superfícies refletoras, têm um efeito subtrativo. Essas cores resultam de um processo de absorção e reflexão seletiva dos diferentes comprimentos de onda. Uma superfície negra absorve tudo, sem nada refletir. Ao contrário, a branca, reflete todos os comprimentos de onda. Uma verde, reflete as ondas em torno de 500 nm e absorve as demais. A vermelha, reflete em torno de 700 nm (ver Figura 15.13).

Esse efeito diferencia-se das luzes, que apresentam um efeito aditivo. A percepção das luzes resulta da adição dos efeitos neurais provocados por comprimento de ondas diferentes.

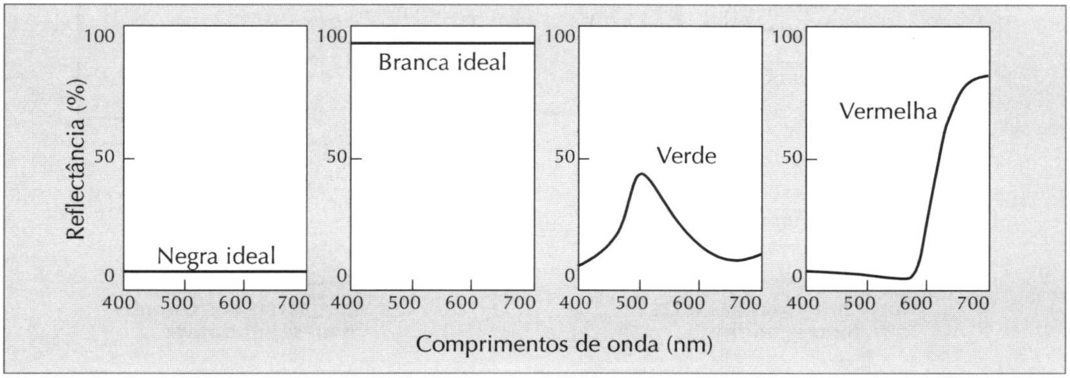

Figura 15.13 Exemplos de curvas de reflectância de várias superfícies opacas de materiais coloridos, iluminadas com luz branca.

As cores primárias dos corantes são diferentes das cores primárias das luzes e são representadas pela magenta, amarela e verde-azul (Figura 15.14). A mistura delas produz a **cor preta**.

Características fisiológicas das cores

O olho humano tem uma certa "memória" e uma capacidade integrativa dos estímulos. Assim, diversas imagens intermitentes como as do cinema e TV são "integradas" como se fossem contínuas. Isso acontece também com a percepção das cores. Assim, por exemplo, se for projetada uma luz violeta sobre uma tela branca, o olho verá essa cor violeta. Essa mesma sensação pode ser produzida fixando-se os olhos sobre uma tela verde-azul e passando-se rapidamente para outra azul. De forma semelhante, quando olhamos simultaneamente para objetos de diversas cores, há uma interferência de umas cores sobre as outras, o mesmo acontecendo quando se olha uma sucessão rápida de diversas cores. Esses fenômenos são chamados de contrastes simultâneo e sucessivo, respectivamente.

Contraste simultâneo — No contraste simultâneo, as cores apresentam sensações de modificação da claridade e da saturação, na presença de outras cores. Objetos de mesma cor, sobre fundos diferentes, aparecerão com diferenças de saturação e claridade. Da mesma forma, uma cor ao lado de outra mais escura, parecerá mais clara do que realmente é, enquanto torna-se ainda mais escura pela aproximação daquela mais clara.

Contraste sucessivo — O contraste sucessivo é devido à memória visual que se mantém por alguns segundos. Quando o olho é deslocado, após olhar fixamente para uma determinada cor, retém a cor complementar do objeto fixado. Assim, se um objeto vermelho for fixado durante algum tempo e depois deslocarmos rapidamente os olhos para uma superfície branca, será conservada a imagem do objeto na sua cor complementar, a verde-azul.

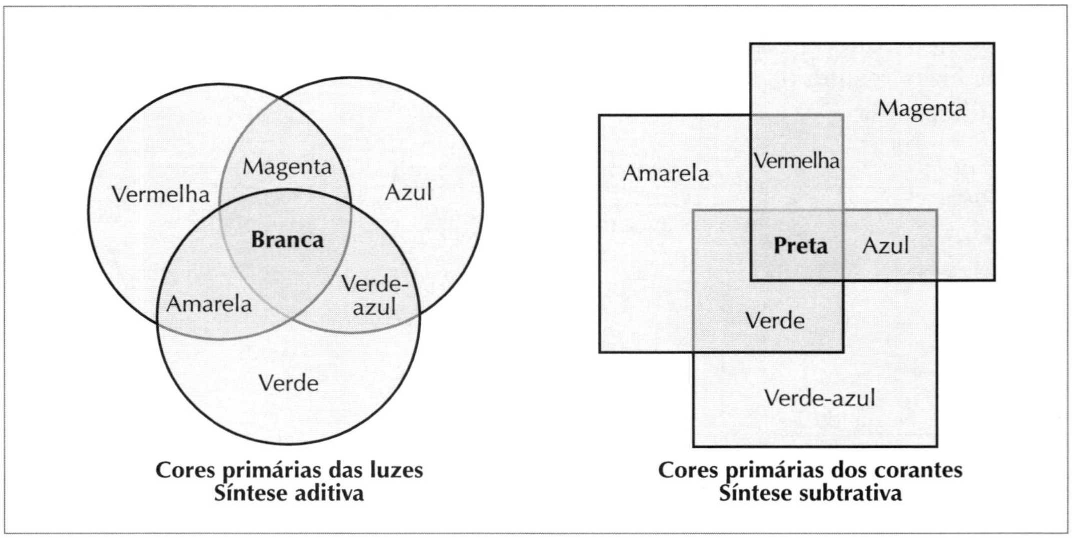

Figura 15.14
Cores primárias de luzes e de corantes.

Visibilidade de cores

A cor atrai a atenção e prende a vista, de acordo com o grau de visibilidade. A visibilidade depende grandemente do contraste e da pureza da cor. Por exemplo, o amarelo é uma cor de grande visibilidade e torna-se ainda mais visível quando tem, no fundo, a sua cor complementar, a azul. De um modo geral, todas as cores são mais visíveis junto com as suas complementares, desde que estas sejam suavizadas (com mistura de branco), ou escurecidas (com preto). Porém, um par de cores complementares, uma ao lado da outra, é desagradável e devem ser separadas por uma faixa de cor neutra (cinza ou preta).

Cores de grande visibilidade são vibrantes e de forte efeito em propaganda, embalagens e demarcações de áreas perigosas. Devem ser usadas quando se quer atrair a atenção. Contudo, não devem ser usadas para atenção permanente, porque tornam-se fatigantes.

Legibilidade de cores

A legibilidade depende do contraste entre figura e fundo e tende a aumentar com a adição de preto à figura, com fundo claro. Em letreiros, só se devem usar cores puras nos títulos principais, com fundo mais claro. Os letreiros longos podem ter a mesma cor do fundo, porém mais escuro, de modo que, quanto menor a letra, maior deverá ser o conteúdo de preto. Em letreiros curtos pode-se usar uma cor complementar no fundo, como a vermelha sobre o verde-azul e vice-versa. Diversos estudos experimentais realizados sobre a visibilidade das cores apresentam os seguintes resultados, em ordem decrescente:

1) Azul sobre a branca
2) Preta sobre a amarela
3) Verde sobre a branca
4) Preta sobre a branca
5) Verde sobre a vermelha
6) Vermelha sobre a amarela
7) Vermelha sobre a branca
8) Laranja sobre a preta
9) Preta sobre a magenta
10) Laranja sobre a branca

Por exemplo, em chapas para carro, que deveriam ter uma boa legibilidade, a cor recomendada seria o azul sobre fundo branco. A legibilidade depende ainda do tipo de letra e de suas proporções, como já foi visto na página 296. Outros fatores que influenciam a legibilidade são o nível de iluminação e o movimento relativo entre a imagem e o espectador sendo, naturalmente, mais fácil de identificar objetos parados.

Memória das cores

A percepção das cores depende também das experiências anteriores e das associações que se fazem entre certos objetos e cores. Por exemplo, desenhando-se a figura de uma banana e de uma folha no mesmo fundo acinzentado, verificou-se que a percepção da banana é amarelada e a da folha, esverdeada.

A nossa memória sobre cores tem uma tendência conservadora. Quando os mesmos objetos foram iluminados com diferentes tipos de luzes artificiais como a amarela (tungstênio) ou branca (fluorescente) não foram notadas diferenças. A percepção tende a ignorar ou neutralizar essas diferenças dos estímulos, dando mais importância ao significado dos objetos.

Além disso, as pessoas tendem a incluir, na mesma categoria, objetos de cores semelhantes entre si. Essa tendência pode ser usada para agrupar objetos que tenham a mesma função. Por exemplo, na sinalização urbana, deve-se usar sempre a mesma cor para as placas de denominação de ruas, outra cor para os direcionamentos e uma terceira para indicar atrações turísticas.

No caso de uma tela ou mapa com informações mais complexas, pode-se usar cores para classificar essas informações ou separar por "zonas". Nesse caso, não se deve usar mais de 3 a 4 cores porque, acima disso, torna-se confuso.

Comparando-se os dispositivos visuais em preto/branco com outros, coloridos, as cores podem ser usadas para criar as seguintes vantagens:

- As corem chamam a atenção;
- Acrescentam uma nova dimensão;
- Agrupam as informações;
- Diminuem o tempo de reação; e
- Reduzem erros.

Muitas vezes, o uso de cores aumenta os custos, como no caso de impressões coloridas. Contudo, esses custos adicionais podem ser compensadores, se forem usadas as vantagens acima.

Características psicológicas e simbólicas das cores

Existem estudos comprovados da influência das cores sobre o estado emocional, produtividade e qualidade do trabalho.

O homem apresenta diversas reações a cores, que o podem deixar triste ou alegre, calmo ou irritado. O vermelho, o laranja e o amarelo sugerem calor, enquanto o verde, o azul e o verde-azul sugerem frio. Cores avermelhadas sugerem alegria e satisfação. O preto, quando usado só, é depressivo e sugere melancolia. Essas características são muito utilizadas em *marketing*. Assim, uma simples mudança da cor de uma embalagem provocou aumento de vendas em 1 000%.

As cores possuem também diferentes **simbologias**, associações e supertições, que variam de acordo com a região e a cultura. Por exemplo, a cor do luto no ocidente é preta, na China é branca e, no hindu, é verde (Tabela 15.3). O vermelho significa perigo na cultura ocidental, alegria na chinesa e ódio, na japonesa.

TABELA 15.3

Significado das cores em diferentes culturas (Coe, 1996)

Cor/cultura	Amarela	Azul	Branca	Preta	Verde	Vermelha
Budista		Frieza, sabedoria	Redenção, libertação	Servidão	Vida, morte (verde-claro)	
Chinesa	Realeza, honra	Céu, primavera, árvore	Morte, luto	Feminilidade, *yin*, inverno, água		Alegria, sorte
Cristã		Verdade, fé, eternidade	Pureza, virgindade, alegria, inocência	Desprezo, morte, luto, tristeza, diabo	Esperança, imortalidade	Amor, poder, dignidade, martírio
Hebreu	Beleza	Piedade, perdão	Alegria	Compreensão	Vitória	Severidade
Hindu			Paz, iluminação	Movimento descendente	Morte, luto	Atividade, criatividade
Japonesa	Graça, nobreza	Malvadeza, patifaria, desprezo	Morte, luto		Futuro, juventude, alegria	Raiva, ódio, perigo
Ocidental	Perigo, covardia	Masculinidade, calma, autoridade	Pureza, virtude	Morte, luto, diabo	Segurança, ácida, azeda	Perigo
Oriente Médio	Alegria, prosperidade	Virtude, fé, verdade			Fertilidade, força	
Vodu	Trabalho pesado	Paz	Proteção		Negócio	Poder

Em todas as épocas, as cores e formas aparecem ligadas a diversos códigos e símbolos nas sociedades organizadas, sendo freqüente atribuir-lhes até um certo caráter mágico. A simbologia das cores, nas sociedades primitivas, nasceu da analogia direta e foi atingindo níveis maiores de subjetividade e abstração, com a evolução dessas sociedades. O vermelho, associado inicialmente ao fogo e sangue, poderá lembrar força, poder e terror, no nível mais abstrato.

Historicamente, muitos significados das cores guardaram o seu sentido original e foram enriquecidos com a evolução espiritual dos povos, tornando-se cada vez mais requintados e abstratos, dando vazão à fantasia e às aspirações humanas. Entre as associações normalmente feitas com as diversas cores, podemos destacar as seguintes, a título de exemplos.

Vermelha — É cor quente, saliente, agressiva, estimulante e dinâmica até o enervamento. Sendo a cor do fogo e do sangue, é a mais importante para muitos povos, figurando quase sempre nas cores das bandeiras. É a cor preferida das civilizações primitivas e das crianças. É utilizada em decorações festivas e torneios esportivos ou quando se quer criar ambientes quentes e acolhedores. Associada ao verde, forma o par de cores complementares mais vibrantes. Quando é aplicada em pequenas porções sobre o fundo verde, chega a produzir vibrações desagradáveis.

Amarela — Cor luminosa e digna, evoca dominação, riqueza material e espiritual. Representa o calor, energia, claridade. Opõe-se à passividade e à frigidez do azul. Desde a antiguidade está associada com a cor do sol, ouro e do fruto maduro. Muitas vezes é associada também a despeito, traição, solidão e desespero, por ser intensa e aguda. Junto com a vermelha é considerada cor "masculina", enquanto a verde, azul e violeta são consideradas "femininas".

Laranja — Cor muito quente, viva, acolhedora, saliente. Evoca o fogo, o sol, a luz e o calor. Associa-se a propriedades do vermelho e do amarelo, que lhe dão origem. As áreas coloridas pelo laranja parecem maiores do que são na realidade, devido ao seu poder de dispersão. É cor psicologicamente ativa e capaz de facilitar a digestão.

Verde — A cor verde é passiva, sugere imobilidade, alivia tensões e equilibra o sistema nervoso. Não se deixa acompanhar nem de alegria, nem de tristeza e nem de paixão. Medidas de tensões nervosas e pressões sanguíneas comprovam a qualidade calmante da verde, justificando o seu uso em hospitais, locais de repouso e mesas de jogo. É simbolicamente associada à esperança, felicidade e liberação do movimento para frente (sinal verde).

Azul — A azul é cor fria por excelência. É calma, repousante e até mesmo um pouco sonífera. Sugere indiferença, imprudência e passividade. Evoca o ar, o mar e o espaço. Sua visão ampla dá a sensação de frescor. Exerce apelo intelectual, simbolizando inteligência e raciocínio, opondo-se ao apelo emocional da vermelha.

Branca — A branca é a cor da pureza e inocência, simbolizando a paz, nascimento e morte. Ela conduz à ausência, ao vácuo noturno, em contraposição ao colorido diurno.

Preta — A cor preta é deprimente, evoca a sombra e o frio, o caos, o nada, o céu noturno, o mal, o diabo, a angústia, a tristeza, o inconsciente e a morte. Aparece como símbolo da perda irreparável, do luto e da angústia profunda.

Deve-se considerar também que certas cores tem significados culturalmente arraigados em nossa sociedade. A cor vermelha geralmente é associada a "perigo" ou "pare". A verde, a "operação normal" ou "siga". Laranja ou amarelo indicam "atenção" ou "perigo". Contudo, a dicotomia vermelho/verde apresenta problema para as pessoas daltônicas. Cerca de 8% da população masculina apresenta deficiência na percepção de cores e 4% não consegue fazer a distinção entre a vermelha e a verde.

15.5 Aplicação das cores

O sentido da visão é um dos mais desenvolvidos no ser humano. É através deste que ele obtém a maior parte das informações sobre o mundo que o cerca. As cores representam uma parte muito importante dessas informações. O ser humano, desde os tempos remotos, tentou aplicar as cores às coisas que ele criava. Isso remonta à era pré-histórica, quando faziam pinturas rupestres no interior das cavernas.

Ao longo da história, o uso das cores esteve sempre presente na produção de artefatos e vestuários. Modernamente, o uso das cores ganhou um novo impulso com o desenvolvimento tecnológico. A indústria petroquímica, principalmente a partir da década de 1950, passou a produzir muitos corantes. Ao mesmo tempo, houve um avanço dos meios fotográficos, impressoras e copiadoras a cores, bem como a sua transmissão e difusão por meios como a televisão e a Internet.

Cores no ambiente de trabalho

Um planejamento adequado de cores no ambiente de trabalho, aplicando-se cores claras em grandes superfícies, com contrastes adequados para identificar os diversos objetos, associado a um planejamento da iluminação, tem produzido economias de até 30% no consumo de energia e aumentos de produtividade que chegam a 80 ou 90%.

Existem diversas experiências comprovando a influência das cores no desempenho humano. Por exemplo, numa fábrica de produtos fotográficos, o processo de fabricação exigia o uso de luzes especiais. Diversos problemas disciplinares ocorridos nessa fábrica desapareceram assim que a luz vermelha das salas foi substituída pela verde.

A pintura de uma forjaria em azul proporciona uma sensação de frescor, puramente psicológica, apesar do calor reinante. Ao contrário, a sensação de frio em lavabos e vestiários pode ser reduzida com o uso racional de cores quentes como amarela, laranja e vermelha. Por outro lado, cores claras, de alta luminosidade ajudam a manter esses lugares limpos e higiênicos. Ao contrário, cores escuras, como o marrom, "atraem" as sujeiras.

Muitas experiências também procuraram determinar a preferência humana pelas cores. Observa-se que há uma grande dispersão dessa preferência, provocada por diferenças de sexo, idade, cultura e religiões. De modo geral, podemos apontar as seguintes preferências, em ordem decrescente: azul, violeta, branca, vermelha, amarela e magenta. Os homens preferem azul, vermelha, amarela e magenta, e as mulheres, azul, verde, violeta e vermelha.

Cores nas fábricas

Nas fábricas, em geral, são recomendadas as seguintes combinações de cores:

Paredes	*Máquinas*
Cinza clara	Verde clara
Bege creme	Verde azulada clara
Ocre-amarela fosca	Azul clara

Eventualmente, poderão ser utilizados dois ou mais graus de luminosidade para criar um conjunto alegre e dinâmico.

O uso de cores deve ser cuidadosamente planejado, junto com a arquitetura e a iluminação, de modo que o conjunto seja harmônico. As paredes, máquinas e equipamentos de transporte e até utensílios e ferramentas individuais deverão seguir as cores planejadas. Nos pontos em há necessidade de maior visibilidade, pode-se aumentar o contraste de cores e o nível de iluminação.

Os ambientes monocromáticos são monótonos e devem ser evitados. Essa monotonia pode ser reduzida fazendo-se a composição com cores diferentes em algumas paredes, vigas, pilares, cortinas, máquinas, mesas, cadeiras, estantes e assim por diante. Por outro lado, não se deve exagerar nessa complexidade visual, pois ela pode tornar-se muito confusa e estressante. Não se recomenda o uso de cores muito fortes e "chamativas" nas paredes, pisos, tetos e móveis, pois isso pode distrair a atenção.

Cores nos equipamentos

Em geral não convém pintar todo o equipamento de uma única cor. Existem normas para pintar as partes móveis e perigosas de equipamentos e das tubulações. O corpo principal deve ser pintado de cor clara, que descanse a vista, sendo recomendadas as seguintes:

- Verde clara
- Azul clara
- Verde-azul clara
- Cinza clara

Cores foscas são melhores que as cores brilhantes, pois as últimas produzem reflexos que prejudicam a visão e distraem o trabalhador.

Uma combinação adequada de cores, usada harmoniosamente, quebra a monotonia e ajuda a obter concentração do trabalhador sobre determinadas partes do equipamento, ajudando a reduzir acidentes. As cores claras também incentivam a manter o equipamento limpo.

Norma brasileira

Existem diversas normas que regulamentam o uso de cores, como a norma NBR 6503/1984, que fixa a terminologia das cores.

A norma brasileira NBR 7195/1995 apresenta recomendações para uso das cores na **segurança**, com o objetivo de prevenir acidentes e advertir contra riscos. Existem 8 cores de uso padronizado: vermelha, alaranjada, amarela, verde, azul, púrpura, branca e preta. Essas cores não devem ser usadas na pintura das máquinas, exceto aquelas branca, preta e verde. Seguem-se algumas aplicações típicas:

Vermelha — É usada em equipamentos de proteção e combate ao incêndio, inclusive portas e saídas de emergência. Os acessórios, como registros e válvulas, são identificados pela cor amarela. A cor vermelha é usada também para indicar proibição e parada obrigatória, bem como em luzes de sinalização em tapumes, barricadas e paradas de emergência.

Alaranjada — A cor alaranjada indica "perigo" em partes móveis e perigosas de máquinas e equipamentos, como polias, engrenagens e tampas de caixas protetoras (pintar do lado interno, para que fiquem visíveis na posição aberta). É usada também em equipamentos de salvamento aquático, como bóias e coletes salva-vidas.

Amarela — A cor amarela indica "cuidado" em escadas, vigas, pilastras, postes, partes salientes em estruturas, bordas perigosas, equipamentos de transporte e de movimentação de materiais. Pode ser combinada com listas ou quadrados pretos (máximo de 50% da área) para melhorar a visibilidade, como em pára-choques ou para delimitar locais de trabalho perigosos, áreas de segurança e locais destinadas à armazenagem.

Verde — A cor verde indica "segurança", servindo para identificar caixas e equipamentos de primeiros socorros, macas, chuveiros de segurança e quadros para exposição dos cartazes de segurança. Pode ser usada em faixas para delimitar áreas de segurança e áreas de vivência (fumantes, descanso).

Azul — A cor azul indica uma ação obrigatória, como o uso obrigatório dos EPI (equipamentos de proteção individual). Indicam também equipamentos fora de serviço, que não devem ser energizados ou movimentados.

Púrpura — É usada para indicar perigos provenientes das radiações eletromagnéticas penetrantes e partículas nucleares.

Branca — É usada nas faixas ou setas para demarcar corredores e locais onde circulam exclusivamente pessoas. Usa-se também nas áreas em torno dos equipamentos de emergência, primeiros socorros e coletores de resíduos.

Preta — A cor preta identifica os coletores de resíduos, exceto aqueles originários dos serviços de saúde.

Para melhorar a visibilidade, as cores de segurança devem ser pintadas sobre um fundo contrastante. É indicado um fundo branco para as cores: vermelha, verde, azul, púrpura e preta. O fundo preto é usado para: alaranjada, amarela e branca.

A norma NBR 6493/1994 indica cores das **tubulações**, para canalização de fluidos, material fragmentado e condutores elétricos. As cores indicam os seguintes conteúdos:

Alaranjada — Produtos químicos não-gasosos

Alumínio — Gases liquefeitos, inflamáveis, combustíveis de baixa viscosidade (gasolina, óleo diesel, querosene, óleo lubrificante, solventes)

Amarela — Gases não-liquefeitos

Azul — Ar comprimido

Branca — Vapor

Cinza-claro — Vácuo

Cinza-escuro — Eletroduto

Marrom — Materiais fragmentados (minérios) e petróleo bruto

Preta — Inflamáveis e combustíveis de alta viscosidade (óleo combustível, alcatrão, asfalto, piche)

Verde — Água, exceto para combate ao incêndio.

Vermelha — Água e outras substâncias para combate ao incêndio

Essas cores não precisam ser pintadas em toda a extensão das tubulações, mas em faixas com 40 cm de largura. Essas faixas de identificação devem situar-se em locais bem visíveis, nos pontos de inspeção, junto às válvulas ou onde haja possibilidade de desconexão. Junto à faixa de identificação, podem ser colocadas setas indicando o sentido do fluxo ou palavras identificadoras, como "veneno". A tubulação de água potável deve ser diferenciada, colocando-se a letra P em branco, sobre a faixa verde.

Diversos outros códigos de cores são usados na indústria, por exemplo, para identificar botijões de gás e resistividades elétricas, mas não os apresentaremos aqui porque referem-se a aplicações específicas

Recomendações para uso de cores

O uso adequado de cores facilita as comunicações, contribui para reduzir os erros e, conseqüentemente, aumenta a eficiência no trabalho. São apresentadas as seguintes recomendações para o uso adequado das mesmas.

- A preta sobre a branca melhora a legibilidade. Outras combinações interessantes são a azul e vermelha sobre a branca. Nunca use amarela sobre a branca.
- Evite combinações da vermelha com a azul marinho, que provocam vibrações.
- A visibilidade das cores pode ser influenciada pela luz, tamanho, forma, ângulo visual e textura.
- Ao usar as cores, considere as associações emocionais, visuais e culturais.
- Nunca use mais de seis cores em um *display* visual.
- Ao elaborar um texto, nunca misture diferentes cores na mesma palavra.
- Nunca use cores como um código único. Use redundâncias (formas, letras, números).

Conceitos introduzidos no capítulo 15

iluminamento	círculo de cores
ofuscamento	cores primárias
fadiga visual	visibilidade das cores
sistema de iluminação	legibilidade das cores
sistema Munsell	memória das cores

Questões do capítulo 15

1. Quais são os fatores que influem na discriminação visual?
2. Como se pode reduzir o ofuscamento?
3. Apresente pelo menos 3 causas da fadiga visual.
4. Quais são os 3 tipos básicos de iluminação?
5. Descreva as características das cores usadas no sistema Munsell.
6. Como ocorre o efeito subtrativo das cores?
7. Quais são os fatores que aumentam a visibilidade e legibilidade das cores?
8. Exemplifique pelo menos 3 características psicológicas e simbólicas das cores.
9. Dê alguns exemplos de aplicações de cores na fábrica e nos equipamentos.

Exercício

Analise a legibilidade das placas de carro ou algum tipo de sinalização urbana (placas com nomes de ruas, logradouros, setas indicativas de direção). Faça sugestões para a melhoria dos mesmos.

16. Ambiente: temperatura, ruídos e vibrações

Uma grande fonte de tensão no trabalho são as condições ambientais desfavoráveis, como excesso de calor, ruídos e vibrações. Esses fatores causam desconforto, aumentam o risco de acidentes e podem provocar danos consideráveis à saúde.

Para cada uma das variáveis ambientais há certas características que são mais prejudiciais ao trabalho. Cabe ao projetista conhecer essas limitações e, na medida do possível, tomar as providências necessárias para manter os trabalhadores fora dessas faixas de risco. Entretanto, quando isso não for possível, devem ser avaliados os possíveis danos ao desempenho e à saúde dos trabalhadores, para que seja adotada aquela alternativa menos prejudicial, tomando-se todas as medidas preventivas cabíveis em cada caso.

Este capítulo trata dos aspectos de temperatura, ruídos e vibrações nos locais de trabalho, e complementa o Capítulo 15, sobre iluminação e cores.

16.1 Efeitos fisiológicos do calor

Os seres humanos têm uma grande capacidade de tolerar diferenças climáticas, em comparação com outros primatas, devido ao seu corpo sem pelo e a alta capacidade de suas glândulas sudoríparas. Contudo nem todas as condições climáticas são consideradas confortáveis ou adequadas a um trabalho eficiente.

Termoregulação

O homem é um animal homeotérmico. Sua temperatura corporal interna é mantida constante, a aproximadamente 37°C, por meio de mecanismos termoregulatórios. Isso faz com que o corpo humano se mantenha sempre aquecido e pronto para o trabalho, sem depender da temperatura externa, para esse aquecimento. Em outros animais de sangue frio, como os répteis, a disposição para a atividade varia em função da temperatura externa.

A temperatura interna do corpo pode oscilar em 37 ± 2° C ou seja, entre 35 a 39° C. Fora dessa faixa, indica alguma anormalidade. Temperaturas abaixo de 25° C e acima de 42° C podem tornar-se fatais. Isso é diferente da temperatura superficial da pele, que pode variar em cada parte do corpo, e também sofrer variações maiores, em contato com a atmosfera externa.

Equilíbrio térmico

O nosso organismo é uma espécie de máquina térmica, que gera calor continuamente pelo processo de combustão, como já vimos no Capítulo 3. Os açúcares, gorduras e proteínas são usadas como combustíveis, que são "queimados" pelo oxigênio, liberando gás carbônico e água. O calor produzido pelos processos metabólicos, no interior do corpo, é conservado pelos tecidos isolantes, principalmente a gordura subcutânea. O excedente é eliminado pelos mecanismos de sudação. Além disso, o organismo humano realiza contínuas trocas de calor com o meio ambiente, pelos processos de condução, convecção e irradiação. Assim, o organismo mantém o equilíbrio térmico, que pode ser expresso pela seguinte equação:

$$S = M - E \pm R \pm C - W$$

Onde,

S = calor ganho ou perdido pelo organismo, em um certo intervalo de tempo. Com o corpo em equilíbrio térmico, S = 0.

M = calor gerado pelos processos metabólicos

E = calor dissipado pelo suor

R = calor radiante trocado com o ambiente

C = calor trocado por condução e convecção com o ambiente

W = energia gasta no trabalho

A seguir, vamos examinar melhor cada uma das parcelas dessa equação.

Metabolismo (M)

Como já foi visto no Capítulo 3, o organismo humano funciona como uma máquina térmica, sempre gerando calor, mesmo em estado de repouso absoluto. O corpo humano gasta cerca de 60 a 80 kcal/h com o metabolismo basal. Para realizar trabalhos, gasta mais 20 a 50 kcal/h para trabalhos normais leves, 70 a 120 kcal/h para trabalhos moderados com os braços e de 200 a 500 kcal/h para trabalhos pesados, envolvendo movimentos corporais maiores.

O calor gerado pelo metabolismo pode ser estimado pelo consumo de oxigênio, com equivalência de 4,8 calorias para cada litro de oxigênio consumido.

Evaporação (E)

A evaporação é o mecanismo mais importante do equilíbrio térmico. Ela ocorre nos pulmões e na superfície da pele, sob a forma de suor. Cabe destacar que não é propriamente a produção de suor, mas a sua evaporação que contribui para remover o calor. Assim, quando o corpo apresenta gotículas de suor visíveis na pele, é uma indicação de desequilíbrio, ou seja, o suor produzido não está sendo removido em ritmo suficiente para manter o equilíbrio térmico.

O suor provoca diluição de várias soluções eletrolíticas do corpo, como o de sódio, potássio e clorados. A redução da concentração de sódio no sangue pode acelerar o ritmo cardíaco, baixar a pressão e reduzir a circulação periférica. Para se evitar isso, a água perdida deve ser imediatamente reposta, junto com pílulas de sal, para restabelecer o equilíbrio salino do sangue e tecidos.

A quantidade de calor eliminada pela evaporação depende da **umidade relativa** e do movimento do ar. A umidade relativa influi na quantidade de vapor que o ar pode receber. Esta é proporcional ao déficit de saturação, ou seja, a diferença para se chegar até a umidade de 100% (ar saturado). Quanto mais seco for o ar, maior será esse déficit e mais favorável a evaporação. Essa evaporação será quase nula em dias chuvosos, quando a umidade relativa se aproxima da saturação, ou seja 100% de umidade relativa. O movimento do ar também favorece a evaporação, pois retira a camada de ar saturada próxima à pele, substituindo-a por outras, menos saturadas.

Em ambientes quentes, acima de 35 °C, a evaporação é o único mecanismo disponível para o organismo eliminar o calor e manter o seu equilíbrio térmico (Figura 16.1). Nessas condições, o organismo trabalha em desvantagem, devendo reduzir o ritmo da atividade para, conseqüentemente, diminuir a geração de calor pelo metabolismo. Só assim poderá manter o seu equilíbrio térmico.

O trabalho físico muito pesado, associado a condições externas desfavoráveis pode provocar um desequilíbrio térmico, com o conseqüente aumento da temperatura corporal. Temperaturas de até 39,5° C podem ser toleradas, mas só por curtos espaços de tempo. Além disso, para temperaturas maiores, a sobrecarga térmica ameaça provocar alterações no sistema nervoso central e, se a temperatura corporal chegar a 41° C, o sistema regulador entra em colapso. Nessa situação, vários tecidos do organismo sofrem mudanças irreversíveis, particularmente o cérebro, e a morte geralmente se torna inevitável aos 42° C.

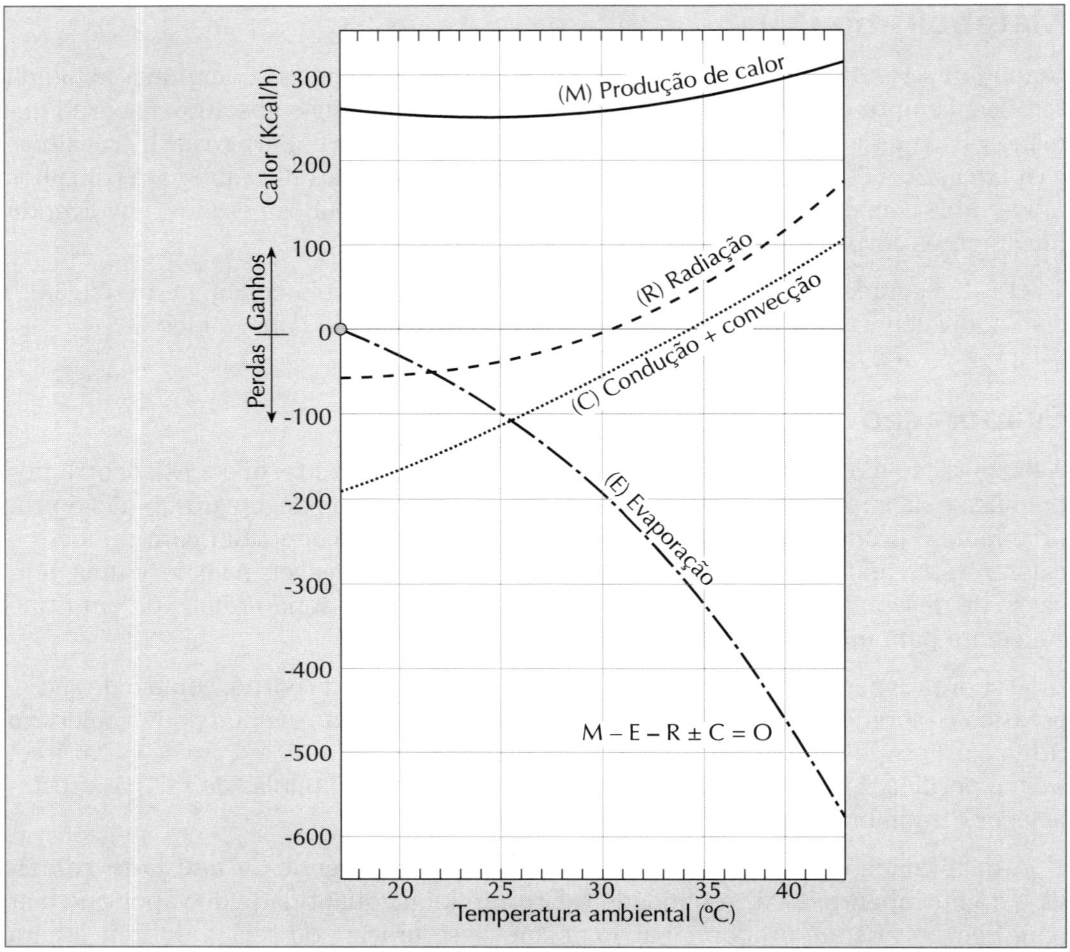

Figura 16.1 Esquema de balanço térmico do organismo, de acordo com a temperatura ambiental (Lehmann, 1960).

Os seres humanos são dotados de 1,6 milhões de glândulas sudoríparas, que conseguem produzir até 500 gramas de suor por metro quadrado de pele, por hora. (Outros animais, como cavalos e camelos, produzem respectivamente, 100 e 250 gramas de suor por hora). Uma pessoa adulta tem cerca de 1,8 m² de pele. Isso significa que o homem pode suar até 0,9 kg por hora, mas há muitas diferenças individuais. A capacidade de sudação pode aumentar com a adaptação do organismo ao calor intenso.

Uma pessoa exposta ao calor intenso, durante vários dias, vai aumentando a sua capacidade de produção de suor (Figura 16.2). No início, essa capacidade situa-se em torno de 1,5 l/h de suor. Após 10 dias, essa capacidade pode dobrar e, após 6 semanas, pode chegar a 2,5 vezes de sua capacidade inicial, após a qual tende a estabilizar-se. A vaporização de 1 g de água remove cerca de 0,6 kcal de calor. Portanto, a eliminação de calor por sudação pode chegar a 900 kcal/h e até a 2 250 kcal/h, em casos extremos (Ganong, 1998). Entretanto, o organismo pode permanecer pouco tempo nessas condições extremas, sendo necessário conceder pausas para recuperação. Em muitos casos, a duração dessas pausas deve ser maior que a duração da própria atividade (ver página 502).

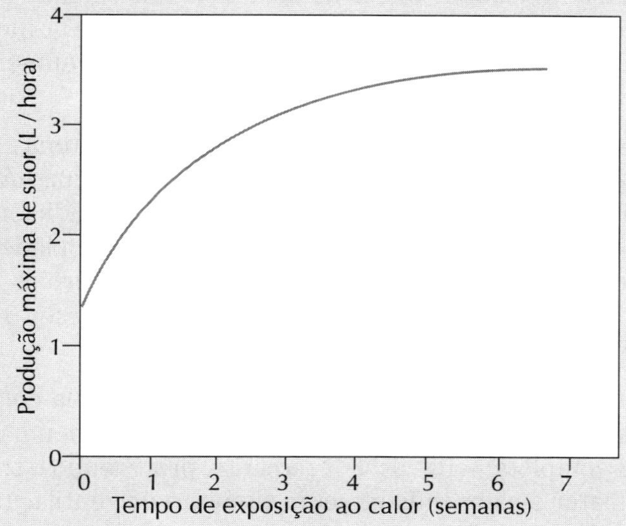

Figura 16.2
A capacidade de produção do suor aumenta com a adptação do organismo ao calor intenso.

Radiação (R)

O corpo humano troca calor continuamente com o ambiente, por radiação, recebendo calor daqueles objetos mais quentes e irradiando para aqueles mais frios que o seu corpo. A pele humana comporta-se como um bom absorvedor e radiador, assemelhando-se a um corpo negro. (Corpo negro é um conceito da Física — no caso, a cor da pele não influi, exceto que a pele branca reflete mais radiação no espectro visível).

Os objetos de temperaturas diferentes emitem diferentes tipos de radiações. Quando a temperatura aumenta, emitem radiações com menores comprimento de onda. Um objeto entre 50 e 100°C emite radiações de ondas longas, da ordem de 3 a 5 mícrons (1 mícron = 10^{-6} m). Acima dessa temperatura, começa a haver emissões na faixa do infravermelho, de 1 a 1,5 mícrons.

Um metal aquecido a 500 °C fica avermelhado, indicando que há emissões na faixa do espectro visível (0,4 a 0,75 mícrons). Se a temperatura continuar subindo até 1 000 °C ficará esbranquiçado, indicando que está havendo emissões em toda a faixa do espectro visível. Finalmente, se a temperatura chegar a milhares de graus, como ocorre no sol, haverá radiações de ondas muito curtas, na faixa do ultravioleta (abaixo de 0,4 mícrons).

Nem todas as radiações tem igual poder de penetração no corpo humano. O poder máximo de penetração, chegando a 5 e até 10 cm de profundidade, ocorre com ondas de 1 a 1,5 mícrons, na faixa do infravermelho. Essas ondas provocam sensação de bem-estar, pelo aquecimento interno do corpo. Os raios mais longos, de 3 a 5 mícrons, já penetram pouco, aquecendo apenas a superfície, o que produz "queimadura" superficial e desconforto. O mesmo acontece no outro extremo do espectro visível, na faixa dos raios ultravioletas, que penetram apenas alguns décimos de milímetros na pele.

A luz solar tem uma intensidade maior na faixa de 1 mícron, que explica a sensação de bem-estar do "banho" de sol em dias frios. Se essa luz solar incidir sobre uma superfície de vidro, provoca o efeito "estufa" que consiste no aumento do comprimento de onda, com efeito desagradável.

O calor radiante muito intenso pode transferir algumas centenas de calorias por hora ao corpo, chegando a extremos de 1 000 cal/h. Isso produz uma **sobrecarga** térmica, que o corpo precisará eliminar, exigindo um esforço adicional do coração. Se o ritmo de ganho do calor corporal for maior que a sua capacidade em eliminá-lo, haverá uma redução da capacidade de trabalho e outros distúrbios indicadores do desequilíbrio térmico, com sensações desagradáveis. Além disso, o calor radiante muito intenso poderá também provocar queimaduras na pele.

A melhor forma de proteger-se contra o calor radiante é pela colocação de uma superfície **refletora** entre a fonte e o trabalhador. Por exemplo, uma lâmina de alumínio refletirá quase completamente o calor radiante, protegendo o trabalhador. Não é muito prático combater o calor radiante com aumento de ventilação porque assim só se favorece a evaporação do suor, mas não se evita que o corpo receba radiação.

Condução e convecção (C)

A condução ocorre quando o organismo entra em contato direto com objetos mais quentes ou mais frios. O organismo está normalmente protegido por roupas e calçados, que são bons isolantes. Assim, as trocas de calor por condução são reduzidas, podendo ser desprezadas em casos práticos. Excetuam-se as mãos e pés desnudos em contato com superfícies boas condutoras (metais) a temperaturas muito frias (perdem calor) ou quentes (ganham calor).

A troca por convecção ocorre pelo movimento da camada de ar próxima à pele, que tende a retirar o ar quente (se a temperatura ambiental for abaixo de 37°C) e substituí-lo por outro mais frio. Dependendo da velocidade do vento, essa troca por convecção pode atingir valores significativos. É por isso que os motociclistas andam com casacos impermeáveis.

Energia gasta no trabalho (W)

A energia gasta no trabalho varia entre 1,6 kcal/min para trabalhos leves (trabalhos manuais simples, sentado) até 16,2 kcal/min (subir escada com peso de 10 kg), conforme já se viu no Capítulo 3 (ver Figura 3.11).

Temperatura efetiva

Temperatura efetiva é aquela que produz sensação térmica equivalente a uma temperatura medida com o ar saturado (100% de umidade relativa) e praticamente parado (sem ventos). Ou seja, uma temperatura efetiva de 25°C é aquela que mede 25°C com umidade de 100% e o ar parado. Essa temperatura efetiva corresponde, então, a todas as demais combinações de temperaturas ambientais, umidades relativas do ar e de velocidades do vento, que produzem a mesma sensação térmica. Se a umidade diminuir ou a velocidade do vento aumentar, facilitando a evaporação do suor, a temperatura ambiental equivalente, à mesma temperatura efetiva, pode ser maior.

Na prática, a medida da umidade relativa é substituída pela medida de duas temperaturas, sendo uma com o **bulbo seco** e da outra com o **bulbo úmido** (envolvendo-se o bulbo do termômetro com um chumaço de algodão molhado). Se o ar estiver saturado, as duas medidas deverão coincidir. Quanto mais seco for o ar, maiores serão as diferenças entre essas duas temperaturas (Figura 16.3). Assim, por exemplo, a temperatura efetiva de 25°C a 100% de umidade relativa, coincide com os mesmos 25°C de temperaturas úmida e seca. Se a umidade relativa baixar para 70%, essa temperatura efetiva de 25°C será equivalente a 23°C de temperatura úmida e 27°C de temperatura seca. No outro extremo, com 10% de umidade relativa essas temperaturas serão, respectivamente, de 15,5°C e 34°C.

Aumentando-se a velocidade do vento, as temperaturas do bulbo seco e bulbo úmido, que produzem a mesma temperatura efetiva, tendem a aumentar, também. Assim, uma temperatura efetiva de 25°C (ar parado) é equivalente à temperatura de 26°C para o ar se movendo a 0,5 m/s, e 28°C para a velocidade do ar de 2,0 m/s.

Observa-se que a temperatura efetiva, medida pelo método dos dois termômetros não considera o efeito da radiação. Em ambientes onde a radiação for intensa, será

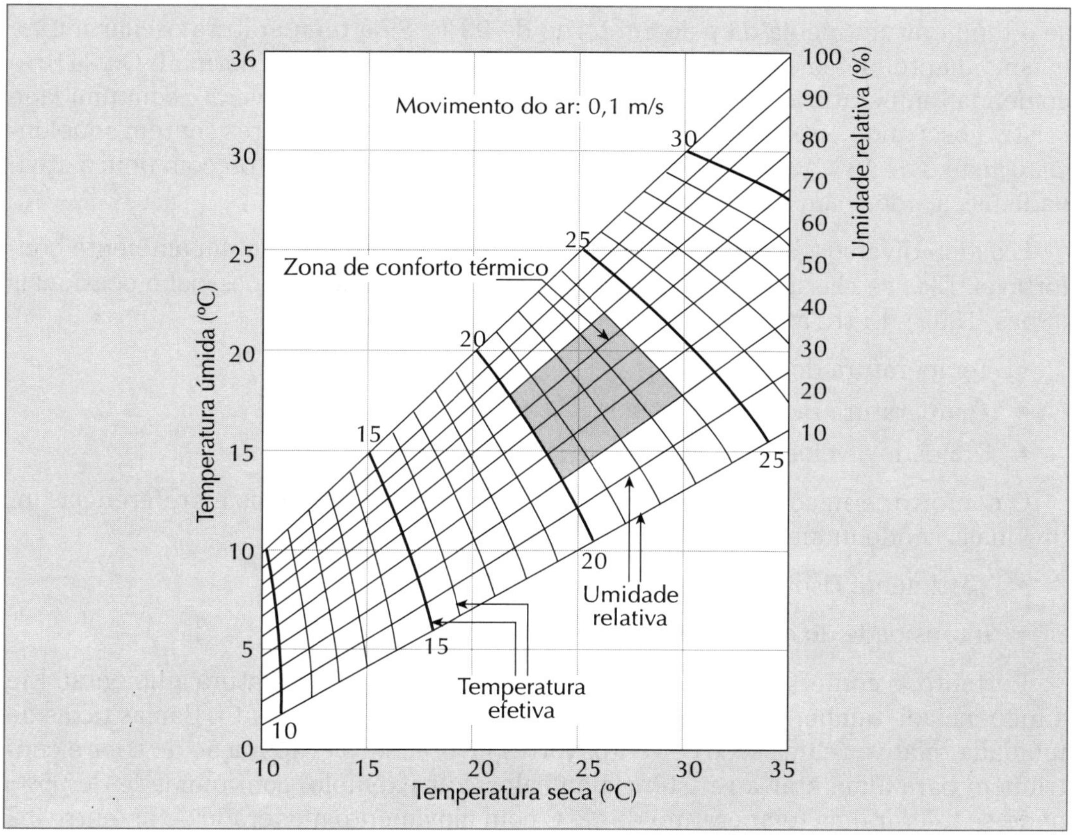

Figura 16.3
Diagrama de temperaturas efetivas, mostrando a zona de maior conforto térmico para o organismo (Lehmann, 1960).

necessário substituir o termômetro seco por um outro chamado de termômetro de globo, que tem o bulbo envolto por uma bola de metal enegrecida. A temperatura efetiva assim obtida chama-se temperatura efetiva **corrigida**.

Conforto térmico

A primeira condição para o conforto é o equilíbrio térmico, ou seja, a quantidade de calor ganho pelo organismo deve ser igual à quantidade de calor cedido para o ambiente. Contudo, ela não é suficiente para se garantir o conforto térmico. O sistema termoregulador do organismo é capaz de fazer várias combinações entre as variáveis ambientais e individuais, mas apenas uma estreita faixa dessas variáveis é considerada confortável (ver diagramas de conforto *in* Ruas, 1999).

O organismo utiliza vários mecanismos para promover o balanço térmico. Durante o frio, o organismo pode acelerar o metabolismo para produzir mais calor. Isso ocorre com os "tremores", quando a musculatura atua para gerar mais calor. Se o corpo estiver em atividade, o calor gerado pode chegar ao triplo, em relação ao repouso. Os vestuários também ajudam a manter a temperatura corporal, conservando o ar quente próximo à pele e evitando as perdas por convecção. As roupas também absorvem o calor radiante do corpo. Contudo, se a roupa estiver úmida, perde grande parte do seu poder isolante.

O conforto térmico no interior de fábricas e escritórios é conseguido mantendo-se a temperatura média da pele em torno de 33°C. Se a temperatura oscilar muito, mesmo mantendo-se essa média, o conforto tende a diminuir. A norma ISO 9241 recomenda temperaturas de 20 a 24°C no inverno e 23 a 26°C no verão, com umidade relativa oscilando entre 40 e 80%. Acima de 24°C, os trabalhadores sentem sonolência e abaixo de 18°C, aqueles envolvidos em trabalho sedentário ou com pouca atividade física, começam a sentir tremores.

Existem diversos fatores que se conjugam para a produção de um ambiente confortável. Eles se classificam em aqueles de natureza ambiental, pessoal e ocasionais (Ruas, 1999). Entre as de natureza ambiental, destacam-se:

- Temperatura do ar;
- Temperatura radiante média; e
- Umidade e velocidade do ar.

O conforto térmico depende também das condições ocasionais e preferências individuais, sendo influenciado por fatores como:

- Vestimenta (isolamento térmico); e
- Intensidade do esforço físico (metabolismo).

Portanto, o conforto térmico não depende apenas da temperatura ambiental. Ele é influenciado também pela umidade relativa e velocidade do vento. Baixas taxas de umidade relativa (clima seco) e ventos fortes favorecem a evaporação do suor e contribuem para aumentar a resistência ao calor. Por exemplo, com umidade de 90%, pode-se tolerar uma temperatura de 32°C com movimento moderado do ar, entre 0,2 a 0,4 m/s. Se essa umidade abaixar para 20%, a temperatura tolerável já sobe para 38°C, com a mesma velocidade do ar.

Umidades abaixo de 40% favorecem a evaporação do suor, mas aumentam o risco de infecções respiratórias. O ar seco provoca ressecamento e fissuras nas vias respiratórias, por onde penetram as bactérias presentes no ar.

Zona de conforto térmico

A zona de conforto é delimitada entre as temperaturas efetivas de 20 a 24°C, com umidade relativa de 40 a 80%, com uma velocidade do ar moderada, da ordem de 0,2 m/s (Figura 16.3). As diferenças de temperatura (gradiente térmico) presentes no mesmo ambiente não devem ser superiores a 4°C. Essa zona se refere ao organismo adaptado ao calor. Nos países temperados, durante o inverno, com o organismo adaptado ao frio, essa zona de conforto situa-se entre 18 e 22°C para a mesma taxa de umidade e velocidade do vento.

Ventilação

A ventilação é um aspecto importante do conforto térmico. Em ambientes muito quentes, é reconfortante sentir uma leve aragem junto à pele. A ventilação ajuda a remover, por convecção, o calor gerado pelo corpo. Ao remover o ar saturado próximo da pele, facilita a evaporação do suor e o resfriamento do corpo. Em ambientes industriais, a ventilação pode ter o objetivo principal de remover o ar contaminado de aerodispersoides. Nesse caso, pode ser benéfico ou prejudicial ao conforto, dependendo da temperatura do ar.

A velocidade do ar é considerada agradável entre 0,1 e 0,2 m/s em trabalhos leves a uma temperatura em torno de 24°C. Acima de 24°C, em trabalhos pesados, ou com o ar saturado, a velocidade preferida sobe para 0,2 a 0,5 m/s. A norma NR-17 estabelece a velocidade máxima de 0,75 m/s para atividades leves. No inverno, essa velocidade deve ser reduzida para 0,15 m/s. Em ambientes com fontes de calor ou trabalhos pesados, essa velocidade pode subir a até 1,50 m/s.

Uma pessoa precisa de uma renovação de 12 a 15 metros cúbicos de ar por hora. Em condições de trabalho pesado ou ambiente com fumantes, essa taxa deve ser dobrada. Para se manter a **qualidade do ar** em ambientes internos é necessário fazer a renovação equivalente a pelo menos 1 volume desse ambiente por hora.

Para verificar a qualidade do ar em ambientes internos, deve-se analisar, em primeiro lugar, a temperatura, umidade e velocidade do ar. Se estes se mostrarem satisfatórios, deve-se medir a concentração do dióxido de carbono. A concentração usual de CO_2 é de 0,033%. O aumento dessa taxa indica renovação insuficiente do ar. O organismo é sensível a pequenos aumentos dessa taxa, quando sente o ar "abafado".

Pode-se construir um questionário para avaliar a qualidade do ar, listando-se os principais sintomas que caracterizam o desconforto ou principais tipos de queixas

Como você está se sentindo hoje ?

	1	2	3	4	5	6	7	
Muito frio	☐	☐	☐	☐	☐	☐	☐	Muito quente
Muito úmido	☐	☐	☐	☐	☐	☐	☐	Muito seco
Muito escuro	☐	☐	☐	☐	☐	☐	☐	Muito claro
Muito quieto	☐	☐	☐	☐	☐	☐	☐	Muito barulhento
Ar parado	☐	☐	☐	☐	☐	☐	☐	Corrente agradável
Ar viciado	☐	☐	☐	☐	☐	☐	☐	Boa qualidade do ar
Nariz escorrendo	☐	☐	☐	☐	☐	☐	☐	Nariz seco
Garganta seca	☐	☐	☐	☐	☐	☐	☐	Garganta normal
Boca seca	☐	☐	☐	☐	☐	☐	☐	Boca normal
Lábios secos	☐	☐	☐	☐	☐	☐	☐	Lábios normais
Pele seca	☐	☐	☐	☐	☐	☐	☐	Pele normal
Olhos secos	☐	☐	☐	☐	☐	☐	☐	Olhos normais
Olhos irritados	☐	☐	☐	☐	☐	☐	☐	Olhos sem irritação
Com dor de cabeça	☐	☐	☐	☐	☐	☐	☐	Sem dor de cabeça
Com tontura	☐	☐	☐	☐	☐	☐	☐	Sem tontura
Sentindo-se mal	☐	☐	☐	☐	☐	☐	☐	Sentindo-se bem
Cansado	☐	☐	☐	☐	☐	☐	☐	Descansado
Sem concentração	☐	☐	☐	☐	☐	☐	☐	Concentração normal
Mal humorado	☐	☐	☐	☐	☐	☐	☐	Bem humorado
Disposição – 0%	☐	☐	☐	☐	☐	☐	☐	100% de disposição

Figura 16.4
Escala para avaliar a qualidade do ar em ambientes internos (Bridger, 2003).

apresentadas pelos trabalhadores (Figura 16.4). Em cada situação específica, pode-se fazer uma lista diferente desses quesitos. Esse questionário tem o objetivo de elaborar o diagnóstico dos aspectos mais graves, a fim de estabelecer prioridades para as ações corretivas.

16.2 Influências climáticas no trabalho

O clima, principalmente a temperatura e a umidade ambiental, influi diretamente no desempenho do trabalho humano. Estudos realizados em laboratórios e na indústria comprovam essas influências, tanto sobre a produtividade como sobre os riscos de acidentes.

Em uma pesquisa feita numa mina de carvão, Bredford e Vernon (1922) demonstraram que o tempo necessário às pausas aumenta a partir de 19°C, havendo um crescimento acentuado a partir de 24°C (Figura 16.5). A freqüência relativa de acidentes também tende a crescer depois de 20°C. A eficiência do trabalho a 28°C era cerca de 41% menor que a 19°C. Tanto as pausas como o índice de acidentes cresceram, se bem que mais lentamente, para temperaturas abaixo de 19°C. Esses efeitos são ainda mais pronunciados para trabalhadores idosos, acima de 45 anos.

A norma NR-15, Anexo 3, estabelece os limites máximos de exposição ao calor, acima dos quais, há risco potencial de dano à saúde do trabalhador (Tabela 16.1), em função de duas variáveis: taxa metabólica e IBUTG.

TABELA 16.1
Limites de exposição ao calor, com períodos de descanso no próprio local. (NR - 15, Anexo 3, Ministério do Trabalho)

Regime de trabalho e de descanso	Tipo de atividade		
	Leve (°C)	Moderada (°C)	Pesada (°C)
Trabalho contínuo	até 30,0	até 26,7	até 25,0
45 min trabalho 15 min descanso	30,1 a 30,6	26,8 a 28,0	25,1 a 25,9
30 min trabalho 30 min descanso	30,7 a 31,4	28,1 a 29,4	20,6 a 27,9
15 min trabalho 45 min descanso	31,5 a 32,2	29,5 a 31,1	28,0 a 30,0
Trabalho com exigências de medidas adequadas de controle	acima de 32,2	acima de 31,1	acima de 30,0

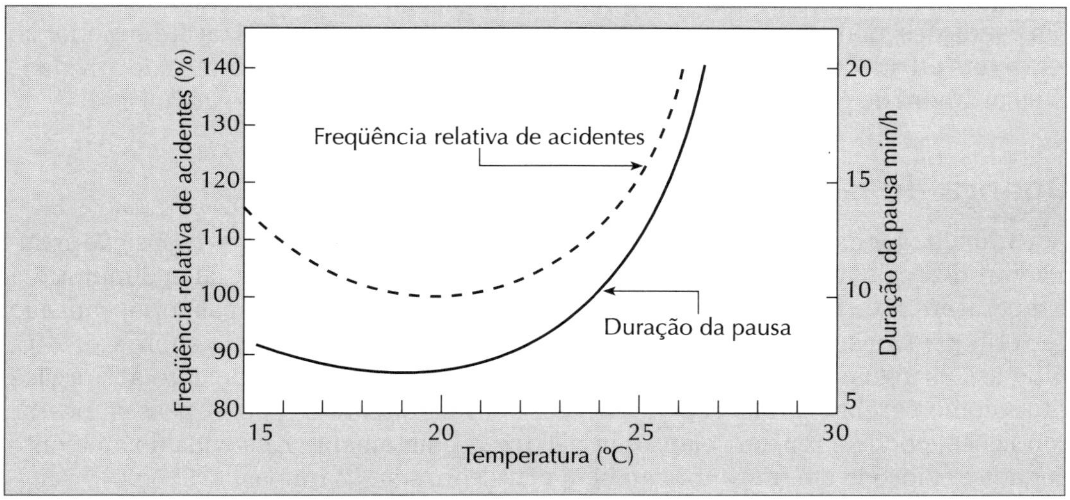

Figura 16.5 Influência da temperatura ambiental sobre as pausas no trabalho e a freqüência de acidentes, em uma tarefa de carregamento de carvão (Bredford e Vernon, 1922).

Taxa metabólica — Média ponderada das taxas metabólicas, multiplicadas pelo tempo de duração, obtidas em um intervalos de 60 minutos corridos.

IBUTG — Índice de bulbo úmido temperatura de globo – média ponderada dos diversos valores da temperatura úmida, multiplicados pelo tempo de duração, obtidos em 60 minutos corridos.

Observe que, quanto maior o esforço físico, menores serão as temperaturas toleráveis.

Trabalho a altas temperaturas

O trabalho físico em condições extremas de calor provoca dois tipos de demandas. De um lado, a musculatura exige maior irrigação sanguínea, que pode chegar a até 25 L/min. De outro, sangue deve fluir também para a superfície da pele para eliminar o calor, a um fluxo de até 10 L/min. Contudo, a capacidade máxima do coração para o bombeamento do sangue é de 25 L/min. Portanto, esse passa a ser o fator limitante. O coração, nessas condições, é extremamente exigido, tanto pelos músculos, como pela vasodilatação periférica. Nesses casos, deve-se moderar as exigências para que o coração não sofra um colapso.

O trabalho pesado gera muito calor por processos metabólicos. Em ambientes quentes (por exemplo, em fundições), o organismo recebe uma carga adicional de calor por convecção e radiação. Por outro lado, o único mecanismo disponível para eliminar o calor corporal é pela evaporação do suor. Qualquer desequilíbrio pode levar ao aumento da temperatura corporal, que pode ser muito perigoso. Nessa situação, existem três tipos de medidas cabíveis.

Em primeiro lugar, pode-se atuar sobre o ambiente, colocando-se uma barreira para o calor radiante, sob a forma de superfícies refletoras ou roupas protetoras, para que elas não atinjam ao corpo. Em segundo, pode-se melhorar as condições para favorecer a evaporação do suor, com ventilações e roupas adequadas. Em terceiro, reduzir o ritmo de trabalho ou conceder pausas para que o organismo tenha tempo para eliminar o calor excedente acumulado. Durante essas pausas, o trabalhador deve afastar-se da zona quente, pois as diferenças de temperatura ajudam a remover o calor acumulado. Em condições muito severas, a duração dessas pausas deve ser igual ou até superior ao tempo em atividade. Há situações mais severas, em que apenas 5 minutos de atividade exigem 1 hora de pausa, para se restabelecer o equilíbrio térmico do organismo.

Doença do calor

Um trabalhador pode sofrer desidratação pelo excesso de suor e reposição insuficiente dos sais minerais. Quando isso acontece, a produção do suor diminui e a temperatura interna do corpo tende a subir. Em situações extremas, o mecanismo de termoregulação começa a falhar e a temperatura corporal pode subir até 41°C. A pressão sangüínea cai e o sangue não chega em quantidade suficiente aos órgãos vitais como cérebro e rins. A pele torna-se rosada, quente e seca. A pessoa, nessas condições, pode sofrer um colapso, se não for imediatamente removida do ambiente quente e colocada em um ambiente bem ventilado, sem as roupas.

Trabalho a baixas temperaturas

O clima frio exige maior esforço muscular. Em um ambiente a 5°C, a tensão muscular aumenta em 20% e acelera a fadiga. Trabalhadores em frigoríficos entre 0 a 10°C queixam-se principalmente do frio nas mãos e dedos (89%), punho (58%), dedos dos pés (59%) e ombros (52%). Comparados com outros trabalhadores que executam tarefas semelhantes em climas mais quentes, verificou-se que se queixam mais de dores nas mãos, braços e pescoço (Bridger, 2003).

O resfriamento dos tecidos periféricos, principalmente das mãos e pés, provocam reduções de força e do controle neuromuscular, com perda de destreza, tornando o trabalhador mais vulnerável a erros e acidentes. Se a temperatura corporal interna cair para menos de 33°C, o sistema nervoso central deixa de funcionar.

O projeto das roupas adequadas para essas condições ambientais extremas não é um problema fácil de resolver. As roupas isolantes para se proteger do frio e umidade também inibem a transpiração. Após algum tempo, podem tornar-se incômodas. Aquelas para proteger o trabalhador contra o calor radiante também podem reter o ar junto à pele. Esse ar torna-se saturado, impedindo a evaporação do suor. Enfim, é uma questão que ainda exige mais pesquisa e desenvolvimento.

Contato com superfícies quentes ou frias

O contato com superfícies quentes ou frias pode provocar desconforto ou até acidentes. As reclamações mais comuns desse tipo de desconforto resultam do contato das mãos e pés com superfícies quentes ou frias, como corrimões, ferramentas manuais, comandos de máquinas e pisos. Esses problemas podem ser resolvidos com a substituição de materiais bons condutores, como metais, por materiais isolantes como plásticos e madeiras. Os calçados também podem ter solas com melhor isolamento térmico. Os calçados comuns só devem ser usados com pisos entre 19 a 39°C.

Tarefas mentais

Existem diversas pesquisas comprovando a influência do clima no desempenho de tarefas mentais (Bridger, 2003). As temperaturas extremas, principalmente o frio, dificultam a concentração mental, porque a sensação de desconforto provoca distrações.

As temperaturas elevadas, acima de 32°C, prejudicam a percepção de sinais. Além disso, as pessoas passam a tomar decisões mais arriscadas e isso pode reduzir a qualidade do trabalho e aumentar os riscos de acidentes.

O desempenho, em uma tarefa simples de aprendizagem, sofre pouca influência entre 18 e 28°C, a uma umidade relativa de 40%, observando-se o melhor desempenho a 23°C. A redução do desempenho, em tarefas mentais, torna-se mais evidente acima de 33°C.

Projeto de edificações

O projeto de edificações determina o grau de penetração da energia solar e a influência do calor radiante. O tipo de isolamento, principalmente do telhado, tem uma grande influência na troca de calor entre a edificação e o ambiente externo.

Os telhados de zinco e de cimento-amianto transferem muito calor para dentro das edificações. A colocação de um forro sob esses telhados alivia bastante o calor. Esses telhados e as paredes expostas diretamente à luz solar podem ser pintadas de cores claras para refletir a energia solar. Com providências desse tipo, conseguem-se reduzir em até 2°C a temperatura interna.

Os telhados, em climas tropicais, podem ser estendidos, de modo a proteger as janelas e paredes das incidências diretas da luz solar. Deve-se evitar essas incidências principalmente em áreas envidraçadas. A orientação das edificações é importante para se evitar essa incidência direta da luz solar sobre as áreas envidraçadas. Há uma tendência, nas construções modernas, de aumentar as áreas envidraçadas para reduzir custos, mas isso provoca maiores trocas de calor, aumentando despesas com aparelhos de ar condicionado.

16.3 Ruídos

Existem diversas conceituações do ruído. Aquela mais usual é a que considera o ruído como um "som indesejável". Esse conceito é um tanto quanto subjetivo, pois um som pode ser desejável para uns, mas indesejável para outros, ou mesmo para a mesma pessoa, em ocasiões diferentes. Uma música pode ser agradável para os que estão em uma festa, mas indesejável para os vizinhos.

Uma outra definição, de natureza mais operacional, considera o ruído um "estímulo auditivo que não contém informações úteis para a tarefa em execução". Assim, o "bip" intencional de uma máquina, ao final de um ciclo de operação, pode ser considerado útil ao operador, porque é um aviso para ele iniciar um novo ciclo, mas o mesmo pode ser considerado um ruído pelo seu vizinho, cuja atenção está concentrada em outra tarefa.

Fisicamente, o ruído é uma mistura complexa de diversas vibrações, medido em uma escala logarítmica, cuja unidade é decibel (dB). Como já foi visto na página 90, o ouvido humano é capaz de perceber uma grande fixa de intensidades sonoras, desde aquelas próximas de zero, até potências 10 000 000 000 000 (10^{13}) superiores, equivalentes a 130 dB (Figura 16.6). Esse é o ruído correspondente ao do avião a jato, e é praticamente o máximo que o ouvido humano pode suportar. Acima disso, situa-se o limiar da percepção dolorosa, que pode produzir danos ao aparelho auditivo.

Limites toleráveis de ruídos

Os ruídos constituem-se na principal causa de reclamações sobre as condições ambientais. As pessoas apresentam muitas diferenças individuais quanto à tolerância aos ruídos. Embora os ruídos até 90 dB não provoquem sérios danos aos órgãos auditivos, os ruídos entre 70 e 90 dB dificultam a conversação e a concentração, e podem provocar aumento dos erros e redução do desempenho. Portanto, em ambientes de trabalho, o ideal é conservar o nível de ruído ambiental abaixo de 70 dB (Tabela 16.2).

Existem, basicamente, dois tipos de ruídos: os contínuos e os de impacto. Os **contínuos** são aqueles de "fundo" que ocorrem com certa uniformidade durante toda a jornada de trabalho. Aqueles de **impacto** são picos de energia acústica de curta-duração (1 s) e que chegam a níveis de 110 a 135 dB. Ocorrem, por exemplo, com as batidas das máquinas em forjarias e estamparias (prensas). Podem ser considerados também ruídos de impacto aqueles de natureza inesperada e que se destacam no ambiente, como buzinas, batidas de porta e gargalhadas repentinas.

TABELA 16.2
Limites toleráveis a ruídos em diversos tipos de atividades

Nível de ruído dB (A)	Atividade
50	A maioria considera como um ambiente silencioso, mas cerca de 25% das pessoas terão dificuldade para dormir.
55	Máximo aceitável para ambientes que exigem silêncio
60	Aceitável em ambientes de trabalho durante o dia
65	Limite máximo aceitável para ambientes ruidosos
70	Inadequado para trabalho em escritórios. Conversação difícil
75	É necessário aumentar a voz para conversação
80	Conversação muito difícil
85	Limite máximo tolerável para a jornada de trabalho

Um som repentino de 100 dB, com duração aproximada de 5 ms, provoca um susto, produzindo uma reação imediata de defesa, quando o organismo adota uma posição de máxima estabilidade postural. Esse tipo de reação interfere no trabalho e retarda o tempo de reação para outras tarefas. Os operadores só se habituam a eles após 4 a 5 exposições ou ao longo de alguns minutos.

O organismo tem um mecanismo de defesa contra o ruído de natureza contínua. Após um certo tempo de exposição, ele torna-se menos sensível a esse ruído contínuo. Mas isso não acontece com o ruído de impacto, que são inesperados. Por conseguinte, estes são os que mais perturbam.

Tempo de exposição

O ruído contínuo de 85 dB é considerado o máximo tolerável para uma exposição durante 8 horas de jornada diária de trabalho, pelas normas brasileiras (NR-15).

Intensidade da pressão sonora	Ruído (dB)	Exemplos típicos (escala logaritmica)
100 000 000 000 000	140	
		Limiar da dor
10 000 000 000 000	130	Avião a jato
		Britadeira pneumática
1 000 000 000 000	120	
		Buzina de carro (1 m)
100 000 000 000	110	Forjaria
		Estamparia
10 000 000 000	100	Prensa
		Serra circular
1 000 000 000	90	Caminhão
		Máquinas-ferramenta
100 000 000	80	Barulho do tráfego
		Escritório barulhento
10 000 000	70	Carro (15 m)
		Fala normal
1 000 000	60	
		Escritório silencioso (10 pessoas)
100 000	50	Escritório silencioso (2 pessoas)
		Sala de estar residencial
10 000	40	
		Biblioteca
1 000	30	
		Quarto de dormir (à noite)
100	20	Tic-tac de relógio
		Sala acústica
10	10	
		Limiar da audição
1	0	

Figura 16.6
Escala de ruídos, em decibéis (dB), com os níveis correspondentes das pressões sonoras e alguns exemplos típicos de ruídos.

Entretanto, existem estudos indicando que ruídos de 80 dB já causam danos. Em conseqüência, muitas normas estrangeiras já fixam o limite máximo em 80 dB. Acima desse nível, o tempo de exposição deve ser reduzido, pois começam a surgir riscos para os trabalhadores expostos a ruídos contínuos (Tabela 16.3). Por exemplo, se o ruído chegar a 90 dB a exposição cai para 4 h/dia e a 115 dB, para apenas 7 min/dia. Se a exposição ultrapassar esses limites, deve-se providenciar algum tipo de equipamento de proteção individual.

O tempo de exposição depende também das freqüências. Para o mesmo nível, se a freqüência aumentar, esse tempo tende a diminuir (Figura 16.7). Os riscos são maiores para a faixa de 2 000 a 6 000 Hz, especialmente para ruídos em torno de 4 000 Hz. A exposição a um ruído com 100 dB, com 4 000 hz deve limitar-se a apenas 7 minutos.

TABELA 16.3

Tempo máximo de exposição permissível ao ruído contínuo ou intermitente (NR - 15, Anexo 1, Ministério do Trabalho)

Nível de ruído dB (A)	Exposição máxima permissível por dia
85	8 horas
90	4 horas
100	1 hora
105	30 min
110	15 min
115	7 min

Surdez provocada pelo ruído

A conseqüência mais evidente do ruído é a surdez. Ela pode ser de duas naturezas: a surdez de condução e a surdez nervosa.

Surdez de condução — Resulta de uma redução da capacidade para transmitir as vibrações, a partir do ouvido externo para o interno. Pode ser causada por diversos fatores, como acúmulo de cera, infecção ou perfuração do tímpano. Ruídos de impacto com alta intensidade podem provocar ruptura da membrana do tímpano ou danificar a transmissão pelos ossículos do ouvido médio. Com isso, as vibrações sonoras chegam amortecidas à cóclea, reduzindo a eficiência auditiva.

Surdez nervosa — Ocorre no ouvido interno e é devida à redução da sensibilidade das células nervosas da cóclea. Isso acontece após exposição prolongada a ruídos intensos. As perdas que ocorrem nas faixas de alta freqüência, acima de 1 000 Hz,

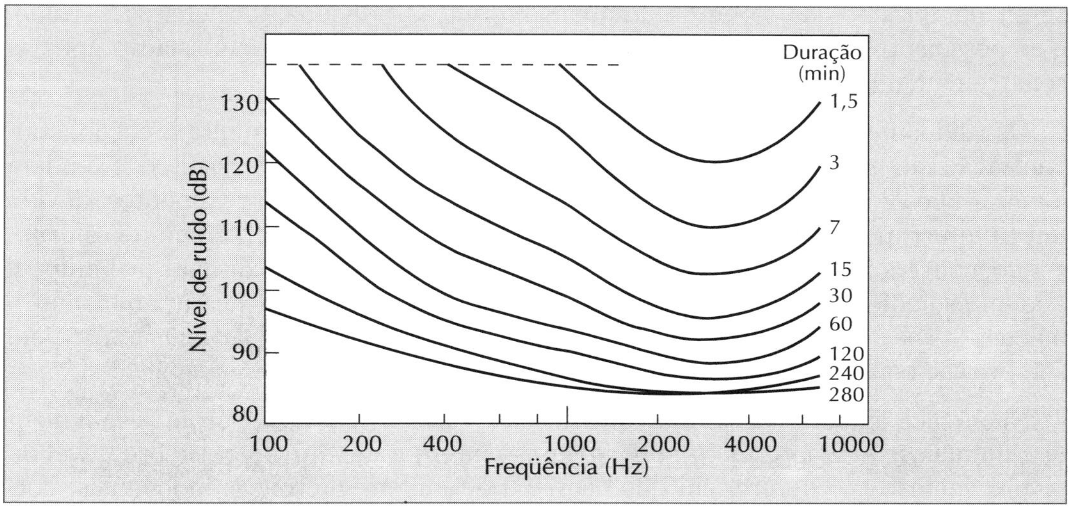

Figura 16.7 Curvas de exposições máximas permitidas (em minutos) a ruídos contínuos, sem riscos de surdez. A faixa mais prejudicial encontra-se entre 2 000 e 4 000 hertz (Oborne, 1982).

principalmente em torno de 4 000 Hz, e são irreversíveis. Para ruídos de até 80 dB, essas perdas são pequenas, mas tendem a crescer a partir desse nível, chegando a 27% aos 95 dB.

As pessoas idosas, sobretudo após os 40 anos, começam a perder audição (ver Figura 12.16). A exposição a ruídos acima de 90 dB tende a acelerar esse processo. Nesse particular, os homens apresentam uma perda auditiva mais rápida que as mulheres, principalmente na faixa de 2 000 a 4 000 Hz.

Surdez temporária ou permanente

A surdez pode ter um caráter temporário, reversível, ou pode ser permanente. Uma exposição diária, durante a jornada de trabalho, a um nível elevado de ruído, sempre provoca algum tipo de surdez temporária, que pode desaparecer com o descanso diário.

Contudo, dependendo de vários fatores como freqüência, intensidade e tempo de duração dessa exposição, pode ser que o descanso diário não seja suficiente para a recuperação e, então, há um efeito cumulativo, e a surdez temporária pode se transformar em permanente, de caráter irreversível.

A perda de audição pode prejudicar a qualidade do trabalho e a carreira do trabalhador. Devido à dificuldade de audição, ele pode ser excluído de certas tarefas. Por exemplo, ele pode encontrar dificuldades em detectar sinais de sonar, a 35 dB em 8 000 Hz, ou participar de trabalhos em grupo em que se exigem freqüentes discussões.

Influência do ruído no desempenho

Ruídos acima de 90 dB começam a provocar reações fisiológicas prejudiciais ao organismo, aumentando o estresse e a fadiga. Esses ruídos intensos também dificultam a comunicação verbal. As pessoas precisam falar mais alto e prestar mais atenção, para serem compreendidas. Notam-se também diferenças individuais aos efeitos do ruído, e as pessoas treinadas em uma tarefa sofrem menos influência em relação àquelas sem treinamento

Os ruídos intensos tendem a prejudicar tarefas que exigem muita atenção, concentração mental, ou velocidade e precisão dos movimentos. Os resultados tendem a piorar após 2 horas de exposição ao ruído. O ruído produz aborrecimentos, devido a uma interrupção forçada da tarefa ou aquilo que as pessoas gostariam de estar fazendo, como conversar ou dormir, e isso provoca tensões e dores de cabeça. Também podem prejudicar a memória de curta-duração. As tarefas que exigem muitas informações verbais são prejudicadas porque as pessoas precisam falar mais alto e nem sempre são compreendidas, devido ao efeito do mascaramento.

Não é fácil caracterizar o ruído que mais perturba as pessoas, porque isso depende de uma série de fatores como freqüência, intensidade, duração, timbre, nível de pico e, inclusive, o horário em que ocorre. Há também diferenças individuais, pois cada pessoa tem uma sensibilidade diferente aos ruídos. Em geral, ruídos mais agudos são menos tolerados. Assim, ao nível de 100 Hz, a pessoa pode suportar até 100 dB enquanto a 4 000 Hz esse nível cai para 85 dB.

Em uma escola nos arredores de um aeroporto observou-se uma mudança de comportamento de professores e alunos nos dias de maior movimento dos aviões. Nesses dias, os alunos ficavam mais excitados, barulhentos e menos inclinados ao trabalho escolar. Os professores diminuíam o ritmo, sentiam-se irritados e cansados, tinham dores de cabeça e freqüentemente perdiam o controle sobre a disciplina na sala de aula.

Ruídos de curta-duração — Os ruídos de curta duração (1 ou 2 minutos) provocam queda no rendimento, tanto no início como no final do período do ruído (Figura 16.8). Isso significa, que logo no início do ruído, o desempenho cai, mas se o ruído for mantido, o desempenho retorna ao nível que estava antes de começar o ruído. Quando o ruído cessa, há novamente uma queda do desempenho, que retorna ao nível normal após alguns segundos. Portanto, dentro de certos limites, parece que não é propriamente o ruído, mas a intermitência do mesmo que provoca alterações do desempenho.

Ruídos de longa duração — Os ruídos de longa duração (algumas horas), na faixa de 70 a 90 dB, não provocaram mudanças significativas, tanto em tarefas intelectuais como naquelas manuais. Isso foi comprovado em experimentos de laboratório. Para ruídos acima de 90 dB, o desempenho começa a cair. Em tarefas que exigem atenção, o número de erros aumenta significativamente. Contudo, o organismo tem o poder de se adaptar a ambientes ruidosos, de longa duração.

Um experimento feito com dois grupos, submetidos, respectivamente, a ruídos de 70 e 100 dB, mostrou que o segundo grupo apresentava um desempenho significativamente menor no primeiro dia. Entretanto, no segundo dia, essa diferença já não era tão significativa, comprovando o efeito de adaptação do segundo grupo ao ruído, mais intenso.

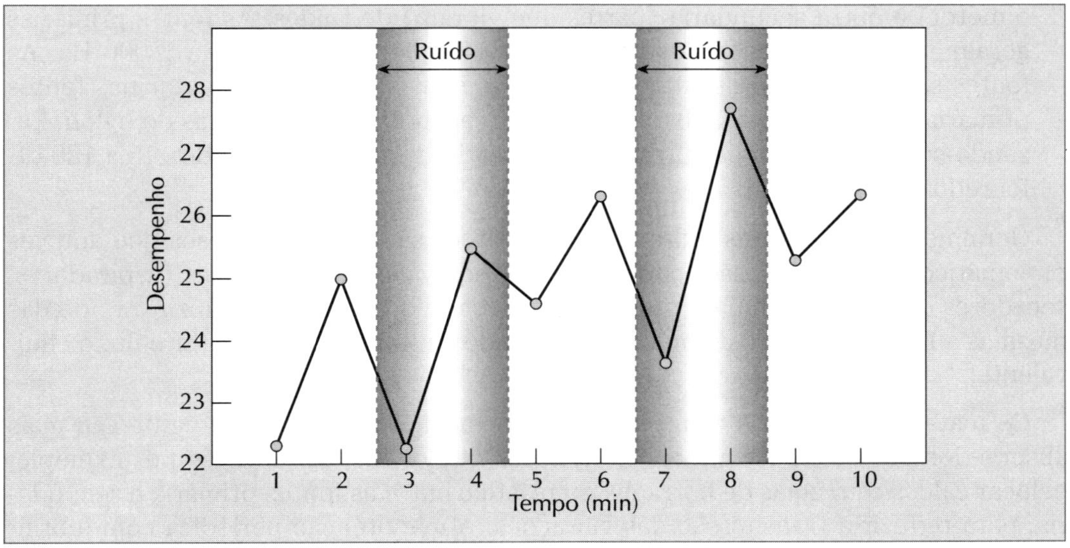

Figura 16.8 Em exposições a ruídos de curta duração (1 a 2 minutos), observa-se uma queda do desempenho, tanto no início como no fim do período ruidoso.

Música ambiental

A música ambiental tem sido recomendada como um meio de quebrar a monotonia e reduzir a fadiga, principalmente em situações de trabalho altamente repetitivo. Os defensores da mesma dizem que ela melhora a atenção e a vigilância, produzem sensações de bem-estar, melhoram o rendimento do trabalho e reduzem os índices de acidentes e absenteísmos. Os trabalhadores em geral apreciam a música e consideram-na agradável, principalmente se não houver mascaramento pelo ruído de fundo.

Contudo, alguns estudos demonstraram que a música tocada continuamente não produz esses efeitos desejados, perdendo o efeito estimulador. Ela deve ser tocada, então, durante uma parte da jornada de trabalho, preferivelmente nos horários em que a fadiga manifesta-se com maior intensidade. Esses estudos indicam que não é a música em si, mas é a mudança que ela provoca no ambiente, quebrando a monotonia, que influi no desempenho. Notou-se também que o tipo de música, popular ou erudita, não faz diferença.

Se o ambiente for naturalmente barulhento, com sons excedendo a 85 dB, a música, para ser audível, precisaria ser ainda mais intensa. Nesse caso, em vez de ajudar, pode converter-se em uma fonte adicional de ruído, prejudicando ainda mais o ambiente.

Controle do ruído industrial

Já vimos que o ruído de 85 dB é considerado como limite máximo para uma exposição contínua durante a jornada de trabalho. Se esse ruído subir para 90 dB ou mais, devem ser tomadas medidas para reduzir o seu nível, limitar o tempo de exposição ou proteger o trabalhador. A seguir, são detalhadas algumas dessas medidas.

Atuar na fonte — A medida mais eficaz para reduzir o ruído é atuar diretamente na fonte. Isso significa, por exemplo, fazer o redesenho das máquinas ou substituí-las por outras, menos barulhentas. Muitas máquinas tem uma fonte primária (como o motor) e outra secundária (partes que vibram) de ruídos. As fontes primárias geralmente produzem ruídos cíclicos e de freqüências abaixo de 1 000 Hz. As fontes secundárias apresentam freqüências mais altas. Pode-se atuar nas fontes primárias, por exemplo, substituindo-se peças metálicas por outras de nylon. Fazendo-se isso em uma perfuradeira pneumática, o ruído original de 115 a 120 dB foi reduzido para 95 dB.

Geralmente, os motores hidráulicos e elétricos são mais silenciosos que aqueles pneumáticos ou de explosão, para potências equivalentes. As hélices (aspiradores, secadores de cabelo) também produzem muitos ruídos. Pode-se reduzir o ruído das mesmas aumentando-se o diâmetro e reduzindo a rotação, para manter o fluxo equivalente.

Os materiais orgânicos como madeira, borracha e plástico geralmente são mais absorvedores e transmitem menos vibrações que os metais. Pode-se por exemplo, colocar calços e arruelas de borracha ou plástico entre as fontes primária e secundária, para reduzir a transmissão das vibrações. A manutenção periódica com lubrificantes, aperto de parafusos frouxos e substituição de peças gastas e desbalanceadas também contribui para a redução dos ruídos.

Isolar a fonte — As fontes de ruído podem ser enclausuradas dentro de cabinas isolantes, para criar uma barreira total ou parcial à propagação do som. O enclausuramento total consiste em criar uma cabina isolante em torno da fonte, deixando apenas pequenas aberturas para ventilação. Aquele parcial consiste em colocar uma barreira acústica entre a fonte e o receptor. O material usado no enclausuramento deve ter alta densidade, a fim de dissipar as ondas sonoras provocadas pelas reflexões nas paredes.

Internamente, a cabina pode ser revestida de material anti-acústico, que absorve e dissipa o som. Esses materiais isolantes são leves e porosos. As ondas sonoras, quando penetram em seus poros, fazem trajetórias aleatórias e acabam dissipando energia, que é convertida em calor, por atrito.

A eficácia do enclausuramento depende do volume do invólucro, tipo de parede (material, espessura), revestimento anti-acústico e área da abertura para ventilação e inspeção. Um enclausuramento de boa qualidade pode reduzir o nível de ruído em cerca de 10 dB.

Reduzir a reverberação — O nível de ruído em um ambiente depende da intensidade de sua fonte e da reverberação nas diversas superfícies. A pessoa recebe o som direto da fonte e todos aqueles que são refletidos pelo piso, teto, paredes e outros objetos existentes no ambiente (Figura 16.19).

A reverberação em um ambiente fechado depende do seu volume (mas não do formato) e do material de revestimento. Ela pode ser diminuída, colocando-se materiais absorvedores, como carpetes no piso. As próprias roupas são absorvedoras. Assim, um auditório lotado será mais absorvedor que aquele vazio.

Existem diversos tipos de carpetes e cortinas que absorvem ruídos. Para revestimentos em escritórios são recomendados principalmente aqueles que absorvem ruídos de altas freqüências (2 000 a 4 000 Hz), produzidos por máquinas como as

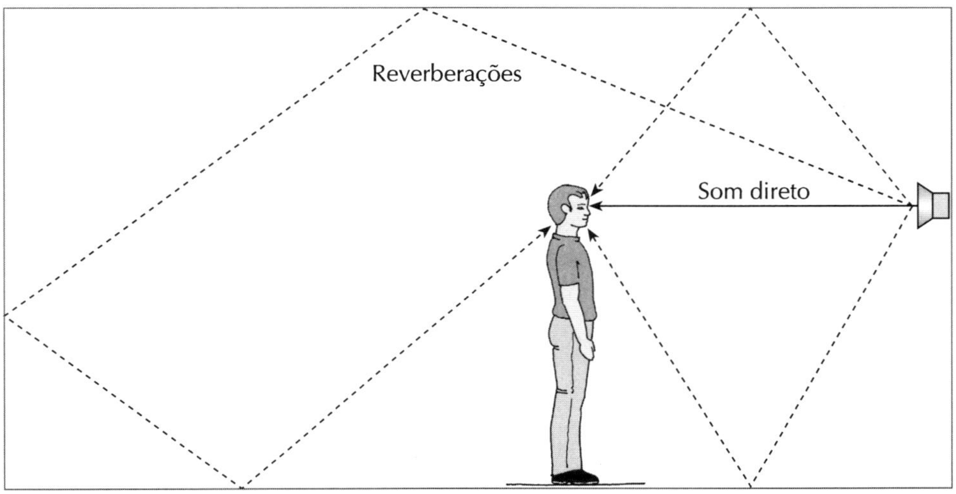

Figura 16.9
O ouvido capta o som direto da fonte e aquele reverberado em várias superfícies.

impressoras. As cortinas contribuem principalmente para evitar as reverberações, capturando as ondas sonoras e evitando que se propaguem.

Remover o trabalhador — O trabalhador pode ser retirado do ambiente ruidoso, por exemplo, mudando-se o *layout* da fábrica. Quando possível, as máquinas ruidosas podem ser colocadas em um local afastado ou longe dos locais onde há maior concentração de trabalhadores. Se não houver necessidade de funcionamento contínuo, as máquinas barulhentas poderiam ser ligadas em horários que atrapalhem menos a rotina de trabalho.

Adotar controles administrativos — Existem vários tipos de controles administrativos que podem ser adotados para reduzir o impacto dos ruídos. O primeiro deles é o de conscientizar os trabalhadores sobre os efeitos danosos do ruído e submetê-los ao treinamento para evitar exposições desnecessárias, ou usar equipamentos de proteção individual. Também se pode adotar um sistema de rotação dos trabalhadores, para evitar a exposição prolongada de cada um deles ao ruído.

Proteger o trabalhador — O uso de protetores auriculares deve ser considerado o último recurso de defesa do trabalhador, quando todas as outras medidas se mostrarem ineficazes ou economicamente inviáveis.

Existem basicamente dois tipos de protetores auriculares: *ear plugs* e *ear muffs*. Os *ear plugs* são tampões colocados diretamente no canal auditivo. Os *ear muffs* são colocados sobre as orelhas. Os *ear plugs* têm a vantagem de serem pequenos, fáceis de carregar e mais baratos. Os *ear muffs*, contudo, são mais eficientes e mais confortáveis. Em qualquer um dos casos, é importante que haja uma boa adaptação à anatomia do usuário. O uso correto dos mesmos provoca uma redução de 4 a 14 dB a 1 000 Hz.

16.4 Vibrações

Vibração é qualquer movimento que o corpo ou parte dele executa em torno de um ponto fixo. Esse movimento pode ser regular, do tipo senoidal ou irregular, quando não segue nenhum padrão determinado, como no sacolejar de um carro andando em uma estrada de terra.

O corpo humano sofre vibrações diárias nos meios de transportes como ônibus e trens. Contudo, nem todas as vibrações são prejudiciais. Aquelas de baixa freqüência, em torno de 4 a 8 Hz são as que provocam maiores incômodos.

Existem muitas ferramentas manuais, como furadeiras, grampeadores, martelos elétricos e pneumáticos que provocam vibrações nos braços e mãos, produzindo isquemias e dores locais. A exposição contínua pode produzir lesões irreversíveis.

A vibração é definida por três variáveis. Primeira, a freqüência, medida em ciclos por segundo ou hertz (Hz). Segunda, a intensidade do deslocamento (em cm ou mm) ou aceleração máxima sofrida pelo corpo, medida em g ($1g = 9{,}81\ m{\cdot}s^{-2}$). A terceira variável é a direção do movimento, definida por três eixos triortogonais: x (das costas para frente), y (da direita para esquerda) e z (dos pés à cabeça).

Efeito das vibrações sobre o organismo

Os efeitos da vibração direta sobre o corpo humano podem ser extremamente graves, podendo danificar permanentemente alguns órgãos do corpo humano. Nos últimos anos, diversos pesquisadores têm coletado dados sobre os efeitos fisiológicos e psicológicos das vibrações sobre o trabalhador, como perda de equilíbrio, falta de concentração e visão turva, diminuindo a acuidade visual.

Em trabalhadores florestais que usam moto-serra, há uma degeneração gradativa do tecido vascular e nervoso, causando perda da capacidade manipulativa e o tato nas mãos, dificultando o controle motor. Em casos mais graves, a circulação do sangue nos dedos é afetada, tornando-os descoloridos e provocando o fenômeno do “dedo branco”. Nessa situação, os dedos ficam insensíveis e podem sofrer necrose.

As vibrações são particularmente danosas ao organismo nas freqüências mais baixas, de 1 a 80 Hz. Elas provocam lesões nos ossos, juntas e tendões. A primeira publicação internacional que estabeleceu limites de exposição a vibrações nessa faixa foi a norma ISO nº 2631 de 1978, que apresenta valores máximos de vibrações suportáveis para tempos de 1 minuto a 12 horas de exposição (Figura 16.10).

As recomendações dessa norma abrangem três critérios de severidade:

- Limite de conforto, sem maior gravidade, como ocorre em veículos de transporte coletivo;
- Limite de fadiga, provocando redução na eficiência de trabalhadores, como em máquinas que vibram; e
- Limite máximo de exposição, correspondendo ao limiar do risco à saúde.

No sentido longitudinal do corpo (eixo z, dos pés à cabeça) o corpo humano é mais sensível na faixa de 4 a 8 Hz, enquanto no sentido transversal (eixos x e y, perpendiculares ao eixo z) o organismo é mais sensível na faixa de 1 a 2 Hz.

As freqüências intermediárias, de 30 a 200 Hz provocam doenças cardiovasculares mesmo com baixas amplitudes (1mm) e, nas freqüências altas, acima de 300 Hz, o sintoma é de dores agudas e distúrbios neurovasculares. Alguns desses sintomas são reversíveis. Após um longo período de descanso, eles podem reduzir-se, mas retornam rapidamente se o organismo for novamente exposto às vibrações.

Freqüência de ressonância

O organismo humano, sendo uma estrutura complexa, composta de diversos ossos, articulações, músculos e órgãos, não reage uniformemente ao efeito das vibrações. Cada parte do organismo pode tanto amortecer como amplificar as vibrações. Essas amplificações ocorrem quando partes do corpo passam a vibrar na mesma freqüência e então dizemos que entrou em ressonância. As freqüências que provocam esse fenômeno são chamadas de freqüência de ressonância (Tabela 16.4).

Podemos imaginar essas ressonâncias da seguinte forma. Se um homem ficar de pé sobre uma plataforma vibratória, que começa a vibrar lentamente e vai aumentando a sua freqüência, veremos, em cada instante, uma determinada parte do corpo vibrando com maior intensidade e, depois, com o aumento progressivo da freqüência, essa parte pára, como se tivesse sido “desligada” e uma outra parte começa a vibrar.

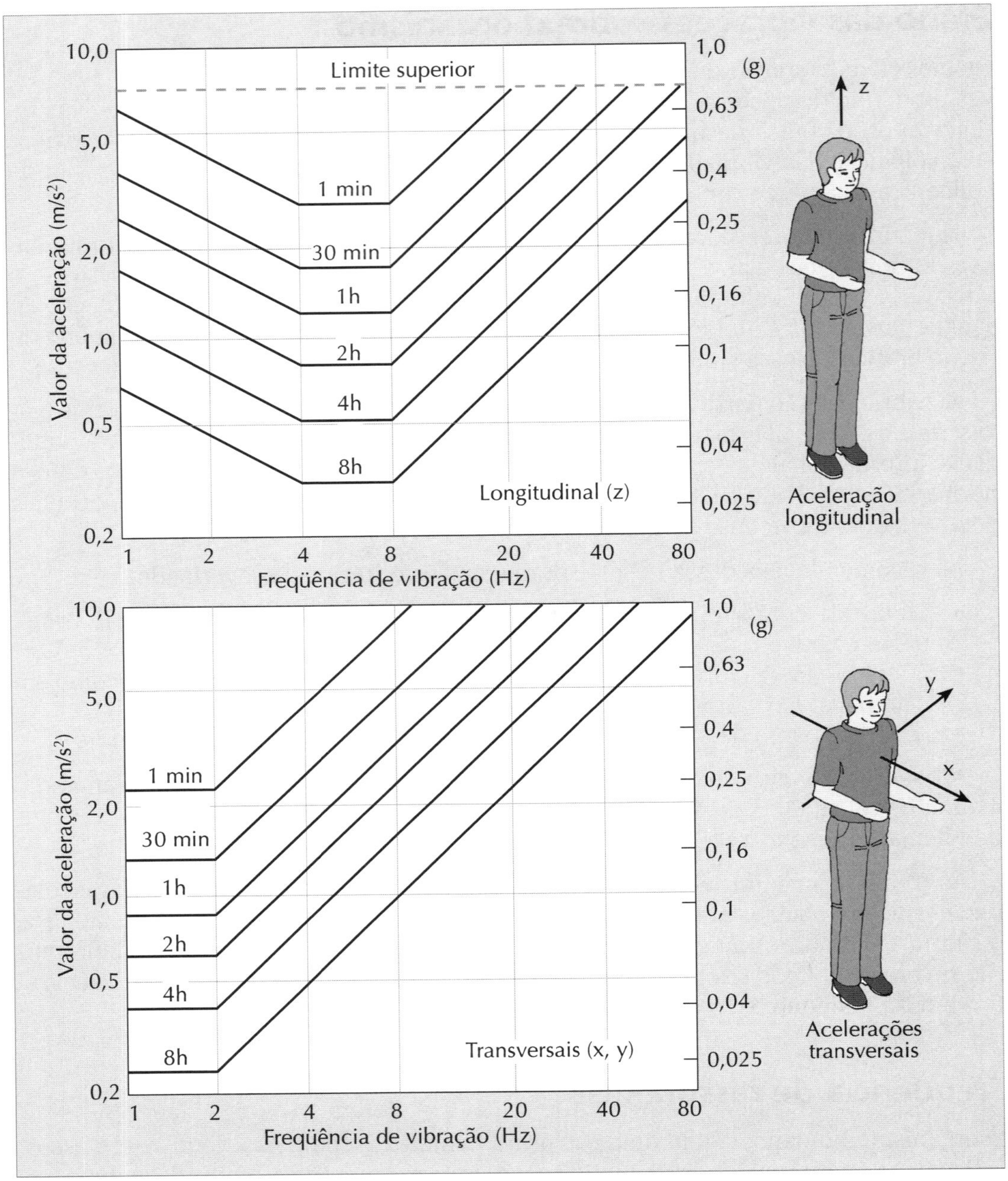

Figura 16.10 Tempos máximos de exposição permitidos a vibrações longitudinais (eixo **z**) e transversais (eixos **x,y**), de acordo com ISO 2631/1978.

O corpo inteiro é mais sensível na faixa de 4 a 5 Hz e 10 a 14 Hz, particularmente à vibração de 5 Hz, que corresponde à freqüência de ressonância na direção vertical (eixo z). Na direção horizontal e lateral, as ressonâncias ocorrem a freqüências mais baixas, de 1 a 2 Hz.

Se considerarmos apenas as partes do corpo, cada uma tem diferentes freqüências de ressonância. Assim, por exemplo, o antebraço ressoa entre 16 a 30 Hz, as mãos, entre 4 a 5 Hz, e os olhos ressoam entre 20 a 70 Hz. Em geral, quanto maior for a massa da parte corporal, mais baixa será a sua freqüência de ressonância.

O organismo humano é mais sensível às faixas de freqüências que provocam ressonâncias. Fora dessas freqüências, a resistência do organismo às vibrações tende a aumentar. Portanto, no projeto de máquinas e equipamentos, essas freqüências devem ser evitadas, na medida do possível, ou pelo menos substituídas por outras freqüências menos prejudiciais.

TABELA 16.4

Freqüências de ressonância de partes do corpo submetidas a vibrações no sentido vertical (Kroemer *et al.*, 1994)

Parte do corpo	Freqüência de ressonância (Hz)	Sintomas
Corpo inteiro	4 a 5, 10 a 14	Desconforto geral
Cérebro	abaixo de 0,5 1 a 2	Enjôo Sono
Cabeça *Olhos* *Queixo* *Laringe*	5 a 20 20 a 70 100 a 200 5 a 20	 Dificuldade visual Dificuldade de fala Mudança de voz
Ombros	2 a 10	
Antebraço	16 a 30	
Mãos	4 a 5	
Tronco *Coração* *Caixa torácica* *Estômago* *Abdômen* *Rins*	3 a 7 4 a 6 60 3 a 6 4 a 8 10 a 18	 Dores no peito Dores estomacais Urina solta
Sistema cardiovascular	2 a 20	

Enjôos

Os enjôos ocorrem quando há sinais contraditórios entre a visão e os receptores vestibulares do ouvido interno (percepções de posições e acelerações do corpo). Alguns tipos de movimentos tendem a produzir mais enjôos. Por exemplo, o passageiro sentado dentro de uma aeronave durante uma turbulência ou um navio navegando com ondas fortes, produzem náuseas. (O termo "náusea" é derivado do grego *nautia* que significa "doença do mar".)

Os movimentos corporais podem ser ativos ou passivos. O corpo sofre movimento **ativo** quando se está andando, correndo ou pulando. Os movimentos **passivos** ocorrem quando se está sendo sacolejando, dentro de um ônibus ou trem. Os enjôos afetam menos no caso de movimentos ativos, ou quando se pode exercer algum tipo de controle sobre os movimentos. Por exemplo, o motorista de um carro é o membro ativo, pois ele pode controlar os seus movimentos. Além disso, ele pode antecipar os movimentos e fazer movimentos compensatórios com o corpo, de modo a ajustar a visão com os receptores vestibulares. Os outros passageiros passivos tornam-se mais propensos ao enjôo.

Os enjôos podem ser reduzidos quando se pode manter a cabeça estática, mesmo com o movimento do corpo, ou quando se pode antecipar os movimentos, para que o corpo realize movimentos compensatórios.

Vibrações em meios de transporte

Praticamente todos os meios de transporte provocam vibrações. Aquelas de baixa freqüência (4 a 20 Hz) e acelerações de 0,06 a 0,09 g são particularmente incômodas, causando náuseas e vômitos. As vibrações de freqüências muito baixas, inferiores a 1 Hz, como aquelas provocadas pelas ondas do mar, também causam enjôos, ânsias de vômito e indisposição geral.

Em veículos ou navios, há uma redução dos sintomas, quando a visão for fixada na paisagem distante ou na linha do horizonte, que permanecem relativamente estáticas. Os sintomas também podem ser atenuados olhando-se o movimento das ondas. Assim, pode-se antecipar o balanço do navio. De certa forma, seria transformar os movimentos passivos em ativos. Há também certos medicamentos que previnem o enjôo, inibindo a atividade dos neurotransmissores.

As mulheres são mais sensíveis que os homens, assim como as crianças entre 1 a 12 anos de idade. Entre os adultos também há grandes diferenças individuais, alguns sendo mais suscetíveis que outros. Entretanto, o organismo humano também consegue criar resistência, se for submetido diversas vezes a esses movimentos.

Controle das vibrações

Uma vibração intensa, transmitida por ferramentas manuais, propaga-se pelas mãos, braços e corpo do operador e pode causar dormência dos dedos e perda de coordenação motora. Inúmeras máquinas usadas na indústria, como furadeiras elétricas, rebitadores, peneiras vibratórias e moto-serras provocam enjôos, interferência na fala e confusão visual. A exposição continuada pode levar a lesões da coluna vertebral, desordem gastrointestinal e perda de controle muscular de partes do corpo.

Existem diversas providências que o projetista pode adotar para reduzir as conseqüências das vibrações. Entre estas se incluem as seguintes (são semelhantes ao do caso dos ruídos):

Eliminar a fonte — A providência mais importante em relação às vibrações é tentar reduzi-las junto à fonte. Deve-se estudar particularmente as vibrações que provocam ressonâncias. Por exemplo, numa britadeira manual, a vibração mais prejudicial, que provoca ressonância dos membros superiores, é de 5 Hz. As outras vibrações também são prejudiciais, mas aquela é mais importante, devendo merecer atenção prioritária. Em outros casos, as vibrações também podem ser eliminadas por meio de lubrificações e manutenções periódicas das máquinas e equipamentos, ou colocando-se calços de borracha e outros materiais e mecanismos amortecedores de vibrações.

Isolar a fonte — Quando não for possível eliminar a fonte, esta pode ser isolada, para que o trabalhador não entre em contato direto com ela. Esse isolamento pode ser espacial, afastando-se a fonte, ou material, usando-se algum tipo de isolante para enclausurar a fonte de vibrações. Uma forma parcial de isolar a fonte é conseguida evitando-se as pegas muito apertadas, sempre que for necessário transmitir força para as ferramentas manuais.

As vibrações das ferramentas manuais podem ser reduzidas revestindo-se as pegas com material absorvente, como borrachas ou espumas de plásticos.

Proteger o trabalhador — Se as providências anteriores não forem suficientes, pode-se proteger o trabalhador individual com certos equipamentos como botas e luvas, que ajudam a absorver as vibrações. O uso desses equipamentos de proteção individual deve ser cuidadosamente analisado, pois geralmente são incômodos e costumam ser eficientes apenas em determinadas faixas de freqüências.

Conceder pausas — Quando a vibração for contínua, devem ser programadas pausas (por exemplo, 10 min de descanso para cada hora de trabalho) para evitar a exposição contínua do trabalhador. A freqüência e a duração dessas pausas vai depender naturalmente das características da vibração e demais condições de trabalho. Essas pausas, se tiverem duração adequada, permitem uma recuperação, pelo menos parcial, do organismo durante a jornada de trabalho, interrompendo o efeito cumulativo das vibrações no organismo. Naturalmente, a recuperação vai se processar melhor durante o período normal de descanso, após a jornada de trabalho.

16.5 Agentes químicos

A indústria moderna, particularmente, a química, usa atualmente cerca de 50 000 compostos e cerca de 2 000 novos compostos são criados a cada ano. Apenas uma pequena parcela deles foi estudada quanto aos aspectos nocivos à saúde. Para estes, existem tabelas que apresentam as concentrações **máximas toleradas** pelo organismo humano e os respectivos tempos máximos permissíveis à exposição, sem causar doenças. Essas tabelas são elaboradas e atualizadas periodicamente por organismos internacionais e convertidos em normas e regulamentos (ver os anexos da norma NR-15 – Atividades e Operações Insalubres, *in* Manuais de Legislação Atlas, 2004). Aqui apresentaremos apenas alguns exemplos, a título ilustrativo.

Aerodispersoides

Os agentes químicos nocivos à saúde atingem o organismo por via da ingestão, contato com a pele e inalação. Este último é o mais freqüente em ambientes de trabalho e é chamado genericamente de aerodispersoides, e classificam-se em:

Poeiras — São aerodispersoides sólidos com granulações invisíveis (menores de 0,2 mícrons) ou visíveis (10 a 150 mícrons). Aqueles menores que 5 mícrons flutuam no ar durante muito tempo, sendo que os menores a 3 mícrons atingem os alvéolos pulmonares. Resultam de operações de trituração, moagens, explosões e polimentos. Exemplo: poeiras de granito, sílica, algodão e fósforo.

Fumos — São partículas resultantes da condensação de vapores, com dimensões menores a 1 mícron. Ocorrem em processos de solda com ferro, alumínio e outros. Produzem sintomas de curta-duração, semelhantes a uma gripe, como tosse, febre, dor de garganta e dores no corpo.

Gases — Gases são partículas muito pequenas, que se difundem no ar, tendendo a ocupar todo o volume do espaço de trabalho. Exemplos de gases: monóxido de carbono, gás sulfídrico, anidrido sulforoso, gás cianídrico e cloro.

Vapores — Os vapores são semelhantes aos gases e difundem-se facilmente no ar. Diferem-se dos gases porque, em condições normais de temperatura e pressão, encontram-se em estado líquido ou sólido. Exemplos: gasolina, benzeno, dissulfeto de carbono e mercúrio.

Neblinas — São partículas líquidas resultantes de um processo de dispersão mecânica. São produzidas pela passagem de ar ou de gás através de um líquido ou processos mecânicos como a aspersão. Ocorrem, por exemplo, em processos de irrigação e aplicação de agrotóxicos. Elas não se difundem no ar e apresentam tendência à deposição. As gotículas condensadas das neblinas e vapores chamam-se névoas.

Principais agentes químicos

Apresentaremos, a seguir, alguns exemplos de agentes químicos freqüentemente encontrados em ambientes de trabalho, e que podem produzir danos à saúde do trabalhador.

Monóxido de carbono — O monóxido de carbono apresenta uma afinidade com a hemoglobina, até 300 vezes maiores que o oxigênio. Portanto, ele ocupa o lugar do oxigênio no sangue, prejudicando o transporte e suprimento do oxigênio para os tecidos. Assim,.concentrações muito pequenas do monóxido já produzem sintomas de "falta de ar", tontura, confusão mental, dores de cabeça, inconsciência e morte. Esse gás está presente nos locais onde ocorre a combustão, como fornos, aquecedores e incêndios.

Metais pesados — Os metais pesados, como o chumbo, mercúrio e cádmio estão presentes em muitos produtos industriais. O organismo exposto a esse tipo de produtos, mesmo em baixas concentrações, corre riscos, porque eles persistem por longo tempo dentro do organismo e seus efeitos vão se acumulando. O chumbo, em particular, provoca a doença do saturnismo, de caráter irreversível.

Solventes — Os solventes são particularmente nocivos, porque são voláteis e penetram facilmente no organismo, provocando efeitos tóxicos de diversos níveis. Uma das substâncias mais prejudiciais é o benzeno, que causa anemia plástica e leucemia, devendo ser substituído pelo tolueno, que é menos nocivo.

Sílica — A sílica, quando penetra pelas vias respiratórias, provoca lesões crônicas irreversíveis nos pulmões, chamada de silicose. As partículas com diâmetros inferiores a 5 mícrons são aquelas mais prejudiciais.

Fumaças, gases e vapores tóxicos — Os automóveis e muitas fábricas expelem fumaças, gases e vapores tóxicos. Além do aspecto prejudicial à saúde, essas substâncias provocam um aumento gradual da temperatura do globo terrestre, com conseqüências previsíveis a longo prazo pelo aumento da temperatura dos oceanos e a fusão gradual da calota polar, ao cabo de alguns séculos.

Agrotóxicos — Os agrotóxicos são produtos químicos usados para eliminar plantas daninhas, insetos ou fungos, mas também podem provocar efeitos nocivos sobre o homem e outras espécies animais. Alguns tipos de agrotóxicos são bastante persistentes, podendo ser carregados pela água da chuva e contaminar rios e mares. Também acabam atingindo o consumidor final dos produtos agrícolas. Dessa forma, os agrotóxicos interferem fortemente no equilíbrio ecológico, quebrando o delicado balanço da vida animal e vegetal. Os insetos desenvolvem uma resistência natural e obrigam a indústria a usar formulações cada vez mais fortes desses produtos químicos. Os trabalhadores industriais e os agricultores que manejam esses produtos devem tomar todos os cuidados possíveis para reduzir o contato com os mesmos, quer através da pele, como pelas vias respiratórias e digestivas.

Radiações ionizantes — O uso crescente da energia nuclear e de materiais radioativos em laboratórios tem aumentado cada vez mais os riscos da radiação. Existem vários tipos de radiação e cada um tem características próprias de penetração no organismo e efeitos nocivos, que podem provocar doenças, incluindo a leucemia, doenças de pele, perdas de cabelo, alterações na composição sanguínea, úlceras e outros.

Os locais onde existem esses produtos devem receber cuidados especiais. A primeira recomendação é eliminá-los ou substitui-los por outras substâncias e processos menos agressivos. Por exemplo, um processo de trituração de rochas, que levanta muito pó, pode ser substituído por outro de via úmida. Outra recomendação, no caso de poeiras, é providenciar uma exaustão, junto à fonte, retirando os elementos nocivos, antes que se espalhem pelo ar. Se isso não for possível, pode-se fazer uma ventilação forçada, para diminuir a concentração deles no ar, principalmente nas proximidades das vias respiratórias.

Em áreas muito abertas e desprotegidas, como na agricultura e mineração, os trabalhadores devem ser protegidos com equipamentos de proteção individual, como luvas e máscaras de gases. Essas máscaras devem ter filtros compatíveis com a granulometria dos aerospersoides (máscaras para poeiras não são eficientes para gases). Além disso, deve-se fazer um acompanhamento médico periódico nos casos de exposição permanente aos agentes de risco.

16.6 Estudo de caso — fundição

Em uma fundição de peças grandes, como blocos de motores, o molde é preparado em caixas de areia. O metal fundido é vazado por canais abertos no molde e preenche todos os espaços vazios dentro da areia, formando a peça. Quando o metal estiver solidificado, a caixa é colocada sobre uma grade metálica vibratória, para quebrar o molde de areia e separar a peça fundida.

A areia escorre pela grade e a peça é encaminhada para a operação de limpeza. Essa operação começa com a retirada do canal de fundição, que é quebrada com um martelo. A areia que ainda fica grudada à peça é limpa com um jato de granalha, areia ou abrasivos, impulsionados por ar comprimido. Também se usam escovas de aço para remover essa areia. A rebarba e os excessos de metal são retirados com um esmeril, movido por motor elétrico ou ar comprimido. O trabalhador segura essa ferramenta com as duas mãos e percorre a peça, retirando as rebarbas.

O trabalho físico em fundições costuma ser pesado, com diversos tipos de carga a serem levantados e com exigência de posturas fatigantes. O ambiente é escuro, sujo, ruidoso e quente. Muitas vezes se respiram gases e poeira de sílica. Esta última provoca lesão nos pulmões, chamada de silicose, que é uma das mais graves doenças ocupacionais. As partículas menores que 3 mícrons penetram nos alvéolos pulmonares, onde se depositam definitivamente. Com o tempo, o trabalhador vai perdendo capacidade de oxigenar o sangue. Consequentemente, enfraquece e incapacita-se para o trabalho.

O ruído ambiental existente prejudica a comunicação verbal entre os trabalhadores e tende a aumentar a monotonia e a fadiga, provocando degradação dos padrões de movimentos, diminuindo a qualidade e aumentando os riscos de acidentes. Isso pode ser grave, devido ao peso elevado das peças.

Na análise de um posto de trabalho para limpeza de **peças fundidas** (Aberg, Bengtson e Veiback, 1974) constatou-se que, durante o esmerilhamento, era produzido cerca de 1 kg de pó por hora. Cerca de 1% desse pó era constituído por partículas menores a 3 mícrons. Essas partículas flutuam no ar por muito tempo e acabam sendo respirado pelos trabalhadores, com risco de contrair silicose. Os fatores negativos do posto de trabalho foram avaliados em uma escala de 4 níveis (nível 4 = pior situação):

Fator	*Nível*	*Fator*	*Nível*
Ruído	4	Temperatura	3
Poluição do ar	4	Iluminação	2
Posturas do corpo	4	Isolamento social	2
Carga de trabalho	3	Falta de espaço	1
Monotonia	3	Falta de cooperação	1
Riscos de acidentes	3		

Isso demonstra a gravidade do problema encontrado. Três fatores foram avaliados no nível máximo (ruído, poluição do ar, posturas do corpo). Ao analisar o problema, identificaram-se duas causas básicas dessa má situação. Uma, de caráter tecnológico (máquinas antigas) e outra, devido ao posto de trabalho.

As mudanças tecnológicas poderiam resolver alguns problemas em definitivo, pela eliminação de rebarbas e excesso de metal, mas exigiriam muitos investimentos e só foram consideradas viáveis a longo prazo.

Optou-se, então pela melhoria do posto de trabalho, visando colocar as condições de trabalho dentro de limites aceitáveis. Para isso, chegou-se à conclusão que o posto de trabalho deveria ser isolado dentro de cabinas especiais, com as paredes claras, construídas com material acústico e com iluminação e ventilação adequadas. Para que o trabalhador não se sentisse isolado, decidiu-se também colocar uma janela de vidro, de modo que ele pudesse olhar para fora.

Inicialmente foram construídos 9 modelos de cabinas em madeira, com formas prismáticas e bases em forma de quadrado, pentágono e hexágono, com 3 diferentes dimensões para cada forma. Esse modelos foram colocados em teste e avaliados pelos próprios trabalhadores. Para isso, deviam dar notas de 1 a 5 para os seguintes fatores: espaço de trabalho, espaço para máquina, facilidade de acesso, espaço livre, manuseio de materiais, acústica, ventilação, e janela. Assim, a forma hexagonal com paredes 1,5 m de distância entre aquelas opostas e com abertura em um dos lados, obteve a melhor pontuação nos 8 quesitos avaliados. Passou-se então à construção do modelo final, que tinha as seguintes características:

Equipamento — Foi projetada uma bancada com uso das medidas antropométricas, de modo que o operador pudesse trabalhar a maior parte do tempo sem inclinar-se. As ferramentas portáteis foram colocadas em um carrinho móvel, e aquelas alimentadas a ar comprimido foram penduradas na altura dos ombros, dentro da área de alcance dos braços, sem exigir posturas forçadas para alcançá-las. Em uma das paredes havia uma cadeira e mesa escamoteáveis, que eram usadas só durante as pausas. A cabina era provida de janela, para que o operador pudesse olhar para fora, reduzindo a sensação de isolamento. Junto ao teto havia um trilho com resistência suficiente para suportar uma talha para transportar os blocos de motores até uma esteira de roletes.

Ruído — As paredes e o teto foram construídas com uma camada de 8 cm de lã de rocha, revestidas com chapas de metal perfurado e pintadas de cor clara. As medições do ruído mostraram que, durante a operação de limpeza, havia geração de ruídos acima de 100 dB, o que obrigava ao uso de protetores auriculares. Contudo, havia uma passagem de apenas 14 dB para o lado externo da cabina. Considerando-se todos os ruídos existentes na fábrica, o ruído no interior de uma cabina parada era de 75 a 85 dB, o que permitia conversação durante as pausas, quando os protetores auriculares podiam ser retirados, sem riscos de danos à saúde.

Ventilação — Dento da cabina havia uma ventilação laminar, de cima para baixo, saindo de diversos furos no teto e sendo retirado embaixo da bancada de trabalho. Com isso, havia um arraste do pó na zona de respiração. A concentração dos aerodispersoides no ar, medida na zona de respiração, durante operação normal da cabina, apresentou valores em torno de 0,8 mg/m³, quando o máximo permitido pela legislação era de 15 mg/m³. Portanto, o ambiente era satisfatório, e o operário poderia trabalhar normalmente sem uso de máscaras e sem risco à saúde.

Conceitos introduzidos no capítulo 16

termoregulação
temperatura efetiva
conforto térmico
doença do calor
surdez de condução
surdez nervosa
freqüência de ressonância
aerodispersoide

Questões do capítulo 16

1. Explique a equação de regulação térmica do organismo
2. Quais são as condições para se obter o conforto térmico?
3. Apresente algumas conseqüências do trabalho a altas temperaturas.
4. Como ocorre a surdez provocada pelo ruído?
5. Como influem os ruídos de longa e de curta durações no trabalho?
6. Explique pelo menos 3 medidas para controlar o ruído ambiental.
7. Como ocorrem as ressonâncias de vibrações no organismo?
8. Como se pode controlar as vibrações?
9. Dê pelo menos 3 exemplos de agentes químicos nocivos à saúde.
10. Como foi solucionado o caso do posto de trabalho de peças fundidas?

Exercício

Examine o motor e a carroceria de um carro e descreva pelo menos 5 tipos de materiais, mecanismos ou acabamentos aplicados para a redução dos ruídos e vibrações.

17. Aplicações industriais e agrícolas

A atuação da ergonomia, na indústria moderna, não se restringe apenas a uma contribuição esporádica durante o projeto de produtos e sistemas. Esta deve iniciar-se desde a definição das especificações desses produtos e sistemas e chegar até a efetiva implementação e funcionamento dos mesmos. Além disso, realiza estudos para melhorar as condições de trabalho já existentes.

A atuação do especialista em ergonomia pode ser mais eficiente nos casos de trabalhos bem estruturados, como na indústria, onde, geralmente, cada trabalhador tem uma função e local definidos, usando determinadas máquinas e equipamentos. Além disso, no trabalho estruturado, o trabalhador geralmente recebe treinamento e conta com o apoio de diversos profissionais como ferramenteiros, bombeiros, especialistas em higiene e segurança e outros.

Em situações de trabalho menos estruturados, como nos casos de atividades agrícolas e de construção, geralmente há uma grande variedade de tarefas para cada trabalhador. É difícil caracterizar o posto de trabalho de cada um, devido à grande mobilidade física e funcional dos trabalhadores. Durante o trabalho, eles usam diversos tipos de instrumentos e sofrem freqüentes mudanças das condições ambientais.

Quando o trabalho é estruturado, a contribuição da ergonomia pode estar, por exemplo, no arranjo e dimensionamento de um posto de trabalho. No caso não-estruturado, torna-se mais efetivo conscientizar os próprios trabalhadores para que adotem atitudes corretas no trabalho, no sentido de se evitar sobrecargas em seus organismos e usar práticas seguras que contribuam para reduzir os erros e acidentes. Contudo, mesmo no caso daqueles trabalhos estruturados, não é possível fazer o acompanhamento contínuo dos trabalhadores e, então, o treinamento e a conscientização dos mesmos tem produzido resultados significativos, como se verá neste capítulo.

A difusão de conhecimentos básicos da ergonomia entre os próprios trabalhadores e demais escalões administrativos da empresa, pode produzir diversos tipos de benefícios, principalmente nas pequenas melhorias no dia-a-dia que, em conjunto, apresentam resultados significativos.

A ergonomia tem adotado cada vez mais o método participativo. O trabalhador não é visto mais como agente passivo, que recebe a solução pronta. Ele participa mais ativamente na elaboração dessa solução. Assim, a ergonomia passa a incorporar o projeto, ao **saber fazer** dos trabalhadores, de modo que se adapte melhor aos requisitos e necessidades dos usuários.

17.1 Treinamento industrial

Treinamento é uma atividade planejada e organizada para melhorar as habilidades de uma pessoa, ou seja, para aumentar a velocidade e a qualidade psicomotora dos movimentos necessários para se executar certas atividades. Mais especificamente, o treinamento pode ser considerado como um meio para aumentar a confiabilidade humana no sistema homem-máquina-ambiente, melhorando a qualidade do desempenho humano, pelo aumento da precisão e velocidade, e a conseqüente redução de erros e acidentes. Na elaboração de um programa de treinamento existem duas decisões fundamentais: a escolha das tarefas a serem treinadas e a duração do treinamento.

Escolha das tarefas a serem treinadas

Geralmente, o trabalho real que uma pessoa executa é complexo, composto de diversas tarefas. Entretanto, nem todas as tarefas têm igual teor de dificuldade. Algumas tarefas e ações aparecem com freqüência muito baixa. Isso significa dizer que o treinamento pode ser feito seletivamente, escolhendo-se aquelas mais **difíceis** ou **críticas**. Por exemplo, para uma pessoa que está aprendendo a dirigir, a maior dificuldade é a coordenação motora entre o movimento das mãos e dos pés para controlar a direção e a velocidade do veículo. Entretanto, antes de começar a dirigir, essa pessoa precisará abrir a porta do carro e sentar-se. Evidentemente, esse tipo de ação não precisará ser treinado, porque já está no repertório de comportamentos de qualquer aprendiz.

Portanto, antes de iniciar o treinamento, devem ser identificadas aquelas tarefas consideradas mais importantes, onde se justifica **investir** tempo e dinheiro para melhorá-las. Outras tarefas, como aquelas que já são conhecidas pelos aprendizes ou que apresentam pouco potencial de melhoria, podem ser deixadas em segundo plano. Por exemplo, no caso do tempo de operação que é comandado pela máquina, qualquer tipo de treinamento para aumentar a velocidade do operador humano não apresentaria resultados significativos sobre a produtividade.

Duração ideal do treinamento

Como já vimos no Capítulo 12, o organismo humano apresenta diversas adaptações ao trabalho. Assim, com a repetição da mesma tarefa, o tempo de execução da mesma tende a cair. Isso quer dizer que, quanto maior for a duração do treinamento, melhor será o desempenho do aprendiz (ver página 407). Contudo, os custos desse treinamento também vão aumentando. Chega-se a um ponto em que a melhoria **marginal** ou adicional apresentada pelo aprendiz não compensa o custo adicional do treinamento gasto para obtê-la. E, então, a partir desse ponto, o treinamento passa a ser economicamente desfavorável. Esse ponto de duração "ótima" do treinamento pode ser obtido pelas curvas da aprendizagem.

As curvas de aprendizagem (ver página 354) apresentam o desempenho (y) em função do tempo de treinamento ou do número de vezes em que uma tarefa é repetida (x) durante o treinamento, em determinadas circunstâncias (Figura 17.1).

Diversos autores apresentam expressões formais diferentes para essa curva. Por exemplo, Bohlen (1973, citado por Johnson, 1980) apresenta a seguinte expressão:

$$y = C + A\{1 - \exp[B\ (x - 1)]\}$$

onde,

x = duração do treinamento (unidades de tempo ou número de repetições da tarefa)
y = desempenho (número de peças produzidas por unidade de tempo)
A = desempenho máximo possível de uma pessoa treinada
B = parâmetro que depende das características da tarefa e das condições de aprendizagem
C = desempenho inicial ou repertório apresentado pelo aprendiz no início do treinamento.

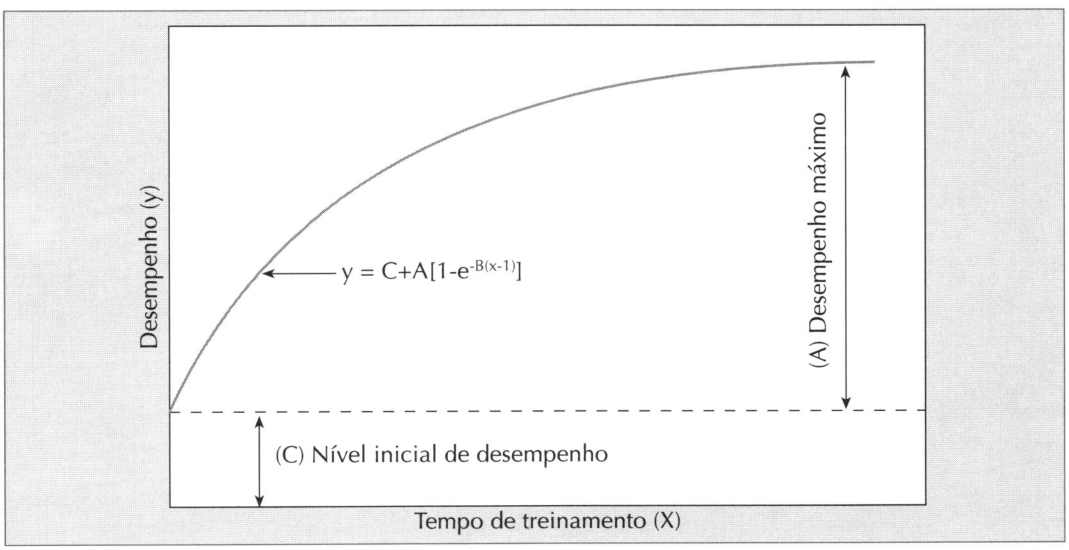

Figura 17.1 Representação gráfica de uma curva de aprendizagem típica.

Outros autores apresentam fórmulas semelhantes que, se forem representadas em papel mono-logarítmico, com eixo (x) em escala linear e o eixo (y) em escala logarítmica, apresentam a "curva" de aprendizagem em linha reta, cuja inclinação depende do parâmetro B.

Derivando-se a equação acima em relação à variável x, pode-se obter a melhoria unitária de desempenho, ou seja, o desempenho adicional que se obtém por unidade adicional de treinamento (Figura 17.2).

Comparando-se essa curva com a do custo unitário, em geral, verifica-se que ambas tem uma forma semelhante, mas a do treinamento cai mais rapidamente que a de custo, indicando que, a partir de um certo ponto, não compensa continuar o treinamento, pois o custo por unidade de treinamento fica maior que os resultados obtidos. Esse ponto é a **duração ideal** do treinamento.

Na prática, a determinação exata desse ponto nem sempre é fácil. Em casos mais comuns, são conhecidos alguns valores empíricos. Por exemplo, no treinamento de motoristas, sabe-se que cerca de 20 horas são suficientes para a maioria das pessoas, enquanto, para a digitação, já são necessárias 100 horas, no mínimo.

Quando os recursos de treinamento são escassos é há um grande número de pessoas a serem treinadas, conseguem-se melhores resultados, reduzindo-se o tempo de treinamento de cada um, para atender ao **maior número** de pessoas. Essa alternativa produz melhor resultado global do que selecionar um número menor de pessoas para serem treinadas por um tempo maior, deixando de atender as outras. Isso se explica porque a curva de aprendizagem cai rapidamente, no início do treinamento. Ou seja, a derivada (dy/dx) em função do tempo, é maior no início, como se vê na Figura 17.2, indicando que os efeitos do treinamento são relativamente maiores na sua fase inicial.

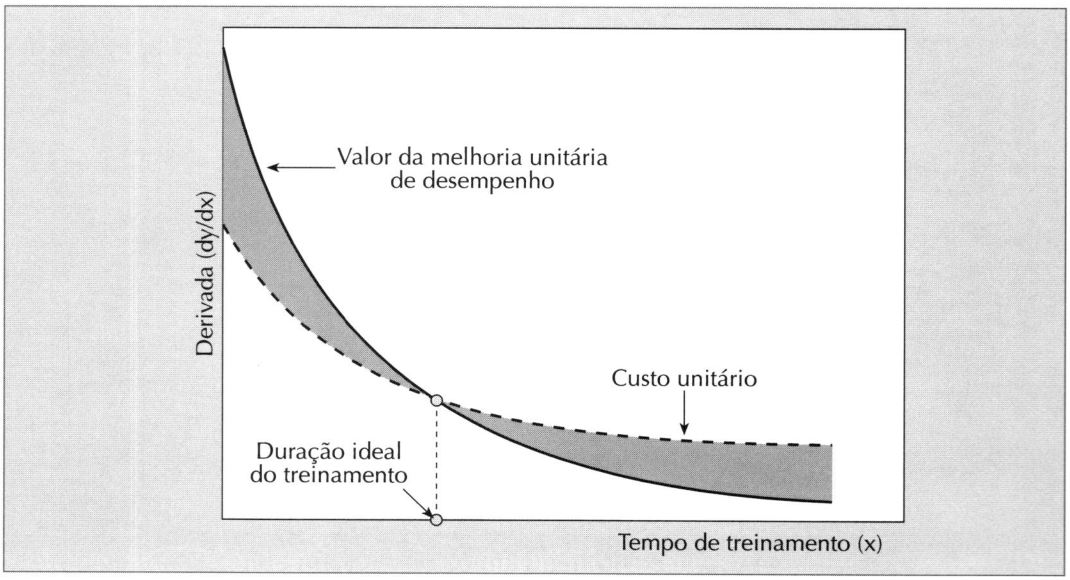

Figura 17.2 Existe uma duração ideal do treinamento em cada caso. Acima desse tempo, os custos do treinamento ficam superiores aos benefícios decorrentes do mesmo.

Treinamento para prevenir problemas músculo-esqueléticos

A empresa sueca Electrolux reorganizou suas linhas de montagem, em 1988, visando reduzir o índice de absenteísmos (faltas ao trabalho). Introduziu um novo posto de trabalho com equipamentos ajustáveis e realizou mudanças nos métodos de trabalho, a fim de prevenir as dores nos ombros, pescoço e braços dos trabalhadores (Bridger, 2003).

Nessa linha de produção já haviam 60 trabalhadores experientes e foram contratados 33 novos trabalhadores. Alguns deles foram submetidos a cursos de treinamento em ergonomia, versando sobre posturas e movimentos, sendo instruídos a usar apenas 10% de sua capacidade muscular máxima. Esse grupo era constituído tanto de trabalhadores experientes como de novatos. Outro grupo foi mantido sem treinamento, para efeito de controle.

Foi feito um acompanhamento de 48 semanas do grupo que recebeu treinamento em ergonomia, em relação a um grupo de controle, que não tinha recebido esse treinamento. Registrou-se uma queda significativa de faltas ao trabalho, entre os **novatos** que receberam treinamento (Tabela 17.1). Isso leva a crer que o treinamento em ergonomia contribuiu para que esses novos trabalhadores adotassem posturas mais adequadas e ritmos de trabalho compatíveis para evitar os desconfortos e problemas músculo-esqueléticos. Comparando-se com o grupo de controle, a produção média entre os dois grupos era equivalente, indicando que ambos realizaram esforços semelhantes.

O treinamento em ergonomia foi **menos efetivo** para os trabalhadores experientes. O índice de absenteísmos continuou praticamente igual entre os trabalhadores treinados e aqueles não-treinados. É como se os trabalhadores experientes já tivessem acostumados com um certo método, que não se modifica com o treinamento. Em conseqüência, a empresa resolveu submeter todos os trabalhadores novatos, a programas de treinamento em ergonomia.

TABELA 17.1
O treinamento em ergonomia produz resultado favorável, reduzindo os absenteísmos (Bridger,2003)

	Grupo de controle (n = 18)	Grupo treinado (n = 15)	Diferença (%)
Idade média (anos)	28,2	28,1	—
Produção média/hora	42,1	42,2	—
Faltas devido aos problemas músculo-esqueléticos (número de dias)	18,2	8,4	53,8
Faltas totais devido a causas diversas (número de dias)	46,1	23,7	48,6

Treinamento semelhante em ergonomia foi administrado a 2 500 trabalhadores dos Correios (Chaffinet. *et. al*, 2001), envolvendo treinamento intensivo de 3 horas sobre manuseio de cargas, seguido de 3 ou 4 sessões curtas de reforço, após algum tempo. Não se constatou nenhuma diferença estatística na incidência de lombalgias durante os 3 anos seguintes. Os autores concluem que só um treinamento episódico e isolado não é eficaz. Muitas vezes, os trabalhadores não conseguem aplicar os conhecimentos adquiridos nas salas de aulas às suas tarefas do dia-a-dia. Então, é necessário fazer um acompanhamento **no local** de trabalho de cada um, mostrando-se **como** os conhecimentos podem ser aplicados.

Além disso, é necessário que esse treinamento seja complementado com uma ampla gama de atividades, a longo prazo, envolvendo campanhas educativas, palestras, reuniões de trabalho, e eventos com apresentação e discussão dos resultados obtidos. Acima de tudo, é necessário o envolvimento e comprometimento da administração superior e também dos supervisores e gerentes de diversos setores como engenharia de métodos e medicina do trabalho.

Premissas do programa de redução erros

Para ser efetivo, o programa de redução de erros deve ser aceito em todos os níveis da empresa e produzir resultados considerados válidos. Consegue-se isso adotando-se as seguintes premissas:

- Os erros só podem ser reduzidos de modo significativo se houver um comprometimento de todos os níveis hierárquicos da empresa, desde os dirigentes, até os supervisores e os operários;
- Deve haver uma definição muito clara daquilo que se considera um erro ou um comportamento inaceitável, no âmbito da empresa, pois muitos trabalhadores adotam comportamentos que eles próprios julgam acertados, mas outros os podem considerar errados;
- Todos os erros, mesmo aqueles pequenos, classificados como defeitos, incidentes ou quase-acidentes, merecem atenção e devem ser corrigidos antes que se transformem em acidentes mais graves;
- Os erros não são propositais, não são provocados por elementos humanos, mas acontecem por diversos motivos, com ou sem a participação humana;
- Não se deve procurar o "culpado" pelo erro, mas as circunstâncias que levaram ao erro. Os erros identificados por "causas humanas" podem decorrer da interação inadequada no sistema homem-tarefa-ambiente, falta de treinamento, falta de motivação, monotonia ou fadiga. Naturalmente excetuam-se as violações (ver página 423).
- Quem mais conhece o erro é a própria pessoa envolvida no erro e, portanto, essa pessoa deve ter uma participação ativa na remoção das causas do mesmo;
- Deve haver um grupo de especialistas, incluindo profissionais com experiência em ergonomia, para analisar os casos e propor soluções, o mais rápido possível.

Além disso, como já foi visto no Capítulo 14, o programa deve incluir diversas atividades, a longo prazo, para que o assunto esteja sendo freqüentemente lembrado, de modo que cada atividade sirva para reforçar ou complementar a outra.

Implementação do programa de redução de erros

O programa de redução de erros inicia-se com os especialistas fazendo a apresentação dos objetivos e discussão dos aspectos operacionais com os dirigentes da empresa. Essa apresentação pode abranger quatro sessões com duração aproximada de uma hora cada.

No segundo momento, são feitas reuniões com os trabalhadores e seus respectivos supervisores, em pequenos grupos, com a participação dos especialistas. Deve haver um mínimo de oito sessões desse tipo para cada grupo, para apresentar os objetivos do programa e discutir a participação esperada dos trabalhadores. Eles deverão relatar todos os erros ocorridos. Para isso, pode-se adotar um sistema de registro de informações. Contudo, deve ficar bem claro que não serão tomadas quaisquer medidas coercitivas contra os trabalhadores diretamente envolvidos nos erros, mas que o relato dos mesmos é importante para que a empresa possa melhorar o desempenho.

Ao final dessas sessões, cada grupo escolhe um **coordenador**. Ele se encarregará de tomar as medidas necessárias para que os relatos dos erros sejam efetivamente realizados e encaminhados à comissão de especialistas para análise. Além disso, supervisiona a implementação das medidas recomendadas, a fim de corrigir os erros relatados.

A principal dificuldade do programa reside, provavelmente, em convencer os trabalhadores a **colaborar**. Eles podem pensar que as informações serão usadas contra eles próprios, podendo prejudicá-los. Nesses casos, é necessário construir um relacionamento de confiança mútua entre trabalhadores e a direção da empresa. Isso pode ser um processo demorado, mas é uma condição essencial para que um programa desse tipo funcione. Se houver qualquer tipo de desconfiança entre os trabalhadores, eles poderão adotar uma atitude não-colaborativa ou até mesmo de sabotagem, o que, rapidamente, inviabilizaria o programa.

O uso de formulários para registrar os erros nem sempre é o mais adequado, pois muitos trabalhadores não gostam de preencher formulários. Mesmo quando o fazem, podem omitir informações importantes. No início do programa, os relatos podem ser apresentados **verbalmente**, para o coordenador, ou diretamente, aos especialistas. As providências tomadas devem ser mostradas aos próprios trabalhadores que relataram os erros, para que estes se sintam motivados a apresentar outros relatos. Com o tempo, o grupo pode ganhar confiança e prática em fazer os relatos, e, nessa fase, poderão ser introduzidos procedimentos mais formalizados.

Círculo de Controle de Qualidade

Os procedimentos adotados no programa de redução de erros são muito semelhantes aos do Círculo de Controle de Qualidade (CCQ), que surgiu no Japão por volta de 1963. Inicialmente, o CCQ consistia em reuniões do supervisor com os respectivos operários, que se juntavam voluntariamente, fora do expediente, para discutir problemas de qualidade, sem uma formalização maior por parte da administração da empresa. Com o tempo, os CCQs foram adquirindo aspectos mais formais, passando a ser incluídos como práticas gerenciais pelas próprias empresas. Os assuntos tratados nessas reuniões também se ampliaram. Além da qualidade, propriamente, passaram a tratar de outros temas ligados à produção, como custos, manutenção e segurança.

Na fábrica da Toyota existiam, em 1981, cerca de 4 600 grupos de CCQ com uma média de 6,4 membros por grupo (Monden,1984). Todos os empregados da empresa participavam de pelo menos um dos grupos de CCQ, mas eles operavam de forma flexível. Uma pessoa de um grupo poderia participar de um outro grupo, para discutir certos aspectos específicos. Às vezes, para tratar de temas mais abrangentes, dois ou mais grupos se juntavam entre si. Os grupos se reuniam duas a três vezes por mês, durante 30 a 60 minutos. Em 1981, esses grupos haviam apresentado cerca de 900 000 sugestões (média de 200 sugestões por grupo), das quais 90% foram aproveitadas. Essas sugestões assim se distribuíam, por assuntos:

Qualidade do produto	35%
Redução de custo	30%
Segurança	20%
Manutenção	15%

Portanto, a questão da qualidade, que deu origem aos CCQs, nesse caso, constituiu apenas um terço das sugestões apresentadas.

À medida em que os CCQs se formalizem, é necessário que a empresa proporcione os meios adequados para o funcionamento dos mesmos. Além disso, todas as sugestões apresentadas merecem uma resposta, o mais rápido possível, seja ela *Sim* ou *Não*. O pior "castigo" é deixar uma sugestão sem resposta. Os grupos que não obtém respostas, deixam de funcionar, com o tempo.

Quando uma sugestão for aproveitada pela empresa, pode-se proporcionar uma recompensa monetária ao seu autor. Para isso, a empresa calcula o montante do impacto financeiro (redução de custos, aumento dos lucros) proporcionado pela sugestão. Esse montante é dividido em três partes (não necessariamente iguais). Uma parte destina-se à própria empresa, para ressarcir os custos de implantação da sugestão. A outra destina-se ao autor da sugestão. Uma terceira parte pode ser rateada entre os membros do grupo de CCQ ou colegas do Departamento, ou ser aplicada em alguma forma de melhoria coletiva, que beneficie o grupo.

17.2 Automatização

A automatização ocorre quando a máquina passa a executar uma tarefa que era realizada antes pelo ser humano. Com o progresso tecnológico, acreditou-se que as máquinas poderiam substituir totalmente o trabalho humano. Contudo, a realidade mostrou-se diferente. O homem ainda é insubstituível em certos tipos de tarefas. Homem e máquina possuem características diferentes, que podem complementar-se.

Vantagens da máquina

Os defensores da automatização apontam diversas vantagens das máquinas sobre o trabalhador humano. Elas trabalham com mais constância e regularidade, cometem menos erros, atuam igualmente à noite, não se prejudicam com os ambientes insalubres, não reclamam, não recebem subornos, não fazem reivindicações salariais e nem greves. Assim, as máquinas, em geral, levam vantagem sobre os operadores humanos em certas situações:

- *Operações altamente repetitivas* — As máquinas conseguem realizar operações simples e altamente repetitivas com grande velocidade e precisão, como na montagem de peças eletrônicas.
- *Processamento de um grande volume de dados* — As máquinas conseguem armazenar e processar um grande volume de dados, de forma rápida e confiável, como ocorre em contas bancárias e loterias.
- *Consistência* — As máquinas são mais consistentes na realização de operações lógicas, como as operações aritméticas e estatísticas, sem variabilidade e sem cometer erros.
- *Imparcialidade* — As máquinas não se deixam influenciar por questões como humor, parentesco, prestígio ou simpatias pessoais.
- *Sensibilidade* — As máquinas podem ser sensíveis a estímulos, além dos limiares humanos, com as ondas de rádio ou contaminações radioativas.
- *Exigências além das capacidades humanas* — As máquinas podem ser projetadas para movimentar e transportar volumes ou pesos grandes, além das capacidades humanas.
- *Operações em condições insalubres* — As máquinas podem ser projetadas para suportar condições ambientais adversas, como altas temperaturas, vácuo, ambientes poluídos ou com elevados riscos de acidentes.

A automatização geralmente exige elevados investimentos e pessoal qualificado para operar, programar e fazer a manutenção do sistema. Apesar de sua aparente eficiência, pode ser problemática, se considerarmos o seu desempenho ao longo de um certo tempo.

Os seres humanos ainda são insubstituíveis em certas situações. A análise de acidentes industriais e de transportes aeroviários e ferroviários mostrou que defeitos de projeto e uso incorreto de processos automatizados podem levar a grandes desastres. Isso levou à uma reflexão sobre os problemas causados pela automatização. Assim, nem todas as tarefas humanas podem ser facilmente substituídas pelas máquinas. Vamos examinar algumas características humanas dificilmente superadas pelas máquinas.

Processo decisório

As tarefas facilmente automatizadas são aquelas em que as regras de decisão estão bem definidas, do tipo "*se-então*". Por exemplo, nos processadores de texto, *se* a linha atingir um determinado tamanho, *então* uma nova linha deve ser iniciada. Contudo, em muitas situações, as condições não estão bem definidas e, além disso, podem evoluir de forma imprevisível, como ocorre em muitos processos industriais.

Os seres humanos são capazes de tomar decisões em situações complexas, mesmo em condições de incerteza, quando o problema não estiver completamente definido. Além disso, eles são capazes de continuar operando em situações de sobrecarga, simplificando deliberadamente certos aspectos da tarefa, mas preservando aqueles mais importantes.

Mesmo que se possa prever o comportamento geral do sistema, podem ocorrer incertezas, que colocam o mesmo diante de uma situação não-prevista. Por exemplo, nas aeronaves, os pilotos automáticos podem ser acionados pelo piloto humano, **quando** as condições forem favoráveis. É o piloto humano que decide isso. Diante de uma incerteza (por exemplo, colisão com um pássaro) ou uma situação de risco (turbulências), o piloto humano deve retomar o controle.

Raciocínio indutivo e criatividade

Os seres humanos são dotados de raciocínio indutivo e criativo, fazendo associações entre eventos aparentemente desconexos, para os quais são difíceis de elaborar um algoritmo. Por exemplo, Henry Ford imaginou a linha de montagem quando visitou um matadouro e viu diversos operários trabalhando em série para recortar as carcaças do gado. Cada operário realizava operações simples e repetitivas. Só que essa era uma linha de "desmontagem" e Ford transferiu a idéia para fazer a montagem dos seus automóveis.

Flexibilidade

As máquinas modernas são dotadas de certa flexibilidade operacional, podendo ser programadas para realizar um conjunto de diferentes operações. Por exemplo, são capazes de soldar diferentes modelos de automóveis. Entretanto, essa flexibilidade tem um limite relativamente restrito. O ser humano tem uma flexibilidade mais ampla. Uma fábrica que desativou a sua cozinha, conseguiu transferir todos os cozinheiros e auxiliares para uma linha de produção de componentes eletrônicos. Se aplicarmos o raciocínio inverso, robôs que montam componentes eletrônicos, dificilmente poderiam ser adaptados para a cozinha.

Sensibilidade

O operador humano é dotado de vários órgãos sensoriais, que podem ser usados simultaneamente na execução das tarefas. Algumas sensações, como a percepção do odor e paladar ainda não são executadas pela máquina, com a mesma precisão dos humanos. Essas sensibilidades são essenciais a algumas tarefas, como as do enólogo.

Geralmente, os projetistas não são profissionais que executam as tarefas que estão projetando. Esses profissionais que executam as tarefas dominam o "saber fazer", que nem sempre podem ser transferidos para as máquinas. Ainda que os projetistas realizem análises detalhadas das tarefas, há sempre detalhes que passam desapercebidos e que podem produzir efeitos inesperados.

Por exemplo, na quebra manual do coco de babaçu, os operadores humanos posicionam o coco, em relação à lâmina, para direcionar a batida. Com isso, conseguem extrair a castanha inteira. As máquinas desenvolvidas para substituí-los não têm essa "sensibilidade" e acabam esmagando a castanha.

Estabilidade do sistema

As máquinas, em geral, são estáveis e consistentes e apresentam dificuldade de reagir frente às instabilidades. Entretanto, poucos sistemas são 100% estáveis. As matérias-primas não são 100% uniformes e há variações de outros insumos, como a tensão da corrente elétrica. Alguns sistemas têm subsistemas de controle auto-corretivo, mas isso funciona dentro de certos limites, e não dispensam a supervisão humana.

Esse controlador humano deve conhecer os detalhes do processo e também o funcionamento do sistema automático e os limites de sua operação. Além disso, deve saber como proceder, em caso de imprevistos, para recolocar o sistema em condições normais de operação. A memória de longa duração dos seres humanos é capaz de relembrar eventos que ocorreram há muitas décadas atrás, baseando-se em fatos raros para tomar decisões.

17.3 Trabalho de inspeção na indústria

O trabalho de inspeção faz parte do controle de qualidade e consiste no exame e teste de produtos, componentes e materiais, para garantir a permanência dos mesmos dentro de certas especificações.

A inspeção pode ser feita na matéria-prima recebida (inspeção de recebimento), durante o processo produtivo (inspeção de processo) ou no produto acabado (inspeção final). Esta será tanto mais eficiente quanto mais próxima estiver das possíveis fontes de defeitos, evitando-se assim que eles se propaguem e um grande número de peças defeituosas sejam produzidas.

Em alguns casos, a inspeção pode ser feita mecanicamente em 100% dos produtos. Por exemplo, uma máquina que faz a solda final na lâmpada, pode, ela mesma, testar se a lâmpada acende e refugar aquelas que não se acendem. Esse tipo de controle automático pode ser feito quando se trata de inspeção do tipo **passa/não passa**, baseado em características elétricas ou dimensionais de uma peça. Entretanto, nem todos os atributos do produto, como no caso de acabamentos superficiais, podem ser expressos dessa forma dicotômica.

Por exemplo, seria muito difícil fazer uma máquina para testar a qualidade do café ou do vinho, que dependem de vários fatores complexos como aroma, coloração, gosto e outros. Assim, ao contrário do que se acreditou até cerca época, o trabalho de inspetores humanos não desapareceu. O número de inspetores tem aumentado com o progresso tecnológico, à medida que os produtos vão se tornando mais complexos e, a sociedade, mais exigente quanto à qualidade.

Condições para melhorar o trabalho de inspeção

Comparando-se com outros tipos de tarefas usuais na indústria, o trabalho de inspeção exige maior grau de julgamento e discriminação. Isso pode ser realizado melhor quando há uma definição precisa dos padrões exigidos, ou seja, quando a fronteira entre o que se considera um produto defeituoso ou aceitável é claramente definido, o que nem sempre é uma tarefa trivial.

Por exemplo, para inspeção da pintura de uma geladeira, pode-se fixar o número máximo de riscos que ela pode conter para não ser rejeitada, mas esses riscos variam em comprimento e profundidade e, então, sempre há necessidade de um certo julgamento. E esses julgamentos variam de acordo com o inspetor, e também o mesmo inspetor pode apresentar mudanças de padrões, conforme o dia e a hora. Se ele estiver fatigado ou atrasado, poderá aplicar padrões menos rígidos para aprovar um lote de produtos.

Outro aspecto é que cada inspetor determina subjetivamente, para si mesmo, um certo grau **mínimo** e **máximo** de rejeição. Se estiver abaixo desse mínimo, ele teme que o seu desempenho seja considerado negligente e, se for muito elevado, ele teme a reação de outros setores, como a fabricação. Então, cada inspetor sempre tende a rejeitar uma certa percentagem dos produtos inspecionados, independentemente da flutuação de qualidade dos mesmos. Essa situação se agrava quando os padrões não são claramente estabelecidos e, então, o inspetor deve usar o seu próprio julgamento. Dessa forma, para que o serviço de inspeção seja mais eficiente, recomendam-se as seguintes práticas:

- O padrões de qualidade e os procedimentos devem ser claramente definidos;
- A inspeção deve ser feita em pequenos lotes, sem demora, e próxima da fonte de defeitos;
- As inspeções devem ser feitas, de preferência, em objetos parados, pois a visão humana tem dificuldade de acompanhar os objetos em movimento;
- Os inspetores devem contar com instrumentos de medida e outros meios que ajudem a reduzir os julgamentos subjetivos;
- Os inspetores devem receber um treinamento padronizado;
- Os próprios inspetores devem ser “inspecionados,” recebendo informações sobre o seu próprio desempenho e devem ser “recalibrados” periodicamente;
- O serviço de inspeção deve ser intercalado com outras atividades, para reduzir monotonia e fadiga;
- O ambiente de trabalho deve ser bem iluminado e ter condições que favoreçam a vigilância.

A consideração adequada desses itens é importante, porque um trabalho eficiente de inspeção pode evitar erros, acidentes e desperdícios de material, contribuindo para prevenir paradas desnecessárias de máquinas e interrupções no fluxo de produção.

Em alguns casos, como em empresas terceirizadas que fornecem materiais ou componentes para empresas montadoras, o nível de qualidade pode ser estabelecido no contrato de fornecimento. Os inspetores da empresa montadora podem ser enviados para as empresas terceirizadas, para que façam as inspeções antes que as peças sejam despachadas para a empresa montadora. Assim, essas peças podem ser colocadas diretamente na linha de produção da empresa montadora.

Movimentos visuais na inspeção

Conforme já vimos no Capítulo 3, a visão humana não segue um processo contínuo. Os olhos pulam de um ponto para outro em fixações sucessivas e, praticamente, não há percepção durante essa transição de um ponto para outro. Durante esses "pulos", os olhos executam trajetórias para "varrer" objeto inspecionado. Há basicamente dois tipos de pessoas quanto ao tipo dessas trajetórias: o aleatório e o sistemático (Figura 17.3).

Tipo aleatório — O tipo aleatório não tem um padrão prefixado para a exploração visual. Seus olhos percorrem rapidamente, de um lado a outro, o campo visual. O percurso médio entre duas fixações sucessivas é maior que o do tipo sistemático.

Tipo sistemático — O tipo sistemático costuma seguir algum padrão definido de exploração visual, por exemplo, movendo os olhos passo-a-passo na direção horizontal, vertical ou em círculos.

Ao contrário do que possa parecer, o tipo aleatório geralmente é mais eficiente (Megaw e Richardson, 1979), provavelmente porque é mais sensível aos pontos importantes e consegue chegar mais rapidamente a eles. Ele faz uma "varredura" rápi-

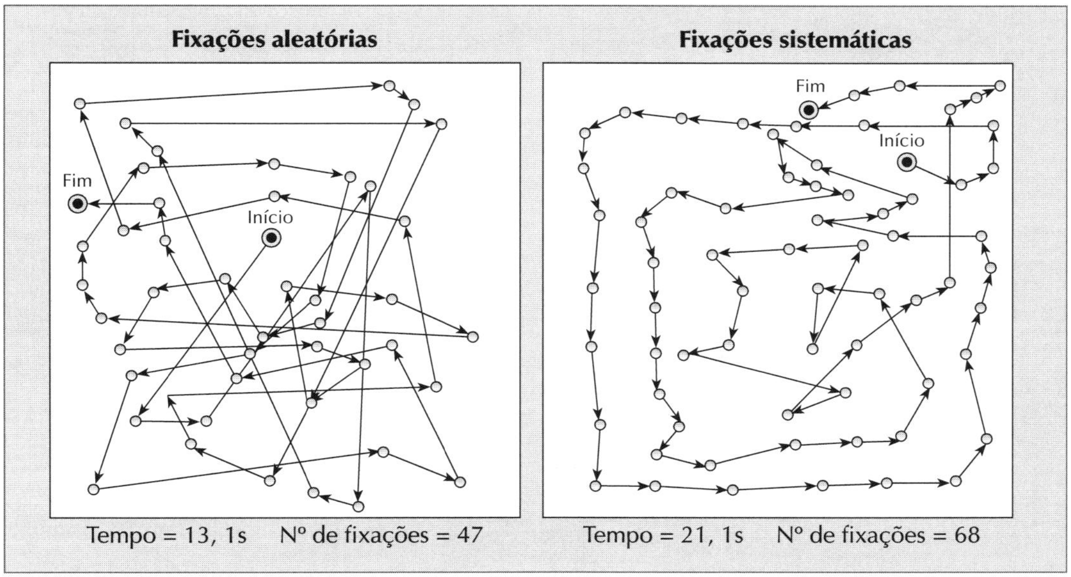

Figura 17.3 Exemplos de diferentes táticas de exploração visual adotadas por indivíduos do tipo aleatório e do tipo sistemático (Megaw e Richardson, 1979).

da em todo o campo visual, antes de fixar-se em algum ponto que tenha chamado a sua atenção. O tipo sistemático segue uma rotina mais ou menos padronizada e pode realizar muitas fixações desnecessárias antes de atingir esses pontos importantes.

Tempo de inspeção

As fixações visuais em cada ponto demoram cerca de 0,1 a 0,7 segundos. Esse tempo depende de vários fatores como o tipo do material inspecionado, contraste, iluminação, diferenças individuais e outros (Figura 17.4). Para os casos práticos, recomenda-se adotar o valor de 2,5 fixações por segundo, ou seja, 0,4 segundos por fixação. Esse valor, em geral, é suficiente para a maior parte dos casos.

Inspeção de objetos em movimento

Muitas inspeções são realizadas com objetos em movimento, sobre correias transportadoras. Contudo, observou-se que os olhos, muitas vezes, não conseguem acompanhar a velocidade desses objetos, além de um certo limite. Oshima (1980) apresenta um caso em que os objetos se movimentavam a uma velocidade de 91,4 m/min. A exigência de fixações visuais de detalhes próximos entre si era grande e, muitas vezes, os inspetores não conseguiam acompanhar, principalmente se adotassem uma "estratégia" errada para fazer a "varredura" visual. Além do mais, foram observadas diferenças individuais entre os inspetores (Figura 17.5).

No caso dessa tarefa, ao contrário do que foi anteriormente mencionado, o tipo sistemático apresentava melhores resultados, provavelmente devido à pequena área

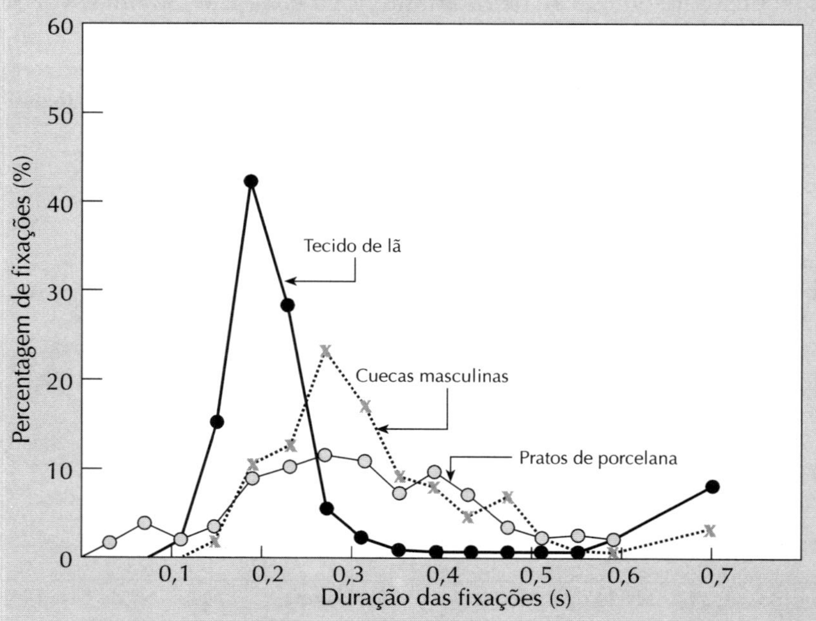

Figura 17.4 Distribuições típicas das durações das fixações visuais em três tipos diferentes de tarefas de inspeção (Megaw e Richardson, 1973).

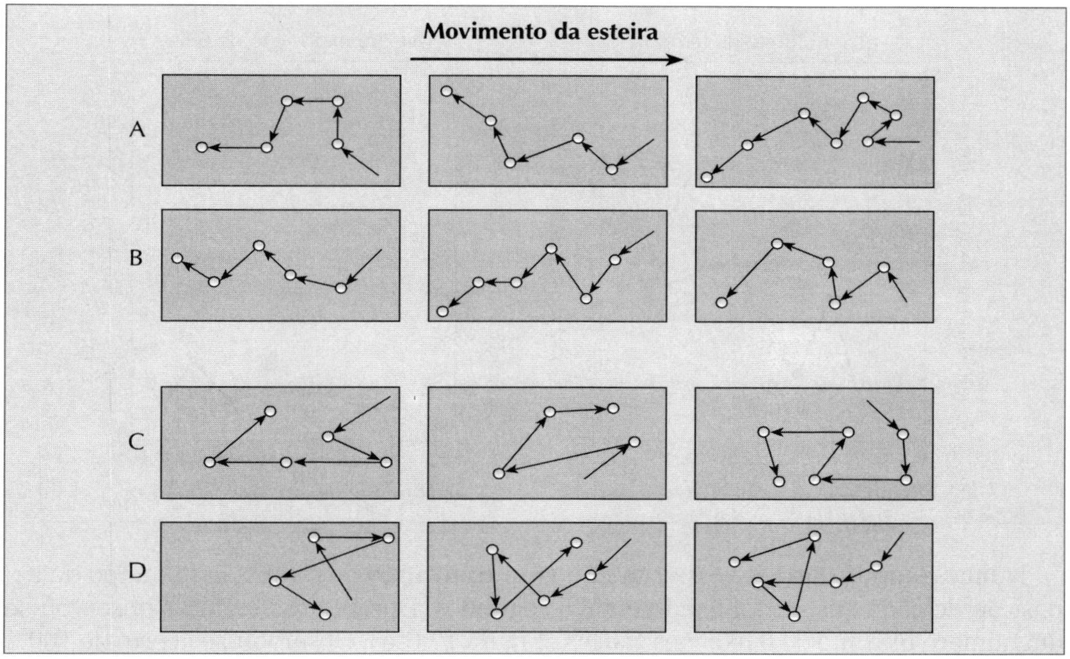

Figura 17.5 Movimentos dos olhos de quatro inspetores em uma esteira de movimento contínuo. Os inspetores A e B (sistemáticos) são mais eficientes que os inspetores C e D (aleatórios) (Oshima, 1980).

a ser inspecionada. Os inspetores do tipo aleatório apresentavam uma "varredura" falha, devido aos retornos que provocavam perda de tempo e, para recuperar esse tempo, realizavam "pulos", deixando passar algumas áreas sem inspeção. Para evitar isso, sempre que for possível, é preferível fazer as inspeções com os objetos parados.

Inspeção com ou sem limitação de tempo

Em certos casos, há possibilidade de se optar por um projeto de inspeção com ou sem limitação de tempo. A limitação de tempo ocorre, por exemplo, em esteiras transportadoras com velocidade comandada mecanicamente, como no caso anteriormente mencionado. Naqueles sem limitações de tempo, o próprio inspetor pode comandar o tempo, demorando-se o quanto julgar necessário, pois há casos em que deve tomar decisões complexas e demoradas.

Em um experimento de laboratório, Noro (1983) comparou esses dois tipos de inspeções, usando 27 quadros projetados por *slides*, que continham 2 a 10 pontos pretos com 1,5 cm de diâmetro, espalhados aleatoriamente em cada quadro. Ele utilizou quatro estudantes como sujeitos, que usavam um aparelho especial para registrar o número de fixações realizadas durante o experimento. Os *slides* eram projetados aleatoriamente, e os sujeitos deviam dizer quantos pontos pretos existiam em cada quadro.

Inicialmente, o experimento foi realizado **sem limitação** de tempo (Figura 17.6-a). Observou-se que os números de fixações visuais variavam de 1 a 9, aumentando com o respectivo acréscimo do número de pontos contidos no quadro. Todas as contagens dos pontos foram realizados satisfatoriamente, com 100% de acerto.

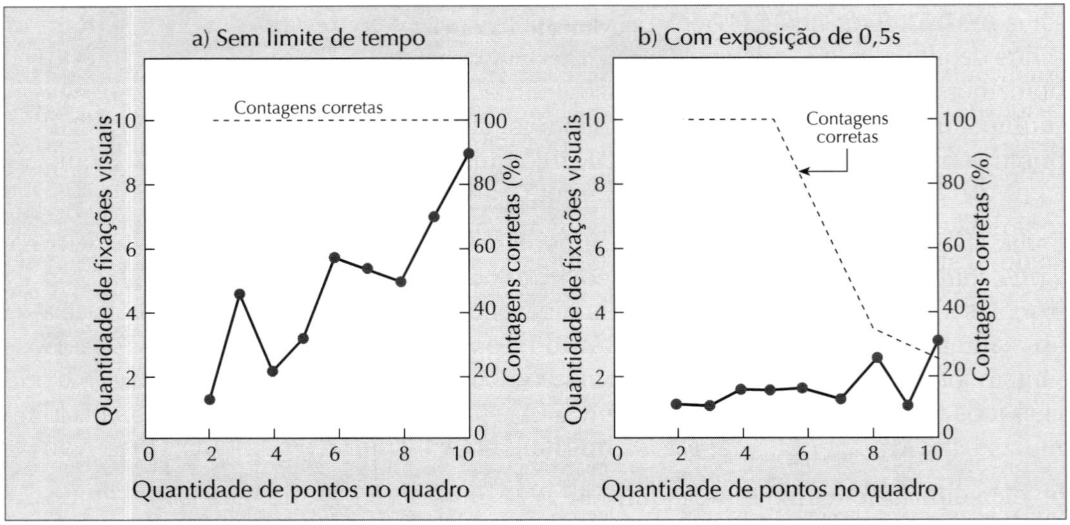

Figura 17.6 Em quadros contendo 2 a 10 pontos, colocados aleatoriamente, as contagens são feitas corretamente quando não há limitação do tempo de exposição e, com o tempo fixo de 0,5 s de exposição, os erros aumentam a partir de 5 pontos no quadro (Noro, 1983).

Numa segunda parte do experimento **com limitação** de tempo, esse tempo de exposição de cada quadro foi fixado em 0,5 segundos. Durante esse tempo, observou-se um número máximo de 3 fixações visuais (Figura 17.6-b). Observou-se acerto de 100% só nos quadros onde apareciam, no máximo, 5 pontos. Para os quadros com maior número de pontos, os erros começaram a aparecer, aumentando proporcionalmente ao número de pontos. Nos quadros com 10 pontos, houve acerto de apenas 25%.

Aumentando-se o tempo de exposição para 1,0 s, o número máximo de pontos identificados com 100% de acerto cresceu para 6 e, com 2,0 s de exposição, este aumentou para 8 pontos. Portanto, nessas três seqüências, os tempos médios para cada leitura correta foram aumentando, respectivamente de 0,10 s (correspondendo a 5 leituras corretas em 0,5 s), 0,16 s (6 leituras corretas em 1,0 s) e 0,25 s (8 leituras corretas em 2,0 s).

Analisando esses resultados, Noro concluiu que, sem limitação de tempo, o número de fixações era mais ou menos equivalente ao número de pontos, ou seja, havia aproximadamente uma fixação para cada ponto no quadro. Quando foi colocada a restrição de tempo, o número máximo de fixações também foi reduzindo. Às vezes, em 0,5 s, um sujeito conseguia fazer apenas uma fixação. Em 1,0 s fazia duas a quatro e, em 2,0 s, cerca de 6 fixações, em média. Em cada fixação, um sujeito conseguia identificar os pontos que se situavam em um ângulo visual de aproximadamente 10º. Então, se o tempo era insuficiente para "varrer" todo o quadro, alguns pontos passavam desapercebidos (Figura 17.7), sendo perdidos na contagem.

Controle de processos contínuos

Os processos contínuos são comuns na indústria química, petroquímica e outros. Eles exigem que certas variáveis, como temperatura, pressão, densidade, acidez, vazão ou outra qualquer sejam mantidas dentro de certos limites. Um desvio qualquer, acima ou abaixo desses limites, pode provocar conseqüências danosas, como prejuízos na qualidade, perda de material e riscos de acidentes.

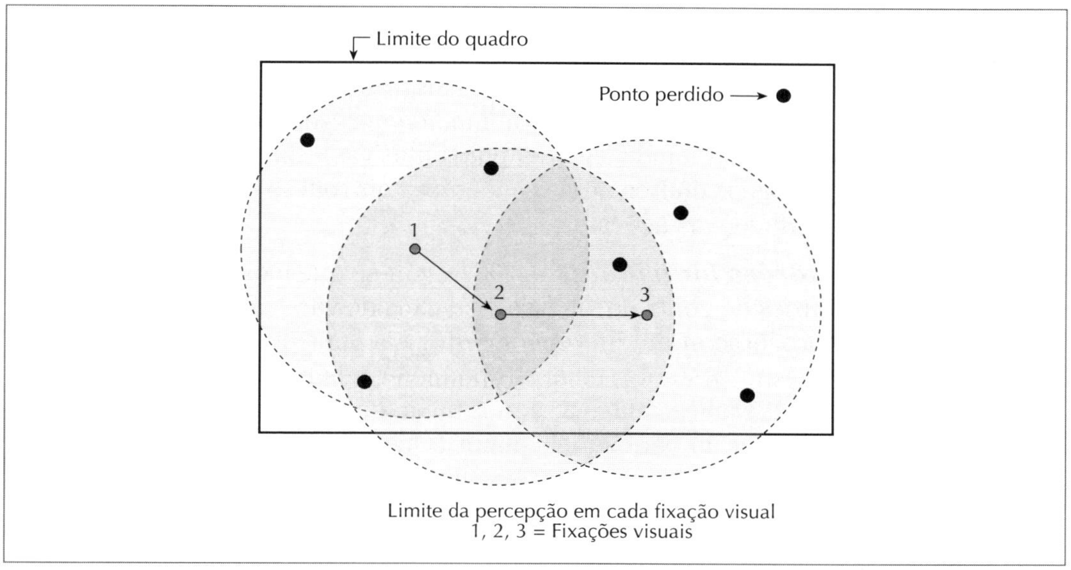

Figura 17.7 Em cada fixação visual podem ser detectados os pontos situados dentro de um ângulo visual de 10 graus. Os pontos situados fora desse cone visual são perdidos (Noro, 1983).

Os trabalhadores que atuam no controle desses processos devem ficar vigilantes, fazendo freqüentes observações visuais e medições para verificar se tudo está correndo normalmente, ou seja, dentro dos limites especificados pelo processo. Ao notarem qualquer tipo de desvio, devem acionar as medidas corretivas para que o processo retorne ao seu curso normal. As condições de trabalho podem ser complexas e perigosas (Ferreira e Iguti, 2003). Além disso, os trabalhadores normalmente estão envolvidos em rotações de turnos, com todos os problemas que isso pode representar (ver Capítulo 13).

Estudo de caso — Controle de destilação

Paternotte (1978) realizou estudo de um caso prático de controle em uma coluna de destilação de 30 m de altura, em uma refinaria. Essa coluna era ligada a mais oito colunas, sendo que duas delas estavam interligadas diretamente entre si. O controle de todas elas era feito a partir de um Centro de Controle Operacional, onde haviam 8 postos de trabalho, sendo 2 para o controle da destilação.

A refinaria funcionava continuamente, em regime de turnos, com 4 pessoas se revezando em cada posto de trabalho. Portanto, havia um total de 8 pessoas envolvidas na operação considerada. O comportamento delas foi observado durante 3 meses.

Para cada ação de controle executada, os pesquisadores perguntavam sobre os **motivos** dessa ação e quais eram as **informações** que indicavam a necessidade da mesma. As respostas eram gravadas em fita. Um pequeno questionário com informações quantitativas complementava esse registro. Informações adicionais, envolvendo a política da empresa, programação da produção e os aspectos técnicos e econômicos do processo de destilação foram obtidas com os administradores da empresa. Os principais resultados obtidos nessa pesquisa podem ser resumidos nos seguintes tópicos.

Estratégias de controle — Os registros demonstraram que todos os oito controladores usavam estratégias semelhantes. Ou seja, em situações semelhantes, todos acionavam as mesmas variáveis de controle, mas diferiam entre si quanto à **intensidade** das ações. Os instrumentos de medida apresentavam pouca precisão, e os controladores realizavam os ajustes por tentativas, com base em suas experiências pessoais, pois os efeitos dessas ações de controle só eram conhecidos 40 minutos após as respectivas ações.

Diferenças dos padrões individuais — Observou-se que existiam diferenças individuais nos padrões de controle, ou seja, as faixas de variação em torno do valor especificado do processo eram diferentes para cada controlador. As **amplitudes** dessas faixas variavam bastante, como se pode ver nos resultados apresentados na Figura 17.8. As diferenças entre a menor faixa, que correspondia ao operador mais preciso (Operador A) para aquela maior (Operador F), chegavam a 4 vezes. Observou-se, também, que o Operador A realizava as operações de controle com maior freqüência, reagindo a desvios menores. Enquanto isso, o Operador F só reagia aos desvios de maior amplitude. Outros autores, em investigações semelhantes, constataram que aqueles trabalhadores que apresentavam maiores precisões no controle correspondiam também aos mais motivados ao trabalho.

Aspectos econômicos — Em entrevistas realizadas fora da sala de controle, foram perguntados aos operadores sobre as razões de se manter o processo em determinadas faixas operacionais e quais seriam as implicações das mesmas nos custos. Cada um dos operadores apresentou uma série de argumentos, mas quando os mesmos foram comparados entre si, não formavam um conjunto consistente. Isso demonstrou que os operadores tinham pouca consciência das **conseqüências** do seu trabalho. Os administradores da empresa confirmaram que as informações sobre os custos do processo não eram fornecidas aos operadores, por considerá-las muito complicadas e portanto causariam confusão na mente dos operadores.

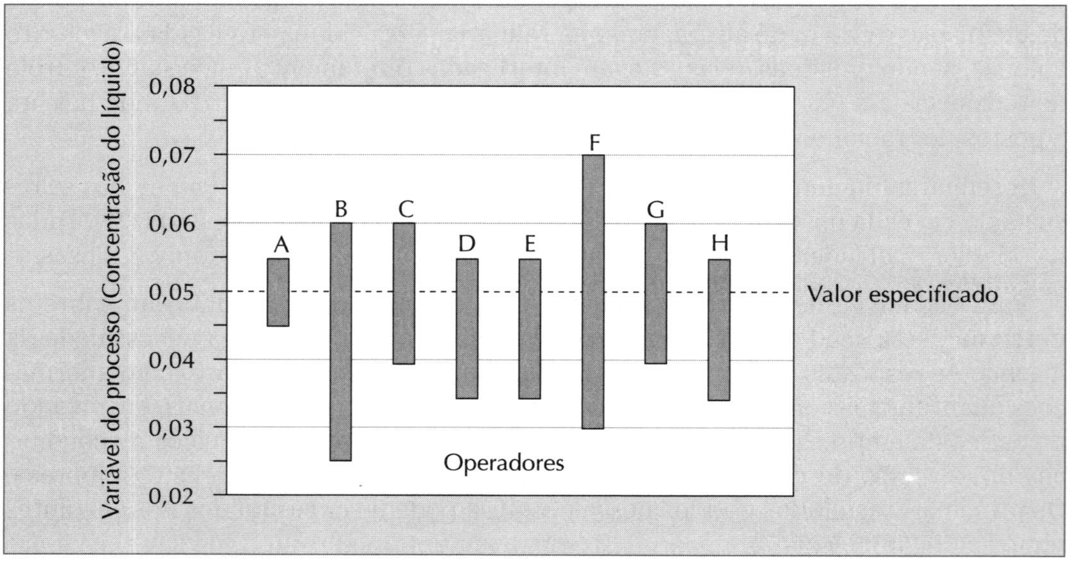

Figura 17.8
Faixas de oscilação dos ajustes, durante uma operação de controle de um processo contínuo, apresentados por 8 operadores. O operador A é o que apresentou melhor precisão nos ajustes (Paternotte, 1978).

O autor conclui que esses tipos de levantamentos são importantes para o projeto de futuros processos. Os instrumentos de controle não forneciam informações com muita precisão e, então os operadores também não se esforçavam muito para manter o processo dentro de limites estreitos. Como o *feedback* era demorado (40 minutos), este não estimulava a manter um controle mais preciso. Também sugere que, se os operadores tivessem uma consciência dos custos, provavelmente poderiam ser mais eficazes, direcionando o processo no sentido mais econômico, dentro dos parâmetros que não prejudicassem a qualidade do produto.

Influência da iluminação na inspeção

Como a inspeção é uma tarefa eminentemente visual, a iluminação tem uma grande influência no desempenho da mesma. Como já foi visto na seção 15.3, isso significa que um posto de trabalho para inspeção deve ser cuidadosamente planejado, tendo iluminamento adequado, de acordo com o nível de contraste e detalhes a serem observados. Se necessário, a iluminação geral deve ser complementada com uma iluminação localizada sobre a tarefa. Por outro lado, a intensidade excessiva pode provocar ofuscamentos e fadiga visual.

Experiências realizadas para comparar o efeito das lâmpadas fluorescentes com aqueles incandescentes de mesma claridade, mostraram uma ligeira superioridade para as primeiras em alguns tipos de tarefas, provavelmente porque elas produzem luz mais difusa. As lâmpadas incandescentes de tungstênio, por serem mais concentradas, favorecem o ofuscamento, que tendem a reduzir a acuidade visual.

Finalmente, como já vimos, deve-se ressaltar que a lâmpada fluorescente pode provocar efeito estroboscópico em objetos que tenham rotações ou movimentos cíclicos, sendo perigosos para aqueles que coincidam com a freqüência da rede elétrica, porque produzem uma imagem estática. Há casos em que esse efeito é usado a favor da inspeção, por exemplo, para conferir a rotação de motores.

17.4 Difusão da ergonomia na empresa

Um programa para ampla difusão de certos conhecimentos básicos de ergonomia, principalmente aqueles que se aplicam nas suas atividades do dia-a-dia, pode produzir muitos resultados benéficos. Este pode ser adotado pela alta administração das empresas, como parte da estratégia global de redução de erros e acidentes e melhoria da produtividade. A seguir vamos apresentar três estudos de caso de difusão da ergonomia na empresa.

Caso 1 — Treinamento de supervisores em ergonomia

Para a introdução da ergonomia na produção, não é suficiente elaborar projetos bem concebidos de sistemas e postos de trabalho e manter equipes de especialistas em ergonomia, à disposição, na empresa. A aplicação correta dos conhecimentos de ergonomia depende também de um acompanhamento do dia-a-dia das operações, observando-se como os trabalhadores usam os seus instrumentos de trabalho, como organizam o seu próprio trabalho, as posturas que adotam, os movimentos corporais que executam e assim por diante.

Os supervisores ou mestres de fábrica são considerados elementos-chaves na difusão da ergonomia, pois são eles que estão mais próximos dos trabalhadores, fazem a distribuição de tarefas e tomam decisões rotineiras para manter a produção em andamento. Devido a isso, foi considerado conveniente transmitir um conjunto de conhecimentos básicos aos supervisores de primeira linha e mestres. Com esses conhecimentos, eles seriam capazes de resolver alguns problemas imediatos, e teriam maior sensibilidade em identificar as situações que deveriam ser encaminhados aos escalões superiores, solicitando a ajuda aos especialistas em ergonomia e outros profissionais que atuam em áreas correlatas.

Smith (1984) apresenta o caso de treinamento de supervisores em ergonomia, numa grande empresa do ramo têxtil. Inicialmente, foram examinadas três alternativas metodológicas para a transmissão de conhecimentos aos supervisores:

- Uso de instrução programada, em forma de um livreto ou um programa de computador, contendo os conhecimentos básicos e alguns exercícios;
- A ergonomia poderia ser incluída como um dos assuntos, em reuniões regulares dos supervisores, destinadas a discutir problemas de produção e de segurança;
- Organização de cursos especiais sobre ergonomia, com duração de um ou dois dias, especialmente dirigidos aos supervisores.

No caso, optou-se pela terceira alternativa. Resolveu-se preparar um curso especial, com 14 horas de duração, para ser administrado em dois dias integrais ou quatro tardes consecutivas. Foram definidos os seguintes objetivos instrucionais para esse curso:

- Transmitir os conceitos básicos da ergonomia que tenham relação com as atividades sob controle dos supervisores, se possível, ilustrando-se com exemplos;
- Desenvolver capacidade para reconhecer situações práticas de trabalho, que poderiam ser melhoradas com a aplicação da ergonomia;
- Encorajar os supervisores a resolverem os problemas constatados, diretamente ou solicitando a ajuda de outros especialistas existentes na empresa, como médicos, psicólogos, analistas de trabalho e engenheiros de produção;
- Mostrar as vantagens decorrentes da aplicação da ergonomia, tanto para os trabalhadores como para a empresa.

Para atingir esses objetivos, foram definidos 12 tópicos (Tabela 17.2). O curso foi ilustrado com *slides* e filmes em *vídeo-tapes*. Todos os exemplos apresentados foram coletados nos próprios locais de trabalho dos supervisores. A apresentação de cada conceito, em aula, era sempre seguida de discussões sobre as possibilidades de aplicá-lo, na prática.

Ao final do curso foi passado um questionário, para que os supervisores indicassem aqueles conceitos que haviam considerado mais úteis, tendo sido apontado os seguintes:

- Reconhecimento e prevenção da carga térmica;
- Garantia de qualidade;
- Projeto do posto de trabalho;
- Manuseio de materiais.

TABELA 17.2

Distribuição do tempo por tópicos, em um curso de ergonomia destinado aos supervisores de uma empresa do setor têxtil (Smith,1984)

Tópico do curso	Duração (min)
1. Introdução à ergonomia	30
2. Projeto do posto de trabalho	90
3. Estudo de caso 1 – posto de trabalho	45
4. Fisiologia – trabalho muscular e fadiga	105
5. Calor ambiental – medida e prevenção	90
6. Estudo de caso 2 – calor	30
7. Manuseio de materiais	90
8. Estudo de caso 3 – manuseio de materiais	45
9. Segurança do trabalho e medidas preventivas	90
10. Ergonomia e garantia de qualidade	90
11. Mostradores e controles – compatibilidades	45
12. Exemplos de aplicação	90
TOTAL	840

Os tópicos considerados de menor interesse pelos supervisores foram: fisiologia do trabalho; segurança; e mostradores e controles. Analisando-se esses resultados, chegou-se à conclusão de que os supervisores valorizavam mais aqueles aspectos que poderiam ter **aplicação direta** em seus locais de trabalho e relacionados com as variáveis que estavam sob o controle deles, de modo que eles mesmos pudessem tomar as providências cabíveis.

Um outro questionário de acompanhamento foi passado seis meses após o curso. Nesse levantamento, 64% dos supervisores declararam que haviam utilizado os conhecimentos adquiridos no curso para resolver algum problema, 100% afirmaram que os conhecimentos adquiridos foram compartilhados com outras pessoas e 65% deles afirmaram que recomendariam o curso a outros supervisores.

Em uma outra avaliação, feita separadamente pela administração da empresa, constatou-se que os resultados do curso tinham sido positivos, principalmente pelas aplicações feitas pelos supervisores em seus próprios locais de trabalho e também pela sensibilidade que eles haviam adquirido em identificar os problemas potenciais, alertando os especialistas da empresa para a tomada das devidas providências.

Caso 2 — Difusão da ergonomia na fábrica

Um caso de difusão mais ampla da ergonomia em quatro níveis hierárquicos diferentes, em uma grande empresa automobilística na Alemanha, é relatado por Rohmert e Lauring (1977). Foram envolvidos 287 pessoas nesse treinamento, desde gerentes de divisão até operários (Tabela 17.3). A alta administração dessa empresa havia chegado à conclusão de que não era suficiente apenas os dirigentes e um pequeno número de especialistas dominar os conhecimentos de ergonomia. Esses conhecimentos deveriam ser mais **amplamente** difundidos em diversos escalões da fábrica, pois os ocupantes de cargo como compradores, vendedores, projetistas, chefes de seção, além dos próprios operários, poderiam beneficiar-se dos mesmos.

TABELA 17.3

Quantidade de participantes de um curso de ergonomia, abrangendo 4 níveis hierárquicos de uma empresa automobilística (Rohmert e Lauring, 1977)

Nível	Quantidade
1. Gerente de divisão	20
2. Chefes de departamento	68
3. Chefes de seções	58
4. Operários	141
TOTAL	287

A empresa tomou essa decisão após um levantamento **abrangente**, realizado em toda a fábrica, descobrindo postos de trabalho mal projetados, trabalhadores com más posturas e problemas no manuseio de materiais. Por deficiências de conhecimentos ergonômicos, por exemplo, o departamento de compras estava adquirindo máquinas e equipamentos inadequados e os projetistas estavam especificando postos de trabalho que faziam exigências acima daqueles níveis recomendados pela ergonomia.

O curso foi programado para 4 dias em tempo integral, começando às 8:00 horas da manhã e terminado às 18:30 horas, com cerca de 2 horas de intervalo para almoço e cafés. O grupo de 287 participantes foi dividido em 11 turmas com 20 a 30 participantes, mesclando-se aqueles de diferentes níveis. Os cursos foram realizados em um centro de treinamento que se situava em um local retirado da fábrica. No total, foram gastos cerca de 360 horas totais de instrução.

Os conteúdos foram divididos em 17 tópicos e, sempre que possível, além das aulas, foram introduzidos exercícios e demonstrações práticas (Tabela 17.4). Essas demonstrações consistiram em mostrar os equipamentos de testes e medidas. Como material suplementar, foram produzidos 4 filmes, mostrando situações adversas de trabalho e exemplos de melhorias que poderiam ser introduzidas. Foi organizada também uma exposição com 60 livros sobre ergonomia.

TABELA 17.4

Principais tópicos apresentados em um curso de ergonomia de 34 horas, realizado em 4 dias integrais, para 287 participantes de uma grande empresa automobilística (Rohmert e Lauring, 1977)

Dia	Tópico	Aula	Exercício	Demonstração
1	1. Introdução à ergonomia	•		
	2. Análise ergonômica do trabalho	•	•	
	3. Influência do esforço	•		
	4. Trabalho muscular	•		•
	5. Avaliação do esforço	•	•	•
2	6. Trabalho não-muscular	•		
	7. Fadiga e recuperação	•		•
	8. Antropometria	•	•	
	9. Posturas do corpo	•	•	
3	10. Cargas manuais	•		
	11. Trabalho repetitivo			•
	12. Estudo de casos		•	
4	13. Função visual	•		•
	14. Iluminação	•		
	15. Função auditiva	•		
	16. Influência do ruído	•	•	•
	17. Projeto e análise de sistemas	•		
Material suplementar: 4 filmes, equipamentos de testes e medidas, mostra de 60 livros de ergonomia.				

Para avaliar os resultados, foram organizados dois questionários. Um deles foi passado antes e outro, após o curso. A comparação dos resultados desses dois questionários demonstrou que a compreensão dos problemas ergonômicos havia aumentado consideravelmente após o curso. A sensibilidade dos participantes para a identificação correta das causas de diversos problemas apresentados tinha melhorado bastante.

Outra conseqüência observada após o curso foi a introdução, pela empresa, de exigências quanto aos aspectos ergonômicos das máquinas e equipamentos a serem comprados. Essa iniciativa foi complementada com a produção de um filme, para ser exibida aos fornecedores de máquinas e equipamentos, estabelecendo as principais exigências ergonômicas da empresa.

Contudo, a conseqüência indireta mais importante, segundo a administração da empresa, ocorreu durante uma experiência para a introdução de grupos autônomos de montagem, com células de produção (ver página 403), em substituição às extensas linhas de montagem. Os trabalhadores se mostraram bastante receptivos à essa nova forma de organização da produção e colaboraram com muitas sugestões para o aperfeiçoamento do novo sistema. Nessas sugestões, ficaram evidentes as influências dos conhecimentos que tinham sido transmitidos pelo curso de ergonomia.

Caso 3 — Ergonomia participativa

Aplicou-se um programa de ergonomia participativa em uma empresa de 7 000 empregados, que realiza serviços terceirizados de instalações e manutenção, tais como instalações elétricas, hidráulicas, sanitárias, sistemas de aquecimento, ar condicionado, gases e outros (de Jong e Vink, 2002). A empresa é organizada em 10 unidades de negócios, cada uma com funções próprias. Os serviços são realizados por pequenos grupos que se deslocam com as suas *vans* e carregam materiais e ferramentas necessárias. Os locais de trabalho podem ser diferentes a cada dia, assim como o tipo de tarefas. O objetivo básico visado pelo programa de ergonomia foi a redução da sobrecarga músculo-esquelética dos trabalhadores, a fim de manter a capacidade de trabalho dos mesmos e reduzir os absenteísmos.

Decisão superior — O programa foi iniciado após uma decisão do presidente da empresa, tendo-se definido o seguinte objetivo para o mesmo: "reduzir os problemas músculo-esqueléticos, proporcionando maior eficiência nos trabalhos da empresa". Ele designou uma Comissão de Ergonomia com atribuições para implementar o programa. Essa Comissão contratou consultores externos que já tinham grande experiência anterior em lidar com problemas músculo-esqueléticos no trabalho.

Envolvimento dos empregados — A ergonomia participativa deve envolver o maior número possível dos empregados da empresa. Contudo, foi considerado praticamente impossível envolver diretamente 7 000 pessoas. Assim, estabeleceu-se um plano com diferentes graus de envolvimento:

- *Grupo de Coordenação* — Criou-se o Grupo de Coordenação, composto de alguns representantes das unidades de negócios, um representante do departamento de relações públicas (cuidava das informações) e um representante dos consultores externos.
- *Administração da empresa* — Realizou-se uma reunião especial com 1 dia de duração para informar os principais executivos e os responsáveis pelos serviços de saúde e segurança da empresa, sobre os objetivos do programa.
- *Grupos de Trabalho* — Dentro de cada unidade de negócios foi organizado um Grupo de Trabalho interno, com participação do respectivo supervisor e alguns empregados, para desenvolver e propor sugestões.

- *Grupos ad-hoc* — Os grupos *ad-hoc* eram organizados com a participação de empregados, seus superiores e especialistas em ergonomia para discussões e busca de soluções para problemas específicos.
- *Empregados em geral* — Todos os empregados foram informados, enviando-se um prospecto pelo correio, para as suas residências. Foram preparados pôsteres, fixados nas paredes da empresa. As notícias sobre o programa eram veiculadas periodicamente pelo boletim interno. Eles poderiam encaminhar sugestões ao Grupo de Coordenação.

Dessa forma, alguns empregados envolveram-se diretamente, outros indiretamente e outros, ainda, remotamente.

Etapas do programa — O programa todo foi desenvolvido em 6 etapas. A Comissão de Ergonomia participou de todas elas. Os consultores externos treinaram 4 membros do Grupo de Coordenação e 6 representantes dos Grupos de Trabalho, com tópicos em ergonomia. Eles participaram diretamente do desenvolvimento das soluções e testes dos protótipos. A seguir, são descritas as etapas do programa.

Etapa 1. Preparação — A preparação envolveu a escolha dos membros do Grupo de Coordenação, discussão dos objetivos e do plano de trabalho. Iniciou a difusão do programa a todos os empregados, com a fixação dos pôsteres e envio de cartas.

Etapa 2. Análise do trabalho — O Grupo de Coordenação preparou uma lista inicial dos principais tipos de tarefas a serem analisadas. Os consultores prepararam um questionário, que foi passado em todas as 10 unidades de negócios. Esse questionário procurava identificar as principais atividades, durações de cada uma e as condições em que eram executadas. O Grupo de Coordenação entrevistou pelo menos 5 trabalhadores de cada unidade, a fim de complementar as informações obtidas pelos questionários.

Com isso, foram identificadas 7 tarefas, consideradas de maior risco: instalação de tubos e fios; manutenção; operação de máquinas; solda; armazenagem; trabalhos em paredes; e trabalho com ferro e aço. Em todos eles foram identificados três tipos de atividades de maiores riscos: transporte manual; abaixar o corpo para apanhar um objeto ou trabalhar agachado; e o trabalho estático (existiam diversas posturas com as mãos segurando objetos).

Etapa 3. Geração de soluções — O Grupo de Coordenação fez uma lista dos problemas prioritários a serem resolvidos. Organizou-se uma sessão para geração de soluções, com a participação dos membros do Grupo de Coordenação, supervisores, alguns empregados, convidados e especialistas em ergonomia. Estes últimos apresentaram exemplos de soluções para problemas semelhantes, com projeções de vídeos e *slides*.

Seguiu-se uma sessão de *brainstorming* para a geração de idéias. Depois, essas idéias foram avaliadas por 4 critérios: melhoria da saúde; aumento da produtividade; conseqüências para empresa (custos de implantação); e viabilidade prática (facilidade de implantação, aceitação pelos empregados). As idéias selecionadas foram apresentadas para um grupo de 200 pessoas (média administração, responsáveis pela saúde e segurança, operadores).

Etapa 4. Construção e teste de protótipos — Os materiais e equipamentos necessários às soluções foram comprados no mercado. Em alguns casos, foram especialmente projetados e construídos. Todas as soluções foram testadas pelos próprios trabalhadores, com acompanhamento de membros do Grupo de Coordenação e especialistas em ergonomia. Foram feitas comparações entre a situação atual e aquela proposta. Sempre que possível, estas foram baseadas em medidas quantitativas.

Por exemplo, se o objetivo era a redução da carga manual, media-se o tempo em que essa carga ficava segura. Para a inclinação do corpo, media-se o tempo em que o corpo ficava inclinado a mais de 20°, e assim por diante. Essas informações quantitativas eram complementadas com as opiniões dos usuários, abordando aspectos como a facilidade de uso, acessibilidade e conforto.

Etapa 5. Implementação — Para a implementação das soluções foi organizado um **Caderno de Ergonomia** contendo as descrições e especificações dos projetos. Esse caderno foi lançado em uma sessão especial, com a presença do presidente e todos os diretores da empresa. A seguir, foi dada ordem para que as soluções fossem adotadas nas principais unidades da empresa. Simultaneamente, lançou-se um concurso, aberto a todos os empregados, para captar novas idéias. Estas foram examinadas pelo Grupo de Coordenação e especialistas em ergonomia. O empregado, cuja idéia fosse aproveitada, recebia prêmios como bicicletas e outras utilidades.

Etapa 6. Avaliação — Foi feita uma avaliação 18 meses após a sessão de lançamento do caderno. Para isso, passou-se um questionário preparado pelos consultores, aos usuários das novas soluções, contendo questões sobre as cargas músculo-esqueléticas, adequação da solução e satisfação com o seu uso. Esse questionário foi complementado com entrevistas mais abrangentes com 14 empregados, que passaram a usar as soluções propostas, além de membros dos Grupos de Trabalho e do Grupo de Coordenação.

Resultados — A avaliação feita 18 meses após o lançamento do caderno de ergonomia constatou que 138 produtos haviam sido adquiridos e 9 equipamentos foram projetados e construídos. Aí se incluem diversos tipos de suportes, carrinhos e banquetas. Comparando-se as situações antigas com as novas, constatou-se uma sensível melhora, aliviando as cargas e reduzindo as flexões do tronco e as posturas ajoelhadas (Tabela 17.5).

Cerca de 60 novas idéias foram apresentadas pelos empregados e 12 delas foram selecionadas e acrescidas ao Caderno de Ergonomia. A empresa considerou o programa bem sucedido porque os problemas músculo-esqueléticos foram reduzidos e houve um retorno financeiro. O custo para a implementação do programa foi de 64 mil euros, sendo 50 mil em pessoal e 14 mil em equipamentos. Os benefícios calculados ao final do primeiro ano foram estimados em 81 mil euros. Isso significa um retorno de 126% sobre o investimento, em apenas um ano, sem contar a redução do sofrimento dos trabalhadores e o aumento da satisfação no trabalho.

TABELA 17.5

Resultado das avaliações das cargas e posturas, comparando-se a situação antiga com a nova situação, após a implantação dos 9 equipamentos projetados (de Jong e Vink, 2002).

Produto desenvolvido	Função	Situação antiga	Nova situação
Transportador de painéis elétricos	Reduzir carga	34% do tempo gasto em levantar/carregar painéis	6% do tempo gasto em levantar/carregar painéis
Trocador de bobinas	Reduzir carga	6% do tempo levantando cargas de 20 a 42 kg	0% do tempo gasto levantando
Transportador de radiador	Reduzir carga	32% do tempo carregando e transportando radiadores	3% do tempo carregando e transportando radiadores
Carrinho manual para materiais pesados	Reduzir carga	14% do tempo levantando e carregando	4% do tempo levantando e carregando
Banquinho com altura ajustável	Reduzir flexões do tronco	45% do tempo com flexões maiores a 20°	7% do tempo com flexões maiores a 20°
Banquinho escamoteável acoplado à van	Reduzir flexões do tronco	23% do tempo com flexões maiores a 20°	8% do tempo com flexões maiores a 20°
Elevador de tubos flexíveis	Reduzir flexões do tronco	34% do tempo com flexões maiores a 20°	12% do tempo com flexões maiores a 20°
Suporte para tubos	Reduzir posturas ajoelhadas	45% do tempo com posturas ajoelhadas	2% do tempo com posturas ajoelhadas
Banquinho para fazer montagens sobre o piso	Reduzir posturas ajoelhadas	31% do tempo com posturas ajoelhadas	4% do tempo com posturas ajoelhadas

17.5 Aplicações setoriais

A seguir vamos examinar dois setores onde o trabalho ainda é pouco estruturado: a construção civil e as pequenas empresas. Ambos são caracterizados como grandes empregadores de mão-de-obra. Esses dois setores geralmente empregam trabalhadores de baixa qualificação, com baixos salários. Em muitos casos, eles estão envolvidos em tarefas árduas e perigosas.

Trabalho na construção civil

A construção civil é uma das mais antigas atividades produtivas da humanidade. Alguns dos avanços importantes na história da construção foi a invenção dos pregos e parafusos, o uso de materiais cerâmicos e o desenvolvimento do concreto.

A construção civil é um ramo de atividade que ocupa um grande contingente de mão-de-obra em todo o mundo, principalmente daquela semi-qualificada. As modernas construções empregam mais de 20 categorias profissionais como pedreiros, carpinteiros, eletricistas, encanadores e outros. Os postos de trabalho são móveis, pouco estruturados e grande parte das tarefas é executada ao ar livre, sob calor e chuvas. A indústria da construção é uma das mais conservadoras. Ainda usa muitos instrumentos e ferramentas manuais primárias, com poucos aperfeiçoamentos ergonômicos. Grande parte da mão-de-obra tem baixo nível de instrução e recebe baixos salários. Com poucas exceções, não recebem treinamentos específicos sobre as tarefas que executam.

Muitas tarefas de construção exigem trabalhos físicos pesados, como levantar e transportar cargas. Existem muitas posturas incômodas, como aquelas que exigem os dois braços para cima (fazer instalações no teto). Há também tarefas muito repetitivas. Os pedreiros inclinam-se mais de 1000 vezes ao dia para pegar tijolo, pegar argamassa com a colher e fazer os assentamentos. As posturas incômodas e o excesso de cargas musculares provocam desordens músculo-esqueléticos, que afetam 46% das profissões envolvidas na construção e 60%, em trabalhos de reparos das edificações.

O índice de acidentes desse setor é relativamente elevado. Isso é devido à grande variedade de tarefas executadas por trabalhadores, com pouco ou nenhum treinamento prévio, e também às deficiências da estruturação, organização e supervisão desses trabalhos. Muitos trabalhadores em construção são oriundos do meio rural e estão pouco habituados a um trabalho mais organizado e rotineiro. Vamos examinar dois casos aplicados ao setor de construção civil.

Caso 1 — Análise das posturas

A fim de analisar as posturas consideradas incômodas na construção civil, Kivi e Mattila (1991) aplicaram a técnicas do OWAS – *Ovako Working Posture Analysing System* (ver página 169). Foram visados os seguintes objetivos:

- Analisar as posturas usando o sistema OWAS;
- Apresentar alternativas para as piores posturas; e
- Aplicar os resultados no programa de treinamento em ergonomia.

Para o registro das posturas foi usado um terminal de computador especialmente projetado para isso. Para cada registro foram usados 5 dígitos, sendo as três primeiras para posturas do corpo (dorso, braços, pernas),a quarta para a força e a quinta, para o tipo de atividade (ver Figura 6.6). Esta última foi usada para se identificar o método de trabalho.

As observações foram feitas a intervalos de 30 segundos e cada tarefa foi observada durante 90 min. No total, foram observadas 6 457 posturas. Além disso, foram feitos registros fotográficos de 38 tarefas e filmes em vídeo de 34 tarefas. A confiabilidade dos registros foi confirmada com dois observadores fazendo anotações simultâneas. Houve coincidência em 86% dos registros para o dorso, 94% para os braços, 85% para as pernas e 94% para as forças. As divergências são ocasionadas por posturas intermediárias, entre uma classe e outra. Contudo, tendo coincidências acima de 85%, os registros foram considerados confiáveis.

Os registros foram compilados em 4 classes, sendo que aquelas de classe 3 (há necessidade de medidas corretivas a curto prazo) e classe 4 (há necessidade de medidas imediatas) são consideradas as mais graves. Foram registradas 101 posturas (1,6%) na classe 4, sendo que aquela mais freqüente tinha o código 2362 (ver Figura 6.6): dorso torcido, dois braços para cima, deslocamento com pernas e peso entre 10 e 20 kg. Somando-se as posturas das classes 3 e 4, o pior cargo foi o de preparador de cimento (Figura 17.9) que apresentou 27,8% das posturas nessas classes.

Uma comissão formada por trabalhadores, especialistas em segurança do trabalho e gerentes de produção reuniu-se para analisar os 8 cargos considerados mais graves. Ao total, foram elaboradas 58 sugestões para aliviar essas situações críticas. Por exemplo, para o assentador de tijolos sugeriu-se usar uma mesa hidráulica de altura regulável para colocar tijolos e evitar posturas inclinadas do dorso (Figura 17.10). Diversas outras medidas corretivas foram elaboradas e implementadas, visando reduzir ou eliminar as posturas das classes 3 e 4.

Caso 2 — Análise da carga de trabalho

Damlund *et al.* (1986) realizaram um trabalho mais abrangente sobre a carga de trabalho na construção civil. O levantamento foi realizado em 13 canteiros de obras, onde foram observados 112 trabalhadores, em um total de 7 208 horas trabalhadas. Os movimentos corporais executados por esses trabalhadores foram classificados em seis tipos:

- *Corpo inclinado*. Exemplo: amarrar a estrutura de ferro no chão
- *Movimentos repetitivos*. Exemplo: remover terra ou cimento com a pá;
- *Levantamento de pesos*. Exemplo: suspender uma viga pré-moldada;
- *Movimentos de empurrar/puxar*. Exemplo: empurrar carrinho de mão ;
- *Força repentina*. Exemplo: escorar painéis que ameaçam cair; e
- *Vibração do corpo*. Exemplo: operar vibrador de concreto.

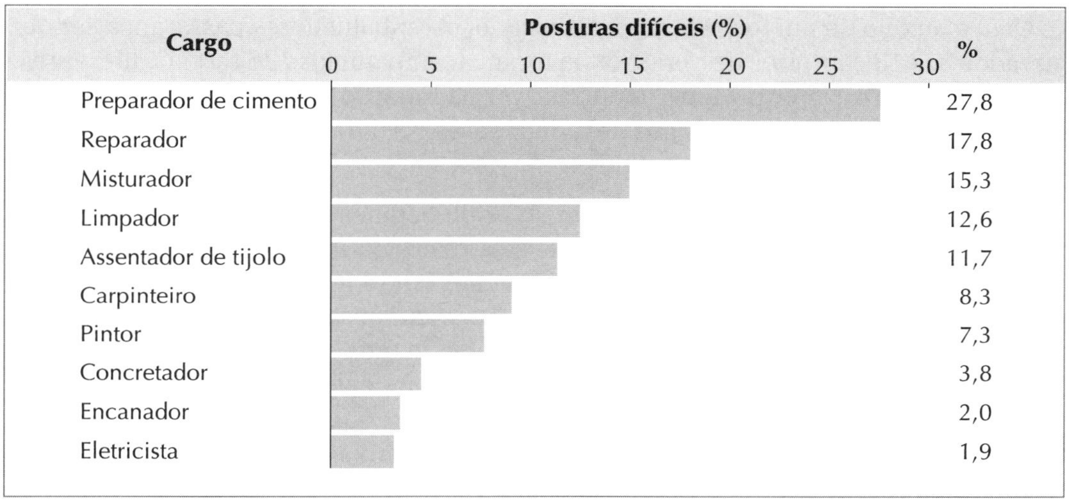

Figura 17.9 Análise OWAS de posturas. As percentagens indicam posturas de nível 3 (há necessidade de medidas corretivas) e de nível 4 (há necessidade imediata de medidas corretivas) para cada cargo, na construção civil (Kivi e Mattila, 1991).

Figura 17.10
Mesa de altura regulável para evitar inclinações do dorso.

Para cada um desses movimentos, foram definidos três níveis de esforço:

- *Pequeno*. Exemplo: trabalho inclinado durante 10 a 30 segundos ou carregamento de pesos de 1 a 4 kg;
- *Médio*. Exemplo: trabalho inclinado durante 30 a 120 segundos ou carregamento de peso de 5 a 19 kg; e
- *Grande*. Exemplo: trabalho inclinado durante mais de 120 segundos ou carregamento de peso acima de 20 kg.

Pode-se adotar um sistema de pontuação, atribuindo-se, por exemplo, zero para esforço pequeno, 1 para médio e 2 para grande.

Com o auxílio de um formulário padronizado, os trabalhadores passaram a ser observados nos 13 canteiros de obras, onde foram acompanhadas 26 tarefas diferentes, como: cortar ferro; amarrar ferro; e outras (ver na Figura 17.11). Para cada uma dessas tarefas foram anotados os tipos de movimentos corporais usados, avaliando-se os respectivos níveis dos esforços exigidos.

É interessante observar, por exemplo, a tarefa de amarrar ferro, que ocorre com três tipos diferentes de postura, conforme seja realizada na bancada, no chão ou na parede. A inclinação do corpo só é considerada grande no caso da tarefa realizada no chão, e de nível médio nos demais casos. Em compensação, no caso dessa tarefa realizada na parede, pode aparecer a necessidade de uma força repentina de grande intensidade, porque há o perigo da mesma tombar. As exigências da tarefa, quando realizada em bancada, são todas de nível médio. Isso quer dizer que, quanto mais ferros forem amarrados sobre a bancada e menos no chão ou na parede, os esforços serão reduzidos.

Tarefas		Movimentos corporais: Corpo inclinado	Movimentos repetitivos	Levantamento de pesos	Empurrar/puxar	Força repentina	Vibração do corpo	Pontos
Preparar ferragem	1. Cortar ferro			○	○	○		6
	2. Amarrar ferro (bancada)	×		×		×		3
	3. Amarrar ferro (chão)	●			×			3
	4. Amarrar ferro (parede)	×				○		3
Preparar formas de concreto	5. Construir pequenas formas			○	○	×		5
	6. Construir formas padrões	×		×	×	×		4
	7. Levantar com guindaste				×			1
	8. Montar forma no chão	×		○				3
	9. Desformar manualmente	×		○	○			5
	10. Desformar com guindaste				○	○		4
	11. Desformar no chão			○	○	○		6
Concretar	12. Descarregar caçamba		×	○	○		×	6
	13. Concretar com bomba			○	○	×	×	6
	14. Vibrar concreto (parede)	○	×	○		×	○	8
	15. Distribuir concreto	×	×	○		×	×	6
	16. Vibrar concreto (chão)	○	×	○	×	○	○	10
Trabalhar com terra	17. Escavar com máquina			○	×			3
	18. Escavar manualmente		○	○	○			6
	19. Remover terra		×	○		○	×	6
	20. Colocar tubulações	○		×	○	×		6
Montar painéis	21. Levantar painéis (chão)			×	×			2
	22. Posicionar painéis (chão)				○			2
	23. Levantar painéis (parede)			×				1
	24. Posicionar painéis (parede)	×		○	○	×		6
	25. Juntar painéis	×	×	○		○		6
Demolir	26. Usar britadeira pneumática	○		○	×	○	○	9

Esforço: □ pequeno = 0 × médio = 1 ○ grande = 2

Figura 17.11
Classificação dos esforços exigidos em tarefas típicas de construção civil (Damlund *et al.*, 1986).

A partir dessa análise, os autores propõem estabelecer certas **prioridades**. Todas as tarefas que exigem grandes esforços devem ser analisadas prioritariamente, com o objetivo de reduzí-las. Por exemplo, examinando-se a terceira coluna da Figura 17.11, referente ao movimento de levantamentos de pesos, constata-se que há 16 casos considerados de grandes esforços. Estes poderiam ser reduzidos com maior uso de equipamentos mecânicos como gruas e guindastes. Pelo número de pontos, as tarefas que exigem atenções prioritárias são: vibrar concreto no chão (10 pontos), usar britadeira pneumática (9 pontos) e vibrar concreto na parede (8 pontos). Concentrando-se, nessas tarefas críticas, os autores organizaram um pequeno **Caderno de Ergonomia** para ser usado no treinamento de trabalhadores de construção civil, ilustrado com fotos de posturas típicas ou perigosas e mostrando como as mesmas podem ser evitadas ou aliviadas.

Outro problema é que os trabalhadores da construção subestimam os riscos, por desconhecerem os seus verdadeiros perigos. Nesse caso, há necessidade de um treinamento especial, mostrando os riscos existentes em cada situação de trabalho, e, se for o caso, ensinar o uso correto dos equipamentos de proteção individual como luvas, botas, cintos de segurança e capacetes.

Ergonomia na pequena empresa

A Organização Internacional do Trabalho (OIT) desenvolveu um método para aplicação da ergonomia em pequenas empresas, conhecido como WISE (*Work Improvement in Small Enterprises).*

A ergonomia geralmente tem sido associada a grandes empresas, porque demanda trabalho colaborativo de vários especialistas. Além disso, a implementação de suas recomendações pode exigir tecnologias avançadas e custos elevados. Dessa forma, as micro e pequenas empresas têm ficado à margem. Entretanto, estas poderiam ser, justamente, as maiores beneficiárias dos conhecimentos em ergonomia.

Enquanto as grandes empresas caminham celeremente para a automatização dos seus processos, aquelas de pequeno porte ainda dependem essencialmente do trabalho humano. Grande parte dos trabalhos mais árduos e perigosos estão justamente nesse tipo de empresas. Isso acontece principalmente nos países e regiões em desenvolvimento, onde pelo menos 60 a 70% da mão de obra produtiva está empregada nas micro e pequenas empresas.

Para aplicar o método WISE, um especialista em ergonomia apresenta, inicialmente, um curso de curta-duração aos trabalhadores e supervisores da empresa, com três objetivos:

- Motivar o pessoal a tomar iniciativa em identificar situações e aplicar conhecimentos práticos de ergonomia;
- Apresentar as técnicas e ferramentas básicas para se aplicar a ergonomia; e
- Mostrar em que situações essas técnicas e ferramentas podem ser aplicadas com maior proveito.

A implantação do WISE ocorre em 7 etapas, que não precisam ser rigidamente seguidas (Tabela 17.6). O especialista em ergonomia vai à empresa e apresenta uma palestra, com exemplos de aplicações, usando materiais áudio-visuais. A seguir, escolhe um grupo da própria empresa e trabalha com o mesmo na elaboração de uma **lista de ações possíveis**. Essas ações são discutidas e elaboram-se sugestões para solucioná-las, percorrendo-se as etapas 1 a 6, não necessariamente na ordem. A implementação das soluções fica a cargo do próprio grupo. O especialista retorna após alguns meses, para a etapa 7 ou seja, para fazer uma avaliação. Nessa ocasião, pode-se elaborar uma nova lista de ações, e assim sucessivamente, procurando tornar o grupo auto-sustentável.

TABELA 17.6
Etapas para a execução do método WISE em pequenas empresas (Kogi,1997)

Etapa	Treinamento	Técnicas utilizadas
1	Visita aos locais de trabalho	Entrevistas, visitas de inspeção
2	Lista de ações	Lista de ações ou soluções simples e viáveis a curto prazo
3	Reuniões de sensibilização	Reuniões com pequenos grupos para mostrar exemplos de soluções de baixo custo e fácil implementação
4	Determinação das prioridades	Lista das ações prioritárias e descrição de como fazer
5	Estudos de caso	Troca de experiências, mostrando como as coisas devem ser feitas
6	Grupos de ação	Organização de pequenos grupos, que devem partir imediatamente para ação
7	Troca de experiências	Reuniões de avaliação das ações e troca de experiências entre os grupos

A Tabela 17.7 apresenta um resumo dos resultados obtidos com a aplicação do método em 125 empresas de 8 países da Ásia, África e América Latina (Kogi, 1997). Nesse trabalho estiveram envolvidos 64 especialistas. Cerca de 30% das melhorias referem-se a questões de projeto do posto de trabalho, manuseio de materiais, segurança e organização do trabalho. Cerca de dois terços das ações resultaram em sucesso total ou parcial. Em algumas empresas, todas as ações foram bem sucedidas.

Observa-se que as pequenas empresas são pouco formalizadas e apresentam estruturas organizacionais simples. Assim, o processo decisório é mais rápido e flexível. Os resultados podem aparecer a curto-prazo. O mais importante é fazer, inicialmente, uma lista adequada dos problemas simples que não exijam elevados investimentos. Se a empresa conseguir sucesso, será encorajada a investir em outros problemas mais complexos.

TABELA 17.7

Principais resultados da aplicação do método WISE em 125 pequenas empresas de 8 países diferentes (Kogi,1997)

Assunto	Grau de sucesso (%)	Exemplos de melhorias
Projeto do posto de trabalho	46	Mudanças de posturas, facilidade de alcance, melhoria dos assentos, facilidade de leitura das informações
Manuseio de materiais	80	Uso de carrinhos, estantes, paletas, colocação favorável das cargas, delimitação das passagens
Segurança	40	Proteção das máquinas, uso de alimentadores, procedimentos seguros
Ambiente físico	63	Uso da luz solar, reposicionamento das lâmpadas, exaustão local, ventilação natural
Arranjo físico	55	Melhoria da circulação, reposicionamento das máquinas e materiais, organização dos estoques
Organização do trabalho	66	Organização de grupos, rotação de cargos, treinamento, pausas
Satisfação e conforto	50	Refeitórios, bebedouros, banheiros limpos, pronto-socorro

17.6 Ergonomia na agricultura

A agricultura é considerada um dos maiores inventos da humanidade. Ela ocorreu no período neolítico, há cerca de 5 000 anos A.C., na Mesopotâmia e Egito. Com o cultivo da terra e a manutenção de rebanhos, o homem primitivo deixou de depender apenas da coleta e da caça, passando a **produzir** os seus alimentos. Isso criou condições de fixação do homem à terra e possibilitou o aumento da população.

Apesar disso, as aplicações da ergonomia na agricultura são relativamente recentes, se comparadas com aquelas na indústria. Os trabalhos na agricultura são do tipo não-estruturado porque, ao contrário do que ocorre na indústria, os trabalhadores geralmente não possuem um posto fixo de trabalho, e as suas tarefas são muito variáveis. Esses trabalhos em geral são árduos, executados em posturas inconvenientes, exercendo freqüentemente grandes forças musculares, em ambientes desfavoráveis, sob exposição direta ao sol e intempéries.

Os trabalhadores desse setor, em geral, tem poucas oportunidades de treinamento e recebem baixos salários, muitas vezes insuficientes para uma alimentação adequada. Pressionados pela sociedade de consumo, muitas vezes são levados a adquirir produtos supérfluos, com sacrifício de sua própria alimentação e saúde. Isso contribui para o baixo rendimento desses trabalhadores e os torna mais suscetíveis a erros, acidentes e doenças.

Muitos produtos agrícolas, principalmente os cereais como arroz, feijão, trigo, soja e milho já são plantados e colhidos mecanicamente. Entretanto, essa mecanização só se aplica a grandes culturas e exige terrenos relativamente planos. Na fruticultura e olericultura ainda predominam largamente os processos manuais, principalmente durante a colheita desses produtos.

A colheita de produtos agrícolas geralmente exige posturas incômodas e a própria mão é usada como "ferramenta". Por ser feita em campo aberto, o trabalhador fica sujeito ao sol, calor, chuvas e ventos. Além disso, quando essas culturas são pulverizadas, há sérios riscos de contaminação com os agrotóxicos.

Colheitas de frutas

As frutas como laranjas, mangas, caquis, figos e mamões são produzidas por árvores que chegam a 5 ou 6 metros de altura. A colheita dessas frutas é uma tarefa relativamente complexa, que envolve, inicialmente, uma procura e identificação visual. Depois, vem a decisão se está no ponto para ser colhida. Para a coleta, é feito um movimento do braço em direção à fruta. Segue-se o agarramento, a quebra da haste e a colocação da mesma em recipientes como caixas, cestos ou sacolas. Durante essa tarefa, o agricultor precisa olhar para cima, inclinando a cabeça para trás e erguer os braços para cima. Outras vezes, para apanhar a fruta em posição mais baixa, precisa inclinar-se, flexionando a coluna. Além disso, realiza trabalho estático com um dos braços, segurando o recipiente contendo as frutas colhidas. O movimento dos braços para alcançar as frutas provoca também uma sobrecarga nos ombros.

Em um estudo feito em colheita de pêras (Sakakibara,1987), cerca de 80% dos trabalhadores reclamaram de dores nas costas, 50% nos braços e 45% no pescoço, além de apresentarem sintomas generalizados de gastrite, perda de apetite, fadiga geral e dores de cabeça.

Diferentemente do trabalho industrial, onde o posto de trabalho é construído de acordo com as medidas antropométricas, é muito difícil modificar as dimensões e as formas das árvores frutíferas. Isso está sendo feito, em alguns casos, pelos recentes avanços da genética, seleção de espécies e manejo adequado da cultura, mas são soluções que requerem longo tempo.

São sugeridas então, soluções paliativas como o uso de plataformas e escadas, sempre que possível, para melhorar a postura do trabalhador. Em árvores altas, cerca de 20 a 30% do tempo é gasto para posicionar as escadas, subir e descer das mesmas e colocar as frutas no recipiente. Esse tempo pode ser reduzido usando-se uma escada apropriada, que tenha maior estabilidade, e treinando os trabalhadores para posicioná-las corretamente, para que as frutas se coloquem dentro das áreas ótimas de alcance dos braços, sem exigir posturas forçadas do corpo e sem provocar o desequilíbrio dos trabalhadores.

A produtividade também pode ser melhorada pelo uso de uma tesoura, alicate ou outra ferramenta especial para cortar a haste e pelo uso de um dispositivo simples, como pequena caixa ou funil preso na ponta de uma vara, ligado a um tubo flexível de tecido ou tela (Figura 17.12) que funciona como "frutoduto", conduzindo direta-

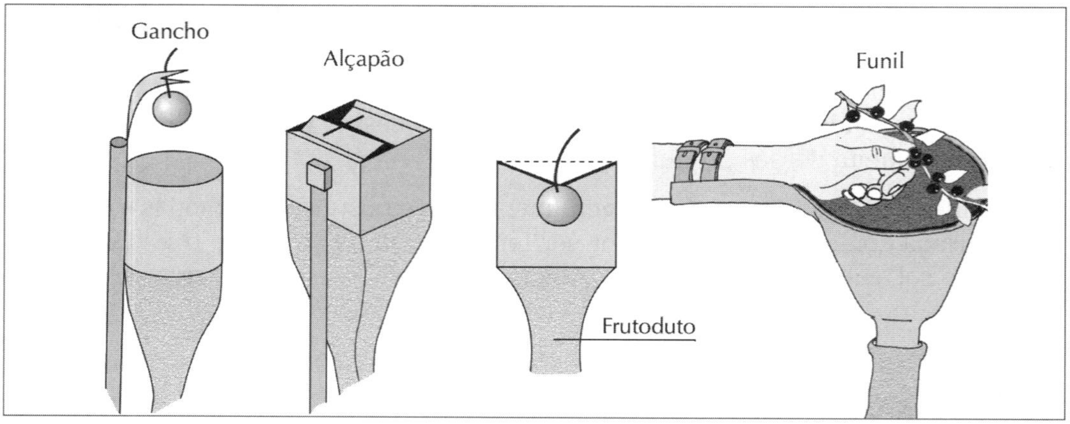

Figura 17.12 Dispositivos para colheita de frutas em árvores.

mente as frutas, da árvore para os recipientes. Isso também ajuda a evitar as quedas dessas frutas, que prejudicam a sua qualidade. Para as frutas que se amassam, como o mamão, pode-se colocar anéis elásticos, ao longo do duto, para reduzir a velocidade da queda (imagine uma cobra engolindo um rato).

No caso de frutos menores, como jabuticabas e cafés, podem ser construídos dispositivos dotados de funis que se acoplam nos antebraços. Esses funis também se ligam aos tubos flexíveis para conduzir os frutos até o recipiente, por gravidade.

Colheitas de hortaliças

A colheita de hortaliças, como berinjelas, quiabos e jilós é feita usando-se uma das mãos como "ferramenta" de corte e a outra para carregá-las em cestos, latas, caixotes ou sacos improvisados. Estes, além de dificultarem os movimentos, exigem trabalho estático de sustentação em um dos braços e um esforço adicional do dorso para equilibrar a carga assimétrica em relação ao corpo. A produtividade da colheita pode ser melhorada pelo uso adequado de certas ferramentas de corte como tesouras e lâminas acopladas a anéis, para cortar a haste do fruto.

Para o transporte, podem ser construídas bolsas leves, duráveis e de baixo custo, transportadas na cintura ou nas costas, de forma que não provoquem carga assimétrica, e nem trabalho estático de um dos braços.

Uma sacola especial para a colheita do quiabo foi desenvolvida por Oliveira (1987). Esta é amarrada à cintura, com um cinto largo de lona, para evitar a concentração de tensões. O produto é colocado pela frente, na altura da cintura. A sacola tem capacidade para 8 kg do produto. Depois de cheia, é descarregada em caixas próprias para transporte, abrindo a parte da frente, soltando-se duas presilhas de fácil operação (Figura 17.13). Essa sacola tem a vantagem de manter as duas mãos livres para a colheita, não atrapalha o movimento das pernas e não produz carga assimétrica na coluna. Testes realizados em campo demonstraram uma boa aceitação dos trabalhadores e eles próprios apontaram diversas vantagens sobre os cestos e latas que eram anteriormente utilizados. Além disso, é uma solução barata, que os próprios agricultores conseguem produzir.

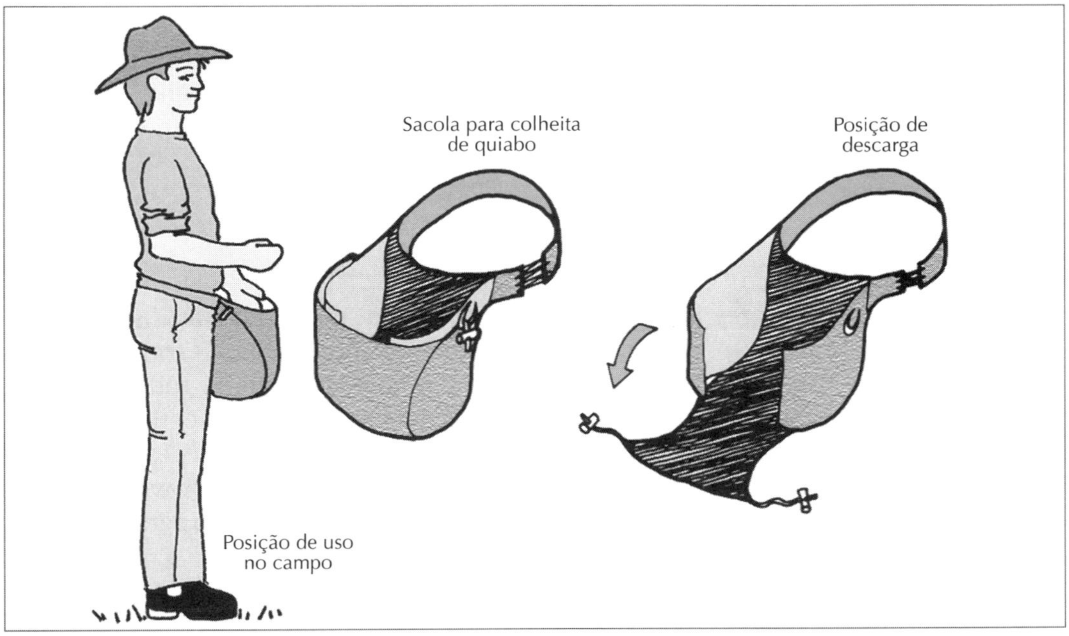

Figura 17.13 Sacola especialmente projetada para colheita de quiabo, com fecho para descarga rápida (Oliveira, 1987).

Ergonomia animal

Apesar do grande progresso tecnológico das últimas décadas, estima-se que ainda existam cerca de 400 milhões de animais, no mundo, envolvidos no trabalho, como meio de tração, locomoção e transporte de cargas, esporte e lazer. Eles podem substituir vantajosamente as máquinas, sobretudo nas pequenas propriedades rurais e em locais de terreno acidentado ou pantanoso, onde as máquinas teriam dificuldade de operar.

Diversos animais, como cavalos, jumentos, bois, búfalos, cães, camelos, lhamas, cabras, elefantes, pombos-correio e outros, têm ajudado o homem desde longa data, na execução de muitas tarefas. Alguns aspectos do comportamento animal, principalmente aqueles ligados à alimentação, metabolismo e reprodução tem sido freqüentemente estudados. Contudo, outros aspectos, como os biomecânicos, ainda são pouco conhecidos. Por exemplo, qual seria a capacidade de carga máxima para cada tipo de animal e o período de trabalho e descanso necessário para eles?

Nas tarefas realizadas pelos animais são também usados diversos tipos de instrumentos, como selas, carroças, arados, cestos, sacolas e outros. Estes geralmente são toscos, mal construídos e não se adaptam adequadamente à anatomia dos animais, provocando concentração de tensões e ferimentos.

Diante dessas constatações O'Neill (1986) propõe a criação de um novo ramo de estudo, chamado de ergonomia animal, que teria os seguintes objetivos:

- Melhorar o desempenho dos animais, com determinação das capacidades e limitações de cada espécie animal para o trabalho; e
- Reduzir o sofrimento dos mesmos, com o desenvolvimento de equipamentos mais adequados e adaptados à anatomia deles, de modo a diminuir as tensões localizadas e ferimentos.

Assim, os animais que têm prestado muitos serviços ao homem, desde a antiguidade, podem tornar-se mais produtivos e eficientes com a aplicação dos conhecimentos da ergonomia, estendendo-o conceito do sistema homem-máquina ao sistema "animal-máquina-tarefa". Assim, esses animais sofrerão menos e poderão manter-se produtivos por mais tempo.

Estudo de caso — Tratores agrícolas

O trabalho com tratores agrícolas é bastante árduo, porque o tratorista está sujeito a ruídos, vibrações, poeira, calor, intempéries e monotonia. O tratorista deve manter uma postura estável apesar de vibrar e sacolejar o tempo todo. Porém, a condição mais adversa de trabalho é provocada pela necessidade de controlar simultaneamente a direção, para frente, e o trabalho que está sendo executado na parte traseira. No primitivo arado, puxado a cavalo ou boi, a situação provavelmente era mais cômoda, pois toda a sua atenção concentrava-se para frente, no sentido do movimento (Figura 17.14).

Os tratores exigem mais controles que um carro. O tratorista, ao mesmo tempo que dirige o trator, deve controlar os implementos como arados, semeadeiras ou pulverizadores.

Conforme o tipo da tarefa em execução (arar a terra, gradear, aspergir agrotóxicos), o tratorista gasta 40 a 60% do seu tempo olhando para trás, envolvendo um grande número de movimentos **rotacionais** da cabeça, para frente e para trás, que chegam a até 15 ou 20 rotações por minuto (que corresponde a 3 ou 4 segundos por rotação). Devido à necessidade de fazer essas constantes rotações com a cabeça, o tratorista, muitas vezes, mantém o tronco torcido, em situação de contínua tensão dos músculos lombares. Isso, naturalmente, provoca fadiga e dores musculares.

A coluna vertebral do tratorista sofre o impacto das vibrações e das torções freqüentes que ele faz, olhando para trás e verificando o funcionamento dos implementos tracionados pelo trator. Em conseqüência disso, os tratoristas apresentam grande incidência de doenças degenerativas da coluna. Essas exigências levaram Pheasant e Harris (1982) a propor uma figura caricatural do tratorista ideal (Figura 17.15), tendo uma coluna de ferro, três pernas e olhos adicionais na parte posterior da cabeça, para a retrovisão.

Figura 17.14
Ao substituir o arado pelo trator e colocar os implementos na parte de trás, criou-se um grande problema ergonômico para o tratorista, até hoje, sem solução satisfatória.

O centro de gravidade relativamente alto do trator também causa problema. Se for comparado a um carro, ele é mais instável e mais sujeito a capotamentos. Além disso, a "estrada" em que ele trafega é mais acidentada, podendo ter depressões e saliências. Muitos tratores não tem cabines para proteger o condutor. Assim, um capotamento pode causar ferimentos graves, muitas vezes fatais.

Deve-se considerar ainda que muitos condutores de tratores não foram habilitados para isso. Além disso, o ambiente de trabalho é do tipo não estruturado, pois ele executa tarefas muito variadas, cada dia em um local diferente e, normalmente, não conta com serviços de apoio, como os de manutenção ou primeiros socorros.

Diversos estudos têm sido realizados para melhorar o trabalho do tratorista. Eles recaem geralmente nas seguintes categorias:

- Aumento de estabilidade do trator, abaixando-se o seu centro de gravidade e introduzindo suspensões que absorvam as vibrações;
- Aumento do conforto pelo melhor arranjo dos controles, posicionando-os dentro da área normal de alcance das mãos e dos pés;
- Redesenho dos controles, compatibilizando-os com as características biomecânicas do tronco e membros;
- Redesenho dos assentos, de modo a absorver as vibrações e facilitar as rotações do tronco (20 a 30 graus para a direita) e da cabeça, na ocasião de olhar para trás;
- Instalação de uma cabina para proteger o tratorista contra esmagamento, no caso de um capotamento e, ao mesmo tempo, resguardá-lo do sol, chuva, poeira e vento; e
- Colocação de espelhos retrovisores, para diminuir as rotações do tronco.

Quanto a este último item, Sjoflot (1980) recomenda a colocação de espelhos retrovisores de pelo menos 20 x 30 cm, para que o tratorista não precise olhar tantas vezes para trás. Esse espelho deve situar-se entre 35 a 90 cm à frente do tratorista e deve ter mecanismos de ajuste para que possa ser focalizado nos implementos. Experimentos realizados com a instalação desses espelhos mostraram que as torções

Figura 17.15 Um tratorista ideal deveria ter três pernas, dois olhos atrás da cabeça e um dorso super-reforçado (Pheasant e Harris, l982).

do corpo reduziram-se de 40% para 3,5% em tarefas de aração, e os tratoristas não tiveram maiores dificuldades de adaptar-se ao uso dos mesmos.

Entretanto, parece que todas essas propostas são paliativas, uma vez que há um problema básico ainda não solucionado, que é o trabalho realizado na parte de trás, contra o sentido de movimento do trator. Isso já não ocorre, por exemplo, nas modernas ceifadeiras e colhedeiras, que localizam os implementos na parte da frente e possibilitam operações mais cômodas.

Já se construíram tratores em que os implementos se situam na frente e são empurrados, em vez de serem tracionados. Nessa situação, há grande vantagem na postura do tratorista, mas criam-se diversos problemas operacionais, inclusive com a compactação da terra pelas rodas, que passam sobre a terra já arada.

Esse problema, portanto, merece ser melhor pesquisado, para que soluções mais adequadas, aliviando a carga e o sofrimento do tratorista, sejam encontradas.

Conceitos introduzidos no capítulo 17

duração ideal do treinamento
redução de erros
CCQ
automatização
trabalho de inspeção
movimento visual aleatório
movimento visual sistemático
controle de processo contínuo
método WISE
ergonomia animal

Questões do capítulo 17

1. Como se determina a duração ideal do treinamento?
2. Como se realiza um programa de redução de erros?
3. Como funcionam os círculos de controle de qualidade?
4. Apresente as principais vantagens e desvantagens da automatização.
5. Como se pode melhorar o trabalho de inspeção?
6. Como pode ser melhorado o controle de processos contínuos?
7. Explique como se faz a ergonomia participativa.
8. Como se pode melhorar as condições de trabalho na construção civil?
9. Como se pode aplicar a ergonomia na pequena empresa?
10. Explique os principais problemas ergonômicos do tratorista.

Exercício

Descreva uma situação de trabalho (pode ser uma sala de aula ou cozinha de sua casa). Identifique pelo menos 3 problemas ergonômicos e indique os conhecimentos necessários para solucioná-los.

18. Aplicações nos serviços e na vida diária

Com o progresso tecnológico e a crescente automação industrial, há uma tendência de liberar o trabalhador daquelas tarefas que exigem muitos esforços ou aquelas de natureza simples e repetitiva. Com isso, há uma redistribuição social da força de trabalho, com um contigente maior da humanidade se dedicando ao setor de serviços.

Por outro lado, o homem moderno passa apenas cerca de 25% do seu tempo total no ambiente de trabalho. O resto desse tempo é gasto no ambiente doméstico, meios de transporte e locais públicos. Dessa forma, os conhecimentos de ergonomia, que foram aplicados, no início, praticamente só em atividades de produção industrial, tendem a ser utilizados cada vez, em maior grau, no setor de serviços, como o comércio, educação, saúde, transportes e lazer. Da mesma forma que uma máquina ou um sistema produtivo pode ser melhorado pela ergonomia, as edificações também podem ser beneficiados pelos conhecimentos da ergonomia.

A aplicação da ergonomia a esses casos deve ser feita de maneira diferente, pois, às vezes, fica mais difícil definir claramente o tipo de usuário e os critérios de desempenho. A população de usuários tende a ser mais ampla e diversificada. E os objetivos, mais difusos. Então, os critérios a serem aplicados tenderão a ser mais amplos, incorporando-se valores e comportamentos sociais de pessoas e de grupos.

Expansão da ergonomia para o setor de serviços

A ergonomia, desde a sua origem, vinculou-se ao estudo de atividades militares e de produção industrial, onde os objetivos e critérios são estabelecidos com relativa precisão. Com a sua recente expansão para o setor de serviços, houve a incorporação de um novo contingente de profissionais interessados na ergonomia. Isso provocou mudanças em sua forma de atuação. Essas mudanças podem ser resumidas nos seguintes tópicos.

Novas disciplinas — Tradicionalmente, a ergonomia tem sido considerada como sendo uma área interdisciplinar da fisiologia, psicologia e engenharia. Atualmente há uma tendência de expansão dessas fronteiras, incorporando conhecimentos de diversas outras áreas como a informática, ciências sociais, arquitetura e urbanismo, desenho industrial, administração, biologia, ecologia, legislação e assim por diante.

Novos sujeitos — Tradicionalmente, os sujeitos das pesquisas em ergonomia têm sido homens adultos, quase sempre na faixa de 20 a 50 anos, ou seja, a mão-de-obra fabril. Com a expansão do seu campo de atuação, foi necessário estudar cada vez mais o trabalho feminino, das crianças, dos idosos e portadores de deficiências. Hoje, existem até especialistas da ergonomia dedicados a certos segmentos da população ou determinadas minorias que antes não eram consideradas, porque não tinham uma participação significativa nas atividades produtivas. Além disso, a ergonomia, hoje, tem uma preocupação social maior, não se restringindo às atividades produtivas.

Novos critérios — Os critérios até agora adotados pela ergonomia referiam-se quase sempre a questões ligadas à segurança, eficiência e produtividade. Com o alargamento das suas aplicações, houve uma tendência de considerar critérios mais subjetivos e os interesses difusos, como o conforto, a qualidade de vida, o bem-estar social, a satisfação dos consumidores e assim por diante.

18.1 Ergonomia das atividades domésticas

As atividades domésticas representam uma das maiores ocupações humanas em todo o mundo. Nelas estão envolvidas tanto os adultos como crianças e pessoas idosas, havendo uma grande predominância do elemento feminino. Na cozinha, hoje existem aparelhos relativamente sofisticados, com controles eletrônicos de tempo e de temperatura.

As pesquisas sobre o comportamento doméstico utilizam métodos sociológicos, que se baseiam em levantamentos detalhados sobre a influência de diversos tipos de espaços e arranjos internos no comportamento dos seus ocupantes.

Diversas pesquisas demonstram que a cozinha é o lugar mais importante da casa e ela cresce de importância em famílias de menor renda. Ela é praticamente um centro de produção de alimentos, e está ocupada durante o dia todo. É na cozinha que ocorrem cerca de 50% dos encontros familiares e muitas famílias preferem tomar as suas refeições na própria cozinha. A sala de estar geralmente é pouco utilizada durante o dia, mas recebe maior ocupação no início da noite, principalmente para as atividades de lazer, em que a televisão tem um papel dominante.

Carga de trabalho doméstico

As atividades domésticas podem ser consideradas de média intensidade, exigindo um gasto energético de 2 400 a 2 800 kcal/dia, podendo chegar a 3 000 kcal/dia em tarefas mais pesadas. Existem certas tarefas que consomem mais energia, como esfregar e lavar paredes e janelas, passar a ferro e arrumar camas. Quanto maior for a incidência dessas tarefas, maior será, naturalmente, o gasto energético.

Comparado ao trabalho industrial em linhas de produção, o trabalho doméstico tem a vantagem de ser bastante variado, permitindo freqüentes mudanças de postura e inserção de pausas durante o trabalho. Contudo, muitas tarefas domésticas exigem posturas inadequadas. Por exemplo, para cuidar de bebês ou varrer o chão, adotam-se posturas com curvatura dorsal, que podem provocar dores lombares. Isso pode ser resolvido colocando-se os objetos a serem manipulados em uma altura adequada ou usando-se a flexão das pernas para abaixar-se (Figura 18.1).

Para prevenir as dores lombares, é importante que os fabricantes de móveis, designers, arquitetos e decoradores criem locais de trabalho onde as atividades possam ser exercidas com o dorso na vertical, tanto na postura em pé como na sentada.

Observa-se, por exemplo, freqüentes erros no dimensionamento da altura de bancadas, tanques e pias. Alguns utensílios como vassouras, rodos e pás para lixo tem cabos muitos curtos, exigindo uma inclinação exagerada do dorso. As escovas de limpeza têm pegas inadequadas, sub-dimensionadas e com cantos "vivos", que dificultam o seu manuseio, prejudicando o controle do movimento muscular.

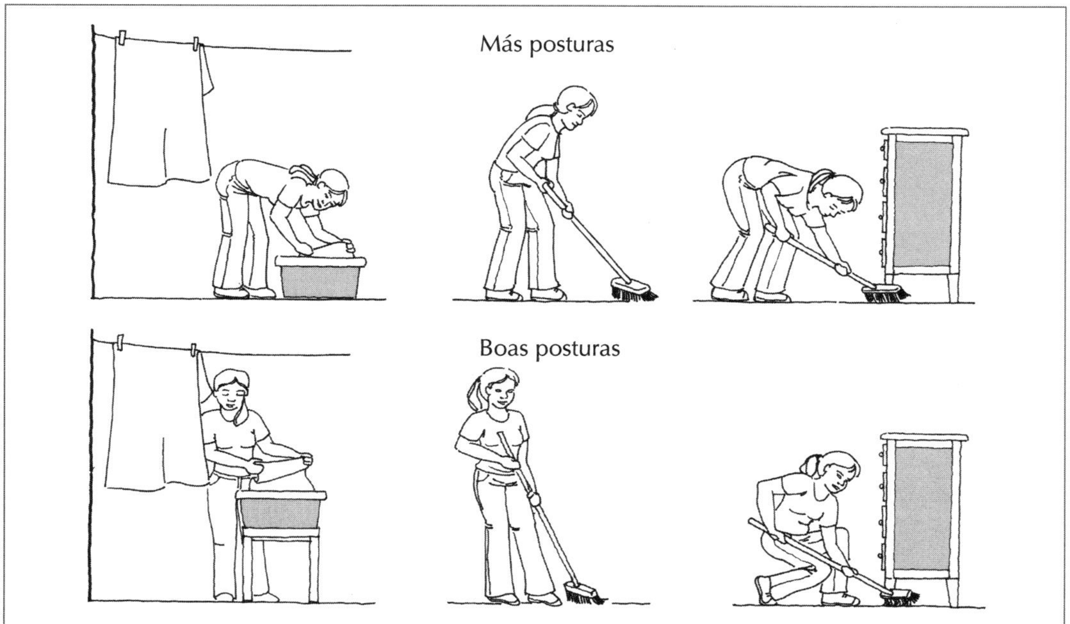

Figura 18.1 No trabalho doméstico devem ser evitadas as posturas que exigem inclinações do dorso (Grandjean, 1973).

Acidentes domésticos

Os acidentes domésticos são relativamente mais numerosos que aqueles dos trânsito ou trabalho. No EUA, por exemplo, para grupos de 1000 pessoas, 188 delas acidentam-se por ano, com perda de pelo menos 1 dia de trabalho ou exigências de tratamento médico. Destes, 15% são devidos ao trânsito, 25% ao trabalho e 60% às atividades domésticas (Grandjean, 1973). Na Inglaterra, ocorrem cerca de 25 000 acidentes, por ano, na cozinha, incluindo quedas, cortes (facas) e queimaduras. Em muito desses acidentes estão envolvidos os equipamentos da "linha branca" como fogões, fornos e geladeiras.

Essa incidência relativamente maior dos acidentes domésticos é devido, provavelmente, à grande variabilidade do trabalho doméstico, usando diversos tipos de ferramentas, instrumentos e máquinas, quase sempre operadas por pessoas sem treinamentos específicos, ao contrário do que ocorre com os motoristas e trabalhadores industriais. Além disso, grande parte dos acidentes domésticos envolve crianças de 0 a 4 anos de idade, e pessoas idosas com mais de 60 anos de idade. Essas pessoas e também os diversos tipos de portadores de deficiências, provavelmente não se encontram no tráfego ou nas fábricas, mas passam a maior parte de suas vidas no ambiente doméstico, onde são acidentados.

A maior causa de acidentes domésticos são as quedas por tropeços, escorregamentos e caídas de nível. Observa-se (Tabela 18.1) que as quedas são responsáveis por um total de 67% ou seja, dois terços dos acidentes domésticos. Essas quedas se devem à existência de desníveis no piso, objetos espalhados no chão, pisos escorregadios, pisos não-planos e caídas de escadas e outros lugares instáveis e sem apoios, como mesas e cadeiras.

TABELA 18.1

Freqüência relativa de acidentes observadas em trabalhos domésticos (Juptner, 1976)

Causas de acidentes domésticos	%
1. Quedas	
- tropeços	48
- escorregamentos	10
- caídas de nível (escadas)	9
2. Trabalho com objetos perigosos	22
3. Transporte de objetos pesados	6
4. Ferimentos com objetos cortantes	5
TOTAL	100

Os desníveis pequenos do piso, de até 10 cm, portanto, menores que um degrau de escada, são particularmente nocivos e devem ser evitados durante a construção. Se houver necessidade de colocar desníveis, devido à declividade do solo, é preferível fazê-lo de forma bem demarcada, colocando-se um degrau ou um desnível de pelo menos 15 cm de altura, do que pequenos desníveis. Os locais de subida, como as escadas e rampas, devem ser estáveis, revestidos com material anti-derrapante e ter, sempre que possível, apoio para as mãos, para facilitar o equilíbrio do corpo.

Objetos domésticos

Conforme já foi visto na página 317, o projeto de objetos para uso doméstico merece especial atenção, pois os mesmos são freqüentemente utilizados de maneira não-formal por pessoas não-habilitadas.

A maioria dos acidentes domésticos ocorre por atos **deliberados** e não propriamente devido aos defeitos do produto. Por exemplo, a lâmina de um liquidificador pode travar-se com um pedaço de legume mais duro. A pessoa pode, inadvertidamente, colocar as mãos para retirar o legume e destravar a lâmina, esquecendo-se que ela está ativada. Coisas semelhantes acontecem freqüentemente com as máquinas de lavar. Esse problema foi resolvido colocando-se um relé que desliga a máquina, assim que a sua porta for aberta.

Assim, muitos acidentes domésticos podem ser evitados, se os projetos dos equipamentos forem baseados em uma análise adequada das interações homem-tarefa-máquina. Muitos acidentes poderiam ser reduzidos adicionando-se as características de usabilidade e aplicando-se os princípios do projeto universal, já apresentados na página 319.

Espaço de trabalho doméstico

Para o dimensionamento do trabalho doméstico, é necessário considerar a grande predominância do elemento feminino. As medidas antropométricas disponíveis, geralmente foram baseadas em amostras de populações da Europa e dos EUA, apresentando estatura média entre 160 e 164 cm para as mulheres, enquanto a mesma está em torno de 157 cm no Brasil. Isso significa dizer que elas são 2 a 4% mais altas que as brasileiras. Portanto, se forem adotadas tabelas de medidas estrangeiras, seria necessário fazer um pequeno ajuste para se adequar à população brasileira.

O espaço necessário para as atividades domésticas depende da postura do corpo e do tipo de movimentos necessários. As alturas das superfícies horizontais de trabalho, como as bancadas das pias de cozinha devem ficar a cerca de 10 cm abaixo da altura do cotovelo. Para passar a ferro, a superfície pode ser mais baixa, cerca de 15 cm abaixo do cotovelo e, para lavar, a cerca de 18 cm.

Para uma pessoa de pé, o alcance máximo dos braços é de 55 cm a partir da articulação dos ombros. Para o dimensionamento dos armários para cozinhas, são recomendadas as seguintes regras:

- A faixa ideal de operação com as mãos situa-se entre 65 cm a 150 cm acima do nível do piso. Fora dessa faixa, o corpo deverá realizar movimentos maiores, como inclinar o dorso.

- O alcance máximo para cima deve ser de 1,2 vezes a estatura da pessoa. Por exemplo, uma pessoa com 1,60 cm de altura, alcança até 192 cm com os braços esticados.

Outro problema importante é o do arranjo físico (*layout*) da cozinha. O bom senso indica que, aquelas peças entre as quais há um fluxo maior de movimentos, devem ser colocadas próximas entre si. Diversos estudos sobre a freqüência dos movimentos (ver Capítulo 7) demonstram que ela é maior entre bancada ↔ pia e bancada ↔ fogão, e menor entre bancada ↔ geladeira e bancada ↔ armário. Como se vê, a bancada funciona sempre como o centro irradiador desses movimentos (Figura 18.2).

Portanto, no projeto *layout* da cozinha, o elemento mais importante a ser estudado é a posição da **bancada**, ao lado da qual devem ser colocados a pia e o fogão, enquanto as posições da geladeira e armário são mais flexíveis, embora isso dependa do tipo de família e de seus hábitos alimentares.

Também foram realizados os registros de fluxos em três tipos básicos de *layouts*: o arranjo em paralelo; o formato em "U"; e o formato em "L". Descobriu-se que há uma ligeira vantagem do arranjo em paralelo, colocando-se a bancada, pia e fogão em um lado e o armário e geladeira no outro. Nos EUA, costuma-se adotar uma regra prática: o fogão, a geladeira e a pia devem formar um triângulo, de modo que a soma das distâncias entre eles não exceda 7 m, em pequenas e médias cozinhas, e 8 m nas grandes cozinhas. Entretanto, parece que essa regra não é muito eficiente, pois não inclui o posicionamento da bancada que, como vimos, é o principal elemento da cozinha e onde se processa a maioria das suas atividades.

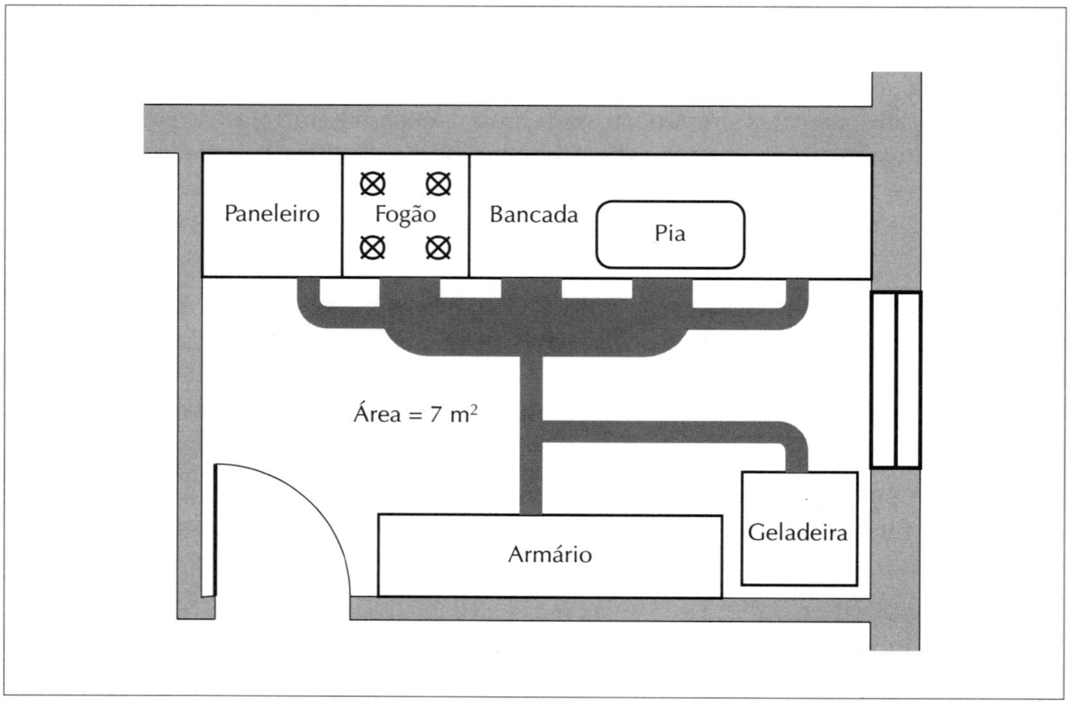

Figura 18.2 Intensidades de fluxo de movimentos registrados na cozinha, indicando que a bancada, a pia e o fogão devem ficar próximos entre si.

O clima de trabalho doméstico

Como já vimos na página 499, as pessoas sentem maior conforto térmico entre as temperaturas efetivas de 20 a 24°C e umidades relativas de 40 a 80%, embora haja muitas diferenças individuais quanto a isso, sem contar também o poder isolante dos diversos tipos de vestimentas. Em geral, as mulheres, por terem menor circulação periférica e as pessoas idosas, devido ao baixo metabolismo, preferem temperaturas ligeiramente mais elevadas que os homens.

A tendência de usar maior área envidraçada, na arquitetura moderna, piora o clima nas residências. O vidro não funciona como bom isolante e tende a baixar a temperatura interna da residência no inverno. No verão, se houver uma incidência da luz solar direta sobre a área envidraçada, ocorre o "efeito estufa", que aquece o ambiente, e a temperatura interna da residência pode atingir valores superiores daquela externa. Esse fenômeno poderá ser evitado, impedindo-se a incidência da luz solar direta sobre o vidro.

Em locais de baixa umidade relativa do ar, certos artifícios, como abrir as janelas, colocar vegetação ou uma bacia cheia de água, tem-se mostrado ineficientes. Para aumentar a umidade de uma sala em níveis significativos é necessário usar meios artificiais, como vaporizadores ou evaporadores que tenham capacidade de incorporar 0,3 a 2 litros de água na atmosfera, por hora.

A ventilação serve para remover o calor, dióxido de carbono, vapores d'água, poeira, odores e outros aerodispersóides do ar. O movimento do ar também contribui para evaporar o suor, retirando o calor gerado pelo metabolismo. Como uma regra geral, uma pessoa necessita de uma renovação de 30 metros cúbicos de ar por hora, ao qual deve-se acrescentar mais 10 metros cúbicos, no caso de fumantes. Na cozinha, a taxa recomendada é de 250 metros cúbicos de ar por hora, durante o período de preparo das refeições, e de 50 metros cúbicos em outras ocasiões. No caso de ambientes fechados e com pouca ventilação natural, pode ser recomendável o uso de ventiladores ou exaustores, que chegam a movimentar 5 a 7 metros cúbicos de ar por minuto.

18.2 Ergonomia do ensino

Recentemente, a ergonomia tem se interessado cada vez mais pelas atividades de ensino, procurando torná-las mais eficientes. Esse interesse é facilmente justificado, porque é uma atividade que existe no mundo todo e consome uma boa parcela dos orçamentos governamentais.

As crianças e adolescentes dos países mais desenvolvidos passam cerca de 20% de suas vidas em salas de aula. Nos países menos desenvolvidos, essa percentagem é menor, mas nem por isso a pesquisa em ergonomia do ensino deixa de ser menos importante porque as verbas públicas são mais escassas e, então, devem ser aproveitadas com maior eficiência. Alguns resultados de pesquisas em ergonomia, realizadas nessa área, são apresentadas a seguir.

O processo de ensino

O ensino ainda se realiza, na maioria dos casos, em situações monótonas e pouco estimulantes para o aluno, onde ele é pouco solicitado ou "desafiado" a mostrar as suas habilidades. Embora já sejam disponíveis diversas tecnologias educacionais, ainda predominam as aulas do tipo **verbal-expositivo**, que é um método, comprovadamente, de baixa eficiência. Os alunos passam longas horas praticamente "imobilizados" em carteiras. Isso provoca solicitações estáticas de sua musculatura, que dificultam a circulação e produzem monotonia e fadiga.

Os métodos mais ativos e participativos, em que os alunos são desafiados continuamente a apresentar certos desempenhos, podem ser considerados mais eficientes. Esse tipo de ensino já existe, por exemplo, em escolas pré-primárias e em cursos destinados a alunos excepcionais.

Compatibilidade do processo educacional

O processo educacional deve ser compatível com o objetivo instrucional. Assim, se o objetivo for o de transmitir um conceito filosófico, talvez o melhor meio seja o verbal. Já para ensinar a usar um alicate, o melhor é colocar essa ferramenta na mão do aluno e ensinar como se pega e se manuseia. Ou seja, para cada tipo de objetivo instrucional, existem procedimentos, materiais e métodos mais adequados.

Vamos supor, por exemplo, que se queira ensinar um aprendiz a dar um certo tipo de nó em uma corda. Se os movimentos necessários para dar esse nó forem descritos apenas verbalmente, o aprendiz teria uma grande dificuldade, e é bem provável que não aprenda a fazer o nó. A situação melhora se essa descrição verbal for ilustrada com desenhos. E é melhor ainda, se esse desenho estático for substituído por um filme que mostre os movimentos necessários. Finalmente, a melhor situação é que esses movimentos sejam demonstrados por um instrutor "ao vivo", permitindo que o aprendiz reproduza os movimentos, passo-a-passo. Isso tem a vantagem de permitir que o instrutor vá corrigindo os movimentos errados do aprendiz, até que o nó seja dado corretamente.

Método de avaliação

Já vimos, anteriormente, que a realimentação imediata de um comportamento melhora e desempenho do trabalhador. Contudo, no sistema formal de ensino, em que os alunos são avaliados pelas provas mensais, essa a realimentação é muito demorada. Além de serem muito espaçadas no tempo, essas provas provocam estresse, por serem consideradas aversivas, pelos alunos. Para que funcionem efetivamente como um processo de realimentação ou *feedback*, elas deveriam ser mais freqüentes e mais próximas (no tempo) daqueles comportamentos que se quer avaliar.

No ensino programado, por exemplo, esse *feedback* é imediato. A cada questão apresentada, o aluno sabe se acertou ou errou, antes de passar à questão seguinte e isso pode acontecer dezenas de vezes em apenas alguns minutos de instrução. Situação semelhante ocorre com os sistemas de simulação em computador e jogos eletrônicos, onde, para cada decisão tomada pelo aprendiz, o computador apresenta imediatamente as conseqüências da mesma.

Análise da postura

Na situação de ensino, os alunos geralmente permanecem sentados durante longos períodos. Para se garantir o conforto nessa situação, é necessário fazer estudo da postura e das dimensões antropométricas, para se projetar adequadamente o "posto" de trabalho escolar.

Os alunos costumam adotar dois tipos básicos de posturas nas carteiras escolares: inclinado para frente, sem usar o encosto, com um ou os dois antebraços sobre a mesa; encostado, com os antebraços sem contato com a mesa. O primeiro acontece quando se está escrevendo ou desenhando e, o segundo, quando se está apenas ouvindo. Cerca de 80% do tempo é gasto na primeira postura.

As posturas inadequadas causam dores e degenerações que podem persistir durante toda a vida. Cerca de 30% dos alunos têm dores na coluna e cerca de 36% dos adultos apresentam deformações ósseas e dores na coluna, que podem originar-se de posturas inadequadas na sala de aula (Knight e Noyer, 1999).

Dimensões antropométricas

O crescimento físico não é um processo linear. Além disso, há diferenças individuais. Cada pessoa apresenta uma velocidade própria de crescimento, em cada faixa etária. Por exemplo, duas crianças que tenham a mesma estatura aos 5 anos idade e alcancem a mesma estatura final, aos 20 anos, podem apresentar diferenças de até 5 cm durante a adolescência, devido às diferentes velocidades de crescimento. Os segmentos corporais também apresentam diferentes velocidades de crescimento. Aqueles extremos (cabeça, pés, mãos) tendem a crescer mais rapidamente.

Há também diferenças significativas entre os sexos. Meninos acima de 120 cm de estatura possuem relativamente maiores alturas poplíteas e maiores distâncias entre o cotovelo e o piso, em relação às meninas da mesma estatura. Em compensação, meninas acima de 120 cm de estatura, tem maior profundidade poplítea-nádega e maior perímetro da bacia, em relação aos meninos de mesma estatura.

Jeong e Park (1990) realizaram medidas antropométricas de crianças coreanas entre 6 e 17 anos, medindo 52 meninas e 52 meninos para 12 faixas etárias, totalizando 1 248 sujeitos. As variáveis medidas foram as seguintes (Figura 18.3):

0) Peso (em kg)
1) Estatura, com o corpo ereto, encostado em uma parede;
2) Altura poplítea, sentada, a partir do piso (serve para dimensionar a altura da cadeira);
3) Largura da perna, sentada, a partir do assento (serve para dimensionar o vão livre sob a mesa);
4) Altura sentada, entre a superfície do assento e o topo da cabeça (visibilidade para frente);
5) Altura cotovelo-piso (serve para dimensionar a altura da mesa);
6) profundidade poplítea-nádega (serve para dimensionar a profundidade da cadeira);
7) Largura dos quadris (serve para dimensionar a largura da cadeira).

Os resultados das medidas são apresentados na Tabela 18.2.

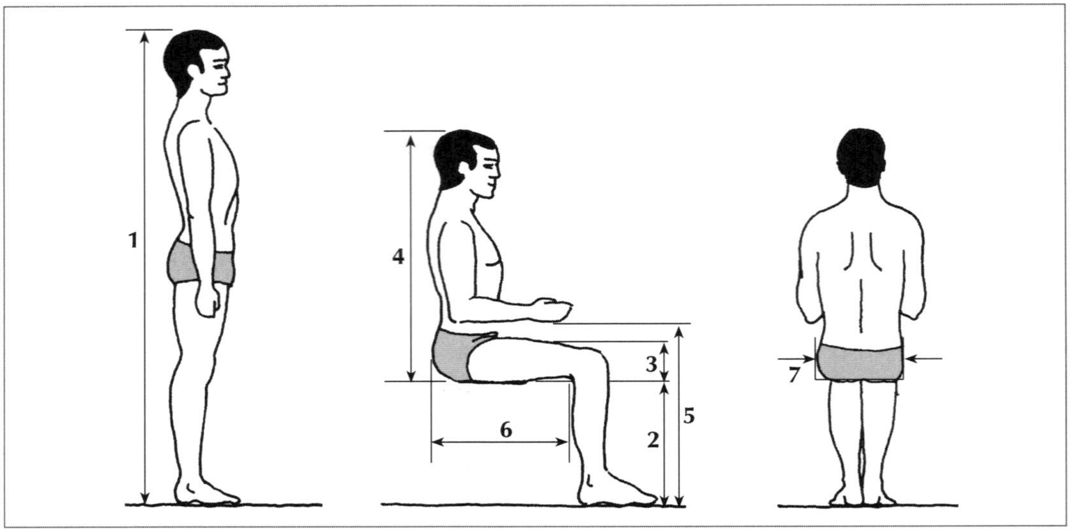

Figura 18.3 Variáveis antropométricas medidas para o projeto de carteiras escolares (Jeong e Park, 1990).

TABELA 18.2

Dimensões antropométricas de meninas e meninos. As variáveis referem-se à Figura 18.3 (Jeong e Park, 1990)

Idade (anos)	Meninas* (cm)								Meninos* (cm)							
	Peso	1	2	3	4	5	6	7	Peso	1	2	3	4	5	6	7
6	20,1	115,9	30,0	8,4	64,6	48,8	30,1	21,9	20,6	117,2	30,9	8,2	65,4	43,9	30,3	22,2
7	22,4	122,0	31,9	9,4	68,1	51,7	32,8	22,7	23,5	123,0	32,3	9,6	68,8	52,0	32,3	23,1
8	25,1	127,0	33,7	9,8	70,3	54,9	33,6	24,1	25,7	127,8	33,9	9,7	70,8	55,2	33,5	24,1
9	28,0	131,9	34,8	10,0	71,8	56,2	35,4	25,0	27,7	132,5	34,9	9,7	73,0	55,6	35,5	24,7
10	31,6	138,8	36,8	10,1	75,9	58,8	37,2	26,8	31,4	138,1	37,1	10,3	75,0	59,2	36,7	26,4
11	34,3	143,9	38,9	10,7	78,5	61,6	39,2	27,5	34,9	143,9	38,6	11,0	78,0	61,3	38,1	27,4
12	40,1	148,9	37,4	11,6	81,6	60,9	40,3	29,9	40,3	151,0	39,9	11,6	80,9	62,6	40,3	29,2
13	44,8	153,2	38,6	12,2	83,6	63,4	42,3	31,9	45,3	157,4	42,0	11,7	83,7	66,1	41,9	30,5
14	46,9	155,6	38,6	12,4	84,0	63,1	42,4	33,1	52,4	163,0	42,8	12,4	87,2	68,0	43,3	31,9
15	50,1	157,0	39,0	12,6	84,7	63,7	43,5	33,2	55,0	166,7	43,1	12,7	89,2	69,3	43,9	32,6
16	50,9	157,7	39,0	13,1	85,0	63,6	43,6	33,3	59,6	168,8	43,4	13,0	90,5	69,4	44,2	33,8
17	50,5	158,0	38,7	12,4	85,3	63,4	43,8	33,6	59,7	169,6	43,4	13,2	91,4	69,7	44,3	33,8

(*) Os números das variáveis antropométricas referem-se à Figura 18.3

Os autores da pesquisa calcularam os coeficientes de correlação (estatística) entre as várias variáveis e encontraram correlações acima de 80% para a maioria dos casos. Isso permite estabelecer equações matemáticas de uma medida em função da outra. Por exemplo, a **altura poplítea** y (altura da cadeira) pode ser calculada a partir da estatura x, pelas seguinte equações:

$$\text{Meninas: } y = 7{,}2392 + 0{,}2050\,x$$
$$\text{Meninos: } y = 2{,}0204 + 0{,}2495\,x$$

Vamos considerar, por exemplo, uma criança de 10 anos. As estaturas são, respectivamente de 138,8 e 138,1 cm para meninas e meninos. Pela equação, as alturas poplíteas calculadas são: 35,69 e 36,48 cm. Aquelas medidas são: 36,8 e 37,1. Nesse caso, observa-se que as equações subestimaram as medidas , mas os erros, são de 3% e 1,7%, respectivamente. Essa faixa de erros pode ser considerada aceitável para aplicação em projeto de mobiliário.

Foram estabelecidas outras equações, como a altura **cotovelo-piso** y em função da estatura x, para calcular a altura da mesa:

$$\text{Meninas: } y = 10{,}6470 + 0{,}3406\,x$$
$$\text{Meninos: } y = 5{,}2362 + 0{,}3835\,x$$

Portanto, os autores sugerem que, a partir de uma única medida (estatura) das crianças, podem-se determinar os principais parâmetros para o projeto de carteiras escolares, com um erro não superior a 5%.

Carteira escolar

A carteira escolar pode ser considerada como um posto de trabalho para as crianças. Elas passam cerca de 25 a 30% do tempo em que estão acordadas, na escola, muitas vezes, na posição sentada. Os móveis escolares devem facilitar a realização das tarefas escolares, de modo confortável. Além disso, as crianças são naturalmente irrequietas, significando que a carteira deve permitir mobilidade. Um dos requisitos mais importantes no projeto da carteira escolar é a constante mobilidade exigida do copo humano (Soares, 1998)

A má adaptação do mobiliário escolar é fonte de muitos desconfortos. Cerca de 30 a 65% das crianças e adolescentes reclamam de dores nas costas, pescoço e cabeça. A introdução dos computadores tende a agravar esse problema, porque os mesmos são instalados, muitas vezes, em situações improvisadas.

Dimensões normatizadas — No Brasil, a norma NBR 14006/2003 fixa 6 diferentes tamanhos de mesas e cadeiras escolares, de acordo com as faixas de estatura. As Tabelas 18.3 e 18.4 apresentam um resumo das medidas recomendadas. Essa norma adota medidas baseadas na ISO 5970, devido à inexistência de medidas antropométricas da população infanto-juvenil de abrangência nacional.

De acordo com essa norma, o tampo da mesa deve ter dimensão mínima de 45 × 60 cm e ficar na horizontal. Se houver necessidade, o mesmo pode ser inclinado até 10°. O assento deve ter inclinação de 2 a 4° e sua aba frontal, uma curvatura para baixo de 3,5 cm, com raio de 3 a 9 cm. O ângulo entre o assento e o encosto deve ficar entre

95 e 106°, e o encosto deve ter uma curvatura côncava para dentro, com raio de 50 a 90 cm. A norma apresenta ainda especificações de acabamento e recomendações para ensaios de resistência mecânica e estabilidade.

Observa-se que nem sempre a simples adoção de normas técnicas leva ao projeto de carteiras confortáveis. Mandal (1994) argumenta que essas normas são baseadas na falsa suposição de que os usuários mantém-se em postura ereta, fazendo flexão de 90 graus entre o tronco e a coxa, para preservar a lordose lombar. Diversas pesquisas feitas na Dinamarca, França e Suíça mostraram que 60% dos estudantes entre 15 a 16 anos, que utilizavam móveis escolares baseados nessas normas, queixavam-se de dores nas costas e no pescoço. Portanto, o projeto deve considerar também, além das normas técnicas, as as atividades exercidas pelos estudantes, que vão determinar as demais características necessárias às carteiras escolares (Soares, 1998).

TABELA 18.3
Dimensões recomendadas para mesas escolares (NBR 14006/2003)

		Identificação do tamanho (cm)					
	Classe de tamanhos	1	2	3	4	5	6
	Estaturas (cm)	Até 100	100 a130	130 a 148	148 a 162	162 a 180	Acima de 180
Tampo	Largura mínima -1 lugar	60	60	60	60	60	60
	Largura mínima -2 lugares	120	120	120	120	120	120
	Profundidade mínima	45	45	45	45	45	45
	Altura (tolerância ± 1 cm)	46	52	58	64	70	76
Espaço para pernas	Largura mínima -1 lugar	45	47	47	47	47	50
	Profundidade mínima	30	30	30	35	40	40
	Altura mínima	35	41	47	53	59	65

TABELA 18.4
Dimensões recomendadas para cadeiras escolares (NBR 14006/2003)

		Identificação do tamanho					
	Classe de tamanhos	1	2	3	4	5	6
	Estaturas (cm)	Até 100	100 a 130	130 a 148	148 a 162	162 a 180	Acima de 180
Assento	Largura mínima	33	33	33	39	39	39
	Profundidade (± 1 cm)	26	29	33	36	38	40
	Altura (± 1 cm)	26	30	34	38	42	46
	Inclinação	2 a 4°	2 a 4°	2 a 4°	2 a 4°	2 a 4°	2 a 4°
Encosto	Largura mínima	30	30	30	35	35	35
	Altura mínima a partir do assento	21	25	28	31	33	36
	Altura máxima a partir do assento	25	28	31	33	36	40
	Raio de curvatura	50 a 90	50 a 90	50 a 90	50 a 90	50 a 90	50 a 90
Ângulo assento/encosto		95 a 106°	95 a 106°	95 a 106°	95 a 106°	95 a 106°	95 a 106°

Equipamento e material didático

Diversas tecnologias novas estão sendo introduzidas na educação, como o uso de materiais audiovisuais, vídeos, máquinas de ensinar, aparelhos de auto-instrução e diversos tipos de *softwares*. Essa área provavelmente receberá um grande impulso com as novas aplicações da informática e de telecomunicações.

Apesar de todos esses avanços, o **livro didático** ainda continua sendo o material mais útil e difundido. Ele tem a grande vantagem de ser relativamente barato, ser facilmente transportado e armazenado e não precisa de nenhum equipamento especial ou energia externa para ser consultado. A eficiência do livro didático pode ser aumentada, melhorando-se o nível de compreensão e retenção dos conhecimentos, se estes forem apresentados em uma seqüência lógica e com uma gradação progressiva das dificuldades. A natureza "estática" do livro pode ser complementada com outros materiais, como filmes e vídeos.

Infraestrutura e ambiente

Já vimos, em capítulos anteriores, que o projeto correto de máquinas, postos de trabalho e do ambiente influem no desempenho do trabalhador industrial. Da mesma forma, o projeto adequado dos mobiliários, salas de aula, bibliotecas, laboratórios e outros meios de apoio didático podem influir no desempenho dos professores e alunos. Nas salas de aula, deve-se cuidar do posicionamento correto do quadro negro, janelas que não provoquem brilhos ou ofuscamentos e assim por diante. O ambiente físico, como a iluminação, ruídos, temperatura, ventilação e uso de cores influem no conforto físico e psicológico e, portanto, no rendimento do ensino.

18.3 Ergonomia nos transportes

Os transportes representam, para a economia, a mesma importância que o sangue representa para o organismo. Eles são responsáveis pela circulação de materiais, equipamentos, suprimentos e mão-de-obra essenciais à produção e faz a distribuição dos produtos até os consumidores.

Mas os transportes também são uma grande fonte de acidentes. Muitos deles são fatais, a ponto de ser apontado sempre como uma das maiores causas de mortes em todos os países.

Transporte rodoviário de carga

No transporte de cargas, em caminhões e carretas, o motorista costuma passar muitas horas seguidas na direção. A tarefa de dirigir não permite muitas mudanças na postura, pois o motorista fica numa posição quase fixa no assento. A duração prolongada dessa tarefa produz fadiga muscular e leva à deterioração da atividade motora do organismo. Além disso, aumenta o tempo de reação. Esse quadro é agravado pela monotonia, pois o motorista viaja quase sempre sozinho, por estradas que parecem não ter fim.

Os acidentes em transportes resultam da interação do motorista com o veículo, a estrada e o fluxo de tráfego. Naturalmente, as estradas congestionadas de caminhões, carros, cheias de buracos e obstáculos, e o veículo em más condições de manutenção favorecem o acidente. As estatísticas da Polícia Rodoviária atribuem cerca de 80% dos acidentes em estradas a causas humanas, ou seja, imperícia do motorista, mas há outras falhas que provocam os acidentes.

Estudando 1 000 acidentes rodoviários, Hamelin (1987) chegou à conclusão que existem três variáveis importantes ligadas a acidentes: a duração do trabalho, horário de trabalho e a idade dos motoristas.

Duração do trabalho — Os motoristas tendem a dirigir durante longas horas sem descanso. O trabalho do motorista é contínuo. Isso difere dos trabalhadores industriais, que geralmente têm pequenas pausas embutidas no próprio ciclo de trabalho, enquanto a máquina completa o ciclo de operação. Além do mais, muitos motoristas são remunerados por tarefa, ou seja, pela entrega da carga e, então, procuram trabalhar o máximo possível, em jornadas que excedem em muito, aquelas dos trabalhadores industriais.

Hamelin (1987) fez um estudo sobre o risco de acidentes em função das horas dirigidas. Descobriu que os motoristas que dirigem até 4 horas têm um risco relativamente maior do que aqueles que cumprem jornadas de até 8 horas. Os índices de risco são, respectivamente, de1,2 e 0,6 (valor da média = 1,0). Portanto, isso indica que os motoristas são relativamente mais propensos a acidentes no início da jornada.

Contudo, a partir de 8 horas na direção, o risco de acidentes começa a aumentar significativamente. Para aqueles que dirigem mais de 12 horas, esse risco é de 2,0, ou seja, 330% maior em relação aos de 8 horas (Figura 18.4). A situação torna-se ainda mais perigosa quando essas longas durações na direção são associadas a períodos insuficientes de sono. Isso tende a acumular a fadiga e assume proporções graves ao cabo de uma ou duas semanas, aumentando muito o risco de acidentes.

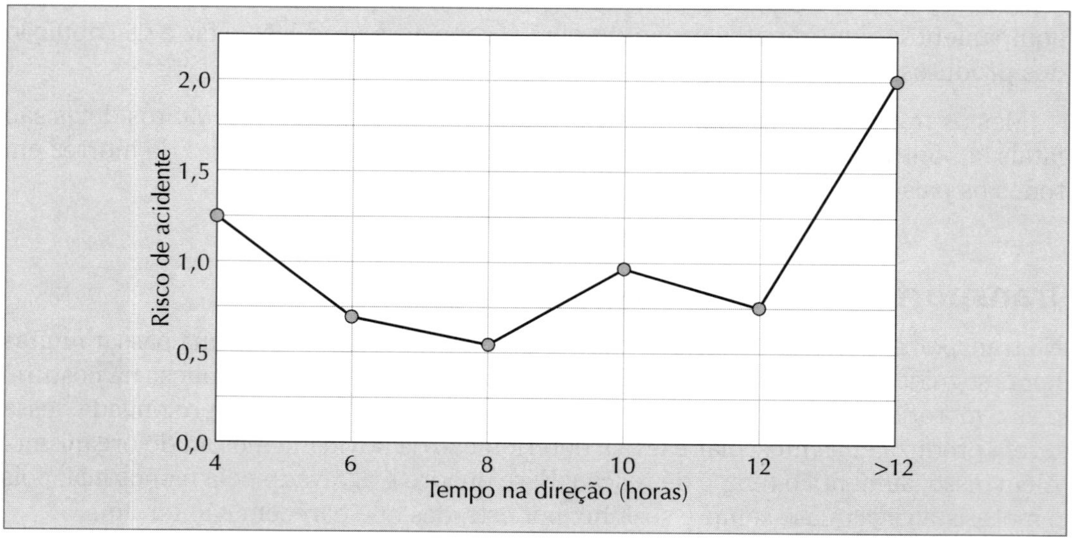

Figura 18.4 Risco de acidente para o motorista, de acordo com o tempo na direção (Hamelin, 1987).

Horário de trabalho — O índice de acidentes com motoristas é relativamente pequeno na parte da manhã, entre 4:00 e as 10:00 horas. Ele tende a crescer quando se aproxima da hora do almoço, por volta das 11:00 e 12:00 horas. Logo após o almoço, esse índice cai novamente, provavelmente devido ao descanso durante o almoço, mas começa a aumentar novamente, atingindo o "pico" por volta das 24:00 horas. O risco de acidente nesse horário é cerca de 400% maior, se comparada aquele entre 6:00 e 8:00 da manhã (Figura 18.5).

Hamelin (1987) argumenta que esse horário está provavelmente associado ao tempo na direção. Ou seja, o motorista que se encontra dirigindo até altas horas da noite, provavelmente começou a fazê-lo na parte da manhã, tendo passado mais de 12 horas na direção. Recomenda-se, então, aos motoristas, que nunca excedam a 11 horas de trabalho diário e evitem dirigir após às 22:00 horas, pois nestes horários se concentram os maiores índices de acidentes.

Idade — Os motoristas mais jovens tendem a correr mais riscos, dirigindo de forma mais agressiva e fazendo ultrapassagens perigosas. Supondo que o índice geral de acidentes cometidos por todos os motoristas seja 100, aqueles com menos de 30 anos de idade cometem 136 acidentes contra 90 acidentes daqueles com mais de 30 anos. Ou seja, os mais jovens, com menos de 30 anos, estão sujeitos a riscos 50% maiores, em relação àqueles com mais de 30 anos.

Transportes urbanos

O transporte urbano é um dos grandes problemas das metrópoles modernas. Muitas pessoas realizam viagens de até 100 km por dia, indo e voltando do trabalho e chegam a gastar 3 a 4 horas diárias dentro de transporte coletivo, quase sempre apinhados nos ônibus superlotados que, muitas vezes, movem-se a apenas 10 km/h de velocidade média. Embora trens e metrôs sejam mais eficientes e confortáveis para o transporte de massa, o maior volume de transportes urbanos continua sendo feito pelos ônibus, devido ao elevado investimento exigido pelos primeiros.

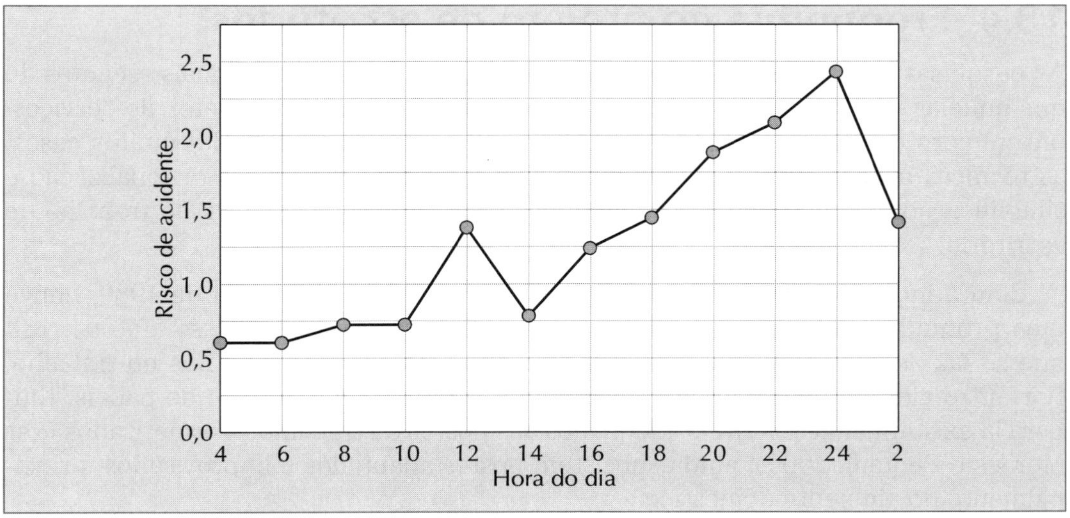

Figura 18.5 Risco de acidente para motoristas de caminhões em auto-estradas, de acordo com a hora do dia (Hamelin, 1987).

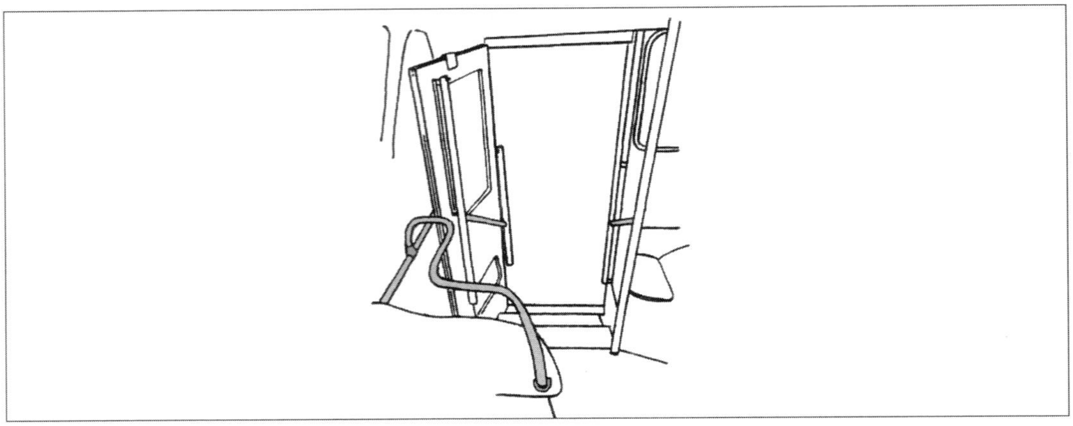

Figura 18.6 Corrimão na entrada do ônibus para o apoio de pessoas idosas (Petzäll, 1993).

O maior problema dos ônibus é o difícil acesso (entrada) e circulação no seu interior. Os degraus geralmente são muito altos. Em alguns casos, o desnível entre a rua e o primeiro degrau do ônibus chega a 50 cm. Em alguns países da Europa já se constroem ônibus de **piso baixo**, com piso que fica a 32 cm do solo (Castañon, 2001). Para facilitar o acesso às pessoas idosas, recomenda-se que esse primeiro degrau tenha entre 32 a 35 cm a partir do solo e os demais, alturas de 18 cm (Petzäll, 1993). Além disso, deve haver um corrimão adequado para apoiar o corpo durante a subida (Figura 18.6).

Os assentos devem ter aproximadamente 40 a 45 cm de altura e uma profundidade de 40 cm. Assentos mais baixos melhoram o conforto quando os passageiros ficam sentados por longos períodos, enquanto aqueles mais altos permitem levantar-se com mais facilidade, principalmente no tráfego urbano, com percursos de curta-duração. O movimento de sentar e levantar-se é dificultado pelas acelerações e sacolejos do veículo. As pessoas idosas conseguem movimentar-se com mais facilidade entre os bancos quando houver um espaço de pelo menos 23 cm entre a borda do assento e a parte mais saliente do assento anterior.

18.4 Ergonomia no projeto de escritórios

As pesquisas sobre a produtividade em trabalhos de escritório são mais recentes do que aquelas do trabalho industrial, embora, com a expansão do setor de serviços, um número cada vez maior de pessoas trabalhe em escritórios. Em muitos casos, as técnicas usadas para melhorar o trabalho industrial, tais como racionalização e simplificação dos métodos de trabalho, mostram-se úteis na análise do trabalho de escritório.

Com a introdução dos micro-computadores, a partir da década de 1980, houve uma profunda mudança na natureza do trabalho em escritórios. Isso afetou a uso que se faz das diversas superfícies de trabalho e as próprias posturas no trabalho. Por outro lado, reduziu-se a necessidade de manipulação e arquivo de papeis. Embora já existam muitos móveis adequados aos postos de trabalho informatizados (ver Moraes e Pequini, 2000), ainda subsistem postos adaptados e improvisados, principalmente no ambiente doméstico.

Em muitos escritórios, a área do espaço físico destinado a cada pessoa é considerada como símbolo de status e de poder. Assim, essa área seria proporcional à hierarquia da pessoa, embora não tenha nenhum significado quanto à funcionalidade. Também se constatou (Young e Berry, 1979) que há preferência das pessoas para locais próximos às janelas e que o domínio das janelas também está relacionado, de certa forma, com o status.

Pesquisas realizadas em escritórios de Londres, demonstram que, no verão, as janelas amplas provocam aumento de reclamações sobre calor e ruídos. Constatou-se também uma correlação curiosa entre o calor e o ruído: quando o tráfego externo era mais intenso, como o aumento do ruído, as pessoas reclamavam também do calor.

Existem basicamente dois tipos de escritórios: o tradicional e o aberto.

Escritório tradicional

O escritório tradicional é aquele que tem corredores bem definidos, dando acesso a diversas salas fechadas. Esse tipo de escritório é dominante em construções mais antigas (até a década de 1960) e muitas pessoas preferem-no, principalmente devido à privacidade. Contudo, é uma solução mais cara, menos flexível e ocupa mais espaço que o do tipo aberto, tendo algumas áreas desperdiçadas.

Escritório aberto

Os escritórios abertos, chamados também de planejados ou *Landscape Office*, não costumam ter paredes fixas até o teto. Os postos de trabalho são separados por divisórias baixas, sem portas. Segundo os defensores desse tipo de escritório, em comparação com o do tipo tradicional, ele permite uma redução de 40 a 50% no espaço necessário, economiza até 95% nos custos de instalação e modificações do *layout* e 20% nos custos de manutenção, e aumenta a produtividade em 10 a 20%, além de reduzir a monotonia, facilitar as comunicações e diminuir o absenteísmo (Brookes e Kaplan, 1972).

Comparação entre escritório tradicional e aberto

No escritório aberto, há uma evidente perda de privacidade, tanto auditiva como visual. Muitas pessoas reclamam do excesso de barulho e interferências de outras pessoas, que provocam distrações e interrupções no trabalho. Em contrapartida, as informações podem fluir mais rapidamente. Os contatos sociais aumentam, a monotonia diminui e há melhor coesão entre os membros do grupo.

Na prática, verificou-se que muitas queixas estavam relacionadas ao aumento do controle social e à perda da privacidade. A falta de delimitação do espaço provoca uma sensação de "invasão" e muitas pessoas sentem-se incomodadas.

Em escritórios abertos deve-se tomar cuidado especial com o tratamento acústico para evitar a propagação de ruídos, principalmente aqueles acima de 70 dB. Contudo, as pessoas preferem trabalhar com um certo som de fundo, como sons da natureza ou música de baixa intensidade, do que em ambientes totalmente silenciosos, abaixo de 50 dB. As pessoas que ocupam postos de trabalho próximos dos corredores devem ser resguardadas do fluxo, colocando-as perpendicularmente ou de costas ao mesmo.

Em alguns casos usam-se sistemas mistos, em que pessoas mais graduadas ficam em escritórios fechados e as demais, em escritórios abertos, embora Brookes e Kaplan (1972) não recomendem fazer esse tipo de discriminação, pois eles alegam que todos têm capacidade de se adaptar a novas situações de trabalho.

Enfim, há certas vantagens e desvantagens na comparação entre os dois tipos de escritórios, e a escolha de um tipo ou outro vai depender muito da natureza do trabalho. Se este for de caráter mais individualizado, exigindo concentração, criatividade ou sigilo, a opção pelo escritório fechado poderá ser melhor. Em outros casos, como no atendimento ao público e *call centers*, os escritórios abertos poderão apresentar vantagens principalmente pela economia de espaço e flexibilidade de uso.

Em escritórios com terminais de computadores, já vimos que é importante evitar ofuscamentos e reflexos (ver seção 15.3). Quando houver uma mistura de postos informatizados e não-informatizados, é melhor colocar estes últimos próximos da janela e aqueles informatizados, na parte interna (Figura 18.7). As mesas devem ser posicionadas de modo que as telas dos monitores fiquem perpendiculares às janelas ou às calhas das luminárias.

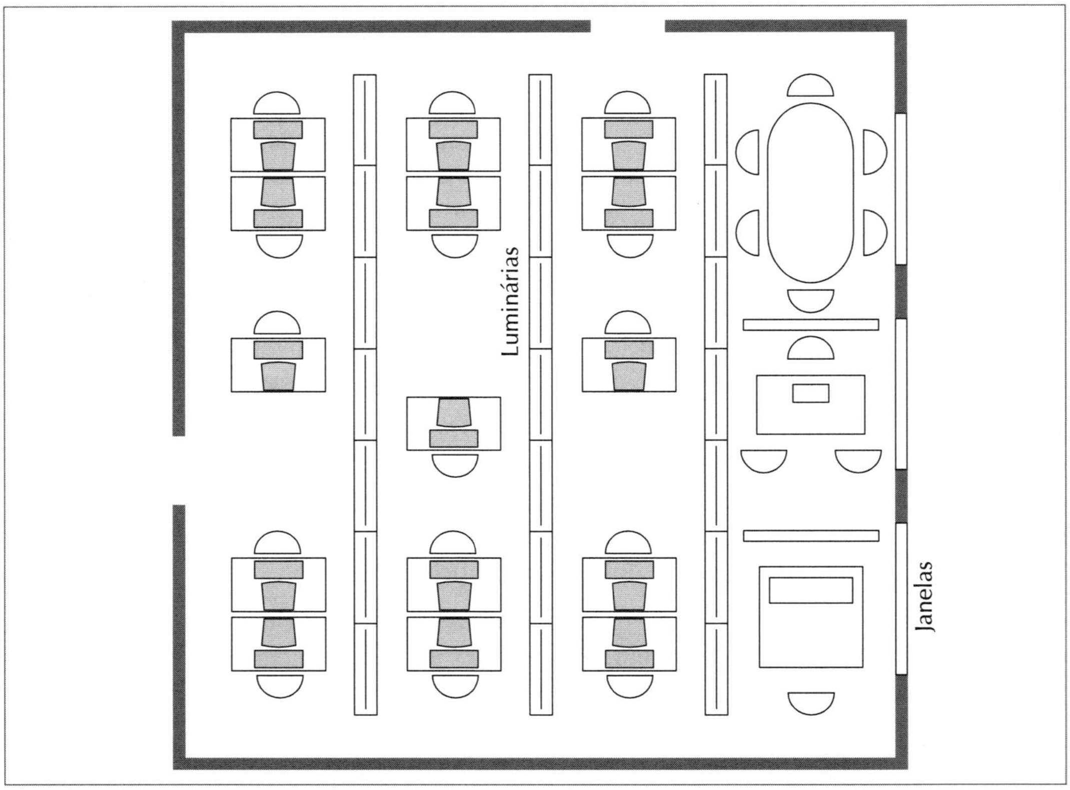

Figura 18.7
Os postos de trabalho informatizados devem ser colocados na parte interna, afastados das janelas.

Móveis de escritório

Os móveis de escritório adaptados às características do usuário e à natureza da tarefa proporcionam muitos benefícios, tais como:

- Melhoram o conforto, aumentando a satisfação no trabalho, contribuindo para reduzir o absenteísmo;
- Reduzem a incidência de certos distúrbios associados ao trabalho em escritórios, tais como o LER (lesões por esforços repetitivos) e DORT (distúrbios osteomusculares relacionados ao trabalho); e
- Contribuem para aumentar a eficiência, devido à redução da fadiga e erros.

A maioria das tarefas de escritórios é executada na posição sentada. Portanto, é importante proporcionar uma boa conjugação entre a mesa e a cadeira.

Uma pesquisa realizada entre 91 pessoas que atuavam em postos de trabalho informatizados, apresentou o seguinte *ranking* de características consideradas importantes para as mesas, em ordem decrescente (Iida *et al.*, 1999):

1. Vão livre para acomodação das pernas;
2. Durabilidade;
3. Acabamento;
4. Área de tampo suficiente para colocar documentos; e
5. Resistência.

A mesma pesquisa apresentou o seguinte *ranking* de características para as cadeiras operacionais, em ordem decrescente de importância:

1. Conforto;
2. Regulagem da altura do assento;
3. Acabamento;
4. Durabilidade; e
5. Regulagem da altura do encosto.

O conforto no assento pode ser determinado pedindo que a pessoa sente-se na cadeira, acomodando-se da melhor maneira possível. Após um tempo determinado, solicita-se que faça uma avaliação, usando-se uma escala do seguinte tipo:

Avalie o conforto da cadeira:

1 2 3 4 5 6 7

Extremamente desconfortável — Perfeitamente confortável

Essa avaliação pode ser feita após 5 min ou após 1, 2 ou 3 horas de assento. Verifica-se que há pouca diferença entre essa avaliação feita aos 5 min, e aquelas de períodos mais longos. Constatou-se também que não há correlação estatística entre o conforto e o preço da cadeira (Iida e Pazetto 2000-a). Portanto, nem sempre a cadeira mais cara corresponde àquela de maior conforto.

No Brasil, já são disponíveis várias normas técnicas sobre móveis de escritório, como as de cadeiras (NBR 13962), mesas de escritório (NBR 13966), mesas de informática (NBR 13965) e armários (NBR 13961). Essas normas fixam a nomenclatura e dimensionamentos. Algumas apresentam também os procedimentos de ensaios laboratoriais para se verificar a qualidade. A Tabela 18.5 apresenta um resumo, a título de exemplo, das medidas máximas e mínimas recomendadas pela NBR 13965 para móveis de informática.

TABELA 18.5

Recomendações para dimensionamento dos móveis de informática – NBR 13965/1997

<table>
<tr><th rowspan="2">Tipo de mesa</th><th colspan="2" rowspan="2">Variáveis</th><th colspan="2">Dimensões (cm)</th></tr>
<tr><th>Mínimo</th><th>Máximo</th></tr>
<tr><td rowspan="6">Mesa para micro-computador</td><td>Tampo da mesa</td><td>Largura
Profundidade</td><td>78
75</td><td></td></tr>
<tr><td>Tampo do monitor</td><td>Altura
Profundidade</td><td>64
46</td><td>98</td></tr>
<tr><td>Tampo do teclado</td><td>Altura
Largura
Profundidade</td><td>64
50
22</td><td>75</td></tr>
<tr><td>Acomodação das pernas</td><td>Altura livre para os joelhos
Profundidade livre para os joelhos
Largura para as pernas
Profundidade livre para os pés</td><td>56
45
60
57</td><td>66</td></tr>
<tr><td>Distância visual</td><td>Distância para visualização do monitor</td><td>45</td><td></td></tr>
<tr><td>Borda da mesa</td><td>Raio da borda</td><td>0,25</td><td></td></tr>
</table>

18.5 Ergonomia no projeto de edifícios e espaços públicos

Os espaços necessários ao ser humano, ditados pelas suas características anatômicas e fisiológicas são bem conhecidos. Mas, além disso, o homem precisa de um espaço adicional em torno do seu corpo, para sentir-se psicologicamente seguro. Esse assunto só tem sido recentemente estudado, na medida em que as aglomerações humanas nas grandes metrópoles restringem cada vez mais o espaço disponível.

Experimentos realizados com ratos de laboratório, em ambientes confinados, comprovam que há mudança de comportamento dos indivíduos, quando a população ultrapassa uma determinada densidade por metro quadrado. Certas regras sociais passam a ser desrespeitadas e começam a surgir *gangs* agressivas. Em algumas espécies animais, surge o canibalismo, como uma forma de controlar a densidade populacional e a disponibilidade de alimentos.

Espaço pessoal

O comportamento de certos animais, que fazem demarcações e defesa de seus territórios é bem conhecido dos estudiosos da etologia. Recentemente, descobriu-se que os seres humanos também possuem um espaço pessoal, no qual não admitem a entrada de intrusos. Enquanto o território dos animais é demarcado geograficamente, o espaço pessoal humano comporta-se como um "envoltório" em torno do seu corpo, seguindo-o em todos os movimentos.

Diversas evidências comprovam essa teoria do espaço pessoal. Psicólogos observaram que as pessoas, quando se sentam em locais públicos, como bancos de jardins ou cadeiras de auditório, colocam certos objetos como bolsas, mochilas, revistas ou paletós, em locais contíguos, como se estivessem reservando um território para si.

Foram realizadas experiências em que determinados sujeitos "intrusos" se sentavam do lado de suas "vítimas", em locais públicos, deliberadamente encostando-se nelas, sem que estas soubessem que estavam sendo observadas. Inicialmente, as vítimas encaravam o "intruso", as pupilas de seus olhos se dilatavam, ficavam mais tensas e empurravam o "intruso", com os ombros. Ao cabo de 2 minutos, 33% das "vítimas" haviam se levantado e se afastado e, 9 minutos depois, 50% haviam feito o mesmo. Observou-se que apenas 3% das "vítimas" dirigiram-se ao "intruso" pedindo que se afastasse.

Outras experiências comprovaram esse tipo de comportamento. As pessoas que se sentiam invadidas raramente dirigiam a palavra ao invasor, preferindo afastar-se, confirmando o ditado popular: "os incomodados que se mudem". Em trens, metrôs ou elevadores superlotados, onde esse comportamento de **fuga** é impossível, observou-se que as pessoas tendem a manter um comportamento "desligado", olhando para o teto ou janela e se relacionando com os outros passageiros como se fossem objetos e não pessoas. Analisando-se a composição de urina e sangue dessas pessoas após essas viagens, constatou-se que havia um aumento no traço das substâncias que indicam estado de estresse.

Experimentos realizados em laboratório comprovam que a invasão do espaço pessoal provoca desconforto e estado de estresse, que se refletem na redução do desempenho, provavelmente pelo excessivo nível de atenção ou preocupação com o "intruso".

Dimensões do espaço pessoal

Há diversas indicações das dimensões do espaço pessoal. Alguns autores apresentam a distância entre 45 a 75 cm a partir do corpo, para pessoas amigas ou familiares, ou seja, aquelas que não representam ameaça em potencial. Para os desconhecidos, esse espaço aumentaria para 76 a 120 cm, ou seja, para além do alcance do braço estendido. Nessa distância, a pessoa não poderia ser atingida, eventualmente, pelo braço estendido do seu oponente.

Em postos de trabalho, as distâncias mínimas entre mesas ou bancadas deve ser de 120 cm. Outros autores, como Oborne e Heath (1979) sugerem quatro zonas para esses espaços pessoais (Figura 18.8).

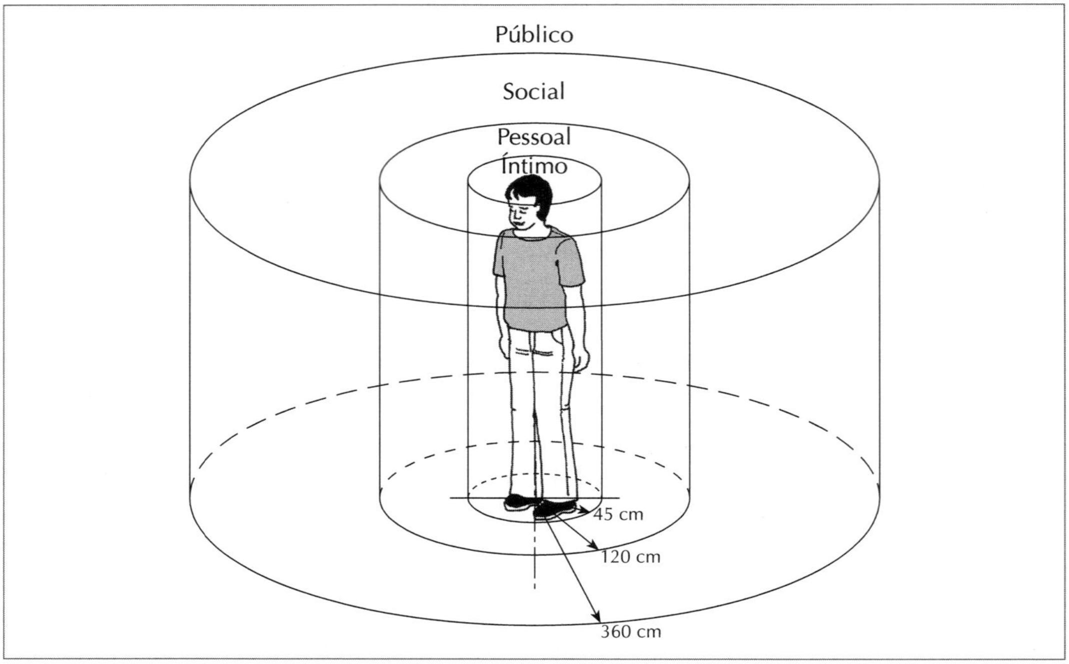

Figura 18.8 Zonas de espaço pessoal (Hall *in* Oborne e Heath, 1979).

- *Íntimo* (0 a 45 cm) — Reservado para contatos físicos com as pessoas de maior intimidade.
- *Pessoal* (45 a 120 cm) — Para contatos amigáveis com pessoas conhecidas.
- *Social* (120 a 360 cm) — Para relacionamento profissional com colegas de trabalho e durante eventos sociais.
- *Público* (acima de 360 cm) — Distância segura a ser mantida dos desconhecidos.

Observa-se que essas fronteiras e dimensões dos diversos espaços não são rígidas, pois variam consideravelmente com a situação, sexo, idade, personalidade, cultura e status do indivíduo. Observou-se, por exemplo, que as mulheres aceitam espaços menores que os homens. Também se constatou que é mais fácil abordar as pessoas lateralmente do que frontalmente, indicando que o espaço pessoal é maior na parte frontal do corpo, sendo "achatada" dos lados.

Existem também muitas diferenças culturais. O povo árabe é o que aceita maior proximidade. No outro extremo estão os norte-americanos e europeus. Os asiáticos e latino-americanos estão em posição intermediária, quanto à exigência dos espaços pessoais.

Aplicações ergonômicas do espaço pessoal

Os projetos de postos de trabalho que não respeitem os espaços pessoais, podem provocar sensações de desconforto e redução da eficiência. Em certos projetos, onde a questão do espaço é crítica, é preferível diminuir esse espaço lateralmente e pode-se usar certos artifícios, como a decoração com espelhos ou a introdução de elementos horizontais, que tendem a aumentar a sensação subjetiva de espaço.

O conceito de espaço pessoal é útil também para calcular a capacidade de aglomerações de pessoas em pé. Considerando-se apenas as medidas antropométricas, cada pessoa ocuparia, em média, 0,167 m^2 de projeção no piso, o que permitiria aglomerar 6 pessoas por metro quadrado. Mas, essas condições são extremamente desagradáveis. Para preservar algum grau de conforto em aglomerações humanas, respeitando-se o espaço de cada um, é necessário prever 0,7 m^2 por pessoa, ou 1,4 pessoas por metro quadrado. Essa área é cerca de quatro vezes maior em relação aquela ocupada fisicamente pelo corpo, se considerar apenas as medidas antropométricas.

Pessoas portadoras de deficiências

Já vimos (página 375) que cerca de 15% da população brasileira apresenta algum tipo de deficiência. Essas deficiências podem ser sensoriais (visual, auditiva) motoras (locomoção) ou mentais (retardo mental). Elas podem ser também temporárias (acidentais) ou permanentes.

Muitos trabalhos em ergonomia têm focalizado o problema dos portadores de deficiências, tendo em vista dois objetivos básicos. Em primeiro lugar, procura-se adaptar-se os equipamentos (aparelhos eletrodomésticos, carros, transportes coletivos), construção civil (casas e apartamentos) e as vias públicas (rampas) a esses portadores de necessidades especiais. A segunda linha de pesquisa, relaciona-se com o desenvolvimento de novos aparelhos, equipamentos e dispositivos que visem superar essas deficiências. Por exemplo, sistema com voz sintetizada permite que os cegos façam leitura de jornais.

Acessibilidade — As áreas de circulação devem ter largura mínima de 120 cm para permitir a passagem de cadeiras de roda (Figura 18.9) e pessoas que dependem de muletas ou bengalas. Os passeios, calçadas e passarelas devem ser dotadas de rampas com largura mínima de 120 cm e declividade máxima de 12,5% (NBR 9050).

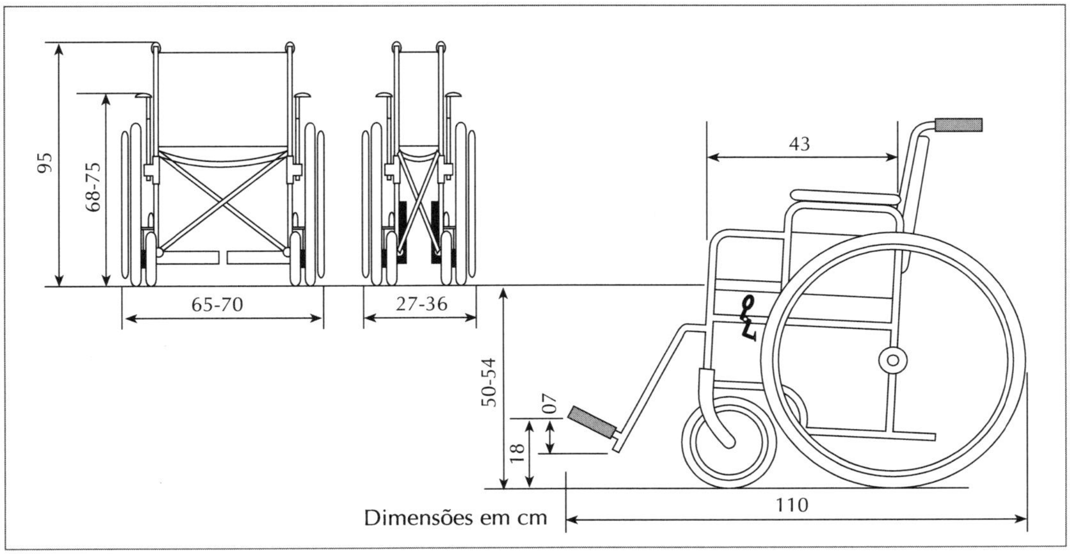

Figura 18.9 Dimensões usuais da cadeira de rodas (NBR 9050/1994).

Os objetos a serem manipulados devem ser colocados dentro do espaço normal de alcance (Figura 18.10). Assim, recomenda-se que interruptores, maçanetas, campainhas, torneiras e outros objetos de uso freqüente situem-se entre de 80 a 100 cm de altura.

Levantamento de dados ergonômicos para o projeto de edifícios

Para projetar os espaços confortáveis para as pessoas viverem e trabalharem, devem ser consideradas as principais características do organismo humano, o funcionamento dos seus sistemas sensorial e motor, além dos seus comportamentos individuais e sociais.

Os projetos de edifícios com enfoque ergonômico partem das necessidades humanas, das tarefas e das organizações sociais, para se chegar à configuração do edifício. Ou seja, o projeto deve ser realizado de dentro para fora.

Para se levantar essas informações ergonômicas necessárias ao projeto do edifício, existem basicamente dois tipos de métodos: os diretos e os sócio-culturais.

Métodos diretos — Os métodos diretos destinam-se a levantar as atividades, preferências e necessidades das pessoas por meio de entrevistas, questionários ou observações sistemáticas. Nas entrevistas, as informações desejadas são obtidas verbalmente. Elas podem ser feitas com um roteiro pré-elaborado ou processar-se mais livremente, na forma de uma conversa (ver mais detalhes na página 54).

Os **questionários** em geral são feitos por escrito. Estes são indicados para se obter grande número de informações de forma mais objetiva e rápida, mas podem provocar distorções, devido a erros de interpretação das perguntas ou ao desvio da resposta para o sentido que a pessoa achar mais conveniente. Se não houver uma motivação ou um preparo especial para que as pessoas colaborem, o índice de respostas a esses questionários costuma ser de aproximadamente 10%.

Figura 18.10 Alcances para pessoas em cadeira de rodas (NBR 9050/1994).

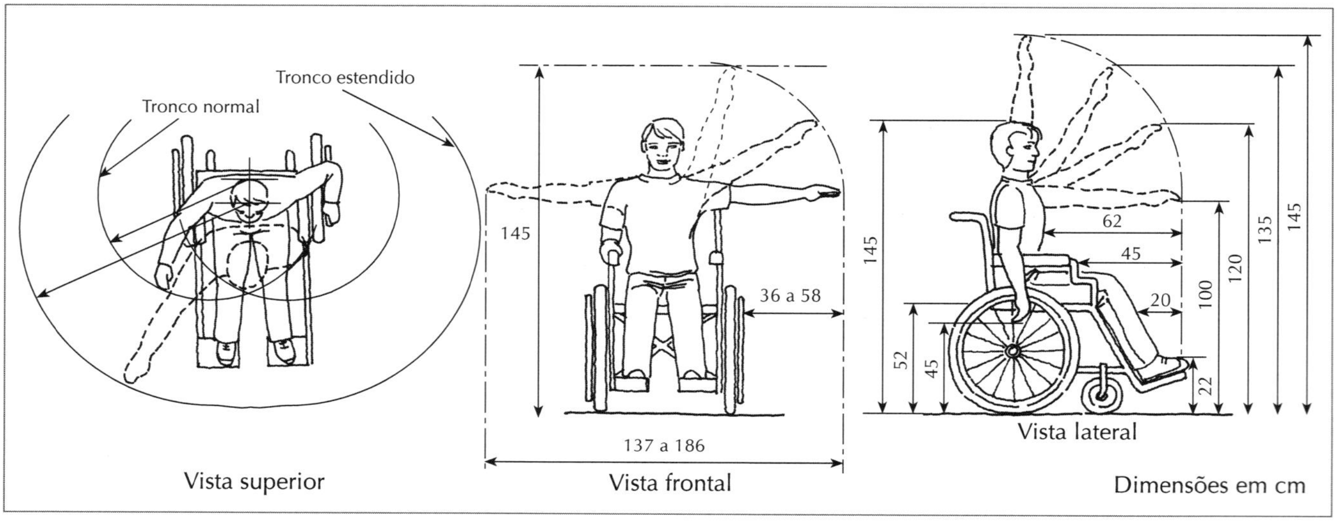

Nas observações sistemáticas, o comportamento desejado é **observado** diretamente, usando-se algum tipo de formulário para registro. Elas podem ser complementadas por fotografias, filmes ou esquemas ilustrativos. Nessas observações há uma tendência de se escolher uma pessoa "média", um usuário "padrão" ou um cliente "típico". Isso não é suficiente. É necessário observar também alguns casos extremos. Por exemplo, para projeto de equipamento urbano para uma praça pública, é necessário observar não apenas os adultos normais, mas também as pessoas idosas, as crianças e os deficientes físicos que freqüentam essa praça.

Métodos sócios-culturais — Esses métodos destinam-se a conhecer o comportamento de grupos de pessoas: como eles organizam-se, relacionam-se, trocam informações e se colaboram entre si. Eles devem considerar tanto a organização formal como aquela informal. A organização formal é aquela que consta dos organogramas, regulamentos, planos de cargos e salários e outros documentos "oficiais". A organização informal não consta dos documentos, mas nem por isso deixa de ser importante. Essa organização pode ter regras próprias, características e lideranças diferentes em relação àquela formal.

Os levantamentos que dêem ênfase somente aos aspectos formais e desconsideram o funcionamento informal dos grupos, podem levar a graves falhas no projeto.

Pode-se mencionar um caso de fracasso do projeto de um instituto de pesquisa ligado a uma grande empresa. Antes, esse instituto ocupava um edifício no centro da cidade, onde os espaços eram limitados. Apesar do desconforto, permitia fácil contato pessoal entre os pesquisadores. O novo edifício, afastado do centro urbano, foi projetado com espaços maiores, com maior privacidade, atendendo às solicitações dos próprios pesquisadores. Para compensar a dificuldade dos contatos pessoais, foram instalados os mais modernos meios de comunicação informatizados.

Apesar do novo ambiente físico ser incomparavelmente melhor e mais espaçoso, em relação à situação anterior, verificou-se uma queda acentuada na produtividade dos pesquisadores. Um exame mais aprofundado da questão, mostrou que cerca de 50% das informações entre os pesquisadores eram trocadas de maneira **informal**, ou seja, nas conversas "de corredor". Muitas idéias surgiam justamente dessas conversas. A forma do novo edifício, sendo alongada, dificultou esse tipo de contato informal, e isso provocou queda na produtividade.

Por outro lado, as pessoas idosas preferem viver em ambientes bem estruturados, com pontos de referência bem definidos, que lhes proporcionem serviços domésticos, cuidados com a saúde e acompanhamentos sociais facilmente disponíveis. Elas tenderão a recusar qualquer tipo de ambiente que não lhes garanta um mínimo de privacidade.

A organização do espaço está também relacionada com a estrutura de poder das lideranças formais e informais do grupo. O domínio de determinados locais ou salas pode estar associado com esse esquema de poder. As pessoas mais autoritárias ou inseguras tenderão a ser mais rígidas na organização do espaço sob seu domínio, pois usarão isso como um fator para exercer o controle sobre o grupo.

Uso de dados ergonômicos no projeto de edifícios

Os dados levantados de acordo com os métodos anteriormente apresentados compreendem informações como: objetivos da instituição e de cada grupo, estrutura organizacional, quantidade e qualificação das pessoas, tipo e freqüência das tarefas realizadas, relações funcionais, relações informais, máquinas e equipamentos utilizados e assim por diante. Essas informações devem ser complementadas com outras, disponíveis na bibliografia, como antropometria, e alcances. Todas essas informações devem ser organizadas para serem utilizadas na avaliação de alternativas para o projeto.

Estudos recentes comprovam a existência de uma correlação positiva, entre o dimensionamento e o arranjo do espaço, com o comportamento de pessoas e grupos. As pessoas diferem entre si, por exemplo, quanto a preferências sobre o grau de privacidade, interações com os membros do grupo (ou da família), forma de utilizar o espaço, tipo de decoração ambiental preferido, uso do tempo disponível para lazer, e outros. Essas diferenças fazem com que as pessoas, que moram em conjuntos habitacionais padronizados, com o tempo, modifiquem as suas casas, diferenciando-as uma das outras, cada uma a seu modo.

A maneira como as pessoas utilizam as diferentes dependências da casa também diferem significativamente. Uma pesquisa demonstrou, por exemplo, que as leituras de livros eram feitas, 50% na sala de estar, 24% no quarto de dormir, 6% na cozinha e assim por diante. Essa diferença também existe entre as classes sociais. Assim, residências destinadas às pessoas de baixa renda não devem ser apenas "compactações" daquelas da classe média, pois há uma diferença qualitativa no uso do espaço residencial.

Portanto, no projeto de edifícios, além das características físicas que garantam o conforto térmico, ventilação, iluminação, circulação e outros itens, é importante permitir certa flexibilidade de uso, aos seus diferentes ocupantes.

Da mesma forma que existem usos não-funcionais ou não-previstos dos produtos, como já vimos no Capítulo 11, no caso de edifícios também são freqüentes essas trocas de funções. Pode-se citar, por exemplo, o caso de um dentista que tinha o *hobby* de fazer esculturas de madeira e transformou as dependências da empregada em uma verdadeira oficina de marcenaria.

Fluxo de pessoas em locais congestionados

Muitos locais de atendimento ao público podem ficar congestionados, quando o fluxo de chegada for maior que a velocidade de atendimento. Nesse caso, formam-se, inevitavelmente, as filas. Além disso, quando o fluxo de circulação de pessoas não for bem orientado, começa a haver cruzamentos e colisões entre as pessoas. Há também algumas pessoas que ficam paradas, atrapalhando o fluxo.

A direção do fluxo é determinada pelo arranjo físico do local e da disposição relativa dos diversos elementos como portas de entrada, localização das roletas, guichês de atendimento, balcões, cercas e assim por diante. Esses elementos podem ser convenientemente colocados para direcionar o fluxo das pessoas, evitando-se os cruzamentos e eliminando-se os "estrangulamentos" ou "gargalos" do fluxo, que diminuem a sua velocidade. Além disso, esses gargalos tendem a formar aglomerações, que atrapalham o atendimento e o movimento contínuo do fluxo. Quando eles forem inevitáveis, devem ser mantidos a certa distância dos locais de atendimento.

Um estudo prático sobre o fluxo de pessoas em locais congestionados foi realizado nas principais estações de metrô, situadas na área central de Londres (Stilitz, 1969). Os fluxos de entrada nessas estações atingiam o máximo entre às 16:30 às 18:00 horas, quando passavam, em cada estação, cerca de 10 000 a 12 000 pessoas, dependendo da estação. Enquanto isso, os fluxos de saída nessas estações eram pequenos, pois a maioria dos passageiros dirigia-se do centro para a periferia, durante esses horários.

Para fazer as observações, foram preparadas plantas, em escala, de todas as estações, mostrando a localização das paredes, entradas, saídas, locais de vendas de tíquetes, localização das máquinas automáticas, localização das roletas e assim por diante. Cada uma dessas plantas foi reproduzida em grande quantidade, para se fazer os registros. Foram preparadas também folhas de observação, para fazer o registro quantitativo das filas. Os dados registrados foram os seguintes:

Filas — A cada 5 minutos, foram observadas as dimensões da filas, registrando-se, nas folhas de observação:

- O horário da observação;
- O comprimento da fila, em metros;
- O número de pessoas na fila; e
- A quantidade de pessoas que cruzavam a fila.

Configuração das filas — A cada 10 minutos, foram observadas as configurações (formatos) da fila e das aglomerações, que eram registrados nos mapas, em escala:

- A configuração das filas em frente aos guichês de venda de tíquetes;
- A configuração das aglomerações (nesse caso não se formavam filas) das pessoas em frente às máquinas automáticas para a venda de tíquetes; e
- A configuração das aglomerações formadas pelas pessoas paradas.

A Tabela 18.6 apresenta um exemplo da folha de observação, como o tamanho das filas e o número de pessoas que cruzaram essas filas durantes os intervalos observados. A Figura 18.11 apresenta uma configuração geral do fluxo observado nessa estação. Nessa figura, observa-se um fluxo confuso do público. O maior problema observado foi quando as filas em frente às cabinas de venda de tíquetes (S e T) atingiam comprimentos superiores a 5 metros.

A partir daí, essas filas passavam a obstruir o fluxo de entrada, aumentando o número de cruzamentos e conseqüentes colisões entre as pessoas. Foi registrada uma média de 18,5 colisões a cada intervalo de 5 minutos de observação. As aglomerações que se formavam em frente às máquinas automáticas criavam "bolsões", que estrangulavam o fluxo, retardando a velocidade desse fluxo.

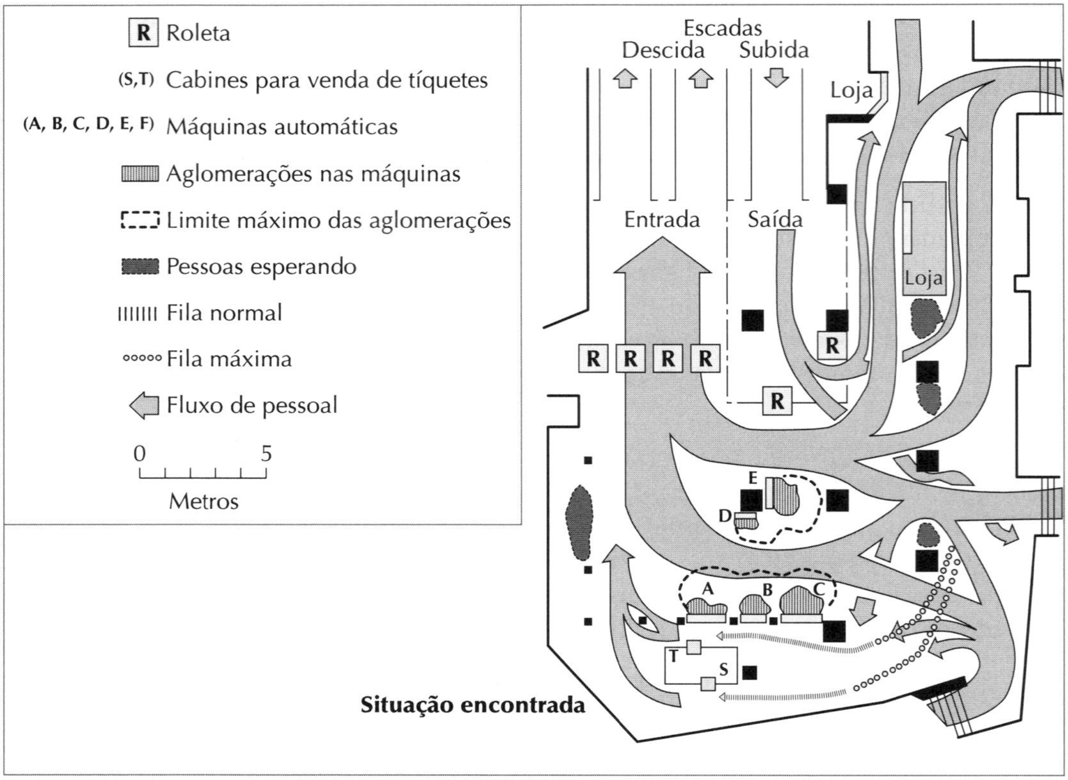

Figura 18.11 Fluxo de passageiros observado em uma estação de metrô de Londres (Stilitz, 1969).

No total, foram feitos 87 registros naqueles horários de maior fluxo, sendo 37 referentes ao tamanho das filas, 22 sobre as configurações das filas e aglomerações, e mais 29 observações de naturezas diversas.

Várias análises estatísticas foram realizados com base nesses dados obtidos. Como era de se esperar, encontrou-se uma correlação positiva de 0,85 entre o número de pessoas x e o comprimento da fila y, em metros.

$$y = 0{,}41\,x - 0{,}014$$

TABELA 18.6

Folha de observações das filas para compra de tíquetes em uma estação de metrô em Londres (Stilitz, 1969)

Nº	Horas do dia	Comprimento da fila (m)	Número de pessoas na fila	Número de pessoas cruzando a fila
1	17:30	7.8	19	7
2	17:35	8.5	24	7
3	17:40	9.3	25	4
4	17:45	4.6	12	0
5	17:50	3.9	7	0
6	17:55	3.9	6	0
MÉDIA		6.33	15,5	3,0

Isso significa que cada pessoa na fila ocupa, em média, 41 cm de comprimento da mesma. Com o objetivo de ordenar o fluxo, evitando-se os cruzamentos e colisões, e de modo que as aglomerações não interfiram no fluxo, foi proposto um rearranjo da estação, como se pode ver na Figura 18.12. Nessa proposta, todo o fluxo de entrada foi dirigido para um único portão P, sendo que o portão Q pode ser também aberto nas horas de *rush.*

As máquinas automáticas foram colocadas ao longo desse fluxo, após o portão P, e as filas para vendas dos tíquetes se colocaram atrás dessas máquinas, paralelamente ao fluxo principal. Esse novo *layout* melhorou bastante o funcionamento da estação nas horas de *rush,* sem modificar a estrutura física da estação, mas apenas reposicionando as máquinas automáticas e os postos de venda de tíquetes, e colocando-se algumas cercas para orientar o sentido do fluxo, e impedir os cruzamentos. A interferência das aglomerações na velocidade do fluxo também foi praticamente eliminada, resultando em aumento da velocidade desse fluxo de pessoas.

Conceitos introduzidos no capítulo 18

acidentes domésticos	escritório aberto
escritório tradicional	espaço pessoal

Questões do capítulo 18

1. Apresente três aplicações da ergonomia nas atividades domésticas.
2. De que forma a ergonomia pode contribuir para melhorar o ensino?
3. Quais são as principais causas de acidentes no transporte rodoviário de cargas?
4. Compare o escritório tradicional com aquele aberto.
5. Qual é a importância do espaço pessoal no projeto de postos de trabalho e dos locais públicos?
6. Como deve ser feito o levantamento de dados ergonômicos para o projeto de edifícios?
7. Quais foram os objetivos e resultados do estudo do fluxo de entrada dos passageiros na estação do metrô?

Exercício

Em sua sala de aula, escritório, ambiente doméstico ou transporte coletivo, descreva uma situação que poderia ser melhorada com a aplicação da ergonomia. Quais são as informações necessárias para se analisar o problema e propor a solução?

Bibliografia

AAGAARD-HANSEN, J. e SORR-PAULSEN, A. A comparative study of three different kinds of school furniture. *Ergonomics.* v.38, n.5, p. 1025-1035, 1995.

ABERG, U. Job design for an ergonomist. *Ergonomics*. v.20, n.1, p.1-10, 1977.

ABERG, U., BENGTSON, L. e VEIBACK, T. Design of a difficult workplace fettling shop operations. *Applied Ergonomics*. v.5, n.3, p.161-166, 1974.

ABNT – Associação Brasileira de Normas Técnicas. *NBR 14006/2003 – Móveis escolares – assentos e mesas para conjunto aluno.* Rio de Janeiro: ABNT, 2003, 26 p.

ABRAHAMSSON, L. Restoring the order: gender segregation as an obstacle to organisational development. *Applied Ergonomics.* v.33, p. 549-557, 2002.

AFNOR Postures et dimensions pour l'homme au travail sur machines et appareils. *Norme Expérimentale X 35-104*. Association Française de Normalisation, 1980.10 p.

ALDERFER, C.P. An empirical test of a new theory of human needs. *Organizational Behavior and Human Performance*. n.4, p.142-175, 1969.

AMSTRONG, T.J. *et al.* Repetitive trauma disorders: job evaluation and design. *Human Factors*. v.28, n.3, p.325-336, 1986.

ARQUIVOS BRASILEIROS DE PSICOLOGIA APLICADA (Incluindo os Anais do I Seminário Brasileiro de Ergonomia). Rio de Janeiro. Fundação Getúlio Vargas. v.27, n.1, mar.1975, 231 p.

ASTRAND, P.O. e RODAHL, K. *Textbook of work physiology*. New York: McGraw-Hill, 1970. 669 p.

BACK, N. *Metodologia de projeto de produtos industriais*. Rio de Janeiro: Guanabara Dois, 1983. 390 p.

BARKLA, D. M. Chair angles, duration of sitting and comfort ratings. *Ergonomics*. v.7, n.3, p. 297-304, 1964.

BARNES, R. *Estudo de movimentos e de tempos*. São Paulo: Edgard Blücher, 1977. 635 p.

BAXTER, M. *Projeto de produto: guia prático para design de novos produtos.* 2ª ed. São Paulo: Edgard Blücher, 2000. 260 p.

BARROS, B.X.S. *Análise antropométrica usando fotogrametria digital*. Dissertação de mestrado em engenharia de produção. Recife: PPGEP/UFPe, 2004.

BENDIX, T. e HAGBERG, M. Trunk posture and load on the trapezius muscle whilst sitting at sloping desks. *Ergonomics*. v.27, n.8, p.873-882, 1984.

BENDIX, T. e JESSEN, F. Wrist support during typing - a controlled electromyographic study. *Applied Ergonomics*. v.17, n.3, p. 162-168, 1986.

BENEDYK, R. e MINISTER, S. Applying the BeSafe method to product evaluation. *Applied ergonomics.* v.29, n.1, p. 5-13, 1998.

BENKTZON, M. Designing for our future selves: the swedish experience. *Applied ergonomics,* v. 24, n.1, p. 19-27. 1993

BILLMEYER, F.W., SALTZMAN, M. *Principles of color technology*. New York: Interscience Publishers, 1966. 182 p.

BISHOP, P., CURETON, K. e COLLINS, M. - Sex difference in muscular strenght in equally-trained men and women. *Ergonomics*. v.30, n.4, p.675-687, 1987.

BOUSSENA, M. CORLETT, E. N. e PHEASANT, S.T. The relation between discomfort and postural loading at the joints. *Ergonomics*. v.25, n.4, p. 315-322, 1982.

BOUSSENA, M. e DAVIES, B.T. An adjustable vicemount. *Applied ergonomics.* v.20, n.2, p. 141-142. 1989.

BRIDGER, R.S. *Introduction to ergonomics*. 2ª ed. London: Taylor & Francis, 2003, 548 p.

BRIGHAM, F.R. Some quantitative considerations in questionnaire design and analysis. *Applied Ergonomics*. v.6, n.2, p.90-96, 1975.

BRIGHAM, F.R. Decision-making problems in industrial control tasks. *Applied Ergonomics*. v.7, n.1, p.19-25, 1976.

BROADBENT, D.E. Language and ergonomics. *Applied Ergonomics*. v.8, n.1, p.15-18, 1977.

BROOKES, M. J. e KAPLAN, A. The office environment: space planning and affective behavior. *Human Factors*. v. 14, n.5, p.373-391, 1972.

BROOKS, B.M. An investigation into aspects of bus design and passenger requirements. *Ergonomics*. v. 22, n. 2, p.175-188, 1979.

BROWN, I.D., TICKNER, A.H. e SIMMONDS, D.C. Effect of prolonged driving on overtaking criteria. *Ergonomics*. v. 13, n.2, p. 239-242, 1970.

BRUSEBERG, A. e McDONAGH-PHILP, D. Focus Groups to support industrial products designers: a review based on current literature. *Applied Ergonomics*, n. 33, p. 27-38, 2002.

BUFFA, E.S. *Administração da Produção*. Rio de Janeiro: LTC. 1972. 780 p.

BURSE, R.L. Sex differences in human thermoregulatory response to heat and cold stress. *Human Factors*. v.21, n.6, p. 687-699, 1979.

BUTTON, G. *Techonology in working order: studies of work, interaction and technology*. London: Routledge & Kegan Paul, 1993.

ÇAKIR, A. Acceptance of the adjustable keyboard. *Ergonomics*. v.38, n.9, p. 1728-1744, 1995.

CAÑAS, J.J. e WAERNS, Y. *Ergonomia cognitiva*. Madrid: Panamericana, 2001. 260 p.

CAPLAN, S. Using focus group methodology for ergonomic design. *Ergonomics*. v.33, n.5, p. 527-533, 1990.

CARTER, J.B. e BANISTER, E.W. Muskuloskeletal problems in VDT work: a review. *Ergonomics*. v.37, n.10, p. 1623-1648, 1994.

CASTAÑON, J.A.B. *O veículo como facilitador de acesso a pessoas portadoras de necessidades especiais no sistema de transporte urbano por ônibus*. Tese de Doutorado. Rio de Janeiro: COPPE/UFRJ, 2001, 212 p.

CAZAMIAN, P. *Leçons d'ergonomie industrielle: une approche globale*. Paris: Éditions Cujas, 1974. 160 p.

CHAFFIN, D.B. Localized muscle fatigue - definition and measurement. *Journal of Occupational Medicine*. v. 15 n.4, p. 346-354, 1973.

CHAFFIN, D.B. Occupational biomechanics - a basis for workplace design to prevent musculoskeletal injuries. *Ergonomics*. v. 30, n.2, p.321-329, 1987.

CHAFFIN, D.B., ANDRES, R. O. e GARG, A. Volitional postures during maximal push/pull exertions in the sagittal plane. *Human Factors*. v. 25, n.5, p. 541-550, 1983.

CHAFFIN, D.B., ANDERSON, G.B.J. e MARTIN, B.J., *Biomecânica ocupacional*. Belo Horizonte: Ergo, 2001, 579 p.

CHAPANIS, A. *Research techniques in human engineering*. Baltimore: The Johns Hopkins Press, 1962. 316 p.

CHAPANIS, A. Relevance of physiological and psychological criteria to man-machine systems: the present state of the art. *Ergonomics*. v. 13, n.3, p. 337-346, 1970.

CHAPANIS, A. *Ethnic variables in human factors engineering*. Baltimore: The Johns Hopkins University Press, 1975. 290 p.

CHEDIER, P.M. e NAVEIRO, R.M., A contribuição do projeto orientado à montagem na melhoria do projeto de produtos industriais. *Estudos em design*. V.9, n. 1/2, p. 29-46. 2001.

CHILDS, J.M. Caffeine consumption and target scanning performance. *Human Factors*. v. 20, n.1, p. 91-96, 1978.

COCHRAN, D.J., RILEY, M.W. The effects of handle shape and size on exerted forces. *Human Factors*. v. 28, n.3, p. 253-265, 1986.

COE, M. *Human Factors for Technical Communications*, New York: John Wiley, 1996, 350 p.

COLLIGAN, M.F., FROCKT, I.J. e TASTO, D.L. Frequency of sickness absence and worksite clinic visits among nurses as a function of shift. *Applied Ergonomics*. v. 10, n. 2, p. 79-85, 1979.

COLQUHOUN, W.P. Evaluation of auditory, visual and dual-mode displays for prolonged sonar monitoring in repeated sessions. *Human Factors*. v.17, n.5, p. 425-437, 1975.

COLQUHOUN, W.P., WATSON, K.J. e GORDON, D.S. A shipboard study of a four-crew rotating watchkeeping system. *Ergonomics*. v. 30, n.9, p. 1341-1352, 1987.

CONTINI, R. e DRILLIS, R. *Body segment parameters. Report nº1166-03*. New York: Department of Health, Education an Welfare,1966.

CORLETT, E. N. Efficient labor utilization in a developing economy. *Human Factors*. v. 12, n.5, p. 499-501, 1970.

CORLETT, E.N. e BISHOP, R.P. A Technique for assessing postural discomfort. *Ergonomics*. v. 19, n. 2, p. 175-182, 1976.

CORLETT, E.N., MADELEY, S.J. e MANENICA, I. Posture targetting: a technique for recording working postures. *Ergonomics*. v. 22, n.3, p.357-366, 1979.

CORLETT, E.N. e MANENICA, I. The effects and measurement of working postures. *Applied Ergonomics*. v.11, n.1, p. 7-16, 1980.

CORLETT, E.N. Aspects of the evaluation of industrial seating. *Ergonomics*, v.32, n.3, p. 257-269. 1989.

COSTA NETO, P.L. *Estatística*. São Paulo: Editora Edgard Blücher Ltda. 1977. 264 p.

COURTNEY, A.J. Chinese population stereotypes: color associations. *Human Factors*. v. 28, n.1, p. 97-99. 1986.

COURY, H.J.C.G. *Trabalho sentado: manual para posturas confortáveis*. São Carlos: Editora da UFSCar, 1995. 88p.

COUTO, H.A. Fadiga física no trabalho. *Cadernos Ergo nº 5*. Belo Horizonte: Ergo Ltda. 1983, 42 p.

COUTO, H.A. As tenossinovites ocupacionais - como são vistas atualmente nos EUA. *Informativo Ergo n.31*, p. 1-2. 1988.

COUTO, H.A. *Ergonomia aplicada ao trabalho: manual técnico da máquina humana* vol. 1. Belo Horizonte: Ergo, 1995. 353 p.

COUTO, H.A. *Ergonomia aplicada ao trabalho: manual técnico da máquina humana*. vol. 2. Belo Horizonte: Ergo, 1995. 383 p.

COUTO, H.A. *Como implementar ergonomia na empresa: a prática dos comitês de ergonomia*. Belo Horizonte: Ergo, 2002. 336 p.

COX, S., COX, T. e STEVENSON, J. (org.) Women at work. *Ergonomics*, v. 27, n.5, p. 463-626, 1984.

COX, T. The nature and measurement of stress. *Ergonomics*. v. 28, n.8, p. 1155-1163, 1985.

CRONEY, J. *Anthropometrics for designers*. London: B.T. Batsford Ltd., 1971. 176 p.

DAMLUND, M. *et al.* Low back strain in Danish semi-skilled construction work. *Applied Ergonomics*. v.17, n.1, p. 31-39, 1986.

DAMON, F.A. The use of biomechanics in manufacturing operations. *The Western Electric Engineer*. V.9, n.4, 1965.

DAMON, F.A., STOUDT, H.W. e McFARLAND, R.A. *The human body in equipment design*. Cambridge: Harvard University Press, 1971. 360 p.

DANAHER, J.W. Human error in ATC system operations. *Human Factors*. v. 22, n. 5, p. 535-545, 1980.

DAS, B. e GRADY, R.M. Industrial workplace layout design – an application of engineering anthropometry. *Ergonomics*. v. 26, n.5, p. 433-447, 1983.

DAS, B. e SENGUPTA, A.K. Computer-aided human modelling programs workstation design. *Ergonomics.* v. 38, n.9, p. 1958-1972, 1995.

DAS, B. e SENGUPTA, A.K. Industrial workstation design: a systematic ergonomics approach. *Applied ergonomics.* v.27, n.3, p. 157-163, 1996.

DE JONG, A.M. e VINK, P. Participatory ergonomics applied in installation work. *Applied ergonomics.* n. 33, p. 439-448. 2002.

DEJOURS, C. *A loucura do trabalho - estudo da psicopatologia do trabalho.* São Paulo: Oboré Editorial, 1987. 163 p.

DEGANI, A., ASFOUR, S.S., WALY, S.M., KOSHY, A. A comparative study of two showel design. *Applied Ergonomics.* v.24, n. 5, p. 306-312, 1993.

DE GREENE, K.B. Technological change and manpower resources: a systems perspective. *Human Factors.* v. 17, n.1, p. 52-70, 1975.

DE GREENE, K.B. *Systems Psychology.* New York: McGraw-Hill, 1970.

DE GREENE, K. B. Major perceptual problems in the systems management of human factors/ergonomics research. *Ergonomics.* v.23, n.1, p. 3-11, 1980.

DESCHAMPS, J.P. e NAYAK, P.R. *Produtos irresistíveis.* São Paulo: Makron Books, 1996. 447 p.

DE WALL, M., VAN RIEL, M.P.J.M. e SNIJDERS, C.J. The effect on sitting posture of a desk with a 10° inclination for reading and writing. *Ergonomics.* v.34, n.5, p. 575-584. 1991.

DICKINSON, C.E. *et al.* Questionnaire development: an examination of the nordic muskuloskeletal questionnaire. *Applied ergonomics.* v.23, n.3, p. 197-201. Jun. 1992.

DI MARTINO, V. e CORLETT, N. (ed.) *Work organization and ergonomics.* Geneve: ILO, 1998. 211 p.

DIFFRIENT, N., TILLEY, A.R. e BARDAGJY, J. *Human scale.* Cambridge: Henry Dreyfuss Associates, The MIT Press, 1974, 32 p. + pranchas em anexo.

DILLON, J. The role of ergonomics in the development of performance tests for furniture. *Applied Ergonomics.* v. 12, n. 3, p. 169-175. 1981.

DONATI, P.M. *et al.* The postural support of seats: a study of driver preferences during simulated tractor operation. *Applied Ergonomics.* v. 15, n.1, p.2-10, 1984.

DOWNS, S. Retraining for new skills. *Ergonomics.* v.28, n.8, p. 1205- 1211, 1985.

DREYFUSS, H. *Symbol sourcebook.* New York: McGraw-Hill, 1972. 292 p.

DRURY, C.G. Influence of restricted space on manual materials handling. *Ergonomics.* v. 28, n.1, p. 167-175, 1985.

DRURY, C.G. e BRILL, M. Human factors in consumer product accident investigation. *Human Factors*, v.25, n.3, p. 329-342, 1983.

DUARTE, F. (org.) *Ergonomia e projeto na industria de processo contínuo.* Rio de Janeiro: Lucerna, 2002. 312 p.

DUL, J. e WEERDMEESTER, B. *Ergonomia prática.* 2ª ed. São Paulo: Edgard Blücher, 2004. 137 p.

EASTERBY, R.S. The perception of symbols for machine displays. *Ergonomics.* v.13, n.1, p. 149-158, 1970.

EDHOLM, O.G. *A biologia do trabalho.* Porto: Editorial Inova, 1968, 260 p.

EDWARDS, M. The design of an accident investigation procedure. *Applied Ergonomics.* v.12, n.2, p. 111-115. 1981.

ERDMANN, R.L. e NEAL, A.S. Laboratory vs. field experimentation in human factors - an evaluation of an experimental self-service airline ticket vendor. *Human Factors.* v.13, n.6, p. 521-531. 1971.

FARINA, M. *Psicodinâmica das cores em comunicação.* São Paulo: Edgard Blücher, 1986, 223 p.

FAVERGE, J.M. L'homme agent d'infiabilité et de fiabilité du processus industriel. *Ergonomics.* v.13, n.3, p.301-327, 1970.

FELISBERTO, L.C. e PASCHOARELLI, L.C. Modelos humanos em escala para projeto ergonômico preliminar de postos de trabalho e produtos. *in Anais do IV Congresso de Pesquisa e Desenvolvimento em Design*, 2000, p. 583-589.

FENG, Y., GROOTEN, W., WRETENBERG, P. e ARBORELIUS, U.P. Effects of arm support on shoulder and arm muscle activity during sedentary work. *Ergonomics.* v.40, n.8, p. 834-848, 1997.

FERGUSON, D. A., MAJOR, G. e KELDOULIS, T. Vision at work. *Applied Ergonomics.* v. 5, n.2, p. 84-93, 1974.

FERREIRA, D.M.P. (coord.) *Pesquisa antropométrica e biomecânica dos operários da indústria de transformação - RJ*, Volume 1: Medidas para postos de trabalho. Rio de Janeiro: Instituto Nacional de Tecnologia, 1988. 128 p.

FERREIRA, D.M.P. (coord.) *Pesquisa antropométrica e biomecânica dos operários da indústria de transformação - RJ*, Volume 2: Medidas para vestuário. Rio de Janeiro: Instituto Nacional de Tecnologia, 1988. 86 p.

FERREIRA, L.L. e IGUTI, A.M. *O trabalho dos petroleiros: perigoso, complexo, contínuo e coletivo.* São Paulo; Fundacentro, 2003. 156 p.

FIALHO, F. e SANTOS, N. *Manual de análise ergonômica do trabalho.* 2ª ed. Curitiba: Gênesis, 1997. 316 p.

FIEDLER, N.C. *Análise de posturas e esforços despendidos em operações de colheita florestal no litoral norte do Estado da Bahia.* Tese de doutorado. Viçosa: UFV, 1998. 103 p.

FIELDS, A. *Method Study.* London: Cassell, 1969, 228 p.

FINOCCHIARO, J., FINOCCHIARO, M. e ASSAF, D.L. *Manual de prevenção de lombalgias.* São Paulo: Lex Editora S. A., 1978, 269 p.

FISHER, F.M. e COUTO, H.A. Trabalho noturno: prejuízos à saúde e sua prevenção. *Cadernos Ergo,* v.4. Belo Horizonte: Ergo Ltda. 36 p.

FLOYD, W.F, HARDING, R., KIRK, N.S. e WARD, J.S. Some ergonomic aspects of household jugs. *Ergonomics.* v.8, n.4, p.455-465, 1965.

FOGEL, L.J. *Biotechnology: concepts and applications.* Englewood Cliffs: Prentice-Hall, 1963. 826 p.

FOLKARD, S. e MONK, T. H. Shiftwork and performance. *Human Factors.* v.21, n.4, p.483-492, 1979.

FONSECA, R.S. *Conceituação e análise dos modelos esquemáticos da engenharia de métodos.* Tese de mestrado. Rio de Janeiro: COPPE/UFRJ, 1974. 280 p.

FORTENBERRY, J.C. e SMITH, L.A. A comparison of risk selections. *Human Factors.* v.23, n.6, p. 693-700, 1981.

FOZARD, J.L. Person-environment relationships in adulthood: implications for human factors engineering. *Human Factors.* v.23, n.1, p. 7-27, 1981.

FOWLER, F.D. A consumer ombudsman: the human factors engineer. *Human Factors.* v.14, n.1, p. 7-12, 1972.

FRASER, T.M. Job satisfaction and work humanisation: an expanding role of ergonomics. *Ergonomics.* v.21, n.1, p. 11-19. 1978.

FREIVALDS, A. The ergonomics of shovelling and shovel design - an experimental study. *Ergonomics.* v. 29, n.1, p. 19-30, 1986.

FUNDACENTRO *Avaliação da exposição ocupacional ao ruído – NHO 01.* São Paulo: Fundacentro, 2001, 37 p.

FUNDACENTRO *Avaliação da exposição ocupacional ao calor – NHO 06.* São Paulo: Fundacentro, 2003, 46p.

GALER, I.A.R. e YAP, B.L. Ergonomics in intensive care applying human factors data to the design and evaluation of patient monitoring systems. *Ergonomics.* v.23, n.8, p. 763-779, 1980.

GALLAGHER, C.C. The human use of numbering systems. *Applied Ergonomics.* v.5, n.4, p. 219-223, 1974.

GAMBERALE, F. Effects of menstruation on work performance. *Ergonomics.* v.28, n.1, p. 119-123, 1985.

GANONG, W.F. *Fisiologia médica.* Rio de Janeiro: Guanabara Koogan, 1998, 578 p.

GARG, A. e AYOUB, M.M. What criteria exist for determining how much load can be lifted safely? *Human Factors.* v.22, n.4, p. 475-486, 1980.

GARCIA, C.A. *Contribuição da ergonomia para o projeto da cabo da chave de fenda.* Tese de doutorado. São Paulo: EPUSP, 2001, 205 p.

GARONZIK, R. Hand dominance and implications for left-handed operations of controls. *Ergonomics.* v.32, n. 10, p. 1185-1192. 1989.

GIL, A.C. *Métodos e técnicas de pesquisa social.* 4ª ed. São Paulo: Atlas, 1995, 207 p.

GLENVILLE, M. e WILKINSON, R.T. Portable devices for measuring performance in the field: the effects of sleep deprivation and night shift on the performance of computer operators. *Ergonomics.* v.22, n.8, p. 927-933, 1979.

GÖBEL, M. SPRINGER, J. E SCHERFF, J. Stress and strain of short-haul bus drivers. *Ergonomics.* v. 41, n.5, p. 563-580, 1998.

GOMES FILHO, J. *Ergonomia do objeto: sistema técnico de leitura ergonômica.* São Paulo: Escrituras, 2003. 255 p.

GORLE, P. e LONG, J. *Essentials of product planning*, New York: McGraw-Hill, 1973. 100 p.

GRANDJEAN, E. Fatigue: its physiological and psychological significance. *Ergonomics.* v.11, p. 427-436, 1968.

GRANDJEAN, E. (org.) *Sitting Posture.* London: Taylor & Francis Ltd., 1969. 253 p.

GRANDJEAN, E. *Ergonomics of the home.* London: Taylor & Francis Ltd., 1973. 345 p.

GRANDJEAN, E. e HUNTING, W. Ergonomics of posture - review of various problems of standing and sitting posture. *Applied Ergonomics.* v.8, n.3, p. 135-140. 1977.

GRANDJEAN, E. Ergonomics of non-vocational activities. *Ergonomics.* v.22, n.6, p. 621-630, 1979.

GRANDJEAN, E. *Précis d'ergonomie.* Paris: Les Éditions d'Organisation, 1983. 416 p.

GRANDJEAN, E., HUNTING, W. e PIDERMAN, M. VDT workstation design: preferred settings and their effects. *Human Factors.* n. 25, p. 161-175. 1983.

GRANDJEAN, E. Design of VDT workstation *in* Salvendy, G., *Handbook of human factors*, New York: John Wiley & Sons, 1987. p. 1359-1397.

GRANDJEAN, E. *Manual de ergonomia: adaptando o trabalho ao homem.* Porto Alegre: Artes Médicas, 1998. 338 p.

GRENVILLE, K. e NOYES, J. Children´s behaviour and the design of school furniture. *Ergonomics.* v.42, n.5, p. 747-760, 1999.

GRETHER, W.F. Vibration and human performance. *Human Factors.* v.13, n.3, p. 203-216, 1971.

GRIECO, A. Sitting posture: an old problem and a new one. *Ergonomics.* v.29, n.3, p. 345-362, 1986.

GRIFFITHS, D.K. Safety attitudes of management. *Ergonomics.* v.28, n.1, p. 61-67, 1985.

GUÉRIN, F., LAVILLE, A. DANIELLOU, J, KERGUELEN, A. *Compreender o trabalho para transformá-lo.* São Paulo: Edgard Blücher, 2001, 200p.

GUIMARÃES, L.B.M. (org.) *Ergonomia de processo.* Porto Alegre: Escola de Engenharia da UFRGS, 1995.

GUYTON, A. C. *Tratado de fisiologia médica.* 8ª ed. Rio de Janeiro: Guanabara Koogan, 1992, 864 p.

HAIMS, M.C. e CARAYON, P. Theory and practice for the implementation of in-house, continuous improvement participatory ergonomic programs. *Applied Ergonomics,* v.29, n.6, p. 461-472, 1998.

HAMELIN, P. Lorry driver's time habits in work and their involvement in traffic accidents. *Ergonomics.* v.30, n.9, p. 1323-1333, 1987.

HAMMERTON, M. The use of same or different sensory modalities for information and instructions. *Ergonomics.* v.18, n.6, p. 683-686, 1975.

HARTEN, G.A. e DERKS, P.M. A new ergonomically improved lathe. *Applied Ergonomics.* v.6, n.3, p. 155-157, 1975.

HASLEGRAVE, C.M. Characterizing the anthropometric extremes of the population. *Ergonomics.* v.29, n.2, p.281-301, 1986.

HAUBNER, P.J. Ergonomics in industrial product design. *Ergonomics.* v.33, n.4, p. 477-485, 1990.

HEINRICH, H.W. *Industrial accident prevention: a scientific approach*. New York: McGraw-Hill, 1959. 480 p.

HEINDRICK, H.W. Future directions in macroergonomics. *Ergonomics*. v. 38, n.8, p. 1617-1624, 1986.

HERBERT, A. Perceived causes of difficulty in work situations. *Ergonomics*. v.21, n.7, p. 539-549. 1978.

HERZBERG, F. One more time: how do you motivate employees? *Harvard Business Review*. n.46, p. 53-62, 1968.

HERZBERG, F., MAUSNER, B. e SNYDERMAN, B. *The motivation to work*. New York: John Wiley. 1959.

HOAG, L.L. e ADAMS, K. Human factors in urban transportation systems. *Human Factors*. v.17, n.2, p. 119-131. 1975.

HOLDING, D.H. (org.) *Experimental psychology in industry*. Middlesex: Penguin Books, 1969. 445 p.

HOPKINSON, R.G. e COLLINS, J.B. *The ergonomics of lighting*. London: MacDonald & Co. Ltd., 1970. 272 p.

HORNE, J.A., BRASS, C.G. e PETTITT, A.N. Circadian performance differences between morning and evening types. *Ergonomics*. v.23, n.1, p. 29-36, 1980.

HSINAG, S., McGORRY, R. e BEZVERKHNY, I. The use of Taguchi´s methods for the evaluation of industrial knife design. *Ergonomics*. v.40, n.4, p. 476-490. 1997.

IBGE – Instituto Brasileiro de Geografia e Estatística. *Vamos compreender o Brasil*. Rio de Janeiro: IBGE, 2001.

IIDA, I. *A ergonomia do manejo*. Tese de doutorado. São Paulo: EPUSP, 1971. 83 p.

IIDA, I. e WIERZBICKI, H.A.J. *Ergonomia*. São Bernardo do Campo: Comunicação, Universidade, Cultura Editora, 1973. 292 p.

IIDA, I. (coord.) *Aspectos ergonômicos do ônibus urbano*. Rio de Janeiro: Secretaria de Tecnologia Industrial - MIC, 1975. 42 p.

IIDA, I. *Ergonomia: projeto e produção*. 1ª ed. São Paulo: Edgard Blücher, 1990. 465 p.

IIDA, I., PAZETTO, V.M.F., COCA, M.M. e GALLETTI, R.M. O valor do produto para os consumidores: mesas para microcomputadores e cadeiras de digitadores. *Estudos em design*. V.7, n.2, p. 77-86. 1999.

IIDA, I. e PAZETTO, V.M.F. Qualidade dos móveis para informática: cadeiras. *Anais do 4° Congresso Brasileiro de Pesquisa e Desenvolvimento em Design*. V.1, 2000, p. 151-159.

IIDA, I. e PAZETTO, V.M.F. Qualidade dos móveis para informática: mesas. *Anais do 4° Congresso Brasileiro de Pesquisa e Desenvolvimento em Design*. V.1, 2000, p. 161-166.

INSTITUTO SUPERIOR DE ESTUDOS E PESQUISAS PSICOSSOCIAIS *Anais do II Seminário Brasileiro de Ergonomia*. Rio de Janeiro: Fundação Getúlio Vargas. 1985. 281 p.

IVERGARD, T.B.K. Ergonomics and consumer. *Ergonomics*. v.19, n.3, p. 321-329, 1976.

JARDIM, S.R. *Avaliação do conforto do ônibus urbano: estudo de caso no Distrito Federal*. Dissertação de mestrado. Brasília: UnB, 2002.

JEONG,. B.Y. e PARK, K.S. Sex differences in anthopometry for school furniture. *Ergonomics*. v.42, n.5, p. 747-760, 1999.

JOHNSON, E.M. e BAKER, J.D. - Field testing: the delicate compromise. *Human Factors*. v.16, n.3, p. 203-214, 1974.

JOHNSON, S.L. A cost analysis method of establishing training criteria. *Ergonomics*. v.23, n.12, p. 1137-1145, 1980.

JONG, A.M. e VINK, P. Participatory ergonomics applied in installation work. *Applied Ergonomics*. v. 33, p. 439-448, 2002.

JORDAN, P. *An introduction to usability*. London: Taylor & Francis, 1998, 120 p.

JUDD, D.B. e WYSZECKI, G. *Color in business, science and industry*. New York: John Wiley & Sons, 1963. 500 p.

JUPTNER, H. Safety on ladders: an ergonomic design approach. *Applied Ergonomics*. v.7, n.4, p. 221-223, 1976.

KACZMAREK, J. Ergonomics in the design of industrial equipment. *Ergonomics*. v.22, n.6, p. 681-686, 1979.

KADEFORS, R. *et al.* An approach to ergonomics evaluation of hand tools. *Applied Ergonomics.* v. 24, n.3, p. 203-211, 1993.

KAMINAKA, M.S., REHKUGLER, G.E. e GUNKEL, W.W.- Visual monitoring in simulated agricultural machinery operation. *Human Factors*. v. 23, n.2, p. 165-173, 1981.

KANIS, H. e WEEGELS, M.F. Research into accidents as design tool. *Ergonomics*. v. 33, n.4, p. 439-445. 1990.

KANIS, H. e WENDEL, I.E. Redesigned use, a designer´s dilemma. *Ergonomics.* v.33, n.4, p. 459-464. 1990.

KANIS, H. Usage centered research for everyday product design. *Applied Ergonomics.* v. 29, n.1, p. 75-82, 1998.

KAO, H.S.R. On educational ergonomics. *Ergonomics*. v.19, n.6, p. 667-681, 1976.

KARHU, O., KANSI, P. e KUORINKA, I. - Correcting working postures in industry: a practical method for analysis. *Applied Ergonomics*. v.8, n.4, p. 199-201, 1977.

KARLQVIST, L. A process for the development, specification and evaluation of VDU work tables. *Applied ergonomics.* v. 29, n.6, p. 423-432. 1998.

KELLER, F.S. - Adeus mestre. *Ciência e Cultura*. V.24, n.3, p. 207-217, 1972.

KELLERMANN, F., WELY, P. and WILLEMS, P.J. *Vademecum ergonomics in Industry*. Eindhoven: Philips Technical Library. 1963, 92 p.

KIRK, N.S. e RIDGWAY, S. Ergonomics testing of consumer products: 1. General considerations. *Applied Ergonomics.* v. 1, n.5, p. 295-300, 1970.

KIRK, N.S. e RIDGWAY, S. Ergonomics testing of consumer products: 2. Techniques. *Applied ergonomics*. v. 2, n.1, p. 12-18, 1971.

KIVI, P. e MATTILA, M., Analysis and improvement of work postures in the building industry: applications of the computerized OWAS method. *Applied Ergonomics.* v.22, n.1, p. 43-48, 1991.

KLEMMER, E.T. Keyboard entry. *Applied Ergonomics*. v.2, n.1, p. 2-6, 1971.

KLEMMER, E.T. e DOOLING, D.T. Making human factors effective in industry: examples from business telephone systems. *Applied Ergonomics*. v.14, n.4, p. 279-283, 1983.

KNAUTH, P., ROHMERT, W. e RUTENFRANZ, J. Systematic selection of shift plans for continuous production with the aid of work physiological criteria. *Applied Ergonomics*. v.10, n.1, p. 9-15, 1979.

KNOWLTON, R. and GILBERT, J.C. Ulnar deviation and short-term strenght reductions as affected by a curve-handled ripping hammer and a conventional claw hammer. *Ergonomics*. v.26, n.2, p. 173-179, 1983.

KOGI, K. Ergonomics and technology transfer into small and medium-sized enterprises. *Ergonomics*. v. 40, n.10, p. 1118-1129. 1997.

KONINGSVELD, E. e MOLEN, H.F, History and future of ergonomics in building and construction. *Ergonomics.* v.40, n.10, p. 1025-1034, 1997.

KONZ, S. Bent hammer handles. *Human Factors*. v.28, n.3, p. 317-323, 1986.

KROEMER, K.H.E. Human engineering the keyboard. *Human Factors*. v.14. n.1, p. 51-63, 1972.

KROEMER, K.H.E., KROEMER, H.B. e KROEMER-ELBERT, K.E. *Ergonomics – how to design for ease and efficiency.* Englewood Cliffs: Prentice-Hall, 1994, 766 p.

KROEMER, K.H.E. Assessment of human muscle strength for engineering purposes: a review. *Ergonomics.* v.42, n.1, p. 74-93, 1999.

KRUK, R.S. e MUTER, P. Reading of continuous text on video screens. *Human Factors*. v. 26, n.3, p.339-345, 1984.

LACERDA, D.F. *Medição antropométrica dos pés*. Tese de mestrado. Rio de Janeiro: COPPE/UFRJ. 1984, 389 p.

LAVILLE, A. *Ergonomia*. São Paulo: EPU/Universidade de São Paulo, 1977, 101 p.

LEAMON, T.B. The introduction of ergonomics: a problem of industrial practice. *Applied Ergonomics*. v.11, n.3, 161-164, 1980.

LEAMON, T.B. The organization of industrial ergonomics - a human-machine model. *Applied Ergonomics*. v.11, n.4, p. 223-226, 1980.

LEHMANN, G. *Fisiologia practica del trabajo*. Madrid: Aguilar, 1960, 410 p.

LEPLAT, J. e RASMUSSEN, J. Analysis of human errors in industrial incidents and accidents for improvement of work safety. *Accident Analysis and Prevention*. v.16, n.2, p. 77-88, 1984.

LEE, Q. *Projeto de instalações e do local de trabalho*. São Paulo: Imam, 1998, 229 p.

LEWIS, W.G., NARAYAN, C.V. Design and sizing of ergonomic handles for hand tools. *Applied ergonomics*. v.24, n.5, p. 351-356, 1993.

LINDER, H. e KROPF, S. Aesthenopic complaints associated with fluorescent lamp illumination. *International journal of lighting research*. V. 25, p. 59-69, 1993.

LUEDER, R.K. Seat comfort: a review of the construct in the office environment. *Human Factors*. v.25, n.6, p. 701-711, 1983.

MAIA, P.A. *O ruído nas obras da construção civil e o risco da surdez ocupacional*. São Paulo: Fundacentro, 2001. 145 p.

MAIA, P.A. *Estimativa de exposições não-contínuas a ruído*. São Paulo: Fundacentro, 2002. 223 p.

MALDÉ, B. Consumer-oriented vs. technology oriented systems: designing services for people. *Applied Ergonomics*. v.12, n.4, p.217-221, 1981.

MANDAL, A.C. The correct height of school furniture. *Human Factors*. v. 24, n.3, p. 257-269, 1982.

MANDAL, A.C. *The seated man - homo sedens*. Denmark: Dafnia Publication, 1985. 96 p.

MANDAL, A.C. The prevention of back pain in school children. in Lueder, R. e Noro, K.(org.) *Hard facts about soft machines: the ergonomics of seating*. London: Taylor & Francis, 1994, p. 269-277.

MANUAIS DE LEGISLAÇÃO ATLAS. *Segurança e medicina do trabalho*. 54ª ed. São Paulo: Atlas, 2004. 771 p.

MARTIN, J., LONG, J. e BROOME, D. The division of attention between a primary tracking task and secondary tasks of pointing with a stylus of speaking in a simulated ship's gunfire control task. *Ergonomics*. v. 27, n.4, p. 397-408, 1984.

MASLOW, A.H. A theory of human motivation. *Psychology Review*. n.50, p.370-396, 1943.

MATIAS, L. *Envoltório de alcance: uma experiência brasileira*. Tese de mestrado. Rio de Janeiro: COPPE/UFRJ, 1983. 268 p.

MAYALL, W.H. *Industrial design for engineers*. London: Iliffe Books Ltd., 1967. 142 p.

MAYNARD, H.B. (org.) *Manual de engenharia de produção*. 10 volumes. São Paulo: Edgard Blücher, 1970.

McCLELLAND, I.L. e BRIGHAM, F.R. Marketing ergonomics – how should ergonomics be packed? *Ergonomics*. v.33, n.5, p. 519-526, 1990.

McCORMICK, E.J. *Human factors engineering*. New York: McGrawn-Hill Co., 1970. 640 p.

McFARLAND, R.A. Understanding fatigue in modern life. *Ergonomics*. v.14, n.1, p. 1-10, 1971.

McGUIRE, F.L. Personality factors in highway accidents. *Human Factors*. v.18, n.5, p. 433-442, 1976.

MEGAW, E.D. e RICHARDSON, J. Eye movements and industrial inspection. *Applied Ergonomics*. v.10, n.3, p. 145-154, 1979.

MEGAW, E.D. e RICHARDSON, J. Target uncertainty and visual scanning strategies. *Human Factors*. v.21, n.3, p. 303-315, 1979.

MEISTER, D. The future of ergonomics as a system discipline. *Ergonomics*. v.16, n.3, p. 267-280, 1973.

MENEZES, J.B. *Uma proposta de metodologia para arranjo e dimensionamento de estação de trabalho*. Tese de mestrado. Rio de Janeiro: COPPE/UFRJ, 1976. 168 p.

MERCEL, D.I. Tool setting and maintenance on small power presses. *Applied Ergonomics.* v.6, n.2, p. 67-72, 1975.

METZ, B.G. From ergonomics to standards. *Ergonomics*. v.28, n.8, p. 1197-1204, 1985.

MILLER, M. Ergonomic evaluation of a redesigned surgical instrument Applied *Ergonomics*. v.2, n.4, p. 194-197, 1971.

MILLER, W. and SUTHER, T.W. Display station anthropometrics: prefered height and angle settings of CRT and keyboard. *Human Factors*. v.25, n.4, p. 401-408, 1983.

MILOSEVIC, S. Effects of noise on signal detection. *Ergonomics*. v.26, n.10, p. 939-946, 1983.

MITCHELL, J. User requirements and development of products which are suitable for the broad spectrum of user capacities. *Ergonomics*. v.24, n.11, p. 863-869, 1981.

MONDEN, Y. *Produção sem estoques: uma abordagem prática ao sistema de produção Toyota*. São Paulo: Instituto de Movimentação e Armazenagem de Materiais. 1984. 141 p.

MONTMOLLIN, M. *Introducción a la ergonomia*. Madrid: Aguilar, 1971. 210 p.

MORAES, A. *Aplicação de dados antropométricos: dimensionamento da interface homem-máquina*. Tese de mestrado. Rio de Janeiro: COPPE/UFRJ. 1983. 525 p.

MORAES, A. e SOARES, M.M. *Ergonomia no Brasil e no mundo: um quadro, uma fotografia.* Rio de Janeiro: Univerta/Abergo, 1989. 186 p.

MORAES, A. e MONT´ALVÃO, C. *Ergonomia: conceitos e aplicações.* 2ª ed. Rio de Janeiro: 2 AB, 2000, 132 p.

MORAES, A. e PEQUINI, S.M., *Ergodesign para trabalho em terminais informatizados.* Rio de Janeiro: 2 AB, 2000, 117 p.

MORAES, A. e FRISONI, B.C., *Ergodesign: produtos e processos.* Rio de Janeiro: 2 AB, 2001, 206 p.

MORAES, A. (org.), *Design e avaliação de interface.* Rio de Janeiro: IUSER, 2002, 147 p.

MORRIS, N. e JONES, D.M. Reporting words from the eye or the ear: to write or to speak? *Ergonomics*. v.30, n.4, p. 665-674, 1987.

MURRELL, K.F.H. *Ergonomics - man and his working environment*. London: Chapman and Hall. 1965. 496 p.

NEUTRA, R. Accident epidemiology and the design of residential environment. *Human Factors*. v.14, n.5, p. 405-420, 1972.

NAPIER, J. *A mão do homem.* Rio de Janeiro: Zahar, 1983. 182 p.

NICKERSON, R.S. Human factors and the handicapped. *Human Factors*. v. 20, n.3, p. 259-272, 1978.

NOGUEIRA, D.P. Prevention of accidents and injuries in Brazil. *Ergonomics*. v.30, n.2, p.387-393, 1987.

NORO, K. A descriptive model and visual search. *Human Factors*. v.21, n.5, p. 93-101, 1983.

NORO, K. e OKADA, Y. Robotization and human factors. *Ergonomics*. v.26, n.10, 985-1000, 1983.

NORTH, K. Ergonomics methodology - an obstacle or promoter for the implementation of ergonomics in industrial practice? *Ergonomics*. v.23, n.8, p.781-795, 1980.

NULL, R.I. Universal design directives for the workplace. *Anais do XII Congresso da International Ergonomics Association.* Toronto. v.3, p. 211-212, 1993.

OBORNE, D.J. Examples of the use of rating scales in ergonomics research. *Applied Ergonomics*. v.7, n.4, p. 201-204, 1976.

OBORNE, D.J. *Ergonomics at work*. New York: John Wiley & Sons, 1982. 320 p.

OBORNE, D.J. e CLARKE, M.F. Questionnaire surveys of passenger comfort. *Applied Ergonomics*. v.6, n.2, p. 97-103, 1975.

OBORNE, D.J. and HEATH, T.O. The role of social space requirements in ergonomics. *Applied Ergonomics*. v.10, n.2, p. 99-103, 1979.

ODDONE, I. *et al. Ambiente de trabalho - a luta dos trabalhadores pela saúde*. São Paulo: Editora Hucitec, 1986. 134 p.

ODUM, E.P. *Ecologia*. São Paulo: Pioneira, 1977, 201 p.

OHTANI, A. An analysis of eye movements during a visual task. *Ergonomics*. v.14, n.1, p. 167-174, 1971.

OLIVEIRA, A.F. *Implementos para a colheita do quiabo*. Tese de mestrado. Rio de Janeiro: COPPE/UFRJ. 1987, 180 p.

O'NEILL, D. Animal ergonomics - *Ergonomics*. v. 29, n.8 p. 1029, 1986.

OIT - ORGANIZAÇÃO INTERNACIONAL DO TRABALHO – *Pontos de verificação ergonômica*. São Paulo: Fundacentro, 2001. 327 p.

OSHIMA, M., HAYASHI, Y. e NORO, K. Human factors which have helped japanese industrialization. *Human Factors*. v.22, n.1, p. 3-13, 1980.

OXFORD, H.W. Anthropometric data for educational chairs. *Ergonomics*. v.12, n.2, p. 140-161, 1969.

PALMER, C. *Ergonomia*. Rio de Janeiro: Fundação Getúlio Vargas, 1976. 207 p.

PANERO, J. e ZELNICK, M. *Dimensionamento humano para espaços internos*. Barcelona: Gustavo Gili, 2002, 320 p.

PARSONS, H.M. e KEARSLEY, G.P. Robotics and human factors: current status and future prospects, *Human Factors*. v.24, n.5, p. 535-552, 1982.

PASSMORE, R. e DURNIN, J.G.A. Human energy expenditure. *Physiological Review*. n.35, p.801-875, 1955.

PATERNOTTE, P.H. The control performance of operators controlling a continuous distillation process. *Ergonomics*. v.21, n.9, p. 671-679. 1978.

PECE, C. A. Z. *Concepção ergonômica, desenvolvimento e otimização de um fórceps odontológico: proposta de nova sistemática exodôntica*. Dissertação de Mestrado. São José dos Campos: ITA, 1995, 168 p.

PEDROSA, I. *Da cor à cor inexistente*. Rio de Janeiro: Leo Christiano Edit. Ltda./Edit. Fename MEC, 1982. 220 p.

PERSSON, A., WANEK, B. e JOHANSSON, A. Passive and active operator work in automated process control. *Applied Ergonomics*. n. 32, p. 441-4541, 2002.

PETZÄLL, J. Ambulant disabled persons using buses: experiments with entrances and seats. *Applied Ergonomics*. v.24, n.5, p. 313-326, 1993.

PHEASANT, S.T. e HARRIS, C.M. Human strength in the operation of tractor pedals. *Ergonomics*. v.25, n.1, p. 53-63, 1982.

PHEASANT, S.T. e O'NEILL, D. Performance in gripping and turning: a study in hand/handle effectiveness. *Applied Ergonomics*. v.6, n.4, p. 205-208, 1975.

PHILIPS, *Manual de alumbrado*. Madrid: Paraninfo S.A., 1983, 328 p.

PRUSSIA, S.E. Ergonomics of manual harvesting. *Applied Ergonomics*. v.16, n.3, p. 209-215, 1985.

RAMAZZINI, B. *As doenças dos trabalhadores*. Título original: *De morbis artificum diatriba*. (1ª ed. 1700). São Paulo: Fundacentro, 1999, 272 p.

RASCH, P.J. e BURKE, R.K. *Cinesiologia e anatomia aplicada*. Rio Janeiro: Guanabara-Koogan, 1977. 571 p.

RASMUSSEN, J. Trends in human reliability analysis. *Human Factors*. v.28, n.8, p. 1185-1195, 1985.

RAY, R. D. e RAY, W. D. An analysis of domestic cooker control design. *Ergonomics*. v.22, p. 1243-1248, 1979.

REASON, J. Motion sickness: some theoretical and practical considerations. *Applied Ergonomics*. v.9, n.3, p. 163-167, 1978.

REASON, J. A systems approach to organizational error. *Ergonomics*. v.38, n. 8, p. 1708-1721, 1995.

REDGROVE, J. Fitting the job to the woman: a critical review. *Applied Ergonomics*. v.10, n.4, p. 215-223, 1979.

RENNIE, A.M. The application of ergonomics to consumer product evaluation. *Applied Ergonomics*. v.12, n.3, p. 163-168, 1981.

RIBEIRO, L.F. *Técnicas de segurança do trabalho*. São Bernardo do Campo: Comunicação, Universidade, Cultura Editora, 1974. 580 p.

RICHARDSON, M.W. Avaliação do Mérito *in* Maynard, H.B., *Manual de engenharia de Produção*. São Paulo: Edgard Blücher, 1970. Seção 6, p.170-198.

ROBINSON, G.H. Dynamics of eye and head during movement between displays: a qualitative and quantitative guide for designers. *Human Factors*. v.21. n.3, p. 343-352, 1979.

ROBSON, C., *Real world research*. Oxford: Blackwell, 1993, 510 p.

ROEBUCK, J.A., KROEMER, K.H.E. e THOMSON, W.G. *Engineering anthropometry methods*. New York: John Wiley & Sons, 1975. 460 p.

ROGERS, J.G. and ARMSTRONG, R. Use of human engineering standards in design. *Human Factors*. v.19, n.1, p. 15-23, 1977.

ROHMERT, W. AET: a new job-analysis method. *Ergonomics*. v.28, n.1, p. 245-254, 1985.

ROHMERT, W. Ergonomics and manufacturing industry. *Ergonomics*. v.28, n.8, p. 1115-1134, 1985.

ROHMERT, W. e LAURING, W. Increasing awareness of ergonomics by in-company courses - a case study. *Applied Ergonomics*. v.8, n.1, p. 9-21, 1977.

ROOZBAZAR, A., BOSKER, G.W. RICHERSON, M.E. A theoretical model to estimate some ergonomic parameters from age, height and weight. *Ergonomics*. v.22, n.1, p. 43-58, 1979.

ROSENTHAL, M. Application of human engineering principles and techniques in the design of electronic production equipment. *Human Factors*. v.15, n.2, p. 137-148, 1973.

RUAS, A.C. *Conforto térmico nos ambientes de trabalho*. São Paulo: Fundacentro, 1999, 93 p.

RUNDELL, O.H. e WILLIAMS, H.L. Alcohol and speed-accuracy trade off. *Human Factors*. v.21, n.4, p. 433-443, 1979.

SAKAKIBARA, H. *et al*. Relation between overhead work and complaints of pear and apple orchard workers. *Ergonomics*. v.30, n.5, p. 805-815, 1987.

SALAMÉ, P. e BADDELEY, A. Noise, unattended speech and short term memory. *Ergonomics*. v.30, n.8, p. 1185-1194, 1987.

SALVENDY, G. (org.) *Handbook of human factors*. New York: John Wiley & Sons, 1987. 1874 p.

SALVENDY, G. Human-computer communications with special reference to technological developments, occupational stress and educational needs *Ergonomics*. v. 25, n.6, p. 435-447, 1982.

SANDERS, M.S. e McCORMICK, E.J. *Human factors in engineering and design*. New York: McGraw-Hill Book, 1987, 664 p.

SARIC, I. The development of production systems: some theoretical and behavioral aspects of industrial engineering. *Ergonomics*. v.21, n.11, p. 931-938, 1978.

SARIC, I. Development of the nucleus for adaptable production production systems. *Ergonomics*. v.22, n.3, p. 269-277, 1979.

SARIC, I. System ergonomics as an integrated part of the product development process. *Ergonomics*. v.22, n.9, p. 1029-1038, 1979.

SCHERRER, J. *Précis de physiologie du travail - notions d'ergonomie*. Paris: Masson. 1981, 586 p.

SCHIFFMAN, H.R. *Sensation and perception: an integrated approach*. 4ª ed. New York: John Wiley, 1996, 581 p.

SCHOONARD, J.W., GOULD, J.D. e MILLER, L.A. Studies of visual inspection. *Ergonomics*. v.16, n.4, p. 365-379, 1973.

SCHOONE-HARMSEN, M. A design method for product safety. *Ergonomics*. v.33, n.4, p. 431-437. 1990.

SELL, R.G. Ergonomics as applied to crane cabs. *in* Weiner, J.S. e Maule, H.G. (ed.), *Human factors in work, design and production*. London: Taylor & Francis, 1977. 138 p.

SEMINARA, J.L. A survey of ergonomics in Poland. *Ergonomics*. v.22, n.5, p. 479-505, 1979.

SEYMOUR, W.D. *Industrial skills*. London: Sir Isaac Pitman & Sons, 1966. 400 p.

SHACKEL, B. (org.) *Applied ergonomics handbook*. Surrey: IPC Science and Technology Press, 1974. 122 p.

SHACKEL, B., CHIDSEY, K.D. e SHIPLEY, P. The assessment of chair comfort. *Ergonomics*. v.12, n.2, p. 269-306, 1969.

SHACKEL, B. Uma remodeloção do centro de controle da Esso. *Arquivos Bras. Psic. Aplicada*. v.27, n.1, p. 70-87, 1975.

SHACKEL, B. e KLEIN, L. Esso London airport refuelling control centre redesign - an ergonomics case study. *Applied Ergonomics*, v.7, n.1, p. 37-45, 1976.

SHAHNAVAZ, H. Workplace injuries in the developing countries. *Ergonomics*. v.30, n.2, p. 397-404, 1987.

SHUTE, S.J. e STARR, S.J. Effects of adjustable furniture on VDT users. *Human Factors*. v.26, n.2, p. 157-170, 1984.

SINCLAIR, M.A. Ergonomics aspects of the automated factory. *Ergonomics*. v.29, n.12, p.1507-1523, 1986.

SINCLAIR, M.A. e DRURY, C.G. On mathematical modelling in ergonomics. *Applied Ergonomics*. v.10, n.4, p. 225-234, 1979.

SINGLETON, W.T. *Introduction to ergonomics*. Genebra: World Health Organization, 1972. 145 p.

SINGLETON, W.T. Techniques for determining the causes of error. *Applied Ergonomics*. v.3, n.3, p. 126-131. 1972.

SILVA, J.M. *5 S – Conceitos para revolucionar o gerenciamento.* Belo Horizonte: Fundação Christiano Ottoni, 1992.

SILVA, M.R.C. *et al*. *Cadernos do ISOP nº 2 - acidente de trabalho*. Rio de Janeiro: Fundação Getúlio Vargas, 1984. 72 p.

SIQUEIRA, C.A.A. *Um estudo antropométrico de trabalhadores brasileiros*. Tese de mestrado. Rio de Janeiro: COPPE/UFRJ, 1976, 71 p.

SJOFLOT, L. Means of improving a tractor driver's working posture. *Ergonomics*. v.23, n.8, p. 751-761, 1980.

SJOFLOT, L. The tractor as a work-place. *Ergonomics*. v.25, n.1, p. 11-18, 1982.

SMITH, S.L. Exploring compatibility with words and pictures. *Human Factors*. v.23, n.3, p. 305-315, 1981.

SMITH, L.A. e SMITH, J.L. Observations on in-house ergonomics training for first-line supervisors. *Applied Ergonomics*. v.15, n.1, p. 11-14, 1984.

SPERANDIO, J.C. Variation of operator's strategies and regulating effects on workload. *Ergonomics*. v.14, n.5, p. 571-577, 1971.

SOARES, M.M. Contribuição da ergonomia ao design de mobiliários escolares: cadeira universitária. *Estudos em Design*. v. 6, n. 1, 1998; p. 33-61

SOARES, M. M. A contribuição da ergonomia à sociedade de consumo. *Estudos em design*. V.8, n.1, p. 27-36. 2000.

SOARES, M.M. e BUCICH, C.C. Segurança do produto: reduzindo acidentes através do design. *Estudos em design*. V.8, n.2, p. 43-67. 2000.

SREMEC, B. Instructions, mechanical ability and performance. *Applied Ergonomics*. v.3, n.2, p. 98-100, 1972.

SPERLING,L., DAHLMAN,S., WIKSTROM,L., KILBOM,A. e KADEFORS,R. A cube model for the classification of work with hand tools. *Applied ergonomics*. v.24, n. 3, p. 212-220. 1993.

STALHAMMAR, H.R. *et al*. Postural, epidemiological and biomechanical analysis of luggage handling in a airport luggage compartment. *Applied Ergonomics*. v.17, n.3, p. 177-183, 1986.

STAMMERJOHN, L.W., SMITH, R.J. e COHEN, B.G.F. Evaluation of work station design factors in VDT operations. *Human Factors*. v.23, n.4, p. 401-412, 1981.

STAMMERS, R.B. e HALLAM, J. Task allocation and the balancing of task demands in the multi-man-machine system - some case studies. *Applied Ergonomics*. v.16, n.4, p. 251-257, 1985.

STANTON, N. *Human factors in consumer products.* London: Taylor & Francis, 1998. 287 p.

STANTON, N. e YOUNG, M.S. *A guide to methodology in ergonomics.* London: Taylor & Francis, 1999. 132 p.

STANTON, N. Projetando alarmes sonoros: perspectivas para o projeto centrado no usuário. *Estudos em design*. V.8, n.2, p. 89-97, 2000.

STARR, S.J. Effects of video display terminals in a business office. *Human Factors*. v.26, n.3, p. 347-356, 1984.

STERNBERG, S. The discovery of processing stages: extensions of Doncer's method. *Journal of Experimental Psychology*. n.27, p. 276-315, 1969.

STEWART, T. Ergonomics of the office. *Ergonomics*. v.28, n.8, p. 1165-1177, 1985.

STILITZ, I.B. The role of static pedestrian groups in crowded spaces. *Ergonomics*. v.12, n.6, p. 821-839, 1969.

SVENSSON, O. *et al*. Ankle joint load and leg muscle activity in various working postures during machine milking. *Ergonomics*. v.28, n.4, p. 683-698, 1985.

SVERKO, B. JERNIEC, Z. e KULENOVIC, A. Contribution to the investigation of time-sharing ability. *Ergonomics*. v.26, n.2, p. 151-160, 1983.

SWAIN, A.D. Design of industrial jobs: a worker can and will do. *Human Factors*. v.15, n.2, p. 129-136, 1973.

SWAIN, A.D. An error-cause removal program for industry. *Human Factors*. v.15, n.3, p. 207-221, 1973.

TAYLOR, F.W. *Princípios de administração científica*. São Paulo: Editora Atlas, 1976. 134 p.

TEEL, K.S. Is human factors engineering worth the investment? *Human Factors.* v.13, n.1, p. 17-21, 1971.

TEIGER, C. Regulation of activity: an analytical tool for studying work-load in perceptual motor tasks. *Ergonomics*. v.21, n.3, p. 203-213, 1978.

TESCH, N. *Segurança no trabalho*. Rio de Janeiro: Ed. Tecnoprint, 1979. 135 p.

THIOLLENT, M. *Metodologia de pesquisa-ação*. 7ª ed. São Paulo: Cortez, 1996, 108 p.

TICHAUER, E. *The biomechanical basis of ergonomics*. New York: John Wiley & Sons, 1978.

TILLEY, A.J. *et al.* The sleep and performance and shift workers. *Human Factors*. v.24, n.6, p. 629-641, 1982.

TISSERAND, M. e SAULNIER, H. *Dimensionnement des postes de travail*. Cahiers de notes documentaires nº 108. Paris: INRS. p. 377-395, 1982.

TURNER, J.A. e KARASEK, R.A. Software ergonomics: effects of computer application design parameters on operator task performance and health. *Ergonomics*. v.27, n.6, p. 663-690, 1984.

ULRICH, R.S. View through a window can improve recovery surgery. *Science*. n. 224, p. 420-421, abr. 1984.

VAN AKKERVEEKEN, P.F. Teaching aspects. *Ergonomics*. v.28, n.1, p. 371-377, 1985.

VAN COTT, H.P. From control systems to knowledge systems. *Human Factors*. v.26, n.1, p. 115-122, 1984.

VAN COTT, H.P. High technology and human needs. *Ergonomics*. v.28, n.8, p. 1135-1142, 1985.

VAN WELY, P.A. Cooperation in professional support - the human sciences in industry. *Ergonomics.* v. 30, n.2, p. 439-448, 1987.

VAUGHAN, W.S. e MAVOR, A.S. Behavioural characteristics of men in the performance of some decision-making task components. *Ergonomics*. v.15, n.3, p. 267-277, 1972.

VERDUSSEN, R. *Ergonomia: a racionalização humanizada do trabalho.* Rio de Janeiro: Livros Técnicos e Científicos, 1978. 161 p.

VIDAL, M.C.R. *Ergonomia na empresa: útil, prática e aplicada.* Rio de Janeiro: Virtual Científica. 2002. 282 p.

VIEL, E. e ESNAULT, M. *Lombalgias e cervicalgias da posição sentada: conselhos e exercícios*. São Paulo: Manole, 2000. 163 p.

VIHMA, T. Sewing-machine operator's work and musculoskeletal complaints. *Ergonomics*. v.25, n.4, p. 295-298, 1982.

WALTER, L. *Psicologia do trabalho industrial*. São Paulo: Edições Melhoramentos. 1963. 250 p.

WATERS, T.R. PUTZ-ANDERSON, V., GARG, A. e FINE, L.J. Revised NIOSH equation for the design and evaluation of manual lifting tasks. *Ergonomics*, v. 36, n. 7, p. 749-776. 1993.

WEDDERBURN, A.A.I. Sleeping on the jobs: the use of anecdotes for recording rare but serious events. *Ergonomics*. v.30, n.9, p. 1229-1233, 1987.

WELFORD, A.T. *Fundamentals of skill*. London: Methuen & Co., 1968. 426 p.

WESTGAARD, R.H. e AARAS, A. Postural muscle strain as a causal factor in the development of musculoskeletal illnesses. *Applied Ergonomics*. v.15, n.3, p. 162-174, 1984.

WILKINS, A.J. e NIMMO-SMITH, M.I. The clarity and comfort of printed text. *Ergonomics*. v.30, n. 12, p. 1705-1720, 1987.

WILLIGES, R.C. The tide of computer technology. *Human Factors*. v.26, n.1, p. 109-114, 1984.

WILLIGES, R.C. The use of models in human-computer interface design. *Ergonomics*. v.30, n.3, p. 491-502, 1987.

WILSON, J.R. The collection and interpretation of domestic accident data. *Applied Ergonomics*. v.10, n.2, p. 71-78, 1979.

WILSON, J.R. e KIRK, N.S. Ergonomics and product liability. *Applied Ergonomics*. v.11, n.3, p. 130-136, 1980.

WILSON, J.R. The measurement of domestic activity space. *Ergonomics*. v.25, n.5, p. 401-418, 1982.

WILSON, J.R. Pressures and procedures for the design of safer consumer products. *Applied Ergonomics*. v.14, n.2, p. 109-116, 1983.

WILSON, J.R. Standards for product safety design: a framework for their production. *Applied Ergonomics*. v.15, n.3, p. 203-210, 1984

WILSON, J.R. Developing ergonomics: the key to ergonomics management programmes. *Ergonomics*. v.37, n.4, p. 579-594. 1994.

WISNER, A. Ergonomics in industrially developing countries. *Ergonomics*. v.28, n.8, p. 1213-1224, 1985.

WISNER, A. *Por dentro do trabalho*. São Paulo: Oboré/FTD, 1987. 190 p.

WISNER, A. *A inteligência no trabalho: textos selecionados de ergonomia*. São Paulo: Fundacentro. 1994. 191 p.

WISNER, A. The irruption of new technologies: a new challenge for ergonomics and anthropotechnology. *Journal of Human Ecology*. N. 24, p. 45-55, 1995.

WOGALTER, M.S., CONZOLA, V.C., e JACKSON. T.L.S. Research based guidelines for warning design evaluation. *Applied ergonomics*. v.33, p. 219-230, 2002.

WOLCOTT, J.H. *et al.* Correlation of general aviation accidents with the biorhythm theory. *Human Factors*. v.19, n.3, p. 283-293, 1977.

WOODSON, W.E. e CONOVER, D.W. *Human engineering guide for equipment designers*. Berkeley: University of California Press, 1966. 479 p.

WOODSON, W.E. Good human engineering is possible using off-the-shelf component products. *Human Factors*. v.13, n.2, p. 141-151, 1971.

WOODSON, W.E. *Human factors design handbook*. New York: McGraw-Hill Book, 1981, 1048 p.

WOODSON, W.E. *Human factors reference guide for electronics and computer professionals*. New York: McGraw-Hill Book, 1987, 204 p.

WOTZKA, G. Investigations for the development of an auditorium seat. *Ergonomics*. v.12, n.2, p. 182-197, 1969.

WRIGHT, P. e BARNARD, P. Just fill in this form: a review for designers. *Applied Ergonomics*. v.6, n.4, p. 213-220, 1975.

YOKOMIZO, Y. Measurement of ability of older workers. *Ergonomics*. v.28, n.6, p. 843-854, 1985.

YOUNG, H.H. e BERRY, G.L. The impact of environment on the productivity attitudes of intellectually challenged office workers. *Human Factors*. v.21, n.4, p.399-407, 1979.

ZACCARELLI, S.B., FISCHMANN, A.A. e LEME, R.A.S. *Ecologia das empresas - um estudo do ambiente empresarial*. São Paulo: Editora Atlas. 1980. 127 p.

ZINCHENKO, V. e MUNIPOV, V. *Fundamentos de ergonomia.* Moscou: Editorial Progreso, 1985, 346 p.

ZÓCCHIO, A. *Prática da prevenção de acidentes: ABC da segurança do trabalho.* São Paulo: Editora Atlas, 1977. 175 p.

Índice alfabético

A letra f indica informação contida em Figura e aquela t, em Tabela.